1주일 짜리 재테크 MBA

그 동안 속아서 다 날렸다

Real power for the never ending losers in the market

몽블랑 정상, TOP

무료 동영상강의
kindkim1.blog.me

T.O.P 프로젝트
실행하여
부의 이동을 느껴보시죠

* 부록CD 첨부 (동영상 강의 / 재무설계 및 펀드평가 프로그램)

- 지금 나의 20%의 관심이, 노후연금 80%를 좌우한다.
- 늘 시장의 약자인 당신께 새로운 파워를 드립니다.
- 이제는 더 이상 금융 문맹인으로서 긴 노후 생활을 지켜내는 것이 불가능하다.

김 웅 열

- 우리은행

- 국제금융 실무경력13년(차관단대출, 유로본드, 유동화금융, 부동산금융, 선박금융, 항공기금융, 프로젝트금융 주
  선 등)

- 싱가포르 국제투자금융 현지시장경력 3년(국제투자금융 00억불 + 현지외화자금조달 00억불 실현 - 아시아, 중
  동, 동유럽 및 미국 일부 등)

- 특기(국가간 금융시장 연계거래 발굴 - 기업금융과 개인금융 연계상품개발)

- 한국금융의 세계화 관심

- 취미(사진, 자전거)

- 트위터 kindbanker

- 블로그 kindkim1.blog.me

- 유투브 kindbanker

- 이메일 kindbanker@gmail.com

1주일 짜리 재테크 MBA

초판 1쇄 인쇄   2012년 2월 03일
초판 1쇄 발행   2012년 2월 08일

지은이 | 김웅열
펴낸이 | 손형국
펴낸곳 | (주)에세이퍼블리싱
출판등록 | 2004.12.1(제2011-77호)
주소 | 서울시 금천구 가산동 371-28 우림라이온스밸리 C동101호
홈페이지 | www.book.co.kr
전화번호 | (02)2026-5777
팩스 | (02)2026-5747

ISBN 978-89-6023-744-5 03320

- 이제는 남에게 의존하지 말자. 남은 남이다.
- 지식을 공유하는 책, 아주 쉽게 터득하자.
- 컴맹도 따라 할 수 있다.
  부록 CD만 컴퓨터에 넣어보자. 나의 노후 인생이 바뀐다.

TOP 프로젝트

1 P ➜ Policy 목적

나의 투자목적(Policy)을 명확하게 정의하자. 목표가 명확하면, 가는 길이 하나로 보입니다.

2 T ➜ Tools 도구

새로운 파워를 충전하자. 복잡한 금융을 간단하게 정리하는 도구확보. 도구(Tool)를 가지면 두려울 게 없습니다.

3 O ➜ Opportunity 기회

수익의 기회(Opportunity)를 가지자. 내가 사장님이 됩니다. 부의 이동이 시작된다.

이 책은,

1) 여러분 스스로가 균형 잡힌 노후 인생 설계를 재무 설계사, 펀드매니저처럼 직접 해 볼 수 있도록, **손쉬운 도구(Tool)를 제공한다.**(표1-1 및 4-1)
2) 데이터 자료를 이용하여 우리들이 매일 접하는 복잡한 금융 세계, 금융 상품, 금융회사들의 역할을 알기 쉽고, 간략하게 **핵심만을 설명한다.**(표3-10)
3) 여러분이 투자 전문가들과 **시장에 대한 이해의 코드를 맞춘 상태에서** 그들과 같은 도구를 가지고서 필요한 정보를 받아, 나의 투자 목적에 따라서 **적절하게 투자, 운영, 관리할 수 있게 한다.**(표6-1) ※ 표는 자동 계산됨(부록 CD 프로그램)

이렇게 함으로써 여러분은 지금 **나의 위치**를 측정(표 1-1, 2, 3 또는 4-1 이용 / 부록 CD 설명 참조)해서 **나의 여력**(표 1-3a, b 참조)을 알게 되어 핵심적인 투자 상품 11가지 이해와 함께 그간 여러분들이 속아온 **시장에 친숙**하게 된다. 그리고 노후 생활을 위해 내가 필요로 하는 연금을 만들 수 있는 **가장 효율적인 방법**을 찾아서 금융 도우미들에게 내가 **정확하게 요청을 하고 확실하게 관리**할 수 있게 될 것이다.

1주일 짜리 재테크 MBA

Real power… for the never ending losers in the market

그 동안 속아서 다 날렸다

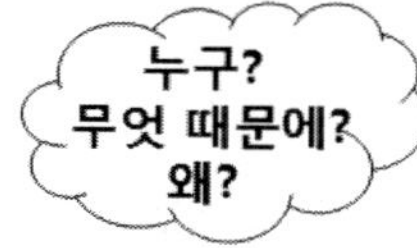

한국일보 : [투자 연금술] 개인투자자의 한숨 '뿌리 깊은 손실'
news.hankooki.com/.../h2011122315091884010.htm - 저장된 페이지
2011년 12월 23일 - 하지만 증권가는 지난 8월 이후 유럽발 재정위기가 주식시장을 강타하면서
단기투자 성향의 **개인** 손실이 커지면서 실망성 자금이탈이 유력하다고 …

투자위험종목, 개인단타 매매비중 98.5%, 손실가능성 높아 - 파이낸셜 …
www.fnnews.com/view?ra...01A...12... - 저장된 페이지
2011년 12월 22일 - 투자위험지정 종목에 대한 **개인**의 단타 매매 비중이 98.5%로 나타나 **투자**
손실 가능성이 매우 높다는 지적이다. **투자위험지정** 종목은 경영실적이 …

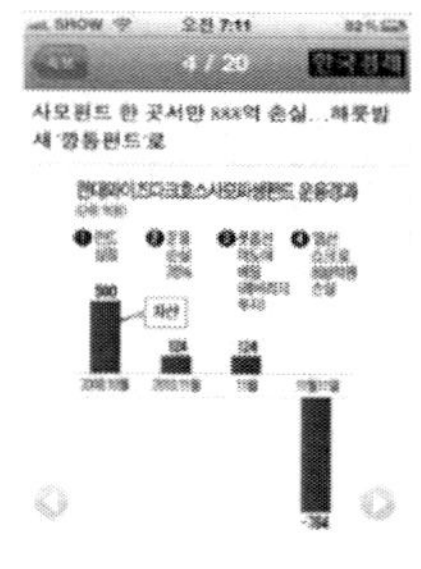

1

시대가 많이 바뀌고 있다

산업계	아날로그 ➔ 디지털 변혁 중 ➔ 불가능이 가능하게 바뀜
경제계	우리는, 소비자 ➔ 참여자 ➔ 요청자로 빠르게 변화 중
금융계	돈의 주인인 우리와, 금융도우미의 긴밀한 소통이 필요

능력의 차이는 2배 불과..
인식의 차이는 100배 이상

바른 인식
부를 창출하는 금융거래 (O)
위험을 사고파는 금융거래(X)

바른 투자방식, 금융상품 선택이 핵심

2

금융시장 환경변화

50년 금융역사

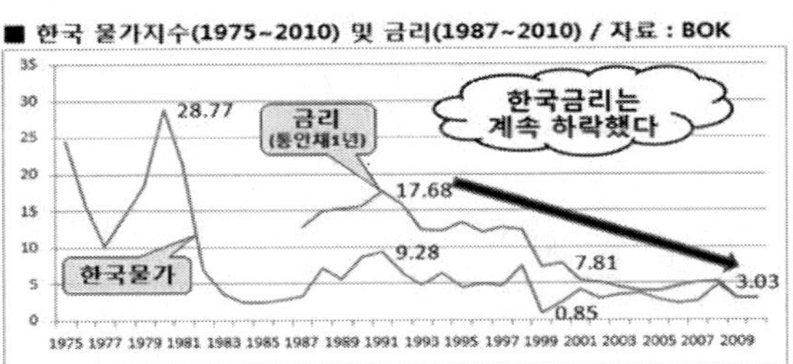

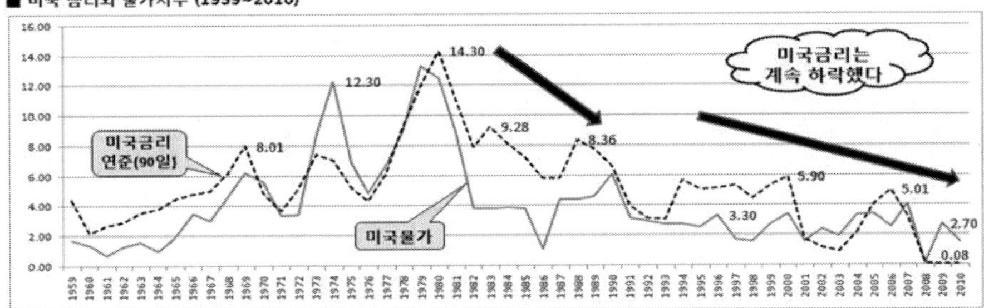

금융시장 환경변화

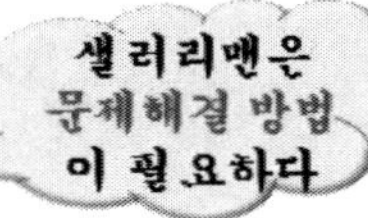

1단계	**P → Policy / 목적** 나의 투자목적을 명확하게 정하고...	**P**
2단계	**T → Tools / 도구** 복잡한 금융을 간단하게 관리도구(뉴파워)를 가지면...	**T**
3단계	**O → Opportunity / 기회** 수익창출 기회를 갖게 되어, 부의 이동이 시작된다	**O**

목적 을 정하고, **도구**를 가지시면
부의 이동을 경험하실 수 있습니다

지금 20%의 관심이, 나의 노후연금 80%를 좌우한다

5

투자 목적	투자 기간	수익률 자격 요건		투자목적 달성할 가능성		역사적 수익률 수준	비 고
		안전성	크 기	단기간	장기간		
노후 준비	장기	가장 높음	가장 높음	매우 낮음	가장 높음	8~10%	주식(X)
목돈 마련	중기	높음	중간	중간	중간	4~5%	채권 적금
유동 자금	단기	높음	낮음	매우 높음	매우 낮음	3~4%	단기 상품
					물가상승 손실금액	2~3%	물가 상승

6

1. 우리들이 투자하는 목적

➜ 노후준비 이며, 투자 기간은 20+30년 장기간 이다.

2. 투자 성공의 중요한 핵심사항은 무엇일까?

➜ 장기간, 일정한 적정수익률 을 보여주는 투자자산 을 찾아야 한다

투자 수익률 1% 차이?

수수료 1%의 효과?

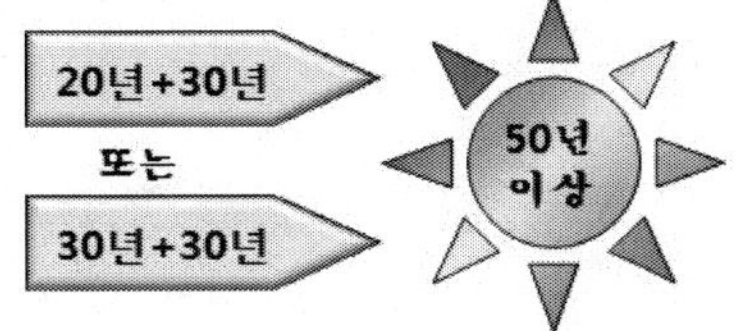

7

나의 미래를 봅시다

금융 계산기 검증

은퇴전		은퇴후	
N	360	PV	226백만
PMT	100	N	360
I	10%/12	I	10%/12
PV	0	FV	0
FV	226백만	PMT	1,984천

Ⅲ 지금 매월 얼마를 준비해야 할지 알기

입력조건					(단위:천원)
1) 은퇴까지 기간	30	30	30	30	30 (년)
2) 월 적립액	100	100	100	100	100 (월)
(12월/1년) 12	10.0%	10.0% (수익률)			

Ⅱ 은퇴까지 준비해야 할 금액 찾기

226,049	183,074	149,036	121,997	100,452

Ⅰ 은퇴후 내가 필요한 연금액

60세 이후 생존기간	30	30	30	30	30 (년)
예상 수익률	10.0%	9.0%	8.0%	7.0%	6.0% (수익률)

6) 노후연금(매월)   1,984

총금액 (원금36백만원 포함)   714,146

Tool
도구이용
(부록CD)

노후연금
크기? ➜

시 간 ⟷ 수익률

크기 (양)
품질 (부도없음)

8

3. 적정 수익률 자격조건 을 모두 충족하는 투자자산은 무엇일까?

품
질

< 적정 수익률 자격조건 >	MMF	채권	주식	☺	부동산	상품 투자	파생 상품
실질수익률이 **물가수준** 이상인가?	X	X	△	○	○	○	△
투자자산의 **부도위험** 없는가?	△	△	X	○	X	X	X
운영기관은 신뢰할 만 한가?	△	△	○	○	△	△	△
장기간 **적정수익를 유지** 가능한가?	X	X	X	○	○	△	X
과거 **경험자료**가 충분한가?	○	○	X	○	△	△	X
투자 참여가 **간단하고 수월** 한가?	○	△	○	○	X	X	X

4. 어떠한 투자자산이, 자격조건을 맞추면서 수익률이 높았나?

크
기

투자자산 유형 및 수익률수준	물가	MMF	채권	주식	☺	부동산	상품 투자	파생 상품
미국 **70년사** (1926~1995)	3.1		5.7		11.5			
미국 **40년사** (1947~1987)	4.5		4.2		11.4	8.8		
미국 **85년사** (1926~1991)		3.6	4.3		9.8			
미국 **25년사** (1960~1984)	5.4	6.3	6.3		8.8	9.4	9.11	
미국 **30년 평균기간 투자 수익율**					8.9			
미국 **25년사** (1986~2010)	2.89		4.75		9.97			
한국 **25년사** (1986~2010)	4.45		9.35		10.4			
한국 **35년사** (1975~2010)					9.17			

9

1주일 짜리 재테크 MBA   kindkim1.blog.me 무료 동영상   김웅열 copyright © 2012 All right reserved

5. 이 책을 통해서, 150개 그림과 표로 쉽게 알아보자

투자
자산

질 → 어떤 이유로, 적정 수익률 자격조건을 ○ △ X 구분했는지?

양 → 자산 유형별로, 적정 수익률의 크기가 진정 그러했는지?

6. 이제는 펀드도, 직접 내가 관리 해야만 한다

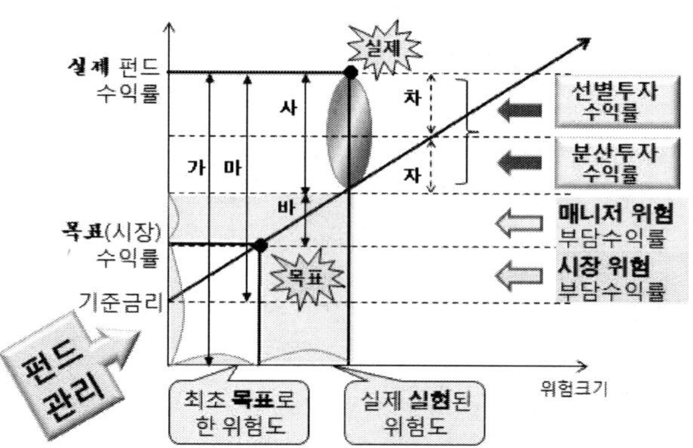

10

1주일 짜리 재테크 MBA
kindkim1.blog.me
무료 동영상
김용열 copyright ©
2012 All right reserved
기업경영
영화
금융드라마
성~공 요인
사장님 경영방침
주인공 역경극복
나의 투자방식, 상품선택
100년 기업
전략 (컨셉)
조직 관리경영
추진 시스템
상품 차별화 (품질/가격)
상품 (서비스)
주인공 성공 스토리
영화기획사
작가 감독 연출 투자자
내 인생 100년 균형 (젊음 ➔ 노후)
금융기관
은행 증권 보험 연기금
< 조연배우 도움역할 >
친구 연인 선생님 동료 상사 노인 친지 악당들
< 금융상품 도움역할 >
CD 기업어음 채권 주식 부동산 현물상품 파생상품 펀드
단기 중기 장기 중,장기
노후 준비
지원 기관
도우미
전체 흐름 이해 + 직접 관리 + 도구 필요
<상품/서비스 특징>
단기) 변동성
장기) 변동성
변화의 원인
조연 배우들의 도움, 배신, 협력
작가의 스토리 반전 시나리오
영화 배경시대 / 상황의 변화
(60년대 ➔ 80년대 ➔ 2000년대)
상품의 가격변화(금리,경기변동 등)
기업의 변화(금융상품 공급자)
(농경➔제조➔서비스➔IT➔바이오)
산업의 변화
(인구감소,기술발전,자원고갈,기후변화)
우린 새로운 파워가 필요
11

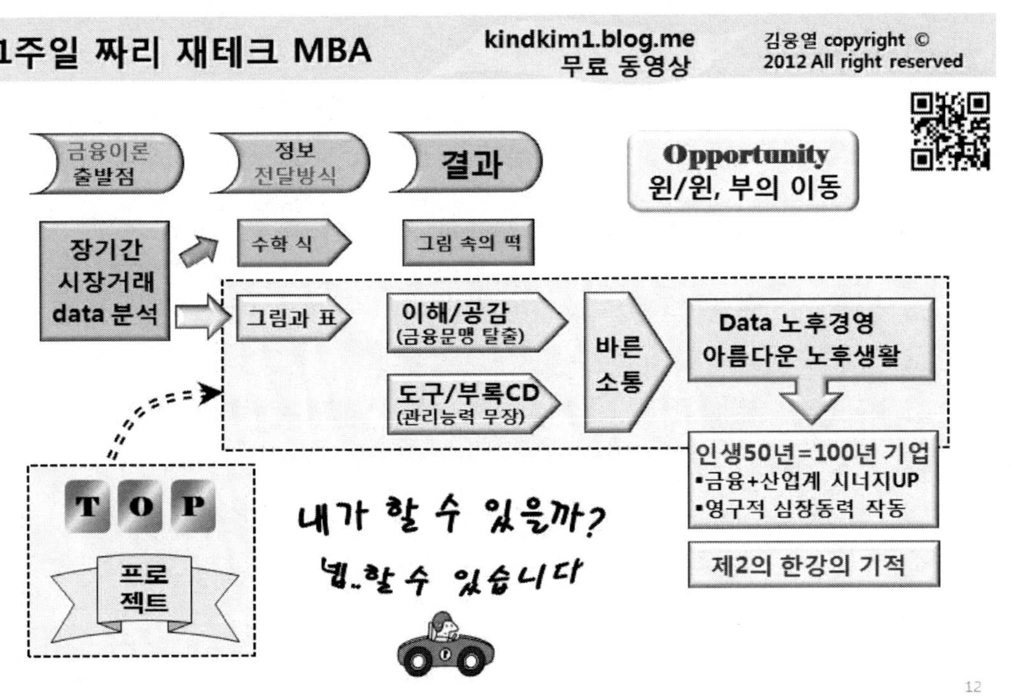

1주일 짜리 재테크 MBA
kindkim1.blog.me
무료 동영상
김용열 copyright ©
2012 All right reserved
금융이론 출발점
정보 전달방식
결과
Opportunity
윈/윈, 부의 이동
장기간 시장거래 data 분석
수학 식
그림 속의 떡
그림과 표
이해/공감 (금융문맹 탈출)
도구/부록CD (관리능력 무장)
바른 소통
Data 노후경영 아름다운 노후생활
인생50년=100년 기업
•금융+산업계 시너지UP
•영구적 심장동력 작동
제2의 한강의 기적
TOP
프로 젝트
내가 할 수 있을까?
넵..할 수 있습니다
12

1주일 짜리 재테크 MBA

그 동안 속아서 다 날렸다

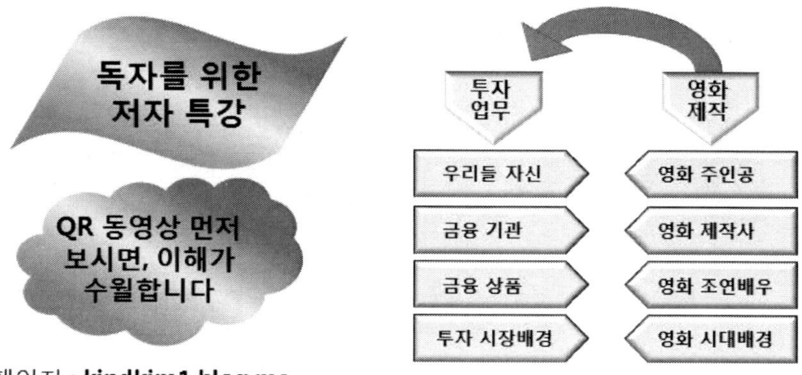

웹 페이지 : **kindkim1.blog.me**

13

- ☐ 금융 도우미(조연배우)의 역할은 무엇일까?
- ☐ 투자업무흐름도(영화제작과정)
- ☐ 조연배우(주식) 속내(미래주가) 예측 가능할까?
  - 주식,채권 핵심이해 11가지 이해
- ☐ 심복 조연배우(정부채권)도 배신(원금손실)할까?
- ☐ 금융시장(영화 시대배경)의 비밀은?
- ☐ 나의 포트폴리오(영화 시나리오) 어떻게 구축할까?
- ☐ 펀드(조연배우) 내 맘대로 활용하기
  - ※ 부록 - 도구(CD 프로그램) + 쉬운 동영상강의
    - 국제금융 이야기 아주 조금만…

14

- ❑ 우리들 주변상황
- ❑ 금융시장 환경
- ❑ 금융상품 특성 (핵심 11가지 이해)
- ❑ 한국 35년, 미국 100년 금융거래 사례
- ❑ 한국과 미국의 시사점
- ❑ 나의 포트폴리오 어떻게 구축할까?
- ❑ 책의 내용 재 확인
- ❑ 금융상품 활용하기 (펀드실적 확인)
- ❑ 투자 현인들의 증언
- ❑ 부록 설명

15

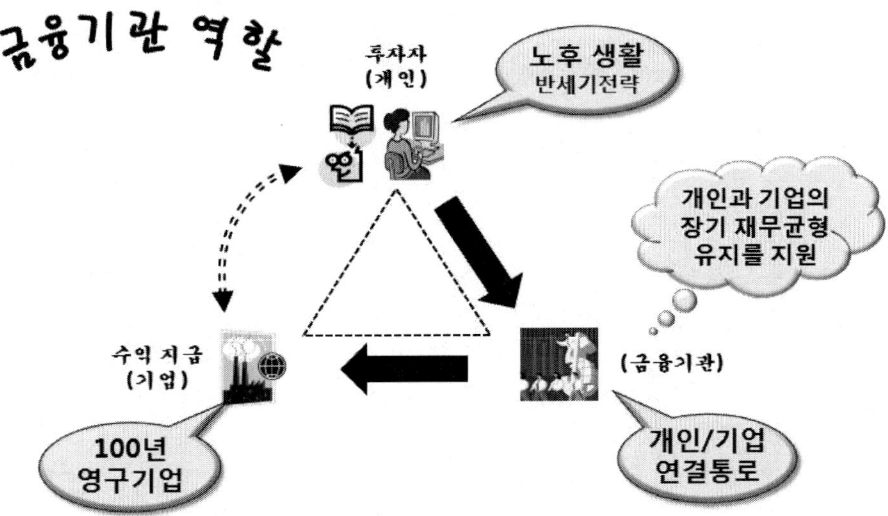

16

투자 흐름도

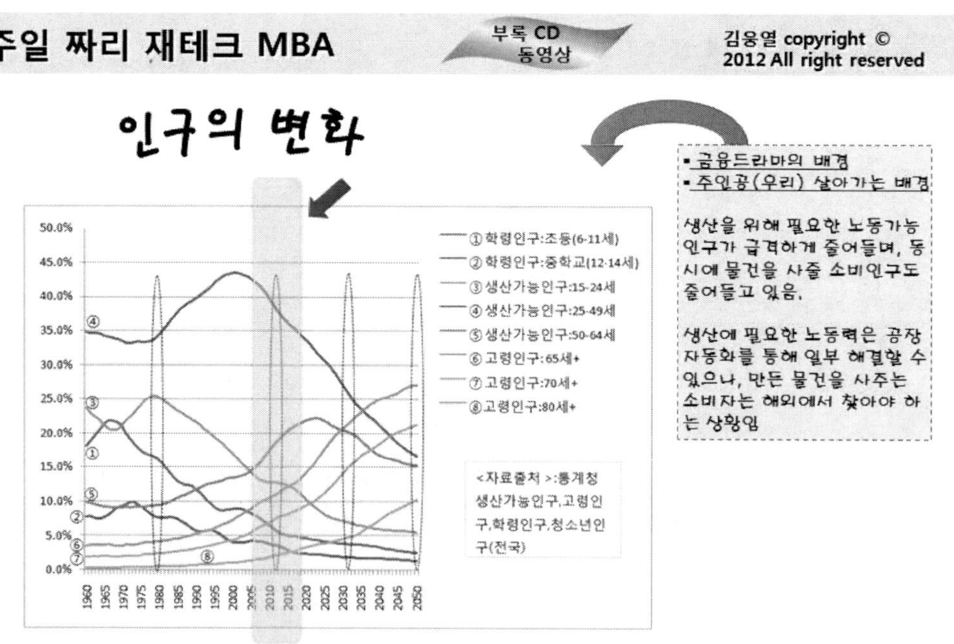

17

인구의 변화

18

세계속의 한국 위치

구 분		베트남	인도	인니	중국	브라질	대만	한국	시사점	일본	미국	독일	프랑스	영국
인구분포	인구	89.5	1,173.0	242.9	1,330.1	201.1	23.0	48.6		126.8	310.2	82.2	64.7	62.3
	0~14	26.1%	30.5%	28.1%	19.8%	26.7%	16.7%	16.8%		13.4%	20.2%	13.7%	18.6%	16.7%
	15~64	68.3%	64.3%	66.0%	72.1%	66.8%	72.6%	72.3%		64.4%	67.0%	66.1%	65.0%	67.1%
	65~	5.6%	5.2%	6.0%	8.1%	6.4%	10.7%	10.8%	노령인구증가	22.2%	12.8%	20.3%	16.4%	16.7%
	median	27.4	25.9	27.9	35.2	28.9	37.0	37.9	(평균 41세)	44.6	36.8	44.3	39.7	39.8
	이민(10ye/1000명)	-0.37	-0.05	-1.23	-0.34	-0.09	0.03	0.00	이민확대/여성인력	0.00	4.25	2.19	1.47	2.6
	평균수명	71.94	66.40	71.05	74.51	72.26	78.15	78.81		82.17	78.24	79.41	81.09	79.9
수출입	수출/BN(09y)	57.1	168.2	119.5	1,204.0	153.0	203.4	373.6	수출만이 살길	545.3	1,069.0	1,145.0	473.9	356.2
	수입/BN(09y)	65.4	274.3	84.4	954.3	127.7	172.8	317.5		501.6	1,575.0	956.7	535.8	483.9
	합계	122.5	442.5	203.9	2,158.3	280.7	376.2	691.1		1,046.9	2,644.0	2,101.7	1,009.7	840.1
	1인당 수출입	1.4	0.4	0.8	1.6	1.4	16.4	14.2		8.3	8.5	25.6	15.6	13.5
GDP	1인당(09)	2,900	3,200	4,000	6,700	10,100	32,000	28,100	생활은 선진국	32,600	46,000	34,200	32,500	34,200
	official	1,040	1,055	2,221	3,748	7,827	16,457	17,130		39,976	45,519	40,620	41,051	34,976
GDP(%)	농업	21.3%	17.1%	15.3%	10.3%	6.1%	1.6%	3.0%		1.6%	1.2%	0.8%	1.7%	0.9%
	제조	40.0%	28.2%	47.6%	46.3%	25.4%	29.2%	39.4%		21.9%	21.9%	26.6%	18.8%	22.0%
	서비스	38.3%	54.6%	37.1%	43.4%	68.5%	69.2%	57.6%	서비스업 경쟁력부족	76.5%	76.9%	72.6%	79.4%	77.1%
기름생산	M bbl/day	0.30	0.87	1.02	3.90	2.57	0.27	0.05		0.13	9.05	0.16	0.07	1.50
기름수입	M bbl/day	0.10	2.90	0.60	4.30	0.60	0.93	2.90	원유대체 녹색결실	5.00	11.31	2.86	2.38	1.49
(1인당)	전력소비	0.83	0.46	0.49	2.59	2.01	9.99	7.92	에너지 절약필요	7.30	12.49	6.66	6.91	5.55
(1인당)	기름소비	0.0034	0.0025	0.0045	0.0062	0.0122	0.0391	0.0453		0.0339	0.0603	0.0296	0.0290	0.0268
교육비 지출비중		5.30%	3.20%	3.50%	1.90%	5.20%	NA	4.20%	교육비 비중	3.70%	5.50%	4.40%	5.60%	5.60%
기준연도		08y	06y	07y	99y	07y		07y		07y	07y	06y	06y	07y

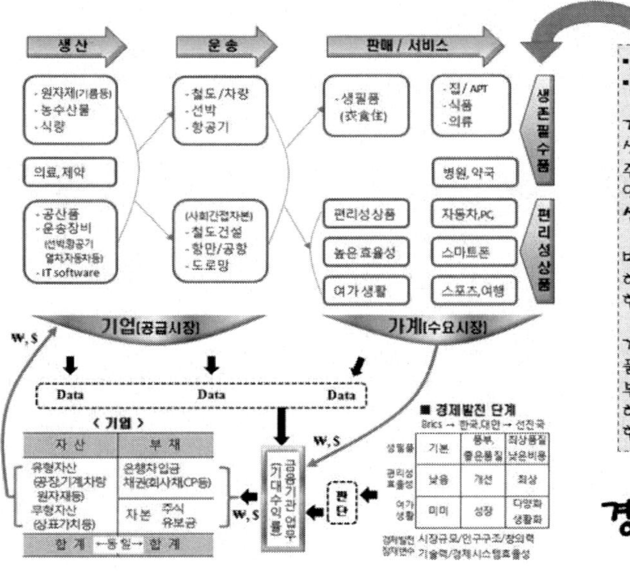

경제활동 흐름도

다른 균형유지가 중요

	실물경제 (공급) <기업>		금융경제 (기업/개인 중계)				실물경제 (수요) <개인>	
			<은행>		<펀드/연기금>			
	자산	부채	자산	부채	자산	부채	자산	부채
	공장 기계 신규사업	차입금 채권 주식	대출금	예금.적금	주식 채권	투자 - 위탁금	예금/적금	대출금 / 투자 - 위탁금

	기업	은행	펀드/연기금	개인
Mission	장수기업	기업자금 공급	투자자금 운용	즐거운 인생
미션특징	장기목표	중장기 역할	장기목표	장기목표
실물경제역할	상품/서비스 공급	자금중계	투자수익률 달성	소비/저축
수익주는 고객	소비자(개인)	기업,개인(대출금)	기업(채권,주식)	기업(봉급)
수익원	매출액크기	예금,대출 금리차	주식, 채권 투자수익	노동(직장/자영업)
위험요인	판매량 감소	금리변동	금리,성장/배당을 변동	경쟁력 약화/노후준비
위험근원	상품/서비스 경쟁력	실물경기	실물경기/시장수급	재학습 부족/조급함
위험발생주기	장기간	중·장기간	단기간	장기간/장기간
위험극복방안	신상품 개발	ALM	포트폴리오 운영	변화 적용력강화 / 핵심개념이해
위험형태	소비자상품외면	기업 신용위험	기업신용/시장위험	경쟁력상실/노후대안1)
위험측정	소비자 만족도 조사	신용평가	등급,표준편차, 확률	[지시]
위험관리	신제품 개발	여신건전성관리	평균,상관관계,회기	[감독]

21

금융기관 특성

■ 주식시장 참여자			고객	주식투자 목적(Why)	투자 성향	기다릴 여력 (돈,심리)	Buy & sell (주요특성)	감독기관 Issue	기타
개 인			자산	단기수익	단기	대부분 없음	시장이해부족 심리적 불안감1)	없음	대부분 주관적인 견해로 투자실행
기 관	국내	은행	예금주	ALM(유동성)	단기/보수	없음	유동성조절	매우강함	철저하게 포트폴리오 운영원리 - 사실 Data기준 - 투자 원리준수 - 투자 원칙준수
		증권사 2)	펀드가입자	복합적	복합	상황별	복합적	매우강함	
		보험사	보험가입자	ALM(유동성)	중기/보수	있음	AML	매우강함	
		연금,기금	연금납부자	장기수익	장기/보수	있음	포트폴리오 운영	다소강함	
	해외	증권	해외펀드 /연기금 가입자	장기수익	복합	있음	포트폴리오 운영	매우강함	
		연기금/투자		장기수익	중장기	있음	포트폴리오 운영	다소강함	
		해지펀드	일반투자자	복합적	공격적	부족	포트폴리오운영	약함	레버리지 사용
본질적인 시장의 일반적 특성				기업성장 지원역할	장기투자 유리	절대 필요 Mean Return	포트폴리오 투자원리 적용		시장은 항상 마지막 승리자

■ 관련기관	종류	역할	업무내용	수익원	운영 원칙
	자산운영사	펀드개발	증권사 및 은행에서 펀드판매 대행	펀드관리/운영료	포트폴리오 운영원리
	부동산신탁	부동산펀드	부동산 펀드(리츠) 개발	펀드관리/운영료	개별 프로젝트 운영방식
	투자자문사	투자자문	개인/기관(증권,보험,연기금) 투자자문	자문료	포트폴리오 운영원리
	선물회사	해지거래	주식관련 파생(해지)거래 담당	개래수수료	시장 변동성(Risk) 관리방식

22

우리들의 인생 수지표

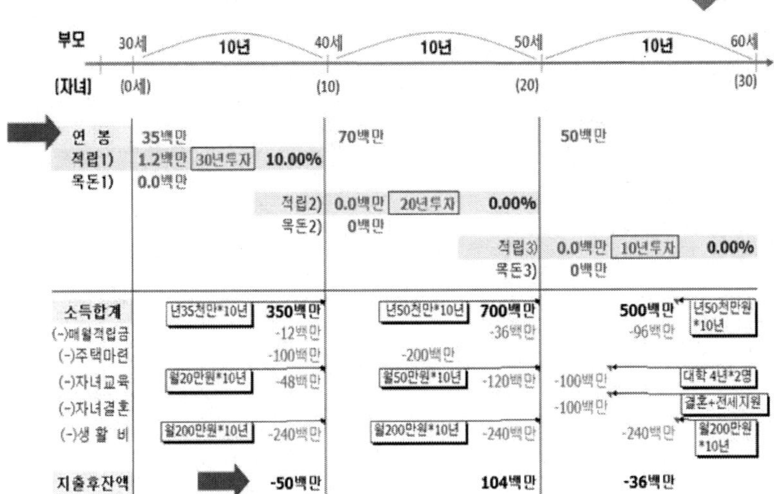

주인공(우리)의 생활환경은 절대 녁녁하지 않다. **30대 연봉 35백만원** 받아 자녀교육과 주택마련 준비, 그리고 생활비 지출하고 나면, 적자인생이 된다.

40대 연봉 7천만원 받아 주택마련과 자녀교육에 약간의 여유가 있지만, **50대에 60세까지 10년**간 평균연봉 5천만원으로는 자녀대학 교육과 결혼시키기 부족하다.

월10만원 적립하기가 절대 쉽지 않다

23

부록 CD
동영상
김웅열 copyright ©
2012 All right reserved

도움되는 강력한 도구

■ 단리와 복리 수익누계 차이 비교 (원금제외) → 매월 10만원 적립시

수익률 (기하평균)	10년		20년		30년	
	단리	복리	단리	복리	단리	복리
2.0%	1,080	1,140	4,560	5,157	10,440	12,682
3.0%	1,620	1,757	6,840	8,244	15,660	21,090
4.0%	2,160	2,407	9,120	11,734	20,880	31,302
5.0%	2,700	3,093	11,400	15,679	26,100	43,727
6.0%	3,240	3,817	13,680	20,143	31,320	58,870
7.0%	3,780	4,580	15,960	25,195	36,540	77,353
8.0%	4,320	5,384	18,240	30,914	41,760	99,940
9.0%	4,860	6,232	20,520	37,392	46,980	127,569
10.0%	5,400	7,125	22,800	44,730	52,200	161,393

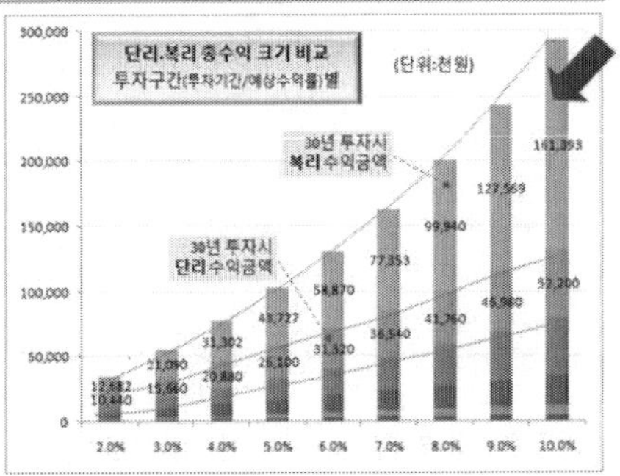

은퇴까지 저축액(매월)

예금	a	-	현재 가지고 있는 목돈
기간	b	30	총기간(년)
수익율	c	9.00%	금리(년)
저축액	d	100	저축액(년 또는 월)
저축간격	e	12	1개월이면 (12), 12개월이면 (1)
만기금액	f	183,074	은퇴시 예상금액
	g	36,000	저축원금
	h	147,074	수익금액

노후 연금액(매월)

예금액	m	183,074	미래 예금액
기간	n	30	노후연금받을 예상기간
수익율	o	9.00%	금리(년)
연금액	p	1,473	매월 받으실 연금액
	q	183,074	원금
	r	347,226	수익금액
	s	530,301	연금수령 종합계
	t	494,301	수익합계(30년+30년)

주인공(우리)의 성공을 도와주는 **절친한 조연배우**(복리 금융상품)가 등장했다.

다른 조연배우(금융상품)가 혹시 변심(외형수익은 있으나 실제는 손실 발생하는 것)하지는 않는지를 알아볼 수 있게 하는 탐지기(나의 노후연금 계산기)가 주어졌다.

이제 우리는 도구를 가지고서, 먼 훗날 얼마의 노후연금을 기대할 수 있는지 알게 되었다. 노후연금이 조금 부족하면 지금 조금 더 미리 저축하여 대비할 수 있게 되었다

24

주요 금융상품 특성

구 분	단기금융상품	주식	채권	부동산	상품(현물)	파생상품	??
거래유형	CD, CP 유동화 ABCP MMF	보통주 우선주 전환/교환 사채	정부채 회사채	주거용 상업용 (리츠)	원자재 에너지	합성포지션 (주식,채권, 부동산,상품 등)	☺
수익원	이자율	기업본질가치 (부가가치창출)	이자율	임대료 매매차익	마켓타이밍 (거시경기, 수급)	마켓타이밍 (미시경기, 차익)	기업본질가치 (부가가치창출)
가격결정자	정부 금리정책 소수 기관투자자	무한 다수	정부 금리정책 소수 기관투자자	정부 부동산정책 소수 기관투자자	생산자능력재고수준 소수 다양한 투자차	금리, 환률, 주가 소수 다양한 투자차	
거래방식	간접	직접거래(주주)	간접	직접(간접)	간접	간접	
거래대상	기업 + 금융기관	기업 + 펀드운영기관	기업 + 펀드운영기관	부동산 + 운영사	상품 + 운영사	합성거래 + 운영사	
위험(운영)	미미 (감독대상)	미미 (감독대상)	미미 (감독대상)	다소 높음 (당사자거래)	다소 높음 관리어려움	다소 높음 관리어려움	
위험(시장)	단기 미미	장기 큼 단기 큼	장기 큼 단기 작음		장, 단기 다소 큼	장, 단기 다소 큼	
위험(원인)	부도위험	경기변동 부도발생	금리변동 부도발생	수요 변동 거래정보 부족	현물수급변동 정보 부족	시장 변동성 유동성 부족	
위험(부도)	있음	있음	다소 높음	다소 높음	다소 있음	다소 있음(유동성)	없음
위험(물가상승)	있음	있음	다소 높음	다소 낮음	다소 있음	다소 있음	없음
위험(대비) 성공요인		분산투자	우량채권 선별	미래 현금흐름 정확한 실사	시장 해지	시장 해지	장기투자 (복리/확률효과)
경험적 사실	수익은 작고 위험도 적음 (단기)	수익은 크고 위험도 큼 (장기)	수익은 작고 위험도 적음 (중, 장기)	수익은 크고 관리위험도 큼 (장기)	수익은 크고 위험도 큼 (단기, 중기)	수익은 크고 위험도 큼 (단기, 중기)	수익은 크고 위험은 적음 (장기)

■ 조연배우(금융상품) 특징

주인공의 성공을 도와주는 **조연배우(금융상품)**는 매우 다양하다, 연인과 친구, 동료, 보스, 가족, 불량배 및 아역배우 등 모두 역할이 다르다

주인공은 어느 조연배우(금융상품)가 진정으로 오래도록 꿋꿋하게 도움을 줄지 알기가 어렵다.

그래서, 조연배우는 **절대 배신하지 않을 사람됨됨이**(기업의 본질가치)를 기준하여 판단하기로 했다.

25

도대체 무엇일까

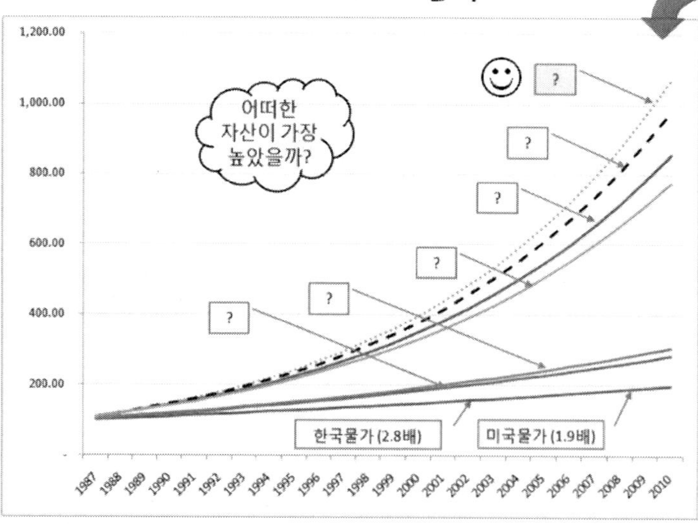

■ 조연배우(금융상품) 과거 경력검토

주인공(우리)은 **조연배우의 됨됨이**(금융상품별 수익률)가 내일 당장 변하지 않는다는 점을 잘 알고 있다.

그래서, 조연배우의 됨됨이(금융상품 수익률)를 아주 깊숙하게(가능한 전체기간이나 최소한 수 십년 간)알아 보기로 했다.

오랜검토와 관찰을 하고 나서, 조연배우들의 됨됨이 크기(수익률크기)를 **대략적**으로 보여주는 여러 가지 사실들을 알 수 있었다.

26

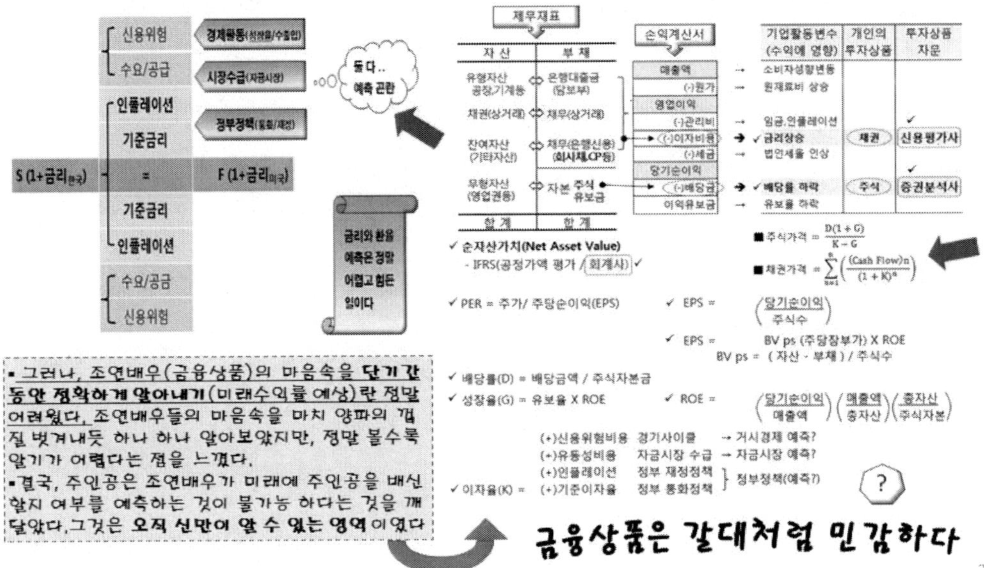

27

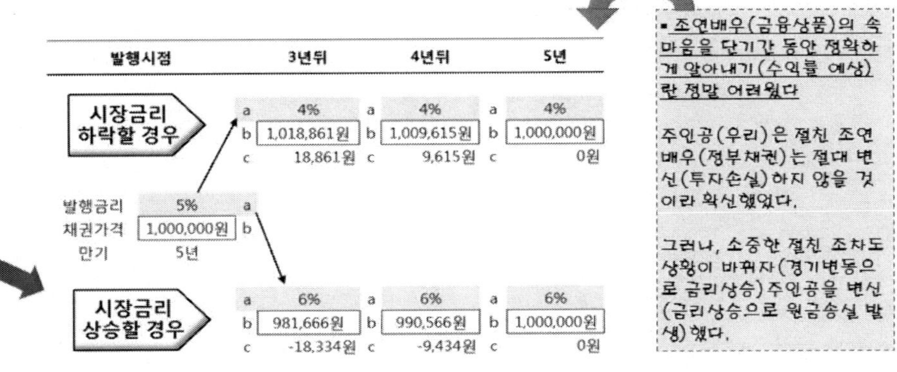

발행시점	3년뒤	4년뒤	5년
시장금리 하락할 경우	a 4%	a 4%	a 4%
	b 1,018,861원	b 1,009,615원	b 1,000,000원
	c 18,861원	c 9,615원	c 0원

발행금리	5%
채권가격	1,000,000원
만기	5년

	3년뒤	4년뒤	5년
시장금리 상승할 경우	a 6%	a 6%	a 6%
	b 981,666원	b 990,566원	b 1,000,000원
	c -18,334원	c -9,434원	c 0원

28

주식가격은 신도 모르신다

5 가지 변수와, 각 변수의 세부사항은 정말 신도 알 수 없다

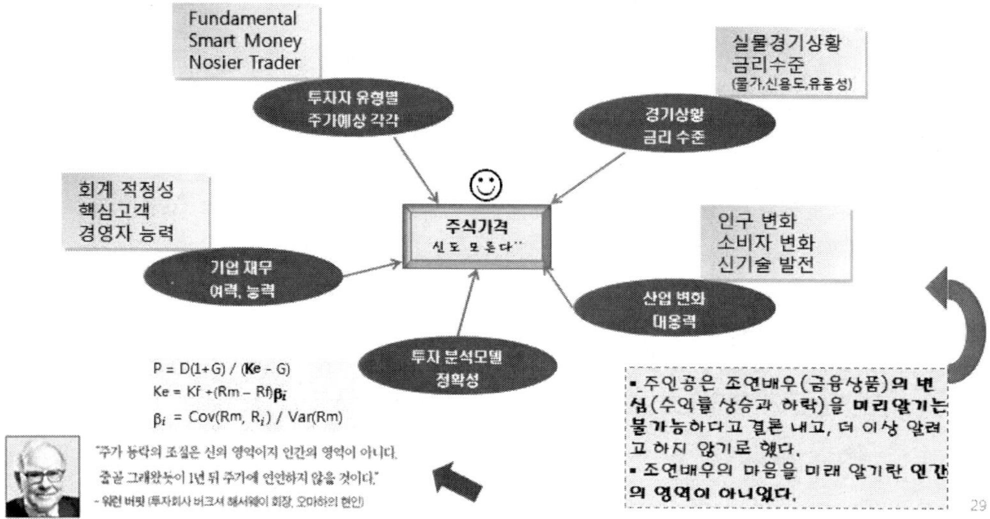

■ 주인공은 조연배우(금융상품)의 변심(수익률 상승과 하락)을 미리알기는 불가능하다고 결론 내고, 더 이상 알려고 하지 않기로 했다.
■ 조연배우의 마음을 미래 알기란 인간의 영역이 아니였다.

29

산업의 변화

구분		산업화 사회 (과거)	효율성 사회 (현재)	정보화 사회 (미래)
소비자 행동		기본적인 편리성 추구	제품 효율성 선택	기호따라 제품요청
소비자 권한		생활필수품(수동적 소비자)	능동적 참여자	적극적 요구자
사회현상		도시화(인구 집중)	거대 도시화	Big City, Small but big World
산업변화		제조업(시장크기 중요)	서비스업	IT. 정보사회
Product 개념		Convenience	Efficiency	Client Communication
사업 성공요인		시장확보/대량생산/레버리지	차별화(제품/서비스)	소비자 맞춤 서비스
변화요인		제조기술도입	기술발전(차별성미미)	정보공개(기술차별성미미)/창의력중요
시장의 개념		신규 시장크기	차별화 틈새시장	창의적 컨셉전환 시장창출
주요 산업 변화 사례	마차 → 자동차	벤츠 or 타타 자동차 →	비행 자동차	
	운동력 → 화석에너지	열 효율성 →	재생, 자연, 태양에너지	
	모직물 → 화학섬유	기능성 의류 →	카멜레온 의류	
	항해(배) → 비행기	저가항공 →	우주,항공/공간이동	
	촛불 → 전기	스마트 그리드 →	무선전기/자력	
	물빨래 → 세탁기	기능성 세탁기 →	1회성 의류	
	가마솥 → 전기밥솥	맞있는 밥 →	인공식량	
	레코드 판 → 워크맨(아날로그)	전자산업(디지탈) →	소프트웨어, SNS	
	라디오 → 영상 TV	스마트 TV →	홀로그램	
	→ 기본의료	신약/의료기술(치료기술) →	생명공학, 바이오(장기대체기술)	
		금융.물류,여가산업 등장	신규 에너지,	
	기업금융 중심	기업/개인금융 균형	Customerize, Well Balanced 금융?	
주요 국가		BRICs	한국, 대만 / 일본	미국, 독일 (영국, 프랑스)

■ 조연배우(금융상품)는 왜 주인공을 배신(수익률 변동, 또는 부도)할까?

영화의 배경(우리의 투자환경)이 80년대에서 2010년대로 바뀌면서, 주연배우를 도와주는 조연배우(금융상품 및 금융상품을 공급하는 기업포함)의 역할도 변하게된다.

문제는 어느 조연배우가 새로운 환경에 잘 적응(적정한 투자수익률 유지)하여, 주인공이 성공(노후준비)하도록 계속 도와줄 수 있을지, 알 수 없다는 점이다.

30

부록 CD
동영상

산업변화의 모습들

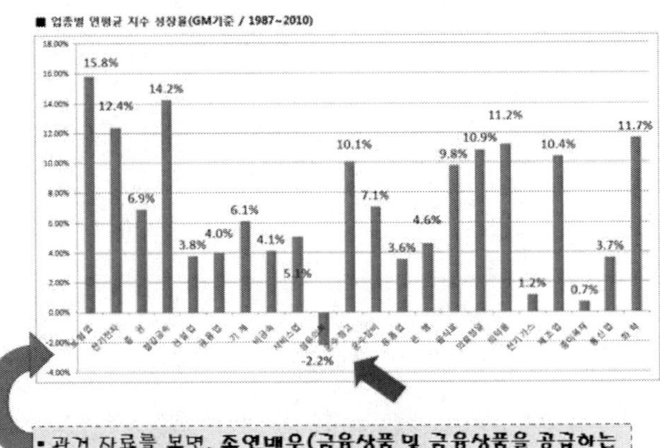

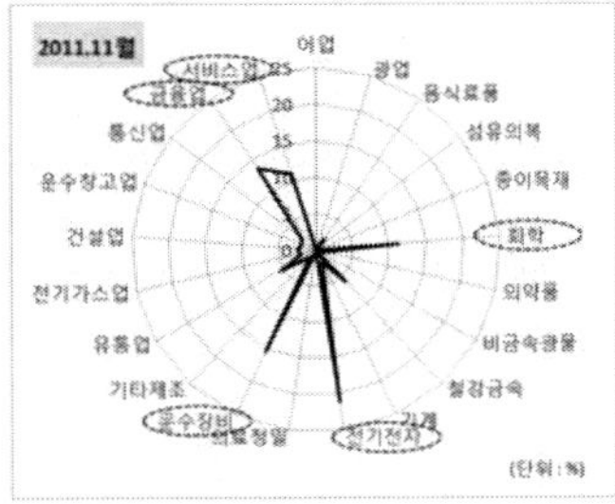

- 과거 자료를 보면, 조연배우(금융상품 및 금융상품을 공급하는 기업포함)가 변심하여 주인공을 어렵게한 사례는 많았다.
- 영화 배경이 바뀌면서, 주인공을 도와주던 믿었던 조연배우가, 변심하여, 오히려 주인공을 괴롭히게 된 것이다.

31

1주일 짜리 재테크 MBA

부록 CD
동영상

김웅열 copyright ©
2012 All right reserved

주가지수도 역비공처럼 뛴다

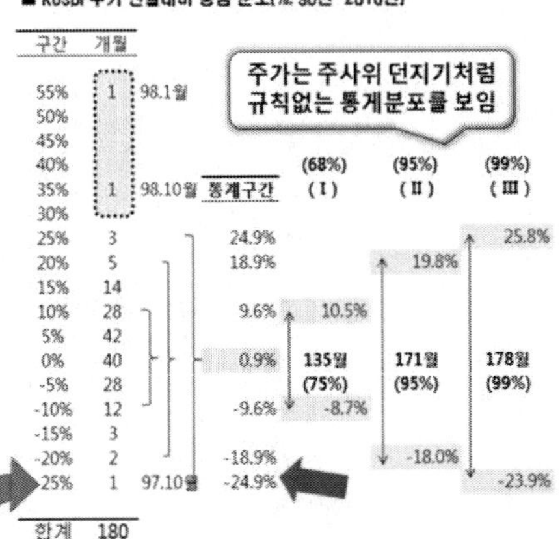

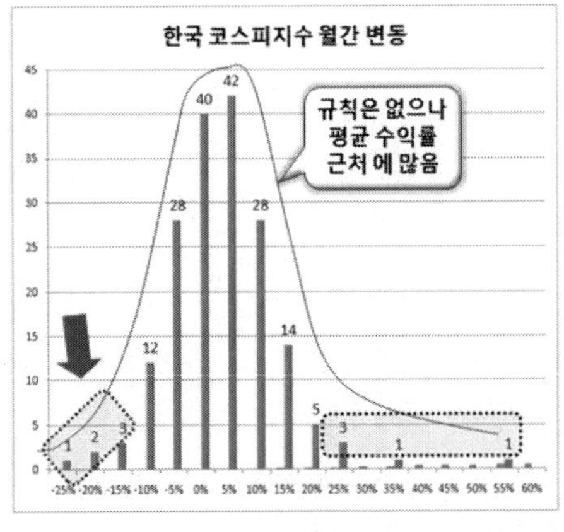

- 영화 배경이 바뀔 때마다(단기적으로는 금리, 경기상황 변동,, 장기적으로는 산업의 변화), 대부분의 조연배우들(금융상품)은 주인공 곁을 떠나기도 했고, 다시 돌아오기를 반복 했었다.

32

우리의 진득한 친구는?

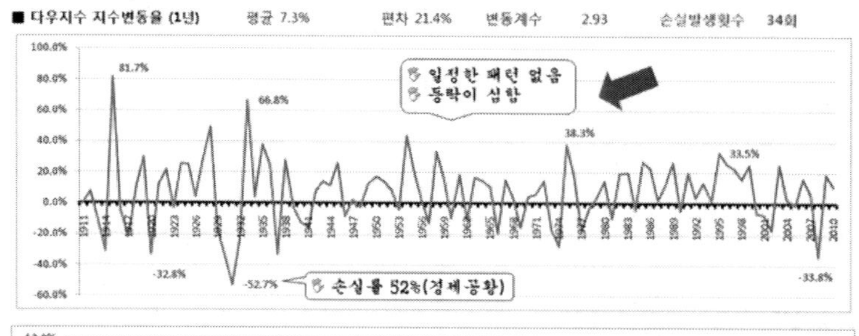

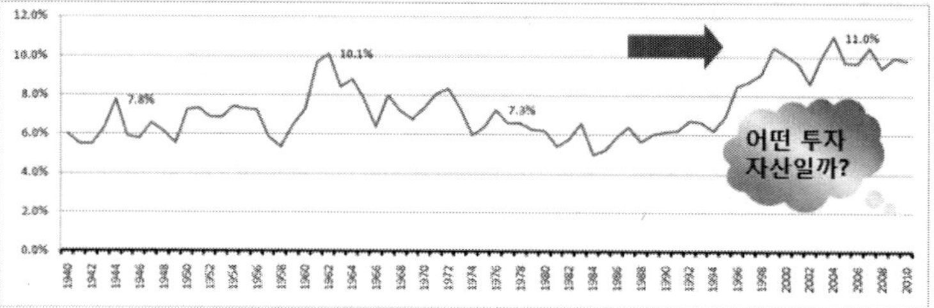

33

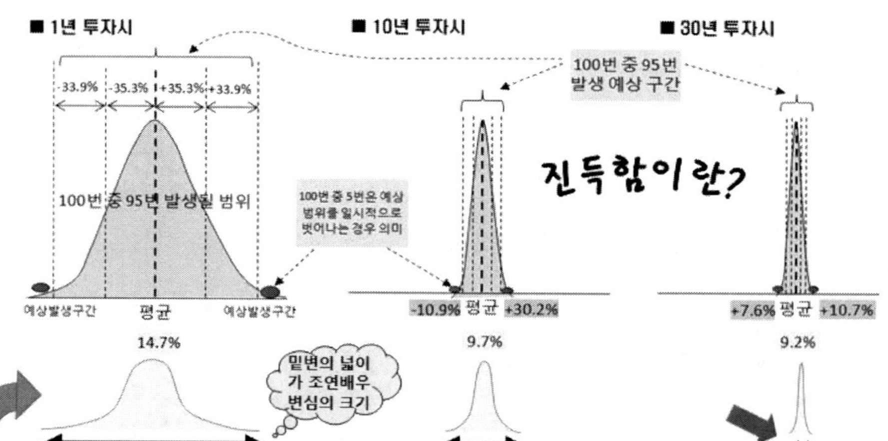

34

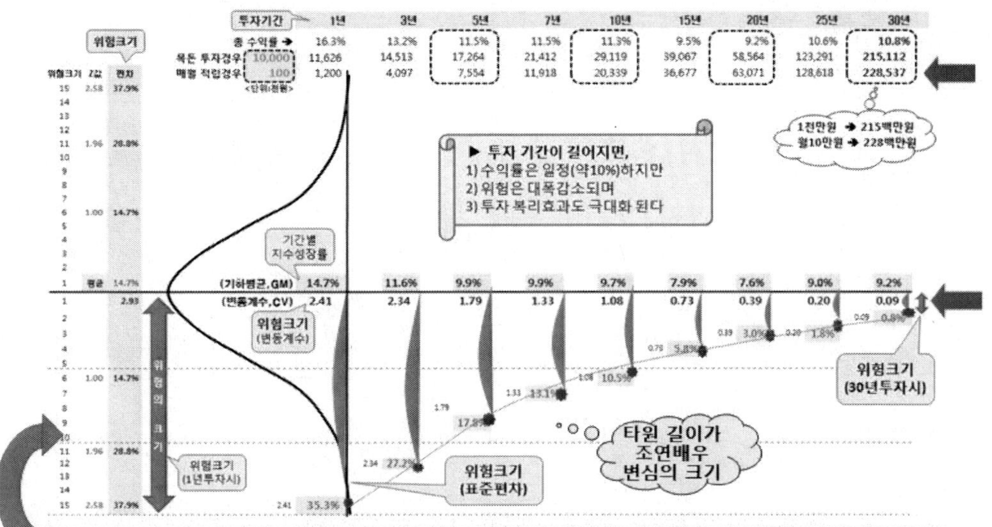

• 진득한 조연배우(?)는 결국 주인공을 도와 역경을 극복하게 하고, 주인공이 성공(균형유지, 노후준비)하게 도와주게 된다. 주인공(우리)은 진득한 조연배우의 착한마음(기업의 전체 본질가치의 합)이 중요하다는 점을 알게된다. 가운데 선 아래의 반쪽 타원의 크기가 시간에 따른 조연배우(금융상품)의 변심 크기이다.

1주일 짜리 재테크 MBA

부록 CD 동영상

김웅열 copyright ©
2012 All right reserved

국가별 금융상품의 수익과 위험관계

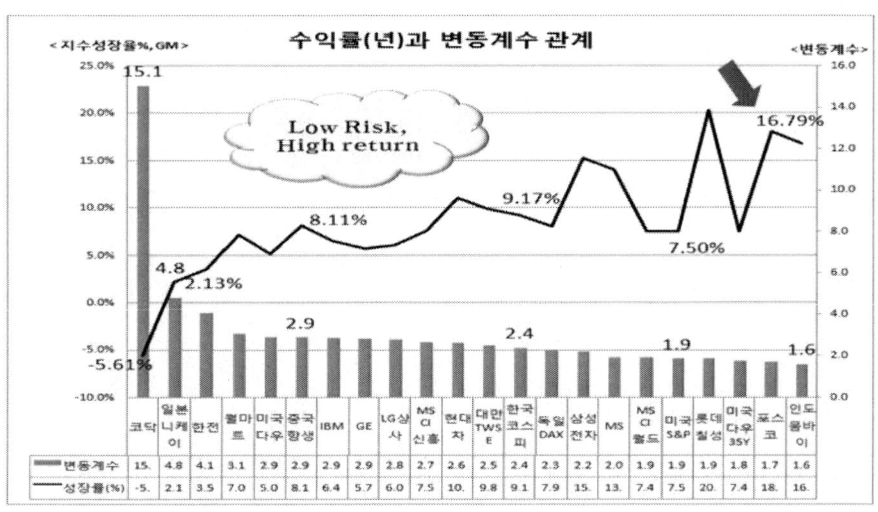

	코닥	일본니케이	한전	월마트	미국다우	중국항생	IBM	GE	LG상사	MSCI신흥	현대차	대만TWSE	한국코스피	독일DAX	삼성전자	MS	MSCI월드	미국S&P	롯데칠성	미국다우35Y	포스코	인도몽바이
변동계수	15.	4.8	4.1	3.1	2.9	2.9	2.9	2.9	2.8	2.7	2.6	2.5	2.4	2.3	2.2	2.0	1.9	1.9	1.9	1.8	1.7	1.6
성장률(%)	-5.	2.1	3.5	7.0	5.0	8.1	6.4	5.7	6.0	7.5	10.	9.8	9.1	7.9	15.	13.	7.4	7.5	20.	7.4	18.	16.

부록 CD 동영상

투자 포트폴리오란?

▷ 개별기업 직접투자(차도남)

구분	기업	예상 수익율	예상 변수	예상 위험도
주식	S사 (제조)	8%	기업 수익성 성장성 안전성	5% 10% 30%
	H사 (건설)	10%		5% 20% 40%

▷ 포트폴리오 투자(머니맨)

구분	예상되는 수많은 경우의 수 (시장 산업 기간 유형 국적)	예상 수익율	예상 변수	예상 위험도
주식	거래소 IT 단기 리츠 한국 / 코스닥 제조 장기 ETF BRIC	9%	기업 수익성 성장성 안전성	7% 10% 20% / 7% 10% 20%

구분	기업	예상 수익율	예상 변수	예상 위험도
채권	S사 (제조)	4%	시장 이자율	7% 10% 20%
	H사 (건설)	6%		5% 15% 25%

구분	예상되는 수많은 경우의 수 (시장 산업 만기 유형 국적)	예상 수익율	예상 변수	예상 위험도
채권	장내 IT 단기 MBS 한국 / 장외 제조 장기 ELS BRIC	5%	시장 이자율	7% 10% 15% / 7% 10% 15%

- 조연배우들의 역할은 각각 다르지만, 모든 조연배우들의 역할을 다 합치면, 결국 주인공을 도와주는 것이 됨
- 영화주인공의 성공을 위해서는 모든 조연배우들의 직, 간접적인 도움이 필요하다
- 포트폴리오는 이러한 조연배우(금융상품 또는 금융상품을 공급하는 기업)들의 집합체

부록 CD 동영상

김웅열 copyright ©
2012 All right reserved

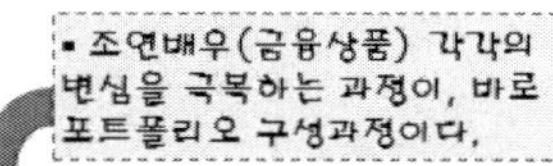

■ 포트폴리오 분산투자 원리

구분	구분	평균 수익률	표준 편차	투자 비중	베타	기준 시장이.. 상승하면..	기준 시장이.. 하락하면..	의미
시장	시장	15.0%	30%		1.00	5.0%	-5.0%	기준시장
투자A	투자1	17.0%	35%	100%	1.70	8.5%	-8.5%	기준보다 큰 위험
투자B	투자2	20.0%	40%	50%	1.50	7.5%	-7.5%	
투자C		10.0%	15%	50%	0.50	2.5%	-2.5%	
	기준시장과 동일한 수익 →					5.0%	-5.0%	

■ 개별주식과 포트폴리오 투자 비교 → 단기간

기간	투자방식	위험 요소들... 분산가능	위험 요소들... 분산불가	위험 요소들... 투자자	위험 수준	결과
단기	개별종목	기업변수	대외변수	심리불안	높음	투자손실
투자	포트폴리오	제거	제거불가	제거	낮음	투자이익

■ 개별주식과 포트폴리오 투자 비교 → 장기간

기간	투자방식	위험 요소들... 분산가능	위험 요소들... 분산불가	위험 요소들... 투자자	위험 수준	결과
장기	개별종목	기업변수	대외변수	심리불안	높음	투자손실
투자	포트폴리오	제거	제거	제거	낮음	투자이익

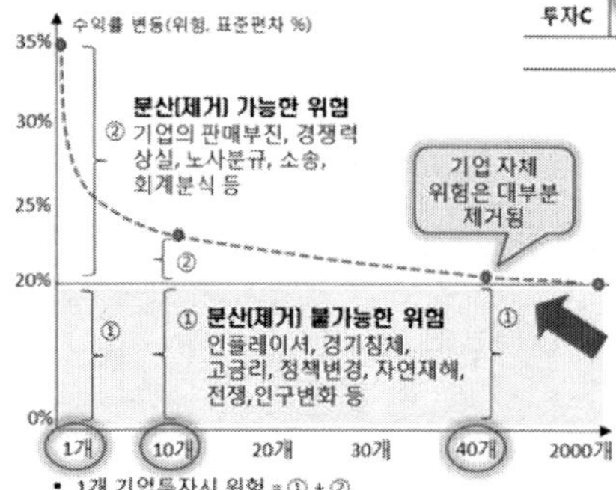

- 1개 기업투자시 위험 = ① + ②
- 10개 기업 투자시 ②변위험의 약 90% 감소
- 40개 기업 투자시 ②변위험 대부분 제거 됨

투자자산의 동조화 현상

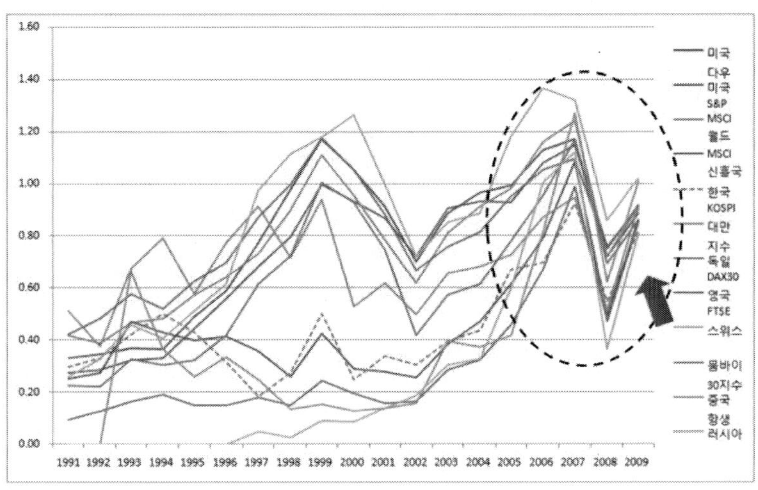

- 요즘 영화에는 외국 조연배우(해외금융상품)들도 많이 등장한다.

- 국내 조연배우(금융상품)가 변심하면, 외국 조연배우가 주인공(우리)을 도와 (해외 분산투자로 국내 손실을 보전) 주기도 한다,

- 근데 갈수록 지구촌 한 가족(글로벌 경제 동조화 - 점선 안) 현상이 심화되어, 예전에 비하면 외국 조연배우들의 역할 (분산투자효과)이 미미하게 되었다,

39

대안투자 방법?

■ 미국 금융상품별 수익률 현황 (40년사)

기간	구분	기하평균	산술평균	표준편차
(60-97)	부동산 (미국 상업용)	8.90%	9.10%	5.00%
(47-87)	부동산 (미국 주거)	8.10%	8.20%	5.20%
(47-87)	부동산 (농장)	9.60%	9.90%	8.20%
	부동산 평균	8.87%	9.07%	6.13%
(47-87)	시장지수(S&P)	11.40%	12.60%	16.30%
(47-87)	채권 (장기채)	4.20%	4.60%	9.80%
(47-87)	채권 (T-bill)	4.90%	4.70%	3.30%
	채권 평균	4.55%	4.65%	6.55%
(47-87)	물가지수	4.50%	4.60%	3.90%

< 적정 수익률 자격조건 >	MMF	채권	주식	인덱스	부동산	상품 투자	파생 상품
실질수익률이 **물가수준** 이상인가?	X	X	△	○	○	○	△
투자자산의 **부도위험** 없는가?	△	△	X	○	X	X	X
운영기관은 신뢰할 만 한가?	△	△	○	○	△	△	△
장기간 **적정수익를 유지** 가능한가?	X	X	X	○	○	△	X
과거 **경험자료**가 충분한가?	○	○	X	○	△	△	X
투자 참여가 **간단하고 수월** 한가?	○	△	○	○	X	X	X

40

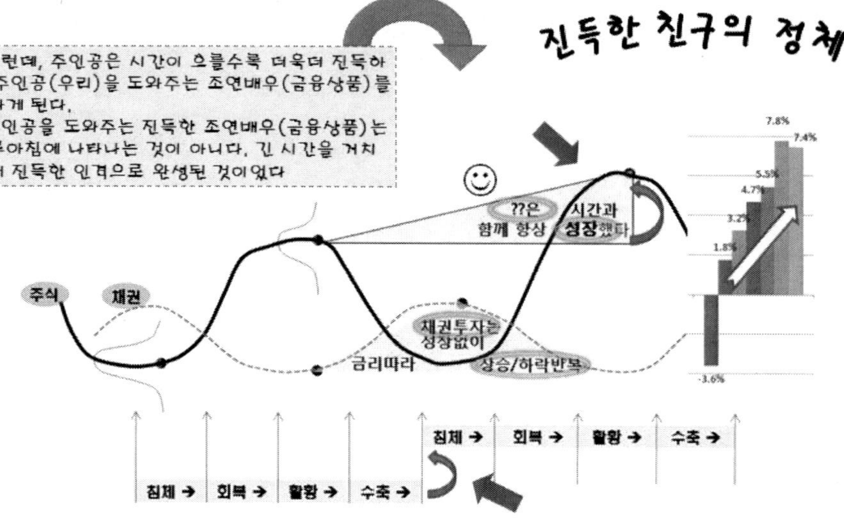

41

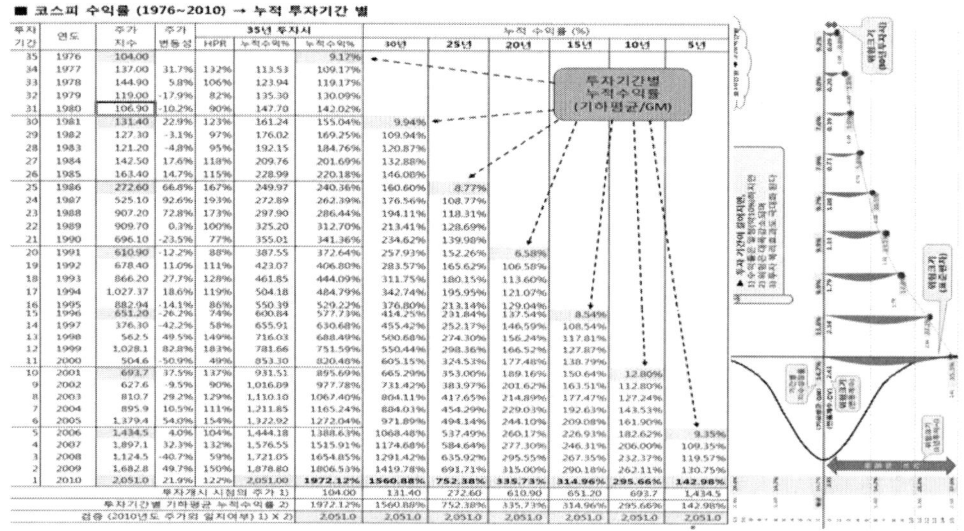

■ 코스피 수익률 (1976~2010) → 누적 투자기간 별

투자기간	연도	주가지수	주가변동성	35년 투자시			누적 수익률 (%)					
				HPR	누적수익%	누적수익%	30년	25년	20년	15년	10년	5년
35	1976	104.00				9.17%						
34	1977	137.00	31.7%	132%	113.53	109.17%						
33	1978	144.90	5.8%	106%	123.94	119.17%						
32	1979	119.00	-17.9%	82%	135.30	130.09%						
31	1980	106.90	-10.2%	90%	147.70	142.02%						
30	1981	131.40	22.9%	123%	161.24	155.04%	9.94%					
29	1982	127.30	-3.1%	97%	176.02	169.25%	109.94%					
28	1983	121.20	-4.8%	95%	192.15	184.76%	120.87%					
27	1984	142.50	17.6%	118%	209.76	201.69%	132.88%					
26	1985	163.40	14.7%	115%	228.99	220.18%	146.08%					
25	1986	272.60	66.8%	167%	249.97	240.36%	160.60%	8.77%				
24	1987	525.10	92.6%	193%	272.89	262.39%	176.56%	108.77%				
23	1988	907.20	72.8%	173%	297.90	286.44%	194.11%	118.31%				
22	1989	909.70	0.3%	100%	325.20	312.70%	213.41%	128.69%				
21	1990	696.10	-23.5%	77%	355.01	341.36%	234.62%	139.98%				
20	1991	610.90	-12.2%	88%	387.55	372.64%	257.93%	152.26%	6.58%			
19	1992	678.40	11.0%	111%	423.07	406.80%	283.57%	165.62%	106.58%			
18	1993	866.20	27.7%	128%	461.85	444.09%	311.75%	180.15%	113.60%			
17	1994	1,027.37	18.6%	119%	504.18	484.79%	342.74%	195.95%	121.07%			
16	1995	882.94	-14.1%	86%	550.39	529.22%	376.80%	213.14%	129.04%			
15	1996	651.20	-26.2%	74%	600.84	577.73%	414.25%	231.84%	137.54%	8.54%		
14	1997	376.30	-42.2%	58%	655.91	630.68%	455.42%	252.17%	146.59%	108.54%		
13	1998	562.5	49.5%	149%	716.03	688.49%	500.68%	274.30%	156.24%	117.81%		
12	1999	1,028.1	82.8%	183%	781.66	751.59%	550.44%	298.36%	166.52%	127.87%		
11	2000	504.6	-50.9%	49%	853.30	820.46%	605.15%	324.53%	177.48%	138.79%		
10	2001	693.7	37.5%	137%	931.51	895.69%	665.29%	353.00%	189.16%	150.64%	12.80%	
9	2002	627.6	-9.5%	90%	1,016.89	977.78%	731.42%	383.97%	201.62%	163.51%	112.80%	
8	2003	810.7	29.2%	129%	1,110.10	1,067.40%	804.11%	417.65%	214.89%	177.47%	127.24%	
7	2004	895.9	10.5%	111%	1,211.85	1165.24%	884.03%	454.29%	229.03%	192.63%	143.53%	
6	2005	1,379.4	54.0%	154%	1,322.92	1272.04%	971.89%	494.14%	244.10%	209.08%	161.90%	
5	2006	1,434.5	4.0%	104%	1,444.18	1388.63%	1068.48%	537.49%	260.17%	226.93%	182.62%	9.35%
4	2007	1,897.1	32.3%	132%	1,576.55	1515.91%	1174.68%	584.64%	277.30%	246.31%	206.00%	109.35%
3	2008	1,124.5	-40.7%	59%	1,721.05	1654.85%	1291.42%	635.92%	295.55%	267.35%	232.37%	119.57%
2	2009	1,682.8	49.7%	150%	1,878.80	1806.53%	1419.78%	691.71%	315.00%	290.18%	262.11%	130.75%
1	2010	2,051.0	21.9%	122%	2,051.00	1972.12%	1560.88%	752.38%	335.73%	314.96%	295.66%	142.98%
	투자개시 시점의 주가 1)					104.00	131.40	272.60	610.90	651.20	693.7	1,434.5
	투자기간별 기하평균 누적수익률 2)					1972.12%	1560.88%	752.38%	335.73%	314.96%	295.66%	142.98%
	검증 (2010년도 주가와 일치여부) 1) X 2)					2,051.0	2,051.0	2,051.0	2,051.0	2,051.0	2,051.0	2,051.0

42

진득한 친구의 정체

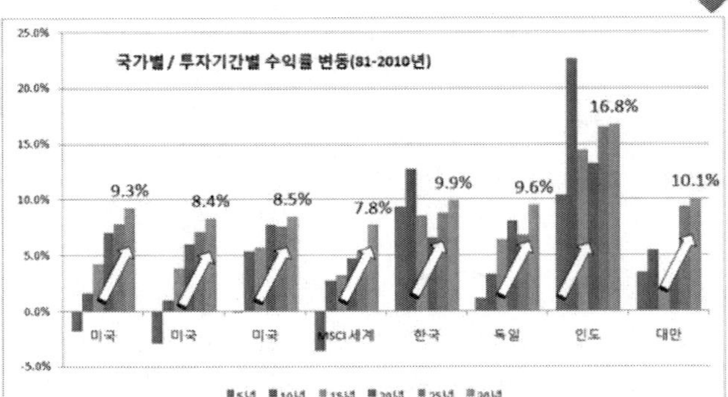

■ 시장 수익률 (2010년 기준으로, 5년씩 차감하여 계산/GM)

보유기간	미국다우	미국S&P	미국러셀	MSCI 세계	한국	독일	인도	대만
5년	-1.8%	-3.0%	-0.1%	-3.6%	9.4%	1.2%	10.4%	3.5%
10년	1.6%	1.0%	5.4%	2.7%	12.8%	3.3%	22.7%	5.5%
15년	4.3%	3.9%	5.7%	3.2%	8.5%	6.4%	14.5%	1.9%
20년	7.1%	6.0%	7.7%	4.7%	6.6%	8.1%	13.3%	3.6%
25년	7.8%	7.1%	7.6%	5.5%	8.8%	6.8%	16.5%	9.4%
30년	9.3%	8.4%	8.5%	7.8%	9.9%	9.6%	16.8%	10.1%

■ 주인공을 도와주는 진득한 조연배우(금융상품)는, 비록 진득함의 차이는 약간 있기는 하지만, 한국뿐만 아니라 다른 대부분의 나라에서도 존재했다

■ 진득한 모든 조연배우(금융상품)의 공통점은, 주인공(우리)도 처음에는 어느 조연배우가 진득한지 알기가 어렵다는 점이다.

■ 그러나 시간이 충분히 지나면서, 주인공(우리)은 그를 알아보게 된다.

■ 우리가 조금이라도 먼저 그를 알아본다면, 더 이상 고민하지 않고 믿음직한 조연배우(금융상품)에게 다 맡기고, 가끔 대화(관리)하면서 인생을 마음 편히 지낼 수 있겠지만, 다들 잘 알려줘도 그냥 지나는 경우가 대부분이다

43

시장지수 투자의 원리

재무제표	손익계산서	시사점	상품	보험

자산	부채			
		매출액	기업성장 (우리도 성장)	물가	(-) 3%
유형자산 (토지,건물, 기계 등)	대출	영업수익		대출	5~6%
	회사채	이자지급	수익증가 (이자고정)	채권	5~6%
무형자산 (기술력, 상표가치 등)		세금			
	주식	순이익	수익증가 (주가상승)	펀드 (인덱스)	8% ~10%

44

투자시장의 비밀?

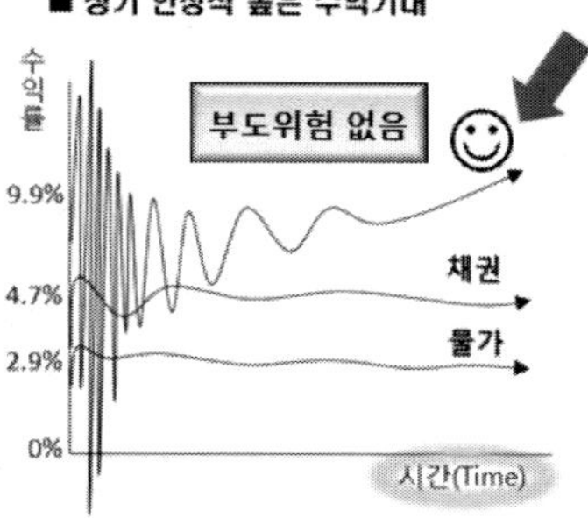

■ 세계적인 명감독(투자의 현인)들은 가끔, 주인공의 성공을 도와줄 진득한 조연배우(금융상품)를, 이미 여러 번 추천하였었다.

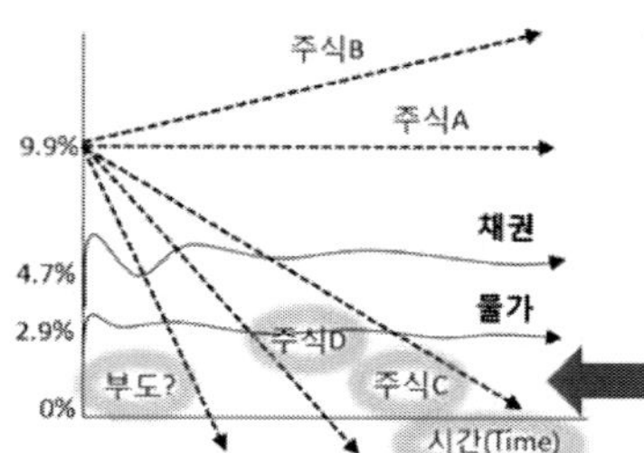

"인간의 능력으론 미래의 시장을 예측할 수 없다. 이 사실만 제대로 깨우치면 당신은 고수다."
- 피터 린치 (13년간 2700% 수익 올린 전설적인 펀드매니저)

1주일 짜리 재테크 MBA   부록 CD 동영상   김웅열 copyright © 2012 All right reserved

금융상품 수익변화의 근원

■ 세계적인 명감독(투자의 현인)들은 영화의 배경(투자배경)이 바뀌면서, 조연배우들(금융상품 및 금융상품을 공급하는 기업들)이 변심한다는 것을 경험적으로 알고 있었다.

1 산업의 변화 → 기업의 경영여건 변화

		→			→	
기업 성장요인	인구(소비시장) 확보	→		소비자중심	→	신시장창출
우리들 역할	수요자	→		참여자	→	요구자
기업 역할	공급자			공급자		공급자

				→		→	
산업변화	농업	제조업	서비스업	→	IT,	→	Bio,우주
소비자 Need	의식주	편리성	효율성	→	참여욕구	→	호기심
사례	(식품,전기)	(자동차 가전,화학)	(금융,물류 여가)		(인터넷,SMT폰)		(생명공학 우주,에너지)
	생존경제	기본생활 편리개선	효율성개선 JIT 물류		소비자 의견표출 (data분석중요) 레버리지만으론 한계		기술보편화 에너지확보가 Key
<국가사례>	다수의 소비자 확보가 성공요인		→ Blue Ocean		(Nitch 마켓)	→	신시장 창출(아이폰)
한국	70~85	85~2010	10~2015		10~2015		??
미국	30~60	60~90	90~2000		00~2010		2010~현재
중국	~2000	00~2015	시작 중		??		??

진득한 친구의 정체

- 때문에, 명 감독들(투자의 달인)은 영화 배경이 바뀌어도, 변함(금융상품의 부도발생)없이 주인공을 도와주는 진득한 조연배우(금융상품)의 중요성을 잘 알고 있었던 것이다.
- 진득한 조연배우는, 시대가 변화해도 우직한 집사처럼, 늘 주인공(우리들) 가까이에서 성공(노후준비)하도록 돕는다

■ 연평균 성장률(86~2010년)

구 분	☺	금리 [채권투자]	물가
미국	**9.97%**	4.75%	2.89%
한국	**10.37%**	9.35%	4.45%
가격결정 요소	+ 실질금리 + 인플레% + 시장수급 없음 + 기업성장	+ 실질금리 + 인플레% + 시장수급 + 기업위험 없음	+ 실질금리 + 인플레% + 시장수급 없음 없음

기업경영

내부운영 효율성제고 (레버리지 전략)	+	효율성 지속확보 (Risk 대비)
산업 트렌드 (Catch Up 전략)	+	신 사업모델 창출 (Creativeness)
부지런 경영 (추가시장 확보)	+	Pagadime shife 대비 (Client focused)
원재료 확보, 설비투자, 기술력	+	Client Focused + 신시장 창출
부지런함, 근면성, 성실성	+	정보력 + 창의력
		(언어, IT이용력) (전문+다양성)

47

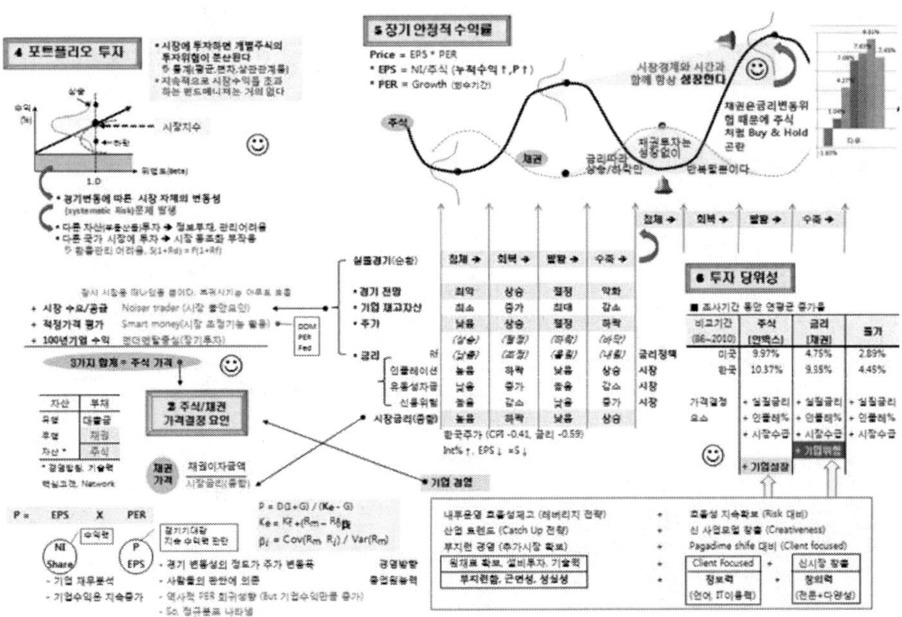

48

부록 CD 동영상

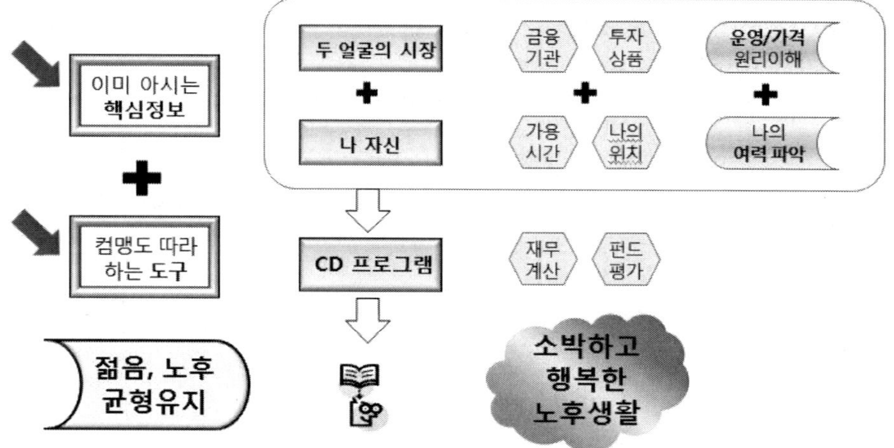

49

부록 CD 프로그램 이용법

표 1-1 재무계산기

자세한 설명은 책 참조

은퇴까지 저축액(매월)

예금	a		- 현재 가지고 있는 목돈
기간	b	30	총기간(년)
수익율	c	10.00%	금리(년)
저축액	d	100	저축액(년 또는 월)
저축간격	e	12	1개월이면 (12), 12개월이면 (1)
만기금액	f	226,049	은퇴시 예상금액
	g	36,000	저축원금
	h	190,049	수익금액

- 노랑 부분만 각자의 상황에 맞게 입력하세요
- 금리(수익률)는 평균수익률입니다
- 노후연금은 내가 직접 한 주식 처분하셔도 됩니다

상속 예상액

상속금액	i	100,000	미래 상속시점의 상속금액
수익율	j	10.00%	금리(년이자율)
상속시기	k	30	1개월이면 (12), 3개월이면 (4)
예금액	l	5,731	만기시점에 요 적립금액

노후 연금액 (매월)

예금액	m	220,318	미래 예금액
기간	n	30	노후연금받을 예상기간
수익율	o	10.00%	금리(년)
연금액	p	1,933	매월 받으실 연금액

50

표 1-1 재무계산기

자세한 설명은 책 참조

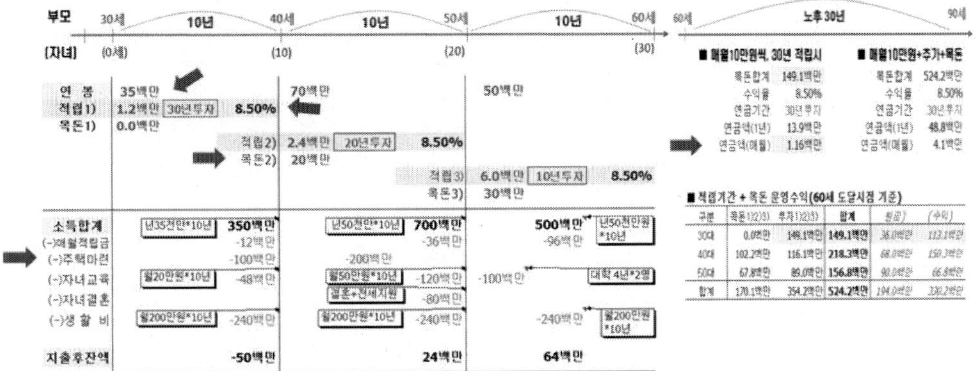

- 각자의 연봉을 입력하세요. 그리고, 매월 적립1)을 입력해 보세요
- 없어도 무방하지만, 있다면 30대, 40대, 50대까지 목돈을 입력하세요
- 각자의 필수비용(주택마련, 자녀교육, 자녀결혼, 생활비)를 여건에 맞게 입력해 보세요
- 인덱스 평균 수익률(한국은 약 9%, 미국은 약7.5%)을 입력합니다.
- 노후연금의 크기를 보시고, 만족하시면 그대로 실행합니다. 그리고 30년간 돌아보지 마세요
- 부족해 보이면, 재 조정할 수 있는 것은, 생활비와 적립금액 뿐입니다. 절대 수익률을 조정 금물^^

표 4-1 재무계산기

자세한 설명은 책 참조

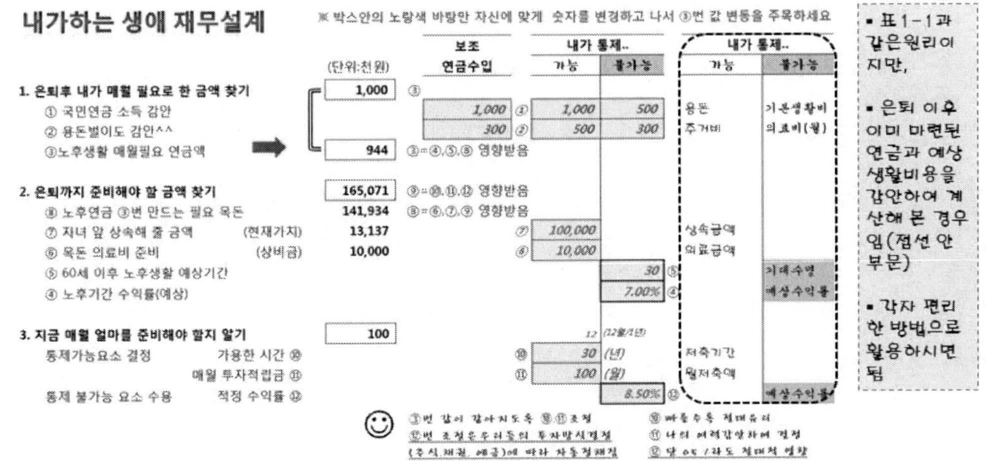

- 표1-1과 같은원리이지만,
- 은퇴 이후 이미 마련된 연금과 예상 생활비용을 감안하여 계산해 본 경우임(점선 안 부문)
- 각자 편리한 방법으로 활용하시면 됨

표 6-1 펀드실적 알아보기

- 노랑색 바탕의 기준시장 및 펀드 자료입력, 기준금리도 입력
- 펀드 실적을 (라)의 "샤프비율" 로 1차 점검
- 최종적으로 위험대비 수익률 수준을 보여주는 (차)값으로 평가

■ 펀드별 운영 실적 평가 (단위 : %)

	기준금리	시장수익률 자료	펀드A	펀드B	펀드C	
펀드 총 수익률 %	5.00	10.00	12.00	9.00	11.00	[가] 양
펀드 베타값, beta, β		1.00	1.10	0.90	1.00	(나)
펀드 표준편차값, σ		13.00	20.00	12.00	12.00	(다) 질
CV 낮을수록 좋음		1.30	1.67	1.33	1.09	
sharp ratio 높을수록 좋음			0.35	0.33	0.50	(라) 질
기준금리 대비 초과수익률(실제 달성치) (Ra-Rf) ①			7.00	4.00	6.00	[마]
- βi 위험도 감안한 초과수익률(요구 기대치) (Rm-Rf)βi ②			5.50	4.50	5.00	[바]
초과수익 달성치(분석前) ③ = ①-②			1.50	△0.50	1.00	[사]
초과위험 감안한 수익률 조정 펀드전체 (Rm-Rf) *(Pσi/Mσ) 주1)			7.69	4.62	4.62	(아)
(−)시장조정 - (Rm-Rf) βi 주2) - Policy effect, ②			(5.50)	(4.50)	(5.00)	
(=)시장보다 초과위험 부담치 (Rm-Rf)(Pσi/Mσ) - (Rm-Rf)βi ④ = current Pσi -②			2.19	0.12	△0.38	(자)
진짜 초과수익 달성치(분석後) ⑤ = ③-④			△0.69	△0.62	1.38	[차] 질

53

부록 CD 동영상

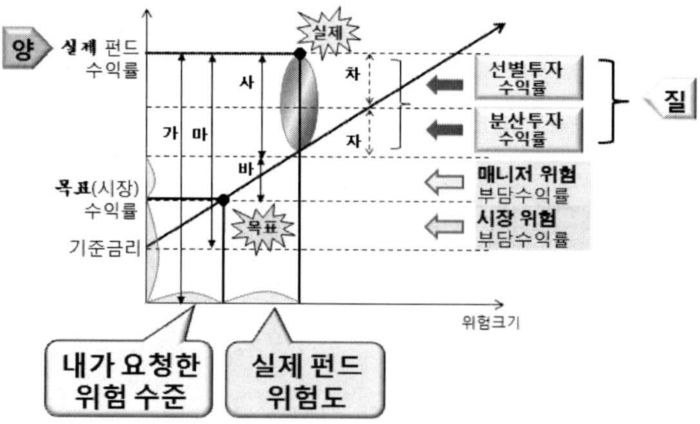

54

부록 CD 프로그램 이용법

표 3-13a 시장금리 변동과 채권가격 변화

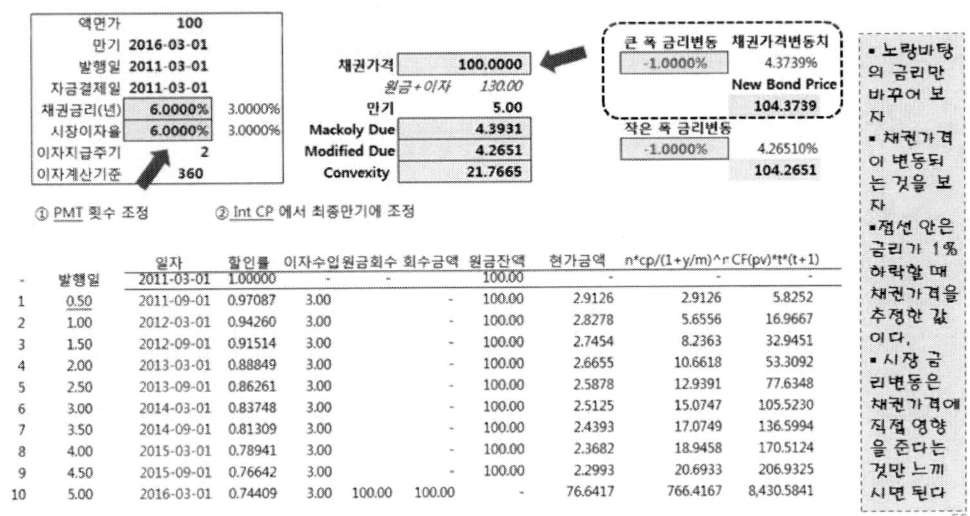

액면가	100	
만기	2016-03-01	
발행일	2011-03-01	
자금결제일	2011-03-01	
채권금리(년)	6.0000%	3.0000%
시장이자율	6.0000%	3.0000%
이자지급주기	2	
이자계산기준	360	

채권가격	100.0000
원금+이자	130.00
만기	5.00
Mackoly Due	4.3931
Modified Due	4.2651
Convexity	21.7665

큰 폭 금리변동	채권가격변동치
-1.0000%	4.3739%
	New Bond Price
	104.3739

작은 폭 금리변동	
-1.0000%	4.26510%
	104.2651

① PMT 횟수 조정　　② Int CP 에서 최종만기에 조정

	발행일	일자	할인률	이자수입	원금회수	회수금액	원금잔액	현가금액	n*cp/(1+y/m)^r	CF(pv)*t*(t+1)
-		2011-03-01	1.00000	-	-		100.00	-	-	-
1	0.50	2011-09-01	0.97087	3.00		-	100.00	2.9126	2.9126	5.8252
2	1.00	2012-03-01	0.94260	3.00		-	100.00	2.8278	5.6556	16.9667
3	1.50	2012-09-01	0.91514	3.00		-	100.00	2.7454	8.2363	32.9451
4	2.00	2013-03-01	0.88849	3.00		-	100.00	2.6655	10.6618	53.3092
5	2.50	2013-09-01	0.86261	3.00		-	100.00	2.5878	12.9391	77.6348
6	3.00	2014-03-01	0.83748	3.00		-	100.00	2.5125	15.0747	105.5230
7	3.50	2014-09-01	0.81309	3.00		-	100.00	2.4393	17.0749	136.5994
8	4.00	2015-03-01	0.78941	3.00		-	100.00	2.3682	18.9458	170.5124
9	4.50	2015-09-01	0.76642	3.00		-	100.00	2.2993	20.6933	206.9325
10	5.00	2016-03-01	0.74409	3.00	100.00	100.00	-	76.6417	766.4167	8,430.5841

부록 CD 프로그램 이용법

표 3-13a 시장금리 변동과 채권가격 변화

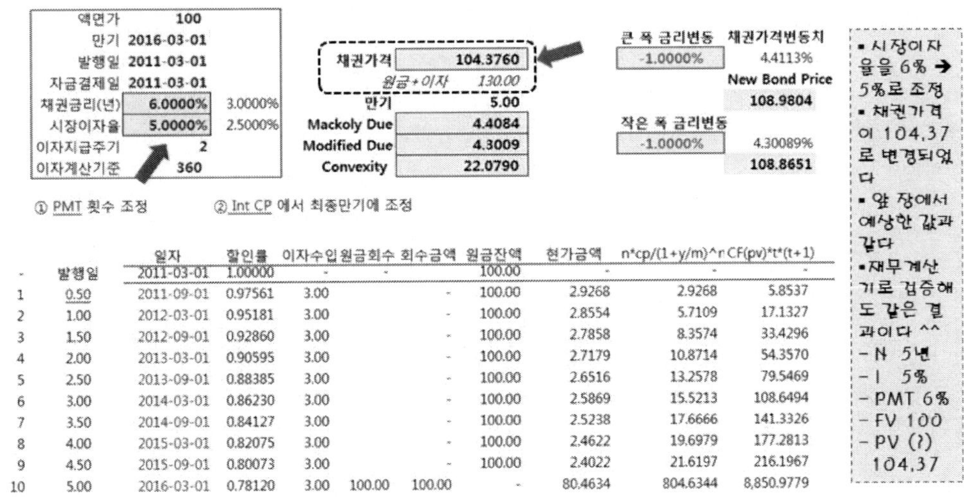

액면가	100	
만기	2016-03-01	
발행일	2011-03-01	
자금결제일	2011-03-01	
채권금리(년)	6.0000%	3.0000%
시장이자율	5.0000%	2.5000%
이자지급주기	2	
이자계산기준	360	

채권가격	104.3760
원금+이자	130.00
만기	5.00
Mackoly Due	4.4084
Modified Due	4.3009
Convexity	22.0790

큰 폭 금리변동	채권가격변동치
-1.0000%	4.4113%
	New Bond Price
	108.9804

작은 폭 금리변동	
-1.0000%	4.30089%
	108.8651

① PMT 횟수 조정　　② Int CP 에서 최종만기에 조정

	발행일	일자	할인률	이자수입	원금회수	회수금액	원금잔액	현가금액	n*cp/(1+y/m)^r	CF(pv)*t*(t+1)
-		2011-03-01	1.00000	-	-		100.00	-	-	-
1	0.50	2011-09-01	0.97561	3.00		-	100.00	2.9268	2.9268	5.8537
2	1.00	2012-03-01	0.95181	3.00		-	100.00	2.8554	5.7109	17.1327
3	1.50	2012-09-01	0.92860	3.00		-	100.00	2.7858	8.3574	33.4296
4	2.00	2013-03-01	0.90595	3.00		-	100.00	2.7179	10.8714	54.3570
5	2.50	2013-09-01	0.88385	3.00		-	100.00	2.6516	13.2578	79.5469
6	3.00	2014-03-01	0.86230	3.00		-	100.00	2.5869	15.5213	108.6494
7	3.50	2014-09-01	0.84127	3.00		-	100.00	2.5238	17.6666	141.3326
8	4.00	2015-03-01	0.82075	3.00		-	100.00	2.4622	19.6979	177.2813
9	4.50	2015-09-01	0.80073	3.00		-	100.00	2.4022	21.6197	216.1967
10	5.00	2016-03-01	0.78120	3.00	100.00	100.00	-	80.4634	804.6344	8,850.9779

**자료분석
활용하기
<모집단>**

■ 모집단 자료값 분석

측정개수	180
평균	142.31
표준편차	25.33
빈도구간	6.417

■ 분석결과

발생확률	최저	평균	최고	Z score
68%	116.99	142.31	167.64	1.00
95%	92.67	142.31	191.96	1.96
99%	76.97	142.31	207.66	2.58
실제자료	93.47		221.81	

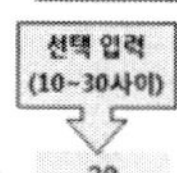

빈도조정 **20**   빈도수 180

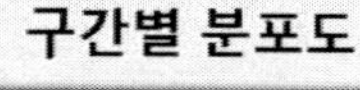

■ 데이터 분포 현황

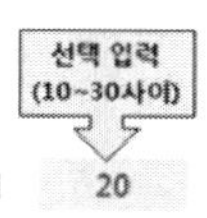

번호	원/중국원(元)	
1	94.33	
2	93.83	-0.5301%
3	93.92	0.0959%
4	93.47	-0.4791%
5	94.63	1.2410%
6	97.40	2.9272%
7	97.86	0.4723%
8	98.65	0.8073%
9	98.92	0.2737%
10	100.15	1.2434%

< 사용방법 >

1) 좌측에 기초자료를 입력한다
2) "모집단", "모집단(증간%)" sheet에서
   노랑바탕의 숫자를 10~30 사이로 입력한
   - 숫자가 클수록 분석구간이 세밀해 진다
3) "모집단", "모집단(증간%)" sheet에서
   막대그래프의 분포를 보고서
   기초 데이터의 구간별 분포를 살펴본다
표 3-7-6 표준편차 설명 참조 사례입니다

- 좌측에 있는 기초자료를 입
력한다, 사례는 (원/위안 환율
자료임)
- 기본 통계분석 결과를 본다
- 통계분석 결과를 보기 쉬운
막대그래프 그림으로 본다
(다음 장)

57

구간별 분포도

■ 데이터 분포 현황   빈도조정 **20**   빈도수 180

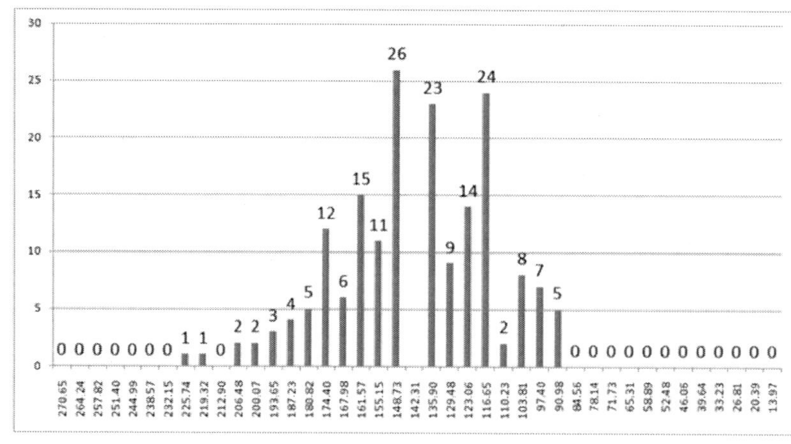

- 기초 자료
의 구간별
분포를 관찰
한다

- 막대 위의
숫자는, 기
초자료가 양
쪽 막대 사
이 있는 개
체 수이다

58

부록 CD 프로그램 이용법

구간별 증감률

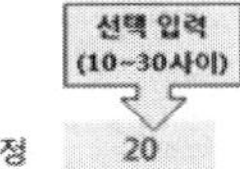

■ 데이터 분포 현황　　선택 입력 (10~30사이)　　빈도조정　20　　빈도수　179

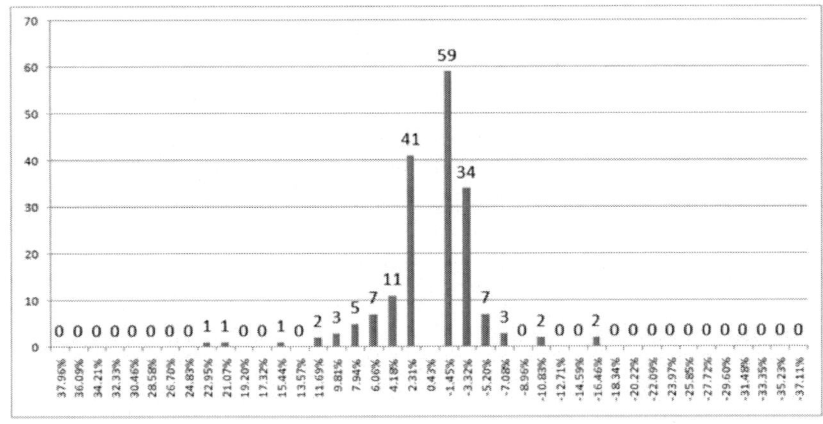

59

부록 CD 프로그램 이용법

주식투자 ?

■ 데이터 분포 현황　　선택 입력 (10~30사이)　　빈도조정　30　　빈도수　179

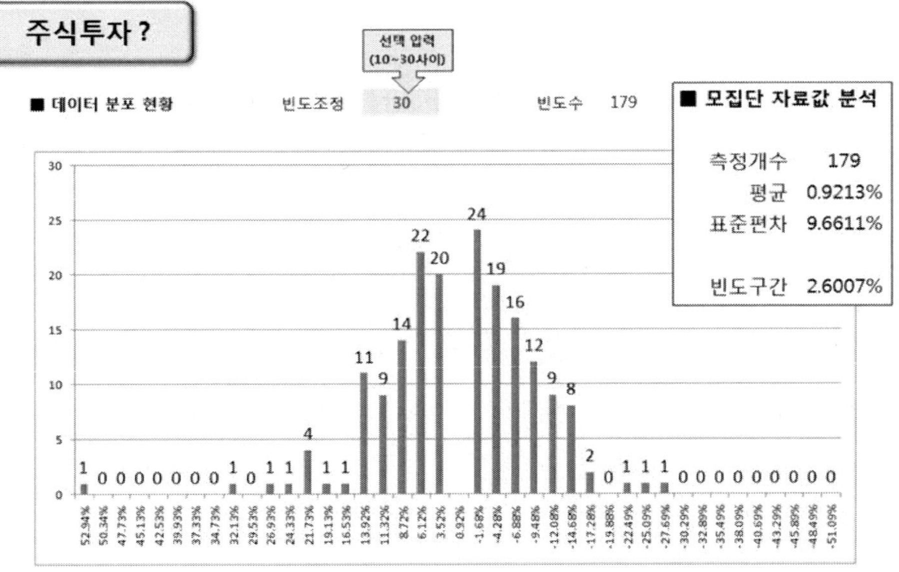

60

33

■ 나의 투자자금 흐름도

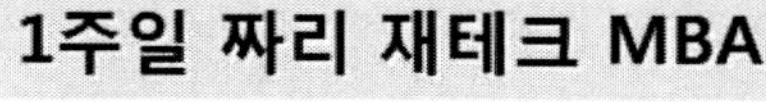
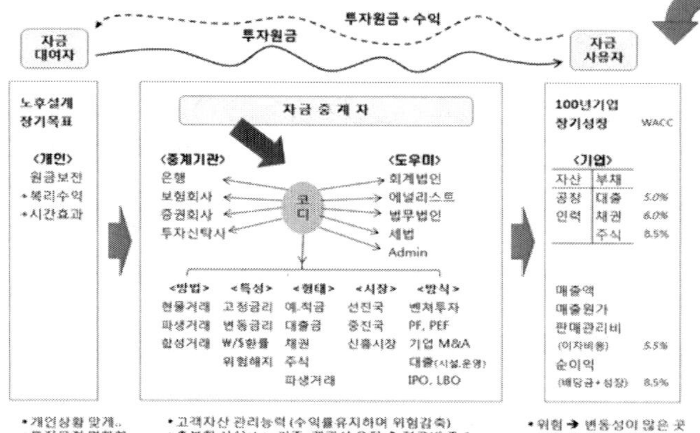

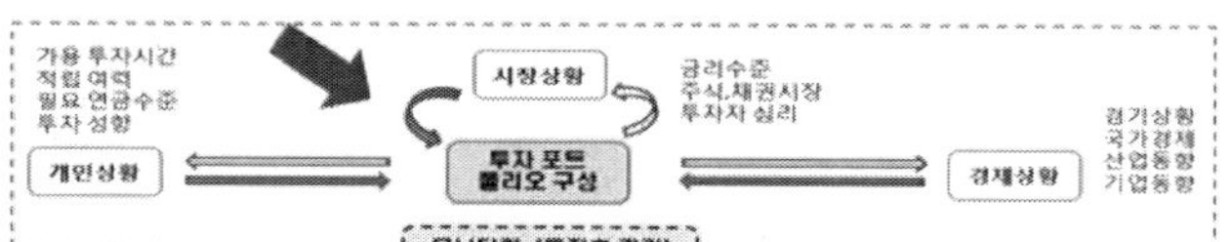

■ 영화의 성공은, 유능한 영화기획사(다양한 금융기관)의 능력(좋은 작가시나리오, 감독, 지원스텝 및 자금투자자의 여력)에 큰 영향을 받는다.

■ 주인공(우리)의 성공을 도와주는 영화기획사의 업무(그림의 코디 역할)는 오랜 현장경험과, 높은 수준의 전문지식을 요구한다.

■ 이 곳은 프로의 세계이지 절대 아마추어가 섣불리 달려들 영역이 아니다.

■ 영화 기획사(금융기관)는 극작가의 주인공의 성공시나리오(투자원칙)를 따라서, 영화의 배경이 바뀔 때마다 주인공을 도와주는 조연배우(금융상품)의 역할을 다시 점검하고 재조정해 주어야 한다.

61

금융기관 상품의 특성

■ 기대 수익률 분석

투자형태	거래 당사자	수익률 형태	추가되는 위험	기대수익률	가산비용	위험 통제
금리	물가	인플레이션	가치손실 위험	3.00%		
	중앙은행 +	기준금리	통화가치 변동위험	3.30%	0.30%	
	은행 +	예금금리	은행부도 위험	4.00%	0.70%	위험 관리
채권	기업 +	가산금리	기업부도 위험	5.50%	1.50%	위험 해지
주식	기업 +	위험보상	시장변동 위험	7.50%	2.00%	위험 분산

☞ 기대수익률은 위험에 대한 보상으로 주어지는 것이며, 투자 성과는 위험을 효율적으로 관리하여 제거함으로써, 이미 개별적으로 보상받은 수익률이 위험대비 커지도록 하는 것이다.

한국기업 전체의 재무제표 합계

<전체> (단위:백만원) / **<대기업>** (단위:백만원) / **<중소기업>** (단위:백만원)

항목	전체	%	대기업	%	중소기업	%
유동자산	1,214,003,019	43.4%	604,095,889	35.8%	609,907,130	55.1%
당좌자산	948,130,038	33.9%	469,678,834	27.8%	478,451,204	43.2%
재고자산	265,872,980	9.5%	134,417,055	8.0%	131,455,926	11.9%
비유동자산	1,581,518,837	56.6%	1,084,722,068	64.2%	496,796,769	44.9%
투자자산	444,152,258	15.9%	348,548,496	20.6%	95,603,762	8.6%
유형자산	959,707,203	34.3%	617,206,005	36.5%	342,501,198	30.9%
토지	293,108,355	10.5%	158,497,417	9.4%	134,610,938	12.2%
설비자산	571,254,835	20.4%	379,177,771	22.5%	192,077,064	17.4%
건물·구축물	249,656,837	8.9%	156,197,270	9.2%	93,459,567	8.4%
기계장치	213,993,607	7.7%	156,240,118	9.3%	57,753,490	5.2%
무형자산	93,018,587	3.3%	68,275,490	4.0%	24,743,098	2.2%
기타비유동자산	84,640,788	3.0%	50,692,077	3.0%	33,948,711	3.1%
자산총계	2,795,521,855	100.0%	1,688,817,957	100.0%	1,106,703,899	100.0%

항목	전체	%	대기업	%	중소기업	%
유동부채	963,992,671	34.5%	520,720,119	30.8%	443,272,552	40.1%
매입채무	278,930,082	10.0%	157,150,676	9.3%	121,779,406	11.0%
단기차입금	294,091,174	10.5%	98,857,374	5.9%	195,233,800	17.6%
유동성장기부채	109,782,500	3.9%	85,288,383	5.1%	24,494,117	2.2%
기타유동부채	281,188,915	10.1%	179,423,687	10.6%	101,765,228	9.2%
비유동부채	530,246,639	19.0%	334,956,186	19.8%	195,290,453	17.6%
회사채	161,825,767	5.8%	155,665,151	9.2%	6,160,616	0.6%
장기차입금	222,914,697	8.0%	82,833,494	4.9%	140,081,203	12.7%
자본	1,301,282,545	46.5%	833,141,651	49.3%	468,140,894	42.3%
자본금	294,556,152	10.5%	139,011,707	8.2%	155,544,445	14.1%
자본잉여금	253,731,266	9.1%	191,755,485	11.4%	61,975,781	5.6%
자본조정	-39,741,713	-1.4%	-34,185,450	-2.0%	-5,556,264	-0.5%
기타포괄손익누계액	118,689,264	4.2%	83,584,368	4.9%	35,104,896	3.2%
(자산재평가이익)	54,156,679	1.9%	34,988,655	2.1%	19,168,024	1.7%
이익잉여금	674,047,576	24.1%	452,975,541	26.8%	221,072,035	20.0%
부채및자본합계	2,795,521,855	100.0%	1,688,817,957	100.0%	1,106,703,899	100.0%

63

1주일 짜리 재테크 MBA

부록 CD 동영상

김웅열 copyright © 2012 All right reserved

한국기업 전체의 손익계산서 합계

항목	전체	%	대기업	%	중소기업	%	
매출액	2,932,599,913	100%	1,536,026,458	100%	1,396,573,455	100%	
매출원가	2,340,426,856	79.8%	1,241,223,503	80.8%	1,099,203,353	78.7%	
매출총손익	592,173,056	20.2%	294,802,955	19.2%	297,370,101	21.3%	
판매비와관리비	419,861,913	14.3%	190,377,406	12.4%	229,484,507	16.4%	급여비중
급여	113,652,404	3.9%	32,754,573	2.1%	80,897,831	5.8%	
퇴직급여	10,368,392	0.4%	3,858,970	0.3%	6,509,422	0.5%	
복리후생비	16,293,470	0.6%	5,591,303	0.4%	10,702,167	0.8%	
영업손익	172,311,143	5.9%	104,425,548	6.8%	67,885,595	4.9%	
영업외수익	128,886,756	4.4%	93,057,237	6.1%	35,829,519	2.6%	
영업외비용	139,832,051	4.8%	91,352,469	5.9%	48,479,582	3.5%	
이자비용	44,178,462	1.5%	21,620,547	1.4%	22,557,915	1.6%	
외환차손	28,765,245	1.0%	22,964,226	1.5%	5,801,019	0.4%	
법인세차감전순손익	161,365,847	5.5%	106,130,316	6.9%	55,235,532	4.0%	
법인세비용	29,953,534	1.0%	20,035,642	1.3%	9,917,892	0.7%	
당기순손익	132,087,680	4.5%	87,212,120	5.7%	44,875,559	3.2%	수익성
차입금	788,614,138		422,644,402		365,969,736		
지급이자	44,178,462		21,620,547		22,557,915		
차입금이자율	5.60%		5.12%		6.16%		이자율

- 차입금 및 채권의 평균금리 수준..
- 대기업은 이미 미국의 금리수준과 유사하다

64

우리의 진득한 친구?

투자기간	1년	3년	5년	7년	10년	15년	20년	25년	30년	
측정횟수	34	33	30	28	25	20	15	10	5	
GM P.A(기간별)	14.66%	11.62%	9.94%	9.89%	9.68%	7.91%	7.64%	8.97%	9.17%	
편차P.A(기간별)	35.3%	27.2%	17.8%	13.1%	10.5%	5.8%	3.0%	1.8%	0.8%	
Coeff-var(기간별)	2.41	2.34	1.79	1.33	1.08	0.73	0.39	0.20	0.09	
Median	12.86%	8.10%	5.60%	8.07%	10.75%	8.43%	8.53%	8.99%	9.30%	←
Min	-50.9%	-34.7%	-18.8%	-11.2%	-9.3%	-2.6%	1.1%	6.3%	8.1%	
Max	92.6%	82.4%	58.8%	39.9%	26.9%	17.5%	12.7%	12.1%	10.0%	
예상범위초과(5%)	3	1	-	-	-	-	-	-	-	
비율	8.8%	3.0%	0.0%	0.0%	0.0%	0.0%	0.0%	0.0%	0.0%	
수익률 0% 미만	10	12	9	9	5	2	-	-	-	
비율	29%	36%	30%	32%	20%	10%	0%	0%	0%	
GM 수익률(년)	14.66%	11.62%	9.94%	9.89%	9.68%	7.91%	7.64%	8.97%	9.17%	수익성
표준편차(누계/기간)	35.3%	27.2%	17.8%	13.1%	10.5%	5.8%	3.0%	1.8%	0.8%	위험도
변동계수(CV)	2.41	2.34	1.79	1.33	1.08	0.73	0.39	0.20	0.09	

한국기업 전체투자 포트폴리오

금융상품 상호 간 친밀도

■ 한국의 경제지표 간 상관관계(월말기준 / 96-2010)

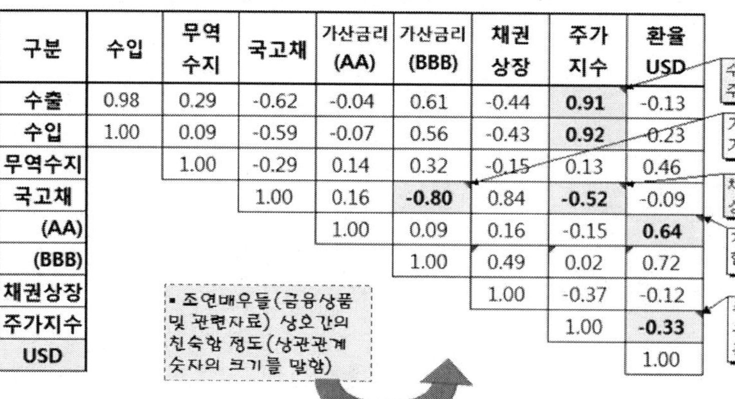

구분	수입	무역수지	국고채	가산금리 (AA)	가산금리 (BBB)	채권상장	주가지수	환율 USD
수출	0.98	0.29	-0.62	-0.04	0.61	-0.44	0.91	-0.13
수입	1.00	0.09	-0.59	-0.07	0.56	-0.43	0.92	0.23
무역수지		1.00	-0.29	0.14	0.32	-0.15	0.13	0.46
국고채			1.00	0.16	-0.80	0.84	-0.52	-0.09
(AA)				1.00	0.09	0.16	-0.15	0.64
(BBB)					1.00	0.49	0.02	0.72
채권상장						1.00	-0.37	-0.12
주가지수							1.00	-0.33
USD								1.00

나는 은행원(Banker)이다.

20년 전에 은행의 지점에서 동전을 교환하는 출납으로 시작하여 개인 및 기업의 예금, 대출, 외환 업무를 6년간 담당했었고, 이후 **13년간 국제 투자금융** 업무를 담당하며 기업들과 같이 IMF를 경험하고 극복하는 현장에 있었다. 많은 국내 및 해외 금융기관(은행, 보험, 증권, 신용평가사, 회계법인, 법무법인, 신용평가사, 자산운용사 등)들과 한 팀이 되어, 거액 차관단대출, 해외채권발행, 유동화금융, SOC프로젝트금융, 선박금융, 부동산금융 등을 추진했었다. **싱가포르**에서 일할 때는 현지 기업이나 금융기관에게 전화를 걸며 찾아다니는 **맨발의 마케팅**으로, 국제 투자금융 업무와 외화 자금 조달을 동시에 진행하면서, 잠자고 있던 한국 금융기관의 위상을 새롭게 했다. 한마디로 **난 필드의 야전 사령관**이었다.

싱가포르에서 한국에 돌아온 후, 미국 금융 위기와 다시 유럽의 재정 위기를 겪으면서, **개인 투자자들**이 불안한 노후 준비 때문에 조급하게 잘못된 방식으로 투자하여, **고통 받는 모습**을 보고, **무언가 해야겠다는 생각**을 했다. 그래서 이 책을 쓰기 시작했다. 그간 현장의 오랜 경험과 금융연수원 MBA 과정, 그리고 CFA Level Ⅱ를 마치고 Level Ⅲ를 공부하면서 틈틈이 핵심 금융 이론을 엑셀로 쉽게 풀어서 만들어 놓은 자료들을 다시 정리했다.

우리들은 처음 가는 곳을 찾아 갈 때, **내비게이션**(GPS, Global Position System)이 있으면 두려움이 없다. 노후 준비를 해야 하는 우리에게는 복잡한 수학식으로 표기된 학술용 전문 금융 지식이 필요한 것이 아니다. 지금 **우리가 필요한 것은 목적지까지 가는 길**이 굵은 선으로 확실하게 표시된, 간단 명료한 내비게이션 같은 한 장의 지도다. **난 이 한 장의 선이 굵은 금융 지도**를 만들기 위해 이 책을 썼다.

우리는 왜 투자하려 하는가?

사실 우리들은 대부분 정확하게 모르고 투자하고 있다. 적을 알고 나를 알면 백전백승이란 말처럼, 투자에 성공하기 위해서는 때론 적도 되고 친구도 되는 시장의 두 얼굴을 알아야 한다. 더 중요한 것은 두 얼굴의 시장에게 조롱당하는 나 자신(Behavior Finance)을 알아야 한다. 금융시장은 돈이 관여되는 냉혹한 **프로들의 세계다.** 끊임없이 당사자(국가 간, 금융기관 간, 금융기관과 기업 간, 개인과 금융기관 간)들이 상호 견제하며 협력하는 전문가 시장이지만, 당사자 중에서 오직 우리들 **개인만 아마추어다.**

모든 금융 상품은 직간접적으로 기업금융과 연계되어 있다(표4-10). 금융 상품을 구성하는 아주 미세한 부문까지도 기업의 경제활동과 깊이 연관되어 있다. 따라서, 우리가 투자하려는 대상과 방법을 결정할 때, **국가, 인구 구조 및 산업의 경제 전망**뿐만 아니라 우리를 대신해서 돈을 다루는 **금융기관의 역할**과 기업의 실물 경제활동을 연계하여 큰 그림으로 접근해야 한다.

모든 길은 로마로 통했다. 로마의 귀족들은 툴과 **시스템에 의한 정확한 현장 정보**가 있었기 때문에 대국을 통치할 수 있었다. 귀족들에게 사실 정보가 집중되었기에, 비록 소수였지만 그들은 지금의 집단 지성과 같은 바른 결정으로 제국을 통치할 수 있었다. 지금은 민주주의의 사회이며, 주권은 국민으로부터 나온다. 따라서, 모든 정보를 국민들에게 공개하고 정확한 **정보 전달**을 함으로써, **국민들이 바른 판단**을 할 수 있는 여건을 만들어, 민주주의가 계속 발전하고 있다.

그러면 **금융은 누가 중심일까?** 답을 알기 위해서는 먼저 돈의 주인이 누구인지를 명확하게 해야 한다. **돈의 주인은 바로 우리,** 개인들이다. 우리들이 잠시 금융회사에 돈의 관리를 위탁하는 것이고, 돈을 가져다 쓰는 곳은 기업이다. 때문에 금융회사는 돈의 주인인 우리들이 **바른 판단을 할 수 있도록,** 위탁한 돈이 어떻게 운영되는지 정확한 **정보 제공**과, 필요하다면 **금융 학습의 기회를 제공**해야 한다. 이렇게 함으로써 투명하고 안정적이며 효율적인 금융 시스템을 구축하여 우리 모두에게 매우 중요한 금융 산업의 발전을 기대할 수 있기 때문이다.

그럼 왜 금융이 중요할까?

미국, 영국, 독일, 프랑스를 보면, 모두 금융 산업이 잘 발달된 것을 볼 수 있다.(일본은 예외입니다만) **한국도 제조업의 성공을 금융업이 바통**을 이어받지 않는 한 선진국으로 도약하기 어렵다. 그 이유는 선진국 도약을 위해서는 제한된 **금융자본의 효율적인 배분**이 반드시 필요하기 때문이다. 제조업으로 성공한 기업의 사장님이 아무리 돈이 많다 해도 **글로벌 기업으로 확장하기 위해 필요한 막대한 자본을 절대 혼자서 다 감당할 수는 없다.** 바로 여러분으로부터 돈을 빌려야 한다. 하지만 금융회사에 대한 신뢰가 떨어지고, 위탁한 돈이 효율적으로 운영이 되지 않을 경우, 여러분이 계속 금융회사를 신뢰하며, 돈을 맡겨 운영을 의뢰할 수 있을까? 절대 그렇지 않다.

따라서, 정확한 정보 전달과 우리의 목적에 맞게 돈을 관리해 주는 금융회사의 역할은, 금융기관만을 위한 것이 아니라 돈의 주인인 우리를 위하고, 돈을 가져다 쓰는 기업을 위한 역할이며, 나아가 우리나라 전체, 즉 제조업의 성공을 금융 산업이 이어받아, 제2의 한강의 기적을 다지는 아주 중요한 핵심 사항이다. 이렇게 중요한 선진국 도약의 핵심에 여러분들이 서 있다. IMF를 금 모으기와 같은 한국인 특유의 "으쌰" 하는 정신으로 합심하여 극복했던 것처럼, 나의 노후 준비를 위하고, 우리의 자녀들에게 보다 많은 일자리 기회를 제공할 수 있는 또 한번의 도약에 참여하자.

여러분은 할 수 있다. **어떻게 할 수 있을까?** 주인공인 여러분들이 요구를 하면 된다. 그런데 어떻게 요구해야 할까? 질문을 정확하게 해야만 답을 기대할 수 있듯이, 먼저 여러분의 **목적에 맞게 정보를 요구하는 방법을 배워야** 한다. 사실 금융회사들(때로는 경제신문에서도)은 이미 충분한 정보를 여러분에게 주고 있습니다만, 아직 여러분들이 사용하는 방법을 모르는 경우가 대부분이다. 따라서, 먼저 여러분 스스로가 금융의 최종적인 목표가 무엇인지? 왜 내가 투자를 하려고 하는지? 목적을 명확하게 하고서, 거기에 맞게끔 금융회사에 정보를 요구를 해야 한다. **목표를 명확하게 하면** 목표에 **도착하는 길이 하나**로 보인다.

지금부터 무엇을, 왜, 어떻게 요구를 해야 하는지 이 책을 통해 알아보자.

금융은 각각의 상황에 맞게끔 도움을 주는 **카운슬링 업무**다. 우리 한국인은 다들 매우 똑똑하다. 따라서, 복잡해 보이는 금융세계를 **데이터**를 가지고서 쉽고 간단하게 중요 개념만을 정리한, 몇 가지 **힌트(^^)와 도구(정말 강력함)**를 드리면, 여러분은 모두 스스로 주도적으로 만들어 가는 노후 준비 투자를 할 수 있다. 이 책에서는 20~30년간 실증 자료에 근거한 객관적인 사실(금융 이론)을 그림과 도표로 설명하면서 힌트를 드린다.

　워렌 버핏은 투자의 핵심이 "__장기 투자와 복리__"라고 했다. 세계적인 투자 전문사 피델리티를 운영했던 **앤서니 볼튼**은, 투자 성공 요인을 "__투자가 확률 게임이란 것을 이해하는 것__"이라 했다. 복리 효과와 확률 게임 둘 다, 장기간 숙성의 시간 없이는 불가능하다. **장기적으로 시장 수익을 앞서는 펀드매니저는 거의 없다.** 설사 있어도 우리가 만날 확률은 희박하다.

　우리는 긴 인생 여정에서 젊은 시절과 노후 생활의 **재무적인 균형을 유지**하게 하는, 장기 안정적인 적정 수익률이 필요하다. 1~2년 단기간 수익은 큰 의미가 없다. (이 책은 1~2년 뒤에 큰 이익을 기대하는 분들을 위한 책이 아니다. 이 책은 노후 준비 **장기 투자자를 위한 책**이다. 은퇴 전에는 본업에 충실하면서 조금씩 투자를 해서, 부족하지 않은 노후 생활이 가능하도록 하는 소박한 샐러리맨을 위한 투자 방법을 설명한 책이다)

　우리 자녀들은 날로 치열해지는 삶의 경쟁에서 스스로 생존하기 위한 삶의 무게를 감당하기에도 벅차다. 부모님을 도와드리려는 자식들의 착한 마음은 있지만, 시간적으로나 경제적으로나 사실 여력이 거의 없다. 더욱이 의료 기술의 발달로 노후의 삶은 최소 은퇴 후 30 이상 연장되었다. 국민연금과 직장에서의 퇴직연금이 조금 있지만, 정말 100세까지 긴 노후 생활을 부양하기에는 많이 부족해 보인다. 지금 우리는 노후 생활을 위해 무언가 준비하여야만 한다.

　나는 대한민국 ROTC 장교로 군 복무를 했다. 때문에 "전장에서 적을 알고(병사수, 화력, 작전, 식량, 지형지물) 나를 알면(병사수, 화력, 식량등) 백전백승"이라는 말에 깊이 공감한다. 이 책은 적은 아니지만 극복해야 할 상대방인 금융시장의 현실을 진단하고, 핵심적인 특성을 파악한 후, 우리 개인 투자자들이 이를 극복하는 방법을 제시한다. 중요한 나의 인생 재무관리를 **아직은 부족한 금융 도우미들의 말만 믿고 맡길 수는 없다**.

　우리는 항상 바쁘다. 시간을 내어 투자 전문가를 만나서 노후 준비를 위한 재무 설계를 상담하기 어렵다. 설사 어렵게 시간을 내서 상담한다 해도, 바른 철학이 있는 투자 전문가를 만나기가 쉽지 않다. **이제 내가 직접 해 보자.** 나는 쉬운 것만 하고, 어려운 일은 전문가에게 맡기자. 부록 CD에 있는 엑셀프로그램으로 내가 직접 해보면, 여러분은 이 책으로 다 설명할 수 없는 미묘한 차이를 느낄 수 있을 것이다.

　이 책이 아름다운 노후를 준비할 때, 매일 쓰는 안경과 같이 옆에 두고 참고하는 **좋은 투자 매뉴얼**이 되기를 기대한다.

　항상 내게 힘을 주는 아내와 기백, 나리에게 이 책을 바친다.

목표를 명확히 하면, 길이 하나로 보인다

Real power for the never ending loser in the market

제1장 내 주변 이야기 ································· 47

1. 나의 노후 연금은 얼마일까 ································· 48
   1) 국민연금 로그인 페이지 http://csa.nps.or.kr__48
   2) 나의 연금 알아보기__ 49

2. 생애 재무설계 큰 호응? ································· 51
3. 고수익을 미끼로 하는 금융 사고가 왜 발생하나. ················· 53
4. 百聞 不如一見 **우린미래를 보면 지금준비할수 있다** ············· 53
5. 나도 이제 유능한 재무설계사. **속이 다 시원하다** ················· 55
6. 복리의 엄청난 효과 **1%차이가 매월연금 30%차이** ··············· 61
7. 누구도 책임지는 사람은 없다. 결국 당신의 선택이다 ··············· 65

제2장 시장 주변 이야기 더이상 우왕좌왕은 없다 ··············· 67

1. 우린 모두 각 분야의 훌륭한 전문가들이다. 그러나 **금융 문맹인이다.** 68
2. 세계 속의 대한민국. GPS? ································· 72
3. 금융기관은 기업 활동과 어떻게 연결되는가? ················· 81
4. 왜 퇴직연금이 이슈일까? DC, DB 중 어떤 것을 선택해야 하나? ······· 94

제3-1장 나도 定義로운 펀드매니저 ································· 97

먼저 핵심을 알자, 투자 상품 이해하기

1. Risk, 위험이란 무엇일까? ································· 98
2. 주식? 채권? 도대체 이게 뭘까? **<핵심11가지>** ··············· 101
   1) 투자자산의 **평균적인 수익률만 올려도 노후 인생 준비가 충분하다.**__ 105
   2) 금융자산 수익률은 역사적 평균 수준으로 회귀한다.__ 109
   3) 투자 위험은 특정 시점에서 (시현된 수익률이 과거 평균 수익률을 기준하여 예상한 미래) 기대 수익률의 범위를 일시적으로 벗어날 때 발생된다.__ 113
   4) 특정 자산(또는 특정 펀드)의 평균 기대 수익률과 위험의 관계는 과거 수익률을 히스토그램 막대그래프로 표기하여 그림으로 수월하게 관찰할 수 있다.__ 122
   5) 수익 구간인 우측 막대 구간이 나타날 가능성(확률)이나 손실 구간인 좌측 막대 구간이 나타날 가능성은 같다. 다만 시간의 차이일 뿐이다.__ 123
   6) 막대그래프의 좌·우측을 합치면 손실과 이익이 서로 상쇄되어 평균 수익률이 된다.__ 124
   7) **주가의 예측은 거의 불가능하다.** 진정, 주가를 예측하려면 너무 많고 복잡한 변수가 있기 때문이다.__ 125
   8) 주식을 산다는 것은 그 기업의 주인(사장)이 되는 것이다. 봄(젊어서)에 씨앗을 뿌려서, 가을(은퇴)에 추수를 하는 것이다.__ 139
   9) 채권 투자 수익률 예상은 주가보다 예측이 조금 덜 어려울 수 있다. 변수가 K(이자율) 하나이기 때문이다. 그러나 금리 예상은 결코 쉽지 않다.__ 141

10) 투자 대행 금융기관은 대부분 주식, 채권에 투자한다__ 148

11) 장기적으로 주가는 기업의 본질 가치(Fundamental Value)에 근접한다. 그러나 **단기적으로는 주식 투자가 주사위 던지기** 식일 수도 있다.__ 151

제3-2장 포트폴리오 운영 이해하기 ················· 159

1. 금융자산 포트폴리오 운영 배경 ················· 161

2. 금융자산 포트폴리오 운영 원리는 **균형(Match) 거래**에 있다. ········· 166

3. 포트폴리오 Match 거래 구축 사전 준비 ················· 177

　　1) 분산투자 이해__ 177

　　2) 금융시장의 일반적인 성향 이해__ 179

　　3) 개인과 기관투자자(머니맨)의 포트폴리오 운영방식 차이점 이해__ 181

4. 포트폴리오 구축/운영의 **사실적 근거**(Factual data)는 무엇인가? ······ 183

　　1) 미국 금융 100년 역사의 사실적 자료들__ 185

　　2) 한국 금융 35년 역사의 사실적 자료들__ 213

5. 한국과 미국 금융사의 시사점들 ················· 233

　　1) **Market Timing은 불나방과 같은 행동이다.**__ 233

　　2) 개별 기업의 주가를 예상하는 것은 불가능하다.__ 242

　　3) 답은 이미 세계적인 투자석학들이 말해주었다.__ 252

　　4) 포트폴리오 운영 방식의 탄생은 불가피한 선택이었다.__ 256

　　5) **시간이 약이다.**__ 284

　　6) 확실한 방법은 있다.__ 289

제4장 나의 포트폴리오 어떻게 구축할까? ················· 293

1. 나의 포트폴리오 구축 과정 ················· 294

　　1) 투자하려는 목적을 명확하게 정의하기__ 295

　　2) 내가 필요로 하는 수익률/ 위험도 찾기__ 296

　　3) 주요 입력 항목 의미 보완 설명__ 301

　　4) **재무 설계의 시사점**__ 305

2. 알고 있으면 도움이 되는 것들 ················· 305

　　1) 기대 수익률이란?__ 305

　　2) 헤지펀드(Hedge Fund)가 높은 수익률을 보장할까? __ 306

　　3) 균형 관리(ALM)와 투자와의 관계(표 3-20-2 참조)__ 310

　　4) 환율과 해외 투자(표 3-15 참조)__ 311

　　5) **금융은 일련의 가정들이다**(기준금리, 인플레이션, GDP 성장률 등)__ 315

　　6) **개인 금융 상품은 모두 기업활동과 연계되어 있다.**__ 318

제5장 **우린 확실한 방법이 필요하다** ································· 323

1. 우리에게는 최선의 방법은 있다. ······················· 324
2. **가장 큰 적은 바로 당신이다.** ························· 326
   1) **나는 나를 잘 모른다.**__ 326
   2) 시장은 더 이상 아마추어가 주인공이 될 수 없다.__ 326

3. 시장의 흐름과 같이 가야만 한다. ····················· 328
   1) 신용 우량 채권도 부도 발생될 수 있다.__ 328
   2) 미국 금융 상품 수익률 실증 자료__ 328

4. 시장 일부를 투자하는 Market timing은 노후를 날려버릴 위험이 크다. 331
   1) 별들의 전쟁.. 펀드매니저?__ 332
5. 투자 석학들의 이야기 ······························· 332

제6장 **펀드를 내 맘대로 활용하기** ························· 335

1. 이제는 은퇴 전과 은퇴 후 재무 균형 관리를 해야만 한다. ·········· 336
2. 우리는 선순환의 연결고리를 만들 수 있다. ················ 338

부록 **국제금융 이야기** ································· 343

부록 CD 내용
1. 저자 동영상 강의(1시간15분)
2. **재무설계 프로그램(노후연금계산기, 생활수지 작성표)**
3. **펀드실적점검**
4. 채권평가 프로그램
5. 금융데이터분석 프로그램

글쓰기에 사용된 근거 자료 150개

표 1-1 매월 10만 원 적립 투자 시, **노후 연금 계산** ······················ 56
표 1-2 일반적인 사람들의 **인생 수지표** ···································· 58
표 1-3 노후에 예상되는 노후 연금 시나리오 ································ 58
표 1-4a 적립 금액과 노후 연금 규모 재정리 ································ 59
표 1-4b **수익률 변화와 연금 크기 변화 정리** ☞ 매월 10만 원 적립 시 ··· 60
표 1-5a 매월 10만 원 적립 시 만기 원리금 비교(10년, 20년, 30년) ········ 61
표 1-5b 매월 10만 원 적립 시 기간별 수익 비교 ···························· 62
표 1-5c 매월 10만 원 적립 시 기간별 수익 비교 ···························· 63
표 2-1 **경제활동 흐름도** ··· 69
표 2-2 산업별 특성 및 투자 수익률 구분 ··································· 71
표 2-3 **국가별 자료** ··· 73
표 2-4 **한국 인구통계** – 통계청 자료 ····································· 76
표 2-5 한국 인구통계 ··· 77
표 2-6 **투자 흐름도** ··· 82
표 2-7 투자 흐름도 비교 ·· 82
표 2-8 기업 재무제표 기본 구조 ··· 89
표 2-9 **생명보험사 재무정보** ·· 90
표 2-10 금융기관 상품 특성 비교 ··· 93
표 2-11 투자 상품 메트릭스 - 예시 ··· 95
표 3-1 **미국 다우지수 100년 / S&P 500, 84년** ···························· 99

▶ 투자 핵심 원칙 11가지
표 3-2 **한국 코스피 지수 수익률** ·· 105
표 3-3 76~2101년까지 각 투자 기간별 수익률(기하평균) ···················· 107
표 3-4 노후 재무설계 테스트 ·· 108
표 3-4 코스피 투자 기간별 누적 수익률 ····································· 110
표 3-5 코스피 35년간 수익률 분포도 ·· 110
표 3-6 자산 유형별 장기 투자 수익률 – 미국 사례 ························· 113
표 3-7 코스피 35년간 수익률 분포도 / 1976~2010 ························· 114
표 3-7-3 수능 성적 분포도 ·· 116
표 3-7-4 수능 성적 분포 통계 분석 ··· 117
표 3-7-5 수능 성적 구간별 학생 수 ··· 118
표 3-7-6 표준편차 계산 ··· 119
표 3-7-7 코스피 지수 통계분석 ··· 121
표 3-7-8 코스피 지수 35년 역사 ·· 122
표 3-8 코스피 35년 연간 수익률 분포도 ····································· 124
표 3-9 **주가 산정을 위한 기업 분석 과정** ································· 130
표 3-10 **시장 참여 주요 금융기관들의 특성** ······························ 134
표 3-8 코스피 35년 연간 전년도 대비 수익률 증감 분포도 ················· 139
표 3-11 주주와 기업은 같이 성장한다 ······································· 139
표 3-12 **채권 가격과 금리관계** ··· 141

표 3-13 **시장이자율 구성** ·· 143
표 3-13a 채권 가격 계산 ·· 144
표 3-13b ··· 145
표 3-13c **채권 가격 계산 ➔ 이해를 돕기 위해 계산 과정 PC로 나열함** ······· 146
표 3-14 시장이자율 변동에 따른 채권 가격 변동(최초 시장이자율 6%를 147
표 3-15 **금리 결정 요인들** ·· 148
표 3-16a 주가와 정보 ·· 151
표 3-16b 기업의 본질가치 ·· 155
표 3-18 개발도상국(5개국평균) ➔ 한국 ➔ 선진국(5개국 평균) ····················· 161
표 3-19 한국의 경제지표(금리, 성장률, 수출입, 주가지수) - 한국은행 통계 자료 ······· 163
표 3-20-1 균형 유지 메커니즘 ·· 166
표 3-20-2 경제주체별 균형 유지 수익 창출 경제활동 메커니즘 ······················ 168
표 3-21-1 은행(금융회사)의 자산/부채 매치 거래 ·· 171
표 3-21-2 부도덕한 펀드사의 자산/부채 매치 거래 특성 ··································· 172
표 3-21-3 정직한 펀드사의 자산/부채 매치 거래 특성 ······································ 173
표 3-23 은행, 펀드/연기금, 기업의 운영방식 ··· 175
표 3-24 투자자산 운영 방식 차이 - 차도남과 머니맨 ··· 179
표 3-25 개별 자산 투자 방식과 포트폴리오 방식 투자 비교 ······························ 182
표 3-26 미국 다우지수 변천사 ·· 185
표 3-27 미국 다우지수 성장률 ·· 187
표 3-28 미국 다우지수 전년 대비 수익률 그래프 ··· 188
표 3-29 다우지수 100년사 보유기간별 성장률, 위험도 분석 ······························ 189
표 3-29 S&P 지수 보유기간별 지수 성장률, 위험도 분석 ··································· 190
표 3-30 미국 다우지수 보유기간별 수익률 및 위험도 분석 ································· 191
표 3-30a 다우지수 수익률과 위험관계 ·· 192
표 3-30c 다우지수 – 투자기간과 위험감소 관계 ·· 193
표 3-31a 복리투자 효과 - 1천만 원 운영 사례 1 ·· 194
표 3-31b **복리투자 효과** - 매월 10만 원 적립 운영 사례 ······························· 196
표 3-32 **다우지수 전년 대비 주가 변동(+/- %) 그래프** ···································· 200
표 3-32a 다우지수 전년 대비 지수 변동률 ··· 201
표 3-33a 다우지수 전년 대비 투자수익률 분포 ·· 205
표 3-33b 다우지수 전년 대비 투자수익률 분포 ➔ 폭락 뒤 폭등 ······················ 206
표 3-33c 다우지수 30년 투자 시 수익률 분포도 ·· 207
표 3-33d 다우지수 전년 대비 변동치 재분류 ➔ 1년 투자와 30년 투자 대비 ····· 208
표 3-33e 다우 및 코스피 지수 PER값 (1993~2010) ··· 209
표 3-34 FED 모델? - 미국 국채 10년 금리 자료 확보 못해서 리보 금리로 추정함. ^^ ···· 210
표 3-35 투자 기간에 따른 수익률 및 위험 관계 - 다우지수 100년 ····················· 212
표 3-36 **코스피 지수 변천사** 1976~1993(좌측) 1994~2010(우측) ················· 213
표 3-37 한국 코스피주가 성장률 ··· 214
표 3-38 한국 코스피 지수 전년 대비 지수 변동 그래프 ······································ 216
표 3-39 한국 코스피 지수의 보유 기간별 지수 성장률 및 위험도 분석 ·············· 217
표 3-40 한국 코스피 지수 보유 기간별 성장률 및 위험도 분석 ·························· 218
표 3-40a 코스피 지수 수익률과 위험관계 ·· 219
표 3-40b 위험 구간(종의 밑변의 넓이)이 대폭 줄어든다 ···································· 219

표 3-40c 투자 기간과 위험 감소 관계 ··· 220
표 3-41 복리와 단리 수익 차이 비교 ··· 222
표 3-42 코스피 지수 전년 대비 변동(+/- %) 그래프 ································· 224
표 3-42a 코스피 지수 투자 기간별 지수 변동 ·· 225
표 3-43 코스피 전년 대비 지수 변동 분포도 ··· 228
표 3-44 한국 코스피 지수 위험 대비 변동치 구간 분류 ······························· 229
표 3-45 한국 코스피 지수와 PER 관계 ··· 230
표 3-46 투자 기간에 따른 수익률 및 위험 관계 – 코스피 지수 35년 ············· 232
표 3-47a 한국 코스피 지수 월간 변동성(96~2010년, 15년간) ··················· 234
표 3-48 포스코 주가 전월 대비 변동치(96~2010년, 15년간) ························ 235
표 3-49 한전 주가 월간 변동성(96~2010년, 15년간) ·································· 236
표 3-50 미국 IBM 주가 월간 변동성(96~2010년, 15년간) ··························· 238
표 3-51a 수익률과 위험(변동계수)과의 관계 ·· 239
표 3-51b 수익률과 위험(변동계수)관계 / 국가별 시장지수 + 주요 기업 비교 ····· 241
표 3-52a 주가와 경제지표와의 관계 /한국 1990~2010년 ···························· 242
표 3-52b 한국 수출입과 주가관계 / 1990~2010년(매월) ···························· 243
표 3-53a 코스피 지수 업종별 점유율 비교 / 2000년과 2011.11월 대비 ·········· 244
표 3-53b 연도별 산업별 코스피 지수 비중 비교 / 10년간 ··························· 245
표 3-53c 산업별 지수 비중 변동률 그래프(1987년-2010년) ························· 246
표 3-53d 투자 대상 기업 분석 과정 / 1번~5번까지 읽어보자 ····················· 247
표 3-53e 투자 분석 성공 확률? ··· 251
표 3-54 미국의 다우지수 성장률과 물가지수, 금리 비교 ····························· 252
표 3-55 한국의 코스피 지수 성장률과 물가지수, 금리 비교 - ······················ 253
표 3-56a 예금, 채권, 주가지수 투자수익률 비교 / 기간(1986년~2010년) ······· 254
표 3-57 포트폴리오 운영 및 Time 해지의 당위성 ······································ 257
표 3-58 삼성전자 주가 전월 대비 변동치 (1996년~2010년) - ····················· 258
표 3-59 인도 Reliance 주가 전월 대비 변동치 (1996년~2010년) ·················· 259
표 3-60 기업의 경영 환경 변화 - 저자 생각 ^^ ······································ 260
표 3-61 주식 가격 산정 과정. 주가 예상으로 돈 벌 생각은 버릴 수밖에.. ········· 264
표 3-62 포트폴리오 분산 시 개별 주식의 위험 제거 ·································· 271
표 3-63a 개별 투자와 포트폴리오 투자 차이 설명 ······································ 272
표 3-63b 개별 투자와 포트폴리오 투자 차이 설명 – **동전 던지기** ················· 273
표 3-63c 개별 투자와 포트폴리오 투자 차이 설명 ······································ 273
표 3-64 한국 주요 기업의 베타 값 계산 사례 ·· 274
표 3-65 전체 시장을 복사하는 인덱스 포트폴리오 운영 사례 ······················· 277
표 3-66a 주요 국가별 시장지수 20년(1991~2010년) ·································· 279
표 3-66b 주요 국가별 전년 대비 시장지수 변동률 추이 / 1991~2010년 ·········· 279
표 3-67 상관관계 설명 사례 ·· 280
표 3-68a 미국 다우지수와 주요 국가별 시장지수 상관관계 / 2000년 이전 10년 ··· 281
표 3-68b 코스피 지수와 주요 국가별 시장지수 상관관계 / 2000년 이전 10년 ····· 281
표 3-69a 미국 다우지수와 주요 국가별 시장지수 상관관계/ 2000년 이후 10년 ···· 282
표 3-69b 코스피 지수와 주요국가별 시장지수 상관관계 / 2000년 이후 10년 ······ 283
표 3-70 시간과 시장의 성장관계 ·· 287
표 3-71 투자기간 증가와 시장지수 수익률과의 관계 ·································· 287

표 3-72 투자 기간 증가와 시장지수 수익률과의 관계> ·· 288

표 3-73 시장에 투자가 최선 ··· 290

앞의 표 3-4 한국 코스피 투자 기간별 수익률 / 76~2010년 ·· 291

표 4-1 **생애 재무설계 사례 ➜ 부록 CD를 사용하여 계산해 보자** ······························· 297

표 4-2 생애 재무설계 결과 – 예시 ·· 298

표 4-3 부록 CD의 나의 재무설계 세부 설명 / 밑줄 부분 입력 ·································· 298

표 4-4 생애 재무설계 예시 – 젊은 세대 ·· 303

표 4-5 생애 재무설계 예시 – 젊은 세대 / 원금 대비 복리 수익 크기 ························· 304

표 4-6 생애 재무설계 예시 – 중년 ·· 304

표 4-7 **기대 수익률이란?** ··· 306

표 4-8 원/달러 환율과 주요 경제지표와의 관계성 ··· 313

표 4-9 원/달러 환율 - 180개월 매월 변동치 분석 ··· 313

표 4-10 한국기업 재무제표 / 2010년도 ··· 317

표 4-11 **내가 투자한 자금의 흐름도** ·· 319

표 4-12 노후 준비 장기 투자 전략 ·· 320

표 4-13 노후준비 전술 ··· 321

표 5-1a **금융 상품 유형별 수익률 비교 – 미국 40년사** ·· 328

표 5-1b 금융 상품 유형별 수익률 비교 – 미국 70년사 ·· 329

표 5-2 **투자 상품 종합 비교 / 실질적인 투자 매력도 기준** ·· 330

표 5-3 투자 상품 수익률 및 투자 비중 비교 ··· 330

표 6-1 투자 활동 흐름도 ··· 336

표 6-2a **펀드 운영 실적 알아보기** ·· 337

표 6-2b 펀드 운영 실적 알아보기 ··· 337

표 6-2c 펀드운영실적 알아보기 ··· 338

표 6-3 투자수익률 1% 차이와 매월 노후연금 차이 ·· 338

표 6-4 **금융산업 발전 방향** ··· 340

표 6-5 세계 속에서 한국의 위치 ·· 340

제 1 장

내 주변 이야기

정확한 현상 진단이 되어야만 문제점을 알 수 있다. 따라서, 국민연금공단의 아래 인터넷 페이지를 들어가서 나의 연금을 알아보자. 매월 국민연금은 납입하지만 실제로 노후에 얼마를 받을 수 있는지 직접 확인한 사람은 많지 않다.

1) 국민연금 로그인 페이지 http://csa.nps.or.kr

2) 나의 연금 알아보기

화면에서 "**내 연금 알아보기**" → "국민연금 알아보기"를 선택하면 아래 화면이 나오며 여러분의 연금이 얼마인지, 그리고 언제부터 받을 수 있는지 알 수 있다.

현재 국민연금은 60세까지 20년 이상 연금 저축을 국민연금공단에 납부하고, 65세부터 연금을 수령하는 것으로 가정하여 작성되어 있다. 연금은 65세부터 평생 받는 것이고, 조기 지급을 신청하면 소득이 없다는 것을 조건으로 60세부터 연금을 받을 수도 있다. 그러나 65세 때 받는 연금의 50%만을 받게 되며, 이후 매년 5%씩 증가하여 70세가 되면 당초 65세 때 받는 것으로 되어 있던 금액을 모두 받게 된다. 아래는 국민연금 인터넷 홈페이지 에서 인용한 내용이다.

▶ 국민연금이란?

국민연금은 나이가 들거나 장애 또는 사망으로 인해 소득이 감소할 경우 일정한 급여를 지급하여 소득을 보장하는 사회보험으로서 지급받게 되는 급여의 종류는 노령연금(분할연 금), 장애연금, 유족연금, 반환 일시금, 사망 일시금이 있다.

급여종류에 따른 수급요건 및 급여수준

구분	수급요건	급여수준
완전 노령연금	가입기간 20년이상, 60세에 도달한 자 (65세 미만이면 소득이 없는 경우에 한함)	기본연금액(100%) + 부양가족연금액
감액 노령연금	가입기간 10년 이상 20년 미만으로 60세에 도달한 자 (65세 미만이면 소득이 없는 경우에 한함)	**가입기간 10년의 경우** • 기본연금액의 50% + 부양가족연금액 • 가입기간 1년 증가시 마다 기본연금액의 5%를 증액
재직자 노령연금	완전노령연금수급권자 또는 감액노령연금 수급권자가 65세 이전에 소득이 있는 업무에 종사하는 경우 (소득있는 업무에 종사하지 않으면 완전노령이나 감액노령연금으로 전환)	**60세인 경우** • 완전 또는 감액노령연금액 (부양가족연금액 제외)× 50% • 연령 1세 증가시 마다 기본연금액의 10%를 증액 • 가입기간 1년 증가시 마다 기본연금액의 5%를 증액 ※ 부양가족연금액은 지급되지 않음
조기 노령연금	가입기간 10년이상, 연령55세 이상인 자가 소득있는 업무에 종사하지 아니하고, 60세 도달전에 청구한 경우 (65세 이전에 소득있는 업무에 종사하면 재직자 노령연금 지급)	**가입기간 10년, 55세인 경우** • 기본연금액의 50%×70% + 부양가족연금액 • 가입기간 1년증가시 마다 기본연금액의 5%를 증액 • 수급개시 연령 1세 증가시 마다 기본연금액의 6%를 증액
분할연금	가입기간 중 혼인기간이 5년 이상인 노령연금 수급권자의 배우자가 60세 이상이 된 경우	**배우자이었던 자의 노령연금액** • (부양가족연금액 제외) 중 혼인기간에 해당하는 연금액의 1/2

지금부터 우리들의 고민이 시작된다.

첫째, 연금 계산 방식이 복잡하다. 그러나 연금 계산 방식은 국가가 미래 국가 재정 상황, 인구 구성도, 국가 경제 발전 상황 등 여러 가지를 종합적으로 감안하여 작성된 것으로 간단하게 변경할 수 있는 부분이 아니다.

둘째, 연금 지급까지 많이 기다려야 한다. 현재 직장인의 정년은 대부분 55세~58세까지이다. 안정적 기업의 직장인은 퇴직 연령까지 근무한다고 가정하더라도 100% 연금을 받으려면 58세 이후 65세까지 12년을 더 기다려야만 한다.

셋째, 연금 실질 수령액이 작아 보인다. 퇴직 시점의 통상 급여액의 일정 비율 금액을 연금으로 지급하는 것으로 되어 있으나 인플레이션을 감안하면 현재 동일 금액으로 생활하는 것을 기대하기란 어렵다.

넷째, 연금 수령액은 변동된다. 우리들이 직장 생활, 또는 자영업을 하면서 매월 납부하는 연금은 그냥 연금공단에 보관되는 것이 아니다. 우리가 매월 납부하는 금액은 연금공단으로 모아져서 연금공단이 재투자를 한다. 국민연금은 개인의 노후 생활을 국가가 책임지는 매우 중요한 부분이므로 연금공단의 투자는 엄격한 기준 아래 재투자되도록 관련법으로 정해져 있다.[1] 우리들이 받게 되는 연금은 이러한 재투자에서 발생되는 수익으로부터 지급

---

[1] 과거 사례를 보면 원금 손실을 막기 위해 우량 채권에만 투자하도록 하고 주식 투자는 가급적 제한하였었으나,

되는 것이다. 따라서 재투자 수익률이 변동되면 우리들이 받는 <u>연금도 변동될 수 있다</u>.[2]

위 네 가지 중 가장 큰 고민거리는 넷째 문제인 국민연금의 투자 수익률이 변동됨에 따라 개인이 수령하게 되는 연금이 변동될 수도 있다는 것이다. 둘째 문제인 연금 지급 시기와 소득이 없어지는 퇴직 시기와의 시간 차이 문제도 중요하다. 2009년도 기준 우리나라의 평균 수명은 78.8세인데, 65세부터 연금을 받기 시작하면 13.8년, 60세부터 받으면 18.8년이다. 그리고 60세부터 받으면 당초 65세부터 받기로 된 금액의 50% 연금을 받을 뿐이다.

지금 여러분의 상황을 감안하여 표 4-1을 입력해 보면, 은퇴 후 여러분의 노후 생활의 모습이 어렴풋이 보일 것이다. **그럼 부족한 연금을 어떻게 보완할까?**

지금부터 저와 같이 한 단계 한 단계 양파 껍질 벗기듯이 같이 알아보자. **책을 다 읽고 나면 여러분은 노후연금을 받을 수 있는 최선의 방법을 알게 되고, 부담 없이 바로 실행하게 될 것이다.** 그리고 보너스로 금융시장의 핵심을 이해하게 될 것이다. 그렇게 되면 평온한 마음으로 일상생활에 보다 충실할 수 있게 되어 **일이 보다 즐겁게 될 것이다.**

2. 생애 재무설계 큰 호응?

얼마 전 국내 모 신문사에서 지방을 순회하면서 개인의 재무설계를 도와주는 행사를 했었는데 기대 이상의 상당한 호응이 있었다고 한다. 사실 재력 있는 사람들은 금융기관들이 서로 찾아가는 재무설계를 해주고 있지만, 정작 대다수의 직장인이나 자영업자에게는 기대할 수 없는 서비스이다. 그런데 무료 강연에 재무 상담까지 해주는 행사를 한다 하니 얼마나 독자의 반응이 좋았을지 짐작된다.

만약 지금의 한국이 과거 70~80년대처럼 두 자리 숫자의 고속 경제 성장을 하고, 노령 인구도 전체 인구 중에 차지하는 비중이 크지 않으며, 인구의 평균 연령도 상대적으로 젊다면, 여러분은 노후 생활을 많이 걱정하지 않아도 될 것이다. 정부도 경제성장률이 높으니 세금도 많이 받아 재정이 충분할 것이고, 연금 부담을 해야 할 노령 인구도 많지 않으니 만족스러운 연금 지급도 기대해 볼 수 있을 것이다.

그러나 지금은 여러분들도 잘 느끼다시피 **주변 상황이 많이 바뀌었다.** 부모님 세대의 헌신적인 자녀 교육 투자로 세계의 어느 나라보다도 박식한 젊은이들이 많지만, 정작 그들이 취업하여 능력을 발휘할 수 있는 기회는 점점 줄어들고 있다.

IT 기술의 발달은 예전에는 공유가 힘들었던 정보의 공유를 가능하게 했고, 기업은 IT 기술

채권 투자가 인플레이션으로부터 발생되는 손실을 보전하기 위해 점차 주식 투자로도 확대하면서, 최근에는 부동산 프로젝트 금융 등에 투자하기도 함.

[2] 정부는 재투자 수익 하락으로 당초 예상한 연금 지급액이 부족하면 예산을 편성하여 가급적 기존에 예상한 금액을 유지하려 한다. 그러나 예산으로 보전하기가 어려우면 지급하는 연금을 조정할 수밖에 없다. 요즘의 그리스 사례가 된다.

을 이용하여 보다 효율적인 <u>기업 경영 시스템(ERP)</u>[3]으로 발전시켰으며 경쟁력(Productivity)을 크게 개선할 수 있게 되었다. 역설적이지만 IT 정보산업의 발달은 새로운 부가 가치 창출을 하고 있는 것은 사실이나 기업의 경영 효율성이 개선됨에 따라 고용 인원 수요를 줄이는 반대 효과도 가져오게 된다. 그렇다고 고용 창출을 늘리기 위해 필요 이상의 인력을 고용하게 되면 기업은 이내 글로벌 시장에서 경쟁력을 상실할 수도 있다. IT 정보 기술의 발전에 따른 기업의 인력 재조정 추세는 한국만이 아닌 모든 나라들이 경험하는 일반적인 불가피한 현상이다.

그러나 너무 걱정하지 말자. 한국은 직장인 개개인과 기업들이 특유의 개척 정신과 도전 정신, 그리고 한번 해 보자는 결단력과 강한 추진력으로 지금까지 성장해 왔고 앞으로도 잘 하리라고 본다. 조만간 삼성전자 같은 수출 경쟁력이 있는 굴지의 글로벌 기업들이 많이 나오고, 아직은 부족한 서비스업의 경쟁력도 우수한 우리 젊은이들의 패기와 투지로 발전되어 새로운 부가 가치를 창출하리라 본다. 현재 40~50대 우리들이 1998년도 IMF와 2008년도 금융 위기를 잘 극복해 왔듯이 **우리의 젊은이들도 앞 세대가 이루었던 그 이상으로 잘할 것이다.**

자, 이제 미래의 고민은 잊고 지금 현실의 문제로 돌아가 보자.

우리들은 모두 바쁘게 살아간다. 주변을 돌아보면 모두 바쁘게 살아가는 사람들로 가득하다. 필자도 다른 나라 직장인보다 2배 이상 일하며, 퇴근 후 가족과 함께 저녁을 먹는다는 것은 먼 영화 속에나 나오는 남의 나라 일로 느껴졌었다. 아들 기백, 딸 나리는 이런 아빠의 생활이 당연한 것으로 알고 있다. 나는 아직 건강해서인지 6시간 이상 잠을 잔 적도 거의 없다. 만약 내가 매일 저녁 6시에 퇴근할 수 있게 된다면 난 아마 <u>인생을 두 배로 살 수 있을 것 같다.</u>[4] 이 얼마나 즐거운 인생일까? 바쁜 우리들은 늘 헌신적으로 직장 생활에 전념한다. **시간이 된다면** 관심 분야 공부도 재미있게 하고, **노후 준비를 위한 금융도 공부하겠지만 늘 여의치 않다.** 직장인, 자영업 사장님들이 이런 상황에서 생에 재무 설계를 알려준다는 소식을 듣게 되니 가뭄에 단비 만나듯 어찌 반기지 않을 수 있으리.

이 책의 목적은 "늘 바쁜 직장인이나 자영업자들이 바른 투자 전문가를 만나서 노후 준비를 위한 생애 재무 설계를 상담할 수 없다"는 현실적인 문제를 해결하기 위해 준비한 책

---

[3] Enterprise Resource Planning의 약자이며, IT 정보 기술을 이용하여 경영자가 필요로 하는 모든 기업 경영 정보를 실시간으로 파악하게 하는 회사 내부 정보처리 시스템을 말함. 국내 주요 기업들은 재무, 회계, 판매 및 재고 관리, 그리고 인사 관리 정보까지 일괄 구축하여 운영 중임. 특히 금융 분야가 IT 기술 발전으로 많은 변화를 경험하게 된다.

[4] **퇴근을 일찍 할 수 있다는 것**은 간단한 것이 아니다. 우선 조직 구성원 각각의 기대 역할에 대한 명확한 Mission이 정립되어야 하고, Mission을 실행할 수 있는 개개인의 능력이 뒷받침되어야 한다. 그리고 이를 공정하게 점검할 수 있는 상세한 프로세스(Detail)이 있어야 한다. 아무리 어려운 일도 세분화하여 조직 구성원에게 임무를 부여하면 누구나 할 수 있다. 흔히 보는 조직의 문제는 근본 문제가 무엇인지 잘 모르고, 설사 문제를 파악했어도 이를 해결하는 상세한 실무 프로세스를 정립할 경험, 전문 지식이 부족해서 발생된다. 선진국의 힘은 우선 복잡한 업무 전체를 완벽하게 설계하고, 과정을 세분화하여 일반인이 쉽게 과정을 따라 할 수 있도록 메뉴얼화하여 조직 효율성을 높이는 데 있다. 본 책도 프로세스를 세분화하여 누구나 쉽게 이해하고, 스스로 마치 펀드 매니저처럼 자신의 자산을 기본적인 관리를 할 수 있도록 한다.

이다. 매일 쓰는 안경과 같이, 먼 장래를 준비하는 노후를 생각할 때, 옆에 두고 참고하는 **고급 투자 전문 매뉴얼**이 될 것이다.

3. 고수익을 미끼로 하는 금융 사고가 왜 발생하나.

옛말에 호랑이(노후 자금)를 잡으려면 호랑이 굴(투자 업무)에 들어가야 하고, 잡은 고기를 주지 말고 고기 잡는 방법을 알려주라 했다. 문제의 핵심을 파악하여 해결하지 않는 임시방편은 늘 반복되는 실수를 가져오며, 1~2년 단기적인 처방으로는 30~50년 기간을 대상으로 하는 노후 연금 프로젝트 투자에 아무런 도움이 되지 못한다. 그 이유는 **투자 위험을 제거하는 천적이 있는데 바로 긴 시간이기 때문이다.**

그럴싸한 창업 투자나 부동산 개발 투자는 전문가가 보기에도 잘 포장되어 있어 좋은 프로젝트인지 부실 프로젝트인지 구분하기가 정말 쉽지 않다. 금융기관은 대부분의 부실 프로젝트를 검증할 수 있는 시스템과 전문 Network가 있어, 이러한 부실 프로젝트는 대부분 걸러질 수 있다. 그런데 아무런 검증 장치도 없이, 사람됨됨이도 잘 알지도 못하는 갑자기 나타난 친구의 그럴싸한 말과, 주변의 입소문, 그리고 변경될 수도 있는 모호한 개발 계획 초안만 믿고 개인이 투자한다면 어떻게 될까?

우스개 소리지만, 누군가 **정년퇴임 하신 분을 소개해 주기만 하면 큰 돈**을 주겠다는 이야기도 있다고 한다. 노후 준비에 대한 급박함이 커서 귀에 솔깃한 투자 제안은 우리들을 조급하게 하여 현명한 혜안을 멀게 한다.

주식시장이 많이 오르면, 1달 전 그때 투자했더라면 많은 돈을 벌 수 있었을 텐데 하며 아쉬워한다. 조금 더 주식이 오르면 증권사에 달려가서 소문에 좋다는 아무 주식이나 산다. 그러고는 얼마 지나지 않아 주가가 하락하여 쓰린 속을 달래면서 손실을 보고는 다시 되판다. 노후 준비를 위한 소중한 돈의 원금에 손실 발생하는 것을 **그냥** 바라볼 수 없기 때문이다. 그러나 몇 년 지나면 팔았던 주식이 몇 배로 올라 그때 주식을 계속 가지고 있었어야 하는데 하고 또 아쉬워한다.

정말 다들 오랜 기간 동안 고생하면서 마련한 돈을 투자하는 것이며, 우리들의 인생이 ♣ 걸린 매우 중요한 사항인데, **우린 정말 금융을 몰라도 너무 모른다.**

4. 百聞 不如一見

百聞 不如一見, 무슨 뜻일까? 다른 사람을 통해서 백 번 말로 물어보는 것보다 내가 현장에서 가서 직접 한 번 보는 것이 더 확실하게 이해를 할 수 있다는 뜻이다.

이와 마찬가지로 누구나 미래를 보면 사전에 대비를 해서 모두 부자가 될 수 있다. 요즘처럼 요동치는 금융시장에서는 1년 아니 1달 앞만 볼 수 있어도 모두 부자가 될 수 있을 것이다. 영화 제목은 기억나지 않지만, 어느 영화에서 주인공이 현재에서 살다가 2차 대전 시점으로 가게 된다. 과거에 살면서 주인공은 어느 기업이 30~40년 뒤에 좋은 기업이 되는지 이미 알고 있기 때문에, 수월하게 주식 투자를 하면서 큰 돈을 벌게 된다는 이야기이다. - 아마도 주인공은 족집게 투자 전문가라는 유명세를 많이 얻었을 것이다. ^^

만약 우리도 주인공과 같이 미래를 볼 수 있다면 얼마나 좋을까? 아니, 영화의 주인공처럼 100% 확실하게 미래를 볼 수는 없어도, 상당히 믿을 만하게 노후 생활이 어떨 것인지 미리 예상해 볼 수 있다면 도움이 되지 않을까? 적금을 들듯 지금 매월 조금씩 모아 일정 기간 투자를 한 다음 노후에 매월 얼마씩 받을 수 있는지 지금 미리 알 수 있다면 얼마나 좋을까? 그렇게 된다면 우리는 지금 미래를 대비하며 아껴 쓰고, 미래를 위해 저축할 수 있을 것이다. 그리고 마음 편하게 더 열심히 현업에 종사할 수 있을 것이고, 아마 직장 생활이나 사업도 더 즐겁게 잘될 것이다. **자, 그럼 지금부터 우리의 미래가 어떻게 될지 살펴보자.** 이 책을 읽고 나면 여러분은 어느 금융컨설턴트보다, 훌륭하게 스스로 재무 설계를 자신의 상황에 맞게끔 할 수 있게 될 것이다.

독자들은 주변에서 **보험사**들이 종신보험과 재무 설계를 묶어서 컨설팅하는 것을 많이 보아 왔을 것이다. 아마 대부분의 직장인들은 친구의 소개로 한두 번씩 이미 보험 컨설팅을 받아 보았을 것이다. 과거 대부분의 국내 보험사들은 재해보험이나, 교육보험, 생명보험 등과 같은 단순한 장기 저축 상품에 보험을 결합한 상품만을 취급하였다. 그러나 **아마** 90년대 중반부터 외국의 종신보험사의 상품을 일부 보험사에서 취급하기 시작하였고, 지금은 대부분의 보험 상품들이 종신보험을 연계하여 개인의 재무 설계와 세금 절약 방안까지 더하여 서비스를 제공하고 있다.

보험 컨설팅을 하는 분들은 내가 납입하는 보험금이 안전하게 재투자되어 종신보험 혜택이 많을 것이라 하면서, 멋있는 그래프와 함께 각종 수치가 적혀진 리포트를 보여준다. 그럴싸해 보이기는 하지만 항상 뭔가 미심쩍은 것이 있다고 느낄 것이다. 즉, 우리들이 납부하는 보험료의 합계 금액이 보험금 만기에 받게 될 금액 대비하여 적절한지 알 수가 없다. 그런데 내가 검증할 수 없으니 그냥 믿고서 그런가 보다 하면서 그냥 할 수밖에.

우리들의 고민은 여기에 있다. 우리들은 저축과 보험이 결합된 상품은 납입한 원금 대비 수익률이 낮은 것 같아서, 둘을 분리하여, 보장성 보험(나중에 소멸되는 것)을 가입하고, 은행 장기 저축이나 다른 장기 저축성 상품을 이용하여 목돈을 마련해서 노후 연금 준비를 하고 싶다. 그런데 **도대체 얼마를 언제까지 어떤 금리로 저축해야 내가 원하는 매월 노후 연금 금액을 모을 수 있을지 알 수가 없다.** 금융종사자에게 물어봐도 대부분 정기적금만 권유할 뿐이고, 노후 연금까지 제공하는 만족할 만한 금융 상품이나 명쾌한 답을 주지 못한다.

그러나 이제 더 이상 고민하지 말자. 내가 직접 하면 된다. 내 인생의 재무 설계를. 부록 표 4-1을 이용하여 직접 해 보자.(파일을 열어서 자신의 여력에 맞게끔 몇 가지 숫자만 입력하시면 된다)

이제 내 스스로 나의 라이프 사이클에 맞게 보험사처럼 재무 컨설팅을 할 수 있고, 어느 금융인보다도 정확하게 목돈 마련을 위한 월 저축액을 나의 생활에 맞추어서 자유로이 설정하여 맞춤형으로 만들어 볼 수 있다. 비교적 단기간에 대비해야 하는 전세 자금, 내 집 마련자금, 학자금, 자녀 결혼자금 등은 은행 저축 상품을 이용할 수밖에 없지만, 장기간 프로젝트인 노후 연금 투자 프로젝트는 <u>모든 금융 상품</u>[5]을 이용하여 직접 만들어 볼 수 있다.

더 이상 재무설계사를 매번 오고 가게 해서, 미안한 마음 때문에 정확하게 모르면서도 금융상품을 가입하지 않아도 된다. 은행의 예, 적금도 세밀한 인생 재무 설계도를 가지고서 목적을 가지고 이용하자.

이제는 내가 미리 나의 라이프 사이클을 감안하여 가입 기간과 미래에 필요한 금액을 정하고 매월 필요한 적립 금액을 직접 계산해 보고서, 이를 모두 충족시키는 수익률이 나오는 금융 상품을 문의해서 찾거나, 그러한 상품을 알려달라고 하면 된다. **즉 내가 중심이 되어 그들에게 나의 조건에 맞는 상품을 찾아오라고 요청하면 되는 것이다.**

5. 나도 이제 유능한 재무설계사. 속이 다 시원하다

<나의 재무 계획 프로그램> ♣♣♣

부록 프로그램 CD 참조. 점선 노란 바탕의 파란 숫자

★ 나의 상황에 맞게 **3가지(기간, 저축액, <u>예상 금리</u>[6])만 입력**하시면 됩니다.
  ➔ 20~30년 뒤, 매월 연금 수령액(상속 금액 차감 **후**) 자동 산출
★ 자유롭게 변경하여 20~30년 뒤 매월 연금을 지금 미리 볼 수 있지요. ^^

---

[5] 은행, 보험사, 증권사, 투신사 등 다양한 금융기관들의 저축 상품을 이용하여 가장 유리한 조건을 제시하는 곳을 찾아 이용하면 된다. 저축이 만기되면 만기 시점에 다시 일정 기간 재가입하여 운용하면 장기간 복리식 저축을 우리 스스로 만들 수 있다. 다만 이자에 대한 세금을 잘 감안하여야 한다.
[6] 흔히 접하는 연간 수익률은 1년을 기준한 수익률이다. 연 5.00%를 1개월 수익률로 환산하면 4.89%가 된다.

표 1-1 매월 10만 원 적립 투자 시, 노후 연금 계산[7]

은퇴까지 저축액(매월)

예금	a	-	현재 가지고 있는 목돈
기간	b	30	총기간(년)
수익율	c	8.50%	금리(년)
저축액	d	1,200	저축액(년 또는 월)
저축간격	e	1	1개월이면 (12), 12개월이면 (1)
만기금액	f	149,058	은퇴시 예상금액
	g	36,000	저축원금
	h	113,058	수익금액

상속 예상액

상속금액	i	100,000	미래 상속시점의 상속금액
수익율	j	8.50%	금리(년이자율)
상속시기	k	30	
예금액	l	8,652	만기시점에 요 적립금액

노후 연금액(매월)

예금액	m	140,406	미래 예금액
기간	n	30	노후연금받을 예상기간
수익율	o	8.50%	금리(년)
연금액	p	13,065	매월 받으실 연금액
	q	140,406	원금
	r	260,191	수익금액
	s	400,597	연금수령 총합계
	t	373,249	수익합계(30년+30년)

< 매월 투자 >
- 매월10만 원 투자
  (연 120만 원)
- 기간은 30년
- 수익률 8.50%

< 30년 뒤 >
- 투자 수익 1.49억
  원금 36백만 원
  이자 1.13억 원
- 상속 금액 1억 공제
  요 적립금 8.6백만 원

<30년 뒤 30년간>
- 수익률 8.50%
- 연금(연) 13백만 원
  월 108만 원

보기에 매우 복잡해 보인다. 그러나 의외로 매우 수월하다.

딱 3가지만 입력하면 된다.

① 내 맘대로 설정하는 투자 기간　　　　→ 예시, 30년
② 내 맘대로 정하는 매월 투자 금액　　　→ 예시, 10만 원(년 1,200천원)
③ 그리고 예상되는 장기 투자 수익률　　→ 예시, 8.50%(년)

위 사례를 단계별로 설명해 보겠다. 차근히 읽어보자. 음영으로 표기된 부문은 위의 3가지 입력 결과에 따라서 자동 변경되도록 프로그램 처리했다.

---

[7] **재무계산기(HP12)**를 이용하면 쉽게 계산된다. 여기서는 재무계산기를 세 번 이용한 것을 엑셀로 풀어서 변환했다. **<1단계>** 미래에 받을 예상 금액f (Future Value) = 현재보유목돈a (Present Value), 매월 적립액 1년치d, (PMT), 적립횟수b, (N), 이자율c, (Interest rate) **<2단계>** 미래 받을 금액 중 90세가 되는 시점에서 남기고 싶은 금액을 만들려면 60세 시점에서 필요한 금액l, = 90세 시점에서 남길 금액i, 60세~90세 사이의 평균 수익률 j, 60~90세 시간 k, **<3단계>** 60세부터 매년 받으실 연금p 매월 연금 = P / 12개월

<1단계>

지금 독자의 나이가 (30세)라고 가정하고서, 매월 (10만 원)씩 투자를 적립한다면 1년에 (120만 원)이 되고, 이를 (60세)가 되는 시점까지 (30년)간 투자를 한다. 금리는 (8.5%)로 가정하자.[8] 이 경우, 여러분은 60세가 되는 시점에 (1.49억 원)이란 거금을 받게 된다. 이 중 내가 납입한 원금은 (36백만 원)이며, 투자 수익이 (1.13억 원)이다.

<2단계>

90세가 되는 (30년)뒤, 유산으로 (1억 원)을 남기기로 했다면, 8.5%로 할인(1억 원 유산 준비에 필요한 금액)한 금액은 (8.6백만 원)이 된다. (1.49억 원)에서 (30년)뒤 (1억 원)의 유산으로 남겨지게 될 (8.6백만 원)을 뺀 금액은 (1.40억 원)이 된다.

<3단계>

(1.40억 원)을 60세 이후 30년간 (8.5%)로 운영하면, 1년에 노후 연금 (13백만 원), 매월 (108만 원)을 받을 수 있다.

90세까지 총 연금 수령 금액이 (3.91억 원)[9]이고, 내가 60세부터 90세까지 30년간 목돈 운용하는 원금이 (1.40억 원)이었으므로, 노후 연금 기간 동안 추가적인 투자운영 수익 금액으로 (2.51억 원)을 받게 되는 것이다.

<각자의 상황에 따라 자유롭게 변형시켜 보자> 점선 노란 바탕의 파란 숫자
① **3가지(기간, 저축액, 예상 금리)** 점선 안에 입력하세요.
② 10년씩 3번 나누어서 상황에 맞게 숫자 입력 → 투자1), 2), 3)
　☞ *적립 2)와 3)은 여력이 되시면 추가로 입력하시면 됨.*
③ 목돈이 있으면 입력 → 목돈1), 2), 3)
　☞ *목돈 2)는 40세가 될 때 별도로 준비한 목돈 의미함.*

표 1-2에서는 우리 세대에 직장 생활하는 회사원을 기준으로 하여 작성한 사례이다. 평균 연봉을 연령별로 계산 [30대(35백만 원), 40대(70천만 원), 50대(50천만 원 - 60세 전 조기 은퇴 감안)]한 후, 지출 비용 [주택마련(3억 원), 자녀 2명 교육 비용(2.68억 원), 자녀 결혼 비용(80천만 원), 생활 비용(7.2억 원)]을 감안했다.
　☞ **음영 처리된 부문은 상황에 맞게 조정**하시면 된다.

---

[8] **사실 모든 투자 문제의 해심은 수익률이다.** 수익률과 노후 생존 기간을 제외한 모든 것은 여러분이 맘대로 정할 수 있다. 여기서 사용한 수익률 8.50%는 상당히 높은 것으로 생각될 것이다. 그러나, **실제 86~2010년 동안 과거 25년의 미국 및 한국의 시장 수익률을 살펴보면, 미국이 9.97% 한국이 10.37%였다.(배당률 포함 / 표 3-52 참조)** 각자의 상황에 적절하도록 조정하면 되는 것이다. 핵심 문제인 적절한 수준의 기대 가능한 수익률에 대해서는 3장에서 실증 자료를 가지고서 상세하게 살펴보도록 하겠다.

[9] 13,065 × 30년 = 391,945천 원

표 1-2 일반적인 사람들의 인생 수지표

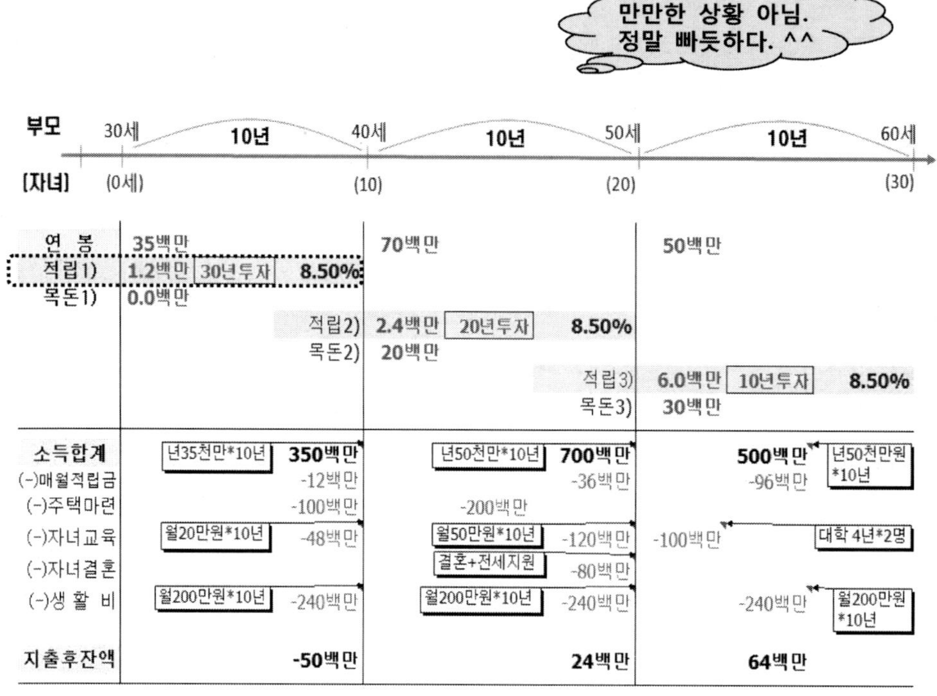

표 1-3 노후에 예상되는 노후 연금 시나리오

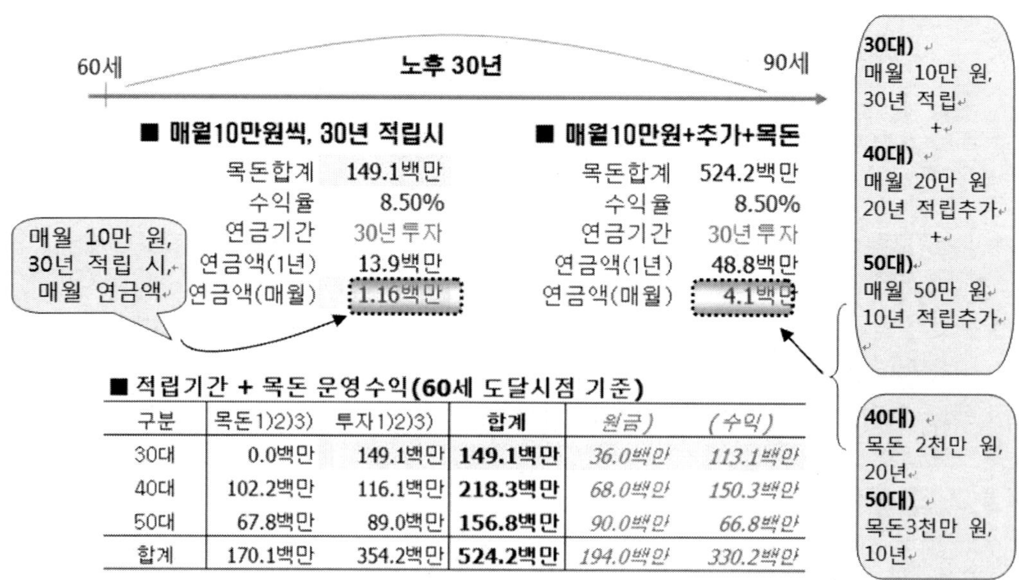

■ 적립기간 + 목돈 운영수익(60세 도달시점 기준)

구분	목돈1)2)3)	투자1)2)3)	합계	원금)	(수익)
30대	0.0백만	149.1백만	149.1백만	36.0백만	113.1백만
40대	102.2백만	116.1백만	218.3백만	68.0백만	150.3백만
50대	67.8백만	89.0백만	156.8백만	90.0백만	66.8백만
합계	170.1백만	354.2백만	524.2백만	194.0백만	330.2백만

표 1-2는 각자의 상황이 모두 다르기 때문에 참고 자료로만 제시했을 뿐이다.
부록 CD 프로그램을 활용하여, 각자의 소득 수준과 지출 비용을 감안하여 음영으로 표

기된 적립 1),2),3)과 여유가 된다면 목돈 1),2),3)을 입력해 보자. 그러면 표 1-3이 자동 계산된다. 표 1-2의 회사원(또는 자영업자)의 <u>평균 연봉[10]</u>은 현실적인 직장 생활을 주 감안하여 적용했다.

노후에 매월 받게 될 금액을 계산하는 데 필요한 모든 변수(생활비, 교육비, 주택 마련비, 자녀 결혼비 등)는 이미 여러분이 다 알고 있는 것이다. 여러분 마음대로 변경해 보면서 자유롭게 노후의 생활을 설계해 볼 수 있다.

다시 한 번 더 강조하면 여러분들은 단지 3가지(금액, 기간, 수익률)만 입력하면 된다. 다만, **3가지 중에서 <u>수익률[11]</u>을 제외한 2가지(금액, 기간)**는 내가 기대하는 60세 이후 월 연금 수준 금액이 나오도록 자유롭게 변경해 보면서 입력해 볼 수 있다. **이제 여러분의 생애 재무 설계는 여러분의 마음대로 할 수 있다.** 지금 여러분이 어떻게 대비를 하느냐에 따라서 노후에 매월 받는 연금은 많은 차이가 발생한다.

표 1-4a 적립 금액과 노후 연금 규모 재정리

구분		30~39세 (60세까지 지속 적립)	40~49세	50~59세	60~90세
투자 기간	투자적립금액	1,200,000	2,400,000	6,000,000	
	(월)적립금액	**100,000**	**200,000**	**500,000**	
	목돈 투자		20,000,000	30,000,000	
	투자수익률	8.50%	8.50%	8.50%	
	투자적립기간	30년	20년	10년	< 합계 >
60세 만기	**적립만기금액**	**1.49억 원**	**(2.18억 원)**	**(1.56억 원)**	**5.2억 원**
	목돈만기금액	8.50%	1억 원	67백만 원	1.7억 원
	원금	36백만 원	68백만 원	9천만 원	1.9억 원
	수익	1.13억 원	1.5억 원	66백만 원	
매월 노후 연금액 ➜		**월 116만 원**	**(+)추가**	**(+)추가 ➜**	**월 410만 원**

이제 내가 노후에 기대하는 매월 연금 수령 예상 금액을 기준하여, 역으로 내가 언제, 얼마를 매월 투자해야 하는지를 명확하게 알 수 있게 되었다. 국내 유수의 금융설계사분들도 여기까지만 해준다. 이렇게 계산된 금액에 금융상품을 추가하여 상품 만기에 지급하는 지급 금액을 산정하는 것이다.

좀 더 관심 있는 분은 표 1-2를 이용하여 여러분이 납입하는 금액을 매월 투자금액이라

---

[10] 50~60세 직장인은 소득 수준이 가장 높은 시기이나, 57~58세에 정년 퇴임 시 60세까지 소득이 없는 기간을 포함하고 있으므로 평균 연봉을 약 5천만 원으로 가정했다. 물론 각자의 상황에 맞추어서 변경해서 투자3), 목돈3)의 금액을 변경해도 된다.

[11] <u>어느 정도의 수익률을 입력해야 하는지를 같이 이해하고 공감하는 것이 이 책을 읽는 목적이다.</u>

생각하고, 보험금 납입 기간을 투자 기간으로 해서, 이를 표 1-2에 입력해 보자. 그리고 만기(투자 기간 만기)에 받게 될 금액과 비슷하게 계산되도록 아무렇게나 수익률을 입력해 보자. 몇 번 입력하다 보면 만기 금액이 산출되는 수익률을 알게 될 것이다. 금융 상품의 수익률에는 위험에 대비하는 비용이 반영되어 있기는 하지만 산출되는 수익률에 너무 실망하지 않기를 바란다[12].

여기서 우리는 매우 중요한 두 가지 사실을 발견하게 된다.

첫째, 나의 노후 연금은 **투자 기간에 정말로 민감하다.**

노후에 매월 수령 금액이 부족해 보이면, 지금 당장 한시라도 빨리 적은 금액이라도 매월 적립해 두는 것이 얼마나 귀중한 것인지 알 수 있다.

둘째, 아주 작은 수익률의 변동에도 노후에 매월 받는 금액이 크게 변동된다.

투자 기간은 나의 의지로 해결해 볼 수 있는 문제이지만, 아주 민감한 수익률은 어떻게 해결할 수 있을까?

사실 우리들의 소중한 노후 연금을 미리 산정해 보는 데 있어서 **유일하게 우리들이 의지에 따라 마음대로 할 수 없는 것이 투자 예상 수익률이다.** 단 1.0%의 수익률 차이가 20~30년이 경과하면 깜짝 놀랄만한 엄청난 노후 연금의 차이를 발생시킨다. 표 1-4b는 표 1-2에서 예상 수익률만을 8.50% → 7.0% → 5.5%로 조정하여 입력한 결과이다.

똑 같은 투자기간이지만, 수익률이 다를 경우의 연금차이

표 1-4b 수익률 변화와 연금 크기 변화 정리 ☞ 매월 10만 원 적립 시

예상 수익률	투자 기간	투자적립 (단위: 백만 원)				연금 기간	매월 연금	비 고
		원금	이자	합계	차액			
8.5%	30년	**36**	380	416	0	30년	**115만 원**	100% 기준
7.0%	30년	**36**	238	274	-142	30년	**76만 원**	66% 수준
5.5%	30년	**36**	143	179	-237	30년	**49만 원**	42% 수준

☞ 수익률 변화 효과만을 보여주기 위해서 표 1-1에서 '상속 금액'은 없는 것으로 하였음.

정말 생각보다 많은 연금의 차이를 보인다. 똑같은 30년 투자 적립 기간이지만, 수익률이 1.5%씩 하락(8.5% 대비 17% 하락)하였지만, 연금은 수익률 하락 폭의 2배(34% 하락됨. 비고란 참조)나 줄어들었다[13].

---

[12] 보험 상품과 노후 연금 투자 목적을 동시에 해결하는 상품은 편리하지만, 일반적으로 수익률이 낮을 수 있다. 더욱이 원금을 보전하는 조건의 보험 상품은 더욱 수익률이 낮다. 때문에 약간 번거로울 수도 있겠지만, 특별한 목적이 있는 경우가 아니라면 위험 대비 보험은 소멸성으로 하고, 노후 준비 투자 적립은 별도의 금융 상품을 이용하는 것이 적절할 수 있다.

[13] **유사한 현상이 채권 투자에서도 발생**되는데, 채권의 듀레이션(Duration)과 컨벡서티(Convexity)로 측정할 수 있다 (표 3-13, 표 3-14 참조) / 달리 설명하면 복리 수익의 차이 때문에 발생된 것이다. ^^

똑 같은 수익률이지만, 투자지간이 다를 경우의 연금차이

이번에는 똑같은 수익률이지만, 투자 기간이 길어질수록 연금의 크기가 어떻게 변화하는지(복리의 효과) 살펴보자.

표 1-5a 매월 10만 원 적립 시 만기 원리금 비교(10년, 20년, 30년)

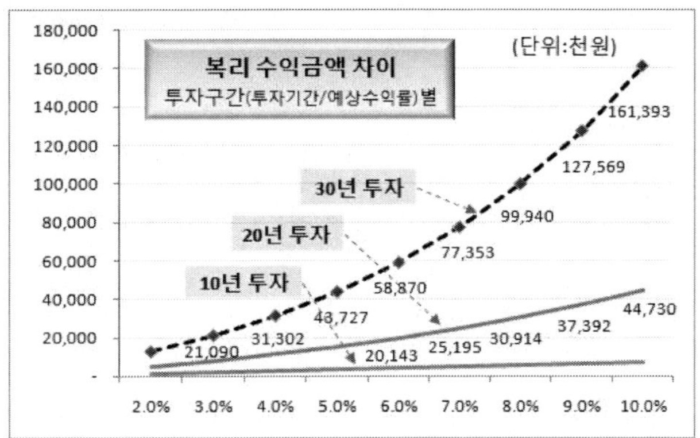

표 1-5는 **매월 10만 원을 적립할 경우** 운용수익률(2.0%~10.0%)별로 만기(10년, 20년, 30년)시 원리금 금액을 계산한 것이다.

예를 들면, 운영수익률이 **8.0%일 경우, 30년** 뒤면 원금(36백만 원)과 이자의 합계금액은 99,940천 원이 되고, 10%인 경우 161,393천 원이 된다. 반면에 **8.0% 수익률로 20년**을 투자하면 원금(24백만 원)과 이자의 합계 금액은 30,914천 원이 되고 **10.0%로 20년**을 투자하면 44,730천 원이 된다.

표 1-5a를 보면, 투자 기간이 길어지면서 수익률이 높아지고, 복리 수익의 크기가 커지는 현상을 볼 수 있다. 특히 이러한 현상은 투자 기간이 20년을 초과하게 되면 급격하게 증가된다.

표 1-5b는 같은 8.0% 수익률이지만 투자 기간이 길어지면서 추가 수익의 크기도 급증하는 현상을 정리한 것이다. **8.0% 수익률로 10년** 투자하면 수익 금액이 5.3백만 원이지만 **30년**을 투자하면 약 1억 원이 되어 수익금의 차이가 무려 84백 만 원 상당이 된다. 같은 원리로 **9.0% 수익률로 10년** 투자하면 수익 금액이 6.2백만 원이지만 **30년**을 투자하면 약 1.27억 원이 되어 수익금의 차이가 무려 108.9백만 원 상당이 된다.

표 1-5b 매월 10만 원 적립 시 기간별 수익 비교

수익률	8.00%			9.00%		
투자 기간	10년	20년	**30년**	10년	20년	**30년**
원 금(백만 원)	12	24	36	12	24	36
수익금액(백만 원)	5.3	10.6	15.9	6.2	12.4	18.6
추가수익(백만 원)		22.3	84.0		25.0	108.9
총 수 익(백만 원)	5.3	30.9	99.9	6.2	37.4	127.5
복리환산수익률	9.9%	13.5%	**19.1%**	11.5%	16.4%	**24.4%**

■ 투자 원금대비 총수익 배수

수익률	10년	20년	30년
2.0%	1.09	1.21	1.35
3.0%	1.15	1.34	1.59
4.0%	1.20	1.49	1.87
5.0%	1.26	1.65	2.21
6.0%	1.32	1.84	2.64
7.0%	1.38	2.05	3.15
8.0%	1.45	2.29	3.78
9.0%	1.52	2.56	4.54
10.0%	1.59	2.86	5.48

> 동일 수익률이나, 투자기간 길어
> 지면서 **복리 총 수익금 배수** 급증

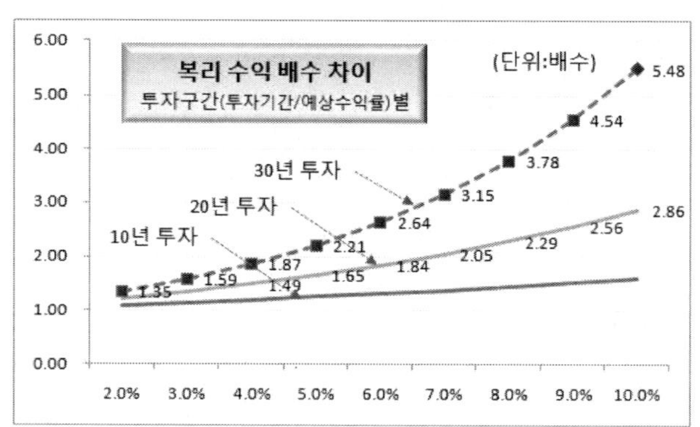

■ 복리 수익률

수익률	10년	20년	30년
2.0%	2.11%	2.26%	2.43%
3.0%	3.25%	3.62%	4.04%
4.0%	4.46%	5.15%	6.00%
5.0%	5.73%	6.88%	8.38%
6.0%	7.07%	8.83%	11.28%
7.0%	8.48%	11.05%	14.82%
8.0%	9.97%	13.56%	19.15%
9.0%	11.54%	16.40%	24.44%
10.0%	13.19%	19.62%	30.92%

> 투자기간 길어지면서 원금대비
> **실질 복리수익률(%)** 급증

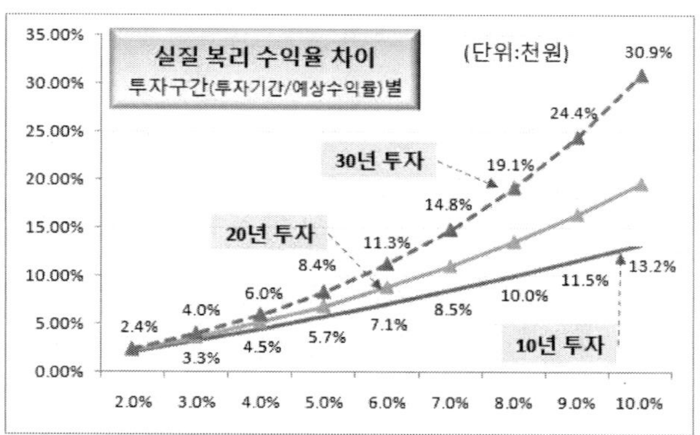

30년간 연 수익률 8.0%로 투자하면 **원금의 3.78배**가 되며, 10%로 투자 시 **원금의 5.48배**가 된다. **30년간** 연 수익률 8.0%로 투자 시 매년 **실질 수익률은 19.15%**가 되며, 10%로 투자 시에는 매년 **실질 수익률이 30.92%**나 된다.

▶ 단리와 복리의 차이

표 1-5c 매월 10만 원 적립 시 기간별 수익 비교

■ 단리와 복리 수익누계 차이 비교 (원금제외) → 매월 10만원 적립시

수익률 (기하평균)	10년		20년		30년	
	단리	복리	단리	복리	단리	복리
2.0%	1,080	1,140	4,560	5,157	10,440	12,682
3.0%	1,620	1,757	6,840	8,244	15,660	21,090
4.0%	2,160	2,407	9,120	11,734	20,880	31,302
5.0%	2,700	3,093	11,400	15,679	26,100	43,727
6.0%	3,240	3,817	13,680	20,143	31,320	58,870
7.0%	3,780	4,580	15,960	25,195	36,540	77,353
8.0%	4,320	5,384	18,240	30,914	41,760	99,940
9.0%	4,860	6,232	20,520	37,392	46,980	127,569
10.0%	5,400	7,125	22,800	44,730	52,200	161,393

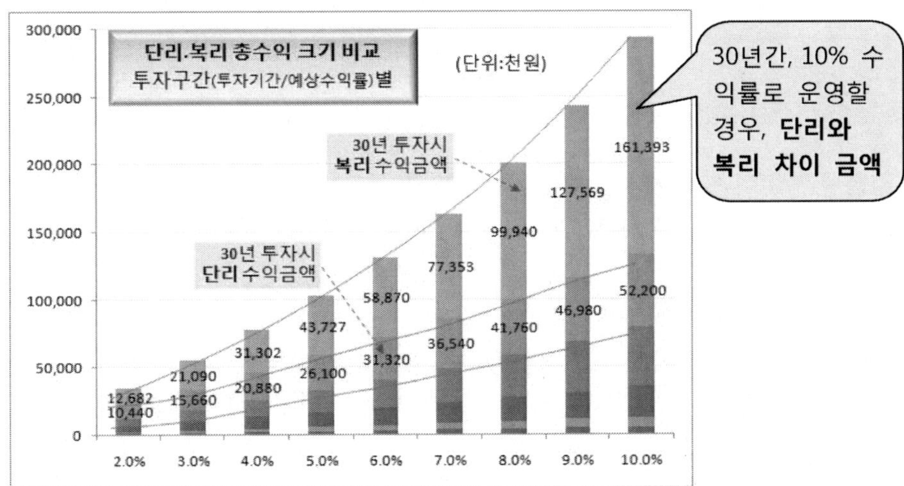

표 1-5c는 매월 10만 원을 적립할 경우, **단리와 복리의 수익 금액 차이를 비교**해 본 것이다. 투자 구간[투자기간(10,20,30년) 및 투자수익률(연 2.0~10%)]별로 원금대비 증가 배율과 원금 대비 실질 수익률을 정리했다.

8.0%로 30년 투자 시 단리와 복리의 수익 금액 차이는 58,180천 원이고, **10%로 30년 투자 시** 수익 금액 차이는 109,193천 원이 된다. 그리고 투자 수익률이 증가할수록, 투자 기간이 증가할수록 단리와 복리의 수익 금액 차이는 대폭 확대된다.

< 워렌 버핏이 말한 투자의 복리 효과 >

1) 투자 기간(Time)이 증가하면 수익 금액은 폭발적으로 증가된다.

☞ 진정한 복리의 효과는 최소 20년 이상 투자되어야 즐길 수 있다.

2) 매년 투자 수익률 1.0%의 차이는 1.0% 차이가 아니다.

3) 몇 % 높은 수익률을 찾는 것보다, 매년 일정 수준의 수익률을 지속, 안정적으로 창출하는 투자 방법을 찾는 것이 더 중요하다.

수익률 (기하)	차액(복리 - 단리)		
	10년	20년	30년
2.0%	60	597	2,242
3.0%	137	1,404	5,430
4.0%	247	2,614	10,422
5.0%	393	4,279	17,627
6.0%	577	6,463	27,550
7.0%	800	9,235	40,813
8.0%	1,064	12,674	58,180
9.0%	1,372	16,872	80,589
10.0%	1,725	21,930	109,193

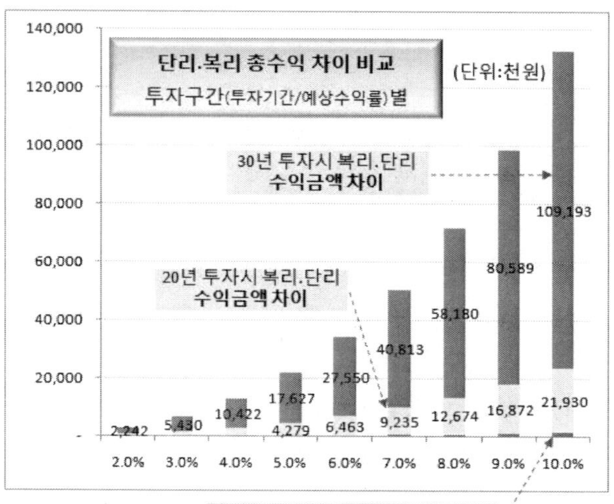

미리 결론부터 말하면, 투자자산 유형(주식, 채권, 금리)별로 미래의 수익률은 일정한 수준으로 이미 정해져 있다. 미래의 수익률이란 우리들이 노력해서 높일 수 있는 대상이 아니다. 우리가 할 수 있는 것은 자산 유형별로 일정 수준으로 정해진 수익률 중에서, 투자 기간을 감안하여 높은 수익률 달성 가능성이 큰 것(위험이 가장 낮은 것)을 선택하는 것뿐이다. 따라서, **우리들이 수익률을 바라보는 관점은 매우 중요하다**.

앞서 우리들의 소중한 노후 생활 금액을 미리 산정해 보는 데 있어서 유일하게 우리들이 마음대로 할 수 없는 것이 수익률이었다.

우선 수익률과 관련된 몇 가지 사실을 정리해 보면,

첫째, 수익률을 다루는 주인공은 우리들이 아니다. 수익률을 다루는 주인공은 우리가 투자를 맡기는 금융회사[14]다.

둘째, 우리가 투자 의뢰하는 거의 모든 투자 자금은 금융기관을 경유하여 최종적으로는 대부분 국내 및 해외 **기업에게 투자된다.**[15]

셋째, 금융기관들은 투자를 관리하는 그들만의 **공통된 언어가 있다**. 금융기관들은 좋든 싫든 공통된 언어를 이용하여 상호 의사소통을 하면서 방대한 규모의 투자자금을 운용하고 있다.

넷째, 한국 주요 대기업들은 좁은 국내시장에서는 생존이 어려워 이제는 해외 진출이 선택이 아닌 필수 사항이듯이, 금융도 실물경제와 밀접하게 연계되어 있어 글로벌 금융시장의 영향을 직접 또는 간접적으로 받는다. 이제는 **글로벌 경제상황까지 감안**하여야 한다.

---

[14] 국내 은행, 증권사, 보험사, 투신사 및 투자자문사 등을 말하며, 요즘은 글로벌 무역 거래가 매우 활발하므로 해외 시장도 투자 대상에 포함되므로 해외의 금융기관도 포함된다.

[15] 은행은 단기 예금이나 저축성 자금으로 개인에게 대출을 취급하기도 한다. 그러나 많은 부문이 기업 대출의 형태로 운용되어, 기업의 국내 및 해외 프로젝트에 사용된다.

중요한 수익률을 어떻게 하면 정확하게 예상해서 지금 미래의 노후 생활을 행복하게 생활하도록 준비할 수 있을까? 아무리 천재의 할아버지라 해도 미래의 수익률은 모른다. 증권사의 많은 주식 분석 전문가의 전망 중 전망과 같게 맞추는 경우가 매우 드물다. 연말이 가까워 오면 대부분의 증권사에서 연말 주가를 맞추는 행사를 경품을 걸고 진행한다. 그러나 설사 어느 누가 주가를 맞추었다 해도 이를 요행으로 간주하지 실력으로 맞추었다고 생각하는 사람은 없을 것이다.

여기에서 중요한 사실이 있다.

급변하는 글로벌 경제 상황 때문에 투자의 환경이 급속하게 바뀌고 있다. 기업은 미래 소비자의 성향을 예측하기가 어려워지고, 국가 간 경제 이해관계도 갈수록 복잡해져서 갈수록 경제 예측이 어렵다. 하루하루 경제 현안들에 대한 전망이 바뀔수록 주가와 채권 가격이 출렁인다[16]. 그래서 어느 누구도 단기간(최소 약 5년 정도)의 투자자산 수익률을 정확하게 예측하기란 매우 어렵다. 그러나, **장기간 투자하는 경우에는 어느 정도 투자자산 형태별로 수익률 예상을 할 수 있다.** 장기 투자수익률은 우리가 속해 있는 경제, 사회적인 발전 단계와 그 시스템에 의해 많은 영향을 받는다.

역사는 반복된다고 했다. 비록 사람들이 과거 역사를 잊어버리고, 설사 기억했다고 해도 이번에는 상황이 다르다 하며 종종 역사의 교훈을 무시하려 하지만, **그래도 역사는 계속 반복된다.** 마찬가지로 **금융 역사도 반복된다.** 모두 사람들이 만들어가는 것이기 때문이다. 경제활동은 사람들이 만들어가는 사회적 공간에서, 때론 이성적이지만 때론 비이성적인 사람들이, 재화와 용역을 서로 교환하는 시스템이다. 경제 시스템 운영의 핵심은 럭비공처럼 어디로 튈지 모르는 사람들의 이해관계를 적절히 반영하면서 공동의 이해를 증진시키는 방향으로 선도(Lead)하는데 있다. 가계를 꾸려가는 것보다는 회사를 운영하는 것이 더 어렵고, 글로벌 회사 경영은 국내에서만 경영하는 회사보다 더더욱 어렵다. 인구가 작은 나라라면 몰라도 수천만, 수억 명의 이해관계가 얽혀있는 국가 경제 시스템을 운영하기란 얼마나 어려울까?

일반적으로는 국민소득의 증가에 따라 **경제활동의 패턴은 과거 다른 나라에서 경험했던 사례를 크게 벗어나지는 않고 따라간다.** 단 조건이 있다. 경제 시스템 구성의 주체가 되는 사회 구성원도 과거 다른 나라의 국민들처럼 자신들이 속한 경제 시스템에 대하여 일정 수준의 공감적 이해를 하는 것이 반드시 필요하다. 이는 경제활동이 상호 신사도 정신과 같은 것으로서, 내가 경제 시스템 안에서 합리적으로 기대되는 역할을 하면, 상대도 내가 같이 합리적인 역할을 해줄 것이라는 이성적인 신뢰가 기본이 되기 때문이다.

이야기가 약간 확대되었다고 보여질 수 있지만, **우리가 통제할 수 없는 유일한 변수인 투** ♣

---

16 주식은 미래 경기 전망에 민감하게 반응하고, 채권 가격은 미래 금리 변동이 예상될 때 역시 민감하게 반응한다. 제3장에서 상세히 설명하겠다.

자수익률은 이러한 사회, 경제적 변동과 직접적으로 연관되어 있다. 우리들이 수익률을 어떻게 바라보는가 하는 <u>인식의 관점</u>[17]은 미래 투자 성과를 결정하는 결정적인 요인이 된다.

바로 금융기관의 상품에 대하여 알아볼 수도 있겠지만 먼저 나무보다는 숲을 보는 마음으로, 제2장에서 금융시장에 연관되어 있는 국내 및 국제 경제의 큰 동향을 먼저 살펴보겠다. 우선 산에 올라가서 시원하게 펼쳐진 지형을 내려다 보면서 목적지까지의 지형을 대략적으로 살펴보는 것이 필요하다. 이렇게 함으로써 여러분 스스로가 중심을 잡고 균형된 시각을 유지하는 데 도움이 될 것이다.

본격적으로 금융기관의 언어(투자 상품 및 투자 수익률 등)를 살펴보기에 앞서 현재 글로벌 경제 속에서 **대한민국의 위치**와, 급변하는 한국 사회, 경제적 구조와 연계하여 알아보자. 그리고 이러한 것들이 우리들의 **노후 대비 투자에 어떤 의미**인지를 살펴보자.

사람도 바뀌고, 사회도 바뀌고, 가치관도 바뀐다. 모든 것이 세월이 지나면 다 바뀐다. 누군가 "변화하지 않는 것은 변화한다는 사실뿐"이라고 했다. 여기 또 하나 변하지 않는 것이 있다. **결국 원하든 원하지 않든 모든 것은 우리들의 책임**으로 돌아온다는 것이다. 내가 모두 책임진다면, 내가 배워서, 내 맘대로 지시해서, 내 맘대로 해야 되지 않을까?

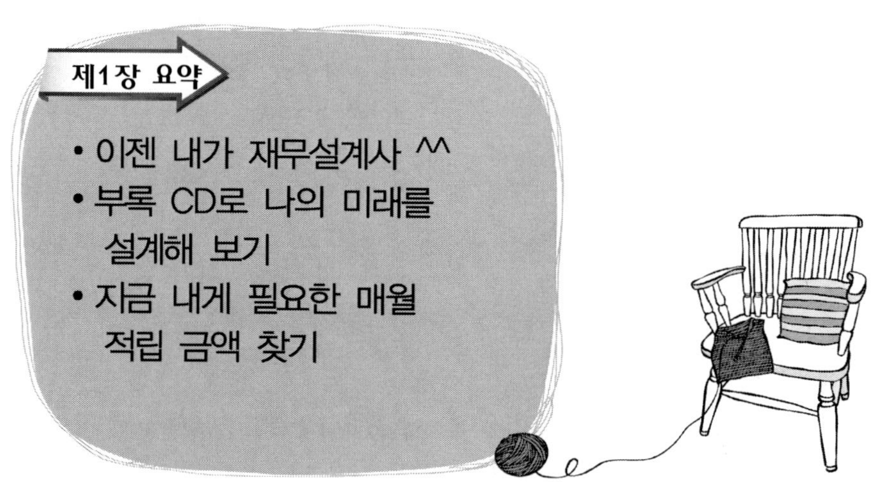

---

[17] 이는 매우 복잡한 문제이다. 지금의 금융시장은 변동성이 매우 크며 경제 상황 예측이 어렵듯이 급변하는 금융시장에서 장기적으로 안정적인 수익률을 찾는다는 것은 정말 어렵다. 그러나 우리들이 투자하려는 목적을 잘 생각해 보고 이를 바탕으로 하여 현재 금융시장에서 가능한 해결 방안을 찾아보면 답은 있다. 다만 이를 어떻게 쉽게 투자자, 투자 금액을 운용하는 연기금 등 운용기관, 정부 정책 입안자들에게 공감시키느냐가 어려운 숙제이다. 공감대 형성의 기초를 다지는 마음으로 이 책을 쓰게 된 것이다.

제 2 장
시장 주변 이야기

더 이상 우왕좌왕할 필요 없다. 먼저 큰 산을 보고 나서 나무를 보듯이 우리가 상대하는 금융시장을 이해하고서, 금융상품을 보아야 한다.

1. 우린 모두 각 분야의 훌륭한 전문가들이다. 그러나 금융 문맹인이다.

1장에서 수익률의 중요성을 알 수 있었다. 그리고 내가 뭔가를 해야겠다는 생각도 조금은 들었으리라 본다. 각양각색인 우리들의 관점에 따라 투자 방법이 선택될 것이므로, 우린 먼저 우리의 경제 및 금융에 대한 생각을 점검할 필요가 있다. 좋든 싫든 **결국 투자의 모든 책임은 내가 진다.** "내가 바쁘니까 전문 금융가들이 잘 알아서 해주겠지"라고 생각하면 소중한 우리들의 돈은 낮은 수익에 만족해야만 할 수도 있다.[1] **옛말에도 "알아야 면장을 한다"고 했다.** 나를 상대하는 금융회사 사람들[2]과 이야기하면서 어느 정도는 서로 얘기가 되면서 공감이 되어야 한다. 좀 과장하면 그 분들은 여러분에게 상품을 팔 뿐이지 30년 뒤의 여러분의 노후 인생을 책임져 주는 사람들이 아니다. 아직은 금융 산업이 모든 것을 알아서 잘 관리해주는 수준[3]까지 발전되지 못했기 때문이기도 하다.

그럼, 금융 문맹을 벗어나기 위해서는 어떻게 해야 하나? 정리하면,

첫째, 우선 **기업 경영의 바탕이 되는 경제활동**을 그림으로 살펴보자.

둘째, 세계 속의 우리나라의 위치를 살피자. 미국 CIA 자료를 국가별로 비교해 보면 복잡한 경제 이론의 설명 없이도 그림처럼 쉽게 경제의 흐름이 보인다.

셋째, 금융기관별로 역할을 알아보자. 그간 금융기관의 역할을 학술적으로만 설명하니 이해하기가 어렵다. 여기서는 방법을 달리해서, 우리들이 투자한 돈의 흐름으로 알아보겠다. 우리들의 돈은 금융기관을 거쳐서 국내 및 해외 진출하는 기업에 투자되므로 **기업 경영과 연계하여 실제 거래 사례**를 가지고서 살펴볼 것이다.

넷째, 나 자신을 탐구해 보자. 다소 심리학적인 요인이 있지만 그간 우리들의 투자 마인드를 점검할 수 있는 좋은 기회가 될 것이다.

다섯째, '설마' 하는 노후 경영에서 **data 경영으로 전환하자.** 실물 금융 언어를 한마디로 정의한다면 수익률 달성 확률(Probability)이다. 기업처럼 시장조사 data를 가지

---

[1] 역설적이지만 투자 비용(각종 수수료 등)을 감안하면 오히려 은행에 예치하는 것보다 더 낮을 수도 있다. 요즘과 같이 기대 수익률이 5% 미만인 상황이라면 1.5~2.0% 정도의 각종 수수료 지급은 배보다 배꼽이 더 큰 경우가 될 수 있다.

[2] 은행 직원, PB, 증권투자상담사, 투자신탁사, 자산관리전문가, 펀드판매사(부동산신탁, 선박 등)

[3] 요즘 글로벌 기업들의 마케팅 수준은 고객 감동의 수준을 넘어서 고객이 미처 생각하지도 못한 곳까지 알아서 서비스를 제공한다고 한다. 그러나 금융 산업은 기업의 경영과는 많이 다르다. 기업처럼 경쟁사만 이기는, 즉 혼자만 잘 하면 되는 산업이 아니다. 거시경제, 금리, 환율, 수출입 동향, 저축률 등 경제 전반의 외부 변수에도 큰 영향을 받는다. 금융기관의 업무가 국가 경제에 미치는 영향이 중대하므로, 금융 당국의 은행, 증권, 투자, 자산관리사 등에 대한 정책에 따라서도 큰 영향을 받는다.

고 접근하면, 승리 확률이 높아진다. 그러나 '설마' 하는 요행에 맡겨 두면 성공 확률이 낮아진다. 금융기관에게 **필요한 data를 요구**하고 이를 바탕으로 나의 재무설계를 하자.

먼저 경제활동의 기본 흐름을 금융과 연계하여 그림으로 정리해 보자.

표 2-1 경제활동 흐름도

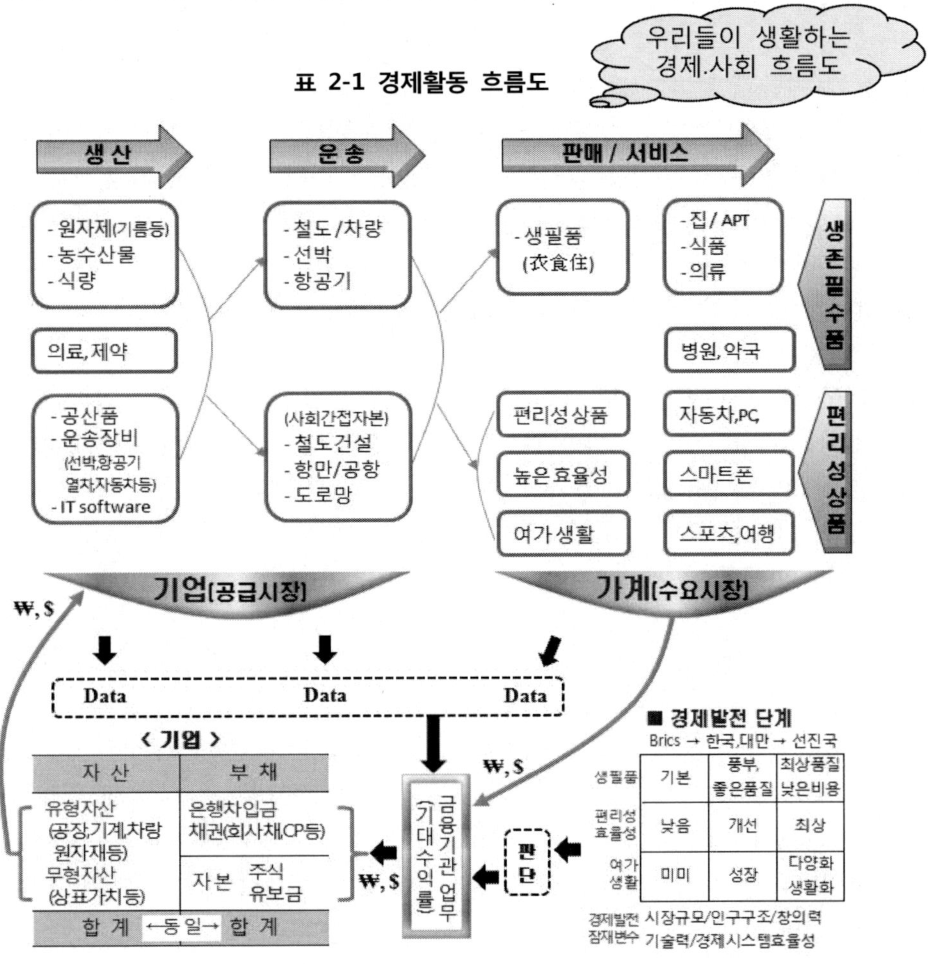

위의 표 2-1은 참으로 <u>많은 것[4]</u>을 내포하고 있다.[5] 앞으로도 자주 표 2-1을 언급할 것이니 자세히 봐 두자.

제3장부터 주식, 채권 등 금융 상품의 세부적인 내용을 살펴보기로 하고, 우선 이 장에서는 전반적이 흐름만을 살펴보겠다. 다시 한 번 더 강조하지만 전반적인 흐름을 이해한다는 것은 금융시장에 대한 이해를 바르게 하는 데 매우 중요한 일이다.

---

[4] 기업, 금융기관, 글로벌 포트폴리오 운영 사, 신흥시장 의미, 선진국 진입 필수 요건 등

[5] 혹시 Data, 판단이라고 점선으로 된 부문을 내가 자료를 확보하고, 분석해야 한다고 오해 말자. 이미 시장에는 수많은 신뢰할 만한 data를 제공하는 서비스 업체(회계법인, 시장분석가 등)가 많다. 그들은 유능하다. 우리는 단지 그들의 정성 어린 노력으로 만들어진 보고서 몇 개를 참조하면 된다.

표 2-1의 목적은 경제 흐름은 여러 변수가 서로 상호작용하며, 매우 복잡하게 움직이기 때문에 예측이 어렵다는 점을 이해하고, 금융을 제공하는 **투자자**의 입장에서는 투자한 돈을 수익과 함께 **되돌려 받을 수 있을 가능성이 큰 곳을 선호**한다는 평범한 사실을 확인하는 데 있다.

한국 기업이 미지의 세계시장을 진출할 때는 사전 준비를 철저하게 한다. 기본적으로 현지 시장조사, 잠재 고객 파악, 고객 확보를 위한 전략, 경쟁 기업 제압 작전, 상품 배송 물류 산업 발전 수준, 관련 법률 등 수없이 많다.

외국 기업의 강점은 이미 축적된 경험이 있기 때문에 Check List, 또는 Manual이 잘 갖추어져 있어 실수 없이 일을 깔끔하게 진행한다. 그러나 그렇지 못한 새내기 기업들은 경험도 부족하고, Check List, Manual이 없이 의욕만 앞세워 추진하다가 이내 예상치 못한 난관에 봉착해서 위기를 맞아 실패하곤 한다.

기업에 있어서 예상 가능한 잠재 위험 요소는 위험(Risk)이 아니다. 미리 안다면, 기업이 미리 대처할 수 있기 때문이다.

금융도 똑같다. 금융기관이 기업의 미래를 예상할 수 있다면 미리 대응할 수 있다. 만약 돈을 투자하는 기업의 영업 실적이 5년 이후부터 불안정하다고 예상된다면 금융기관은 1) 투자 만기를 5년 이내로 제한하거나, 2) 투자 기간을 5년 이내로 하더라도 영업 실적의 기복(변동성)이 심하면 그렇지 않은 기업보다도 높은 이자(기대 수익률)을 부과해서 투자 원금을 조기에 회수하려 한다.

즉, 실물 경제에서 활동하는 기업이나, 돈을 다루는 금융기관이나 똑같이 어느 기업의 미래 예상되는 영업 실적 **추정이 어렵고,** 영업 실적의 **변동 가능성도 크다면 위험한 것**으로 간주한다. 그리고 이에 대한 대비(금융기관의 경우에는 높은 이자율)를 하게 된다.

금융의 역할을 이해하기 위해서 잠시 **20~30년 전 중·고등학교 사회 시간**으로 돌아가 보자. 우리들이 사용하는 모든 제품이나 서비스는 생산과 운송 그리고 판매/서비스라는 단계를 거친다. 국가 간에도 특정 국가가 타 국가 대비 특정 산업에 강점이 있으면 국가 간 교역이 일어나게 된다. 글로벌 시대인 요즘은 역내 국가 간 경제 통합이 자연스러운 현상으로 자리 잡았다.

한 국가 안에서 **정부는** 생활에 한시라도 없어서는 안 되는 중요 물품이나 공공부문 서비스(전력, 상수도, 하수도, 철도, 도로, 항만 등)를 국민과 기업으로부터 세금을 받아 건설/운영하여, 국민과 기업에게 공급한다. 우리들이 알고 있는 공공 부문은 정부가 공급하며, 수요자인 국민은 세금을 내고 사용하는 것이다. 개발도상국 국가들은 대부분 국가가 공공 부문을 담당하지만 일부 선진국가에서는 공공 부문조차도 보다 효율적인 운영을 위해 민간 기업에게 이를 <u>위임하기도 한다</u>.[6]

---

[6] 공공 부문의 효율성만을 강조하여 민간업자에게 위탁 운영하다 보면, 단기 효율성만을 중시하는 기업들이 있어 장기적으로는 오히려 효율성을 떨어뜨리는 현상이 발생할 수도 있다. 바람직한 방안은 공공기업이 담당하되 민간기업의 효율성을 접목시키는 것이다. 민간기업과 공공기업의 확실한 차이는 전자는 효율성이 없으면 조만간 생존이 불가능하게 되나 후자는 세금으로 메우면서 계속 생존할 수 있다는 것이다. 모두의 책임은 모두의 무책

기업도 우리들이 일상생활에 필요한 물품이나 서비스를 생산한다. 衣食住와 같이 매일 하루라도 없으면 생활할 수 없는 생필품을 제조, 공급하는 **음·식료 업종(Food Industry)** 과 에너지, 통신, 운송, 항만 운영 등과 같은 **기간제 산업(Utility Industry)**이다. 밥을 안 먹고 살 수는 없고, 추운 겨울에 집도 없고 땔감(기름, 석탄, 원자력 등) 없으면 얼어 죽는다. 아플 때 찾아갈 병원이 없으면 정말 난감해진다. 이러한 부문들을 공급해 주는 산업을 공공 기간제 산업이라고 한다.

생필품 산업(Food & Utility)은 글자 그대로 생필품이라서 공급도 일정하고 수요도 변동이 크지 않다. 따라서 경기 변동에 덜 민감하다. 산업의 특성상 수요와 공급이 일정하다는 것은 생필품 산업을 운영하는 회사의 영업 실적이 일정하다는 것이며, 과거 운영 실적을 바탕으로 미래 실적을 추정하는 것이 타 산업 대비 상대적으로 쉽고, **예상한 영업 실적도 벗어날 가능성이 적다.** 따라서 이러한 회사들에게 자금을 빌려주는 금융(주식투자 포함)은 일반적으로 안전하지만 기대할 수 있는 수익률이 낮다.

이와는 달리 생활의 편리성, 효율성을 높이는 **편의 추구 산업**(IT 산업, 자동차 산업, 전자 산업, 건설 산업 및 기타 서비스 산업)과 **여가 생활** 부문은 당장 없어도 단지 생활이 약간 불편할 뿐이다. 편익 추구 산업은 경기에 따라서 수요 변동이 크다. 따라서 편익 추구 산업에 종사하는 기업들의 영업 실적은 경기 변동에 매우 민감하다. 산업의 특성상 수요와 공급이 불안정하다는 것은 회사의 영업 실적이 불안정하다는 것이며, 과거 운영 실적을 바탕으로 미래 실적을 추정하는 것이 생필품 산업 대비 상대적으로 어렵고, 예상한 영업 실적도 벗어날 가능성이 크다. 따라서 이러한 회사들에게 자금을 빌려주는 금융(주식투자 포함)은 위험이 크기 때문에 **투자자가 요구하는 수익률이 높다.**

생필품 산업과 편의 추구 산업의 발전은 **국가의 경제 발전 단계**(개발도상국, 중진국, 선진국)에 따라 매우 다양한 수준으로 나타난다. 그리고 이러한 현상은 아래 표 2-2에서도 쉽게 볼 수 있다. 우리나라의 발전 과정을 보더라도 60년대 농·수산업에서 70년대 중화학 제조업, 80~90년대 전자, 화학 산업, 2000년대 IT, 서비스산업 순으로 발전해 왔다.

표 2-2 산업별 특성 및 투자 수익률 구분

구 분	특성 (만약 없으면?)	과거소비자 수요변동 가능성	미래소비자 수요변동 가능성	미래기업 실적변동 가능성	미래 영업실적 예측	미래 기대 수익률 (금융/투자)
생필품	안됨	낮음	낮음	낮음	수월	낮음
편의추구 상품	없어도 됨	높음	높음	높음	어려움	높음

임으로 될 수 있다. 그러나 각각의 공공기관을 공정하게 평가하여 그 기관의 급여를 변동시키면 효율성 개선의 출발이 될 수 있다.

구 분	기업 신뢰도	국가 기술력	국가 대외 지급능력 (경제력)	경제, 사회 시스템 효율성	미래 급격한 변동 가능성	미래 기대 수익률 (금융/투자)
선진국	높음	높음	높음	높음	낮음	낮음
개발도상국	낮음	낮음	낮음	낮음	높음	높음

문제는 '**어떤 나라들**이 개발도상국(BRIC, 브라질, 러시아, 인디아, 차이나)을 거쳐서 중진국(한국, 대만)을 넘어 **선진국으로 도약하는가**'이다. 이는 표 2-1의 우측에서 간략하게 정리한 바와 같이, 한 나라의 경제 발전 **잠재력**(물건을 사줄 사람들의 수/ 30~40대 주 소비층 인구비율/ 석유, 가스, 광물 등 원재료 보유 정도/ 숙련된 인적자원/ 핵심 기술력/ 효율적이며 정의로운 경제, 사회 시스템)을 판단하기 위해서는 매우 복잡하고 다양한 부문을 살펴보아야 한다.

정리하면, 내가 **예상하지 못한 변동성의 크기가 위험의 크기**라는 것이다. 개발도상국이나 선진국에 관계없이, **생필품 산업**은 수요 변동이 적어 기업의 영업 활동이 안정적이나, **편의 추구 산업**은 경기 상황에 따라 쉽게 변화되므로 수요 변동이 커서 기업의 영업 활동이 덜 안정적이다. 또한, 정보 공개가 잘 되고 위기 대처 능력이 있는 **국가**가 그렇지 못한 국가보다 기업 활동에 **안정적**이란 것이다. 미래 경제활동의 변동성 크기가 금융기관에게는 위험의 크기로 인식되므로, 금융기관이 요구하는 수익률에 직접적으로 영향을 주게 된다.

2. 세계 속의 대한민국. GPS?

지금 우리나라는 어디에 와 있을까?

가장 쉽게 우리나라의 위치를 보는 방법은 주변 나라들과 비교해 보는 것이다.

최근 위키리크에서 어산지라는 사람이 각국의 외교 비밀들을 인터넷에 폭로하여 문제가 된 적이 있지만, 고맙게도 미국 CIA에서는 위키리크보다 훨씬 더 유용한 자료를 무료 공개하고 있다. **미국 CIA의 Mission은 "정확하고 다양한 사실 정보를 객관적으로 생산하여 정책 결정권자에게 제공함으로써 바른 결정을 돕는 것"**이라 했다

이해하기 어려운 전문 용어를 가지고 설명하는 경제학 공부보다, 전세계 국가들의 정치, 경제, 인구, 수출입 규모, 노동력, 에너지 소비량, 교육비 지출 비중 등을 **같이 놓고 비교**해 보면, 경제를 전공하지 않은 일반인에게도 시사점이 보인다. 더욱이, 산업 발전 단계가 각각 다른 신흥국(Under developed), 중진국(developing), 선진국(developed)을 비교해 보면, 경제 발전 단계별로 어떻게 국가들이 변경되는지 살펴볼 수도 있어 매우 유용하다.

세계인에게 모두 공개되어 있는 객관적인 자료를 보면서 **세계 속의 한국의 위치**를 직접 보면서 느껴 보자.

구 분		베트남	인도	인니	중국	브라질	시사점
인구분포	인구	89.5	1,173.0	242.9	1,330.1	201.1	시장 잠재력 큼
	0~14	**26.1%**	**30.5%**	**28.1%**	**19.8%**	**26.7%**	
	15~64	68.3%	64.3%	66.0%	72.1%	66.8%	
	65~	**5.6%**	**5.2%**	**6.0%**	**8.1%**	**6.4%**	
	median	27.4	25.9	27.9	35.2	28.9	(평균29.1세)
	이민(10ye/1000명)	-0.37	-0.05	-1.23	-0.34	-0.09	젊은인구 유출
	평균수명	**71.94**	**66.40**	**71.05**	**74.51**	**72.26**	
수출입	수출/BN(09y)	57.1	168.2	119.5	1,204.0	153.0	
	수입/BN(09y)	65.4	274.3	84.4	954.3	127.7	
	합계	**122.5**	**442.5**	**203.9**	**2,158.3**	**280.7**	수출입증가중
	1인당 수출입	1.4	0.4	0.8	1.6	1.4	
GDP	PPP adj/BN	256.5	3,680.0	960.2	8,818.0	2,010.0	
	official/BN	93.1	1,237.0	539.4	4,985.0	1,574.0	
	(수출/GDP)	61%	14%	22%	24%	10%	
	성장율(09y)	5.30%	7.40%	4.50%	9.10%	-0.20%	
GDP	1인당(09)	2,900	3,200	4,000	6,700	10,100	
	official	**1,040**	**1,055**	**2,221**	**3,748**	**7,827**	GDP 아직 미미
	농업	21.3%	17.1%	15.3%	10.3%	6.1%	
	제조	40.0%	28.2%	47.6%	46.3%	25.4%	
	서비스	**38.3%**	**54.6%**	**37.1%**	**43.4%**	**68.5%**	서비스산업 미발달
노동력	(백만명)	46.5	467.0	113.7	813.5	101.0	
	농업	51.8%	52.0%	42.1%	39.5%	20.0%	
	제조업	15.4%	14.0%	18.6%	27.2%	14.0%	
	서비스업(07년)	**32.7%**	**34.0%**	**39.3%**	**33.2%**	**66.0%**	
전력소비	KW BN	74.5	538.0	119.3	3,451.0	404.3	
전력생산	KW BN	86.9	723.8	134.4	3,438.0	438.8	
기름소비	M bbl/day	0.30	2.98	1.10	8.20	2.46	
기름생산	M bbl/day	0.30	0.87	1.02	3.90	2.57	
기름수입	M bbl/day	0.10	2.90	0.60	4.30	0.60	
(1인당)	**전력소비**	**0.83**	**0.46**	**0.49**	**2.59**	**2.01**	전력소비증대 예상
	기름소비	**0.0034**	**0.0025**	**0.0045**	**0.0062**	**0.0122**	
교육비 지출비중		5.30%	3.20%	3.50%	1.90%	5.20%	교육비 증대예상
기준연도		08y	06y	07y	99y	07y	

구 분		대만	한국	일본	미국	독일	프랑스	영국	시사점
인구연령	인구	23.0	48.6	126.8	310.2	82.2	64.7	62.3	
		16.7%	**16.8%**	**13.4%**	**20.2%**	**13.7%**	**18.6%**	**16.7%**	♣
		72.6%	72.3%	64.4%	67.0%	66.1%	65.0%	67.1%	
		10.7%	**10.8%**	**22.2%**	**12.8%**	**20.3%**	**16.4%**	**16.7%**	노령인구증가
	median	37.0	37.9	44.6	36.8	44.3	39.7	39.8	(평균 41세)
	이민(10ye/1000명)	**0.03**	**0.00**	**0.00**	**4.25**	**2.19**	**1.47**	**2.6**	이민확대/여성인력 ♣
	평균수명	**78.15**	**78.81**	**82.17**	**78.24**	**79.41**	**81.09**	**79.9**	
수출입	수출 / BN(09y)	203.4	373.6	545.3	1,069.0	1,145.0	473.9	356.2	수출만이 살길 ♣
	수입 / BN(09y)	172.8	317.5	501.6	1,575.0	956.7	535.8	483.9	
		376.2	**691.1**	**1,046.9**	**2,644.0**	**2,101.7**	**1,009.7**	**840.1**	
		16.4	14.2	8.3	8.5	25.6	15.6	13.5	
GDP	PPP adj/BN	734.3	1,362.0	4,149.0	14,120.0	2,815.0	2,094.0	2,123.0	
	official/BN	378.5	832.5	5,069.0	14,120.0	3,339.0	2,656.0	2,179.0	
		54%	45%	11%	8%	34%	18%	16%	
	성장율(09y)	-1.90%	0.20%	-5.20%	-2.60%	-4.70%	-2.50%	-5.00%	
GDP	1인당(09)	32,000	28,100	32,600	46,000	34,200	32,500	34,200	생활은 선진국 ♣
	official	**16,457**	**17,130**	**39,976**	**45,519**	**40,620**	**41,051**	**34,976**	
	농업	1.6%	3.0%	1.6%	1.2%	0.8%	1.7%	0.9%	
	제조	29.2%	39.4%	21.9%	21.9%	26.6%	18.8%	22.0%	
	서비스	**69.2%**	**57.6%**	**76.5%**	**76.9%**	**72.6%**	**79.4%**	**77.1%**	서비스업 경쟁력부족 ♣
노동력	(백만명)	10.9	24.4	66.2	154.2	43.5	28.1	31.4	
	농업	5.1%	7.2%	4.0%	0.7%	2.4%	3.8%	1.4%	
	제조업	36.8%	25.1%	28.0%	20.3%	29.7%	24.3%	18.2%	
	서비스업(07년)	**58.0%**	**67.7%**	**68.0%**	**79.0%**	**67.8%**	**71.8%**	**80.4%**	
전력소비	KW BN	229.8	385.1	925.5	3,873.0	547.3	447.2	345.8	
전력생산	KW BN	238.3	440.0	957.9	4,110.0	593.4	535.7	368.6	
기름소비	M bbl/day	0.90	2.20	4.30	18.69	2.43	1.88	1.67	
기름생산	M bbl/day	0.27	0.05	0.13	9.05	0.16	0.07	1.50	
기름수입	M bbl/day	0.93	2.90	5.00	11.31	2.86	2.38	1.49	원유대체 녹색절실 ♣
		9.99	**7.92**	**7.30**	**12.49**	**6.66**	**6.91**	**5.55**	에너지 절약필요
		0.0391	0.0453	0.0339	0.0603	0.0296	0.0290	0.0268	
교육비지출		NA	4.20%	3.70%	5.50%	4.40%	5.60%	5.60%	교육비 비중?
			07y	07y	07y	06y	06y	07y	

자료 출처 : 미국 CIA Fact book 2010년 기준

　　표 2-3을 국가별로 비교해 보면, 경제 전문가의 도움 설명이 없이도 우리나라가 미래에 나아갈 길이 보여진다. 본 표에서 우리가 알려고 하는 것은 "한국 경제 발전사의 과거 모습을 지금의 개발도상국의 경제 지표로 참조하여 되돌아 보고, 앞으로 한국이 선진국이 되기 위해서는 어떻게 해야 할지"에 대하여, 선진국의 경제자료를 보면서 느끼는 것이다. 개발도상국 중 일부 국가는 한국, 대만과 같이 성장할 수 있다. 이는 경제 성장률이 낮은 선진국들이 이들 국가에 투자를 확대하는 이유이다. 우리들이 과거 사회 현상과 역사를 배우고, 금융 이론을 배우고 경영을 배우며, data를 참조하는 목적은, 미래에 올바른 판단에 참조하기 위함이다. 앞서 미국 CIA의 설립 이념이 의사 결정권자들에게 정확한 사실 정보를 전달하는 데 있다고 하였다.

　　표 2-3의 주요 항목이 우리들의 투자 활동에 어떠한 의미가 있는지 살펴보자.

인구

　　인구가 많다는 것은 물건을 사고파는 당사자들이 많다는 것이다. 국가의 신용 등급을 평가할 때 인구가 감소하는 국가는 감점 요인이 된다고 한다. 즉 절대 인구의 크기와 인구 구성(노동력 인구의 크기)은 경제에 <u>중요한 의미</u>[7]가 있다.

① 표 2-3을 보면, 중국은 2009년도에 이미 13억 인구를 보유하고 있어, 절대 시장 규모가 다른 나라 대비 상당히 큰 것을 알 수 있다. 대표적인 신흥 성장 국가들의 <u>절대 인구</u>도 공통적으로 크다. 선진국가들의 인구도 모두 우리나라보다 모두 크다. **한국은** 절대 인구가 작아 내수 시장이 크지 않은 점을 감안하여 일찌감치 산업화를 통한 **해외 수출 증대로 방향**을 잡았다. 그래서 지금 국민 모두가 먹고 살수 있는 것은 정말 다행스러운 일이었다고 본다.

② 전체 인구 중 <u>14세 이하의 인구</u> 비중은, 이들이 얼마 후 성년이 되었을 때 국가 경제 성장에 필수인 노동력을 제공하고, 동시에 소비를 한다는 점에서 매우 중요한 의미가 있다. 이들이 결혼하여 아이를 낳고, 교육시키며, 집을 사는 일상생활이 소비 시장 크기를 증가시키므로, 미래 **경제 성장에 많은 긍정적인 요인**으로 작용한다. 선진국의 동 인구 비율도 한국과 유사하다. 선진국은 개발도상국의 인구가 선진국으로 이민 가서 부족한 젊은 인구 부문을 보완해 주는 것을 볼 수 있다.[8] 반면에 우리나라는 아직 외국인 이민으로 부족한 노동력을 보완하기가 여의치 않다. **우리나라의 인구 감소 문제는 미래를 심각하게 위협하는 상당히 중요한 문제이다.** 따라서, 고급 인력인 여성의 사회 진출을 확대하여 시급하게 이를 보완해야 한다. 한국의 기업 경영자들도 여성 인력에 대한 적극 활용 방안(실질적으로 도움이 되는 육아 보육 시설 확충 및 유치원 운영 확대 등)을 한시라도 빨리 개선, 도입하여 여성의 직장 생활에 어려움이 없도록 해야겠다.

③ 많은 인구가 몰려있는 연령대(Median) 비중을 보면 개도국은 중국을 제외하고는 모

---

[7] 인구의 크기는 잠재 시장의 규모 추정에도 의미가 있지만, 기업을 효율적으로 이끌어가는 인재가 많이 나올 가능성도 크다는 것도 의미한다. 성장에 필수적인 노동력 공급이 가능할지도 보여준다.

[8] 이민자 수를 보면 개발도상국에서 선진국으로 이동함을 볼 수 있다.

두 20대(중국 포함한 평균은 29.1세)이며, 선진국의 평균은 41세이다. 무려 11년 차이이다. 이는 개도국의 경우 미래 소비 시장의 확대를 의미하며, 선진국은 소비는 줄고 노령화로 인한 비용(노후 연금 지급 및 의료 비용)이 증대된다는 것을 의미한다. 즉 경제 성장에는 좋지 못한 구조(노동력 부족, 소비시장 축소 의미)이다.

그러면 **한국**은 어떨까? 표 2-3을 보면 우리나라는 09년 기준으로 37.9세에 가장 많은 인구가 몰려있다. 이미 선진국 수준이다. 문제는 우리나라는 평균 연령이 점점 높아진다는 것이다. **선진국**은 이민 수용 정책으로 부족한 노동력을 보완하고, 결혼하여 아이를 낳는 가족(자녀 교육비 부담이 적고, 직장 여성으로서 사회생활을 하는 것이 우리보다는 좋은 상황이므로)구성이 안정화되어 있어 현재의 인구 분포에 큰 변화가 없을 것으로 예상된다. 그러나 여러분도 이미 잘 알고 있듯이, 한국은 교육비 부담으로 결혼해도 자녀를 1명만 낳고 있지 않는가? 이를 보면 **한국은 젊은 세대 감소**에 따른 내수 시장 축소와, 노동력 부족에 따른 경제 성장 하락, 그리고 조만간 노령 인구 급증으로 인한 비용 증가 때문에 어려운 상황을 직면할 수도 있음을 알 수 있다.

좀 더 나아가 한국의 인구 추이를 살펴보자.

표 2-4는 1960년부터 2050년까지 한국의 인구를 연령대별로 세분화한 자료다. 눈으로 봐도 선명하게 **생산 가능 인구**[④번, 25세~49세]의 **급격한 감소**와 노인 인구 [⑥⑦⑧번]의 급격한 상승을 보인다. 4개 타원 점선은 비교해 보라고 표기한 것이다.

표 2-4 한국 인구통계 – 통계청 자료

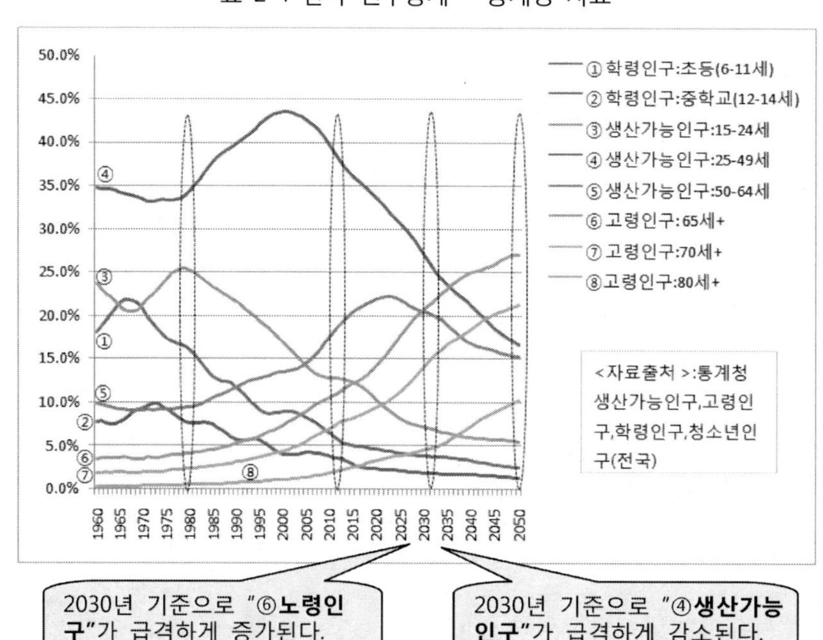

표 2-5 한국 인구통계

	1980년		2010년		2030년		2050년	
총인구 (단위:천명, %)	34,281		50,725		57,049		59,849	
① 학령인구:초등(6-11세)	5,499	16%	3,297	6%	2,209	4%	1,525	3%
② 학령인구:중학교(12-14세)	2,599	8%	1,962	4%	1,131	2%	838	1%
③ 생산가능인구:15-24세	8,613	25%	6,515	13%	4,086	7%	3,291	5%
④ 생산가능인구:25-49세	11,812	34%	20,196	40%	15,494	27%	9,957	17%
⑤ 생산가능인구:50-64세	3,292	10%	8,900	18%	11,718	21%	9,176	15%
⑥ 고령인구: 65세+	1,456	4%	5,357	11%	11,811	21%	16,156	27%
⑦ 고령인구:70세+	832	2%	3,546	7%	8,019	14%	12,776	21%
⑧ 고령인구:80세+	178	1%	952	2%	2,581	5%	6,130	10%

표 2-5는 30년 전인 1980년의 인구 구성비와 지금으로부터 20년 뒤, 40년 뒤의 한국의 인구 구성을 비교한 것이다. **1980년에 7%이었던 고령 인구가 20년 뒤인 2030년에는 무려 40%가 되고, 1980년에 24%이었던 초·중등학생 비율이 6%로 급격하게 감소**된다. 2030년이 먼 미래 같지만, 곧 우리가 받아들여야 할 현실이다. 표 2-3에서 선진국들이 개발도상국 대비 고령 인구가 많은 것을 확인했다. **그러나 미국, 영국, 프랑스 등 선진국들의 고령화 비율은 불과 20%대로 조만간 우리나라가 경험하게 될 40%의 고령화 비율에 비하면 절반** 밖에 되지 않는다.

한시라도 빨리 인구 불균형의 문제를 해결하기 위한 방안(이민자 수용, 자녀 교육비 문제로 인한 1자녀만 낳는 현상, 여성 노동력 활용 방안, 65세 미만 장년 인구 노동 시장 재고용 문제 등)과 해결하려는 노력의 중요성을 공론화하여 지혜를 모아야 하겠다.

확인된 것은 아니지만 한국의 1980년대에 "아들딸 구별 말고 둘만 낳아 잘 기르자"로 대표되는 한국의 가족계획 사업비 지원을 지금 우리와 국제시장에서 경쟁하는 국가가 적극 지원했다는 이야기가 있는데, 만약 사실이라면 지금 생각만 해도 등골이 오싹하다.

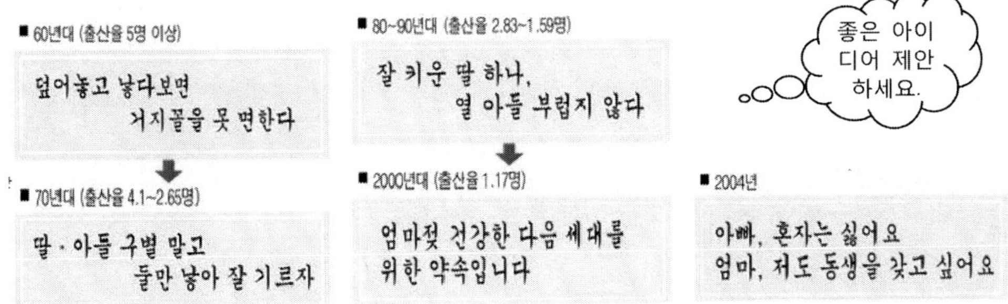

수출입

독자들은 80 20이란 말을 알 것이다. 20%의 핵심 고객이 회사 수익의 80%를 창출한다는 의미이나, 조직 내 20%의 사람들이 80%를 먹여 살린다는 뜻으로도 사용된다. 100명에게 똑같이 1억 원씩 나누어 주고 몇 년이 지난 후에 보면 그중 20여명의 사람들이 80명에게 나누어 주었던 돈을 모두 가지고 있게 된다는 뜻이다.

지구상에는 수많은 나라들이 있지만, 한국은 세계 <u>교역 규모 9위</u>의 대단한 나라이다.[9] 자원도 없고, 땅도 적은 우리나라의 성공 사례를 보면, 80 20의 법칙이 맞는 것 같다 ^^

한국인의 1인당 수출입 규모(수출+수입을 15~64세 인구수로 나눈 것)는 142억 불로 독일 254억 불보다는 적지만, 다른 선진국 수준보다 높고, 개발 도상국보다는 10배 이상 크다. 이는 한국의 수출입 강국 위상을 명확하게 보여 주지만, 아직 세계 최고의 **<u>독일보다는 56% 수준</u>[10]**에 머무르고 있다.

삼성전자의 반도체 산업 진출로 일본의 아날로그 기술을 따라 잡았다(요즘은 노래를 MP3로 듣는다. 그러나 불과 얼마 전까지만 해도 아날로그 테이프로 들었다. MP3는 반도체만 있으면 노래의 품질 차이가 거의 없다. 그래서 일본 제품이나 개발도상국 제품이나 차이가 없다. 그러나 예전의 아날로그 기계식 테이프는 정밀 기술력 차이에 따른 음질의 차이가 무척 크다. 개발도상국은 정밀 기술력 부족으로 선진국 수준으로 따라 가려면 장기간 기초과학 투자를 해서 기술이 축적되어야만 따라갈 수 있다). 그러나 아직 한국은 반도체 제조 장비와 정밀 기기들을 대부분 일본과 독일로부터 수입하고 있다. 아무리 서비스 전자 산업이 발전해도 정밀 기술력과 소재 산업에 기반한 제조업 없이는 진정한 선진국 진입이 어렵다. 설사 진입하더라도 유지가 어려울 것이다. 한국은 세계 교역 9위이지만 더욱 앞서 가기 위해서는 지속적인 기초과학과 기술 투자에 의한 생산성 개선으로 장기 지속 성장을 준비하여야 하겠다.

GDP

앞서 설명한 인구 분포와 경제 관계를 다시 보자. 인구 절대수가 많다는 것은 노동력 크기와 소비 시장의 크기를 의미한다. 개도국의 1인당 GDP 수준(Official)이 선진국 대비 매우 낮은 수준이나, 자원도 있고, 인구도 충분하며, 정부의 발전 의지도 강한 이들 나라들의 향후 경제 성장 잠재성은 매우 크다. 재미있는 사실은 우리나라의 GDP가 17,130불이지만 구매력 기준[11]으로 보면 28,100불이나 된다. 반면에 일본은 GDP가 39,976불이지만 구매력 기준으로 보면 32,600불이다. 이를 보면 한국의 생활 수준은 이미 선진국 수준이다. ^^

---

9 2011.11.25. 동아일보 기사참조

10 저자가 느끼는 독일의 경쟁력은 철저한 분석과 원칙에 따른 실행, 그리고 정직한 약속 이행에 대한 각자의 믿음이라고 본다. 저자가 독일에서 만난 분(독일에서 약 15년 거주, 철학 전공)의 말씀에 따르면, 독일 사회는 독일 철학자들이 "무엇이 진정으로 인간 삶을 행복하게 할 것인가" 하는 근본 질문에 대한 오랜 기간 동안의 성숙된 논의의 결과가 아마도 "원칙에 따른 각자의 사회적 역할에 충실하며 약속을 지키는 평범한 삶"이란 것으로 이해되었고, 국민들이 이를 경험적으로 인지하고는 생활에서 따르고 있기 때문이라 한다. 장기적인 명확한 비전 제시 없이 상황에 따라 임기응변으로만 모면하는 것에 익숙해진 한국 사회가 미래 생존을 위해 배워야 할 중요한 부문이라 본다.

11 Law of one price 즉 한국에서 원화로 일본에서 엔화로 햄버거를 사는 가격 수준을 달러로 환산한 것으로 물가 수준을 반영하여 계산된 GDP임. 흔히 일본은 물가가 비싸다고 하고 개도국은 물가가 싸다고 하는데 이런 현상들을 반영한 GDP라고 이해하면 된다.

산업 구성도

개도국은 아직 농업과 제조업에 종사하는 인구가 많고, 상대적으로 서비스업은 적다. 산업 생산량도 이와 유사한 비율을 보여준다. 선진국은 농업에 종사하는 인구가 1% 수준으로 매우 적으며, 제조업이 약 20% 수준이다. 서비스업은 약 70% 수준으로, 타 산업 대비 상대적으로 매우 높음을 알 수 있다. 그리고 서비스업이 GDP에서 차지하는 비중도 선진국은 인구 종사자와 유사한 70% 수준임을 볼 수 있다. **한국**은 서비스업에 종사하는 인구는 67.7% 이나 **서비스업의 GDP 생산 비중은 57.6%**에 불과하다. 무려 10% 이상 차이가 난다. 이는 한국의 서비스업 생산성이 선진국보다 많이 낮음을 보여주고 있다.

에너지소비

1인당 기름 소비량을 보면 역시 미국이 같은 선진국 중에서도 2배 가량 많이 소비한다. 한국도 미국을 제외한 다른 선진국보다 많이 소모한다(물론 기름이 모두 소비만 되는 것은 아니다. 우리 생활 주변의 대부분의 석유화학 제품은 기름을 연료로 하여 나프타[12]를 만들어서 생산되는 것들이다. 즉 일부는 다시 수출된다고 보아야 한다). 개발도상국을 보면 1인당 기름소비량이나 전력 소비량이 선진국 대비 매우 낮은 수준이다. 하지만 조만간 이들 국가들도 경제 발전에 따라 에너지 소비가 많이 늘어나게 될 것임을 짐작해 볼 수 있다.

개발도상국은 대부분 원유를 생산하거나 매장량이 많아 늘어나는 원유 수요를 일부 대체할 수 있고, 영국, 미국도 막대한 원유를 생산하여 수요의 일부를 대체하고 있지만, **한국, 일본, 독일은 원유를 모두 수입**에 의존하고 있음을 알 수 있다. 한국과 일본, 독일은 국가적인 차원에서 녹색 산업을 더욱 확대·발전시켜야 할 당위성도 여기에서 찾아볼 수 있다. 어렵게 수출하여 돈을 버는 것도 중요하지만 녹색 산업 및 에너지 절약으로 막대한 원유 수입 비용을 줄이는 것도 수출하여 돈을 버는 것과 동일한 의미가 있다. 우리들의 조그마한 에너지 절약도 국가 전체로는 큰 에너지 절감이 되므로 에너지 절약에도 앞장서자. ^^

교육비

2007년도 **한국**의 교육비 지출 비용은 **GDP 대비 4.20%**이다. 인구 고령화로 학생층이 적은 일본의 3.7%보다는 높지만 0~14세 인구 분포가 한국과 유사한 영국(5.6%), 프랑스(5.60%)보다는 많이 낮은 수준이고, 미국의 5.6%보다도 많이 낮다. 주목할 점은 개발도상국 중 베트남과 브라질의 경우에는 각각 5.3%, 5.2% 수준으로 한국의 4.2%보다 많이 높다는 점이다.

한국 직장인들이 교육비 무서워서 아이 낳기도 어렵다며 1자녀만을 낳는 것이 이미 보편화되었고, 자녀 교육비가 미혼 남녀로 남는 이유 중의 하나라 한다. 적절한 인구 증가는,

---

12 석유화학 제품의 기초 원료이며 원유(기름)을 끓여서 가솔린, 등유, 경유, 중유를 뽑아 낸 다음 생성되는 물질.

약간의 인플레이션이 경제 성장에 도움이 되는 것처럼, 경제에 긍정적인 요인으로 작용한다. 현재 부모님 세대(60~70년대)에는 4~5명의 자녀들이 일반적이었다. 그러나 지금은 아무리 주위를 둘러봐도 2명 이상의 자녀가 있는 가족을 찾아보기가 어렵다.

선진국은 오히려 2명 이상의 자녀를 유지하고 있고, 부족한 노동력을 **이민 수용**으로 보완하고 있다. 개발도상국도 "잘살아 보세"를 외치며 한국을 추격하고 있는데, **우리는** 자녀 출산율 하락으로 젊은 인구는 줄고, 부양할 노령 인구는 급격하게 늘어나고 있으며, 줄어드는 인구를 보완할 이민자 수용에도 배타적이다. 선진국의 사례를 보면 일단 하락한 출산율을 다시 올리는 것은 거의 불가능하다고 한다. 현실적인 대안은 여성의 사회 참여 여건을 적극 개선하고, 교육비 부담을 줄이기 위한 사회적 공감을 바탕으로 획기적이며 장기적인 교육 마스터플랜을 설정하여 시급하게 추진하여야 하겠다.

한 분야의 진정한 전문가가 되기 위해서는 대학 졸업 후 최소 10여 년간의 노력(전문 지식 습득 + 업무 경험)이 필요하다. 과거 100년은 **경영학석사(MBA)**, 앞으로 100년은 **전문이학석사(PSM)**[13]의 시대라고 했다. 우리 다음 세대를 위한 한국의 미래 생존 전략의 차원에서 국가의 百年大計(백년대계)인 교육 문제를 설계하여야겠다.

싱가포르는 과거 지리적인 이점을 잘 살린 항구도시로서 주변 동남아 국가와 세계시장을 연결해 주는 중계무역으로 큰 돈을 벌었다. 지금은 동남아 국가로 직접 교역이 되므로 중계무역의 기능이 다소 줄었지만, 다른 형태로 전략적인 새로운 산업을 선택(공항, 항만 등)하여 예전의 중계무역의 기능을 잘 유지하고 있다.

싱가포르의 3대 산업은 물류, 금융, 관광이다. **인구 4백만**(외국인 1백만 포함)에 자원도 없는 나라가 어떻게 GDP 37,000불[14]의 선진국이 되었을까? 본인은 **영어의 힘**이라고 확신한다. 싱가포르는 동남아 화교 기업인의 Network를 글로벌 투자 회사들에게 연결해주는 중계 역할[15]을 한다. 즉, 전 국민이 동양과 서양을 연결해 주는 언어를 구사할 수 있다. 수많은 다국적기업들의 아시아 본사가 싱가포르에 있다. 요즘은 홍콩에서는 영어가 통하지 않는 경우가 있지만 싱가포르에서는 길거리 사람들도 영어, 중국어를 한다. 그래서 그들이 예전보다 더 많은 새로운 사업의 기회를 가질 수 있는 것이다. 1967년 당시 싱가포르 수상인 '이관요'가 엄청난 반대를 감수하며 **영어를 공용어**로 하지 않았다면 지금의 싱가포르는 없고 변방의 조그마한 섬나라로만 기억되었을 것이다. 한국이 당장 영어를 공용어까지 할 수는 없겠지만, 적어도 **영어를 바라보는 시각**을 바꾸어야 한다. 영어로 기록된 지식의 보고를 습득하고, 글로벌 무역 공통어를 익혀, 세계인과 소통하게 하며 보다 많은 기업활동의 기회를 주는 것이 세계인 공용어 영어이다. 영어를 일상어로 할 수는 없겠지만 몇 개 분야에서 영어와 한국어를 병행하는 것도 대안이겠다.

지금까지 개발도상국과 선진국 그리고 그 중간에 있는 한국을 객관적인 데이터로 살펴보

---

[13] 미국 뉴욕주립대 오스웨고 대학원장 '데이비드킹'의 비유. PSM은 Professional Science Master의 약자로 과학, 수학 등 자연과학과 커뮤니케이션, 정책, 경영, 법 등 실용학문을 가르치는 석사 과정을 말함.

[14] 2009년도 기준/ 미국 CIA 자료 참조.

[15] 여담이지만 싱가포르 사람은 외모는 동양인이지만 사고는 서양식으로 한다고 한다.

앞다. 특별한 전문 지식이 없어도 몇 가지 데이터를 보면, 과거 우리나라가 걸어온 길, 앞으로 걸어갈 길을 볼 수 있었다. 우리의 현재 위치와 미래의 위치도 가늠해 볼 수 있었고, 지금 무엇을 준비해야 할지를 알 수 있는 것이다.

이런 것이 data의 힘이다. 아무도 부인할 수 없는 Detail의 힘이다.

금융(투자)도 이와 유사하다. 금융은 data를 기초로 하여 투자하고 관리된다. CIA data와 차이가 있다면, 기초 data를 약간의 통계 작업을 해서 금융 언어로 보여줄 뿐이다. 우리는 몇 가지 금융 언어만을 이해하자. data를 만드는 힘들고, 조금은 지겨운 일들은 금융 전문가에게 맡기자.

이 책을 읽고 나면 부록 CD 프로그램에 data 값만 받아서 입력하여 결과만 보면 되는 것이다.

3. 금융기관은 기업 활동과 어떻게 연결되는가?

다음은 이러한 data를 이용하여 우리의 소중한 돈을 운영하는 금융기관을 이해해 보자. 우리들이 **이해하려 하는 것**은 '다들 유사한 금융기관인데 왜 은행이 있고, 증권사가 있으며, 보험사, 그리고 투자자문사가 있나? 또 이들이 어떻게 서로 역할하며 **우리들의 투자와 어떻게 연관**되는 것일까'이다. 우선 금융기관을 먼저 이해하자. 그리고 나서 금융기관의 상품을 이해하면 된다.

앞의 표 2-1에서 경제활동의 전반적인 흐름을 보여주며 미래의 경제활동(특히 기업들의 영업 활동)을 예상하는 것이 쉽지 않다는 것을 보여주었다.

표 2-6 금융(투자) 흐름도는 경제활동에 있어서 금융의 역할을 그림으로 정리하였다. 우리가 **투자를 하려면 반드시 금융기관을 거쳐야** 한다. 그래서 우리들은 금융기관의 역할을 이해함으로써 자신의 목적에 맞도록 적절하게 금융기관들을 활용하는 방안을 알아보는 것이 필요하다.

기업의 활동은 사람의 활동과 매우 유사하다는 것을 알 수 있다. 그래서 기업을 법에 의해서 설립된 인간(法人)이라고 했을까?

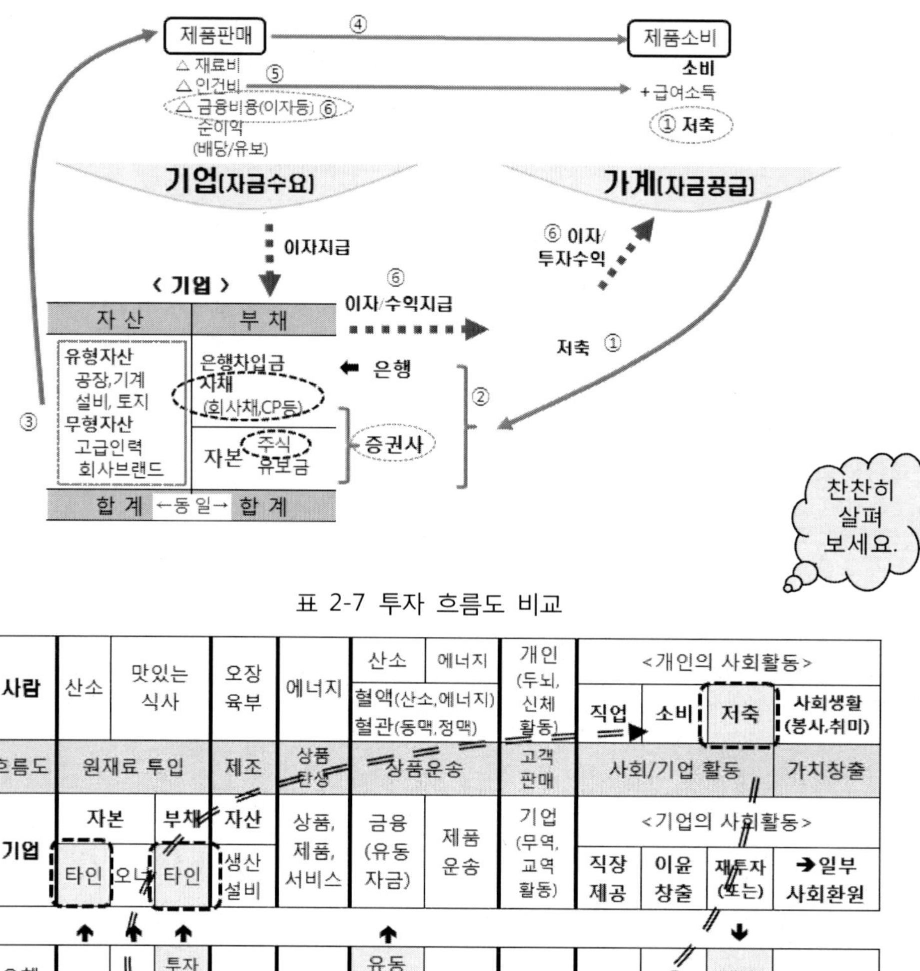

표 2-6 투자 흐름도

표 2-7 투자 흐름도 비교

구분												
사람	산소	맛있는 식사		오장육부	에너지	산소 / 혈액(산소,에너지) 혈관(동맥,정맥)	에너지	개인(두뇌, 신체활동)	직업	소비	저축	사회생활(봉사,취미)
흐름도	원재료 투입			제조	상품 탄생	상품운송		고객판매	사회/기업 활동			가치창출
기업	자본: 타인	자본: 오너	부채: 타인	자산: 생산설비	상품, 제품, 서비스	금융(유동자금)	제품운송	기업(무역, 교역활동)	직장제공	이윤창출	재투자(또는)	→일부 사회환원
은행			투자(대출)			유동자금					←	예금
증권사	공모주 일반주		채권발행								←	주식 채권
보험사				재해보험							←	연금성 보장성
투자회사	기업인수	출자 IPO	PF대출								←	부동산/벤처등

표 2-7 투자 흐름도 비교

사람이 숨을 쉬면서 음식물을 섭취(**투자**)하면, 우리 몸속의 기관들이 이를 소화(**제조**)하여 에너지(**상품**)를 만든다. 그러면 혈관(**금융기관**)을 통해 혈액(**금융기관**)이 에너지와 산소(**투자한 돈**)를 우리 몸(**고객**) 구석구석까지 잘 전달(**판매**)하고 우리는 팔과 다리를 움직이고 두뇌를 사용(**활동**)할 수 있게 된다.

우리들은 몸을 움직여서 직장인으로 일(**직장**)을 하고는 월급을 받아 소비(**기업 이윤 창출**)도 하며, 또 일부는 저축(**재투자**)한다. 그리고 도움이 필요한 사람을 돕는 사회 공동의 가치를 창출하는 <u>선행(**사회 환원**16)</u>도 한다.

　　금융기관의 역할을 몸에 비유하자면 팔, 다리 및 두뇌를 움직일 수 있도록 하는 데 핵심 요소인 1) **산소(투자하는 돈)를** 공급하고, 2) 생산된 에너지와 산소를 필요한 곳으로 보내주는 **혈액(자동차 역할)**과 같은 운송 수단 역할을 하며, 또한 3) **혈관(고속도로 역할/자금 공급 및 회수 통로)**과 같은 소통의 수단을 제공하여 중요한 에너지(돈)를 팔, 다리, 두뇌까지 전달하는 역할을 한다.

　　금융기관이 제 역할을 하지 못한다는 것은, 혈액이나 혈관에 문제(혈관에 노폐물이 쌓여 혈액 공급 및 노폐물 회수가 어려워지는 것)가 생겨서 제 때에 에너지와 산소 공급 및 노폐물 회수가 원활하지 못하다는 것이다. 싫든 좋든 우리들이 **저축(투자)하는 돈**은 다양한 금융 상품의 형태로 다양한 금융기관을 거쳐서 **기업 활동으로 연결**된다. 금융기관을 우리 몸에 비유하여 이해해 보았으나, 실물경제와 연계하여 금융기관의 복잡한 역할을 이해하기란 앞의 설명처럼 그리 쉽지만은 않다.

　　우리 몸의 혈액과 혈관처럼, 금융기관(혈액, 혈관)이 실물경제(몸)에 미치는 영향도 절대적이다. 2008년도 미국 금융기관의 부실이 실물경제로 이어져 글로벌 실물경제가 폭락한 사실은 금융기관의 중요성을 여실히 보여준다. 실물경제뿐만 아니라 금융기관을 통해서 투자를 해야 하는 우리들과도 **떼려야 뗄 수 없는 중요한 관계**이다. 그래서 우리는 먼저 기본적인 **금융기관의** 역할에 대한 정확한 **이해가 반드시 필요**한 것이다.

▶ 은 행

　　우리 주변에 가장 많이 있는 금융기관이 은행이다. 우리나라도 4개 금융 그룹[17]이 있다.

---

16. 여담으로 **기업의 사회 환원**에 대해 잠깐 이야기해 보자. 기업은 우리들(개인)에게 월급을 주는 동시에 우리는 그 월급을 소비도 하고 저축도 한다. 소비는 기업 수익 창출의 근원이고 저축도 기업에게 자금을 공급해 주는 매우 중요한 역할을 한다. 그럼 누가 누구를 도와주는 것일까? 이는 닭이 먼저냐, 계란이 먼저냐 하는 것과 같은 것이며, 선순환이 되면 계속 선순환 될 수 있고, 악순환 되면 계속 악순환 될 수 있는 관계이다. 개인들이 지갑을 닫으면 기업이 물건을 팔 수 없어 수익이 줄고, 결국 기업이 망하면 개인들도 월급이 없어져 실업자가 된다. 개인과 기업과의 관계는 너무 가까이 하기에도, 너무 멀리 하기에도 모호한(?) 관계이며, 둘 사이의 관계가 럭비공처럼 어디로 튈지 정말 예상할 수 없는 어려운 분야이다. 둘 사이의 관계가 복잡하지만 어쨌든 기업은 돈을 번다. 개인이 생활고를 해결하는 정도의 돈을 벌면 뭔가 보람된 일을 찾아 봉사활동을 하며 개인 스스로도 많은 행복감을 느끼게 된다. 개인이 사회에 기여하는 가치 창출이다. 기업도 설립 초기의 어려운 시절을 지나고 나면, 수익도 안정화되면서 사회를 위한 가치를 창출하는 봉사 활동을 시작하게 된다. 즉 부의 사회 환원이다. 개인의 소비가 기업의 수익으로 연결되어 있다는 점은 시사하는 바가 많은데, 기업은 사회봉사 활동을 "고기를 나누어 주기보다는 고기 잡는 법을 알려주라"는 말처럼 중장기적으로 개인에게 도움이 되는 방식으로 추진하면서 동시에 장기적으로는 기업의 수익 창출에도 도움이 되는 Win Win 방식으로 추진하자. 예를 들면, 금융기관은 금융거래에 생소한 개인이나 기업에게 무료 금융 강좌를 개설해 주는 것이나, 어린이 경제 교육 프로그램 등을 할 수 있다. 대기업도 중소기업에게 품질 향상을 위한 무료 교육이나, 일사 일촌을 정하여 단편적인 사진 찍기 식의 무상 지원 방식이 아니라 조금은 시간이 걸리더라도 자립할 수 있는 교육과 기반을 제공하는 프로그램을 개발하여 지원하는 것이다. 현대사회는 각 계층 간, 조직 간의 이해관계가 많이 복잡해졌다. 첨예한 이해관계가 상충되는 상황에서 이를 조정하려고 하는 노력은 좋은 결실을 보기 어렵다. 그래서 복잡한 이해관계를 생각하지 말고 간단하게 기본으로 돌아가서 이미 우리들이 잘 알고 있는 진정 도움이 되는 것을 도와주면 되는 것이다. 파이를 나누는 것보다는 개인들이 기존에 만들었던 파이를 보다 크게 만들 수 있게 도와주어 자립하도록 하는 것이다.

17. 우리금융, 신한금융, 하나금융, 국민금융 그룹.

은행은 고객의 예금을 받아 이를 기업이나 개인에게 대출을 해 주고 예금 금리와 대출 금리와의 차이로 수익을 창출한다. 예금은 고객이 인출을 원하면 무조건 인출해 주어야 하므로 예금을 바탕으로 하는 은행 대출금 운영은 **대출금 건전성 유지가 매우 중요**하다. 빌려준 대출금이 항상 모두 상환되는 것은 아니므로, 혹시 있을 수 있는 대출금 손실을 미리 예상하여 손실 준비금도 미리 적립하도록 되어 있다. 이 모두가 예금자에 대한 **지불 능력 유지**를 위한 조치이다.

예금은 주로 단기이지만, 대출은 예금보다 만기가 긴 장기 대출이 대부분이다. 따라서 예금과 대출이 금액상으로는 비슷한 규모로 짝이 지어져 있으나, 만기가 서로 달라 **만기 불일치**라는 위험 요소를 내포하고 있다. 그리고 예금을 하는 우리들은 금리에도 민감할 수밖에 없으므로 조금이라도 금리가 높은 은행이 있으면 마음대로 예금을 옮겨갈 수 있지만, 은행의 **대출은** 사전에 약정된 금리 수준으로 **만기까지 고정**되어 있다. 따라서 시장 금리가 변동하면, 대출금 운영에 어려움이 있을 수도 있어 항상 **금리 변동 위험에 노출**되어 있다.

또한 대출금을 빌려간 기업 고객이, 여러 가지 사정으로 만든 물건을 팔 수 없어서 재고가 늘어나게 되면, 회사 운영이 어려워져 대출금을 상환하지 못하게 되어 은행이 **신용 위험을 부담**한다. 개인 대출금은 나중에 사정이 호전되어 돈이 생기면 돌려받을 기대를 할 수 있다. 그러나 **기업은** 주식회사로서, 자본금의 범위 내에서 **제한적인 책임**을 부담한다. 회사가 망했을 때 회사가 보유한 자산(공장, 기기, 건물 등)의 처분 금액 범위 내에서만 대출금 상환을 하게 된다. 즉 회사 사장님에게 남은 대출 잔액 상환을 요청할 수 없는 것이다. 따라서 기업의 정확한 가치(청산 가치라고도 함)를 산정하는 **은행의 능력이 아주 중요**하다.

기업 가치는 결국 기업의 **주식 가치**(회사가 보유한 자산의 가치−부채=자본금. 이렇게 계산된 금액을 주식 수로 나눈 값이 1주당 기업 가치이다. 이를 기업 청산 가치, Book Value라고 한다[18])에 대한 평가이다. 기업 청산 시 **부채는** 대출 원금에 이자를 더한 금액으로, 장부상의 금액과 실제로 갚아야 할 금액의 **차이가 작다**. 그러나 **자산**(공장, 기계, 부동산 등)은 통상 장부상의 금액과 실제 처분 가치와 **많은 차이가 발생**된다. 그래서 기업이 망하면 통상 청산 가치가 회계상의 수치보다 적게 되므로, 부실이 발생하는 것이다.

은행은 철저한 기업 심사를 해서 기업의 영업 활동에 의한 수익금으로 대출금을 상환할 수 있는지를 자세히 본다. 기업의 청산 가치도 최대한 정확하게 산정한 후 청산 가치의 일부만을 대출해 준다. 또한, 여러 심사 단계를 거치면서 검증이 되므로 은행은 **본질적으로 자산 운영에 보수적**인 금융기관이다.

자산 운영에 보수적인 사례를 **선박금융의 예**로 들어보자. 다양한 선박이 있지만 석탄이나 철광석, 시멘트, 식량 등 원자재를 운반하는 배를 벌크(Bulk)선이라 한다. 원자재를 운반하는 벌크선은 경기변동에 많은 영향을 받는다. 그리고 배는 건조하는 데 최소 1년 이상 소요되므로 갑자기 2006년처럼 중국의 경제 호황으로 세계 물동량 수요가 많아지면, 원자

---

[18] 자본금 계산을 <u>자산 가치−부채=자본금</u>으로 하지 않고, <u>주식 수×주가=자본금</u>으로도 할 수 있다. 둘 사이에 차이가 분명 존재한다. 후자는 해당 기업의 미래 성장 기대치(Growth)가 반영된 것이고, 전자는 현재 기준으로 기업을 정리할 때의 청산 가치를 보여준 것이기 때문이다.

재를 운반할 배가 없어 배 값은 천정부지로 올라가게 된다. 그러나 경기 침체로 물동량 수요가 줄어들면 배 값이 폭락하게 된다.[19] 배 값이 폭락하면 고철로도 팔 수 있는데, 실제 고철 가격의 수준에 따라 배의 가격이 정해지기도 한다. 경기가 좋으면 고철로 팔려야 할 배 값이 새 배보다도 비싼 경우도 있다.

만약 배 값이 300억 원이라고 하면 은행은 통상 배 값의 약 60~70%를 대출한다. 경우에 따라서는 투자 전문 회사나 선박 펀드 회사가 증권사와 연계하여 일반 투자자로부터 자금을 모집하여 20~10%의 대출을 제공받고, 나머지 부분을 배를 소유하게 될 기업이 자본금으로 충당한다. 은행은 이미 충분한 담보를 확보했지만 시장이 급격하게 변동하여 담보 부족이 발생될 경우를 감안하여 배를 소유하게 될 기업에게 보증을 받는다. 그래서 대출금 상환에 지장이 없도록 철저하게 대비한다.

여기서 주목할 부분은 은행과 투자 전문 회사(또는 선박 펀드사)의 자산 운용 전략의 차이다. 은행과 투자 전문 회사 모두 선박 운영으로 창출되는 이익금과, 선박을 소유하는 기업의 신용으로 대출금이 상환될 것이라고 기대하는 것은 동일하다. 다만 은행은 당초 예상된 수준 이하로 경기가 악화되어, 대출금 상환이 되지 않을 수도 있다는 매우 보수적인 관점에서 보는 것이다.

그래서 **은행**은 선박을 담보하고, 향후 문제 발생 시, 선박 담보를 처분하여 우선적으로 안전하게 상환받을 권리를 확보하지만, 우선 담보권 확보의 대가로 대출이자율(수익률)은 2순위 담보권을 가지게 되는 투자 전문 회사보다 낮은 것에 만족해야 한다. 즉 높은 수익률보다는 경기 침체로 배 값이 하락하게 되어 잠재 손실을 **방어하는 데 더 중요성**을 두는 것이다.

그러나 **선박 투자 전문 회사**는 당초 예상한 수준 이하까지 경기가 침체되지는 않을 것이라 전제한다. 그래서 은행의 1순위 대출금 상환 이후, 남는 돈이 있을 때만 대출금을 상환받게 되는 2순위 담보권의 위험을 부담한다. 그러나 은행 대출이자보다는 높은 이자율을 받아 이러한 위험의 일부를 상쇄하며, 경기가 상승하여 선박 값이 올라 대출금을 모두 상환하고도 남아서, **추가 수익이 발생될 가능성에 더 중점**을 둔다. 즉 은행과 공동으로 선박 구입에 필요한 자금을 대출을 해 주지만 은행보다는 위험의 수용 범위가 크며, 수익률도 위험의 크기가 큰 만큼 은행보다 더 높다.

참조로 **그리스**는 동서양을 연결하는 지리적인 특성과 바다를 접했기에 예로부터 해양 물류 산업이 발달했었다. 현재 세계에서 선박을 가장 많이 소유[20]한 국가가 그리스다. 보유한 선박 중에는 경기 변동에 민감한 선박(벌크선, 컨테이너선)도 있고 경기 변동에 크게 영향

---

[19] 이를 잘 활용하여 큰돈을 번 사람이 '선박 왕'이라 불렸던 그리스인, 오나시스다.

[20] 그리스는 자기 사용 목적보다는 주식과 같이 투자의 목적으로 선박을 거래한다. 즉 경기가 나쁠 때 배를 구입한 후 장기간 운영하다가 경기가 좋을 때 높은 가격에 배를 팔아 수익을 얻는 것이다. 국제 선박은 국가 간 물동량을 담당하기에 글로벌 경기 변동에 영향을 많이 받는다. 때문에 정확한 수요와 공급에 대한 정보를 알 수 있다면 많은 돈을 벌 수도 있다. 배를 많이 소유했으니 배 공급에 대한 정보는 그리스 선사들이 가장 잘 알고 있어 글로벌 경기 변동에 따라 배의 수급만을 미리 조절함으로써 남들보다 돈을 벌 기회가 많이 있게 되는 것은 어쩌면 당연하다. 즉 정보의 힘으로 돈을 버는 것이다.

을 받지 않는 선박(유조선 등)도 있다. 만약, 두 선박을 모두 소유한다면, 경기 변동으로 인한 영향을 중간 정도만 받는 상태가 된다.

일반적으로 그리스 선박 투자자들은 은행과는 달리 담보 가치의 일시적 하락에 크게 개의치 않는 **장기 투자자**가 대부분으로, 미래 경기 상승 시의 이득을 볼 수 있는 가능성을 더 중요하게 생각하고 투자하게 된다. 즉 **위험의 수용 범위를 넓혀 투자 수익의 기대 범위도 넓힌 것**이다. 그리스는 국제 선박시장의 가장 큰 손이다.

하지만 은행은 그리스 선박 투자자와는 다르다. 은행은 경제 사회에 미치는 영향이 매우 크고, 예금자에 대한 예금 상환을 보장하는 것이 가장 중요하므로, 이를 지키기 위하여 은행은 좋든 싫든 자산(대출금) 운영을 가장 안전하게 보수적으로 할 수밖에 없다.

또 하나의 은행의 본질적인 역할은 우리 몸의 혈관처럼 혈액이 필요한 곳(기업)에 **혈액(돈)을 전달하는 역할(지급 결제 기능)**을 하여, 국가 경제에 중추적인 역할을 담당한다는 점이다. 증권사, 보험사, 투자회사 등도 금융기관으로서 간접적으로 기업에게 돈을 공급하는 역할(대출 제공, 채권 발행 등)을 하지만, A 기업의 돈을 B 기업으로 전달을 의뢰받아 이행하는 지급 결제 역할은 은행만이 할 수 있는 유일한 기능이다. 증권사, 보험사, 투자회사들도 은행을 이용하여 자금의 지급 결제를 한다. 요즘은 경제활동이 국내뿐만 아니라 해외까지 연결되어 있어, 지급 결제되는 돈의 양은 천문학적이다. 1개 **은행이 파산**이, 파산한 은행만의 문제로 끝나지 않고 자금 결제 시장에 엄청난 혼란을 야기하게 되며, 유전자 고리처럼 연속적으로 복잡하게 연결되어 있는 기업 간 채권 채무 정산이 원활하게 이루어질 수 없게 되어, **기업의 부도 도미노 현상**을 가져오게 된다. 그래서 2008년도 미국의 금융기관 부실 발생 때, 미국 정부도 어쩔 수 없이 잘잘못은 나중에 따지고 우선 긴급 자금을 수혈해서 금융기관을 구제할 수밖에 없었던 것이다.

은행 이야기를 좀 더 하면, 산업화 초기의 은행들의 영업 방식은 예금과 대출 위주로 운영된다. 그러나 경제가 발전함에 따라 개인과 기업들의 금융 상품 수요가 다양해지므로 은행의 업무 분야도 다양화[21]된다. 은행으로서는 수익 증대의 기반을 넓힐 수 있어 좋으나, 동시에 관리해야 할 위험성도 같이 높아지게 된다.

은행은 보수적인 자산, 부채 관리 시스템(Asset Liability Management System – ALM)을 운영해 왔고, 요즘은 시장 위험[22]까지도 잘 관리하고 있어 생각만큼 위험이 높게 증가되는 것은 아니다. 오히려 은행에 대한 시장의 신뢰도가 높아 다양한 금융 상품 수요 증가의 최대 수혜자가 될 기회가 더 많다고 본다. 특히 우리나라는 기업들의 글로벌 경쟁력 강화로 금융 산업의 중요성이 증대되고 있다. 개인들의 보유 자산도 상당량 증가되어, 새로운 투자 방안을 찾을 수밖에 없어 **한국 금융 산업은 지금 새로운 시장으로 전환되는 시점**에 있다. 금융은 실무 경험과 전문 지식을 동시에 갖춘 우수한 인력과 앞선 전산시스템 지원으로 지속 발전이 가능하며, 기업처럼 고부가가치를 창출할 수 있는 산업(Financial Industry)이다.

---

[21] 자산 관리(PB), 투자 업무(IB), 신용카드, 복합 금융 상품(부동산PF, 자산 유동화 업무 등).

[22] 예를 들면 기업의 부도 발생으로 인한 위험은 신용 위험이나, 부도는 없었으나 금리가 급격하게 변동되어 대출 금리는 낮은 금리에 고정되어 있으나 예금 이자율이 높아져서 은행의 수익이 줄어드는 위험을 시장 위험이라 함.

▶ 증권

표 2-6와 표 2-7의 표기처럼, 증권사의 역할은 크게 3가지다.

첫째, 기업의 자본 모집을 도와준다. 창업 초기 기업은 개인회사 성격을 가진다. 흔히 창고에서 창업한다는 말처럼, 작은 자금으로 회사를 설립하는 것이다. 제품이 잘 팔리면, 보다 많은 제품을 생산하기 위해 공장을 지을 돈이 필요하게 된다.(이때 창고회사의 업종이 정부가 지원하는 업종이라면 정부로부터 낮은 금리의 특별 융자를 지원받기도 한다) 공장을 지을 10억 원의 돈이 필요하다고 하면, 은행에서 공장을 담보로 하여 약 6억 원 정도를 대출받을 수 있겠지만, 부족한 4억 원은 담보할 회사 자산이 없으므로 담보 없이 신용만으로 빌려야 한다. **그래서 4억 원은 빌린다(Borrow)는 개념에서 투자한다(Investment)는 개념으로 바뀌는 것이다.** 즉, 누군가 회사의 제품에 관심을 가지고서 4억 원을 빌려주는데, **빌려주는 형태가 주식으로 투자**하는 방식을 취하는 것이다.

4억 원을 투자하는 주주의 입장에서는 투자하는 회사가 은행에서 빌린 6억 원의 이자와 원금을 상환할 수 있는 능력이 있다고 믿고서 4억 원을 투자했으므로, 10억 원을 투자한 효과(6억 원 + 4억 원 = 10억 원의 기대 수익)를 기대할 수 있다. 즉, 원금의 2.5배의 투자 효과를 기대하는 것이다. 이것이 <u>레버리지(Leverage) 효과</u>[23]다.

주식을 통한 자금 조달의 유형으로는 1) 창업 초기에 비공개적으로 소수의 투자자들이 참여하는 **창업 투자**와, 2) **처음으로 증권거래소에 등록**(상장. Initial Public Offering IPO라고 함)하면서 창업 시 주가보다 몇 배 높게 등록하여 자금을 조달하는 방식, 그리고 3) 상장 후 정상적으로 영업을 잘하는 기업들이 글로벌 시장으로 확대, 진출하기 위하여 많은 자본을 필요로 할 때나, 4) 채권 발행으로 자금 조달은 가능하지만 적정 자본금 비율을 유지하기 위해서, 또는 5) 주식시장 활황으로 채권 발행보다 주식 발행이 유리한 경우, 주식을 **임의로 추가로 발행**하는 경우도 있다.

1)번의 창업 투자는 아직 검증되지 않은 기업에 투자하는 것이므로 위험도 크고 기대 수익률도 당연히 높다. 2)번의 공모주 투자는 창업 투자보다는 안전하지만 기업 경영에 대한 <u>평가가 주관적</u>[24]일 수 있어 실질 가치보다 높게 살 위험이 있다. 3~5)번의 증자된 주식 투자는 이미 많은 공개 정보가 있어 1), 2)보다는 객관적인 평가가 가능하다고 볼 수 있다.

증권사의 역할은, 기업이 자본 조달을 위해 발행하는 주식을 증권법에 따라 정해진 절차를 거쳐서, 다수의 투자자를 대상으로 판매하는 **주식 중계 역할**을 한다.

둘째, 기업이 채권 발행 시, 채권 매입자(투자자)와 채권 발행자(기업) 중간에서 상호 연결시키는 역할이다. 기업은 금융기관이 아니다. 따라서 누가 자기 회사의 신규 발행 채권을

---

[23] 1998년도 IMF는 한국 경제에 많은 변화를 가져왔다. IMF 이전에는 기업들은 재무관리(부채관리)의 중요성을 크게 인식하지 못했었으나 IMF를 겪으면서 급격한 금융시장 경색이오면 미래 성장 가능성이 우수한 기업도 유동성 자금이 부족하여 부도가 날 수 있다는 것을 인식(특히 부채 비율이 높은 기업은 더욱 빨리 심각하게 타격을 받음)하게 된다. 재무관리의 중요성을 재인식하게 되었다.

[24] 3장에서 설명하겠지만, 기업의 미래 성장 가능성에 대하여 기업 상장을 담당하는 몇 몇의 증권사가 공모 가격으로 평가를 하게 되므로 이미 상장되어 수많은 사람들이 평가한 가격보다는 주관적일 수밖에 없다는 의미.

사 줄지 잘 알 수 없다. 그러나 증권사는 시장에서 유통 중인 채권에 대한 정보가 있으므로, 이를 활용하여 특정 기업이 채권 발행 시, 이를 사 줄 기관을 찾아서 연결하는 역할을 할 수 있다.

기업은 종종 **글로벌 채권**을 발행하기도 한다. 주로 미국 달러 표시로 발행되어 전세계 기관 투자자들에게 판매하게 되는데 이를 '**유로 본드**'라 한다. 국내에서 발행되는 원화 채권과 차이가 있다면, 통화가 미국 달러이고, 채권을 사는 당사자가 미국, 일본, 영국 등 주로 선진국의 금융기관이나, 연기금 투자자와 같은 전문 투자 기관들이며, 일부 국부 펀드(싱가포르 테마섹, GIC 및 중동의 오일펀드 등)들과 같이 **덩치가 큰 투자가**들이란 점이다. 이러한 국제 채권 발행을 주관하는 곳은, 신용도가 좋은 금융기관(한국 기업의 유로 본드 발행은 주로 한국 금융기관들과 해외 금융기관이 연계하여 주선함)이나 국제 투자 회사들이 담당하게 된다.

이들이 담당하게 되는 주된 이유는, 그들만이 발행되는 채권을 누가 사 줄 가능성이 있는지, 즉 잠재 투자자를 잘 알고 있기 때문이다. 앞서 그리스 선사들이 선박 수급에 대한 Data 정보가 있어서 선박 시장의 큰 손이 되었듯이, 투자자 정보를 가지고 있는 국제 투자 회사들이 국제 투자 시장에서는 큰손이 되는 것이다.

한국 기업의 해외 채권(증권 포함) 발행을 도와주는 것과 반대의 역할도 있다. 즉, 증권사가 국내 연기금 투자자들이 개발도상국에서 발행하는 **국제 채권을 사는 것**을 도와주는 역할을 하기도 한다. 이 분야는 한국이 경제 발전에 따른 소득 증가로, 투자 운영 위임 받은 자금을 보다 좋은 수익률을 찾아 효율적으로 운용하는 데 많은 도움이 된다. 다만 증권사가 사는 국제 채권이 미국 달러로 발행되므로 원화와 달러 환율 및 SWAP 가격, 채권 발행국 통화와 미국 달러의 환율 추이, 그리고 발행 회사 신용도에 대한 충분한 검증 절차가 필요하다.

참조로 채권 투자 시, 신용평가사의 신용 등급만을 맹종해서는 안 된다. 신용평가사들의 신용 등급은 주로 과거 재무 정보에 근거한 통계 모형에 기초한 Rule base[25]로 산정된다. 따라서 질적인 부문이 누락될 수 있다는 약점을 지니고 있다. 그래서 필요 시 여러분이 직접 회사에 대하여 질적인 기본적인 내용의 확인이 필요하다.

셋째, 이미 발행된 주식을 사고 파는 주식 매매의 장소를 제공해 준다.

주식의 매매를 중계하지만, 주식 매매 업무와 구분[26]하여 투자자들에게 투자 정보를 제공하는 자문 업무도 한다.

기업은 늘 소비자가 있는 **경제 현장에서 활동**하며 이윤을 추구한다. 따라서 그 어느 훌륭한 전문 기업분석가보다도 생생한 시장 현장의 정보를 가장 많이 가지고 있다. 항상 적용되는 것은 아니지만 대부분의 경우, 기업이 특정 신규 사업을 추진할 때 성공할 가능성을 가

---

[25] 미리 정해진 공식에 따라 재무 분석 결과가 자동 산정되는 방식을 말하며, 신속한 신용 분석이 가능하지만 세세하고 다면적인 분석은 어렵다.

[26] Chinese wall이라 한다. 1929년 미국 대공황 당시 투자 은행과 증권사들이 내부 정보를 이용하여 부당 이득을 취하지 못하도록 한 것으로, 중국의 만리장성이 성 북쪽의 유목민과 남쪽의 농경 사회를 분리한다는 의미를 참조해서 Chinese Wall이라 했다 함.

장 잘 판단하고 있다고 본다.

따라서 기업은 사업의 성공 가능성이 매우 클 경우에는 부채(대출 또는 채권 발행) 형태로 조달하여 자기 자본의 수익률을 최대화(Leverage 효과)한다. 하지만 사업의 성공 가능성이 크지 않고, 만약 실패 시 기존 회사의 존립까지도 위협을 줄 경우라면, 회사가 투자한 범위 내에서만 제한적인 영향을 받도록 독립된 별도의 프로젝트 형태로 사업을 진행한다. (별도의 자회사를 설립할 수도 있음. SPC[27]를 설립하여 추진되는 부동산 개발 사업도 이와 유사한 형태이며, 특정 목적의 사모펀드 형태로도 가능)

표 2-8 기업 재무제표 기본 구조

자 산		부 채
유형자산 공장,기계등	⇔	은행대출금 (담보부)
채권(상거래)	⇔	채무(상거래)
잔여자산 (기타자산)	⇔	채무(은행신용) (회사채,CP등)
무형자산 (영업권등)	⇔	자본 주식 유보금
합 계	←동일→	합 계

증권사는 은행처럼 예금을 받아 증권사 책임하에 채권에 투자하는 기관이 아니다. 단지 기업의 요청에 따라 주식이나 채권 발행을 도와준다. 또한 투자자들이 주식 거래를 증권거래소를 통해 할 수 있게 증권 계좌 서비스를 제공하며 **수수료를 받는 기관**이다. 즉 중계인 역할을 하며 수수료를 받는 중계기관이다.

증권사를 통해 거래되는 상품은 주식과 채권(표 2-8의 우측에 기재된 회사채, CP 등)이다. 표 2-8에서 자산과 부채를 상호 연관성이 있는 항목으로 연결해 보면, 채권은 담보가 없는 무담보 채권이 대부분이다. 주식도 은행 대출금과 채무 상환이 다 되고 나서 남는 자산이 있으면 상환받게 되므로 무담보다. 기업은 영업 수익에서 대출금과 채권 이자를 모두 지급하고, 세금을 내고 남는 돈 중 일부를 주식에 배당한다. 통상 **주식**의 배당수익률은 대출이나 채권의 이자율보다 낮을 수도 있으나, 배당에 사용되지 않은 금액이 회사 내부에 남게 되고 기업은 이를 재투자하여 추가적인 부가 가치를 계속 창출한다. 그래서 기업의 부가 가치 증가는 주가의 상승으로 연결되므로, 통상 주식 가격 상승 수익과 배당 수익을 합친 **수익률은 대출금이자나 채권의 이자율보다 높다.**

정리하면, 증권사를 통해 독자들이 투자하는 상품(채권, 주식)은 은행 상품보다는 수익률이 높다. 그러나 수익률이 높은 만큼 위험성도 은행의 상품보다 높다. 물론 투자 결과에 대한 책임도 증권사가 아니라 투자자 본인이 부담한다.

은행과 증권사 비교

	주요특성	주요의무	투자주체	투자판단요소	투자심사과정	심사방식	상품특성
은행 (예금/대출)	안전성	고객예금보호	은행 책임하에 투자	담보 및 과거신용도	심사위원회 (다면심층분석)	수치통계 + 경험판단	수익률 낮고 수익변동성 적음
증권사 (주식/채권)	수익성	투자거래의 공정한 중계	투자자가 자기 책임하에 투자	과거신용도 및 미래 성장성	신용평가사의 기업평가등급	주로 수치 통계위주	수익률 높고 수익변동성 큼
보험사		보험지급준비율 유지	보험사 책임하에 투자		심사위원회 + 신평사등급		상품에 따라 매우다양

---

27 Special Purpose Company의 약자이며 Company를 Vehicle로 변경하여 SPV로도 종종 쓰인다. 번역하면 '특별설립목적회사'이다.

▶ 보험사

보험 상품은 미래에 일시적인 목돈이 필요하게 될 경우를 대비하여 지금 조금씩 보험료를 지불하여 대비하는 것이다. 요즘은 재해를 보장해 주는 보험의 기본 기능에 추가하여 저축성 투자 기능까지 더한 상품들을 취급하기도 한다.

보험사는, 계약자들에게 미래 일시적인 목돈이 지급될 것을 대비하여야 하므로, 납부한 보험료 운영을 안전하면서 **즉시 현금화가 가능한 자산**(채권 등)에 할 수밖에 없다. 유사 시 고객에게 지급하기로 한 보험 계약 금액이 정해져 있고, 고객이 매월 납입하는 보험료도 정해져 있으나, 언제 보험 지급 사유가 발생되어 일시에 거액을 지급하게 될지 아무도 모르기 때문에, **보험금 운영에 제한**을 많이 받는 것이다.

아래 표 2-9 생명보험사 재무 정보를 보면 보험 계약자에게 지급해야 할 **책임준비금에 상당하는 금액(268조)이 자산 쪽의 채권(국채, 공사채. 208조)에 집중**되어 있음을 보여준다. 이는 불특정 다수의 계약자가 보험금 지급을 요청한 경우 즉시 지급해야 하므로, 현금화가 빨리 될 수 있고, 신용도에 문제 없는, 정부나 정부 기관(정부 출자 기관, 공사 등)이 발행한 채권으로 주로 투자되어 있음을 보여준다. 국가 정부가 발행한 채권이니 가장 안전하기는 하나 **안전한 만큼 수익성이 낮다**[28].

표 2-9 생명보험사 재무정보

■ 한국 생명보험협회(23개사 합계자료)

자 산 (단위:십억원)		부 채 (단위:십억원)		손익계산서 (단위:십억원)	
현금	10,662	부채	364,468	보험료	33,928
채권	208,715	책임준비금	268,323	개인	32,339
국공채	132,749	특별부채	78,381	지급보험금	(25,877)
주식	17,035	자본	34,833	보험금	2,607
대출	64,993	자본금	8,386	환급금	14,128
약관	31,336	이익잉여금	14,247	신계약상각	4,174
부동산	16,141	기타손익누계	9,063	재보험	1,180
신용	14,111			투자수익	10,870
부동산	11,948			투자비용	(1,176)
비운용	25,164			책임준비금전입	(16,612)
신계약비(미상각)	16,449			소계	1,133
특별계정	77,819			기타수익	992
합 계	399,301	합 계	399,301	순이익	2,125
투자수익률	3.3%	(투자수익-비용)/(현금+채권+대출+부동산)			

자료 출처: 생명보험협회(http://www.klia.or.kr)/ 보험자료실 / 생명보험통계

보험사로서도 낮은 수익률이 부담이기는 하지만, 보험금 지급에 대비하기 위해서는 선택의 여지가 별로 없어, 안전하며 즉시 현금화가 가능한 국가 또는 준 국가기관들이 발행 채

---

[28] 투자수익률 3.3% = (투자수익−투자비용)/(현금+채권+대출+부동산)

권에 투자할 수밖에 없는 것이다.

원래 재해나 생명보험은 주로 소멸성 보험이다. 즉 1년마다 갱신하는 자동차보험처럼 보험 가입자가 적은 금액을 보험사에 납입하였다가, 보험사고가 발생한 가입자에게 보험 금액을 지급하고, 사고가 발생하지 않은 보험 가입자는 납입 보험료를 돌려받는 것을 기대하지 않는 것이다. 그러나 보험 가입자가 납부한 금액을 돌려받기를 원하면서 보험사들은 납부 원금의 50%~100%까지 환급해 주는 상품을 도입하게 된다. 보험은 만기 환급율이 높을수록 당연히 보험료 납입 금액이 높아지게 된다.

보험사는 보험료라는 돈도 들어오지만, 사고가 나면 보험금을 지급해야 할 의무도 함께 지게 된다. 보험 납입 원금에다 일정한 이율을 더한 금액을 돌려주게 되어 있는 상품의 경우, 확정 이율보다 낮은 수익을 낼 가능성[29]에도 대비해야 한다. 또한, 보험금 지급 사고 발생이 당초 예상보다 많이 발생할 것에도 대비하여야 한다.

이와 같은 보험 가입자에게 지급할 경우를 대비하여 보험료를 적립한 것이 표 2-9 부채 항목에 표시된 **'책임준비금'**이다. 즉, 보험료를 받으면서 보험회사가 부담한, 장래 발생이 예상되는 부담에 대한 준비금인 것이다. 책임준비금은 어떠한 경우에도 고객에게 지급해야 할 돈이므로 안전성이 제일 우선시된다. 그래서 책임준비금 운영은 통상 신용이 우수하며 즉시 현금화가 가능한 상품(국채 또는 준 국가기관이 발행한 채권 등)에만 투자할 수 있도록 되어 있다.

총 보험사의 자산 중 67%가 이율이 낮은 채권에 투자되어 있으니, 보험사 전반적으로도 수익성이 좋을 리가 없다. 보험사 입장에서는 국채뿐만 아니라 회사채권, 주식 등에도 적극 투자하여 수익을 증대시키고 싶으나, 책임준비금에 묶여있는 한 불가능하다. 그래서 새로운 보험 상품이 나오게 된다. 바로 **변액 유니버설 보험(Variable Universal Life)이다**. 변액 유니버설 보험은 보험 기능과 장기 목돈 마련이 가능한 상품이고, 고객에게 투자 수익률을 약속하지 않고 보험사의 운영 실적에 따라서 지급하기로 되어 있다.

따라서 책임준비금 부담도 훨씬 줄어들게 된다. 보험사로서는 보험금 운영 대상을 수익률이 낮은 국·공채 투자보다는 수익률이 높은 일반 회사채 및 주식 등에 투자할 수 있어, 고객에게 돌려줄 만기 보험 금액을 높일 수 있고, 보험 가입 고객도 기존 보험 상품보다 높은 수익을 기대할 수 있어 양쪽이 모두 Win Win 하는 것으로도 볼 수 있다. 그러나 보험 가입 고객이 만기에 받게 되는 금액은 보험상품 이름처럼 **'변액' 즉 변동이 가능**하다. 보험사는 보험금으로 받은 돈의 일부는 직접 투자하지만, 대부분 제3의 전문 운용 기관[30]에 운영을 맡기는 방식으로 운영한다. 보험사가 얼마나 잘 운영했는가에 따라 내가 받는 금액이 변동된다는 것이다.

개인적인 생각으로는 보험은 만기에 원금을 돌려받지 않는 소멸성으로 가입하고, 목돈 마련을 위한 투자는 우리들이 직접 투자하는 것이 더 나을 것 같다. 보험사가 내가 할 투자

---

[29] 보험 상품에 년 3% 이율로 약정했는데, 보험사 운용(국채나 공사채 매입)한 이율이 2%이면 보험사는 △1% 손실발생.

[30] 투자신탁회사, 펀드 운용사 등 외부의 운용 전문 기관에 위임하는 방식

를 대행해 주더라도 결국 보험사의 투자 대행 **비용**이나 투자 결과에 대한 **책임**은 내가 부담하기 때문이다.

▶ 투자회사

요즘은 펀드가 많이 보편화되었다. 특정 산업의 주식에만 투자하는 주식형 펀드와, 채권에 투자하는 채권 펀드, 그리고 주식과 채권을 섞어 투자하는 혼합형도 있다. 더 나아가 개발도상국에 투자하는 해외 펀드도 있고, 특정 원자재(원유, 금, 석탄 등)에 투자하는 상품 펀드(Commodity fund)도 있다.[31] 이것만 있는 것이 아니다. 기업 인수를 위한 기업 인수 펀드(M/A), 미 상장된 유망 기업에 투자하는 벤처 펀드(Venture fund), 영화에 투자하는 영화 펀드, 부동산 개발에 투자하는 부동산 펀드 등 수많은 종류의 펀드들이 있다.

이러한 투자의 **공통점**은 성공하면 원금의 몇 배 수준으로 투자 수익이 매우 큰 반면에, 실패하면 투자 금액을 고스란히 손실을 볼 수 있다는 점이다. 즉 미래 투자 수익의 예측이 매우 어렵고, 기대되는 **수익의 범위**도 원금 전액 손실부터 원금의 몇 배까지 이익을 볼 정도까지 그 **차이가 매우 크다**는 것이다. 따라서 펀드에 투자를 하려면 투자하는 상품에 대한 **정확한 정보가 매우 중요**하다.

특히 일반인에게 생소한 펀드는 더욱 더 정확한 전문적인 분석 능력과 판단 정보가 있어야만 투자할 수 있는 곳이다. 예를 들어 **영화 펀드**에 투자한다고 생각해 보자. 영화에 전문가인 영화 배우나 감독들도 자신의 돈을 투자해 가면서 영화를 제작하지만, 성공하는 영화는 소수에 불과하다. **유전 펀드**도 좋은 사례이다. 원래 유전 개발은 지질 탐사를 거쳐서 원유가 매장되어 있을 것으로 예상되는 지역을 확인한 후 막대한 비용을 들여 시추를 한다. 통상 수십 번을 시추하여, 그중 몇 개에서 성공해야만 한다. 아무리 첨단 장비로 사전 조사를 하고 시추한다 할지라도, 땅속 유전 층을 정확하게 파악하여 시추하기란 어렵다. 원유가 나오지 않으면 그간 투자된 모든 자금을 손실 볼 수밖에 없는 것이다.

구리, 석탄, 원유와 같은 **원자재 펀드**는 국제 경기 변동의 영향을 많이 받는다. 이러한 원자재 펀드에 투자하는 것은, 먼저 해당 원자재의 생산자(공급자)의 생산 능력과 수요자의 재고량 등을 파악한 후, 글로벌 경제 흐름에 따라 수요량 판단을 한다. 그리고, 보관 문제 때문에 실물을 사고 팔기가 어려우니, 해당 원자재 선물(Futures) 상품을 사거나 파는 방식으로 투자한다.

선물 가격에 영향을 미치는 이자율[32]이나 원자재 공급량에 대한 정보는 그래도 확인하기가 비교적 수월하겠지만, 원자재 수요에 결정적인 영향을 주는 미래 경기예측은 어떻게 맞출 수 있을까? 더구나 원자재는 국경 없이 거래된다. 경기 예측은 한 개 국가가 아니라 글로벌 국가들의 경제 전반을 예측해야만 한다. 즉 장기적인 글로벌 경제 사이클을 알아야만

---

[31] Commodity fund는 상품선물거래소(시카고, 런턴, 싱가폴 등)에서 거래된다.

[32] 상품선물거래는 거래 만기에 정해진 기준에 맞는 상품을 인도해야 한다. 인도 시 실물거래가 수반되므로 거래 기간 동안 실물은 보관하는 비용이 들어가며, 선물거래 계약 만기에 거래 이행을 담보하는 증거금도 납부하여야 한다. 즉 돈이 관여되므로 선물 가격은 금리(이자율)에 영향을 받게 된다.

돈을 벌 수 있는 것이다.

제3장에서 자세히 알아보겠지만 은행이나 증권사를 통해 취급되는 일반적인 금융상품(예: 적금, 채권, 주식 등)은 관련 기업의 신용도와 시장 금리에 따라 가치가 변동된다. 기업의 신용 악화는 어느 정도 단계적으로 진행되고, 금리 변경도 한국은행 총재가 금융통화위원회 의결을 거처 단계적으로 변동된다. 그러나 글로벌 경기에 대한 전망은 경제학자마다 늘 상반되는 전망을 할 정도로 혼선이 심하다. 그래서 글로벌 경기 흐름과 연관성이 높은 원자재 상품(Commodity) 거래는 어려움 이 큰 것이다. 원자재 펀드는 보편화된 금융 상품처럼 일부 **전문가의 의견만 듣고서 쉽게 투자하는 상품이 아니다.**

지금까지 우리들의 소중한 돈을 다루는 은행, 증권사, 보험사, 투자회사들의 역할을 알아보았다. 금융기관의 역할을 이해한다는 것은 우리들이 앞으로 투자하게 될 각 금융기관의 금융 상품을 이해하는 데 아주 중요하다. 이는 각 **금융기관의 상품이 금융기관의 본질적인 역할을 크게 벗어나지를 못하고 대부분 그 안에서 만들어지기 때문**이다.

요즘 은행에서도 증권과 보험이 연계된 상품을 취급하기도 하고, 증권사에서도 은행 예금 적금과 같은 상품을 제공하기도 한다. 그러나 자세히 들여다 보면 한 가지 금융 상품을 각각의 금융기관들이 상호 역할을 분담하여 판매하는 상품들이지, 한 개 금융기관이 모든 역할을 다 하는 것이 아니다.

우리는 금융기관을 통하여 돈을 투자한다. 그리고 투자한 돈을 바탕으로 소중한 가족의 미래 생활을 설계한다. 투자한 돈이 예상한 수익과 다르게 되면, 가족의 미래 설계도 다르게 된다. 따라서 우리들의 **투자의 궁극적인 목적은 투자를 하는 시점에서 예상했던 수익을 만기에 큰 변동 없이 달성하는 것**이다. 만약 어떠한 투자가 만기에 당초 예상했던 수익과 다를 가능성이 크다면, 그것은 우리의 인생 설계가 당초 예상대로 실현되지 못할 위험이 크다는 의미이다. 이러한 관점에서 각 금융기관별로 특성을 정리해 보면 아래 표 2-10과 같다.

표 2-10 금융기관 상품 특성 비교

구분	금융상품	주요 상품	투자 책임	투자시 예상수익율	수익율 변동성**	위험도
은 행	예금	예금,적금,개인연금	은 행	낮음	낮음	낮음
증권사	채권/주식	각종 주식,채권펀드	투자자	높음	높음	높음
보험사	실적상품	연금저축,변액보험	투자자	높음	높음	높음
투자화사	특별상품	IPO,M/A,상품거래	투자자	가장높음	가장높음	가장높음

** 투자시점에서 예상된 미래의 수익률이 당초 예상대로 되지 않는 정도를 수익률 변동성이라 함.
수익률 변동성이 낮다는 것은 당초 예상한 수익률과 만기시 수익률이 같을 가능성이 크다는 의미.
금융기관에서는 수익률 변동성이 낮으면 당초 예상한 수익률과 실제 만기 수익률 같을 가능성이 크므로 위험이 적은 것으로 본다.

얼마 전부터 기업들이 자체적으로 일반 퇴직금 규정에 따라 운영하던 퇴직금을 외부 금융기관으로 위임하기 시작했다. **전통적인 퇴직금 지급 방식**은 회사가 직원의 노후 복지를 책임지는 것이다. 매월 일정액을 기업과 종업원이 공동으로 적립하고 이 돈을 회사가 운영[33]해서 퇴직하면 연금 형태로 종업원에게 지급해 왔었다. 기업은 종업원이 퇴직 시 지급해야 할 미래 퇴직금의 합을 부채로 기입하고, 매월 일정액으로 적립한 돈을 자산으로 기입하였다. 그리고 매년 결산일(통상 12/31일)에 퇴직금 부채와 퇴직 적립 자산을 시장 가치로 평가하여 비교하고, 만약 적립된 금액이 충분하지 못하면 퇴직금 적립 필요 자금을 일시에 추가로 적립해야만 했다.

문제는 퇴직 자산 및 부채의 평가에서 시작된다. 퇴직금 관련된 자산 부문 시장가치 평가는 비교적 수월[34]하지만 부채 항목의 평가는 매우 복잡하다. 부채 항목 평가에 영향을 미치는 요인이 여러 가지 있지만, 가장 큰 변수는 종업원의 **평균 기대 수명**과 미래의 인플레이션이 반영된 **예상 이자율**이다. 만약 종업원의 평균 기대 수명이 대폭 늘어나면 어떻게 될까? 독자 여러분도 잘 아시는 바와 같이 평균 기대 수명은 최근 10여 년 사이에 대폭 길어졌다. 앞으로는 더욱 길어질 것이다. 종업원의 기대 수명이 늘어나면 기업은 퇴직금 부채 부문이 증가되어 추가로 퇴직금을 더 부담해야 하는 상황이 된다. 항상 주주의 이익 극대화가 목표인 **경영자**로서는 당연히 추가 비용 부담을 줄일 수도 있고, **종업원**은 퇴직금 운영의 선택권을 가지게 하여 회사가 <u>퇴직금을 보수적으로 운영</u>[35]하는 것보다 높은 수익을 올릴 수 있는 기회가 제공된다면 양쪽이 도움되도록 기존 <u>퇴직금 제도를 개선</u>[36]하려고 할 것이다.

더욱이 악덕 기업주가 퇴직금 적립 금액을 회사 자금으로 불법 사용하다가 부도가 나서 종업원에게 퇴직금을 주지 못하는 경우가 발생되면, 사회 불안을 야기하는 부정적인 영향도 있다. 그래서 회사의 부도와는 상관없이 퇴직금이 지급될 수 있도록 아예 법으로 외부 금융기관에 퇴직 금액을 맡겨서 안전하게 운영하라는 취지도 있다.

이유야 어떻든 이제 우리는 결정을 해야 한다.

---

[33] 대부분 퇴직 원금 손실을 우려하여 원금이 보장되는 은행 장기 예금 상품이나 신용도 우수한 채권에만 운용하였다.

[34] 채권은 시장 금리로 평가할 수 있고, 주식은 증권거래소가 공시하는 공정 가격으로 비교 평가하면 된다.

[35] 회사가 퇴직금을 국공채에 투자하였다가 낮은 운영수익률로 돌려주는 것이, 다른 투자 상품에 투자했다가 원금을 손실보는 것보다 좋다는 취지임. 그러나 인플레이션보다 낮은 수익률은 원금 손실이 된다는 점을 종종 망각한다.

[36] 이러한 기업의 행동에 화내지 말자. 그간 우리는 적어도 퇴직금에 있어서는 행복한 나라에 살아왔었는데 이제 냉 험한 현실로 돌아가고 있을 뿐이다. 미국 등 선진국에서는 이미 오래 전에 정착된 일반적인 제도이다. 다만 우리나라는 1998년도 IMF, 2008년 금융 위기를 치르면서 기업 부도로 퇴직금을 받지 못하는 문제가 발생된 적도 있었고, 선진국에서도 이미 시행하고 있으며, 글로벌 한국 기업 경쟁력 강화에 도움이 될 것 같아 최근에서야 도입되었을 뿐이다.

아직까지는 외부 위탁 운영 되는 퇴직연금이 주로 은행권에 예치되어 있지만, 조만간 대부분의 기업들은 퇴직연금을 은행을 경유하거나, 아니면 <u>투자 전문 기관에 위탁 운영</u>[37]을 할 것이다. 위탁을 위임 받은 투자 기관은 여러분에게 몇 가지 선택 가능한 주식이나 채권 등(아래 표1 참조)을 보여주며 간단한 설명을 하고는 여러분이 **알아서 선택하라고 요청**할 것이다. 이때, 대부분의 사람들은 <u>전문가가 권유하는 투자를 따를 것</u>[38]이다. **과연 이러한** ♣ **선택**[39]**이 여러분의 소중한 미래를 지키는 데 바람직한 것일까?**

제
2
장

표 2-11 투자 상품 메트릭스 - 예시

구 분	예금	채권	주 식		부동산	원자재	기타	소계
			성장주	가치주				
국내	00%	00%	00%	00%	00%	00%	00%	00%
해외(선진국)	00%	00%	00%	00%	00%	00%	00%	00%
(중진국)	00%	00%	00%	00%	00%	00%	00%	00%
(개발도상국)	00%	00%	00%	00%	00%	00%	00%	00%
소 계	00%	00%	00%	00%	00%	00%	00%	100%

우리가 어떻게, 무슨 기준으로, 모두 유사해 보이는 투자 옵션을, 그것도 20~30년 뒤까지 예측해서 최선의 선택을 할 수 있을까? 내가 스스로 먼 장래를 대비하여 의사 결정을 해야 한다면 어떻게 해야 할까? 정말 고민되는 부분이다.

그러나 너무 걱정하지 말자. **옛말에 나(투자자)를 알고 적(금융 언어**[40]**, 금융 시장, 투자 대상 상품)을 알면 백전 백승**이란 말이 있다.

우선 이에 대한 대답을 찾기 위해서는 **투자 의사 결정 과정과 유사한 기업의 의사결정** ♣♣ **과정**을 살펴보아야 한다. 기업의 의사 결정 과정은 의외로 간단하다.

첫째, 사실(Fact)을 파악한다. 과거 및 현재의 사실 Data를 수집한다.
　　→ Fact finding

둘째, 사실을 바탕으로 예상 가능한 가설을 도출한다.
　　→ Make Assumptions

셋째, 도출한 가설에 대해 냉철히 판단한다. 현실적이지 않거나 실현 가능성이 약한 가설

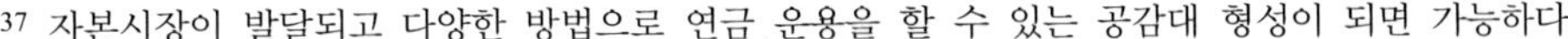

---

[37] 자본시장이 발달되고 다양한 방법으로 연금 운용을 할 수 있는 공감대 형성이 되면 가능하다.

[38] 선진국에서도 대부분의 종업원은 금융 정보, 경험이 부족하므로 알아서 잘 투자해 줄 것이란 막연한 기대를 하면서 전문가가 권유하는 대로 따라 한다. 이러한 문제를 해결하려고 정기적으로 교육을 하기도 하지만 쉽지 않다고 한다.

[39] 대부분 이러한 결정은 바람직하지 못하다. 권유하는 자는 금융기관 소속이고, <u>일시적으로 일부 원금 손실 발생</u> 시 비난받는 것을 원하지 않기 때문에 최적의 선택보다는 단기적으로는 안전하지만 장기적으로는 위험한 선택을 권하게 된다.

[40] 투자에 관련한 금융시장과 금융기관의 역할을 앞에서 살펴보았고, 금융 언어와 금융 상품은 제3장에서 다루겠다.

들은 제거한다.

넷째, 정선된 가설들이 시장에서 적용될지 현장에서 샘플 테스트한다. 만약 테스트 결과가 부정적이고 이로 인해 회사(나의 노후 설계)가 망할 수도 있다면 즉시 중지한다. 예상 결과가 다소 부정적일 수도 있지만 회사(내가)가 감내할 만하면, <u>중단 없이 적극 실행한다</u>.[41]

아름다운 노후 생활은 모든 직장인의 꿈이다.

금융 투자의 과정도 위에서 설명한 기업의 의사 결정 과정과 똑같다.

차이가 있다면 기업은 전체 의사 결정 과정에 직접 참여하여 결론을 내고, 직접 실행도 하며 책임도 진다. 그러나 우리의 소중한 미래를 책임지는 **투자에 있어서는 우리는 돈을 내며 모든 책임을 부담하지만, 4단계 의사 결정 과정에서 <u>여러 가지 사유로</u>[42] 스스로 의사 결정 참여를 포기하므로 의사 결정 과정에서 배제된다는 모순**이 있다. **더욱 황당**한 것은 내가 잘 알지도 못하는 4단계 의사 결정 과정을 복잡한 서류와 말로 구렁이 담 넘어가듯 보여주며 설명하지만, 우리들은 그냥 확인 서명을 하고 따를 수밖에 없다는 현실이다.

여러분이 DC(defined contribution, 확정기여형), DB(defined benefit, 확정연금형) 중 어떤 것을 선택할지는 **본 책을 다 읽어 본 후에 결정하자.** ^^

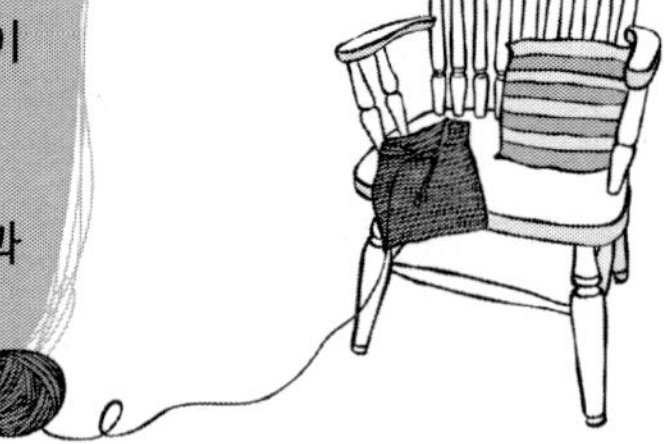

---

[41] 이러한 결정은 과거 및 현재 시장의 사실 Data와 샘플시장 조사 결과를 종합하여 경영 판단하게 된다.

[42] 여러 사정이 있겠지만 대부분이 너무 바쁘게 일하다 보니 1년에 한 번 정도 곰곰이 노후를 설계하고 생각하는 시간이 안 된다는 것이다. 이제는 이 책을 읽고 당당하게 상담하러 가자.

나도 定義로운 펀드매니저

먼저 핵심을 알자, 투자 상품 이해하기

　　제1장에서는 내가 기대하는 노후생활을 하려면 지금 매월 얼마를, 몇 %의 이율로 적립해야 하는지를 부록 CD로 계산해 보았다. 1장을 읽고 나서 남는 **숙제**는 내가 결정할 수 없는 유일한 부분인 **수익률**이었다.

　　제2장에서는 본격적인 수익률 이야기를 하기 앞서, 수익률에 영향을 주는 요인들 (경제의 흐름, 투자와 연관된 산업의 특성, 인구 및 사회구조와 경제 성장 이야기, 우리들이 투자한 돈이 흘러가는 흐름도, 4종류 금융기관의 특성)을 살펴보았다. 이는 우리가 투자를 하는 시장이 지금 어떤 경제 사이클에 와 있는지, 그리고 내가 투자에 이용하는 금융기관들이 내 돈을 어떻게 운용하는지를 알아 개략적인 장기 수익률을 가늠해볼 수 있었다.

　　제3장은 좀 더 재미있다. 우리들이 매일 접하게 되는 주식, 채권, 펀드, 환율에 대해 알아보자. 2장에서 숲(Top)[1]을 본 것이라면, 3장은 숲 속의 나무 하나하나를 살펴보면서 어떤 나무(금융 상품)가 잘 자랄지 알아보는 것이다.

1.　Risk, 위험이란 무엇일까?

　　기업을 경영하는 사장님들에게 **위험(Risk)은 예상하지 못했던 상황이 발생**하여 **미처 적절하게 대처할 수 없는 상황**을 말한다. 사업을 하면서 대부분의 경우 발생 가능한 일반적인 위험 상황(예상되는 위험의 요인들[2])을 미리 생각하여 잘 대비한다. 일반적인 위험 상황은 사전에 예상할 수 있기 때문에 설사 위험이 닥치더라도 당황하지 않고 대부분 극복한다. 그러나 **미처 생각지 못한 위험 상황이 발생**되면 손쓸 틈도 없이 그저 바라만 보면서 발을 동동 구르는 경우를 접하게 되는데 이게 정말로 **위험(Risk)한** 경우이다.

　　독자 여러분도 잘 알듯이 1997년도 한국의 기업들은 전혀 예상하지 못한 상황을 경험하게 된다. **정말 수십 년에 한번 있을 법한 상황이** 실제로 발생하였다. 당시 한국의 기업이나 금융기관 등 경제 주체들은 전혀 생각하지도 못했던 생소한 상황을 갑자기 접하면서 큰 혼란을 겪게 된다. IMF의 원인은 여러 가지가 있겠으나 결과는 외환보유금액이 부족하여 대외 지급 결제 수단이 없어, 국가 부도를 막기 위해 어쩔 수 없이 IMF에 달러 자금 지원을 요청한 것이다.

---

[1] 경제 분석 방식은 Top down과 Bottom Up 방식이 있다. 전자는 먼저 글로벌 경기 전망을 살피고, 지역경제권 (Asian, Europ, 미주권 등)에 미치는 영향을 본 다음, 전망이 좋을 것으로 예상되는 업종을 찾아서, 그 업종의 대표 1,2위 회사에게 투자하는 방식이다. 참고로 요즘은 글로벌 기업이 많아 기업 선택 시 어느 국가인지는 큰 의미를 두지 않는다 함. 후자는 건실한 기업은 일시적인 외부 경기변동에 영향을 크게 받지 않는다고 전제하고서, 우선 재무비율 검토를 하고서, 재무제표를 상세히 본 후 경영진 인터뷰를 하여 시장 개척 기술력이 있는 유망한 기업을 찾아 투자하는 방식이다. 실무적으로는 전자는 여러 가지 변수들을 예측하는 어려움이 클 수밖에 없으므로 후자 방식이 많이 쓰인다. Bottoms Up은 술 마실 때만 하는 "완~샷" 건배가 아니에요. ^^

[2] 예를 들면 1) 일상적인 경기변동으로 매출이 줄어들어 수익 감소 2) 원자재 값이 갑자기 올라서 원가가 상승하였으나 제품 판매 단가를 바로 올릴 수 없어 수익 감소 3) 경쟁자 등장으로 영업 환경이 어려워지는 경우 4)타 산업, 또는 기업이 신기술을 개발하여 기업의 경쟁력이 약화되는 경우 등.

13년이 지난 지금 사후에 보면, 마치 "건실한 기업이 갑자기 대출금을 모두 상환하라는 요청을 받아 미처 상환 자금 준비를 못해 유동성 부족으로 부도가 나는 경우"와 유사해 보이겠지만, 당시에는 금방이라도 나라가 망할 것 같은 매우 심각한 상황이었고, 전 국민이 금 모으기 행사까지 하면서 어렵게 극복해야만 했다.

그런데 이상한 것은 한국은 전혀 예상치 못한 상황에서 IMF를 맞았으나, **선진국 투자기관들**[3]은 이러한 상황 발생을 예상이라도 했듯이 침착하게 한국의 위기 극복 과정에 참여하면서 막대한 **수익창출의 기회로** 활용하게 된다. **그러면 왜** 한국 기업과 금융기관들은 위기를 인식하지 못한 반면, 외국 금융기관들은 이를 알았듯이 기회로 이용할 수 있었을까?

아마도 답은 아래 그래프에 있는 것 같다.

표 3-1 미국 다우지수 100년 / S&P 500, 84년

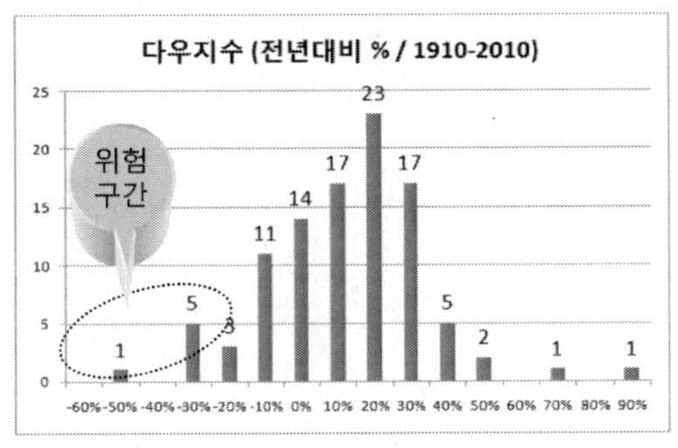

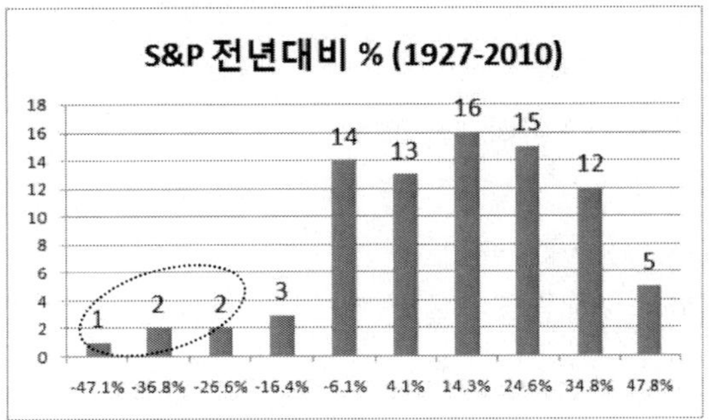

한국 코스피 지수 34년

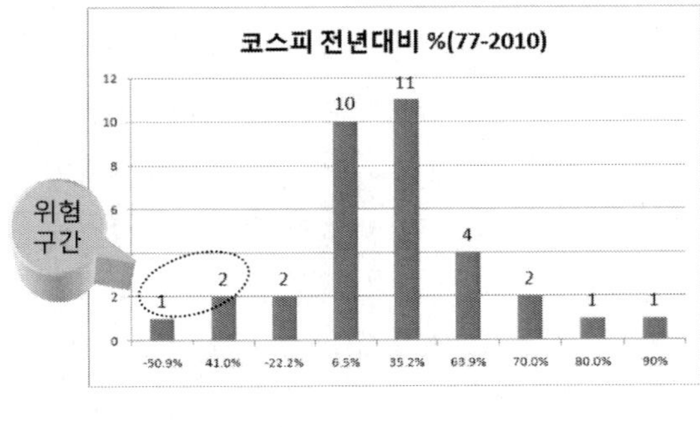

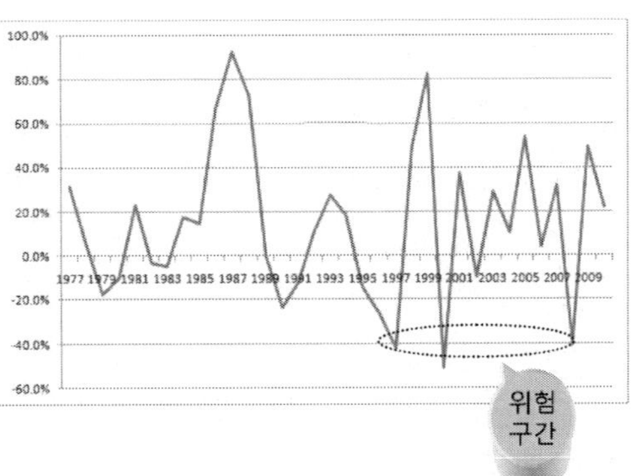

막대그래프는 미국 다우지수 100년(1910~2010), S&P 500 지수 84년(1927~2010), 한국 코스피 지수 35년(1976~2010) 기간 동안, 각 지수들의 **전년도 대비 주가 변동률을** +/- 퍼센트로 표기한 것이다. 그리고 이를 구간별로 나누어서 막대로 표기했다.

예를 들면 코스피 막대그래프 중 좌측에서 5번째 있는 11이란 수치는 코스피 지수가 전년 대비 6.5%~35.2% 구간에서 상승한 연도가 전체 34년 중 11개 연도[4]였다는 의미다.

---

[3] 투자전문회사, 은행, 증권, 헤지펀드사, Vulture fund 등 글로벌 금융기관들.

한국이 IMF를 겪었던 1997년도와, 미국 금융위기였던 2008년도에 코스피 지수는 전년 대비 40% 이상 하락했다. 그리고 이는 코스피 막대그래프 좌측에 있는 점선 안의 2개의 막대로 표기된다. 막대 위의 수치는 구간에서 발생된 연도의 수이므로 막대 2개를 합치면 3(1+2)이 된다.

과거 35년간의 코스피 지수 패턴을 감안하면 미래에 **IMF 상황과 같은 위기가 발생될 확률이 무려 8.8%**(3회 발생 / 34회 관측 기간)나 되었었던 것이다. 한국이 불과 15여 년 전에 이미 겪었으므로 앞으로 얼마간은 다시 반복될 확률이 낮을 수도 있으나 다시 오지 않는다고 장담할 수는 없다. **다우지수**는 미국에서 산업별로 1~2위 기업 30개를 모아서 지수를 만든 것으로 대형 우량 주식[5]의 집합체이다. 워낙 초우량 기업이라서 주가 변동성도 중소기업 대비 상대적으로 작을 것으로 생각되나 전년 대비 △30% 이하로 하락된 횟수가 전체 100년 중 6번[6]이었다. **S&P 500 지수**는 전년 대비 △28% 이하로 하락된 횟수가 전체 84년 중 5번(1930, 1931, 1937, 1974년, 2008년)이었다. 그리고 이들 지수가 하락된 기간에는 예외 없이 불황이 닥쳤던 것도 공통점이다. **그것도 전혀 생각하지 못한 심각한 수준**으로 불황이 있었다.

왜 공통적으로 위기를 예외 없이 한두 번씩 겪는지, 또 미리 피해갈 방도는 없는지에 대한 답은 경제를 전공하는 분들의 몫이다. 다만 생각해 보면, 산업화 과정이 진행되고 자본시장이 발달할수록 경제 예측이 어려워진다. 특정 국가 안에서의 경제활동은 그나마 어느 정도 관리가 가능할 수도 있으나, 지금은 글로벌 국가들이 상호 복잡하게 경제적으로 이해관계가 얽혀 있다. 시장 참여자도 많아져서 모두가 공감하는 시장 활동 방식을 도출하기도 어렵다. 때로는 시장 참여자가 경제적 효율성을 따르지 않고 비효율적인 이해관계를 따라 행동하는 경우[7]도 있다. 그리고 경제의 비효율적인 것들이 장기간 쌓이다 보면 효율성을 기반으로 하는 시장과 맞지 않아, **조정을 거치는 시기**가 오게 되는데 주로 특정 **경제적 사건을 계기로 한꺼번에 나타나**게 되어 통제할 수 없는 불황을 겪게 되는 것이다.

경제는 사람들의 불완전한 합의에 따라 움직이므로 미국, 한국, 동서양을 가리지 않고 성장과 침체를 반복한다. 그리고 **한두 번의 경제 위기는 어느 나라나 공통적으로 경험**한다. 한국도 산업화가 시작된 이후 근 30년 동안 한두 번의 경제 위기가 있을 수 있을 거라고 생각하고 미리 대비할 수도 있었으나, 그리하지 못해 IMF의 충격이 한층 더 컸을 뿐이었다. 한때 세계를 주름잡던 **GM도 2008년도 금융 위기로 다우지수에서 제외**되면서 2위 기업으로 전락한 것은 시사하는 바가 많다.

농사 짓는 분들이 풍년이 들 때 항상 흉년을 대비하듯, 국가나 기업, 금융기관도 좋은 시절에 어려운 시절을 미리 대비하는 준비 자세[8]가 필요하다. 곧이어 설명하는 채권과 주식

평가(Valuation) 개념도 불확실성에 대한 보상이라는 점에서 이러한 논리가 반영되어 있다.

우리가 투자하는 모든 종류의 금융 상품[예금상품이나, 채권투자, 주식투자(주식연계상품 포함), 펀드상품]은 위험 수준과 기대 수익률이 있다. 금융기관이 내게 알려주는 **위험과 기대 수익률 수준은 모두 통계와 확률의 개념**이 근간을 이루고 있다. 우리들에게 금융 상품을 판매하는 금융기관이나, 불특정 다수로부터 돈을 모아서 펀드를 운영하는 투자운영사의 운영방식도 통계나 확률의 개념에서 절대 자유로울 수 없다. 중요한 통계와 확률의 기본 개념 정도를 이해하여야만 우리들 스스로가 지금부터 20~30년 투자한 후 30년 이상 노후연금을 받게 되는 총 50년 상당의 장기 프로젝트도 이성적으로, 합리적으로, 균형을 잘 유지하면서 투자하게 되어 기대하는 행복한 노후 생활을 즐길 수 있는 것이다.

통계는 복잡한 숫자와 공식으로 되어 있어 금융 공학도들만이 하는 것은 아니다. 우리는 앞에서 이야기한 다우존스와 S&P 500 그리고 코스피 지수를 보면서 막대그래프의 **왼쪽에 있으면 위험**하다는 것을 알 수 있었다. 이것이 **통계이고 확률이다.**

과거 역사가 형태만 달리 반복되는 것은 사람들이 역사를 만들어 가기 때문이다. 수많은 사람들의 일상생활이 경제활동과 연계되고 경제활동은 금융활동과 연계되어 있다. 하지만 **금융의 핵심에는 사람이 있다.** 따라서 금융의 역사도 경제활동 주기와 같이 반복된다. 다만 언제 발생할지 알 수 없을 뿐이다. 과거 금융의 패턴을 살펴보고, 금융을 다루는 기관의 역할과 전문가들의 **금융 언어**[9]를 이해하면 도움이 된다.

금융은 모든 것을 숫자로 나타내며 금융기관 간에도 숫자로 이야기하고, 여러분과도 숫자로 대화한다. 그리고 금융시장에서의 위험에 대한 정의는 앞서 설명한 기업의 경우와 매우 유사하다. 즉 **내가 통제할 수 없는 상황에 놓일 수 있는 가능성의 정도가 위험(Risk)의 크기이다.** 막대 그래프의 좌측에 놓이게 될 가능성의 정도를 말한다.

2. 주식? 채권? 도대체 이게 뭘까?

이 부분은 여러분들의 약간의 집중이 필요하다. 내가 주식과 채권을 투자할 때 위험은

을 아끼려다 큰 대가를 치르는 경우를 종종 보았다. 국제금융에서 금리는 대부분 런던은행 간 금리(LIBOR)에 신용 등급에 따라 가산 금리를 더하여 정해지는데, 기준 금리인 LIBOR와 가산 금리가 모두 과거 평균 대비 낮은 시점에는 차입 규모를 늘리거나 기간을 장기로 정해야 기업에게 유리하다. 그러나 재무 담당 실무자가 그렇게 하려 해도 대부분 결제 과정에서 중단되고 만다. 과거 금리 자료는 명확하게 장기 차입이 유리하다는 것을 보여주고 있으나, 대부분의 의사결정권자들의 시장 이해가 부족해서인지 중단되고 만다. 그리고는 대부분 2~3년 뒤에 와서는 "그때 장기로 차입할걸"하며 후회한다. 하지만 외국 기업, 심지어 동남아 기업들만 해도 다르다. 동남아 기업들의 재무 담당자들은 같은 상황에서 장기 차입을 권유하면, 단기 차입보다 약간 더 부담하는 장기 가산 금리를 기꺼이 수용하면서 재무 안전성에 중점을 둔다.

9 Mean, Distribution, Provability, / Risk, Return, / Correlation, Diversification, Mean return / Regression / Capital Asset Pricing Model, Behavior Finance 등등,. 너무 걱정할 필요 없다. <u>우리가 계산할 필요도 없다</u>. 때문에 **복잡한 산식도 필요 없다.** 실제 data를 활용하여 <u>그래프와 그림으로만 보고 상식으로 이해하면 된다</u>.

무엇이고, 위험을 감수하는 대가로 받게 되는 수익의 크기가 어느 정도가 적정한지, 그리고 수익이 어떻게 만들어지는지를 설명한다. 반세기 금융 이야기를 몇 가지의 도표와 그림으로 설명하려니 정말 쉽지 않다. 만약 설명이 부족하여 이해가 어려우면 한 번 더 읽어주시고, 그래도 혼란스러우면 붙임 엑셀로 이 숫자 저 숫자 여러분 맘 내키는 대로 입력해 보면서, 이른바 感을 느껴 보시기 바란다. 그래도 확실하지 않으면 제게 연락해 주시면 설명해 드리겠다.

본론으로 들어가기 전에 여담 하나 하겠다. 얼마 전 직장에서 안철수 사장님의 강연을 들을 기회가 있었다. 5가지 이야기 중 마지막 2가지가 인상적이었다. **Pushing the limit;** 한국의 종군기자가 군 수송기를 타고 전장에 투입되기 직전, 이미 너무 많은 기자들이 사망한 전쟁터라서 많이 두려워 고민스런 심경을 옆에 있는 군 장교에게 토로했다고 한다. 이에 군 장교는 기자에게 전진(Go)과 후퇴(Retreat)를 선택할 수 있는 기회가 자주 주어지는 것은 아니며, 지금 최상의 기회가 주어진 상황에서 자신의 한계를 넘어서는 전진을 선택(Push the limit)하는 것이 스스로를 성장시키게 한다는 말을 듣고 Go를 선택했다고 한다. 이후 전쟁 현장을 취재하면 서 스스로 많이 성장된 자신을 발견할 수 있었다 한다. 그리고 그때 후퇴를 했었더라면 지금 많이 후회하였을 것이라고 한다.

Continuous Learning; 사회에서 무엇을 배운다는 것은 세상이 빨리 변화한다는 것을 알게 해 준다고 한다. 아울러 내 실력을 깨우치게 하고, "경험만으로는 되지 않는구나" 하는 것을 알게 한다고 한다.

필자도 금융업에 종사하면서 느낀 바로는, **"전문 지식이 없으면 판단 오류의 위험이 높아지고, 경험이 없으면 좋은 아이디어가 있어도 이를 실무적으로 추진하기가 어렵고, 열정과 네트워크가 없으면 일하는 재미가 없게 된다. 이 세 가지를 모두 갖추면 어느 분야에서나 제2의 아이폰과 같은 성공**을 할 수 있다고 본다. ♣

지금 이 책을 접하시는 분은 주식과 채권을 이해하는 것이 나의 한계를 넘는 일도 아닐 것이고, 이해하기 위해 많이 공부를 해야 하는 것도 아니다. 이제 한국 경제사회는 주식과 채권 투자를 빼놓고는 여러분의 소중한 노후설계를 할 수 없다. 지금 꼭 이 책이 아니더라도 정확하게 큰 틀에서 주식과 채권 투자의 **핵심을 이해하는 노력**[10]을 하여야 한다. 종군기자의 선택처럼 흔하지 않는 전진과 후퇴를 결정하는 시점에서 전진을 선택하시고 행복한 노년을 준비하기 바란다.

주식이 무엇인지, 채권이 무엇인지를 모르는 사람은 없을 것이다. 그러나 본질을 아는

---

[10] 요즘 중국 위안화 무역 결제가 화두이다. 미국 다음으로 큰 경제 규모인 중국 경제의 잠재력을 바탕으로 국제 무역 결제에 달러 대신 위안화를 사용하게 하려는 중국 정부의 정책이다. 중국 정부의 정책은 실물 무역 거래에 한하여만 관여하고, 홍콩을 중심으로 한 역외시장(Off shore banking)과는 연관이 적다. 그러나 일부 외국계 금융기관들이 역외 위안화 채권 발행을 기업들에게 독려하는 경우가 있는데 이는 기업이 위안화 채권 발행 자금을 중국 내에 자본 투자를 하지 않는 한 환 위험에 노출되는 위험이 있다. 저자가 국내 모 대기업에 방문하여 상당하는 과정에서 이를 발견하고는 바로 설명을 드렸더니 매우 고마워 하셨다. 굴지의 대기업도 정확하게 모르면 손해를 볼 수 있는 위험에 노출될 수 있는 것이 현재 우리들이 살고 있는 곳이다. **노후 생활 준비의 핵심인 "data에 근거하여 지금 내가 투자하는 과정을 정확하게 이해"하는 노력을 하지 않고서는 안정된 노후 생활을 기대할 수 없다고 생각한다.**

사람은 많지 않다. 주식은 증권사에 거래 계좌를 개설하여 내가 맘에 드는 기업의 주식을 싸게 사서 비싸게 팔아 차익을 기대하는 것[11]이고, 채권은 기업이 발행한 채무증서(회사채) 에 투자하는 것으로 이해하고 있을 것이다.

그런데 **한 가지 이상한 점**이 있다. 국내 및 국제적인 기관 투자자도 나와 똑같이 주식과 채권에 투자하고 있지만, 기관 투자자가 주식이나 채권을 사고 팔 때[12]와는 달리, 여러분이 투자할 때는 잘 이해되지도 않는 여러 가지 서류를 보여주면서 서명하라고 할까?

또 하나 이상한 것이 있다. 한국 기업이 국제시장에서 신규 발행한 달러채권(통상 유로본 드라 함)을 미국에 있는 투자자에게 판매하려면, **아무에게나 팔 수 있는 것이 아니다.** 미국 증권 법 **Rule 144A**[13]에서 정한 **인정된 기관, QIB**[14](qualified institutional investor – 채권 발행 회사가 채권 발행 이후 정기적으로 회사 자료를 투자자에게 제공하지 않아도 투자 기관 스스로 알아서 필요한 정보를 회사에게 요청하여 수집하고 투자 위험을 분석할 수 있는 능력이 되는 기관 투자자로 일반적으로 1억 불 이상의 자산을 보유한 프로급 전문 투자 기관을 말함. 일반인은 이러한 채권을 사고 싶어도 살 수 없는데 이유 는 대부분 전문가처럼 투자 분석을 할 수 없다고 보기 때문이다)**에게만 판매할 수 있다.** 전문 기관 투자 자에게는 해외 유망 기업의 달러 채권 투자를 허용하면서 **개인들은 왜 직접 살 수 없도록 했을까?**

곧이어 설명하겠지만 주식의 주요 가격 결정 요인은 3~4가지로 복잡하지만, 신용 우수 한 채권은 거의 금리 1개 요인이 채권 가격에 영향을 미친다. 미국 투자자에게는 달러 채권 이므로 환 위험도 없으니 기업이 혹시 망하는 신용 위험만을 부담하면서 채권을 사도록 해 줄 수 있는 것이 아닐까? 답은 미국의 오랜 금융시장 경험에 있다. 미국은 이미 1933년부 터 증권거래법이 있었다. 미국은 **개인이 더 이상 직접투자 대상을 선택하여 투자에 참여하 는 시장이 아니다.** 미국은 전문 기관 투자자 중심의 간접투자 시장이다. 국가 경제규모가 커지고 글로벌 교역이 확대되면서, 주식과 채권 투자가 과거보다 더 복잡해졌기 때문이다. 우리나라도 이미 세계 9위권의 무역대국이다. 그만큼 더 우리들이 투자하는 주식과 채권 거래도 복잡해졌다.

결론은, **(내가) 잘 모르고 (시장에) 덤비면, 한두 번의 요행으로 재미를 볼 수도 있지만** ♣

---

[11] Buy low sell high

[12] 기관 투자자 간 서로 주식이나 채권을 사고 팔 때도, 거래가 전적으로 매입하는 기관의 스스로의 판단에 따라 거래를 한다는 점이란 것을 알린다. 이른바 Disclaimer 조항이라 함.

[13] **Rule 144A.** Securities Act of 1933, as amended (the "Securities Act") provides a safe harbor from the registration requirements of the Securities Act of 1933 for certain private resales of minimum $500,000 units of restricted securities to QIBs (qualified institutional buyers), which generally are large institutional investors that own at least $100 million in investable assets. When a broker or dealer is selling securities in reliance on Rule 144A, it is subject to the condition that it may not make offers to persons other than those it reasonably believes to be QIBs. Rule 144A was implemented in order to induce foreign companies to sell securities in the US capital markets. For firms registered with the SEC or a foreign company providing information to the SEC, financial statements need not be provided to buyers. Rule 144A has become the principal safe harbor on which non-U.S. companies rely when accessing the U.S. capital markets.

[14] **A Qualified Institutional Buyer (or QIB),** in law and finance, is a purchaser of securities that is deemed financially sophisticated and is legally recognized by security market regulators to need less protection from issuers than most public investors.

결국에는 완패 당한다.

　서론이 좀 길었다. 자, 이제부터 재미있는 주식, 채권의 본질을 그림과 같은 이미지로 이해해 보자. 우선 본 장에서 아래 핵심 개념을 살펴보자.

▶ 핵심 원칙

① 투자자산의 평균적인 수익률만 올려도 **노후 인생 준비 가능**하다.

② 금융자산 **수익률**은 대부분 역사적 평균 수준으로 회귀한다.
　일시적으로 평균을 벗어날 수도 있으나, 경기변동의 큰 틀에서 장기간 관찰하면 대부분 각 자산 유형(주식, 채권, 부동산 등)별 역사적 평균 기대 수익률에 접근한다.

③ 투자 **위험은** 특정 시점 수익률이 기대 수익률의 범위를 벗어날 때를 말한다.
　투자를 대행하는 기관(은행, 증권, 투자펀드사 등)은 투자자산의 수익률이 평균으로부터 벗어나는 위험 크기를 사전에 나와 협의하여 정한다.

④ 특정 자산(또는 특정 펀드)의 **수익률과 위험의 관계는** 과거 수익률을 히스토그램 막대그래프로 표기하여 그림으로 관찰할 수 있다.

⑤ 대부분 이익 구간인 우측 막대가 나타날 가능성(확률)이나 손실 구간인 좌측 막대가 나타날 가능성은 같다. **다만 시간의 차이일 뿐이다.**

⑥ 막대그래프의 좌측과 우측을 합치면 평균 수익률이 된다.
　투자자산 한 개의 좌(손실) 우(이익)측 막대를 동시에 합칠 수는 없으나, 가격의 움직임이 서로 차이가 있는 두 개 자산 이상을 이용하면 **좌·우측 막대를 합쳐서 평균 수익률을 기대할 수 있다.** 이것이 상관관계(주식은 베타)를 이용한 분산투자의 개념이다.

⑦ **주가 예측은 거의 불가능하다.** 진정 주가를 예측하려면 너무 복잡하고 많은 변수가 있기 때문이다.

⑧ **주식을 산다는 것은 기업의 주인**이 되는 것이다.
　농부처럼 봄에 씨앗을 뿌리는 것이다. 기업은 끊임없이 가치를 창출하려고 노력하는 똑똑한 인재들의 집단이다. 그들은 언제든지 우리들을 위해서 일할 준비가 되어 있다.

⑨ 채권 수익률은 주가보다 예측이 조금 수월하다. 변수가 이자율 하나이기 때문이다. 그러나 금리변동 위험을 고려하면 채권 투자는 안전한 이자 수익을 받는 투자가 아니다. 지금 예상한 미래 금리 수준과 실제 금리가 다르면 원금 손실이 가능한 상품이다. 그래서 채권 투자 시 금리변동 민감도인 Duration을 관리한다. 또한 채권은 주식처럼 기업 수익 증가에 대한 보상이 없고, 인플레이션에 따른 원금 손실 위험을 감수해야 한다.

⑩ 투자 대행 기관은 대부분 주식과 채권에 투자한다. 주식과 채권은 기관 투자자에게도 매력적인 투자 수단이면서, 시장유동성도 좋기 때문이다.

⑪ 장기적으로 주가는 기업의 본질 가치(Fundamental Value, 순자산가치)에 근접한다. 그러나 단기적으로는 주식, 채권 투자는 주사위 던지기일 수도 있다. 투자 전문가들은 1~11까지 내용에 대부분 공감하지만, 항상 이에 따라 행동하는 것은 아니다. 그들도 종종 불가피하게 단기 실적 경쟁의 희생자가 되기도 한다.

1) 투자자산의 평균적인 수익률만 올려도 노후 인생 준비가 충분하다.

흔히 주식은 위험하다고 한다. 그러나 주식만큼 장기 투자에 매력적인 것은 없다. 우리가 잘 아는 코스피 지수를 가지고 검증해 보자.**(여러분이 계산할 필요는 없다.** 용어만 이해하고 **물어보면 된다**. 용어 이해가 어려우면 제목만 적어 물어보면 됨)

표 3-2 한국 코스피 지수 수익률

■ 코스피 35년 수익률 (1976~2010)

번호	연도	지수	HPR	기하평균	GM검증
1	1976	104.00			
2	1977	137.00	32%	132%	113.5
3	1978	144.90	6%	106%	123.9
4	1979	119.00	-18%	82%	135.3
5	1980	106.90	-10%	90%	147.7
6	1981	131.40	23%	123%	161.2
7	1982	127.30	-3%	97%	176.0
8	1983	121.20	-5%	95%	192.1
9	1984	142.50	18%	118%	209.8
10	1985	163.40	15%	115%	229.0
11	1986	272.60	67%	167%	250.0
12	1987	525.10	93%	193%	272.9
13	1988	907.20	73%	173%	297.9
14	1989	909.70	0%	100%	325.2
15	1990	696.10	-23%	77%	355.0
16	1991	610.90	-12%	88%	387.5
17	1992	678.40	11%	111%	423.1
18	1993	866.20	28%	128%	461.8
19	1994	1,027.37	19%	119%	504.2
20	1995	882.94	-14%	86%	550.4
21	1996	651.20	-26%	74%	600.8
22	1997	376.30	-42%	58%	655.9
23	1998	562.5	49%	149%	716.0
24	1999	1,028.1	83%	183%	781.7
25	2000	504.6	-51%	49%	853.3
26	2001	693.7	37%	137%	931.5
27	2002	627.6	-10%	90%	1,016.9
28	2003	810.7	29%	129%	1,110.1
29	2004	895.9	11%	111%	1,211.8
30	2005	1,379.4	54%	154%	1,322.9
31	2006	1,434.5	4%	104%	1,444.2
32	2007	1,897.1	32%	132%	1,576.5
33	2008	1,124.5	-41%	59%	1,721.0
34	2009	1,682.8	50%	150%	1,878.8
35	2010	2,051.0	22%	122%	2,051.0
	합계		498%	1972.1%	

1)35년 수익률　1972%　　9.17%

　2)산술평균 수익률(년)　14.7%

　　3)기하평균(Geometric Mean)　9.17%

■ 코스피 15년 수익률 (1996~2010)

번호	연도	지수	HPR	기하평균(GM)	GM검증
1	1996	651.2			
2	1997	376.3	-42%	58%	706.8
3	1998	562.5	49%	149%	767.2
4	1999	1,028.1	83%	183%	832.7
5	2000	504.6	-51%	49%	903.8
6	2001	693.7	37%	137%	981.0
7	2002	627.6	-10%	90%	1,064.8
8	2003	810.7	29%	129%	1,155.7
9	2004	895.9	11%	111%	1,254.4
10	2005	1,379.4	54%	154%	1,361.5
11	2006	1,434.5	4%	104%	1,477.8
12	2007	1,897.1	32%	132%	1,604.0
13	2008	1,124.5	-41%	59%	1,741.0
14	2009	1,682.8	50%	150%	1,889.6
15	2010	2,051.0	22%	122%	2,051.0
	합계		228%	315.0%	

1)15년 수익률　315%

　2)산술평균 수익률(년)　16.3%

　　3)기하평균(Geometric Mean)　8.54%

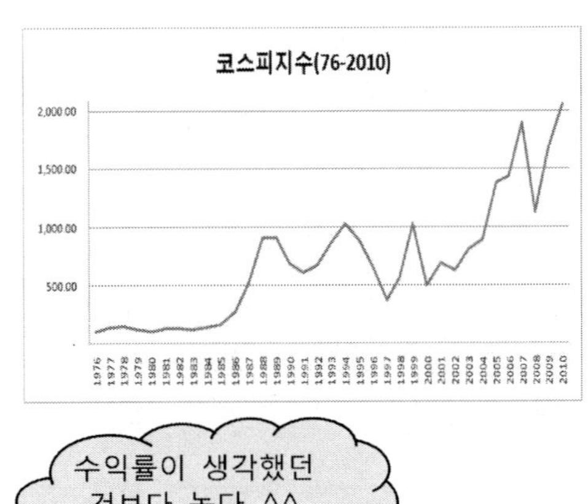

HPR(Holding Periods Returns)은 전년 대비 투자 수익률을 계산한 것이다. 일반적으로 주가의 수익률은 주식을 매입한 비교 기준 일자 대비 현재 주가로 비교한다. 2010년도 예를 들면, 즉 <u>2010년도 말 주가(2,051) 나누기 2009년도 주가(1682.8) = 1.2188</u>이다. 여기서 1을 빼면 0.2188이고 반올림을 해서 22%가 된다. 이것이 HPR이다. 이렇게 계산된 1976년~2010년도까지 HPR 값의 평균이 2) 산술평균에 표기된 14.7%이다.

그렇다면 35년간 매년 14.7%로 코스피 지수가 성장했을까? 답은 아니다.

매년 몇 %로 지수가 성장했는지를 알기 위해서는 **기하평균**[15]을 알아야 한다.

아래 사례를 보자.

연도	주가	계산 (산술평균)		계산 (기하평균)	
		1년수익률	검증	검증	
1	100				
2	115	15.0%	106 100X(1+5.9%)	107	100X(1+6.8%)
3	105	-8.7%	112 106X(1+5.9%)	114	107X(1+6.8%)
4	125	19.0%	119 112X(1+5.9%)	122	114X(1+6.8%)
5	130	4.0%	126 118X(1+5.9%)	130	122X(1+6.8%)
		29.4% 1) 합계		**6.8%** (130/100)^(1/4)	
		5.9% 2)=1) /5년		5년주가/1년주가)^(1/(5년-1년))	

5년간 주가가 위와 같이 움직였다면 산술평균은 전년 대비 수익률을 평균한 값(5.9%)이다. 그런데 이는 주가가 매년 5.9%씩 상승했다는 의미는 아니다. 매년 몇 %씩 상승했는지를 알기 위해서는 기하평균을 알아야 한다. **기하평균은 5년차 주가(130)를 1년차 주가(100)로 나누어서 (1/4)로 제곱하면 된다.** 값은 6.8%가 되고, 위 표 우측에 나타난 바와 같이 1년차 주가에다 6.8%씩 곱해 보면 5년차 주가가 정확하게 계산된다. 이때 6.8%를 5년 투자 기간 동안의 기하평균이라고 한다.

주1에 설명한 바와 같이 35년치 코스피 지수의 기하평균을 계산하면 **9.17%**가 된다. 정말로 9.17%씩 매년 지수가 성장했는지 검증 방법은 2가지가 있다.

방법1 76년도 지수, $104 \times (1+9.17\%)^{34} = 2,051$ ☞ 2010년 주기와 동일하다

방법2 76년도 지수, $104 \times (1+9.17\%)^1 = 113.5$ 그리고
$113.5 \times (1+9.17\%)^1 = 123.9$ 그리고 $123.9 \times (1+9.17\%)^1 = 135.5$ ....

☞ 이렇게 34차례 계산된 값이 표 3-2 좌측 테이블 하단에 있는 값이다.

참고로 5년치 기하평균 값을 계산 시에는 전년 대비 지수 증감 값 계산 값이 4개가 되고, 35년치 계산 시에는 34개가 되므로 방법 1)에서는 제곱을 34를 한 것이다.

---

[15] **곱셈으로 계산하는 값에서의 평균**을 계산하고자 할 때 산술평균이 아닌 **기하평균**을 사용한다. 예를 들어 어떤 값이 처음에 1000이고, 첫 해에 10% 증가하고, 그 다음 해에 20% 증가하고, 그 다음 해에 15% 감소했다고 할 때 결과 값은 처음의 값 1000에 1.1, 1.2, 0.85의 기하평균을 세 번 곱한 값이 된다. 1.1, 1.2, 0.85의 기하평균 $(1.1 \times 1.2 \times 0.85)^{1/3} = 1.0391...$이므로, 3년 동안 평균 3.91%씩 증가한 셈이다. 즉, $1000 \times 1.1 \times 1.2 \times 0.85 = 1000 \times (1.0391)^3$이다.

구분	1) 35년 수익률	2) 산술평균(년) 수익률	3) 기하평균 GM, 수익률
산식	$\dfrac{2010년도\ 주가}{1976년도\ 주가}$	35년 동안 $\dfrac{전년도\ 주가}{금년도\ 주가}$ 를 계산한 값의 평균	주1) 참조
장점	**35년 동안 주가가 얼마나 변화했는지를 보여줌**	매년 전년 대비 지수가 얼마나 변화했는지 보여줌 / **지수의 변동성(위험 정도) 보여줌**	1~35년 기간 중 **매년 지수가 평균 얼마나 성장했는지 보여줌** → 장기투자 수익률 예상에 매우 유용함
단점	매년 평균적인 수익을 알 수 없음	장기투자 시 기대 수익률로 사용불가	계산 기간이 장기이듯 투자 기간도 장기에 적합

표 3-3 76~2101년까지 각 투자 기간별 수익률(기하평균)

■ 코스피 수익률 (1976~2010) → 누적 투자기간 별

투자기간	연도	주가지수	주가변동성	35년 투자시			누적 수익률 (%)					
				HPR	누적수익%	누적수익%	30년	25년	20년	15년	10년	5년
35	1976	104.00				9.17%						
34	1977	137.00	31.7%	132%	113.53	109.17%						
33	1978	144.90	5.8%	106%	123.94	119.17%						
32	1979	119.00	-17.9%	82%	135.30	130.09%						
31	1980	106.90	-10.2%	90%	147.70	142.02%						
30	1981	131.40	22.9%	123%	161.24	155.04%	9.94%					
29	1982	127.30	-3.1%	97%	176.02	169.25%	109.94%					
28	1983	121.20	-4.8%	95%	192.15	184.76%	120.87%					
27	1984	142.50	17.6%	118%	209.76	201.69%	132.88%					
26	1985	163.40	14.7%	115%	228.99	220.18%	146.08%					
25	1986	272.60	66.8%	167%	249.97	240.36%	160.60%	8.77%				
24	1987	525.10	92.6%	193%	272.89	262.39%	176.56%	108.77%				
23	1988	907.20	72.8%	173%	297.90	286.44%	194.11%	118.31%				
22	1989	909.70	0.3%	100%	325.20	312.70%	213.41%	128.69%				
21	1990	696.10	-23.5%	77%	355.01	341.36%	234.62%	139.98%				
20	1991	610.90	-12.2%	88%	387.55	372.64%	257.93%	152.26%	6.58%			
19	1992	678.40	11.0%	111%	423.07	406.80%	283.57%	165.62%	106.58%			
18	1993	866.20	27.7%	128%	461.85	444.09%	311.75%	180.15%	113.60%			
17	1994	1,027.37	18.6%	119%	504.18	484.79%	342.74%	195.95%	121.07%			
16	1995	882.94	-14.1%	86%	550.39	529.22%	376.80%	213.14%	129.04%			
15	1996	651.20	-26.2%	74%	600.84	577.73%	414.25%	231.84%	137.54%	8.54%		
14	1997	376.30	-42.2%	58%	655.91	630.68%	455.42%	252.17%	146.59%	108.54%		
13	1998	562.5	49.5%	149%	716.03	688.49%	500.68%	274.30%	156.24%	117.81%		
12	1999	1,028.1	82.8%	183%	781.66	751.59%	550.44%	298.36%	166.52%	127.87%		
11	2000	504.6	-50.9%	49%	853.30	820.48%	605.15%	324.53%	177.48%	138.79%		
10	2001	693.7	37.5%	137%	931.51	895.69%	665.29%	353.00%	189.16%	150.64%	12.80%	
9	2002	627.6	-9.5%	90%	1,016.89	977.78%	731.42%	383.97%	201.62%	163.51%	112.80%	
8	2003	810.7	29.2%	129%	1,110.10	1067.40%	804.11%	417.65%	214.89%	177.47%	127.24%	
7	2004	895.9	10.5%	111%	1,211.85	1165.24%	884.03%	454.29%	229.03%	192.63%	143.53%	
6	2005	1,379.4	54.0%	154%	1,322.92	1272.04%	971.89%	494.14%	244.10%	209.08%	161.90%	
5	2006	1,434.5	4.0%	104%	1,444.18	1388.63%	1068.48%	537.49%	260.17%	226.93%	182.62%	9.35%
4	2007	1,897.1	32.3%	132%	1,576.55	1515.91%	1174.68%	584.64%	277.30%	246.31%	206.00%	109.35%
3	2008	1,124.5	-40.7%	59%	1,721.05	1654.85%	1291.42%	635.92%	295.55%	267.35%	232.37%	119.57%
2	2009	1,682.8	49.7%	150%	1,878.80	1806.53%	1419.78%	691.71%	315.00%	290.18%	262.11%	130.75%
1	2010	2,051.0	21.9%	122%	2,051.00	**1972.12%**	**1560.88%**	**752.38%**	**335.73%**	**314.96%**	**295.66%**	**142.98%**
투자개시 시점의 주가 1)						104.00	131.40	272.60	610.90	651.20	693.7	1,434.5
투자기간별 기하평균 누적수익률 2)						1972.12%	1560.88%	752.38%	335.73%	314.96%	295.66%	142.98%
검증 (2010년도 주가와 일치여부) 1) X 2)						2,051.0	2,051.0	2,051.0	2,051.0	2,051.0	2,051.0	2,051.0

좀 복잡해지는 것 같다. 그러나 걱정하지 않아도 된다. **여러분이 계산할 필요는 없다.** 단지 **금융기관에 가서 물어보면 된다.** 여기서는 정말로 코스피 지수의 평균적인 수익률만으로도 노후 인생 준비가 되는지를 보여드리기 위해서 아예 다 계산해 두었다.

여러분이 궁금해하는 것은 1) 정말로 35년 투자 시 매년 9.17%가 될까? 2) 혹시 20년은? 10년은? 5년 투자 시는 어떨까?하는 것일 것이다.

표 3-3을 보면 코스피 35년 투자 시 매년 9.17%, 30년은 9.94%, 25년은 8.77%, 20년은 6.58%, 15년은 8.54%, 10년은 12.8%, 그리고 5년은 9.35%가 된다. 10년 전부터 예금이자가 매우 낮았다는 점을 감안하면 상당히 높은 수익률이다. 중요한 점은 **시장 평균 수익률만 되도 노후 생활 준비에 아무런 어려움이 없을 것**이란 것이다.

여기에서 여러분은 **결론만 알면 된다.** 표 3-3을 기억하시고 우리들의 미래를 설계해 보자. 제1장에서 엑셀 CD에 각자의 상황에 맞게 마음대로 입력해 보자. 아래 사례는 15년 및 25년 투자 시 평균 수익률 8.54%, 8.77%를 사용했다.

표 3-4 노후 재무설계 테스트

✓ 투자 대상 코스피 지수/예상수익률 8.77%　　✓ 예상수익률 8.54%
✓ 투자기간 25년(35세~60세) / 매월300　　✓ 투자기간 15년(45세~60세) / 매월600
✓ 연금수령기간 30년/30년차 상속금액 2억 원　　✓ 연금수령기간 30년/30년차 상속금액 2억원

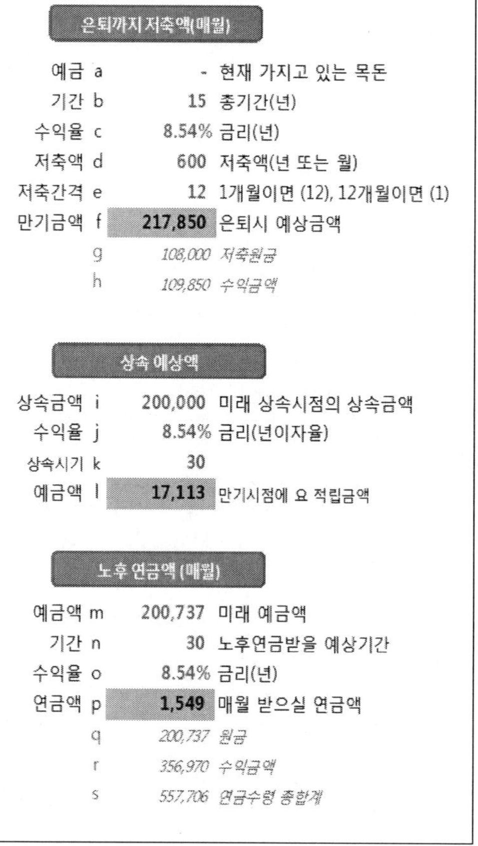

35세부터 조금 일찍 시작하여 25년간 매월 300,000원씩 적립하면 60세 이후 30년간 매월 2,450,000원을 받을 수 있다. 그러나 45세부터 조금 늦게 시작하여 15년간 매월 600,000원씩 적립하면 60세 이후 30년간 매월 1,549,000원을 받게 된다. 각자 상황에 따라 다르겠지만 이 정도면 그런대로 노후 생활이 보장된다고 할 수 있겠다. **단지 시장의 평균 수익률만으로도 충분하다.**

주목할 점은 25년 투자한 것이나, 15년 투자한 것이나 저축 원금 누계금액은 불과 18백만 원밖에 차이가 나지 않는다. 그러나 수익 금액은 무려 124백만 원 차이가 발생하며 이 차이는 노후 연금 수령 기간 동안 315백만 원의 차이를 추가로 발생시켜, **총 439백만 원의 수익 차이**를 가져온다. **원금은 단지 18백만 원의 미미한 차이**지만 시간의 차이에 따른 복리의 놀라운 힘 때문에 거의 같은 수익률이지만 **무려 24배**의 엄청난 수익금액 차이가 발생된다.

▶ **준수 원칙**

① 반드시 제1장에서 설명한 각자의 상황에 맞는 노후 설계 계획에 따라서, 매월 필요한 금액을 **장기 적립 투자**하여야 한다.

② 각자의 연령별로 소요되는 비용(제1장의 엑셀프로그램 활용)을 감안하여 매월 **여유 자금**으로 투자한다.

③ 가끔 마음이 흔들릴 때면, 표 3-3을 다시 보자. 1장의 **그림은 어떠한 이론보다도 강력한 실증 자료**이다.

2) 금융자산 수익률은 역사적 평균 수준으로 회귀한다.

이 부분은 금융을 전공하는 많은 분들이 이미 경험적으로 알고 있는 부분[16]이다. 그런데 실감이 잘 나지 않았다. 정말 그럴지 의문이 들기도 한다.

이렇게 이해해 보자. 금융시장에 참여하는 당사자가 금융기관들이고, 금융기관은 **사람**, 즉 Human Infra가 가장 중요한 산업이며, 금융의 가장 중요한 바탕은 실물경제이고, 실물경제의 핵심에는 소비의 주체인 **사람**들이 있다는 점이다. 즉, 나를 포함한 모든 **사람**들은 컴퓨터가 아니기 때문에 아무리 혹독하고 뼈아픈 교훈을 배웠어도 이내 잊어버린다[17]. 그러고는 똑같은 실수를 반복한다. 마치 역사는 반복된다는 말처럼, 금융시장도 **사람**이 중심이 되는 곳이므로 과거의 행동[18]을 반복한다. 혹시 앞 사람의 경험(Feeling)이 문자로 옮겨져 다음 사람에게로 전달되는 과정에서 메시지의 강도가 희석[19]되어 그럴지도 모르겠다.

---

[16] 여러분이 투자 상담을 하러 가면 대부분 처음 보여주는 자료가 투자하려는 상품의 과거 평균 수익률 수준일 것이다. 그리고는 과거 평균 수익률이 가끔은 우리들의 기대와는 달리 손실로 나타날 위험이 있다는 것도 알려준다. 과거 평균 수익률이 미래의 실적을 의미하지는 않는다는 말도 빠짐없이 듣게 되며, 잘 들었다고 확인 서명까지 한다.

[17] 2010년도 겨울은 매섭게 추웠다. 그러나 따스한 봄날의 햇살은 이내 매서웠던 겨울 추위를 잊게 한다. 이와 마찬가지로 우린 즐겁지 않은 기억을 빨리 잊어버리듯이 아픔의 기억도 금세 잊어버린다.

[18] 경기순환 주기도 결국은 사람이 만드는 것이다. 좁은 의미로는 금융 투자에 심리학(Behavior Finance) 개념이 포함된 이유이기도 하다. - 참고 문헌.

사람들은 반복되는 실수를 하지 않으려면 앞 세대가 금융에 관련한 경험적 사실(Fact)을 이해하고, 이미 앞 세대들이 비싼 대가를 치르고 체험한 Feeling을 자신의 것으로 체득해야 한다.

주식, 채권 등, 투자금융 시장은, 사람들 각자의 의견이 모여 움직이는 곳이기 때문이다.[20] ♣

앞의 표 3-3을 보면 코스피 수익률이 투자 기간별로 약간의 차이는 있으나 평균적으로 8~9% 대에 머무르고 있는 것을 알 수 있다. 표 3-3의 하단에 나타나 있듯이 투자 기간이 길어질수록 투자**수익률의 복리 효과**에 의해 엄청난 **누적 수익률 차이가 발생**[21]하는 것을 확인할 수 있다. 그래서 우리는 하루라도 빨리 노후 준비를 시작해야 하는 것이다. 아래 표 3-4에서 이를 재정리했다.

표 3-4 코스피 투자 기간별 누적 수익률

투자 기간	35년	30년	25년	20년	15년	10년	5년
연 수익률	9.17%	9.94%	8.77%	6.58%	8.54%	12.80%	9.35%
누적 수익률	1972%	1560%	752%	335%	314%	295%	142%

코스피 지수의 전년 대비 수익률을 막대그래프로 표기해 보면 일정 기간 장기 투자 시 투자자산의 수익률이 평균으로 돌아간다는 점을 그림으로 볼 수 있다.

표 3-5 코스피 35년간 수익률 분포도

---

[19] 인류학자들에 의하면 언어로 전달되는 부분은 우리들의 느낌의 작은 일부분밖에 지나지 않는다고 한다. 그래서 중요한 비즈니스 미팅은 화상회의를 마다하고 직접 얼굴 맞대며 이른바 Body Language로 이야기하지 않는가. ^^

[20] 표 2-6을 보자. 모든 경제활동은 종국에는 개인의 소비 지출 활동에 연결되어 있다. 주식, 채권시장도 우리들의 소비활동 추이를 반영하여 성장과 침체가 결정된다. 이를 유추해 보면 미래 소비시장이 있는 곳에서 경제활동도 증가하고 투자금융 활동도 성장하게 된다.

[21] 5년간 투자 시 1.4배, 10년은 약 3배, 25년은 7.5배, 30년은 15배, 35년은 약 20배가 된다. 복리의 효과이다.

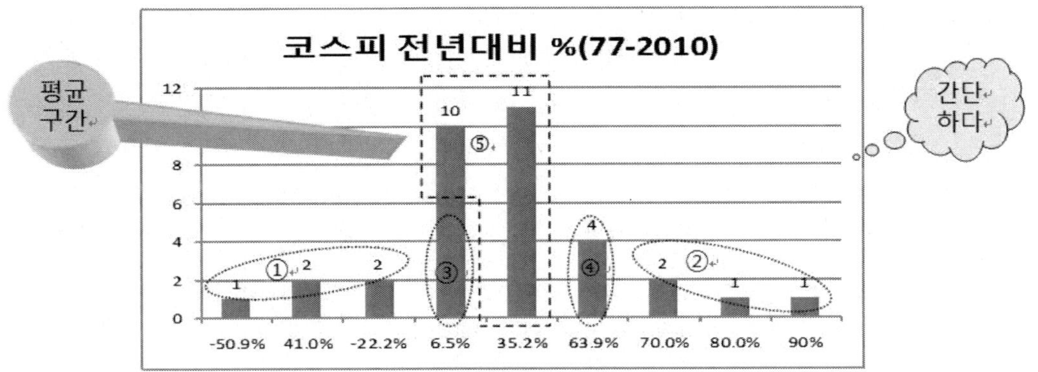

표 3-5는 참 재미있는 그림이다. 1976년~2010년까지 매년 수익률을 계산하면 표 3-5의 위 막대그래프처럼 들쑥날쑥이다. 이 그래프를 보면 어느 누구도 다음 해의 **기대 수익률을 맞힐 수 없을 것 같다.** 사실 맞히는 사람도 거의 없다.

그런대 아래 그래프처럼 연도별 구분 없이, 1년간 수익률을 **수익률 구간별로 재배치**해 보면 특정 연도의 수익이 특정 연도의 손실과 서로 상쇄되고 가운데 평균적인 수익률만 남게 되는 것을 볼 수 있다. 즉 ①은 ②와 상쇄되고, ③은 ④와 상쇄되며, 이후 남게 되는 ⑤구역 내의 **평균적인 수익률이 안정적으로 나타남**을 볼 수 있다. 코스피 지수의 과거 35년간 평균적인 수익률이었던 매년 약 9% 수준(표 3-5의 위 그래프의 화살표)으로 돌아간다는 것을 보여준다. 왜 이러한 현상이 발생할까?

이렇게 비유해 보자. 여러분의 삶도 가끔은 어려움(①, ③번 구역)이 있었고 매우 잘나간 적(②, ④번 구역)도 있을 것이다. 대부분 이러한 어려움과 잘된 적은 내가 관리할 수 있는 내부 요인과, 내가 어찌할 수 없는 외부로부터 발생되는 경우가 반반일 것이다. 나중에 주변의 동료, 친구들의 이야기를 들어 보면 그들도 나와 같이 어려운 시기도 있었고, 잘된 시기도 있었으며 결국은 별반 차이 없는 일반적인 **샐러리맨의 평균적인 생활(⑤번 구역)**을 하고 있다는 것을 알 수 있을 것이다.

경제활동도 이와 유사하다. 표 2-1 <경제활동 흐름도>와 표 2-6의 <금융(투자) 흐름도>에 정리한 바와 같이 경제활동은 복잡한 이해관계 당사자들이 많다. 각각의 **경제활동 당사자의 결정은 결국 사람**이다. 그리고 사람들의 특정 경제 상황에 대한 인식과 반응의 수준이 각기 다양하고 때론 서로 상반되기도 한다. 그만큼 미래 경제활동 예상이 어렵기 때문에 각 당사자(대기업, 중소기업, 개인사업자 등)들도 **우리들의 인생처럼 가끔은 힘들고 어려운 기간(①, ③ 구역)**도 있고 어떨 때는 **잘되는 기간(②, ④ 구역)**도 경험하게 된다. 또한 기업이 노력(생산성, 효율성 개선 등)해서 잘될 경우도 있고, 열심히 해도 힘든 경우 (전반적인 세계 경기 침체)도 있다.

표 3-1 미국의 다우지수와 S&P 500지수, 한국의 코스피 지수의 전년 대비 1년간 수익률 분포를 막대그래프로 표기한 것을 보면, 경제활동의 성장과 침체가 반복되면서 가운데 **평균적인 수준의 성장**으로 성장했음을 그림으로 볼 수 있다.

금융시장도 이와 유사하다. 금융시장(주식, 채권)은 자금이 필요한 기업에게 자금을 공급하는 역할을 담당한다. 기업은 경기가 좋을 것으로 예상되면 내부 유보금에 추가하여 외부 차입금을 증가(표 2-7참조)시켜 투자를 늘리게 되며, <u>경제 전망에 크게 영향을 받게 되는 주가[22]는</u> 오르게 된다. 물론 여러분이 투자한 주식 펀드의 수익률도 증가하게 된다. 그러나 경제 전망이 좋지 않으면 기업은 투자를 줄이고 이에 따라 자금 수요도 줄어들게 되며, 경제 전망에 영향을 크게 받는 주가는 하락하게 되어 여러분이 투자한 주식 펀드의 수익률은 하락하게 된다.

즉, 여러분의 금융 투자는 투자 방식(직접 투자, 각종 펀드 매입 등)이나, 투자 유형(주식, 채권, 부동산 등)에 관계없이 사회 전반적인 경제활동의 흐름에 영향을 많이 받게 된다. 경제활동이 성장과 침체를 반복하며 일정하게 과거 평균 수준으로 성장하듯이, **여러분의 금융자산 투자의 수익률도** 결국은 투자자산이 부담하는 위험 수준(변동성)을 감안한 **평균적인 수익률 수준으로 성장**하게 된다.

한국은 1976~2010년 기간 동안 미국이 100년 동안 겪었던 경제 사이클을 모두 경험한 듯하다. IMF 구제금융 신청과 2008년도 미국 발 금융 위기를 겪었고 또 이를 조기에 극복해 냈다. 이러한 환경에서도 **35년간 연 평균 9% 수준**의 코스피 지수 수익률을 기록했다. http://www.investorhome.com/history.htm 이곳은 미국에서 투자자산 유형별로 과거 수익률을 확인할 수 있는 곳이다. 첫 페이지에 다양한 전문가들의 함축된 증언이 있다[23]. 과거의 투자자산 유형별로 평균 수익률이 미래의 기대 수익률과 똑 같을 것이라고 말할 수는 없다. 그러나 적어도 일정 수준 범위 내에서는 유사할 것이라고는 예상해 볼 수 있다. 그리고, 사람이 로봇처럼 입력된 주변 상황 정보에 똑같이 반응한다면 과거 평균 수익률과 미래 기대 수익률이 거의 같을 수도 있을 것이다. 그러나, **사람은** 똑같은 상황에서 때론 과거와는 **달리 반응하고 행동한다.** 따라서, 일정한 오차 범위 내에서 과거 수익률을 바탕으로 미래 수익을 예상해 볼 수 있는 것이다.

여러분이 은행의 PB, 증권사의 투자 상담사, 또는 사모펀드의 유능한(?) 투자 전문 상담사를 만나면 처음으로 듣게 되는 내용이 과거 투자자산 유형별로 평균적인 수익률 수준과 위험성(표준편차)수준이다. 여러분이 투자 의뢰 시 아무런 생각 없이 정하게 되는 **주식, 채권, 부동산 등 자산 유형별 투자 비율[24]**이 앞으로 여러분이 받게 되는 **미래 수익률의 거의 대부분을 결정**하게 된다는 매우 중요한 의미를 담고 있다.

---

[22] 주식 평가 모델, 주가=배당률(1+성장률)/(이자율−성장률) 즉, 미래 기대 성장률의 높고 낮음에 크게 영향을 받음.

[23] http://faculty.upj.pitt.edu/gmDick/courses/Seminar/johnMaritn/Financial%20Planning%20101%20Syllabus%20&%20PDFs/ Stocks,%20Bonds,%20Bills%20and%20Inflation.cfg.pdf

[24] 이를 Asset Allocation이라고 한다.

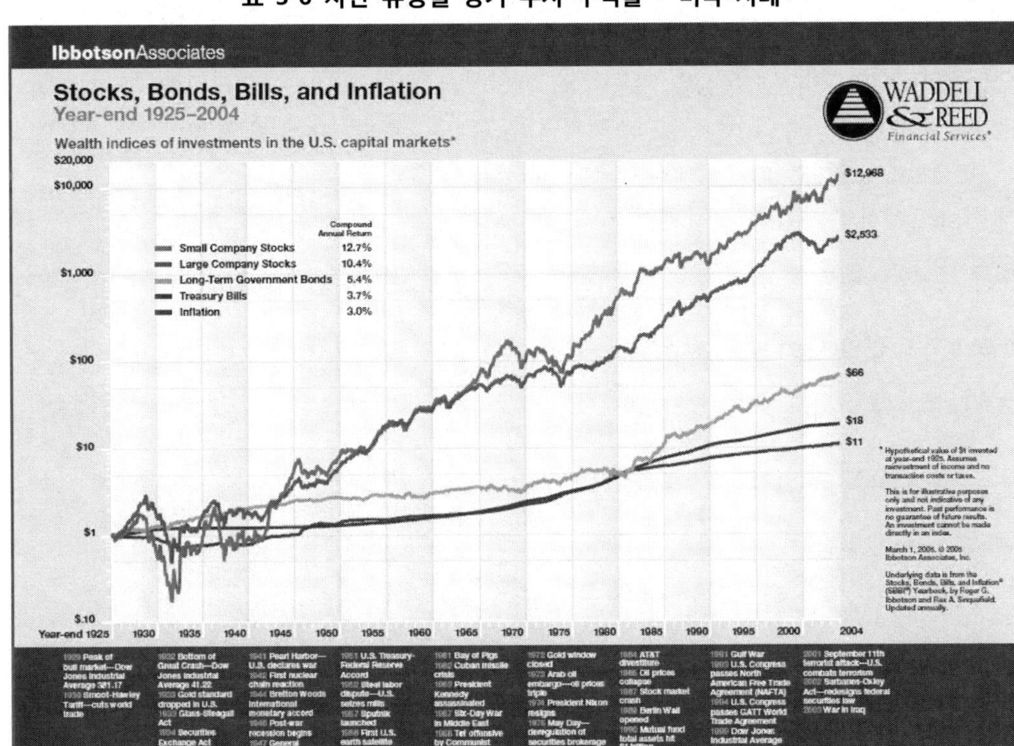

대부분의 금융시장 참여자(은행, 증권, 보험, 투자전문기관 등)는 장기적으로는 투자자산의 유형별로 과거 평균적인 수익률 수준으로 회기한다는 점에 공감한다. 아마도 **그래서 여러분들에게** 투자수익률 결정에 가장 큰 영향을 미치는 **투자자산 배분을 직접 하게 하는 것이다.**

3) 투자 위험은 특정 시점에서 *(시현된 수익률이 과거 평균 수익률을 기준하여 예상한 미래)* 기대 수익률의 범위를 일시적으로 벗어날 때 발생된다.

앞의 표 3-1에서 위험에 대한 정의를 해 보았다. 즉, 위험은 내가 예상했던 투자자산 수익률이 일정 시점에서는 기대와 달리 많이 하락한 경우가 위험인 것이다.

코스피 지수의 35년간(1976~2010) 기하평균 수익률은 9.17% 이였다. **기하평균**은 76년도에 100원을 주식 투자한 금액이 35년 뒤인 2010년도 주가 금액과 대비해서 **35년 전체 기간 중 매년 어느 정도 수익률로 투자 수익이 증가했는지 알아보려 할 때 유용하다.**(표 3-2참조) 이와 달리 **산술평균**은 35년 동안 코스피지수가 <u>전년 대비 몇 % 변동되었는지</u>[25]를 알아보는 것이다. 35년 동안 매년 수익률을 <u>다 더해서 평균한 값</u>[26]이며 약 14.7%가 된다.

---

25 보유 기간 수익률(Holding Periods Returns)이라고도 한다.

코스피 지수 투자 시 **투자 위험이란** 특정 연도의 수익률이 35년간 매년 평균적인 산술평균 수익률 값인 **14.7%로부터 현저하게 하락하는 경우**가 된다. 우리들의 기억으로는 IMF시기였던 1997년도, 인터넷 주식의 거품이 급격하게 빠졌던 2000년도 그리고 2008년도 미국 발 금융 위기가 발생한 해가 위험스러웠던 연도였다. 실제로 아래 표를 보면 3개 연도에는 전년 대비 △42%, △50%, △40%씩 주가가 하락했었다.

아래 표 3-7-1부터 3-7-4까지 4개의 그림을 보자.

표 3-7 코스피 35년간 수익률 분포도 / 1976~2010

(1) 표 3-7-1 전년 대비 수익률 변동률 표기

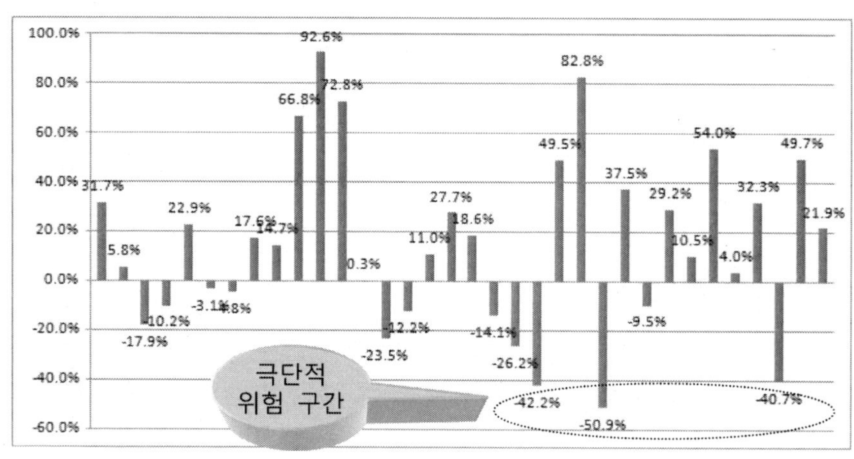

위 그림에서 %는 전년 대비 주가의 변동치를 %로 표기한 것이다. 그래프를 보면 1996년, 2000년, 2008년도에 주가가 급락한 것을 볼 수 있다. 35년 중 3개 년도를 제외하면 수익률이 많이 높았을 것이다. 급락 직후 다음 연도에 많이 회복(1996년도는 △42%→50%, 2000년도에는 △50%→37%, 2008년도에는 △40%→49%로 100% 투자수익률이 급등)했다.

주식을 투자할 때가 채권 투자할 때보다 더 위험하다고 한다. 핵심 원칙 7번에서 자세히 설명하겠지만, 경험적으로 주가가 매년 들쑥날쑥하기 때문에 일정한 상하 범위 내에서 움직인다고 알고 있다. 따라서 주식을 투자할 때 **위험이란 손실로 나타나는 아래 구간**이 된다. 그리고 35년간 장기 투자 시 내가 허용한 주식의 **위험도 수준을 △40% 아래로 설정**했다고 하면 <u>주식 투자의 위험</u>[27]은 이 기준을 넘어서는 구간이 된다. 즉, 3개 연도 / 35개 연도 = 8.57%가 된다. **8.57%가 시사하는 바는 35년간 투자하면 특정 연도에 △40% 이하**

---

[26] 34년치 전년대비 수익률을 34로 나눈 것이다. 최초 76년도 대비 수익률은 77년도에 계산되므로 35-1이 된다.

[27] 이를 **Short Fall Risk**라고 한다. 즉, △40% 아래로 발생한 수익률 개수를 전체 개수로 나눈 것이다. 신문에서 종종 들었던 금융기관의 위험 관리 수단인 **VAR값 계산 개념도 short fall risk와 유사하다.** 다만 Short fall Risk를 계산할 때는 △40%라는 수치로 기준을 정했지만 VAR에서는 설정한 기준 이하가 발생될 확률(1%, 5%)로 정했을 뿐이다.

로 내려갈 가능성이 8.57% 된다는 의미이다.

(2) 표 3-7-2 전년 대비 수익률 변동 구간별 정리

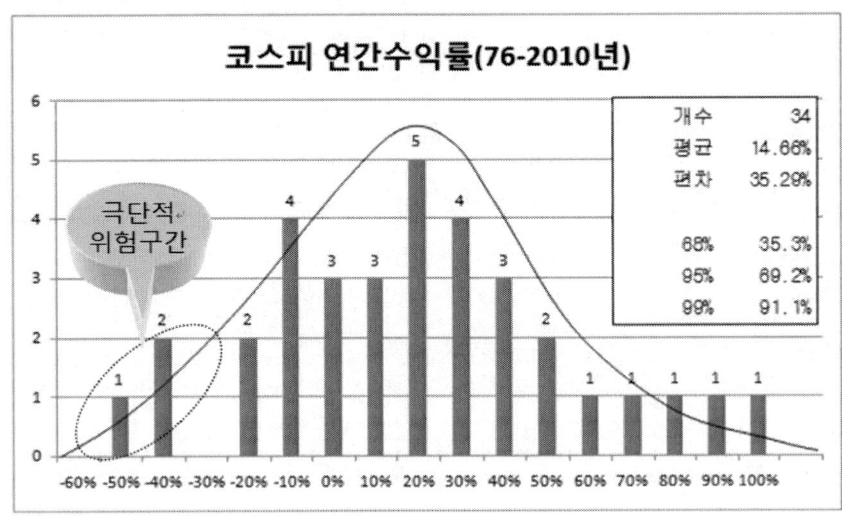

　　앞의 1)번 그림을 다시 매년간 투자 수익률을 구간별로 정리해서 표기해 보면 위의 2)번 그림이 된다. **이제 좀 보기가 편하다.** 신문에서 인구 총계 또는 여론조사를 하고 나서 이를 정리해 보여줄 때 보았던 그림과 비슷하다.

　　2)번 그림은 35년 동안 매년 투자수익률을 수익률 구간별로 다시 표기[28]해 본 것뿐이다. 35년 동안의 전체 수익률을 구간별로 구분하여 놓고 보니 왼쪽의 손실이 발생한 구간을 금방 알 수 있고, 전체 관찰 연도 34개 중 3개가 극히 이례적으로 많은 손실이 발생되었던 점을 금방 볼 수 있다. 1)번 그림보다는 조금 더 쉽게 금방 손실 발생 정도(%)와 횟수를 알 수 있어서 편리하다.

　　<u>표 3-7의 2)</u>의 그림에서 막대그래프의 높이를 연결하면 벨(Bell) 모양이 된다. 즉, 35년 동안 매년 코스피 투자수익률을 1년 단위 수익률로 계산하여 막대그래프로 표기하면 대부분은 평균적인 수익률 구간(가운데) 집중되어 있고, 예외적으로 일시적인 특정 연도의 수익률이 손실(-50%) 또는 이익(+92%)으로 나타나게 된다. 즉 **장기 주식투자 수익률의 분포는 정규분포**와 유사하게 되는 것을 볼 수 있다. 참조로 채권투자의 수익률도 주식처럼 정규분포를 이룬다.

　　이해를 돕기 위해 학교별로 **학력고사 점수의 분포를 비교**한다고 생각해 보자. 응시생의 점수를 100% 만점부터 빵점까지 점수 구간별로 분류해 보다면 위 그림과 유사한 모양을 보일 것이다. 즉, 평균 점수대에 많은 응시생이 모여 있을 것이고, 상하로 몇 명의 응시생이 나타날 것이다. 그리고 이러한 현상은 학교별로 비교해 보아도 거의 같은 모양으로 나타날 것으로 쉽게 짐작해 볼 수 있다.

---

[28] 통계학에서는 이를 Histogram이라고 한다. 즉, 그래픽 형태로 data의 분포 형태를 보여줌으로써 쉽게 data의 특성을 알 수 있게 한다.

(3) 정규분포

특정 학교의 3학년 1반 학생들의 수능 성적을 예상하는 것도 어렵다. 그러나 개별 학생들의 수능 성적은 들쑥날쑥(이를 통계 용어로는 Randum walk라고 함)하지만 학교 전체, 또는 **한국 전체의 수능 평균 성적은 작년도와 비슷**할 것이라고는 예상할 수 있을 것이다. 즉, 고등학교를 임의로 선택해서 학생들의 수능 성적을 점수 구간별로 막대그래프로 표기해 보면, 아래처럼 벨 모양의 형태가 된다. 수능고사 점수가 평균에서 가까운 구간에 가장 많은 학생들이 몰려 있고 점수가 아주 낮은 학생과 아주 높은 학생들이 극히 일부 있는 **벨과 같은 모양**일 것이다. 이를 **정규분포(Normal Distribution)**라고 한다.

　3학년1반의 수능 성적을 예상하기가 어렵듯이, 마찬가지로 **특정 연도의 주가를 예상하기는 거의 불가능하다.** 그러나 어느 고등학교에 상관없이 고3학생들의 수능 평균 점수를 대충 예상해 볼 수 있듯이, 주식을 장기적으로 투자하면 평균적으로 어느 정도의 수익을 기대할 수 있는지는 알 수 있다. [표 3-7의 2)의 막대그래프 참조]

표 3-7-3 수능 성적 분포도

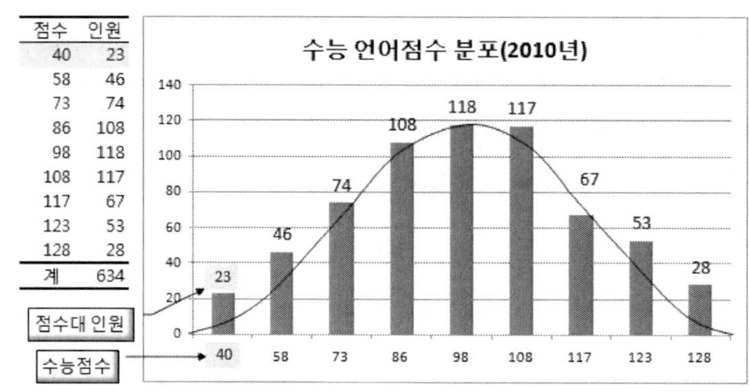

점수	인원
40	23
58	46
73	74
86	108
98	118
108	117
117	67
123	53
128	28
계	634

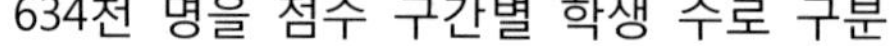

634천 명을 점수 구간별 학생 수로 구분

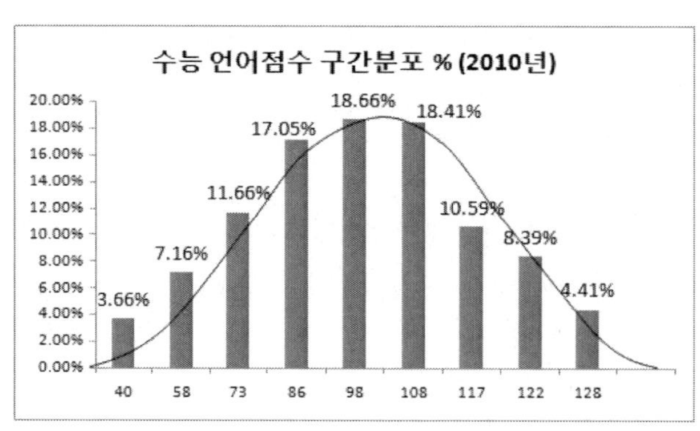

점수 구간별 학생 수를 전체 학생 수로 나누어 %로 표기

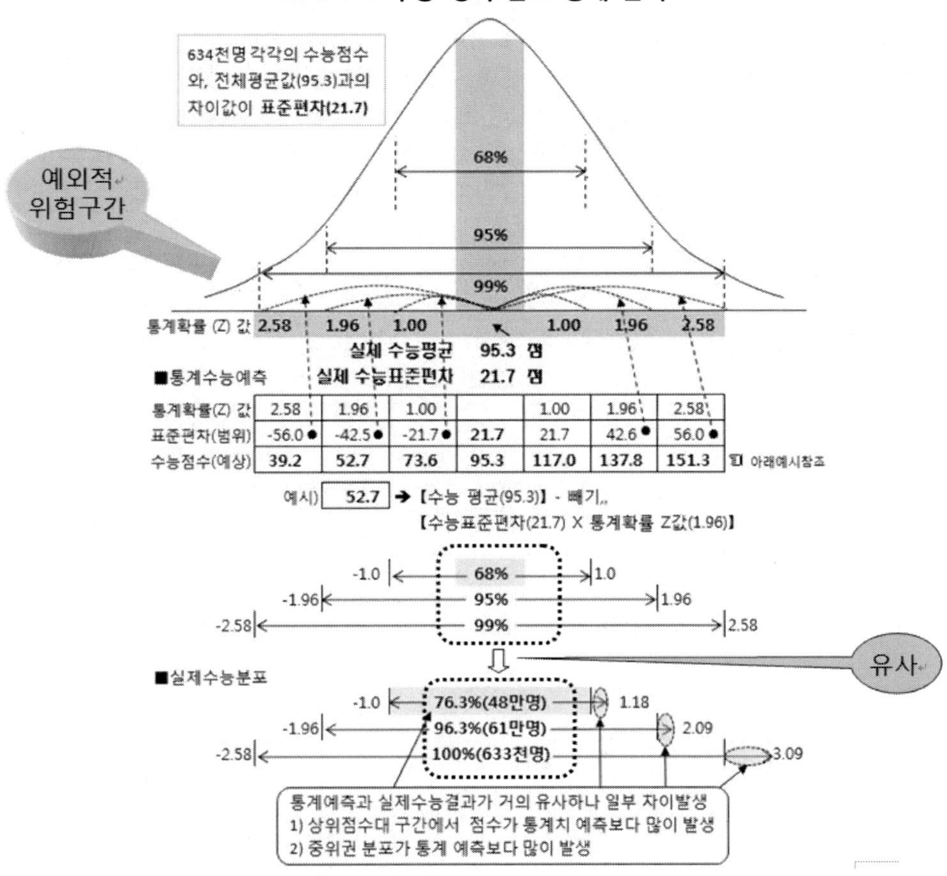

위 그림에서 **95%란 의미**는 ① 평균으로부터 떨어져 있는 전체 학생들의 평균적인 차이값(표준편차, 21.7점)에다가 ② 확률이 95%일 때 미리 정해진 통계 값(Z값 1.96)[29]을 곱한 다음, ① × ②의 결과값을 ③ 평균 값(95.3)으로부터 ±하게 되면 52.7~137.8이란 점수가 나온다. 즉, **평균이 95.3이고 표준편차가 21.7일 때, 1,000명의 수험생이 시험을 보면 그중 950명의 점수가 52.7~137.8점 사이에서 나타난다는 의미이다.** 실제로 다음 장 그림을 보면 634천 명의 수험생 중, 동 점수 구간에 나타난 수험생 수가 611천 명으로 96%(611명/634명)로 나타나 매우 유사하게 나타나 증명됨을 알 수 있다.

이 통계개념은 뒤에 설명할 상관관계(Correlation) 개념과 함께 장기적으로 금융 투자를 할 때 **가장 중요한 핵심 개념이다**. 그리고 앞으로 여러분이 장기간에 거쳐서 노후 생활 자금을 준비하는 데 있어서 **항상 기억하고 또 명심**해야 할 아주 중요한 점이다. 5개년 주가를 가지고 확률을 이야기하는 것은 의미가 약하지만 만약 20년, 30년, 50년의 주가변동추이를 계산해 보면 상당히 신뢰성이 증가된다. **매년 60만 명 이상이 응시하는 수능은 동 방식으**

---

[29] Statistical Techniques in Business & Economics(Ninth Edition) - Robert D. Mason, Douglas A. Lind 통계학 이해를 아주 쉽게 할 수 있게 설명해 놓은 좋은 책이다.

로 평균을 기준하여 수능성적을 추정해 보면 거의 **일치**하게 됨을 알 수 있다(아래그림).

표 3-7-5 수능 성적 구간별 학생 수

앞의 수능 성적 분포그림을 옆으로 누여 놓은 것이다. 95%의 구간에서 통계적으로 추정한 점수 구간보다 1% 많게(611명/634명을 하면 96%) 나타난다. 좀 더 상세한 data를 구한다면 오차가 줄어들 것이다.

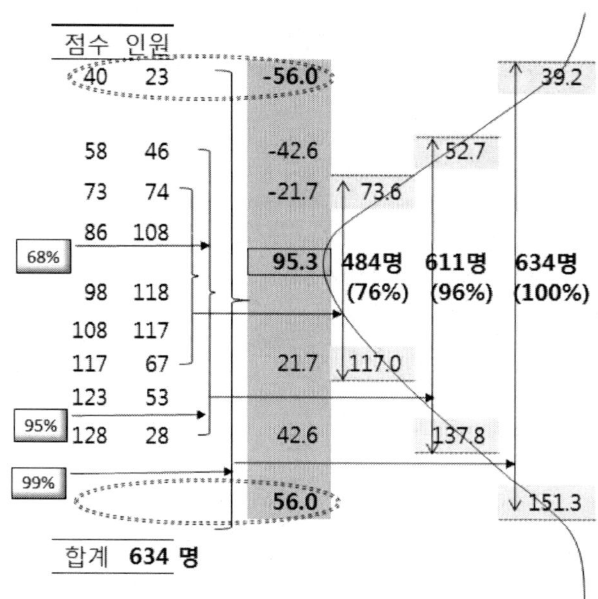

위 그림에서 재미있는 점도 있다. **수능 시험의 변별력 부족을 금세 알 수 있다**는 점이다. 99% 구간[30]의 점수는 평균(95.3)으로부터 ±56을 한 점수 구간(39.2~151.3)이다. 그런데 하위 점수대(39.2~52.7)에는 실제 학생들의 분포가 있으나 상위 점수대(137.8~151.3)에는 전혀 없다.

▶ **수능 고사와 코스피 지수 수익률의 유사한 시사점**

① 교장선생님은 앞으로도 수능 평균 점수가 일반적으로 평균(95.3) 수준일 것으로 예상한다. → 주가 수익률도 평균적인 수준으로 회귀

② 반별로 약간의 차이는 있겠으나 어느 학교나 수능 점수의 분포가 비슷하다.

　→ 특정 연도의 주가수익률이 평균 수준과 차이가 있을 수 있으나 전체 장기간을 관찰해 보면 수능 점수의 분포와 유사

③ 수능 점수 평균(95.3)은 중위권의 많은 학생을 기준으로 하고, 하위권 점수는 상위권 학생의 점수로 대부분 서로 상쇄하게 된다.

　→ 주식수익률도 특정 연도에는 상승 그리고 하락을 반복한다. 그리고 장기적으로는

---

[30] 1,000명의 수험생 중 990명의 점수가 나타날 것으로 통계적으로 예상되는 구간.

<u>평균 수준으로 복귀한다.</u>

④ 대부분 수험생은 최선을 대해 시험을 본다. 근데 **어느 학교나 소수의 학생**은 공부의 필요성을 늦게 깨달음으로 준비가 부족하고, 때로는 너무 긴장해서 답안지에 이름을 적지 않거나, 한 칸씩 내려 적어서 점수가 극히 나쁘게 나올 수도 있다는 것을 안다. 이런 점수대가 많아지면 학교 평균이 내려가므로 학교 평균 점수 관리에 매우 위험한 요인이 된다. **전체 634천명 수험생 중 평균 40점[31] 이하가 23천명**이었으니 3.6%만큼 발생 가능성이 있다고 볼 수 있다. 이를 바탕으로 내년에도 40점 이하의 점수대가 100명중 3.6명이 있을 수 있다고 짐작해 볼 수 있다.

→ 코스피 지수도 가끔은 폭락한다. 주식시장에 참여하는 투자자들도 소수 학생들과 같이 때론 **경제 현상에 대한 이해를 달리(잘못?)**하는 경우가 있다. 어떨 때는 필요 이상으로 **과민 반응**하여 마치 **답안지 한 칸씩 내려쓴 것과 같은 혼란**을 야기하고 폭락 장을 연출한다. 코스피 주가도 예외 없이 전체 35년 구간을 관찰해 보면 3번이나 이례적으로 (-)40% 이상 하락한 경우가 있었다. 3회/34회는 8.8%이다. 이는 100번 투자할 경우 (-)40% 이하로 나타날 확률이 8.8회 된다는 것이다. **이것이 위험이다.** 그러나 장기 투자 전체기간으로 보면 위험은 이내 극복된다.

수능 점수 사례로 설명한 **표준편차 개념을 정리해 보자**. 이해가 필요한 부분이다.

표 3-7-6 표준편차 계산

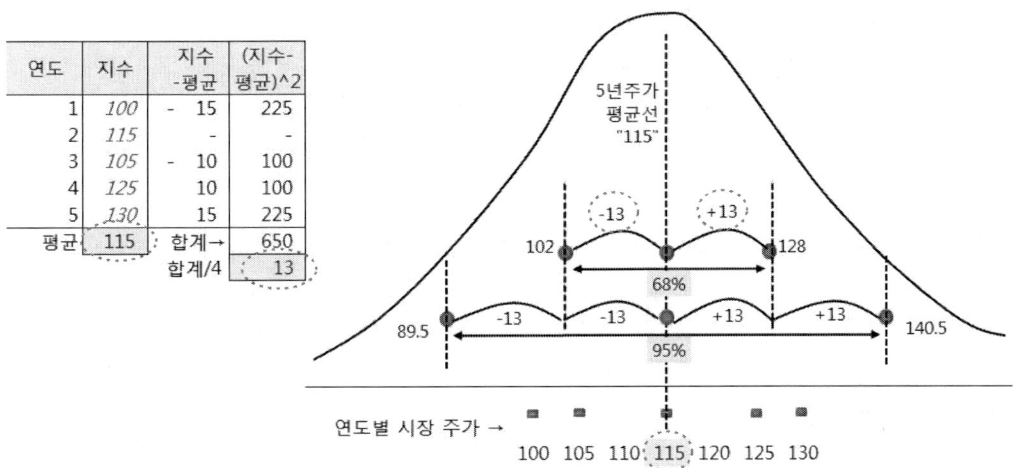

좀 어렵다. **계산 과정을 알 필요는 없고 의미만 알자.**
표준편차란 평균으로부터 아래 위로 떨어져 있는 평균적 거리의 값을 말한다. 동 평균 거리 값에다가 미리 정해진 통계 값(Z Value값이며 통계 확률 68%일 때는 1.00, 통계 확률 95%일 때는

---

[31] 상세한 data가 없어서 최하위 값은 40으로 임의로 정했으나 큰 의미는 없는 숫자이다.

1.96이다)을 곱해서 내가 정한 확률 수준에서 미래에 평균값이 변동할 수 있는 상하 구간을 가늠해 볼 수 있는 것이다.

위 사례에서 **평균이 115, 표준편차가 13이며 통계 확률 68%란 의미는** 주가의 움직임을 100번 관찰하면 68번은 (평균 - 표준편차 × 통계 값) ~ (평균 + 표준편차 × 통계 값) 사이에 놓이게 된다는 의미이다. 이를 적용해 보면 68% 확률에서 주가는 102~128 구간에 있다고 해석된다. 즉 **100번 관찰 시 68번은 주가가 102~128 사이에 있을 것이란 의미이다.**

표 3-7-8 그림에서 5개년간 주가의 평균은 115이다. 3년차 주가(105)는 평균(115)으로부터 - 10만큼 낮고, 4년차 주가(125)는 평균으로부터 +10 높다. 그런데 평균으로부터의 거리를 계산하려면 먼저 제곱을 하여 - 10이나 +10이나 평균으로부터 떨어진 거리가 +/- 관계없이 같은 값이 되도록 해준다. 그리고 이렇게 계산한 값을 다 더한 다음 4(5년-1년)[32]로 나눈 다음에 - 10이나 +10이나 같도록 하기 위해 제곱한 것을 원상 복구시키려면 루트를 해준다. 그러면 표준편차 값인 13이 계산된다.

▶ 코스피 지수 연간 수익률 분포

수능 성적 분포도와 코스피 지수의 **모양이 비슷하다.** 수능 성적 통계 모형에서 확률 95% 범위(52.7~137.8)를 예상했을 때, 실제 동 범위 내의 수능 점수 학생 수가 96%(611명/634명)로 거의 유사했다.

코스피 지수 35년치의 매년 수익률을 살펴보자. 코스피 1년간 투자수익률의 평균은 14.7% 이며 표준편차(지수가 평균 14.7%에서 아래 위로 달리 나타난 평균적인 차이 값)는 35.3%이다. 코스피 평균과 표준편차를 감안한 **95% 수준**의 통계적 모형의 수익률 발생 범위는 △54.5%~83.8%이다. **동 구간에 실제 35년 수익률 중 95%가 존재한다는 의미**이다. 아래 그림을 보면 실제 동 구간에서 34개의 코스피 수익률 측정 횟수 중 32개(94.1%)가 나타나 있음을 알 수 있다.

수능 성적 분포와 코스피 주가 수익률의 분포가 시사하는 바는 **위험 구간(그림의 좌측 부분)은 언제나 존재**한다는 점이다. **그러나** 이러한 위험은 평균 속에 묻혀진다는 것이다. 수능 시험의 하위권 점수는 상위권 점수와 서로 상쇄되듯이 **코스피 지수의 하위권 수익률도 상위권 수익률과 반드시 상쇄**된다. **다만** 코스피 지수의 경우 수능 점수와 달리 상쇄되는데 **시간이 걸린다**[33]는 점이 다르다.

---

[32] 통계학에서는 전체 값이 아닌 일부를 샘플로 선택하여 통계분석을 하면 샘플 개수에서 1을 빼어준다. 그래서 5개 주가 샘플을 이용하였으나 4가 된 것이다.

[33] 수능은 매년 634천명이 응시한다. 충분한 관찰 대상이 있기 때문에 고등학교에서는 내년에도 올해와 같은 평균 점수대가 유지될 것이고, 하위권 점수대가 상위권 점수로 상쇄될 것임을 쉽게 짐작할 수 있다. 그러나 코스피 측정 기간은 35년치의 34개 data 값뿐이다. 34개의 data 값을 알려면 35년을 기다려야 한다 ^^ **이러한 점에서 표 3-6의 80년간(1925~2004)에 걸친 미국의 사례는 시사하는 바가 많다.**

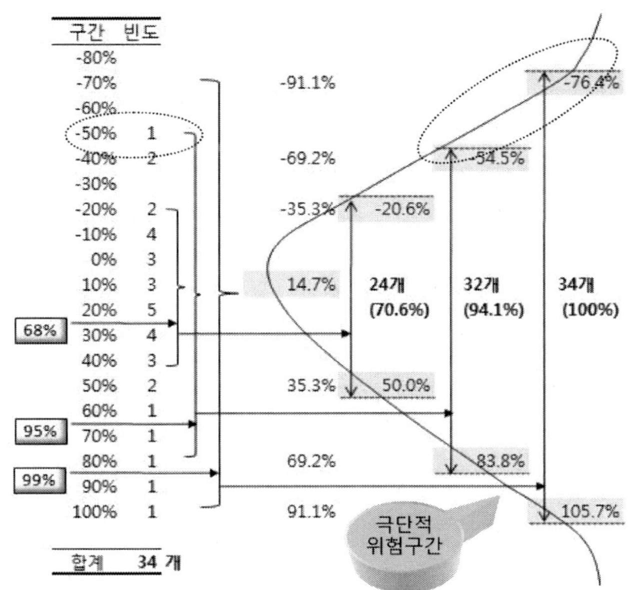

표 3-7-7 코스피 지수 통계분석

● **코스피 지수**
35년(76~2010년)간 매년 투자수익률을 구간별로 재배열한 것
(관찰 기간이 비교적 장기이므로 이론적 통계 모형에 가깝게 나타난다)

100회 관찰 중 68%, 즉 68회(70회),　95회(94회), 99회(100회)
※ 통계 추정치
　　(실제 발생 값)

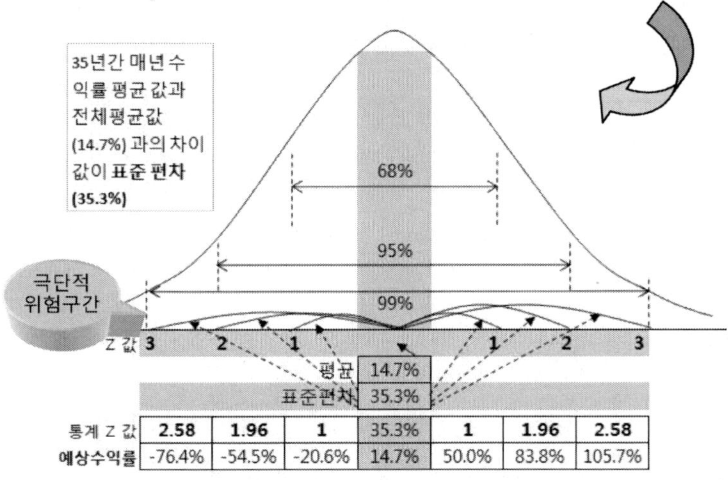

● **코스피 지수**
35년(76~2010년)

통계 모형에서는 코스피가 특정연도에 **△54% 아래로 하락할 가능성이**
2.5%=(100%-95%)/2
로 나타난다.

※ 수험생 수능 점수 분포를 이해한 것과 같은 개념

(4) 코스피 지수 성장그래프

　위의 표 3-7 1), 2) 그림을 보면, 코스피 지수의 매해 연간 수익률이 0.00% 보다 큰 경우가 12회 더 많았음을 알 수 있다. 이는 매년 수익률은 예측 불허로 큰 폭으로 오르내리지만 (벨을 옆으로 누여 놓은 모양) 35년 전체로 보면 벨의 **중심축인 누적 평균은 지속적으로 성장**했음을 보여준다. 그리고 벨 모양은 좌우 대칭이므로 언제나 수익률 **상승이 있으면 하락 위험 구간 (점선 부분)도 늘 존재**할 수 있다는 점도 보여준다. 그리고 시간이 지나면 이내 회복된다는 점도 우 상향 실선 그래프를 보면 알 수 있다.

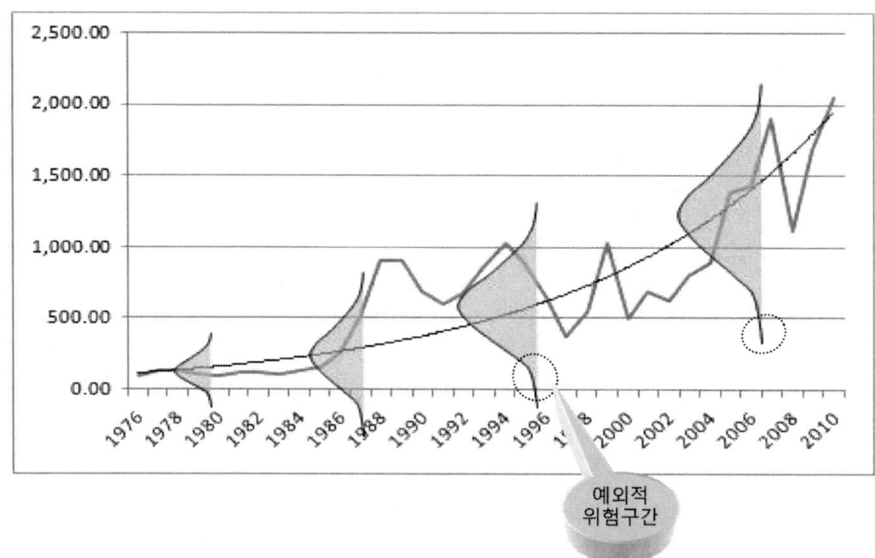

표 3-7-8 코스피 지수 35년 역사

4) 특정자산(또는 특정 펀드)의 평균 기대수익률과 위험의 관계는 과거 수익률을 히스토그램 막대그래프로 표기하여 그림으로 수월하게 관찰할 수 있다.

▶ 한국 코스피 지수 34년 수익률 변동

(1) 연도별 수익률 나열

➔ 평균적인 수익률과 **위험의 관계를 알기 어렵다**

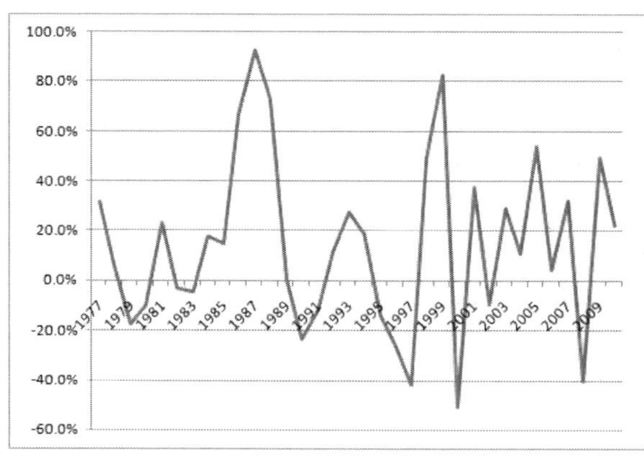

(2) 연도별 수익률을 구간별로 분류   **(3) 연도별 수익률을 구간별로 정리**

➔ 평균 수익률을 알기 쉽다

➔ 위험발생 정도를 쉽게 관찰가능

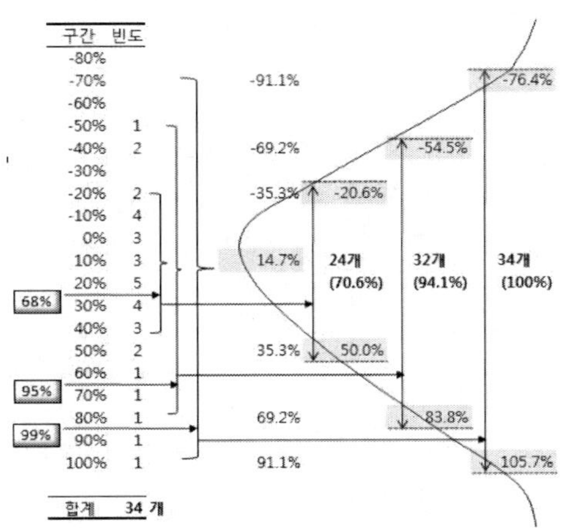

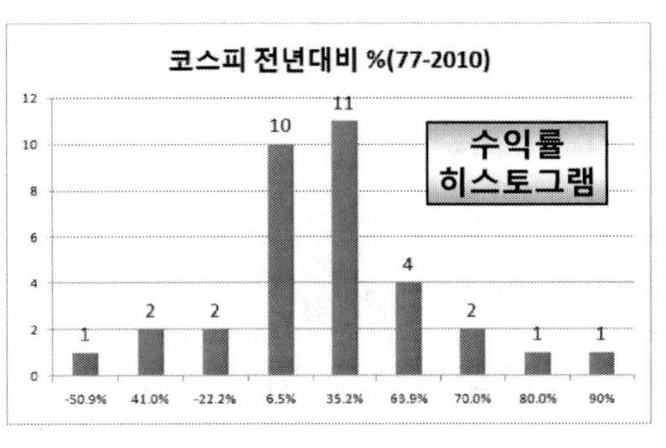

2)번 수익률구간별 분포를 보면 (+)가 22번, (-)가 12번으로 (+)가 12 더 많았음을 알 수 있다. 코스피는 35년 투자 기간 중 언제가 될지 알 수 없는 (+)가 12번 더 많았던 구간에서 상승한 것이다. 장기 투자 시 **기대 수익률은** 위 막대그래프의 **가운데** 부분이며 표 3-2의 코스피 35년 기하 평균 수익률)이 된다. 장기 투자 시 **위험도는** 위의 표 3)번처럼 막대그래프로 표기된 히스토그램의 **좌측에 나타난 구간**으로 쉽게 볼 수 있다.

> **5) 수익 구간인 우측 막대 구간이 나타날 가능성(확률)이나 손실 구간인 좌측 막대 구간이 나타날 가능성은 같다. 다만 시간의 차이일 뿐이다.**

벨 모양의 수능 점수 분포에서 **상위 점수 학생수와 하위 점수 학생 수가 거의 비슷**하듯이, 벨 모양으로 나타나는 코스피의 연간 수익률 분포도 이익 구간 수익률과 손실 구간 수익률이 발생된 수가 서로 비슷하게 나타난다.

앞서 표 3-5를 보면 코스피 지수를 35년 동안 장기간 관찰하면 이례적인 (-) 손실 발생 구간(①, ③)의 발생 횟수는 5개 년도였다. 그리고 이례적인 (+) 이익 발생 구간(②, ④)의 횟수도 5개 년도였다. 즉 **평균을 중심으로 손실 발생 횟수와 이익 발생 횟수가 서로 유사**했다. 이를 투자 수익률과 연계하여 달리 표현해 보면, 코스피 지수에 장기 투자 시 큰 손실 발생 가능성(확률)과 큰 이익 발생 가능성(확률)이 서로 비슷하다는 것이다.

수능과 코스피 수익률과의 차이가 있다면, 수능은 매년 63만 명이 한꺼번에 시험을 보게 되므로 바로 상위 점수가 하위 점수로 상쇄되는 것을 바로 알 수 있다. 그러나, **주가는** 몇 년을 주기로 반복되는 경제 사이클 [성장→ 하락→ 침체→ 회복→ 다시 성장]에 따라 손실(-) 연도와 이익(+) 발생 연도가 서로 달라서 **오랫동안 기다려야 된다는 것**이 다를 뿐이다. ♣

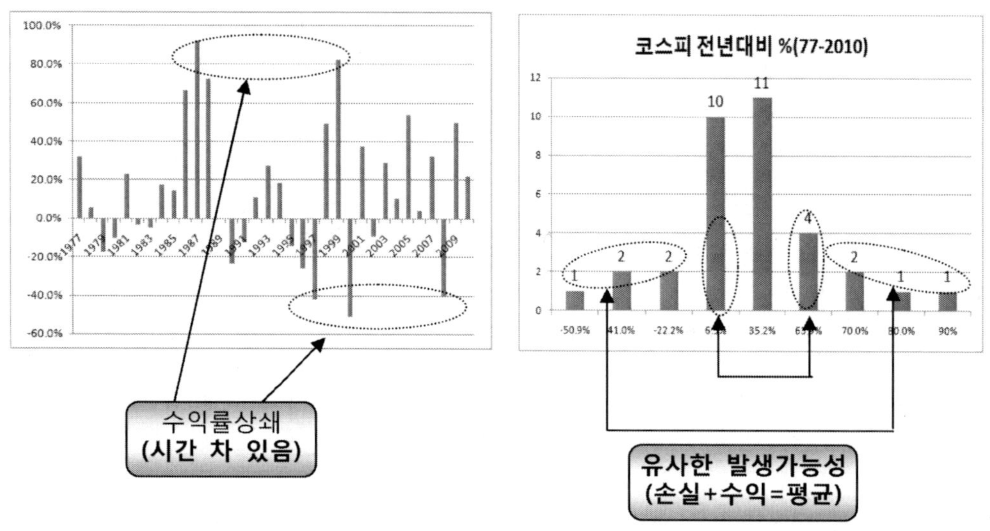

6) 막대그래프의 좌·우측을 합치면 손실과 이익이 서로 상쇄되어 평균 수익률이 된다.

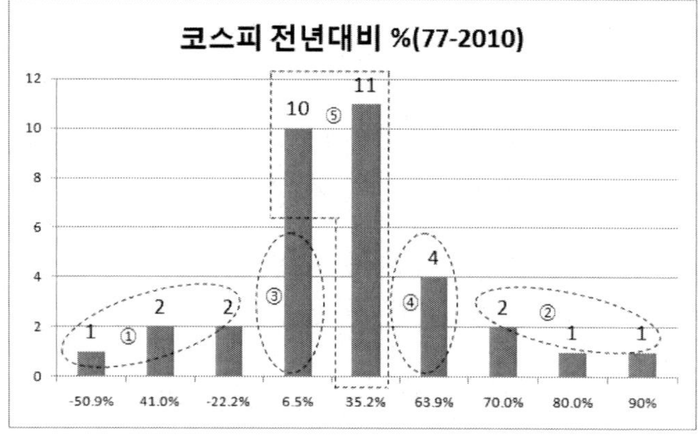

수능 상위 점수와 하위 점수가 서로 상쇄되듯, 코스피의 연간 수익률 분포도 이와 매우 유사 하다.

즉, 코스피 지수도 이례적으로 발생된 손실과 이익 발행 횟수를 보면 각각 5회씩 같고, **(-) 손실 발생 구간(①, ③) 과 (+) 이익 발생 구간(②, ④)이 서로 상쇄**된다는 것을 알 수 있다. 손실과 이익 발생이 서로 상쇄되는 현상은 관찰 기간이 길어질수록 보다 명확해진다. 이익과 손실이 상호 상쇄되면 결국 평균적인 수익률로 되돌아가게 된다. 이러한 현상을 투자자산의 수익률이 **역사적 평균으로 돌아가는 특성(Mean Return)**[34]이라고 한다.

경제가 발전하면서 부가 증가되고, 증가된 부[자본(Capital)이라고 함]는 수익 창출을 위해 투자처를 찾게 된다. 자본주의 경제는 자신의 이익을 추구하며 행동 예측이 어려운 **사람**

---

[34] 주식과 채권 등 투자자산 포트폴리오 운용에 있어서 **Mean Return 개념은 가장 핵심적인 개념**이다. 투자자산을 관리하는 데 핵심 개념인 표준편차(standard deviation), 상관관계(Correlation), 베타(Beta), 회귀분석(Regression) 등은 결국 투자한 자산의 수익률이 단기적으로는 평균과 달리 나타날 수 있지만 장기적으로는 결국 평균으로 돌아온다는 Mean Return의 개념에 근간을 두고 있는 것이다. 그래서 아무리 잘하는 펀드매니저도 10년 이상 지속적으로 시장의 평균 수익률보다 높은 수익을 시현하는 자가 거의 없게 되는 것이다.

중심의 가계(수요)와 기업(공급)이 상호작용하여 움직인다. 따라서 향후 우리들이 투자하는 자산의 수익률도 정도의 차이는 있겠지만, 미국의 투자자산 수익률과 유사한 패턴을 보일 것이다. 그래서 표 3-6의 **미국의 80년간 투자자산의 역사적 평균 수익률** 자료는 우리들이 30~50년간의 노후 자금을 준비하는 데 **매우 유용**한 자료가 된다.

7) 주가의 예측은 거의 불가능하다. 진정, 주가를 예측하려면 너무 많고 복잡한 변수가 있기 때문이다.

주가를 예측하려면 **기업 활동과 주식시장 그리고 나 자신을 먼저 이해**해야 한다.

1) 기업 활동 이해와 기업이 주식을 발행하는 이유 2) 어떻게 시장에서 주식 가격이 결정되고 3) 누가, 왜 주식을 사고 파는지 4) 그리고 가장 중요한 점은 내가 왜 주식을 투자하려 하는지

좀 무거운 주제들이다. 그러나 알고 있어야 숲 속에서 방향을 잃지 않는다.

관련한 **세부적인 data는 금융전문가**들에게 물어보면 되고, 우리들은 위 4가지 의문에 대한 핵심적인 **개념만을 이해**하고 있으면 된다.

본론에 들어가기에 앞서 이해를 돕기 위해 전반적인 내용을 살펴보자.

기업은 수많은 사람들이 모여서 끊임없이 **부가가치 창출**을 위해 노력하는 집단이다. 규모가 작은 회사는 사장님의 의지와 몇몇 핵심적인 지도자의 노력으로 소비자가 좋아하는 제품을 만들어 제공함으로써 회사가 성장할 수 있다. 하지만 일정 규모 이상으로 커지면 소수 몇 명으로는 불가하고 기업 구성원 전체가 한마음으로 소비자가 좋아할 제품이나 서비스를 끊임없이 개발하여 제공해야 한다. 그렇지 못하면, 소비자에게 외면받아 시장에서 경쟁력을 잃어버리게 되고 이내 도태되어 망한다. 그래서 직장인들이 회사에서 '혁신과 창의'를 귀에 닳도록 들었던 것이다. 그러나, **소비자인 개인 입장에서 보면 기업 A가 B로 바뀌었을 뿐**이고 제공받는 제품이나 서비스가 더 좋으면, 미련 없이 구입 제품을 바꾸지만 기업에게는 생사가 달린 문제이다.

(1) 기업이 주식을 발행하는 이유는 자금 조달이 필요하기 때문이다

자, 그럼 제2장에서 살펴 본 기업 활동의 흐름을 다시 한 번 보자.

표 2-1, 2-6, 2-7에서 기업의 경제활동 흐름과 우리들의 투자 활동(은행 예금, 채권, 주식 매입 등)이 어떻게 연계되는지를 보여준다. 간단히 복습해 보자.

독자들이 주체인 **가계는** 저축을 해서 금융기관에 자금을 공급한다. 금융기관이 이를 기업에게 대출, 채권 등의 형태로 빌려 주고 이자를 받는다.

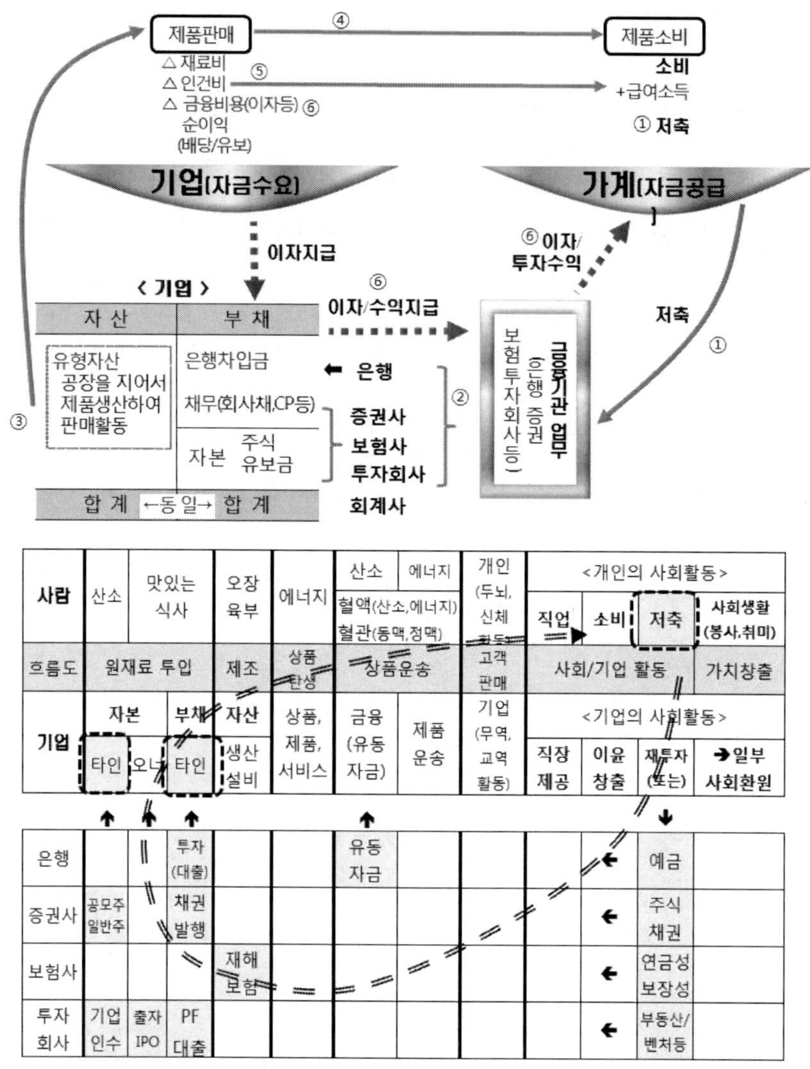

사람	산소	맛있는 식사	오장 육부	에너지	산소	에너지	개인 (두뇌, 신체 활동)	<개인의 사회활동>			
					혈액(산소,에너지) 혈관(동맥,정맥)			직업	소비	저축	사회생활 (봉사,취미)
흐름도	원재료 투입		제조	상품 완성	상품운송		고객 판매	사회/기업 활동			가치창출
기업	자본	부채	자산	상품, 제품, 서비스	금융 (유동 자금)	제품 운송	기업 (무역, 교역 활동)	<기업의 사회활동>			
	타인	오너	타인	생산 설비				직장 제공	이윤 창출	재투자 (또는)	→일부 사회환원
은행			투자 (대출)		유동 자금						예금
증권사	공모주 일반주		채권 발행								주식 채권
보험사			재해 보험								연금성 보장성
투자 회사	기업 인수	출자 IPO	PF 대출								부동산/ 벤처등

　　기업은 빌린 돈으로 기계, 토지를 사고 공장을 지어 제품 을 생산하여 소비자인 우리들에게 판매한다. 그리고 수익금 중 일부로 우리에게 봉급을 준다. 우리는 봉급의 일부를 저축하고 같은 과정이 다시 반복된다(점선 박스 참조).

　　기업 활동 과정은 그림으로 보면 매우 간단하다. 사실 소규모로 운영되는 수준에서는 간단할 수 있다. 그러나 기업 규모가 커지면 이해 관계자들도 많고 때론 기업 경영 논리에 정치, 사회적인 이유까지 더해지게 되고, 더욱이 모두들 셈에 아주 밝은 분들(?)이라서 정말 **매우 복잡**해지게 된다.

　　기업은 오너의 자본금 납입[35]으로 출발해서 금융기관의 대출을 받아 공장과 설비를 갖추어서 제품을 생산한다. 그런데 **무한정** 금융기관 **대출(채권 발행 포함)**을 받아 필요한 설비,

---

[35] 2009.5.28. 상법 개정으로 자본금 100원 이상이면 누구나 회사 설립 가능

기계를 **살 수가 없다.** 사장님 입장에서야 내 돈(자본금) 적게 들이면서 남의 돈(대출, 채권)을 빌려와서 수익성이 좋은 사업을 하면, 후일 사업 잘되어서 남의 돈 다 갚고 수익을 남기면 가장 좋은 경우가 되겠지만, 금융기관은 다르다.

기업이 가지고 있는 재산(자산)에서 남에게 빌린 돈(부채)을 차감한 금액이 자본금인데, **금융기관은** 기업에게 돈을 빌려줄 때(채권 발행할 때도 동일) 경기가 어려울 때 쿠션 역할을 하는 **자본금의 크기를 중시**하므로, <u>적절한 수준</u>[36]까지만 대출(채권 포함)해 준다. - 참고로 자신의 돈보다 남의 돈을 많이 빌리는 것을 전문 용어로 레버리지(Leverage)[37]가 높다고도 한다.

따라서 사장님이 추가적인 자금이 필요하면, 회사를 <u>상장시켜 자본금을 확대</u>[38]할 수밖에 없고, 증권사를 통해 **주식을 공모** 발행하게 된다. 물론 자본금(주식)은 은행 대출금(채권 포함)보다 상환받는 순위가 뒤에 있고, 모든 사업의 위험을 부담 하므로 대출금(채권 포함)보다 상대적으로 더 위험하다. **더 위험한 만큼 수익률이 더 높다.**

(2) 주식 가격은 복잡한 변수들의 상호작용에 따라 결정된다(표 3-61참조)

일반적으로 특정 국가의 주가지수는 그 나라의 경제활동을 보여주는 기준이 된다. 주가의 결정 과정을 보면 기업의 효율적인 운영에 대한 평가와 그 기업이 활동하는 국가의 전반적인 경제활동을 반영한다. 그래서 주식시장 성장성 여부가 그 나라의 향후 경제활동의 수준을 보여준다. 이 복잡한 주가 계산 방식을 **여러분이 계산할 필요는 없다.** 그러나 한 가지 기억해야 할 것은 막연하게 주식가격이 오를 것 같다는 느낌, 소문 등에 의존하여 주식을 투자하면 얼마 안 가서 곧 쪽박을 차게 될 것이란 점이다.

얼마나 주식 가격 분석이 어려운지 기업 분석 과정을 살펴보자.

예를 들어 삼성전자를 분석한다고 생각해 보자.

① <u>글로벌 IT 산업 분석</u> → 글로벌IT 산업계 동향, 대표 상품인 휴대폰 및 반도체 시장의 미래 전망, 새로운 경쟁 산업 참여 가능성

② <u>국가 분석</u> → 삼성의 본사가 있는 한국의 정치, 안보 위험 여부, IT관련 정책의 변경 가능성, 외환 제도 위험 여부(외환통제 유무 또는 외환보유고 적정 여부)

③ <u>동업계 경쟁자 분석</u> → 경쟁자(에플, 소니 등) 대비 차별화된 강점, 미래 성장 기술력 보유 유무, 삼성의 기술력, 현재 시장 점유율 및 소비자 선호도

④ <u>재무제표 분석</u> → 회계 감사 보고서 적정 여부(숫자로 나타난 금액이 실제 시장의 가치와 동일한지 여부), 우발채무 여부(대규모 비용 발생 가능성이 있는 분쟁이 진행 중인지 여부)

   → 주식은 은행 대출금처럼 담보가 없다. 기업의 기존 이익잉여금 적립금과 미래 성

---

[36] 2009년도 한국의 제조업의 평균 자기 자본 비율은 47%다.(한국은행 통계자료) / 은행은 BIS 비율이라 하며 총자산의 8.0% 수준을 권장함.

[37] 주식 투자 시 신용 거래가 Leverage에 해당된다.

[38] 프로젝트 추진 위험이 큰 경우, 별도 회사를 설립해서 자본금을 외부 차입금보다 크게 하여 운영될 수도 있다. 반대로 프로젝트가 안전하다고 판단되면 자본금을 최소한으로 하고 차입금을 최대로 하려 할 것이다.

장 가능성이 주식 가치 평가의 핵심이다. 그래서, 주식을 평가하려면 우선 재무제표 분석을 해서 회사 자산과 부채 금액을 알아본다. 만약, 회사가 청산되면 기계, 공장, 토지 등 자산을 팔아서 우선 은행의 담보 대출금을 상환한다. 그 다음으로 채무(채권 발행한 것)를 상환하며 남는 것[39]이 있으면 주식(주주) 배당금으로 지급된다. 따라서 재무제표에 표기된 자산의 숫자와 부채의 숫자의 진실성[40]이 매우 중요하다. 회계 감사보고서란 기업의 재무제표가 회계 기준에 따라서 적절하게 자산과 부채를 기록했는지를 점검한 것이다. IFRS의 목적은, 만약 기업이 청산하는 경우에도 자산과 부채의 숫자가 재무제표에 표시된 것과 별 차이가 없도록, 재무제표가 정확하게 표기되도록 국제적인 공통의 회계 기준을 정하는 것이다.

⑤ <u>효율적인 조직 운영</u> → 미래 먹거리를 위한 투자, 불필요한 비용 발생 감축 노력, 조직 문화 개선(직원 경쟁력 수준, 무사안일, 지속적 노력 여부), 재무 관리 (재무 유동성, 안전성), 경영 정책의 일관성(배당 성향 등)

⑥ <u>중앙은행의 통화 정책</u> → 환율, 금리, 인플레이션 관리 등

(+)신용위험율	?			(+)신용위험율	?	
(+)원화자금수급(+/−)	?			(+)원/달러수급	?	
(+)인플레이션	?			(+)인플레이션	?	
미래이자율=	**기준금리**			**미래환율=**	**(국가)기준금리**	

일반적인 주식 가격 계산식은 아래와 같다. 내가 보기에도 너무 복잡하다. **이해하려고 하지 말고 많이 복잡하다는 것만 알면 된다.**

$$주식가격 = \frac{D(1+G)}{Ke-G} \quad 다시쓰면, \quad 주식가격 = \frac{배당액(1+성장율)}{기대\ 수익률 - 성장률}$$

$$기대\ 수익률, \quad Ke = K_f + (R_m - R_f)\beta_i \qquad \beta_i = \text{Cov}(R_m,\ R_i)\ /\ \text{Var}(R_m)$$

• 금리(R_f)를 예상하려면 ⑥번의 미래 이자율과 환율을 다 예측해야 한다.

---

[39] 이를 <u>**순자산가치(Net Asset Value)**</u>라고 한다. 주식 투자자는 기업의 장부상 가치(자산에서 부채를 뺀 값을 주식 수로 나눈 것)가 중요하다. 따라서 정확한 재무제표의 표기가 중요하다. 통산 신흥시장에서는 재무제표의 표기된 숫자와 실제 자산 가치가 차이가 나는 일이 자주 발생한다. 주주 입장에서는 기업이 청산 시 재무제표상의 숫자보다 실재 자산 가치가 적게 되면 모두 손실이므로 아주 중요한 문제이다. 한국도 얼마 전까지만 해도 굴지의 기업들도 이른바 '분식회계'를 해서 사회적인 이슈가 된 적이 있었다.

[40] 재무제표에는 확실한 것만을 기록하는 '실현주의'원칙이 있다. 이는 과장되게 아직 건설 중인 자산이나 돈을 받지 못한 매출을 재무제표에 과대하게 기록되는 것을 방지하기 위함이다. 그런데 동 원칙이 반대로 적용되는 경우도 있다. 채무를 직접 보증하는 것은 아니지만 자회사의 제품을 특정 금액에 구입하는 확약(Confirm)을 하는 경우나 분쟁 발생으로 소송 중이지만 패소 시 손실금 발생 가능한 것들은 회사의 잠재적인 부채가 될 수 있다. 그러나 아직 실현되지 많았기 때문에 재무제표 부채에 포함시키지 않고 별도로 언급(통상 주석 사항에 표기)할 뿐이다.

Ke를 예측하는 과정은 어렵다. 특히 시장과 개별 주식의 연관성을 나타내는 베타(β_i) 값 계산은 정말 어렵고 복잡하다. 어렵게 계산한 베타 값 자체도 자주 변하기 때문에 신뢰도 문제도 있다. 그러나 아직 많은 전문 투자자들이 애용하는 방법 중의 하나다.

• 미래 성장률을 알려면 최소한 ①③④⑤를 예측해야 한다.
• 미래 배당 액을 예상하려면 ④번 재무분석과 ⑤번의 경영자의 배당 성향을 예측 해야 한다.

①~⑥ 중에서 그나마 가장 쉬운 것은 ④이다. 미리 정해진 일정한 산식에 의해서 매년 공시되는 재무제표의 숫자를 입력하면 대부분 자동 계산된다. 그러나 주가에 영향을 미치는 요인의 대부분 모든 사람들에게 공개되는 <u>④번을 **제외**한 나머지 것들이다.</u>[41] ④번 재무제표가 회계 기준에 따라서 정확하게 실제 회사 가치를 반영한다는 것은 당연한 기본 전제이다. 정확하지 않다면 다른 모든 분석이 의미가 없다.

회계란 기업의 수입(매출/ 자산)과 지출 비용(부채/재료 구입, 비용 지급 등) 활동을 일일이 점검해서 정확하게 기록되어 있는지를 점검하고서, 투자자 및 주주들에게 이를 보고하는 업무이다. 이는 마치 우리들이 가정에서 수입/자산과 지출/비용을 정확하게 기록해야 남는 돈이 얼마인지 알 수 있는 것과 같다. 유감스럽게도 **④번을 제외한 나머지는 대부분 주관적인 것**들이어서 누구의 말이 맞는지 미리 검증할 방법이 없다.

주1)에서 설명한 효율적 시장가설(EMH)은 이성적인 시장 참여자를 전제로 한 것으로, 주로 장기 기관 투자자들이 공감하는 이론이 이었다.

그러나, 최근에는 주식시장에 참여하는 투자자들이 이성적으로 행동할 것이라는 전제와 달리, 비 이성적으로 행동하는 성향(이를 Behavior Finance 라고 함)도 많이 관측되고 있어, 주가의 예측을 더욱 어렵게 한다.

복잡한 이론에 상관없이 ①~⑥ 과정을 한 장의 그림(표 3-9)으로 정리해 보자. 앞 장에서 봐 왔던 막대그래프나 수능점수 그래프는, 그나마 좀 쉬웠는데 아래 그림은 많이 **복잡해 보인다.** ^^

재차 강조하지만, 걱정하지 마시라. 여러분이 주가를 분석할 일은 없다. ^^

---

[41] 시장은 매우 효율적이라서 현재 주가가 이미 주가와 관련된 모든 정보를 반영하고 있으므로 공개된 정보를 이용하여 미래 주가를 예상하는 방법이 의미 없다는 것. 이를 **Efficient Market Theory(EMH) 효율적 시장가설**이라고 한다. 3가지 세부 분류를 보면, Weak EMH(현재 주가는 **과거** 회사와 관련된 모든 정보를 반영하고 있다), Semi strong EMH(현재 주가는 **공개된 정보**를 모두 반영하고 있다), Strong EMH(현재 주가는 공개된 정보와 **미 공개된 정보까지** 모두 반영하고 있다)

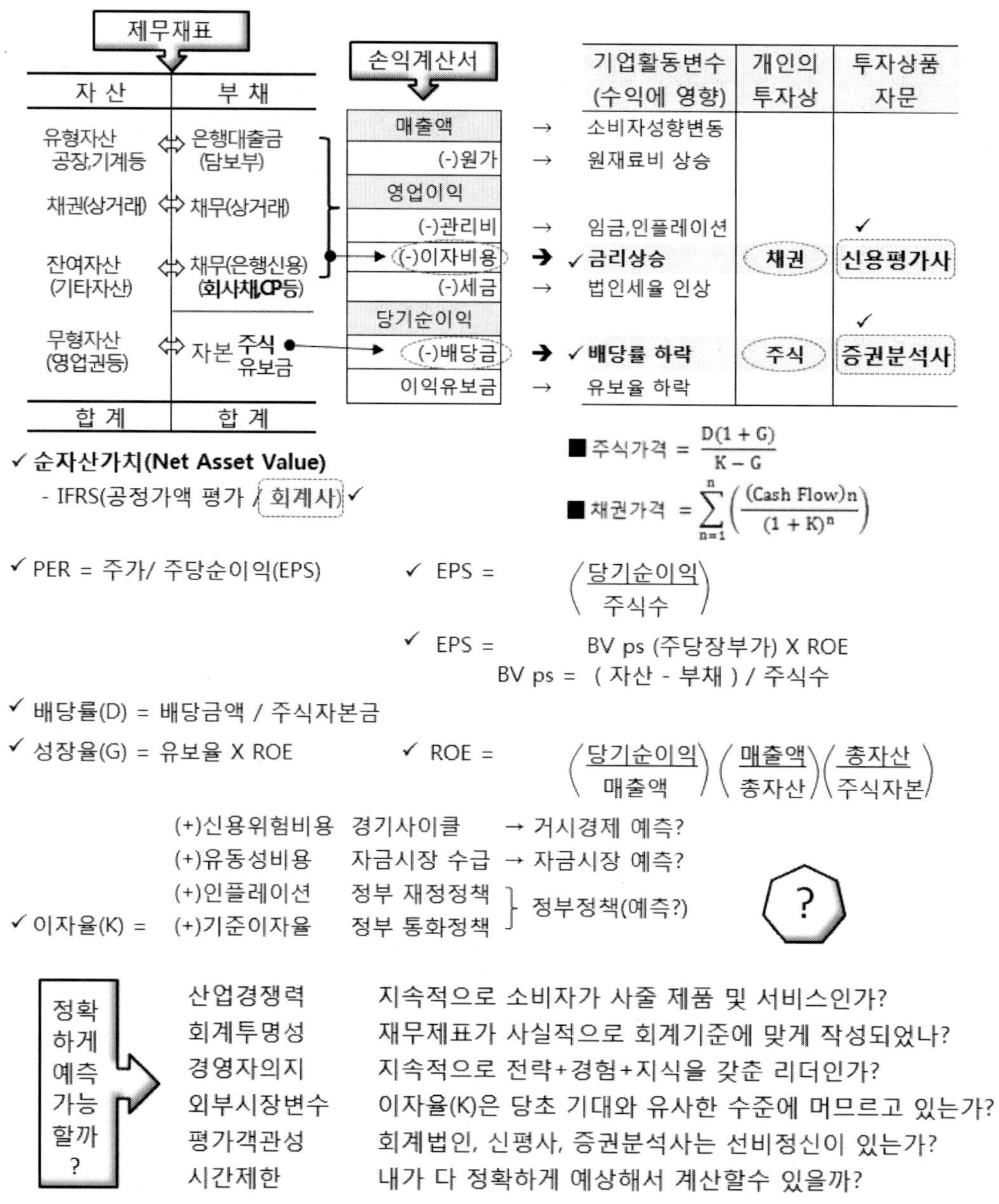

정말 주식 가격을 제대로 계산하려니 **너무 복잡하다.** 위에 설명한 주식 가격을 계산하려면 수많은 변수들을 예상해야 하는데 **도저히 맞출 수 없을 것 같다.**

사실 주가를 가장 잘 알 수 있는 사람은 기업의 사장님이다. 이유는 사장님의 일이 위의 ①~⑥에 관련된 정보를 거의 실시간으로 보고받고 항상 고민하는 분이기 때문이다. 사장님은 그 어느 증권분석사나 회계사보다도 더 많이 더 정확하게 회사의 현황을 알고 있다. 그래서 증권분석사가 회사를 분석한 후 리포트를 작성하기 전에 마지막 남은 절차가 회사 사장님을 인터뷰하는 것이다. 즉, 사장님과 인터뷰를 통해서 자신이 파악한 분석 결과에 잘못이 있는지를 가늠해 보고, 혹시 미처 알지 못했던 새로운 정보가 있는지도 물어보고 난 후 리포트를 최종 마무리하는 것이다.

그런데 모든 정보를 가지고 있는 **사장님도 판단을 잘못**하는 경우가 있다.

소니는 앞선 기술력을 자만하다가 삼성전자에 밀렸다. 전자시장은 이용자의 편리 위주로 빠르게 변화하고 있었으나 소니는 소비자에게 기술적으로 앞섰으나 이용이 불편한 소니 제품 이용을 강요(?)하다가 <u>소비자로부터 외면</u>42받았다.

모토로라의 위성전화 프로젝트는 지구의 어느 곳에서나 통화할 수 있는 꿈의 전화기였다. 그러나 극지 탐험가에게는 매우 유용한 전화기였으나 도시에 사는 대부분의 사람은 비싸고 덩치 큰 위성전화보다는 싸고 편리하며 부가 기능이 많은 일반 핸드폰이면 충분했었다.

삼성은 반도체로 경쟁업체를 제압하는 성과를 이루었다. 그러나 잘나가던 휴대폰 시장에서 기술적으로는 잘 준비되어 있었으나 문화적인 소프트웨어 중요성을 뒤늦게 인지하는 바람에 애플을 따라가느라 바쁘다.

1994년도 저명한 경제학자43들 중심으로 미국에서 헤지펀드**LTCM**(Long Term Capital market)가 설립된다. 매년 높은 수익을 잘 내다가, 1998년도에 예상치 못했던 러시아 정부의 부도 선언으로, 다른 투자자들이 일본, 유럽 정부 채권을 팔고 안전한 미국 정부 채권을 사려고 하는 바람에, LTCM이 투자했던 일본, 유럽 미국의 정부 채권 가격이 당초 LTCM의 예상과 다르게 움직여 큰 손실을 보게 된다.

정상적인 시장이라면 채권 가격이 이론적으로 LTCM이 예상한 대로 움직여 <u>이익</u>44을 볼 수도 있었겠으나 예상치 못했던 위기가 발생하자 <u>Leverage</u>45가 높았던 LTCM은 견딜 수 없었다. 결국은 구제금융을 받고는 시장에서 퇴출된다.

금융시장에는 정말로 예상치 못했던 사건들이 매우 급작스럽게 많이 발생한다. 우리는 이미 1997년도 IMF와 2000년대 인터넷 닷컴 주식의 몰락, 그리고 2008년도 미국 발 금융 위기를 경험했다. 누구도 이러한 금융 위기가 올 줄은 몰랐다.

조금 다른 사례는 **IBM**이다. IBM은 원래 초대형 컴퓨터를 생산하는 회사였다. 그러나 IT 기술의 발달로 초대형 컴퓨터가 중형 컴퓨터로 대체되고, 중형 컴퓨터에서 소형 PC로 대체되면서 위기를 맞기도 한다. 그러나 지금은 IT 컨설팅 회사로 거듭났다. 그들은 위기 때마다 플로리다 연구소에 모여 냉철하게 시장과 소비자 성향을 분석하고, IBM만의 경쟁사 대비 차별화된 강점을 다시 살려서 성공적인 비즈니스 모델을 재창출함으로써 생존이 가능했다.

애플의 성공 모델도 인상적이다. 나는 사실 <u>얼리 어답터</u>46이다. 1996년도에 대만산 486

---

42 대표적인 것이 MD라는 제품이다. Mini Disk의 약자로 CD보다는 작아 휴대가 간편하며 음질은 MP3보다 우수했다. 더욱이 지금의 USB 저장 장치가 나오기 전에 이미 1G 상당의 대용량 데이터 저장과 삭제가 가능한 획기적인 제품이었다. 그러나 소비자가 사용하기가 너무 어려웠다.

43 Robert C. Merton, 1997년도 노벨 경제학상 수상자도 LTCM 설립자로 참여했었음.

44 실제 LTCM의 구제금융에 참여한 기관들은 2000년도에 손실 없이 다 상환받게 된다.

45 LTCM 구제금융을 받을 당시, 자본금이 4억 불이었으나 투자자 간 규모는 1천억 불이었다고 하므로 250:1이 된다.

46 Early Adopter. 남들보다 먼저 IT 신제품을 써 보는 사람

노트북을 최초로 구입했었고, 이후 거의 모든 브랜드의 노트북을 사용해 보았다. 그러나 아직 내가 원하는 이상적인 노트북을 찾지 못해 기대에 80% 정도만 만족스런 노트북을 찾아 사용 중이다.

또 하나는 <u>PDA</u>[47]다. 2000년도에 이미 지금의 갤럭시 스마트폰 크기의 PDA가 출시 되었었다. PDA는 바쁜 일정 관리와 생활에 편리한 비서 대용으로 쓸 수 있었기에 당시 획기적인 제품이었다. 그러나 하나가 부족했었다. 전화 기능이 PDA에는 없었다. 컴팩에서 PDA폰을 개발했었으나 너무 크고 배터리 사용 시간이 짧아 늘 주머니에 넣어 다닐 수 없었다. 이후 윈도우 CE를 사용하는 노키아 PDA폰도 사용해 보려고 무척 노력했었다. 그러나 결국 포기하고 아주 작은 휴대전화기와 PDA를 각각 분리하여 사용할 수밖에 없었다. 그런데 아마 2005년도 즈음에 LG에서 윈도우 CE를 사용하는 작은 크기의 PDA폰이 나왔다. 난 이거다 하고 바로 구입해서 아주 만족하면서 잘 사용했었다. 하지만 2007년도에 아이폰이란 나의 이상형 전화기가 나오면서 바로 바꾸었다. 당시 난 싱가포르에서 근무 중이었고 한국에서는 아직 스마트폰이 널리 보급되지 않았었다. 2009년도에 귀국 후 아이폰을 찾았으나 구할 수 없어서 삼성에서 만든 옴니아폰을 사용했다. 그때 좀 답답했지만 선택의 여지가 없었다. 아이폰을 사용하다 보면 정말 놀랍다. 내가 10년 전부터 <u>기대했던 모든 기능</u>[48]이 다 있다. 아마도 잡스는 메켄토시 PC의 기술력도 있었지만 나처럼 사회의 대부분을 차지하는 샐러리맨의 요구 사항을 스스로 경험했었던 CEO인 것 같다. 그래서인지 요즘 시장에 내놓는 제품마다 대 히트를 치고 있다. 그런데 **애플이 영원할까? 아니다**. 이미 우리나라의 삼성전자가 강력하게 견제하고 있고, 미국의 MS도 PDA폰 경험을 바탕으로 노키아와 협력하여 추격하고 있다.

얼마 전 MS의 스마트폰 사업과 관련하여 기고된 기사를 읽었다. **MS 기업 문화** 관련 <u>기사</u>[49]인데 아주 인상적이다. 우선 성공하는 대부분의 기업들처럼 **우선 MS는 '실패에 관대하고 변화에 민감'**하다 한다. 약 25년 전인 1984년도에는 로터스(Lotus) 라는 Spread sheet 프로그램이 시장을 장악하고 있었다. MS는 엑셀 spread sheet를 개발하여 경쟁하였으나 실패한다. 그러나 MS는 오히려 실패한 개발팀을 더욱 격려하였고 결국 지금 우리들이 쓰는 오피스 프로그램 Excel을 만들어 시장을 석권했다. **둘째, '승리를 위한 고도의 전략'**이 있다 한다. **셋째, '새로운 생태계를 창출할 수 있는 능력**이 있다'고 한다. MS는 앞선 기술력과, 전 세계인이 사용하는 핵심 PC고객이 있다. 그리고 늘 시장을 창출하는 유능한 경영인이 있다. 이러한 MS가 스마트폰 분야에서 지금은 애플에 뒤지고 있으나 **종국에는 애플을 압도**할 수도 있다는 것, 즉 모든 것을 제압하는 **'끝장폰'**이 될 수도 있다는 것이다. 애플도

---

[47] PDA, personal digital assistant) 개인이 스케줄 캘린더와 주소록, 간단한 계산이나 정보 저장 및 검색 기능을 갖춘 손바닥 크기의 소형 장치를 총칭하는 용어.

[48] 구글 실시간 일정 관리, 연락처, 인터넷전화, 영어 공부, 금융계산기(HP12C), 고성능 음악 감상, 좋은 색감의 사진, 유머러스한 비디오, 트위터, 실시간 금융정보, 신문보기, 인터넷뱅킹, 금전관리, 각종 사전, 금융전문칼럼, HBR IdeaCast, 클래식 라디오, 맛집 검색, 내비게이션(예전에는 Garmin 회사만 가능했던 기능이었다) 등등.

[49] 아마도 IT 관련 신문기사였던 것으로 기억된다.

영원하다고 아무도 장담할 수 없다.

옛날부터 열 길 물속 깊이는 알아도 한 길 사람 마음속은 모른다고 했다. 제품과 서비스를 판매하는 기업 입장에서는 소비자가 자사 제품을 구입할지 아니면 구입하지 않을지를 알면 절대 손해 볼 일이 없다. 구입한다면 생산을 늘리면 되고, 구입하지 않으면 생산을 줄이면 된다.

그러나 소비자가 냉장고를 살 때 삼성 제품을 구입할지, LG제품을 구입할지 아니면 미국산을 구입할지 모른다. 어떤 사람은 제품의 기능을 중시하고, 어떤 사람은 디자인, 또는 어떤 이는 에너지 효율성을 중시한다. 소비자는 자신이 맘에 드는 것을 골라서 구입하면 되지만 기업 입장에서는 생과 사가 달린 문제이다.

지금까지 이야기한 이 모든 불확실성(금리, 환율, 세계 경기, 재무 상황, 회계감사 정확성, 기술력, 경영자 능력, 기업문화 등)**이 주가를 결정하는 변수**들이다. 아무리 똑똑하고, 실무 경험이 많은 증권분석사라도 항상 정확하게 몇 년 뒤의 주가를 틀림없이 예측할 수 있다고 볼 수 있을까? 한두 번은 예측이 맞을 수는 있다. 그러나 그 어느 누구도 항상 정확한 예측만을 한다고는 볼 수 없다고 생각한다. 아마도 이렇게 어려운 주가 분석이기 때문에 주식 가격은 럭비공처럼 어디로 튈지 예측할 수 없다는 <u>Random walk</u>[50] 금융 이론도 나왔던 것 같다.

적정한 주가를 알기 위한 다른 방법은 증권사의 증권전문분석가(에널리스트)의 **기업별 분석 리포트를 참조**할 수도 있다.

그러나, 증권사는 기업의 요청을 받아 주식을 추가로 발행하며, 이를 일반인에게 판매하는 역할을 도와주면서 기업으로부터 수수료를 받는다. 따라서, 즉 기업과 좋은 관계를 유지하는 것이 중요하다. 물론 주식발행을 담당하는 부서와 객관적인 제3자로서 일반 투자자를 위해 증권 분석 리포트를 쓰는 부서와는 분리(중국의 담벼락처럼 높다 하여, Chinese wall이라 함)되어 있다. 하지만, 만약 증권 분석 결과 해당 기업의 주가 하락이 예상되면 같은 증권사의 타 부서 기업의 주식을 매도하라고 적극 권할 수 있을까? **옆 기사가 시사하는 것은 무엇일까. ^^**

인간이 자연환경에 적응하여 왔듯이 기업도 주변 환경 변화에 적응하여야만 생존이 가능하다. 대부분의 기업들도 변화하는 환경에 적응하기 위해 다음의 단계를 거친다. 즉, **창업**

---

[50] The random walk hypothesis is a financial theory stating that stock market prices evolve according to a random walk and thus the prices of the stock market cannot be predicted. It is consistent with the efficient-market hypothesis. – 위키피디아. 해석하면 **주가는 동전 던지기와 같이 오를지 내릴지 알 수 없고, 따라서 주가 예측은 불가능하다.** 이는 앞서 설명한 효율적 시장가설(EMH)과 유사한 개념이다. 즉 현재 주가가 이미 모든 정보를 반영하고 있으므로 주가 예측이 의미가 없다는 것이다.

초기에는 신제품으로 블루오션 창출 → 경쟁자 신기술 도입 → 치열한 경쟁(레드오션) → 차별화(경쟁력) 상실 → 레버리지 증가[51] → 한계 봉착(퇴출) ※ 표 3-60 참조

결국 **누가 최후의 승자가 될지는 아무도 모른다**. 다만 확실한 것은 모든 회사들이 진행 단계의 과정에 있을 뿐이란 점이다. 결국 특정 기업의 주가를 정확하게 예측하는 것은 거의 불가능[52]하다.

(3) 누가, 왜 주식을 사고 팔까?

주식시장 참여자는 개인, 기관 투자자로 양분된다. 기관 투자자는 다시 국내 투자자인 은행, 증권사, 보험사, 투자 기관(각종 펀드) 등과 해외 투자자로 분류할 수 있다.

표 3-10 시장 참여 주요 금융기관들의 특성

■ 주식시장 참여자			고객	주식투자 목적(Why)	투자 성향	기다릴 여력 (돈,심리)	Buy & sell (주요특성)	감독기관 Issue	기타
개 인			자신	단기수익	**단기**	대부분 없음	시장이해부족 심리적 불안감1)	없음	대부분 주관적인 견해로 투자실행
기 관	국 내	은행	예금주	ALM(유동성)	**단기/보수**	없음	유동성조절	매우강함	철저하게 포트 폴리오 운영원리 - 사실 Data기준 - 투자 원리준수 - 투자 원칙준수
		증권사 2)	펀드가입자	복합적	**복합**	상황별	복합적	매우강함	
		보험사	보험가입자	ALM(유동성)	**중기/보수**	있음	AML	매우강함	
		연금,기금	연금납부자	장기수익	**장기/보수**	있음	포트폴리오 운영	다소강함	
	해 외	증권	해외펀드 /연기금 가입자	장기수익	**복합**	있음	포트폴리오 운영	매우강함	
		연기금/투자		장기수익	**중장기**	있음	포트폴리오 운영	다소강함	
		해지펀드	일반투자자	복합적	**공격적**	부족	포트폴리오운영	약함	레버리지 사용
본질적인 시장의 일반적 특성				기업성장 지원역할	**장기투자 유리**	절대 필요 Mean Return	포트폴리오 투자원리 적용		시장은 항상 마지막 승리자

■ 관련기관	종류	역할	업무내용	수익원	운영 원칙
	자산운영사	펀드개발	증권사 및 은행에서 펀드판매 대행	**펀드관리/운영료**	포트폴리오 운영원리
	부동산신탁	부동산펀드	부동산 펀드(리츠) 개발	**펀드관리/운영료**	개별 프로젝트 운영방식
	투자자문사	투자자문	개인/기관(증권,보험,연기금) 투자자문	자문료	포트폴리오 운영원리
	선물회사	해지거래	주식관련 파생(해지)거래 담당	**개래수수료**	시장 변동성(Risk) 관리방식

주1) 개인의 심리적 불안감이란 이성적인 투자자를 전제로 한 시장에서 개인 투자자들이 종종 비 이성적인 특성을 보이는 것을 말하며 이를 Behavior Finance[53]라고도 함.

주2) 증권사는 단기 MMF와 중장기 주식 펀드 상품을 동시에 취급한다. 따라서 주식 투자의 목적 이나 성향이 각각 상황에 따라 다양하게 나타난다. 그래서 '상황별로 다름'이라 한 것임.

---

[51] 기업은 경쟁자 대비 새로운 차별화된 제품, 서비스를 제공하지 못하면 수익을 증대시키기 위하여 자기 자본 투입 크기를 줄여서 높은 수익을 창출하려 한다. 이 경우 당연하게 Leverage가 올라가게 된다. 2008년도 금융 위기도 이와 유사한 경우이다. 높은 수익률 창출이 필요했으나 전반적인 소비가 줄어서 여의치 않자 **Leverage 를 높여 투자하다가 버블이 일시에 터진 것**이다.

[52] 한전은 한국을 대표했었던 대표적인 우량 공기업이었다. 그러나 지금 10년 전 주가보다 하락했다.

[53] 객관적인 data 바탕으로 한 투자보다는 주관적인 경험에 따라 판단을 하는 현상으로, Anchoring(최근에 개인이 경험했거나 본 것을 기준으로 판단하는 것), Over confidence(magical thinking, Representativeness heuristic) 스스로의 판단을 과신하는 것. Herd behavior(군중심리에 편승해서 투자하는 것) 등이 있다. - Irrational Exuberance(Robert J. Shiller) - 제4장에서 상세히 설명하겠다.

표 3-10은 개인 및 기관 투자자들의 일반적인 특성을 정리한 것이다. 물론 일부 개인 투자자의 경우, 표에서 설명한 것과는 달리, 원칙에 따라 장기 투자를 해서 기관 투자자보다 우수한 투자 수익률을 시현하는 사람도 있다. 하지만 대부분은 위 표에 정리한 특성을 보이고 있다.

다음 장에서 포트폴리오 운영 부분에서 상세히 설명하겠지만, <u>주식시장은</u> 장기적으로는 ♣♣ 수익률이 평균으로 돌아간다는 **Mean Return 개념**과, 주식시장 전체 주가를 포함하는 주가지수(코스피 지수) 가격과 개별 주식의 가격이 같은 방향으로 움직이는 정도(**베타, beta**) 그리고 **통계와 기대 확률**을 근간으로 하며, **이성적 투자자**들이 참여하는 것을 가정하고 있다. 물론 <u>단기적으로는 예외적인 상황</u>[54]이 발생될 수도 있으나 장기적으로는 시장에서 공감되고 있다.

먼저 기관 투자자를 살펴보자. **은행**은 예금을 받아 대출을 해서 이자 마진을 수익으로 하는 금융기관이다. 요즘은 고객의 다양한 수요를 충족시키기 위해 보험이나 펀드를 연계한 상품을 판매하기도 하지만, 본질적으로 예금을 받아 대출로 운영하는 금융기관이다. 은행에서 증권에 투자하는 경우는, 고객 예금을 미처 대출하지 못해 일시적으로 보유하게 되는 여유 자금을 운영하기 위해 투자되는 경우가 대부분이다. 즉 <u>자산과 부채의 관리(Asset Liability Management)의</u> 과정의 일부로서 보수적으로 운영되므로 우량 주식을 대상으로 단기간 동안만 운영할 수 있다. 또한 급격한 시장 상황 변동 시 큰 손실을 방지하기 위해, 손절매(Stop Loss) 원칙을 철저하게 준수해야 한다.

증권사는 두 가지 역할이 있다. 주식 매매를 중계해 주면서 수수료를 받는 업무와, 국내 및 해외 주식을 펀드로 만들어서 개인들에게 판매하는 위임 투자 업무(펀드 판매)가 있다. 위임 투자 업무는 대부분 펀드를 설립하여 중장기로 운영된다. 펀드에는 성장형 (Growth), 가치형(Value) 또는 둘을 섞은 혼합형(Blending)이 있다. 또한, 주식시장 전체의 주가를 따라가는 인덱스형 (Index)도 있다. 각각의 펀드 운영은 증권분석사(Analysist)의 분석 보고서를 근거로 하여 해당 종목 주식을 매입한다. 수시로 변화하는 주식시장에서, 각각의 펀드 목적에 따라 <u>포트폴리오 방식</u>으로 주식을 사고 판다. 주목할 점은, 아무리 수익률이 높았던 펀드라고 해도, 장기 지속적으로 높은 수익을 달성하는 경우가 극히 드물다는 점이다. 그래서 인지 10년 이상 장기 펀드로 운영되는 경우도 흔하지 않다^^

보험사는 주식 투자 비중이 보험사 전체 자산 중 극히 일부분이다.(표 2-9 참조) 이는 유사시 보험 가입자에게 지급해야 할 보험금 지급 능력이 중요하고, 보험금 지급 능력을 갖추려면 즉시 현금화가 가능하고 가격 변동이 주식보다 상대적으로 작은 **채권 투자를 선호**하기 때문이다.

연기금은 우리들의 노후 퇴직연금을 투자하는 기관이다. 전체 국민으로부터 연금을 받아

---

[54] 주로 앞에서 설명한 Behavior Finance 때문이며, 이성적으로 행동할 것이란 예상과 달리 비이성적인 투자자의 출현(Noise Trader)으로 시장이 일시적으로 왜곡되는 것을 말함. 왜곡된 시장은 Smart Money(정확한 정보로 무장하여 시장분석을 정확하게 할 수 있는 투자자를 말하며, 이들이 주식을 매매함으로써 과대 또는 과소 평가된 시장을 정상으로 다시 돌려놓게 된다)의 출현으로 다시 정상화 됨.

이를 20~30년간 운영하여 목돈을 만든 후, 통상 65세부터 20~30년간 장기간 연금으로 지급한다. 투자 기간도 장기이고 연금의 지급 기간도 장기이므로, 이론상으로는 장기 투자를 목적으로 하는 주식시장이 좋은 투자 대상이 된다. 그러나 <u>여러 가지 사정</u>[55]으로 국내외 주식시장에 투자하는 비중이 아직 제한적이다. 주식시장에는 장기 투자 <u>포트폴리오 운영 방식</u>으로 참여한다.

투자운용사는 고객으로부터 자산 운영을 위임 받아 투자하는 금융회사이다. 각 개인의 상황을 분석하여 최적의 포트폴리오를 구성해서 운영해 주는 맞춤형으로, 미국 등 금융 선진국에서는 <u>많이 보편화</u>[56]되어 있다. 우리나라에서는 최근에야 도입되고 있으며, 주식시장에는 장기적인 안목으로 철저하게 <u>포트폴리오 운영 방식</u>으로 참여한다.

자, 그럼 개인들은 어떠할까? **개인**들은 의외로 금융 거래에 생소한 분들이 많다. 다들 국가연금만으로는 불안할 수 있다는 생각으로, 뭔가 해보고 싶은 생각으로 주식 투자에 참여한다. 그러나 대부분 주식시장을 움직이는 메커니즘에 대한 사전 지식이 부족하고, 일시적인 손실을 감내할 만한 심리적 여유와 금전적 여력이 없어 쓴맛을 보고는 시장을 떠난다.

왜 그럴까? 답은 아마도 두 가지 차이 때문일 것이다. 우선 기관 투자가들은 대부분 포트폴리오 관리 원칙에 따라 객관적인 주식 투자 원칙을 따르면서 장기 투자를 한다. 하지만 개인은 대부분 그렇지 못하다. 또한 개인은 시장이 급변하면 비 이성적인 판단과 행동을 할 가능성이 높다. 개인들이 바라보는 주식시장에 대한 일반적인 인식과 주식시장이 움직이는 일반적인 특성(표의 하단)과는 통상 반대이다.

정리하면, **기관 투자자는** 전체적인 **포트폴리오 운영 원칙**에 따라 주식을 매매하지만, **개인은** 정보 부족(객관적 분석 능력 부족, 포트폴리오 운영 지식 부재 등)으로 주관적이며, **불안한 경험**에만 의존한 단기 **임기응변 방식**으로 투자를 하게 되어 대조적인 모습을 보인다.

(4) 나는 왜 주식을 투자하려 하는가?

대부분 **우리들은 봉급생활자**, 또는 자영업자 들이다. 늘 빠듯한 수입으로 생활한다. 30세 전후에 결혼해서, 50세까지 아이들 교육시키며 힘들게 집을 장만하고 나면, 조금 있다가 정년퇴직 이야기를 주변에서 듣게 된다. 그러고는 퇴직해서 집 한 채 달랑 가지고서 65세부터 지급되는 국민연금을 바라보며 힘들게 10년여를 보내야 한다. 65세부터 받는 연금으로 최소 30년을 더 살아야 하는데 국민연금으로 충분할지 걱정이다.

우리들은 가끔 주변에서 **돈 많이 벌었다는 이야기**를 듣는다. 아파트 부동산 투자를 잘해서 큰돈을 번 사람 이야기, 주식으로 대박 났다는 이야기, 심지어 로또 당첨자 이야기까지 자주 듣고 본다. 사례가 흔하지 않지만, 가정을 포기(?)하고 정말 열심히 일한 친구가 임원으로 승진해서 노후 준비를 잘한 경우도 본다.

---

[55] 국민연금 투자 및 연금 수령 기간이 40~50년 이상 장기간인 점과 포트폴리오 운영 개념을 감안하면 보다 많은 주식 투자가 되어야 하나 단기 일시적 손실 발생 시 책임 문제, 기업 경영권 관여 문제 등으로 아직 여의치 못한 상황이다.

[56] 미국의 뱅가드(Vanguard), 핌코(Pimco)와 같은 회사들이다.

남들이 **부동산으로** 돈을 벌었다 해서 부동산 투자를 해 보려고 하니, 현장 답사부터 시작해서 아파트 시장 조사도 해야 하는데, 주중에는 업무에 시달리고, 주말에는 피곤한 몸 쉬어야 하니 실행하기가 정말 여의치 않다. 큰맘먹고 다리품 팔아서 부동산 정보를 수집한 후 마땅한 부동산을 찾았다고 생각해 보자. 부동산은 대부분 덩치가 커서 구입하려면 일시에 목돈이 들어간다. 그리고 부동산은 한번 투자하면 최소한 몇 년을 기다려야만 예상한 수익을 올릴 가능성이 있다.

지금도 빠듯한데, 생활비에 대출까지 받아 원리금 상환하면서 부동산에 투자하려니 너무 힘들어 보인다. 그래도 확실하게 부동산 가격이 몇 년 뒤에 오를 거라는 <u>정보</u>[57]가 있으면 참고 기다릴 수 있겠으나, 사실 일반인들은 부동산 개발 고급 정보가 거의 없어 선뜻 투자 결정을 할 수가 없다.

주식을 보자. 주식은 부동산과 달리 마음만 먹으면 언제든지 살 수 있다. 그리고 투자한 회사에 대한 정보도 인터넷 검색해 보면 거의 실시간으로 나와 있고, 전문가들의 회사 분석 자료도 많다. 가끔은 신문을 통해서 내가 투자하려고 마음 먹은 주식의 가격이 오를 것 같은 정보도 있어 보인다.

조금 주식 투자에 경험이 있으면 용기(?)를 내서 그간 투자한 돈의 몇 배 규모로 증권사로부터 신용까지 받아 주식을 살 수도 있다. 마음만 먹으면 주식 <u>선물 투자</u>[58]까지 할 수 있어 정말 쉽게 주식 투자를 시작할 수 있다. 더 좋은 것은 내 마음대로 언제든지 주식을 팔아서 현금화할 수 있고, 또 언제든지 다시 살 수도 있다. 주변의 주식 투자로 돈 벌었다는 동료, 친구들 이야기를 들어보면 특별한 점도 없어 보여, 나도 잘할 수 있을 것 같다. 큰맘먹고 증권사 객장에 들려 주식 투자를 문의해 보니 주식 전문가가 제시하는 자료와 설명이 우연하게도 내 생각과 똑같다. 빨리 사야겠다는 조급한 마음까지 생긴다. 그래서 무리해서……

우리들이 주식을 투자하는 이유를 다시 정리하면 대부분 다음과 같다.　　♣♣

<u>첫째, 투자하기가 쉽다.</u> 가까운 증권사에 계좌만 개설하면 즉시 거래 가능하다.

<u>둘째, 투자 관리가 수월해 보인다.</u> 부동산 투자를 하려면 멀리 있는 현장을 직접 보아야 하고 시장 조사도 내가 직접 해야 하지만, 주식은 인터넷과 신문을 보면서 잘 판단하여 비싸 보이면 팔고 싸게 보이면 다시 살 수 있을 것 같다.

<u>셋째, 나도 잘할 수 있을 것 같다.</u> 몇 년 전에 주식시장과 지금을 비교해 보니 그때 투자했더라면 지금 원금의 몇 배 수익을 올렸을 것 같다. 주식 투자로 돈 벌었다는 분의 이야기를 들어보니 별 특별한 것도 없어 보였는데 그때 나도 알고 있었던 좋은 회사 주식을 사서

---

[57] 부동산의 가격은 중장기적인 지역 개발 계획에 따라 많은 영향을 받는다. 지하철이 생기거나, 교통과 교육 시설이 편리한 곳이면 부동산이 투자에 유망하겠다. 하지만 미리 개발 정보를 알 수가 없고, 설사 이미 알고 있는 곳이라도 진과정에서 시간도 오래 걸리고 많은 어려움을 겪는 사례도 많다. 이해 관계자가 많고 다들 부동산에 대해서는 똑똑하기 때문이다.

[58] 선물(Futures의 당초 취지는 일정한 기간 동안, 보유한 주식의 가격을 현재 가격 수준으로 고정하려는 위험 회피의 수단으로 개발되었다. 그러나 미리 미래 가격을 예상하여 투자하는 방법이나 가상의 포지션거래(Synthetic Position)를 만드는 수단으로도 사용된다.

돈을 벌었던 것 같다.

넷째, 쉽게, 빨리, 돈을 벌 수 있을 것 같다. 나와 별반 차이 없는 동료, 친구들도 잘해서 큰돈 벌었다 한다. 노후 준비 생각하니 아직 많이 준비가 부족하고 시간은 많이 남지 않아 늘 마음이 급하다. 그런데 과거 주식 가격을 보니 한두 번만 잘 투자하면 큰돈으로 몇 배를 불릴 수 있을 것 같다.

그래서 그간 정성 들여 모아둔 돈으로 증권사에 가서 통장을 개설한다. 그리고 최근에 기업 실적이 좋아 주가가 가장 가격이 좀 올랐으나 <u>좋아 보이는 주식을 사거나</u> **(Representativeness, Anchoring**[59]**),** 아니면 어떤 주식을 사야 하는지 증권사 직원에게 물어본다. 우연하게도 증권사 직원이 추천해 주는 종목이 내가 사려고 했던 종목과 매우 유사해 보인다. **더욱 확신(Over confidence)**을 가지고 주식을 투자한다. 이후 얼마간 주식 가격이 상승하면 적절한 선에서 매도를 해야 하지만, 오히려 투자 금액을 늘리고 증권사 신용까지 사용하여 더 오를 것을 기다리며 **계속 보유(Regret minimization)**하게 된다. 그런데 잘나가던 주식이 한순간에 큰 폭으로 하락한다. 도저히 불안해서 잠도 오지 않고 일도 손에 잡히지 않는다. 어떻게 하나 하면서 발을 동동 구른다. 이미 내가 감당할 능력을 벗어난 것 같지만 다시 오를 거라는 믿음으로 더욱 무리해서 주식을 더 산다. 이른바 **물타기(Loss Aversion)**를 한다. 그런데 황당하게도 주가는 더욱더 떨어지고 설상 가상으로 증권사에서는 신용으로 산 주식 대금을 회수하기 위해서 내가 산 주식을 내 동의도 없이 싼 가격에 막 팔아버린다**(Liquidity 부족)**. 더 이상 견딜 수 없어 투자 원금의 일부라도 회수하기 위해 주식을 처분한다. 그런데 얼마 후 주식 가격이 다시 상승하여 최고가를 갱신한다. 땅을 치며 주식 판 것을 후회하지만 이미 때는 늦었다.

아마 대부분의 개인 주식 투자자들은 이와는 똑같지는 않지만 비슷한 경험을 한두 번 경험했을 것이다.

그러나 **만약 여러분이 단 한 번만이라도 아래 표 3-8그래프를 보았다면,**

① <u>시장 앞에 겸손해졌을 것이고</u>

② <u>여유 자금으로만 주식 투자를 했을 것이고</u>

③ <u>몇 달, 한두 해 간격으로 오르내리는 주가에 연연하지도 않으면서 장기 투자를 했을 것이고</u>

④ <u>무엇보다 가장 중요한 것은 **지금 모두 부자가 되어 있을 것**이란 점이다.</u>

---

[59] ( ) 안은 투자가들이 보이는 성향을 심리학적으로 분석한 **Behavior Finance 용어**이다.

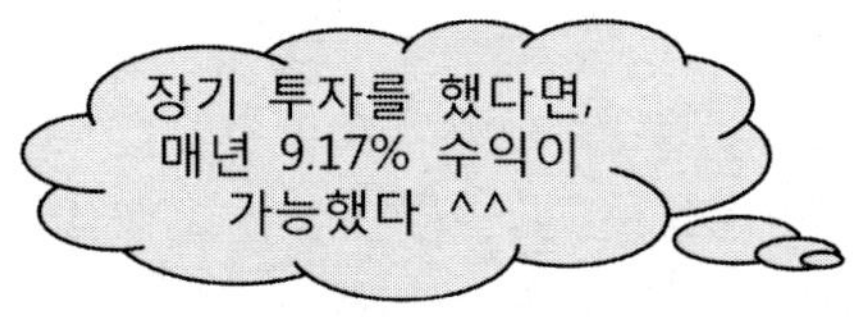

표 3-8 코스피 35년 연간 전년도 대비 수익률 증감 분포도

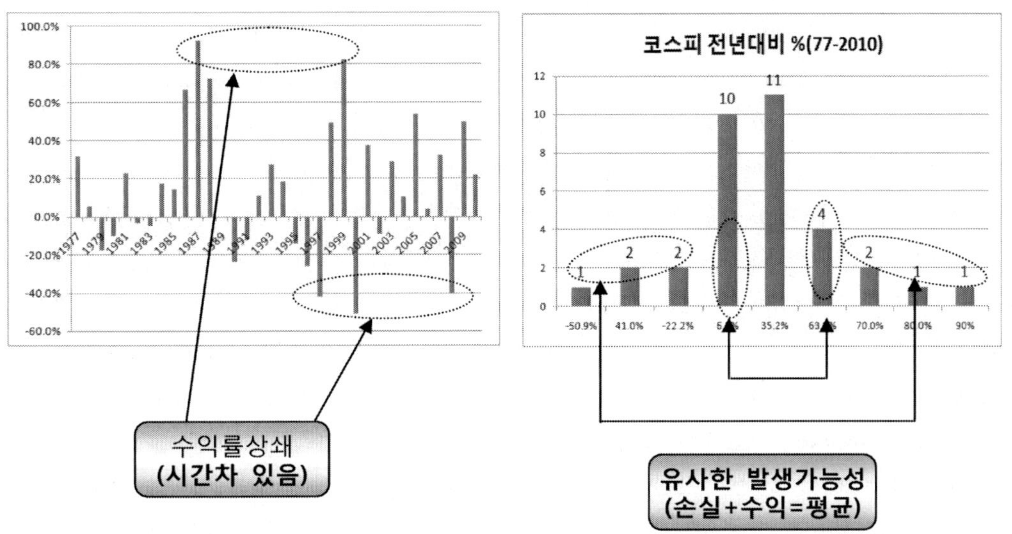

> **8) 주식을 산다는 것은 그 기업의 주인(사장)이 되는 것이다. 봄(젊어서)에 씨앗을 뿌려서, 가을(은퇴)에 추수를 하는 것이다.**

표 3-11 주주와 기업은 같이 성장한다

재무제표		손익계산서
자 산	부 채	영업이익금
유형자산 공장,기계 설비, 토지 기타 자산	은행 **차입금** **사채** (회사채·CP등)	(-)관리비용 → (-)이자 K (-)세금
무형자산 고급인력 회사브랜드	자본 주식 유보금	→ 배당금 D 재투자유보금 G
합 계	합 계	주식가격 = $\dfrac{D(1+G)}{K-G}$

먼저 재무제표를 보자.

기업이 정상적인 영업 활동을 할 경우, **매출액**에서 원재료 구입 금액을 차감하면 **영업 이익금**이다. 영업 이익금에서 직원 급여와 연금, 퇴직금 및 낡은 기계 대체 구입 준비금 (통상 감가상각비라고 함) 등 **관리 비용**을 우선 공제한다. 그 다음으로 은행 대출금 (차입금)및 사채 (우리들이 투자하는 채권 등)에 대한 **이자**를 지급한다. 국가에 **세금**[60]도 낸다. 그러고 나서 최종 남는 금액 중 일부를 성장을 위한 재투자 자금으로 내부 유보금 항목으로 보관하며, 일부는 주식 **배당금**으로 지급한다.

기업이 제품과 서비스를 소비자에게 잘 팔아서 충분한 영업 이익금을 벌어들이고, 효율적인 비용 관리를 잘해서 최종적인 배당금 및 유보금(당기순이익)[61]이 많아지면 주가는 오

---

[60] 경기가 침체되면 국가가 세금을 낮춘다. 세율을 낮춤으로써 기업의 재투자가용금액(유보금)을 늘리는 효과가 있어 경기 회복에 도움이 될 것이라는 생각에서 세금을 낮추는 것이다.

르게 된다. 즉 D(배당금)와 G(ROE 및 예상성장률62)가 높아져서 주식 가격은 상승하게 된다. – 경기가 과열되지 않는 한 K(이자율)는 일정한 수준에서 유지될 것으로 가정했음.

물론 기업의 제품(또는 서비스)이 경쟁사 대비 경쟁력이 떨어지면 소비자로부터 외면을 받는다. 경쟁력이 떨어지면, 기업의 제품(서비스) 판매는 줄어들고 영업 이익금도 줄게 되며, 관리 비용과 이자 등을 지급하고 나면 주주에게 지급할 배당할 배당금이나 기업 내부에 적립할 유보금이 없게 된다.

그리고 이러한 현상이 지속되면 기존에 모아둔 유보금을 다 사용하게 되며 종국에는 기업이 망하는 것이다. 기업이 망하면 갱생 절차나 청산 절차가 <u>법정 관리인</u>63에 의해 진행된다. 은행은 대출해 주면서 대부분 기업의 자산에 담보권을 설정(사채도 일부 담보권을 설정하는 사례도 있음)하므로, 담보가 없는 사채권 투자자나 주주보다 우선하여 채무를 상환받는다. 담보 채권자인 은행 채무를 다 갚고 나면 담보 없는 채무와 사채를 상환한다. 그리고 **남는 것이 있으면 <u>주주에게 배당</u>**64되게 된다.

투자한 기업이 부도가 나면 우리들 노후도 같이 날라간다. 따라서 제4장 포트폴리오 운영 부분에서 상세하게 설명하겠지만, 개별 기업을 선별하여 투자하는 방식은 바람직하지 못하다. **개별 기업의 부도 위험을 부담**하면서 투자하는 방식은 **투자(Investment)가 아니라 투기(Speculation)**이다. ♣♣ 개별 기업의 영업 실적에 영향을 미치는 변수들이 너무나 많고, 이를 정확하게 분석하는 것도 현실적으로 거의 불가능하기 때문이다.

그러나 미리 걱정할 필요는 없다. **방법은 있다. 기업 전체를 사면 된다.** ^^

우리들이 **주주가 된다는 것은 기업의 주인, 사장님이 된다는 것**으로 이해하자. 우리는 봄(생업에 종사하며 소득이 있을 때)에 정성(장기 투자 방식 이해)들여 씨앗(전체 기업에 투자)을 뿌리면 된다. 씨앗에 거름 주고, 병충해 방지하면서 강하게 자라게 하는 일은 기업의 사장님과 종업원들이 나를 위해 대신 해 준다.

우리들은 뿌린 씨앗이 잘 자라는지를 가끔 살펴보면 된다.(1년에 1번 정도 투자 상황 점검) 그리고, 가을(은퇴 후)에 풍성한 수확(주가 상승)하여 추석을 맞이한 후, 겨울(수입이 없는 시기)에 따뜻한 방(주가 상승으로 준비된 목돈)에서 소복하게 내리는 눈을 감상하면 군고구마를 맛있게 먹으면(연금 소득) 된다.

---

61 이익금이 많아지면 주당 순이익률(EPS)이 상승하여 주가가 오른다.

62 기업 내부 유보금이 많다는 것은 미래 성장에 투자할 재원이 많다는 의미. 따라서 기대 성장률 값이 G가 높아진다. 영업이익금이 증가와 효율적인 관리로 비용이 줄면 이익금이 늘어 ROE는 상승한다. / 반대로 기업 성장이 한계에 다 달아서 유보금은 많으나 성장이 기대되는 투자 대상을 찾을 수 없으면, 인수합병을 하거나, 투자처를 찾을 때까지 보유한다.

63 기업이 부도 발생(만기 도래한 부채를 갚지 못하는 경우)하면 채권자(주로 은행)와 채무 상환 유예 여부를 협의한다. 채무 유예 협의가 잘되면 일정한 조건(조건 중에는 기존 주식을 모두 소각하는 경우도 있음)하에 **갱생 절차**에 들어간다. 협의가 잘 되지 않으면 **청산 절차**(자산을 모두 팔아서 채무 상환 순서에 따라 지급)가 진행된다. 갱생 절차와 청산 절차 모두 법원에서 지정한 법정관리인에 의해 진행된다.

64 현실적으로 기업 청산 시 주주까지 배당 금액이 돌아오는 경우는 거의 없다. 이는 청산 과정에서 자산이 경매를 통해서 매각되는 경우가 많은데, 독자들도 잘 아시는 바와 같이 경매는 시장가격보다 많이 싸게 매각되기 때문이다.

궁금하신 분께서는 바로 제4장으로 이동하셔서 '나의 포트폴리오 구축'을 해 보셔도 된다.

9) 채권 투자 수익률 예상은 주가보다 예측이 조금 덜 어려울 수 있다. 변수가 K(이자율) 하나이기 때문이다. 그러나 금리예상은 결코 쉽지 않다.

채권 투자는 한번 사면, 채권의 만기까지 보유하면서 **안정적인 이자 수익**을 받는 것을 목적으로 한다. 그리고 일부 투자자는 시장 금리 변동을 예상하여 이익을 보려는 **금리 예상 투자 거래**를 하기도 한다.

일반적으로 금리가 올라가면 보유한 채권 가격이 떨어져 손해를 본고, 반대로 금리가 내려가면 채권 가격이 상승해서 이익을 본다. 미래 **금리**가 어떻게 될지 모르기 때문에 채권 가격이 오를지 내릴지 알 수 없는 것이 **채권 투자의 위험(Risk)**이다.

표 3-12 채권 가격과 금리관계[1]

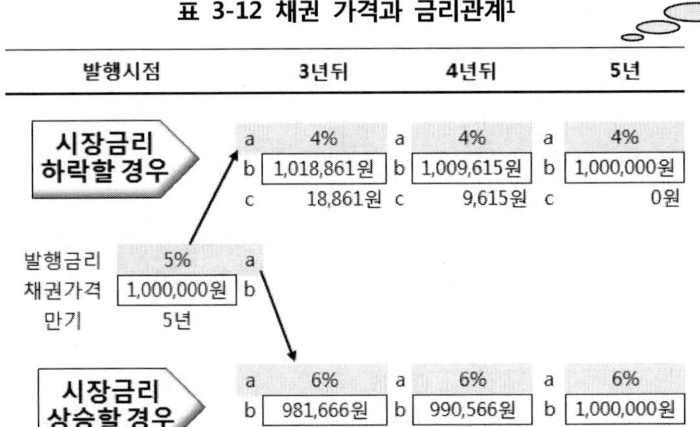

기업이 1백만 원 채권을 **금리 5%, 만기5년**으로 발행했다고 생각해 보자.

만약3년이 지난 시점에서 **시장 금리가 4%**가 되면, 채권 보유자는 시장 금리 4%보다 1% 더 많은 이자를 채권 잔여 만기인 2년 동안 받을 수 있게 된다.

만약 채권을 판다면 최초 발행 가격보다 1% 이자를 더 받는 만큼, **18,86원을 더 받을 수 있다.**

만약3년이 지난 시점에서 **시장 금리가 6%**가 되면 채권을 사는 사람은 시장 금리 6%보다 1% 더 작은 이자를 채권 잔여 만기인 2년 동안 받아야 한다. 따라서 채권을 판다면 최초 발행 가격보다 - **18,334원을 손해** 보게 된다.

미래의 금리뿐만 아니라 채권 시장 참여자의 **수요/공급도 채권 가격[65]에 영향**을 준다. 얼마 전 <u>일본</u>의 지진 발생으로, 미국은 달러 금리가 상승될까 봐 우려했다. 그 이유는 일본 정부가 지진 복구에 막대한 돈이 필요해서, 보유하고 있는 미국 국채를 시장에서 매각한다면, 급히 파는 것이라서 싼 가격(높은 시장이자율을 적용하여 앞장 표 3-12의 금리 상승 경우)에 팔아야 하는데, 그렇게 되면 미국 달러의 이자율이 높아지게 되기 때문이다.

---

[65] **채권 가격**은 '100% - 채권 거래 당시의 시장이자율'로 계산된다. 시장이자율이 6%이면 94가 되고 7%면 93이 된다.

미국 입장에서는 금융 위기로 경제 회복이 시급한 상황에서, 금리를 낮추어야 하는데, 일본의 미국 국채 매각으로 시장 금리가 올라가면 미국 경제 회복에 장애가 될 수 있기 때문에, 일본이 보유한 미국 국채를 매각할까 봐 <u>우려</u>[66]할 수밖에 없었던 것이다.

채권 투자는 다음의 2가지 경우로 구분된다. 우선, 채권을 구입하여 **만기까지 보유**[67]하는 경우이다. 이 경우 기대 수익은 채권 이자 수익이다. 우리들이 주택이나 자동차 구입 시 사게 되는 자동차 채권을 만기까지 보유하는 경우가 이 경우에 해당된다. - 채권을 만기까지 보유할 경우에는 금리 변동 위험은 없고 채권을 발행한 회사가 망하지만 않으면 원금과 이자를 모두 받을 수 있다.

다음은, 채권을 만기까지 보유하지 못하고 전부 또는 일부를 **중도에 매각**하는 경우이다. 대부분 개인들이 증권사나 펀드회사를 통해 간접 투자하는 채권은 두 번째에 해당된다. 수많은 투자자들 각각의 채권 투자 만기는 모두 다르다. 따라서 채권 펀드를 운영하는 기관은 보유 채권을 만기 전 중도에 매각하는 경우가 많다.

그런데 채권 가격은 **매각 시점의 이자율**에 따라 원금 손실 또는 이익이 될 수 있다.

---

1) 중도 매각 시 시장 금리 = 최초 매입 시 시장 금리 ➔ 원금 변동 없음
2) 중도 매각 시 시장 금리 > 최초 매입 시 시장 금리 ➔ 원금 손실
3) 중도 매각 시 시장 금리 < 최초 매입 시 시장 금리 ➔ 원금 초과 이익

정리하면, 만기까지 채권을 보유하면 이자율 변동에 따른 원금 손실 위험이 없으나, 중도에 채권을 매각하는 경우에는 매각 시점의 **이자율 변동에 따른 원금 손실 가능성**도 있는 것이다. **그래서** 증권사가 채권 펀드를 모집할 때는 **만기를 3년, 5년 등으로 미리 정해서** 투자자를 모집하고, 만기까지 채권을 보유하는 것을 조건으로 하여 운영하여, 투자 기간 중 시장 금리의 변동에 따른 원금 손실 위험을 줄이는 것이다. ^^

앞서 주식에서는 금리(K)뿐만 아니라 다른 여러 가지 경제 요인들(D, 배당률 G, 성장률)이 주식 가격에 영향을 주었다. 그러나 **채권 가격 평가** 시 D와 G가 영향을 주지 않고 **금리(K)만 주된 변수**가 된다. 즉 채권은 예상할 변수가 주식보다 2개 적다 보니 그나마 상대적으로 주식보다 조금 수월하다고 볼 수 있다.

그러나 표 3-13을 보면 이자율 정해지는 것을 보니 **미래 이자율을 예상**하는 것이 **간단해 보이지는 않는다.** ^^

---

[66] 이 전략은 미국 국채를 가장 많이 보유 중인 중국이 종종 미국을 상대로 사용하는 전략이다.
[67] 펀드사가 채권을 구입하면 다음의 3가지 방식 중 하나로 회계 처리한다. **1) 만기보유채권(Hold to maturity) 2) 중도매각 가능한 채권(Available to sale) 3) 매매용도 채권(Trading)** 각각의 회계처리 방법에 따라 금리 변동에 따른 채권시가 평가 방법이 매우 차이가 크며, 채권 평가 가격에 대한 대응조치도 많은 차이가 있다.

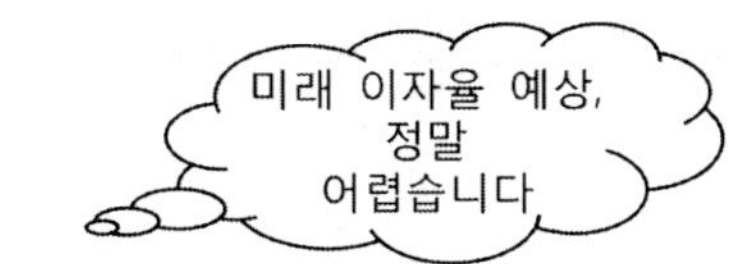

표 3-13 시장이자율 구성

	(+)신용 위험률?	기업의 신용 위험도 감안한 가산 금리 수준
	(+)자금수요/공급?	시중 자금의 수요(기업)/공급(저축) 크기
	(+)인플레이션?	소비자 물가지수
시장 이자율 =	**기준 금리**	중앙은행정책(국내외 경기동향, 국제 무역수지, 환율 등 감안하여 결정[68]

* 해외 채권인 경우, 이자율 변동 위험에 환율 변동 위험이 하나 더 추가된다.

주식은 무한한 가격 상승 가능성을 내포한다. 하지만 이자와 비슷한 배당금은 기업의 영업 실적에 따라서 크거나 작을 수도 있고, 때론 아예 없을 수도 있어 손실 가능성이 있다. 그러나, **채권은 가격 상승 가능성이 제한적**이다. 부도가 나지 않는 한 약속된 원금과 이자가 정기적으로 지급되므로 일정한 현금 유입을 기대할 수 있다. 금리가 하락하면 채권 가격이 상승할 수 있으나, 금리 하락 폭이 최대 0.00% 이므로 더 이상 하락할 수 없어 채권 가격 상승 폭은 제한적이 된다.

채권에 투자하는 다양한 투자자들은 각자 투자 기간이 상이하므로, 대부분 채권 만기 이전에 투자한 원금을 찾아가게 된다. 따라서, 채권 시장의 수요/공급에 따른 채권 가격 변동 위험이 노출되어 있다. 따라서, 채권 중도 매각에 따른 시장이자율 변동 위험을 최소한으로 줄이기 위해 **채권 투자 전략**[69]이 필요한 것이다. 즉, 채권 투자 전략은 한마디로 금리가 변하면 보유한 채권의 가격이 어떻게 영향 받을까(Risk)[70]를 미리 예상해서, 영향(Risk)을 최소화하기 위한 전략이다.

채권 투자 전략까지 일반 투자자인 우리들이 **알 필요는 없다.** 채권 투자를 전문으로 하는 분들에게 위임하면 된다. 우리들은 금리가 올라가면 채권 가격이 내려가고 나의 채권 펀드 가치도 내려간다는 정도만 이해하면 된다. 여러분들이 투자 위임한 돈은 주식과 채권에 대부분 투자되므로, 나중에 여러분이 위임한 바 대로 투자를 잘 했는지 알아볼 때 참조하시면 된다. 예를 들어, 금리가 큰 변동이 없었거나 오히려 내려갔음에도 불구하고 투자한 채권 펀드가 손실이 났다면, 뭔가 다른 이유가 있는 것이고, 반면에 금리가 많이 올라가서 채권 펀드가 손실이 났다면, 그리고 사전에 금리 상승 위험을 해지하기로 하지 않았다면, 채권 펀드 운용사만을 나무랄 것은 아니란 것을 이해하시면 된다.

아래 부분은 일반 투자자가 꼭 알아야 하는 부분은 아니다.

그러나 관심 있는 분을 위해 채권 이야기를 조금 더 해보자. 학교 졸업한 지 한 세월 지났는데 웬 수학 기호? 채권 투자는 전문가가 하는 것인데 내가 이해할 수 있을까? 걱정하

---

[68] 미국에서 중앙은행 역할을 담당하는 곳이 **FRB**이다. 전 세계가 …(채권 가격과 환율에 영향)

[69] 보유 채권의 듀레이션(금리민감도)을 이용하여 미래 금리 변동을 감안하여 채권을 사고 파는 전략임.

[70] 시장 금리 1% 변경 시, 보유 채권 가격의 변동 폭을 측정한 것을 듀레이션(Duration)이라 한다.

지 말자. 이해하는 데 금융 공학도 필요 없고 **복잡한 수학도 필요 없다**. 단지 더하기, 빼기, 나누기, 곱하기, 그리고 가끔은 제곱(숫자n)을 알면 조금 도움된다. 그러나 이마저도 알 필요는 없다. **붙임 CD에 있는 채권 가격 계산 사례**를 재미 삼아 몇 개의 숫자를 변경해 보면서 채권 가격이 어떻게 변하는지 보면 된다.

$$채권가격 = \sum_{n=1}^{1}\left(\frac{(\text{Cash Flow})n}{(1+K)^n}\right) \quad 다시쓰면 \quad = \sum_{n=1}^{n}\left(\frac{(투자\ 기간\ 중\ 받는\ 이자,\ 원금)}{(1+이자율)^{투자기간}}\right)$$

위의 **분자**는 채권의 만기까지 각각의 이자 지급일에 받는 이자 금액 + 만기에 받게 되는 원금(Cash Flow)의 합이다. 아래 **분모**는 채권을 평가하는 현재의 이자율(K)에다, 만기까지 기간 n 을 제곱한 값이다. 다시 말해서 앞으로 받게 될 채권 이자와 만기 원금 상환 금액을, 지금 이자율로 나눈 것이다. 식을 보지 말고 붙임 엑셀자료를 보자.

표 3-13a 채권 가격 계산[71]

액면가	100	
만기	2016-03-01	
발행일	2011-03-01	
자금결제일	2011-03-01	
채권금리(년)	6.0000%	3.0000%
시장이자율	6.0000%	3.0000%
이자지급주기	2	
이자계산기준	360	

채권가격	100.0000
원금+이자	130.00
만기	5.00
Mackoly Due	4.3931
Modified Due	4.2651
Convexity	21.7665

붙임 CD의 엑셀에서 파란색 흘림체 숫자만 변경시켜 보자.

표 3-13a 사례는 만기 5년, 6개월마다 이자 3%(연간6%) 지급, 만기에 원금 100%를 상환하는 조건으로 발행된 채권이다. 발행 당시 **시장이자율이 채권의 이자율과 동일**(점선 안의 금리 참조)하므로 동 채권의 **시장 가격은 100%**가 된다.

그런데 우측 <u>**듀레이션(Duration)과 컨벡서티(convexity)가**</u> 뭘까? 채권을 전문적으로 공부하는 학생들도 아주 혼란스러운 부문이다. 그러나 여기 아주 쉽게 이해하는 방법이 있다. 붙임 CD엑셀 자료를 가지고 원하는 대로 시장이자율과 채권 금리 등을 변경시켜 보면서 Duration과 Convexity 의 관계를 쉽게 이해할 수 있다.

채권을 투자하는 분들은, 일정 기간 동안 안정적인 이자 수익이 필요한 분들인데, 시장이자율이 변동이 되면 채권의 가격이 오르기도 하고 내리기도 하므로 당초 예상한 수익이 사라질 수도 있어 이에 대한 사전 대비(**Hedge 거래** – 주로 금리 선물, Futures거래를 사용한다. Futures 가격은 100%- 시장이자율로 계산되므로 시장이자율 상승이 예상되면 Futures 가격은 하락한다. 따라서 시장이자

---

[71] Hand book of Fixed income(Fifth edition) – FABOZZI page 86

율이 오르기 전에 지금 미리 Futures계약을 매도하면 나중에 시장이자율이 상승하여 보유한 채권 가격이 하락하더라도 Futures계약에서 이익이 발생해 서로 상쇄되므로 손실이 없게 된다)를 한다.

미래 금리 변동에 대비하여 **Futures 거래**를 하려면, 시장이자율이 1.00% 변동할 때, 보유한 전채 채권 펀드의 가격이 어떻게 변화할지를 알아야 한다. 이때, 보유 채권 펀드의 듀레이션과 컨벡서티를 알고 있으면 계산이 쉽다. 그래서 Duration 과 Convexity 값을 계산하는 것이다. – 일일이 보유 채권 모두를 시장이자율 변동 시 가격 변동 값을 계산할 수도 있으나 시간이 많이 소요되어 거의 불가능하다.

표 3-13a 사례에서는 현재 시장이자율과 채권 금리가 동일하므로 채권 가격은 원금의 100% 수준이지만, 표 3-13b처럼, 시장이자율이 1% 하락한다면, 채권 가격이 ② 104.2651(Duration만 이용하여 계산) 또는 ① **104.3739**(Duration + Convexity 둘 다 이용하여 계산)으로 예상된다. 실제 아래 표와 같이 시장이자율을 5%로 입력하면 채권 가격은 ③ **104.3760**으로 계산된다. 실제 가격인 ③과 ②번 가격이 더 근사치다.

표 3-13b

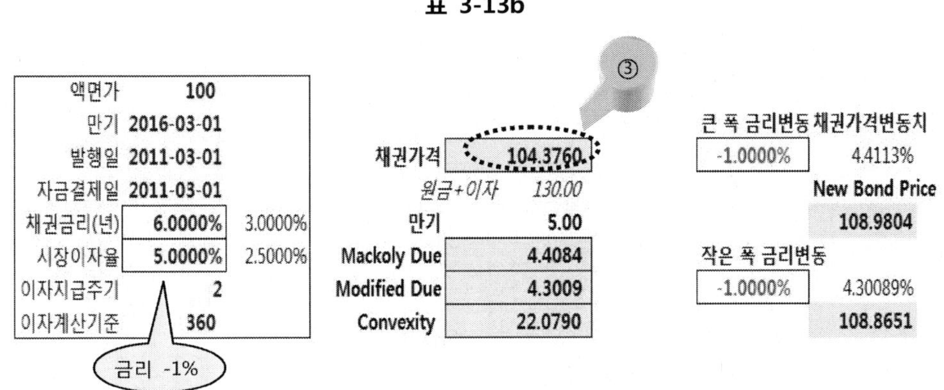

Duration + Convexity를 둘 다 이용하여 예상하면 좀더 **정확**하게 채권가격을 예측할 수 있다. 그러나 채권 거래에서는 일반적으로 소수 2자리까지 사용되고 두 방법의 계산 차이도 크지 않으며, 시장이자율 또한 0.25%~0.50% 수준으로 단계적으로 변동하지 한번에 1.0~2.0%씩 급등하는 경우가 흔치 않아 **Duration 만 이용하여 채권 가격을 예상해도 큰 어려움은 없다.**

채권의 **평균 만기 개념**을 살펴보자. 위 사례를 보면 채권의 만기는 5년이지만, 보유 기간 중에 받게 되는 채권 이자를 다시 채권의 만기까지 시장이자율 6%로 재투자를 해서 받게 되는 수익 금액을 감한 하면, 채권 투자 원금을 회수하는 기간은 당초 채권 만기인 5년보다 줄어들게 된다. 이렇게 계산된 원금의 회수 기간이 평균 만기이고 동시에 Duration 값이다.

채권 펀드를 살펴보면 Duration 값을 대부분 공개하고 있다. 채권 펀드매니저는 포트폴리오가 보유 중인 각 채권의 Duration 값을 **가중 평균**하여 전체 채권 펀드의 평균적인 Duration값을 파악한다. 그리고 이를 향후 시장이자율 상황과 고객의 성향에 맞게 반영하여 다양한 채권 투자 전략을 구사한다. 채권 펀드의 듀레이션은 시장이자율이 1.00% 변동될 때 펀드 전체 펀드의 가치가 몇 % 변동 할지를 보여주는 값으로 이해하면 된다.

표 3-13c 채권 가격 계산 → 이해를 돕기 위해 계산 과정 PC로 나열함

항목	값			항목	값
액면가	100			채권가격	100.00
만기	2016-03-01			원금+이자	130.00
발행일	2011-03-01			만기	5.00
자금결제일	2011-03-01			Mackoly Due	4.3931
채권금리(년)	6.0000%	3.0000%		Modified Due	4.2651
시장이자율	6.0000%	3.0000%		Convexity	21.7665
이자지급주기	2				
이자계산기준	360				

큰 폭 금리변동	채권가격변동치
-2.0000%	8.9655%
New Bond Price	108.9655

작은 금리변동	
-0.1000%	0.42651%
	100.4265

① <u>PMT</u> 횟수 조정　　　② <u>Int CP</u> 에서 최종만기에 조정

-		일자	할인률	이자수입	원금회수	회수금액	원금잔액	현가금액	n*cp/(1+y/m)^n	CF(pv)*t*(t+1)
-	발행일	2011-03-01	1.00000	-	-		100.00	-	-	-
1	<u>0.50</u>	2011-09-01	0.97087	3.00		-	100.00	2.9126	2.9126	5.8252
2	1.00	2012-03-01	0.94260	3.00		-	100.00	2.8278	5.6556	16.9667
3	1.50	2012-09-01	0.91514	3.00		-	100.00	2.7454	8.2363	32.9451
4	2.00	2013-03-01	0.88849	3.00		-	100.00	2.6655	10.6618	53.3092
5	2.50	2013-09-01	0.86261	3.00		-	100.00	2.5878	12.9391	77.6348
6	3.00	2014-03-01	0.83748	3.00		-	100.00	2.5125	15.0747	105.5230
7	3.50	2014-09-01	0.81309	3.00		-	100.00	2.4393	17.0749	136.5994
8	4.00	2015-03-01	0.78941	3.00		-	100.00	2.3682	18.9458	170.5124
9	4.50	2015-09-01	0.76642	3.00		-	100.00	2.2993	20.6933	206.9325
10	5.00	2016-03-01	0.74409	3.00	100.00	100.00	-	76.6417	766.4167	8,430.5841

표 3-13의 CD 파일로 재미있게 입력해 보자. 채권 교재에서 복잡하게 설명한 이자율과 채권 가격의 관계를 보다 쉽게 이해할 수 있다.

표 3-14는 채권 발행 금리는 변동이 없지만, 채권 발행 이후 시장 금리가 변동 됨으로써 채권 가격이 변화되는 것을 정리한 표이다.

시장 금리 큰 변동 사례　1) 6.00% → 4.00% → 2.00% → 0.00%

시장 금리 작은 변동 사례 2) 6.00% → 5.50% → 5.00% → 4.50%

■ 큰 폭으로 시장이자율 변동을 가정한 사례

채권금리	6.00%	6.00%	6.00%	6.00%
시장금리	**6.00%**	**4.00%**	**2.00%**	**0.00%**
채권가격(실제)	**100.00**	**108.9826**	**118.9426**	**130.00**
듀레이션(MD)	4.2651	4.3367	4.4086	
Convexity	21.7665	22.3949	23.0367	
금리 하락시	-2.00%	-2.00%	-2.00%	
채권가격 주1)	**108.966**	**118.9233**	**129.9781**	

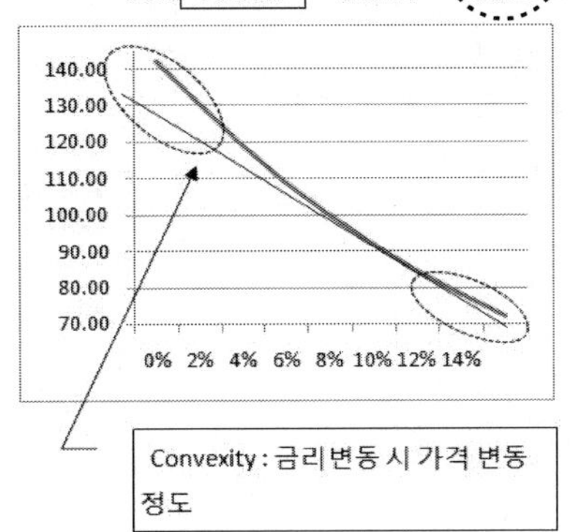

금리변동	시장금리	채권가격	가격변동	구간증가율
	-2%	142.2909	12.2909	1.2336
-6.00%	0%	130.0000	11.0574	1.0974
-4.00%	2%	118.9426	9.9600	0.9774
-2.00%	4%	108.9826	8.9826	8.9826
0.00%	6%	100.00		
2.00%	8%	91.8891	-8.1109	8.1109
4.00%	10%	84.5565	-7.3326	0.7783
6.00%	12%	77.9197	-6.6368	0.6958
	14%	71.9057	-6.0141	0.6227

시장금리	**6.00%**	**8.00%**	**10.00%**	**12.00%**
채권가격(실제)	**100.00**	**91.8891**	**84.5565**	**77.9197**
듀레이션(MD)	4.265101	4.1937	4.1225	
Convexity	21.7665	21.1511	20.5482	
금리 상승시	2.00%	2.00%	2.00%	
채권가격 2)	**91.9051**	**84.5707**	**77.9323**	

주1) 2) 금리가 2% 상승시와, 2% 하락시 **듀레이션과 Convexity**를
이용 하여 예상한 채권가격 → 예상한 채권가격과 실제 계산된
채권 가격 이 거의 일치됨을 볼 수 있음

■ 작은 폭으로 시장이자율 변동을 가정한 사례

채권금리	6.00%	6.00%	6.00%	6.00%
시장이자율	**6.00%**	**5.50%**	**5.00%**	**4.50%**
채권가격(실제)	**100.00**	**102.1600**	**104.3760**	**106.6497**
듀레이션(MD)	4.2651	4.2830	4.3009	
Convexity				
금리 하락시	-0.50%	-0.50%	-0.50%	
채권가격 주1)	**102.133**	**104.3478**	**106.6206**	

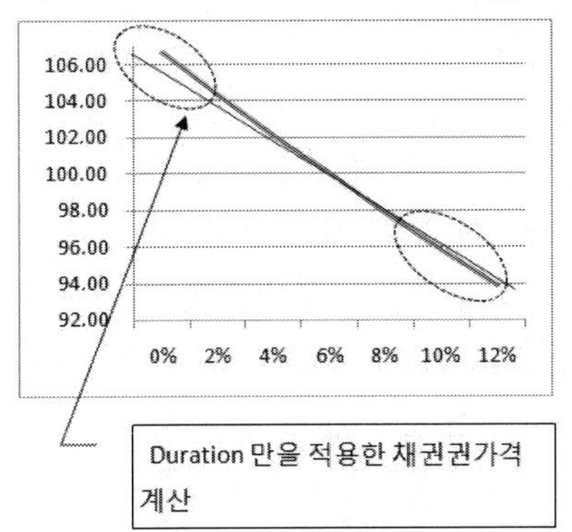

금리변동	시장금리	채권가격	가격변동	구간증가율
-1.50%	0%	106.6497	2.2737	0.0577
-1.00%	2%	104.3760	2.2160	0.0560
-0.50%	4%	102.1600	2.1600	2.1600
0.00%	6%	100.00		
0.50%	8%	97.8944	-2.1056	2.1056
1.00%	10%	95.8417	-2.0527	0.0529
1.50%	12%	93.8404	-2.0013	0.0514

시장이자율	**6.00%**	**6.50%**	**7.00%**	**7.50%**
채권가격(실제)	**100.00**	**97.8944**	**95.8417**	**93.8404**
듀레이션(MD)	4.265101	4.2478	4.2294	
Convexity				
금리 상승시	0.50%	1.00%	1.50%	
채권가격 2)	**97.8674**	**95.8155**	**93.8149**	

주1) 2) 금리가 0.5% 상승시와, 0.5% 하락시 **듀레이션만 이용** 하여
예상한 채권가격 → 예상한 채권가격과 실제 계산된 채권 가격 이
거의 일치됨을 볼 수 있음

채권 투자 관련하여 지금까지 설명한 내용은 한마디로 **금리변동성 문제로 귀착**된다. 예상치 못한 시장이자율의 변동으로, 투자한 **채권의 가격이 오르고 내리는 것**을 보면, 채권 투자를 하면 원금도 보전하고 안전하게 이자 수익을 받을 수 있을 것이란 생각도 조금은 바뀌게 되었으리라 본다.

매년 정도의 차이는 있지만 어느 정도의 **인플레이션은 항상 있다.** 주식 가격은 기업이 인플레이션 증가 부분만큼 소비자 판매가를 올려서 인플레이션에 의한 영향을 최소화할 수 있다. 그러나 채권은 인플레이션으로 인해 금리가 올라가면 그냥 앉아서 손해를 볼 수밖에 없다. 따라서 **채권 투자**를 한다는 것을 안전하게 이자 수익을 받는다는 개념에서, 미래의 시장이자율, 즉 **평균적인 장기 금리 수준을 감안**하여 투자하는 것으로도 인식하는 것이 중요하다.

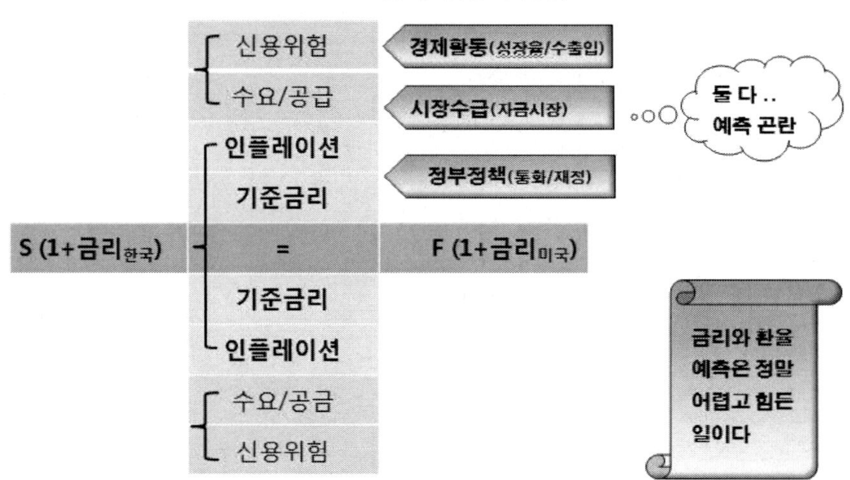

표 3-15 금리 결정 요인들

10) 투자 대행 금융기관은 대부분 주식, 채권에 투자한다.

앞 표 3-10에서 정리한 것을 다시 보자. 왜 금융회사들은 다양한 투자 상품이 있는데 주식과 채권에 주로 투자를 할까? 지금부터 속사정을 살펴보자.

은행, 증권, 보험사는 금융감독기관의 상시 감독 대상이 된다. 왜 그럴까? 내 돈이 아니라 **고객의 돈을 관리하는 금융회사**(Financial Company)이기 때문이다. 기업은 기업의 돈을 투자하여 운영되는 법인이고, 설사 잘못되어도 피해자는 해당 기업에 투자한 사람들로 제한된다. 그러나 금융회사는 공공성이 강한 법인체이다. 금융회사는 수많은 사람들의 소중한 작은 돈을 모아서 이를 안전하게 보관, 관리, 운영해야 하는 것이다. 기업은 의사 결정할 경우 안전성보다는 수익성 추구를 우선시할 수 있지만, 금융회사는 수익성보다는 <u>**안전성**을 대부분 우선할 수밖에 없는 것이다</u>[72].

표 3-10

■ 주식시장 참여자			고객	주식투자 목적(Why)	투자 성향	기다릴 여력 (돈,심리)	Buy & sell (주요특성)	감독기관 Issue	기타
개 인			자신	단기수익	단기	대부분 없음	시장이해부족 심리적 불안감1)	없음	대부분 주관적인 견해로 투자실행
기 관	국 내	은행	예금주	ALM(유동성)	단기/보수	없음	유동성조절	매우강함	철저하게 포트 폴리오 운영원리 - 사실 Data기준 - 투자 원리준수 - 투자 원칙준수
		증권사 2)	펀드가입자	복합적	복합	상황별	복합적	매우강함	
		보험사	보험가입자	ALM(유동성)	중기/보수	있음	AML	매우강함	
		연금,기금	연금납부자	장기수익	장기/보수	있음	포트폴리오 운영	다소강함	
	해 외	증권	해외펀드 /연기금 가입자	장기수익	복합	있음	포트폴리오 운영	매우강함	
		연기금/투자		장기수익	중장기	있음	포트폴리오 운영	다소강함	
		해지펀드	일반투자자	복합적	공격적	부족	포트폴리오운영	약함	레버리지 사용
본질적인 시장의 일반적 특성				기업성장 지원역할	장기투자 유리	절대 필요 Mean Return	포트폴리오 투자원리 적용		시장은 항상 마지막 승리자

■ 관련기관	종류	역할	업무내용	수익원	운영 원칙
	자산운영사	펀드개발	증권사 및 은행에서 펀드판매 대행	펀드관리/운영료	포트폴리오 운영원리
	부동산신탁	부동산펀드	부동산 펀드(리츠) 개발	펀드관리/운영료	개별 프로젝트 운영방식
	투자자문사	투자자문	개인/기관(증권,보험,연기금) 투자자문	자문료	포트폴리오 운영원리
	선물회사	해지거래	주식관련 파생(해지)거래 담당	개래수수료	시장 변동성(Risk) 관리방식

    고객이 위탁한 돈을 안전하게 보호하며 적절한 수익을 창출해야 하는 증권, 보험, 연금, 기금 등의 **금융회사[73]가 투자할 자산의 특성**은 다음과 같다. 언제든지 즉시 현금화가 가능하도록 **유동성**이 좋아야 하고 객관적으로 투명한 **시가 평가가 가능한 자산**이어야 한다.

    보험사는 보험 가입 고객의 해지 요청이 있을 경우 즉시 지급에 응해야 한다.(제2장의 표 2-9 참조) **증권사**도 펀드에 가입한 고객의 해지, 인출 요청이 있을 경우 바로 응해야 한다. **연기금**은 가입자가 인출, 해지 요청할 수 있는 경우가 제한적일 것이나, 매월 연금 가입자에게 지급해야 할 금액은 증권사나 보험사처럼 지급 준비금을 항상 가지고 있어야 한다.

    따라서, 금융회사들의 고객의 인출 요청에 응할 수 있는 상시 준비 상태 평가는 금융감독 기관의 우선적인 감사 항목이며, 관련법으로도 엄하게 정해져 있다. 따라서, 각각 정도의 차이가 있지만 금융회사는 <u>유동성이 좋고[74]</u> 시가 평가가 용이한 투자자산을 대부분 보유할

---

[72] 물론 예외도 있다. 금융회사와 고객이 별도로 정한 계약이 있는 경우에는 고객이 허용한 안전성 범위 내에서 수익성을 적극 추구하기도 한다. 가끔은 허용한 위험의 범위에 대하여 당사자 간에 Communication 부족으로 상호 이해의 공감대가 달라 분쟁이 발생될 수도 있다. 늘 분쟁은 고객이 인지하는 **허용한 위험의 범위와 금융 회사가 인지하는 위험의 범위에서** 발생된다. 가끔 **위험 측정 방식에 대한 오해**도 있다. 이에 대하여는 4장에서 설명하겠다.

[73] 은행은 제외하자. 은행은 단기성 예금을 바탕으로 **엄격한 대출 심사**를 거쳐서 **중장기 담보 대출** 또는 신용도가 아주 우수한 기업에 대한 **단기 신용 대출** 등으로 자산을 운영한다. 은행의 대출금 위주의 자산 운영 방식은 증권, 보험, 연기금 등의 금융회사 자산운영 방식과 많은 차이가 있다.

[74] 유동성이 좋다는 것은 최근 일자의 시장가격으로 바로 거래될 수 있는 가능성이 크다는 의미이다. 모순이기는 하지만 유동성이 좋다는 것은 금융시장이 정상적일 경우에만 적용될 수도 있다. 2008년도처럼 금융시장이 심

수밖에 없다.

유동성이 매우 좋고 시가 평가가 용이한 투자자산은 **상장 주식**과 <u>신용도가 우수한 **채권**</u>[75]이다. 따라서 상장 주식과 신용 등급이 높은 채권 투자를 **선호할 수밖에 없는 것이다** – 간혹 금융회사들은 고객과 별도의 투자 약정(각종 펀드 운영)에 따라 특정 투자 대상에 장기 투자하기도 한다.

참조로 유동성은 조금 부족하지만 **투자 가능한 금융 상품은 정말 많다.** 대표적인 것들만 살펴보자.

- 주식(보통주, 우선주, 전환사채, 교환사채 / 창업주식투자 PEI / ETF)
- 채권(정부채, 금융채, 회사채, 특수채)
- 자산담보부채권(선박, 항공기금융, 주택대출MBS등)
- 프로젝트금융(발전소, 도로, 상수도 건설, 유전개발 등),
- 부동산(아파트, 상가, 사무용 빌딩, 토지, 부동산 개발투자)
- 원자재(원유, 금, 동, 곡물 등)
- 파생상품(주식Options, ELS, Synthetic 상품)

사실 참으로 매력적인 투자 상품들이다. 이러한 금융상품에 투자하려면 **투자자와 자산운영자**가 서로 상품에 대해 이해를 잘해야 하고, **신뢰할 수 있어야 한다.** 그렇게 된다면 시장 유동성이 낮고 시가 평가도 용이하지는 않지만, 중장기적으로 안정적이면서도 수익성 좋은 투자 대안을 기대할 수 있다.

그러나 **현실**은 불특정 투자자와 운영자가 서로 신뢰를 하면서 공감대를 형성하기가 쉽지 않다. 검증된 금융 투자 이론이고 그간의 실무 경험상으로도 매력적인 투자 상품이지만 현실적으로는 이를 객관화하여 투자의 대안으로 도입하기까지는 **넘어야 할 높은 산들이 너무 많다.**

자본시장이 가장 잘 발달되었다는 미국에서조차 개별 투자자산(주식, 채권, 부동산 등)을 각각 분리하여 수익과 위험을 관리하다가 <u>전체 포트폴리오 기준으로 전환</u>[76] 된 것이 최근에서야 가능했다. – 최근 우리나라에서도 자본시장법이 만들어지면서 개인들이 다양한 투자 상품에 투자가 가능하게 되었다. 일반인에게는 이른바 헤지펀드(Hedge Fund)[77] 방식으로 소개되었다.

리적 공황 상태로 되면 유동성이 좋았었던 우량 채권이나 주식도 매입자가 없어서 급격하게 가격 폭락으로 오히려 유동성이 나쁘게 될 수도 있다.

[75] 채권의 신용 등급 평가가 **BBB** 이상인 채권을 말한다.

[76] **포트폴리오 전체를 기준으로 수익과 위험을 관리한다는 것**은 여러 가지 **매우 중요한 것들을 전제로 한다.** 몇 가지 예를 들어보자 1)투자자산에 대한 <u>공정한 시가(Market Value)</u> 평가가 가능하도록 투명한 회계 제도와 공정한 신용 평가(무디스, S&P 등)제도/능력이 필요하다. 2) 자산운영사의 <u>높은 도덕성</u>이 필요하다. 3) 투자관련 법률 등 <u>제도적 뒷받침</u>이 있어야 한다. 4) 투자자 교육을 통한 <u>사회적 공감대</u>가 형성되어야 한다.

[77] 헤지펀드는 투자 상품들이 유사한 금융 상품이지만 시장에 따라서 일시적인 가격차이가 발생될 때, 이를 이용하여 수익을 올리는 방식으로 운영된다. 따라서 일반적으로 큰 레버리지(Leverage)를 이용하여 수익을 극대화하려는 전략을 추구한다. LTCM은 전설적인 헤지펀드의 대명사였다. 그러나 러시아 부도 사태로 금융시장이 급격하게 변화하는 바람에 장기적으로는 이익 예상되지만, 단기적으로는 일시적인 유동성 부족을 견디지 못해 결국 파산된다. 따라서 상당한 주의가 필요하다.

표 3-16a 주가와 정보

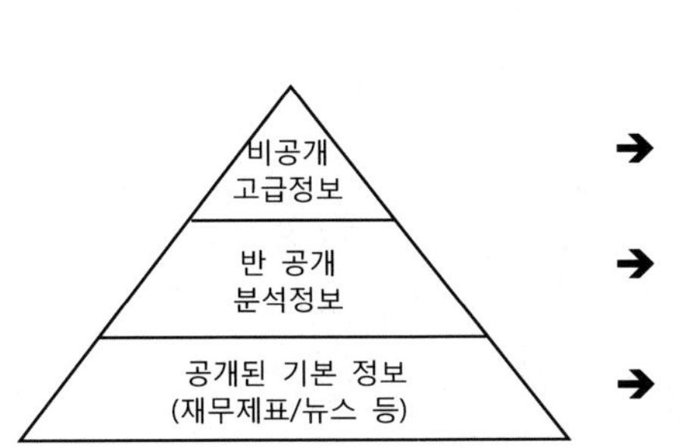

정보 생산자	분석 도구/대상	정보 접근성	매출 수익영향	주가 영향
?	소비자성향 신기술,시장	거의 불가능	절대적 영향	강함
증권 분석사	경제활동 기업특성	곤란	큰 영향	약간
회계사 언론사	재무제표 기업활동	수월	영향 미미	미미

주가는 궁극적으로 매출이 증대되고, 수익이 증가하여 주주 몫이 커질 것으로 **예상**되어야 [78] 상승한다. 매출의 증가와 정보의 관계를 살펴보자.

- **비공개 고급 정보** → 기업이 신규 시장(Blue Ocean[79])을 만드는 것으로, 애플처럼 Beyond Client need를 제공하거나, 남들이 아직 가지 못했거나 알지 못한 신시장을 찾아내는 정도의 정보를 말하며, 주식 가격에 가장 큰 영향을 줌
- **반 공개 분석 정보** → 기업의 효율성 개선 노력(비용 절감, 생산성 개선)이나, 주변 경제 상황(금리하락 등)이 유리하게 바뀌어서, 일시적으로 수익이 개선되는 정보를 말하며, 주식시장에 일부 영향을 주며 주가 등락의 원인이기도 함.
- **공개된 기본 정보** → 이미 모든 사람에게 공개된 정보로, 과거 기업 활동을 보여주는 회계 정보, 기업공시 뉴스 등과 같은 것임. 이미 주가에 대부분 반영되어 있고 미래 주가에는 큰 영향을 미치지 못함. 다만 공개된 회계 정보 등이 사실이 아닐 경우 주가는 크게 하락할 위험이 있음.

무엇이 **기업의 진정한 가치**인지에 대해서 알아보자. 우선 가장 기본적인 것부터 점검해 보자. 우리들이 투자를 할 때 제일 먼저 보게 되는 것이 재무제표이다. 즉 **공개된 정보를 먼저 점검**하는 것이다.

매년 기업들이 받는 **회계감사**는 일반적으로 인정되는 회계원칙[80]에 따라 기업 활동을 적절하게 표기했는지를 점검하는 과정이다. 투자자 입장에서는 동일한 회계 기준으로 기업

---

[78] 주가는 경기를 선행한다. 대부분의 시장 참여자가 알고 있는 과거 기본 정보는 미래 주가 예측에 한계가 있다.

[79] 한국의 김위찬 교수와 르네 마보안(Renee Mauborgne) 교수가 공동으로 고안한 개념. / 기업은 새로운 가치를 제공하는 경쟁자가 없는 신시장(Blue Ocean)을 창출하는 것이 중요하며, 기존 시장에서 효율성 개선, 가격 경쟁만으로는 지속적으로 수익을 내기 어렵다 함.

[80] GAAP(generally accepted accounting principles)를 말하며, 한국의 기준을 K-GAAP, 미국은 US GAAP이라고도 한다.

영업 활동의 결과가 표기되어야만, 투자자가 기업을 비교, 선택을 할 수 있기 때문에 매우 중요한 사항이다. 우리나라가 2011년부터 2013년까지 모든 상장 기업의 회계 처리 기준으로 적용하려는 **IFRS의 목적**[81]은 기업들의 영업 활동을 동일한 기준으로 표기함으로써 회사 경영진과 투자자가 정확한 정보를 교류할 수 있게 하여, 투자자가 정확한 판단의 자료로 사용할 수 있도록 하기 위함이라 한다.

표 3-17 가계부와 기업 재무제표

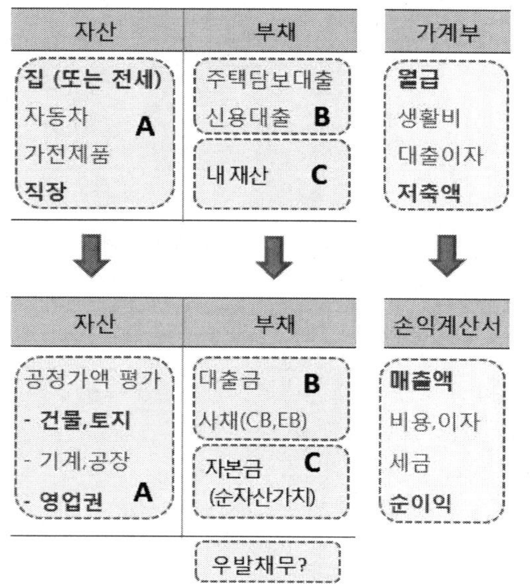

기업의 재무제표를 가계 살림과 비교해 보자. 기업 재무제표는 우리들의 재산목록이고 손익계산서는 가계부와 같다. **가계부(기업의 손익계산서[82])**를 보면 매월 월급(매출액)으로 가족 생활비(임직원 급여, 인건비)를 충당하고 대출금 이자(대출이자)도 내며 세금(세금)도 낸다. 그리고 남는 돈은 미래를 준비하기 위해 일부는 저축(유보금)하고 월급을 받아 오는 아빠의 더 나은 미래를 위해 재투자(R&D비용)도 한다. 우리들의 **재산목록(재무제표)**을 작성해 보자. 재산(자산) 항목으로는 집(고정자산) 또는 전세금, 자동차(기계설비), 일부 예금, 직장[83]과 나의 업무 능력(영업권)이 될 것이다. 부채 항목으로는 주택 담보 대출(공장담보대출), 일부 신용 대출(운영자금대출, 사채)일 것이다. 그리고 재산목록에서 부채를 빼면 순수한 **내 재산(자본금, 본질 가치)**이 된다. 여기에서 가장 중요한 것은 월급(매출액)이다. 적정 수준의 월급(매출액)만 평생(100년 기업?) 준다면 아무런 문제가 없다. ^^

그런데 만약 남편인

① 내가(기업이) 재산목록 (재무제표)을 작성할 때 예전에 구입했던 집(고정자산) 가격이 하락했음에도 불구하고 최초 구입 가격을 그대로 기재했다면?

② 만약 내가 신용카드로 장기 할부 계약(대출, 사채 발행)하여 자동차를 구입하여 자동차는

---

[81] The objective of the financial statement presentation project is to establish a global standard that will guide the organization and presentation of information in the financial statements. The boards' goal is to improve the usefulness of the financial information provided in an entity's financial statements to assist management to better communicate its financial information to the users of its financial statements, and to help users in their decision-making.
http://www.ifrs.org/Current+Projects/IASB+Projects/Financial+Statement+Presentation/Financial+Statement+Presentation.htm

[82] 괄호 안은 기업 활동 관련 사항이다. 이해를 돕기 위해 비교하였다.

[83] 개인에게 직장은 가장 소중한 재산목록(자산)이다. 매월 5백만 원 월급을 받는다는 것은 현금 12억 원을 은행에 예치하고서 년 5% 이자를 받는 것과 같다.

재산(자산)으로 기입하고, 매월 갚아야 할 월 납입금만을 가계부(손익계산서)에 비용으로 기재하고는, 만기까지 갚아야 할 할부 금액(리스료)을 부채에 기입하지 않았다면?

③ 만약 월급(매출액)을 가불(예정된 매출액을 미리 손익계산서에 반영-매출액 과대 기록)해서 미리 사용했다면?

④ 만약 위와 같이 허풍이 섞인 재산목록(분식회계)를 작성했다면, 내가(기업이) 기록한 재산목록(재무제표)과 가계부(손익계산서)숫자가 의미가 있을까? 아마 조만간 아내 (회계법인)에게 점검(회계감사)받는 과정에서 결국 다 알려지게 되고, 장인어르신 (금융감독기관)으로부터 근신(상장폐지?) 조치를 받을 것이다.

실질적인 **기업의 순자산 가치**는 공정가액[84]으로 평가한 자산에서 부채를 차감하고 남는 가치이다. 동 가치를 발생 주식 수로 나누면 주당 순자산가치가 된다. 다만 재무제표에 표기되지 않은 우발채무가 있는지 그리고 손익계산서가 실질에 맞도록 잘 표기되었는지 점검이 필요하다. 재무제표는 투자자들의 과거 기업 활동[85]에 대한 정보를 제공함으로써 현재 기업의 **회계상 순자산가치**(총자산-부채)를 보여준다. **회계감사**는 표 3-17에서 자산(A) 및 부채(B)가 회계기준에서 정한 기준에 맞게 적절하게 표기되었는지를 점검하는 것이다.

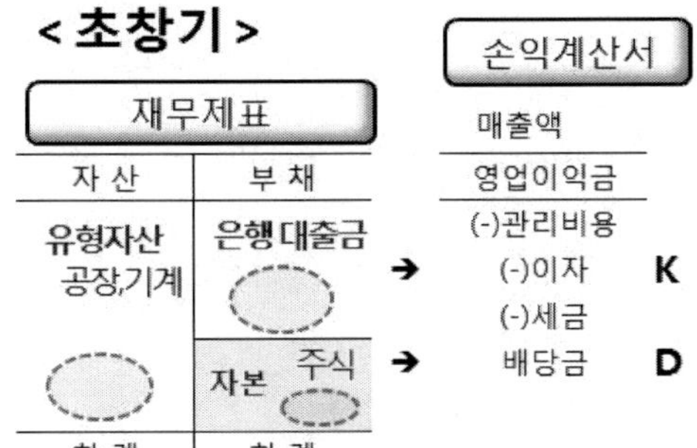

기업은 **설립 초기**에는 자산에 공장과 기계, 부채는 은행 대출금 그리고 사장님의 자본금만으로 운영된다. 매출도 소수 고객 앞 판매나 대기업에 납품하는 방식으로 발생된다. 사장님 혼자 다 관리하면서 기업을 이끌어 갈 수 있다.

그러나, **기업이 성장하면 이야기가 달라진다**. 매출액 증가와 함께 더 많은 생산 설비가 필요하고, 은행의 대출금만으로는 부족하므로, 신규 채권을 발행한다. 아울러 적정한 자본금 비율 유지 위해 주식을 추가로 발행할 수밖에 없다. 조직도 커지고 시장에 알려지면서 무형자산인 브랜드 가치도 발생된다.

---

[84] 회계상 공정가액이란 합리적인 양 당사자가 거래할 의사를 거래할 때 교환 가격을 말한다. 간혹 불순한 의도로 자산 가치를 실제 가치보다 부풀려서 크게 표기함으로써 선의의 투자자가 피해를 보는 경우가 있다. 따라서 기업 회계감사가 기업회계 기준에 맞도록 적절하게 표기되었는지는 매우 중요한 이슈다.

[85] 주가는 정보에 민감하다. 새로운 정보는 희소성이 있으므로 가치가 있다. 따라서 이미 모든 사람들에게 잘 알려진 사실들은 주가에 반영되어 있다고 볼 수 있다. 시장에서도 일반적으로 Semi strong EMH는 공감되고 있다.

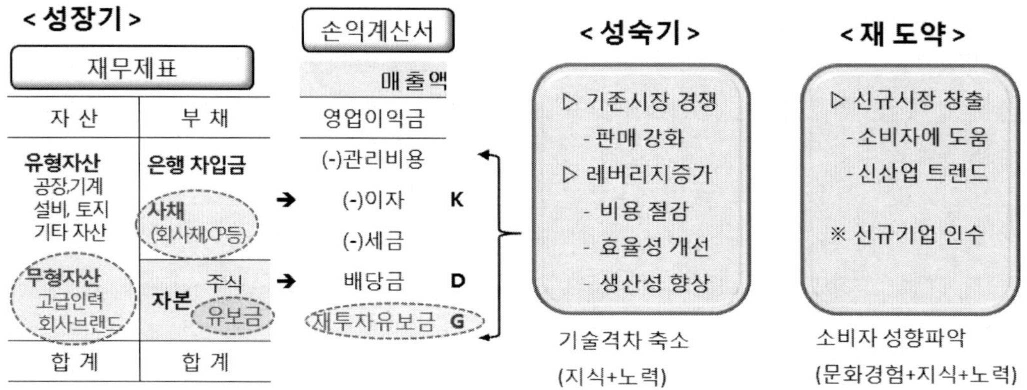

성장 단계를 지나 기업이 **성숙**된다는 의미는 그리 좋은 것만은 아니다. 성장기에서는 매출이 급격하게 증가하기 때문에 수익이 많이 발생되므로, 기업 운영에서 불필요한 비용이 발생하는 약간의 비합리적인 요소가 있어도, 그냥 묻혀서 지나갈 수 있다. 그러나 성숙기로 전환된다는 것은 제품/서비스를 사 주는 **소비자가 제한**되어 있어 더 이상 정공법 방식의 매출액 증대가 어렵다. 따라서, 매출 증대 이외의 부분을 집중하여 수익을 창출하는 방안이 필요하게 된다.

즉, 대부분 기존에 추진 중이던 비용 절감이나 효율성 개선, 생산성 제고 등과 같은 부문을 더욱 집중하여, 불필요한 비용을 최대한으로 줄인다. 매출액은 변함이 없으나 당기 순이익을 늘리려는 노력을 강화하게 된다. 또한 제품의 원가를 낮출 수 있도록 생산성 제고를 위한 노력을 보다 강력하게 추진한다. 그러나 이러한 노력들은 본질적인 매출의 증대가 수반되지 않기 때문에 제한적인 효과만을 기대할 수 있다.

재도약을 위한 새로운 매출을 창출하는 **방법은 두 가지 방식이 있다.**

첫째, 기존의 제품과 서비스를 가지고서 **신규 시장**의 소비자를 찾는 것이다. 대표적인 사례가 우리나라 기업들이 신흥 시장에 진출하는 경우이다. 남보다 먼저 진출하여 조기에 시장을 선점하는 방식으로, 현지의 다국적 기업과 좋은 품질과 적정한 가격으로 경쟁하는 것이다. 우리나라 기업들의 이러한 전략은 지금까지 나름대로 성과가 있었다. 아직까지 신흥 시장의 현지 기업들은 기업 경영의 경험과 자본이 부족하므로 한국의 기업들이 상대적인 경쟁력이 있었다. 그러나 신흥 시장의 기업들도 무서운 속도로 따라오고 있어, 끊임없이 한국 기업들이 제품과 서비스를 보다 우수하고 경쟁력 있게 유지하는 것이 중요하다.

두 번째 방식으로는 **전혀 새로운 소비자 시장을 창출**하는 것이다. IT 시장의 발달로 소비자에 대한 해석이 바뀌고 있다. 이제 소비자는 기업이 판매하는 제품만을 수동적으로 구매하는 대상이 아니다. 지금의 소비자는 매우 다양하게 능동적으로 인터넷을 통해서 전세계의 물품 공급자로부터 원하는 물품을 선택할 수 있다. 소비자 권한이 대폭 확대되었고, 제품/서비스 제작 과정에 직접 참여하기도 한다.

소비자의 욕구는 무한하다. 기업이 아무리 많은 종류의 제품/서비스를 제공한다 해도 결코 다 만족시킬 수 없다. 소비자는 늘 새로운 것을 추구하므로 기업이 소비자가 미처 생각하지도 못했던 제품/서비스를 제공하면 소비자는 열광한다.

따라서 이제 기업은 좋은 제품/서비스, 경쟁력 있는 가격 및 효율적인 기업 운영은 기본이고, 여기에 추가하여 소비자가 **미처 깨닫지 못한 부분**까지 연구하여 무한한 새로운 욕구를 충족시켜줄 신시장 창출을 위해 노력해야 한다.

기업마다 경영연구소가 있다. 대부분의 경영연구소의 일은 이미 지나간 과거 재무제표 수치들을 다시 검토해서 개선할 부문을 찾거나, 이미 분석해 놓은 경제나 산업 리포트를 참조하여 보고서 만들어 경영진에게 보고하거나, 급작스런 경제 환경 변화 시 기업활동에 미치게 되는 영향을 분석하는 것 등일 것이다.

만약 경영연구소에 매출의 증대를 위한 방안을 연구하라 하면, 그런 것은 영업 사원의 몫이라고 할 수도 있다. 큰 착각이다. 경영연구소의 **기본 미션**은 궁극적으로 지갑을 열어 돈을 지급하는 **소비자의 성향** 변화를 늘 관찰하여, 현장에서 최선의 제품/서비스 제공하여, 소지자로 하여금 기업이 제공하는 제품/서비스가 진정 가치 있고 도움이 된다는 공감을 얻어 매출을 증가시키는 방안을 연구해야 한다.

이제는 더 이상 영업 사원의 열정과 미소만으로는 Smart한 소비자로부터 공감을 기대할 수는 없다. 해당 분야에 상당한 수준의 전문 지식과 완벽한 실무 경험으로 현장 시장 상황을 잘 알고 있는 사람들이, 직접 현장에서 소비자를 만나 이야기 하면서, 소비자의 성향을 감지하고, 진정으로 소비자에게 필요한 것을 줄 수 있는 것을 찾아서 제공해야만, 신시장을 창출할 수 있는 것이다.

자, 그러면 **진정 기업의 본질적 가치는 무엇일까?** 우선 회계상 순자산가치라고 표현한 것과 진정한 기업의 진정한 가치와는 다소 차이가 있다. 작은 규모의 기업은 대부분 회계상 순자산가치가 기업의 가치로 볼 수 있다. 그러나 대기업은 다르다. 기업의 역량에서 차이가 난다. 대기업은 잘 정비된 조직과 충분한 자체 자금으로 언제든지 주변 상황에 탄력적으로 적응하는 충분한 역량이 있다. 또한 마음만 먹으면 신규 시장을 확대할 수 있는 강력한 조직과 능력도 있다. 다만 기존 시장 확대 정책은 열정과 노력만으로도 가능할 수도 있으나 새로운 신규 시장을 창출하는 데는 도전 정신과 다양한 분양의 경험과 해당 분야에 대한 전문 지식을 잘 갖춘, 애플의 잡스 같은 정예의 균형 잡힌 리더들이 필요하다.

표 3-16b 기업의 본질가치

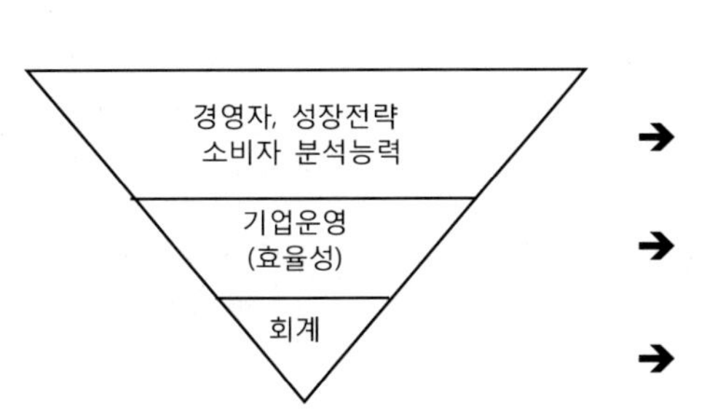

본질가치 영향도	기업 가치	핵심 요소	주가 영향
소비자성향 신기술,시장	미래 전략	경영자 /정책	강함 (매출↑)
경제활동 기업특성	무형 자산	효율적 운영	약간 (효율↑)
회계정보	회계상 순자산	기본 충실	미미 (기본)

따라서 진정한 **기업의 본질 가치**는 1) 회계상의 <u>순자산가치</u>와 2) 기업이 효율성 있게 운영되도록 도와주는 <u>조직의 역량</u> 및 기존 제품/서비스에 대한 <u>고객 충성도</u>, 그리고 3) 마지막으로 소비자와 주변 환경 변화에 잘 적응하며 끊임없이 공부하면서 기업의 먹거리를 계속 만들어 내는 <u>리더의 자질</u>, 즉 **1)~3)을 모두 합친 것**이다.

채권 투자는 기업의 미래 성장에 따른 추가 수익 기대가 거의 불가능하다. 채권은 기업의 신용도보다는 전체 시장의 금리 변동에 따른 채권 수익률 변동 폭이 훨씬 크기 때문이다. 즉, 채권 투자는 **시장 금리를 예상한 투자**로 볼 수 있다. 그러나 기업에 대한 **주식 투자**는 다르다. **주식은 기업의 본질 가치를 바탕으로 한 미래 성장 가능성에 투자하는 것이다.** 기업은 일시적으로 주변 경제 상황에 따라 매출액이 늘어날 수도 있고, 효율적인 비용과 원가 관리를 통해 매출의 증가 없이 수익의 성장을 어느 정도 기대도 가능하다. 그러나 진정한 기업의 본질 가치는 소비자 성향 분석을 통해 소비자가 필요로 하는 것을 남들보다 먼저, 좋은 제품/서비스를 제공하여, **고객과 함께하는 성장 방안 창출 능력**에 달려 있다.

기업의 본질가치 중 3)번, **리더의 중요성**은 다음의 사례가 잘 보여준다.

IBM은 당초 초대형 컴퓨터 제조업체였다. 그러나 개인용 PC 제조업을 하다가 이마저 중국 기업에게 매각하고, 지금은 IT 시스템 컨설팅 기업으로 성공적인 변신을 했다. 미국의 **웰쓰파고 은행**은 그들의 경쟁 상대가 금융기관이 아니라 월마트라고 한다. 기존 은행 중심의 금융 상품을 철저하게 소비자가 필요한 금융 상품 중심으로 바꾸겠다는 철학이 담겨있다. 마치 모든 상품을 판매하는 월마트처럼……

소니는 세계 최고의 기술력을 보유한 전자 제품 제조 회사였다. 그러나 디지털로 전환되는 반도체 투자가 삼성보다 늦어져서 지금은 삼성전자에 뒤져 있다.

삼성 역시 애플 아이폰 등장으로 긴장하고 있다.

모토로라 역시 최대 글로벌 통신 기업이었다. 그러나 지금은 휴대폰 시장에서 주력 제품이 하나도 없는 초라한 모습이다.

왜 이러한 현상이 발생될까? 답은 IT 발달에 따른 소비자의 성향 변화를 현장에서 제대로 파악하지 못한 데 있다. 그렇다고 기업들이 노력을 하지 않은 것도 아니지만, 내가 보기에는 조직의 리더십의 문제로 보여진다. 어느 회사에나 유능한 인재들은 있다. 잡스 같은 소수의 리더가 전문 지식(판단 오류 방지)과 + 경험(현장 소비자 관련한 Detail 경험, 실행력 강점) + 열정(learning agility, Net work(Listening)을 모두 갖추었다면 행운이고, 그렇지 못하면 이를 종합하는 조직의 역량이 중요하다.

여기서 기업의 리더십 이야기는 단지 리더 한 사람만을 이야기하는 것이 아니다. 기업 조직 **전체 구성원들이** 모두 아래와 같은 **리더가 되어야** 한다.

조직의 **Leadership Code**[86]를 연구한 좋은 책이 있다. 이에 따르면, 기업의 경영진은 스스로 과거에 효과적이었던 방식에 계속 얽매여 변화하기가 어렵다고 한다. 그는 "What got you here, won't get you there"(지금의 기업을 있게 한 과거의 성공한 방식이 미래에도 계속

---

[86] "The leadership code" 2008년 - Dave Ulrich 미국 미시간 대 교수

통할 것이란 생각을 버려라)라는, Marshall Goldsmith의 말을 인용하면서, 세기의 리더들이 가장 중요하게 생각하는 리더의 항목 중 공통적인 5가지를 정리했다.

항상 답은 기본에 있다. Back to the basic!

▶ **5 Leadership essential** (리더의 5가지 핵심 사항)

① **Strategist** ~ 미래 전략이 있어야 함(로드맵)

　　Positioning about future ~ 기업의 장·단점 분석을 통한 미래 성장 방안 보유

② **Executor** ~ gets things done 확실하고 중단 없는 추진력

③ **Talent manager** ~ 소통을 통한 공감으로 조직 역량 집중 능력

④ **Hunan capital developer** ~ 조직과 개인의 미래를 위한 인재 양성 노력

⑤ **Personal proficiency** ~ 균형잡힌 자아 관리

　　- Physical ~ 건강이 가장 중요, 영양과 체력 관리

　　- Social networks ~ 마음의 공감을 나누는 진정한 친구

　　- Emotional ~ Know yourself 스스로의 강점, 약점 파악하여 보완

　　- Spiritual ~ 하는 일에 대한 진정한 만족도

　　- Intellectual ~ develop self learning agility, 늘 공부·탐구하는 습관(가장 중요)

　　Learning agility ~ Sense of inquisitiveness 계속 무엇인가 개선하려는 노력

여러분이 **주식을 투자하려면** 기업 활동과 주식시장 그리고 나 자신을 먼저 이해해야 한다고 했다. 1) 기업 활동 이해와 기업이 주식을 발행하는 이유 2) 어떻게 시장에서 주식가격이 결정되고 3) 누가, 왜 주식을 사고 파는지 4) 그리고 가장 중요한 점은 내가 왜 주식을 투자하려 하는지

1)은 기업의 내부 요인이다. 이는 회사의 사장님이 가장 잘 알고 계시다.

기업 내부 요인은 크게 다음의 두 가지로 분류된다

① 회계상 순자산가치, 효율성 있는 기업 내부의 경영 상태

② 신시장 창출 능력. 즉, 성장률 = 유보율 × ROE

　　인간이 자연환경에 적응하여 왔듯이 기업도 주변 환경 변화에 적응하여야만 생존이 가능하다.

2)와 3)은 기업 외부요인이다. 이는 금융시장 요인과, 소비자 성향 그리고 관련 산업의 변화로 구분해 볼 수 있다.

① **금리와 환율**은 시장의 수급이 단기적으로 영향을 주기도 하지만, 장기적으로는 자국 경기 상황에 따른 정부의 이자율 정책과, 국가 간 무역관계를 감안한 환율 정책에 따라 정해진다.

② **소비자 성향 변화**

　　IT 발전으로 소비자 권한이 대폭 확대되었고, 이제는 제품/서비스의 생산 과정에 참여(Client Engagement)하기도 하며, 소비자가 미처 몰랐던 부분까지 알려주는 것을 요구한다.(Beyond client need)

③ **글로벌 경쟁 심화** (신흥 국가 기업의 급속한 성장 / 선진국의 기존 다국적 기업의 재정비)

　4)번은 금융시장의 메커니즘과, 나의 **투자 목적**(조금 깊이 생각해 보면 우리들의 투자 목적은 단순히 많은 돈을 벌기보다는 아름다운 지구에서 기본적인 노후 생활에 필요한 정도의 돈을 버는 것이겠다) 그리고 스스로의 개인적인 **성향** 등을 잘 연계 분석하여, **접목**시켜야 할 부분이다. ➔ 제4장 참조

　앞서 주식은 기업의 본질 가치에 근접한다고 했다. 회계적인 순자산가치는 재무제표를 잘 읽어보면 알 수 있다. 그러나 회계 순자산가치의 중요한 부분인 기업의 Management 능력을 가늠하는 것은 정말 어렵다. 성장 가능성(Growth rate)이 중요하기도 하지만 정답은 없다. 오직 사후적으로만 검증될 뿐이다.

　이렇게 특정 회사의 주가 예상이 어렵다 보니 주식 가격이 럭비공처럼 어디로 튈지 예측할 수 없다는 **Random walk[87] 금융 이론**까지 나왔던 것 같다.

　지난 15년간 코스피 지수는 매년 8.5% 올랐다. 포스코 주가도 매년 12.8%씩 올랐다. 그런데 한전의 주가가 매년 2.7%씩 15년 내내 하락할 줄을 누가 알았을까?

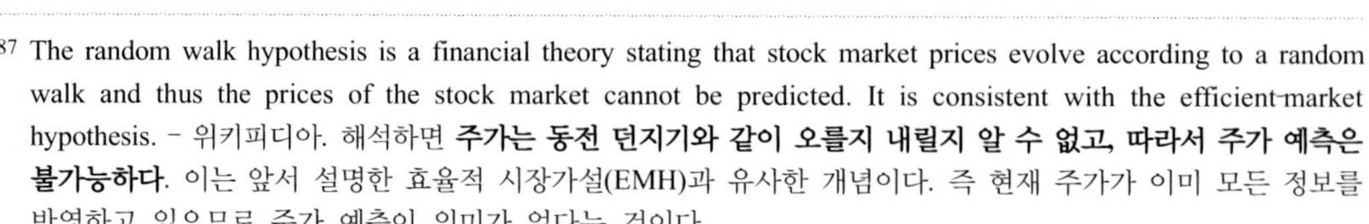

---

[87] The random walk hypothesis is a financial theory stating that stock market prices evolve according to a random walk and thus the prices of the stock market cannot be predicted. It is consistent with the efficient-market hypothesis. - 위키피디아. 해석하면 **주가는 동전 던지기와 같이 오를지 내릴지 알 수 없고, 따라서 주가 예측은 불가능하다.** 이는 앞서 설명한 효율적 시장가설(EMH)과 유사한 개념이다. 즉 현재 주가가 이미 모든 정보를 반영하고 있으므로 주가 예측이 의미가 없다는 것이다.

포트폴리오 운영 이해하기

제1장에서는 내가 기대하는 노후생활을 하려면 지금 매월 얼마를, 몇 %의 이율로 적립해야 하는지를 붙임 CD로 계산해 보았다. 1장을 읽고 나서 남는 숙제는 내가 결정할 수 없는 유일한 부분인 **수익률**이었다.

제2장에서는 본격적인 수익률 이야기를 하기 앞서, 수익률에 영향을 주는 요인들 (경제의 흐름, 투자와 연관된 산업의 특성, 인구 및 사회구조와 경제 성장 이야기, 우리들이 투자한 돈이 흘러가는 흐름도, 4종류 금융기관의 특성)을 살펴 보았다. 이는 우리가 투자를 하는 곳이 현재 어떠한 경제 사이클에 와 있는지, 그리고 내가 투자에 이용하는 금융기관들이 내 돈을 어떻게 운용하는지를 알게 함으로써 대략적인 장기 **수익률을 가늠**해 볼 수 있게 한다.

제3-1장에서는 **투자 상품**을 살펴 보았다. 한국 주식가격 35년의 흐름도 보았고, 주가는 기업의 미래 성장 가능성에 따라 평가된다는 점, 채권에 투자하여 보유하는 기간 중 시장이 자율 변동하면 손실이 될 수도 있다는 점[1], 그리고 무엇보다도 주가와 채권투자 수익률을 정확하게 예상하려면 정말 예상하기 어려운 복잡한 변수가 너무 많아 **예측이 거의 불가능**하다는 것, 그리고 이러한 내용들이 금융시장 참여 기관들의 복잡한 역학 관계에 따라 더더욱 예측이 어렵게 될 수도 있다는 점등을 알아보았다.

제3-2장에서는 약간 큰 흐름을 살펴보려고 한다. 3-1장에서 살펴본 주식과, 채권, 그리고 금융시장 참여 기관들이 **어떻게 포트폴리오를 운영하는지** 알아보는 것이다. 우리들이 투자하는 금융 상품들이 이러한 원리에 따라 운영되므로 지금 이해를 해 두면 앞으로 금융기관과 대화(상담)하기가 수월해진다. 또한 우리들 스스로가 전체 인생의 재무설계를 잘 준비하고 관리하며, 시장에서 **실현 가능한 기대**[2]를 하게 하여, 장기 노후 준비에 차질이 없도록 미리 준비할 수 있는 것이다.

---

[1] 일부 채권펀드는 가입 시의 수익률을 보장하기 위해 채권 만기까지 금리선물을 이용하여 해지하기도 함.

[2] 현실적으로 기대 가능한 수익의 범위에서 노후 설계를 해야 한다는 의미. 시장의 수익률이 7% 수준인데 투자자가 15%를 요구한다면 투자를 하지 않든지, 아니면 요행을 바라는 매우 위험한 투기를 할 수밖에 없다.

1. 금융자산 포트폴리오 운영 배경

표 3-18 개발도상국(5개국평균) ➜ 한국 ➜ 선진국(5개국 평균)

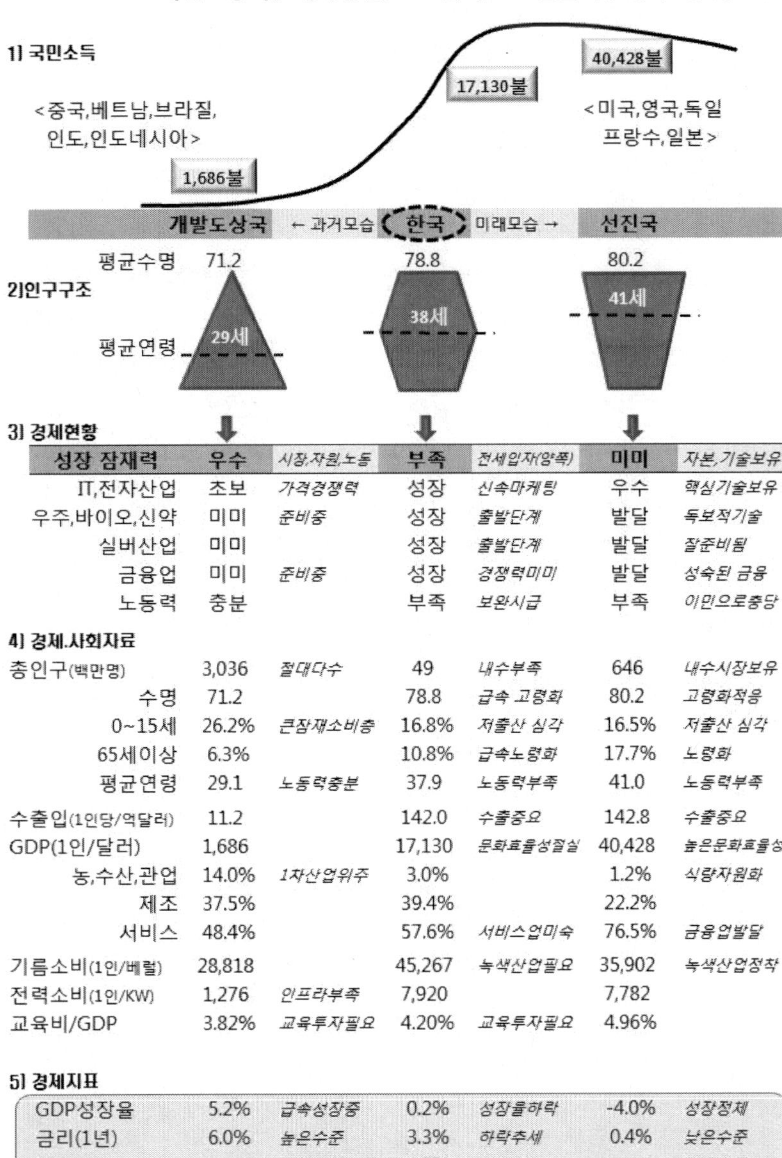

3) 경제현황

성장 잠재력	우수	시장,자원,노동	부족	전세입자(양쪽)	미미	자본,기술보유
IT,전자산업	초보	가격경쟁력	성장	신속마케팅	우수	핵심기술보유
우주,바이오,신약	미미	준비중	성장	출발단계	발달	독보적기술
실버산업	미미		성장	출발단계	발달	잘준비됨
금융업	미미	준비중	성장	경쟁력미미	발달	성숙된 금융
노동력	충분		부족	보완시급	부족	이민으로충당

4) 경제,사회자료

총인구(백만명)	3,036	절대다수	49	내수부족	646	내수시장보유
수명	71.2		78.8	급속 고령화	80.2	고령화적응
0~15세	26.2%	큰잠재소비층	16.8%	저출산 심각	16.5%	저출산 심각
65세이상	6.3%		10.8%	급속노령화	17.7%	노령화
평균연령	29.1	노동력충분	37.9	노동력부족	41.0	노동력부족
수출입(1인당/억달러)	11.2		142.0	수출중요	142.8	수출중요
GDP(1인/달러)	1,686		17,130	문화효율성절실	40,428	높은문화효율성
농,수산,관업	14.0%	1차산업위주	3.0%		1.2%	식량자원화
제조	37.5%		39.4%		22.2%	
서비스	48.4%		57.6%	서비스업미숙	76.5%	금융업발달
기름소비(1인/배럴)	28,818		45,267	녹색산업필요	35,902	녹색산업정착
전력소비(1인/KW)	1,276	인프라부족	7,920		7,782	
교육비/GDP	3.82%	교육투자요	4.20%	교육투자필요	4.96%	

5) 경제지표

GDP성장율	5.2%	급속성장중	0.2%	성장율하락	-4.0%	성장정체
금리(1년)	6.0%	높은수준	3.3%	하락추세	0.4%	낮은수준
CPI		높은수준	4.5%	불안정		낮은수준

* 자료 : 미국 CIA 홈페이지(World Fact Book) - 2009년도(교육비/FDP는 기준년도 상이)

표 3-18을 꼼꼼하게 읽어보자. 어떠한 생각이 들까? ♣♣

포트폴리오 운영의 핵심은 경제 예측이 어렵고 개별 기업의 미래 실적 예상은 더욱 어렵기 때문에 **평균적인 시장의 수익률 흐름을 따라 간다는 것**이다. 포트폴리오 수익률은 특정 국가 및 사회에서 경제에 영향을 미치는 여러 가지 변수[3]에 따라 영향을 많이 받는다. 우리들이 매일 접하게 되는 경제지표(주가지수, 금리, 환율들)들도 이러한 변수들과 밀접한 연관성이 있다.

표 3-18은 우리의 미래를 보여준다.

예를 들면 1) **개발도상국**처럼 절대 인구가 많으며 젊은 인구가 많다는 것은 이들이 10년 뒤에 성장해서 결혼하고, 자동차를 사며, 집을 마련하려는 수요가 클 것으로 예상해 볼 수 있고, 2) 제조업의 경우 개발도상국은 초기에 자체 수요를 공급하기 위해 기초생필품 제조업이 발달하다가 점차 중공업으로 확대되며, 우리나라처럼 점차 경험과 기술력을 바탕으로 한 제조업(IT가전, 선박, 해외건설 플랜트 등)으로 발달되었다가 결국은 기초과학 기술력이 바탕이 되는 고부가가치 제조업(설비기계류, 우주항공 등)국가로 발전된다. 3) **경제가 발전하면서** 1인당 기름, 전략 사용량이 급격하게 증가하다가 지나친 자원 의존도 해결을 위해 선진국에서는 녹색산업이 등장하면서 오히려 기름 소비가 줄어드는 현상도 보이고 4) 개발도상국이 성장하려면 **돈이 필요**한데 국민들의 저축[4]만으로는 부족하므로 선진국의 자본과 잘 발달된 서비스산업(금융 포함)과 연계하는 것이 필요하게 된다는 점 5) 의료기술의 발달과 식생활 개선으로 **평균 기대 수명**이 많이 늘어나면서 많은 나라들이 노후 생활 30년과 관련된 공통된 고민 사항 증가 등등.

(단위:억불)

구분	'06년	'07년	'08년	'09년	'10년	5년간
GDP	951	1,049	931	833	1,003	5%
수출입	635	728	857	687	892	40%
(비중)	(67%)	(69%)	(92%)	(82%)	(89%)	

- 한국은행 통계자료

1)~5) 사항들이 글로벌 산업(IT산업, 바이오산업, 에너지산업, 운송산업, 실버산업, 금융업, 제조업, 주택시장, 공공 인프라 투자 등) 경기 동향에 영향을 미치고, 만약 특정 국가가 특정 산업에 강점이 있다면(한국이 IT가전, 조선, 플랜트 수출에 경쟁력이 강한 것) 그 나라의 **경제활동에도 영향**(IT 가전의 수요가 많으면 삼성전자 실적이 올라가고 수출이 늘어 한국의 무역수지가 개선되는 것)을 크게 주게 된다.

이미 세계는 좁아져서 글로벌 시장으로 통합되었다. 앞장 표를 보면 한국의 **GDP는 5년간 4% 성장**에 그쳤으나, 글로벌 **무역 규모는 무려 40%**나 성장했음을 보여준다. GDP(국내총생산)에서 차지하는 수출과 수입을 더한 비중도 무려 89%나 된다. 한국은 지금 글로벌 경제의 큰 축을 담당하며 세계 유수의 기업들과 경쟁하는 국가가 된 것이다. 지난 한국의 경제 발전 과정을 보며 외국인들은 한강의 기적을 낳았다며 칭찬한다. 맞는 말이다. 6.25 전쟁 이후 정말 기적과 같이 경제 성장을 일구어 왔다. 이 점은 누가 뭐라고 해도 우리들의 부모님 세대의 노력에 감사해야 한다.

---

[3] 국가의 자원, 기술력, 자본 크기, 인구 숫자, 인구 구성 비율, 평균 수명, 산업 발달 수준, 1인당 GDP 수준, 사회 인프라(도로, 항만, 에너지) 수준 등

[4] 우리나라가 70~80년대에 저축을 강조했듯이 대부분의 개발도상국가들도 국가 성장에 필요한 투자 자금을 확보하기 위해서 국민들의 저축을 장려한다. 그러나 경제가 일정 수준 발전하면 소비 증가로 저축이 줄어드는 현상이 발생한다.

한국의 경제의 주요 지표들을 살펴보자. 인구 구성 등과 같은 경제 연관된 지표들의 특성 ♣ 은 결국 표 3-18 하단에 있는 금리 주가지수와 같은 금융지표로 종합되어 나타난다.

표 3-19 한국의 경제지표(금리, 성장률, 수출입, 주가지수) - 한국은행 통계 자료

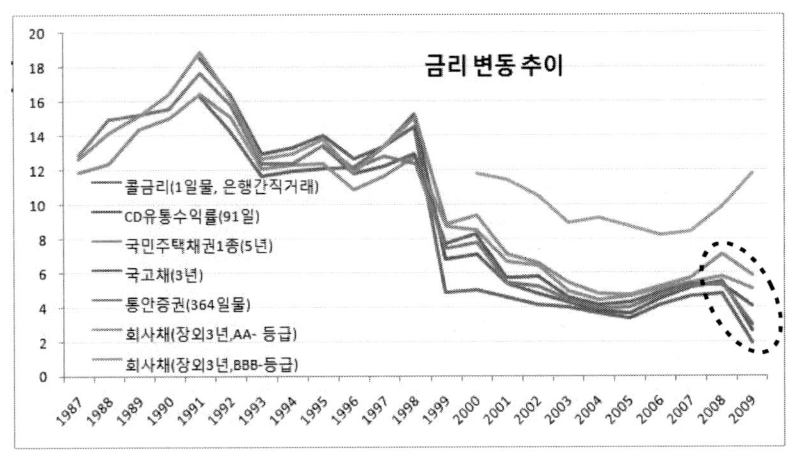

① 금 리
11~16% 수준
➜ 2~6% 수준
하락

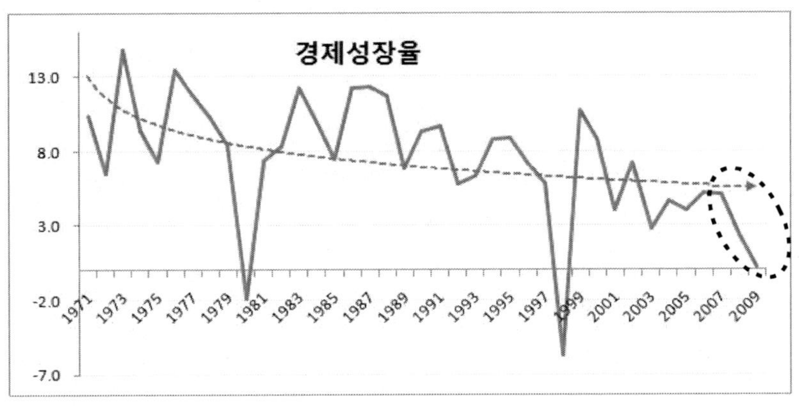

② 경제 성장률
8~13% 수준
➜ 3~4% 수준
하락

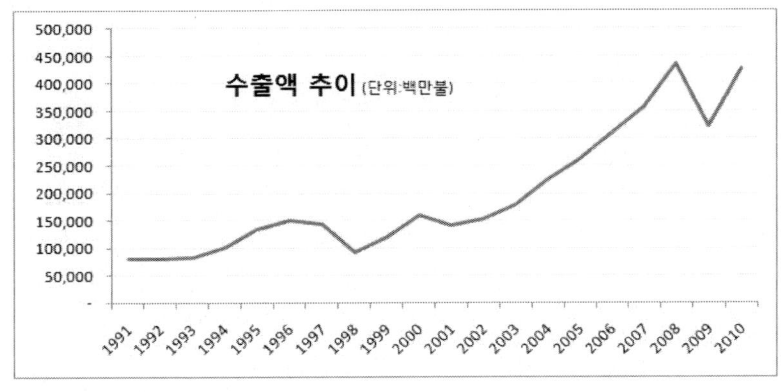

③ 수출액
700억불
➜ 4,663억 불
(6.6배 성장)

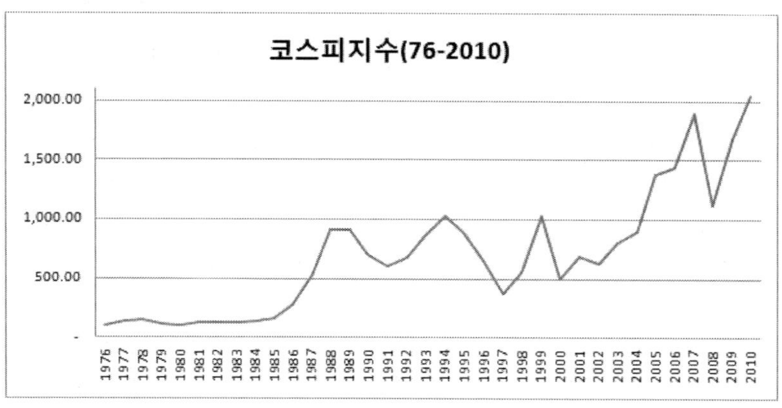

④ 주가
104
➔ 2,015
(**19.3배 성장**)

한국의 수출과 주가의 변화를 보면 정말 많이 성장했음을 알 수 있다. 수출은 20년 동안 약 6.6배 성장했고, 35년 동안 **주가는 무려 19.3배나 성장**했다. 정말로 한국의 경제와 무역 규모 성장은 대단하다. 하지만 다른 선진국과 마찬가지로 한국의 경제성장률은 지속적으로 점차 하향 추세를 보여주고 있으며, 금리도 많이 낮아지고 있음을 볼 수 있다.

일반적으로 **개발도상국** 단계에서는 자체 내수 시장의 소비자 수요를 공급하는 하는 정도의 산업화만 진행되더라도 상당한 수준의 경제성장률을 달성할 수 있다. **70~80년대 한국**은 가구마다 자녀가 4~5명은 보통일 정도로 자녀도 많았고 이들이 성장하여 성인이 되면서 새로이 발생되는 시장(결혼, 주택, 자동차, 가전 등)만으로도 높은 경제 성장을 이룩할 수 있었다. 내수 시장이 있으니 기업들도 적극적으로 시설 투자를 확대하여, 늘 **자금 수요가 자금 공급을 초과하게 됨으로써 이자율도 높은 수준으로 유지**될 수 있었다. 더욱이 한국은 내수 시장의 성장과 수출 증대라는 쌍두마차를 이끌면서 한국 경제는 건실한 성장을 이어갈 수 있었다.

그러나 **2000년대**에 접어들어 한국의 **인구 구성 및 기업에 많은 변화**가 오면서 경제기반이 바뀌게 된다. **가계 부문**에서는 80년대에 가구당 4~5명이었던 20세 전후의 학생들이 40대 중년이 되어 국민 전체의 평균 연령이 증가되었고, 가족 구조도 점차 서구화되면서 핵가족화되었고, 2등의 사회생활은 없고 오직 1등만이 존재하는 경쟁 제일주의 사회 구조와 맞물려 미래 성장의 가장 중요한 동력인 청소년 인구가 급격하게 감소되게 된다.

지금, 한국 경제는 여러 가지 복합적인 이유로 경제 성장이 어려워지고, 이자율도 점차 하락하는 추세로 바뀌고 있다. **기업들은** IMF 시련을 극복하면서 한 단계 성숙하게 되었고, 세계 최고의 근면, 성실성과 두려움 없는 패기를 바탕으로 **글로벌 기업으로 도약**하게 되었다. 재무구조도 많이 좋아져서 상장회사 대부분이 많은 유보금(회사보유자금)을 보유하게 되어 더 이상 예전처럼 은행에 대출금을 많이 필요로 하지 않게 되었으며, 자금이 필요하더라도 직접 국내 및 해외 시장에서 채권을 발행하여 조달함으로써 금리가 상승될 여지가 많이 없어졌다.

이 부분은 경제학자들이 늘 고민하는 부분이며 정답을 찾기가 정말 어렵다. 매년 **세계 경제학자**들은 경기 사이클(침체→회복→성장→활황→침체)을 진단하고 전망한다. 한국의 경제 전문가들도 경기를 진단하며 경제성장률을 예상해 본다. 금융업에 종사하는 분들도 경기를 진단하며 산업별 경제 성장 예상률에 따라 금리, 주가 성장 예상률 등을 예상해 본다. 그러나 이러한 예상들이 맞았던 경우보다 그렇지 않은 경우가 더 많았다는 것은 이미 공공연한 상식이며, 여러분도 알고 있듯이 사실 맞을 것으로도 기대하는 사람도 거의 없을 것이다.

이는 마치 매년 12월이 가까워 오면 증권사마다 그 해의 최종 주가지수가 얼마가 될지를 예측하는 행사를 하지만, 행사를 주관하는 증권사나, 행사에 참여하는 분이나, 이러한 행사를 바라보는 시청자나, 그 어느 누구도 연말 주가지수를 잘 맞힐지를 기대하지는 않는다. 다만 재미로 보고 있을 뿐이다. 마치 신규 개점한 식당의 사장님께서 100번째 입장하시는 고객에게 특별 선물을 주는 것과 같다.

우리들로부터 돈을 위탁받아 운영하는 **금융회사의 고민은 여기에 있다**. 그들은 금융시장이 움직이는 메커니즘을 잘 알고 있다. 그리고 그들 자신들도 금융시장을 예상하는 것이 어렵다는 것을 누구보다도 잘 알고 있다. 즉, 현재의 경제 상황이 경기 사이클의 어느 단계인지 정확하게 진단하기가 어렵고, 앞으로 어떠한 산업이 성장할지, 아니면 망할지 정확하게 예측하기도 어렵고, 더욱이 수많은 글로벌 기업 중에 어떠한 기업이 서서히 성장할지, 서서히 망할지를 정확하게 예상하기란 거의 불가능하다. 기업들이 가장 궁금해하는 것, 즉 "우리들 소비자의 마음속에서 어떠한 변화[5]가 일어나서 어떤 제품, 어떤 서비스를 선호할지"는 오직 신만이 알 수 있는 것만큼이나 알기 어렵다.

더욱이 지금은 대부분의 기업들이 글로벌 경제에 서로 연계되어 있다. 글로벌 경제에 영향을 주는 표 3-18에 정리한 수많은 변수들이 개별 기업의 주식, 채권 수익률에 영향을 준다. 이러한 수많은 국내 및 해외 경제 변수들이 **내가** 투자하려고 **선택한 기업**에 어떠한 방식으로든 영향을 미치게 되지만 이를 정확하게 알아서 **미래의 주가**를 정확하게 예상한다는 것은 정말 어렵다.

---

[5] 기업의 제품은 소비자가 사 줄 때 발생된다. 돈을 쥔 소비자는 각자의 성향에 따라 자동차를 구입한다. 4WD, 세단, 스포츠카, 오픈카, 한국산, 외제차, 다양한 색상차이, 가솔린차, 디젤차, 하이브리드카, 신차, 중고차 등등.

은행, 증권, 보험, 펀드, 자문기관 등 돈에 대한 최고의 전문가라 할지라도 **어느 누구도 정확하게 미래의 경제를 예측할 수는 없다**[6]. 이 어려운 일을 금융회사들은 어떻게 헤쳐 나갈까? 답은 포트폴리오 운영에 있다. 개별 기업 하나하나를 예상하기는 매우 어렵지만, 큰 그림을 그리는 것은 상대적으로 수월하다. 개별 회사의 주가를 예상하는 것보다 그 기업이 속한 산업을 예상하는 것이 조금 더 수월하고, 더 나아가 그 나라 전체의 경기를 예상하는 것은 좀 더 수월하기 때문이다. 그래서 시장의 흐름을 따라가는 포트폴리오 운영이 필요한 것이다.

2. 금융자산 포트폴리오 운영 원리는 균형(Match) 거래에 있다.

개인, 기업, 사회도 모두 내가 가지고 있는 것과 남에게 갚아야 할 것(앞으로 지급해야 할 것)에 대한 균형 관리가 중요하다. **균형 관리**는 지금 현재 상태에서의 균형 유지는 당연한 것이고, 중요한 점은 **"미래에 내가 가지고 있을 것과 갚아야 할 것의 균형 유지를 위해 지금 무엇을 어떻게 대비해야 하는가"** 이다.

개인은 현재의 균형 잡힌 생활은 사모님들이 가계부를 적으면서 유지할 수 있다. **기업**도 조직의 대부분 관리자들이 현재 적정 수익을 창출되는 균형 유지 활동을 하고 있다. **사회**도 공무원들이 나라 살림을 균형 있게 유지하려 불철주야 노력한다. 현재 수입/지출에 불균형이 발생하면 그 효과가 바로 적자로 나타나므로 자연스레 다시 균 형유지 복구를 위해 필요한 조치(개인은 소비 감축, 기업은 판매 강화, 비용 절감, 사회는 복지 예산 감축 등)를 취하게 된다.

표 3-20-1 균형 유지 메커니즘

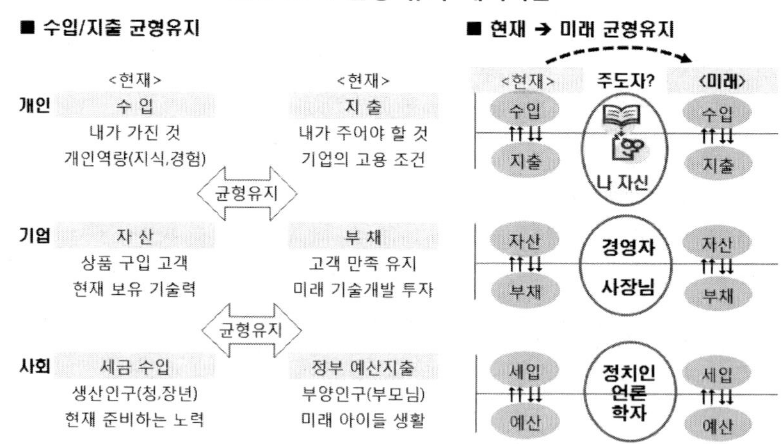

[6] 미국의 대표적인 채권 투자 전문가인 빌그로스와 블랙록 의견 불일치 사례. "빌은 미국 연방정부가 USD 통화 공급 확대를 위해 국채를 매입하던 행위를 중단하면 시장에서 채권 매입자가 없어져서 채권 가격이 하락하여 금리가 오를 것으로 예상 / 블랙록은 이미 예상되었던 상황이므로 시장 채권가격의 하락이 없을 것" – 중앙일보 2011.4.26. 기사.
http://joongang.joinsmsn.com/article/769/5399769.html?ctg=1100&cloc=joongang|home|topic

문제는 현재의 균형 유지된 상황이 미래에서도 균형 유지되도록 하는 데 있다. 사실 이 문제는 개인이나, 기업, 사회 모두 마음속 한구석에 근심거리로 남아 있어 늘 찜찜하지만 지금 너무 바쁘다 보니 별도로 시간을 내서 해결할 방법을 찾아보기도 힘들고, 시간이 된다 해도 어디서부터 시작할지 막연한 것이기도 하다.

기업은 미래에 균형 유지를 못하면 부도가 나서 망한다. 즉, 변화하는 시장의 흐름을 따라 새로운 먹거리를 준비하지 못하면 도태되는 것이다. 현재의 균형 유지 활동은 기업의 관리자들의 몫이고 미래의 생존을 위한 먹거리를 찾는 것은 **경영자**(오너 또는 진솔한 전문경영자)가 주도한다. 그래서 많은 위대한 기업의 경영인들은 한결같이 늘 미래 전략적 경영을 고민하고 있는 것이다.

사회도 기업과 유사하다. 사실 사회는 세금을 내는 기업과 운명을 같이한다.(얼마 전에 전 세계 휴대폰 시장의 1/3을 차지하며 부동의 1위였던 핀란드의 대표 기업체 노키아의 실적이 부진해지자 사회적인 이슈가 되었다고 한다) 사회는 참으로 많은 **현재의 이슈들**이 서로 얽혀 있다. 어떤 이슈는 전체 국민의 이해가 연관되기도 하고, 어떤 이슈는 전체 국민에게는 해가 되지만 교묘한 논리로 일부 이익집단만의 이익을 대변하는 것도 있다. 그래도 현재의 이슈들은 좌충우돌(左衝右突)하면서 시간이 지나면 대부분 제자리를 찾아 해결된다.

문제는 미래의 이슈들이다. 조만간 인구 저 출산과 고령화에 따른 노동력 부족과 소비시장 위축이 불가피해질 것이고, 해외시장 개척이 여의치 않으면 경제 성장 둔화가 현실화(제2장의 표 2-4 참조)될 것이다. 남북통일을 대비한 통일 재원 마련도 시급하다 하겠다. 더욱이 일부 정치인들이 구체적인 마스터플랜(재원 조달 방안 등) 없이, 세금을 쓰는 정책만을 이야기하면서 무책임한 인기 위주 발언으로 국민을 현혹시키는 포퓰리즘에[7] 의존하는 정치인도 있다.

이들은 미래의 우리들 자녀에게 힘들고 고통스러운 삶의 무게를 던져주면서, 지금 나만 편하게 살려는 좋지 않은 사람들이며 이를 적절하게 단절시키지 못하면 결국 사회는 위기를 맞을 수밖에 없다. 앞으로는 정책 실명제를 실시하는 방안도 적극 검토해야겠다.

개인은 미래 균형 재무관리는 여러 사람들의 이해를 조정해야 하는 사회만큼이나 좀 복잡하다. 그리고 **다른 사람이 해 줄 수 없고 내가 직접 해야 한다.** 개인의 균형 유지 관리는 **변덕스러운 금융시장을 바탕으로 하고 있어 정말 쉽지 않다.**

우선 크게 2단계로 나누어 볼 수 있다. 1단계가 청년기의 준비 기간과 중 장년기의 직장/개인 사업자의 노후생활준비 단계라 하면, 2단계는 50대 이후 30~40여 년의 긴 노후 생활이라 하겠다. 1단계의 균형 관리는 대부분 빠듯한 봉급을 받아 생활하는 그 자체가 균형 유지의 과정이다. 사모님들이 가계부를 적는 과정이 균형 유지 활동인 것이다.

그런데 **2단계 삶의 균형 유지가 쉽지 않다.** 우선 당장 코앞에 닥친 일도 아니어서 준비 필요성을 크게 느끼지 못하고, 준비를 하려 해도 매월 얼마의 금액을 어느 정도의 수익률을 기대해서 준비하면 되는지 알기가 쉽지 않다[8]. 더욱이 이를 알았다 하더라도 경기 사이클에

---

7 남미의 아르헨티나의 사례가 대표적임. 최근에는 유럽의 일부 국가들이 기업 활동으로 받은 세금보다 정부 지출이 초과되어 재정 파탄으로 어려움을 겪고 있는 사례도 많다.

따라 기복이 심한 금융시장을 바라보면 기대 수익률이 당초 예상한 바와 같이 될 수 있을지 불안하여 자주 중간에 변경하게 된다.(이러한 현상은 1 단계 약 30년, 2단계 약 30년 이상의 장기 균형 유지 프로젝트를 장기로 접근하지 않고 3~5년의 단기 프로젝트로 접근하기 때문에 주로 발생된다) 개인들의 미래 수입과 지출이 균형 유지하는 인생 설계는 변덕스러운 금융자산(주식, 채권 등)의 효율적인 관리를 바탕으로 하기 때문에 금융에 문외 안인 개인들로서는 정말 어려운 부분이다.

그러나 개인, 기업, 사회의 운영 메커니즘이 균형 관리에 있듯이, **금융자산 운영의 핵심 개념도 균형 유지를** 바탕으로 한 포트폴리오 관리에서 출발하게 된다는 점을 **이해·공감**하 ♣♣ 고, 개인들이 금융시장에서 한발 떨어져 객관적인 금융시장의 **사실적인 정보를 바탕으로 하여 장기 균형 관리 방안을 수립**하여 실행하면, 잘 균형 잡힌 인생의 수지 관리를 할 수 있다.

표 3-20-2 경제주체별 균형 유지 수익 창출 경제활동 메커니즘

	실물경제 (공급)		금융경제 (기업/개인 중계)				실물경제 (수요)	
	<기업>		<은행>		<펀드/연기금>		<개인>	
	자산	부채	자산	부채	자산	부채	자산	부채
	공장 기계 신규사업	차입금 채권 주식	대출금	예금,적금	주식 채권	투자 - 위탁금	예금/적금 투자 - 위탁금	대출금
Mission	장수기업		기업자금 공급		투자자금 운용		즐거운 인생	
미션특징	장기목표		중장기 역할		장기목표		장기목표	
실물경제역할	상품/서비스 공급		자금중계		투자수익률 달성		소비/저축	
수익주는 고객	소비자(개인)		기업,개인(대출금)		기업(채권,주식)		기업(봉급)	
수익원	매출액크기		예금,대출 금리차		주식, 채권 투자수익		노동(직장/자영업)	
위험요인	판매량 감소		금리변동		금리,성장/배당률 **변동**		경쟁력 약화/**노후준비**	
위험근원	상품/서비스 경쟁력		실물경기		**실물경기/시장수급**		재학습 부족/**조급함**	
위험발생주기	장기간		중.장기간		단기간		장기간/**장기간**	
위험극복방안	신상품 개발		ALM		**포트폴리오 운영**		변화 적응력강화 / **핵심개념이해**	
위험형태	소비자상품외면		기업 신용위험		기업신용/**시장위험**		경쟁력상실/노후대안	
위험측정	소비자 만족도 조사		신용평가		**등급,표준편차, 확률**		[지시]	
위험관리	신제품 개발		여신건전성관리		**평균,상관관계,회기**		[감독]	
상호 기대감	<기업>		<은행>		<펀드/연기금>		<개인>	
<기업 → ..에게>	-		장기대출		장기투자		소비확대	
<은행 → ..에게>	장기성장 기대		-		-		장기예금	
<펀드/연기금 →>	장기성장 기대		-		-		장기투자	
<개인 → ..에게>	좋은상품 낮은가격 공급		단기예금		단기투자(저위험,높은수익)		-	
<시장 → ..에게>	장기성장 기대		자금중계		장기투자		장기투자	

서로 다르다   나

---

8 이 책 제1장의 표 1-1, 1-2, 1-3, 1-4에서 여러분이 직접 상황에 맞게 계산해 보도록 하였음.

표 3-20-2는 개인들의 인생 재무 설계에 연관이 있는 금융기관 및 기업들의 **균형 유지 메커니즘을 정리**한 것이다. 개인, 금융기관 그리고 기업은 서로 떼려야 뗄 수 없는 관계이다. 이들 세 당사자들의 가장 근본적인 존재의 목적과 수익을 내는 방법, 그리고 경쟁력이 약화되는 위험의 원인과 위험 관리 방법, 극복 방법 등을 핵심만 간략하게 비교 정리한 것이다. ― 표의 아래 부분에 음영으로 처리된 부분을 세심하게 보자.

은행과는 또 다른 형태인 **금융회사(증권/펀드사 등)**의 운영 메커니즘은 개인들의 재무 설계와 깊은 연관되어 있다.(우리들이 이 책을 읽는 목적이 바로 우리들과 직접 연관되어 있는 금융회사를 이해하고, 나를 이해함으로써 최적의 균형 잡힌 인생 재무 설계를 구축하자는 것이다) 가장 하단에 있는 **상호 기대감**이란, 각 당사자가 **상대에게 기대**를 표기한 것인데, 주목할 부분은 개인의 실제 행동과 시장이 개인에게 기대하는 바(음영으로 표기 부분)가 **서로 다르다는 점**이다.

표 3-20-2를 부문별로 살펴보자.

▶ 실물경제

우선 실물경제의 두 축은 기업과 우리들 개인이다. **기업**은 상품/서비스를 생산하여 **공급**하고 우리들 **개인**은 기업이 생산한 상품을 **소비(수요)**한다. 개인들은 화폐(돈)를 주고 기업의 상품을 구입한다. 그리고 쓰고 **남는 돈은** 금융회사(은행/증권사/펀드/연기금 등)에 맡겨둔다. 은행에 맡겨둔 돈은 기업에게 대출금으로 운영되고, 증권사나, 펀드에 맡겨준 돈은 주식과 채권투자에 이용된다. 아무리 돈이 많은 사장님이라 해도 기업 운영에 필요한 돈을 모두 혼자서 투자할 수는 없다. 따라서 우리들 개인의 여윳**돈은 모두 다** 금융회사를 통하여 **기업에게** 대출금 또는 주식, 채권의 형태로 **투자된다.**

여기서 중요한 점은 개인과 기업의 경우, 사정이 여의치 않으면 상품/서비스를 판매하고 구입하는 실물경제 활동을 조절하여 수입과 지출 균형을 맞출 수 있다는 점이다. 즉 기업은 경기가 좋을 것 같으면 상품 수요 증가를 대비하고, 반대로 좋지 않을 것 같으면 상품 생산을 줄이거나 할인 판매 또는 해외 대체 시장 개척 등으로 대응할 수 있다. 우리들 개인들도 상황에 따라서는 의·식·주 기본 생활에 필요한 것만으로 지출을 줄일 수도 있고, 좀 상황이 좋아지면 오래된 자동차를 바꾸거나 큰 집으로 이사하는 등 지출을 늘릴 수도 있다. 즉 **기업과 개인은** 기업과 개인의 의지에 따라서 비교적 **시간적 여유를 가지고서** 수입과 지출의 균형을 맞추면서 **실물경제 상황에 적절하게 대처**할 수 있다는 점이다.

더욱이 **기업**의 경우 상품/서비스 판매 가격이나 생산 원가가 갑자기 바뀌는 경우가 흔하지 않고 상품/서비스마다 원가(재료비, 인건비, 운송비, 감가비, 손실률 등)가 일정 기간 고정되어 있어 적정 수익 **균형 관리가 가능**하다. 대기업은 상당수 우호적인 소비자를 보유하고 있어 매출이 단기간 내 급격하게 하락하는 경우도 드물다. 또한 사전에 소비자의 자사 상품에 대한 반응을 살펴봐서, 미리 대비하기 때문에 적절한 균형 관리가 될 수 있다. 예를 들면 삼성 휴대폰을 이용하는 사람들이 어느 날 갑자기 모두 모토로라 휴대폰으로 바꾸는 경우는 없어, 급격한 **매출 폭락 위험**은 수많은 소비자들의 다양한 개성처럼 **잘 분산**되어 있다.

다만, 변화에 게으른 기업(코닥, 소니, 노키아 등)은 상품/서비스가 경쟁력을 잃으면서 마치 개구리가 따뜻한 물속에서 서서히 죽어가는 것처럼 서서히 소멸하게 된다.

참고로, 과거 기업은 재무제표 <u>분식회계</u>[9]를 통해서 수입과 지출이 불균형인 회사가, 마치 균형인 것처럼 거짓말을 하는 불량한 기업이 있기도 했지만, 지금 대부분 한국 기업들은 철저한 <u>회계 검토 과정</u>[10]을 거치므로 지금은 거의 없다고 볼 수 있다.

기업에서 수익과 비용을 관리하는 것이나 개인이 가계부를 관리하는 것은 서로 비슷하다.

그러나 금융기관은 많이 다르다. 금융시장은 개인이나 기업처럼 정확하게 **균형을 맞추는 것이 정말 어렵다.** 좀 더 자세히 살펴보자.

▶ 금융경제

금융회사는 포트폴리오를 중장기 경기 전망에 근거하여 운영한다. 기업과 개인처럼 운영의 핵심도 **역시 매치(Match)** 거래이다. 매치 거래란 Match 의미(짝을 맞춤)와 같이 우리들로부터 돈을 받아 관리하는 금융회사가 투자한 자산의 특성(만기, 수익률, 유동성 위험 등)과 우리들에게 갚아야 할 부채의 특성(만기, 수익률, 유동성 위험 등)이 서로 유사하게 유지되도록 관리하는 방식이다. 금융회사가 투자한 자산으로부터 받을 돈과, 우리에게 갚아야 할 돈이 서로 <u>유사한 성격을 가지고 있으면 위험이 줄어들게 된다</u>[11].　　　　♣♣♣

자산은 금융회사가 투자한 투자자산이며 **부채**는 우리들이 금융회사에 맡긴 돈이다. **내가 요청한 내용[**100만 원을 3년 동안, 5.0% 수익률(금리)을 기대하면서, 수익률의 위험(변동 수준, 표준편차라 함. 제3장 표 3-7의 3)번 정규분포 설명 참조] 허용 범위를 +/- 10% 이내 (4.5%~5.5%)일 것으로 요청했다고 가정**]과 투자된 자산의 특성이 서로 유사하면 매치 거래**가 되는 것이다.

사례1

표 3-21-1 은행의 균형 유지 Match 경우를 살펴보자. 그림을 보면 한결 이해가 수월할 것이다. 은행의 매우 보수적으로 자산/부채의 특성들을 상호 매치하여 상쇄시키면서, 위험을 관리하는 <u>매치 방식(Asset Liability Management)으로 사용한다</u>[12]. 은행은 고객의 예금 인출에 항상 잘 대비해야 한다. 증권사나 펀드 회사 경우에는 우리들이 인출을 요청하

---

[9] 분식회계란 매출과, 자산 규모를 인위적으로 크게 하고, 비용과 부채 규모를 작게 하여 실제로는 적자인 회사를 흑자인 것처럼 위장한 것을 말한다. 머니맨이 투자를 할 때는 항상 대상 기업이 분식회계가 없을 것으로 생각하고 투자한다. 따라서, 만약 투자한 기업이 분식회계를 했다면 머니맨이 투자한 대부분은 거의 회수할 수 없게 된다.

[10] 회계법인이 매년 12월 기준으로 기업의 재무제표를 감사하는 과정을 말함. 기업의 매출은 자본(부채+자본금)으로 제품을 만드는 공장/기계(자산)를 사서 물건을 만들어 거래처에 판매하는 과정이다. 따라서 기업의 손익계산서는 재무제표와 항상 상호 연결되어 있다.

[11] 이를 ALM(Asset Liability Management) "자산부채관리"라고 하며, 금융회사 운영의 핵심 근간이다.

[12] 은행의 매치 방식은 독특하다. 자산의 특성(신용 및 시장 위험)에 따른 위험도의 크기를 측정하여 위험 관리한다.

면, 투자한 자산을 시장 매각하여야 하므로 며칠 기다려야 하지만, **은행은 아무런 이유 없이 즉시 현금을 인출해 주어야 한다.** 다시 말하면 은행의 본질적인 업무 특성 때문에, 증권사나 보험사 펀드운용사 등과 같이 고객이 허용한 일정 수준의 위험(본 사례에서는 ±10% 가정함)을 수용하면서 <u>자산을 운용하기가 매우 어렵다</u>[13](표 3-23 비교 설명 참조).

표 3-21-1 은행(금융회사)의 자산/부채 매치 거래

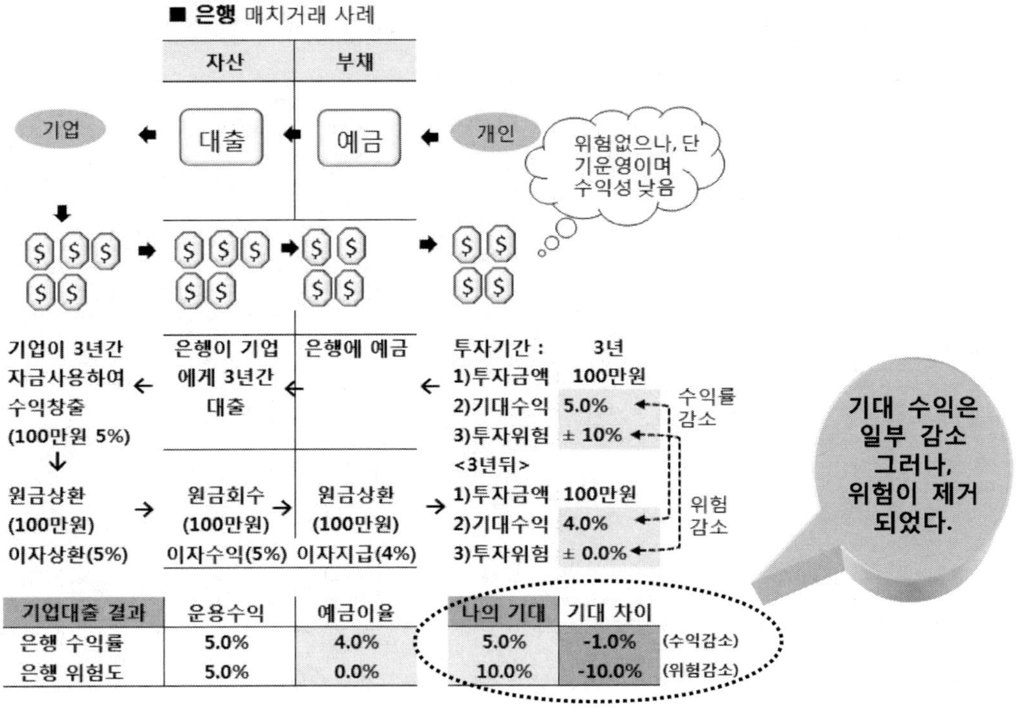

기업대출 결과	운용수익	예금이율	나의 기대	기대 차이	
은행 수익률	5.0%	4.0%	5.0%	-1.0%	(수익감소)
은행 위험도	5.0%	0.0%	10.0%	-10.0%	(위험감소)

따라서 내가 허용한 미래 기대 수익률 변동 위험(+/- 10% 내외)이 없어지는 확실한 장점이 있으나, 확실한 장점이 있는 만큼, 우리들은 당초 기대 금리 수준(5%)보다 약간 낮추어 (4%) 받은 것에 만족해야 한다.(표에서 점선 안에 주목하자. 은행이 기업 대출 금리(5%)를 다 지급하지 못하는 것은 대출금이 미래에 부실화될 것을 감안하여 손실 보전 충당금을 미리 준비하는 의미가 크다)

다음으로 **증권/펀드사**의 사례를 살펴보자. 가장 큰 차이는 증권/펀드에서는 은행처럼 손실 대비하는 충당금이 없다. 투자 원금과 약정이율을 보장하지도 않는다. 다만 내가 요청한 목표 수익률과 내가 허용한 위험 수준을 감안하여 최선을 다해 운영해줄 뿐이다. ♣

[사례2]

부도덕한 펀드 운용 사례이다. 은행과 비교하여 보면 허용한 위험 수준에 큰 차이가 있음을 알 수 있다.

---

13 예외적으로 신탁방식을 활용하여 보다 자유롭게 고객의 요청에 따라 운영할 수도 있다. ^^

표 3-21-2 부도덕한 펀드사의 자산/부채 매치 거래 특성

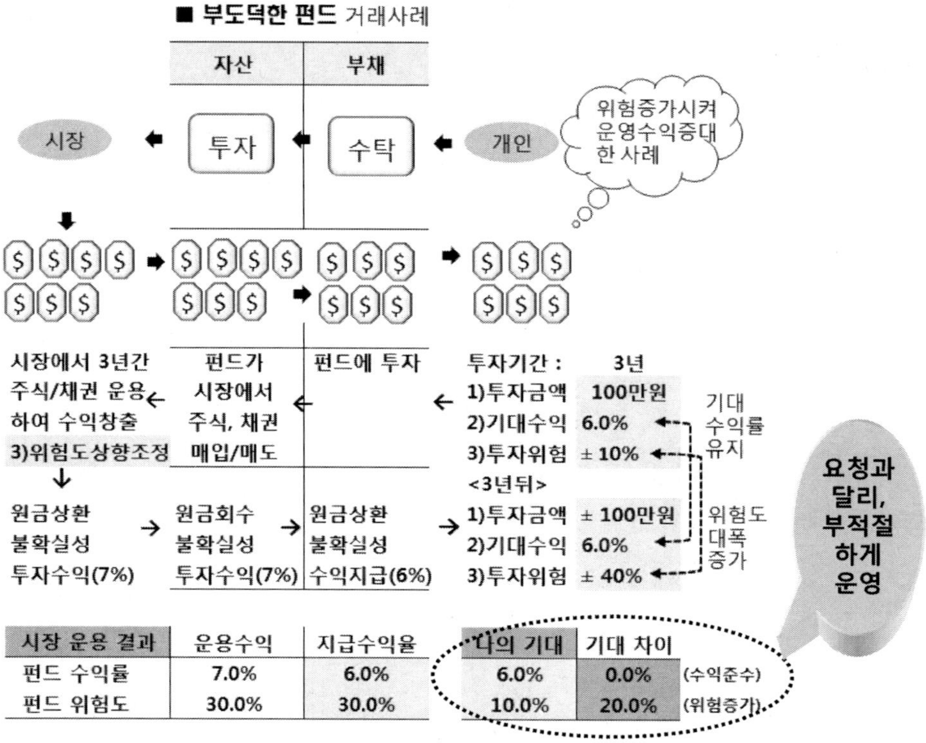

시장 운용 결과	운용수익	지급수익율	나의 기대	기대 차이	
펀드 수익률	7.0%	6.0%	6.0%	0.0%	(수익준수)
펀드 위험도	30.0%	30.0%	10.0%	20.0%	(위험증가)

즉 내가 **허용한 위험도**를 사전에 나와 협의도 없이 임의로 **크게 벗어나게 투자**한 경우이다. 위험도를 크게 하면서 내가 요청한 목표 수익률을 달성하는 것은 매우 쉽다. 그냥 신용이 좋지 않아 수익률이 높은 채권을 사거나, 주가 등락이 많은 주식을 사면 된다. 당연히 손실이 발생할 가능성도 크다.

이들은 투자 만기에 목표 수익률이 실현되지 않으면, 이런저런 그럴싸한 다양한 변명을 할 것이다. 그러나 내가 잘 모르니 뭐라 말도 못하고 당할 수밖에 없게 된다. 이러한 피해가 발생되면 돌이킬 방법이 거의 없다. - 제7장에서 우리들이 이러한 부도덕한 펀드를 미리 알아볼 수 있는 방법을 일부 소개하겠다.

사례3

정직한 펀드 운용 사례이다. 우리들이 제시한 조건(매년 목표 수익률 6%, 위험 허용 수준 ± 10%)을 준수하면서 펀드운용 수수료 정도만을 감안하여 적절하게 운영한 경우이다. 그런데 이렇게 투자자산의 특성을 내가 요청한 바에 따라 운영하는 것이 사실 말이 쉽지 그리 간단하지 않다.

표 3-21-3 정직한 펀드사의 자산/부채 매치 거래 특성

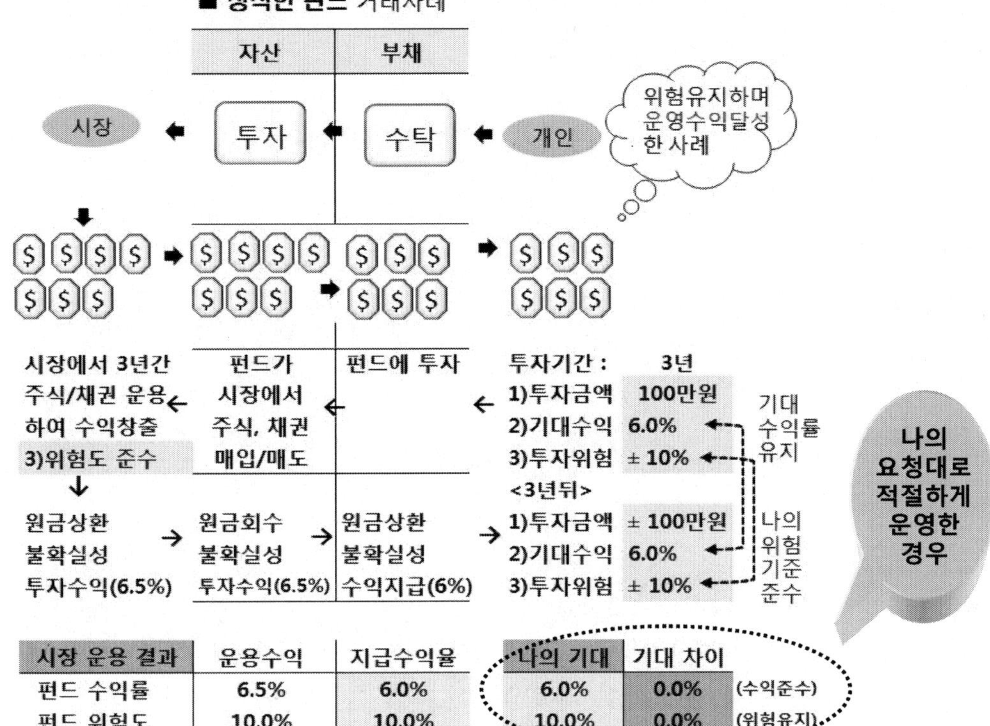

시장 운용 결과	운용수익	지급수익율	나의 기대	기대 차이	
펀드 수익률	6.5%	6.0%	6.0%	0.0%	(수익준수)
펀드 위험도	10.0%	10.0%	10.0%	0.0%	(위험유지)

좋은 펀드는 우리를 도와 우리들의 인생 대차대조표의 **match 거래**를 잘 준비하게 **도와** ✱✱✱
준다. 좋은 펀드는 절대 장밋빛 전망으로 여러분을 **현혹하지 않는다.** 그렇다고 비관에 찬
도피성 책임 회피만을 하지도 않는다. 그들은 금융의 메커니즘을 알고 있고, **사실을 이야기**
하며, 1~2년 단기 투자를 이야기하지 않고 여러분의 20~30년 뒤 인생을 준비하는 투자를
이야기한다. 그들은 **시장에 겸손**하며 여러분의 요구가 현실적이지 않으면 여러분이 꿈에서
깨어 현실을 보도록 구체적인 금융 data를 보여 주며 여러분을 **이해시키려** 설명하고 **노력**
한다. 그들은 할 수 없는 것을 하겠다고 약속하지 않는다. 그들은 금융시장 메커니즘을 알
고 있기에 여러분을 위해 일을 할 수 있도록, **명확하게 지시**하기를 바라는 사람들이다. (사실
우리들은 금융메커니즘뿐만 아니라 우리 스스로도 잘 모른다)

사례1, 3)은 모두 금융회사가 나의 요청대로 적절하게 매치하여 자산을 운영해 준 경우
이다. 투자자의 투자 조건에 맞추어서 금융회사가 모두 완벽하게 운영해 주면 좋겠으나 현
실적인 금융시장의 여건을 감안하면 어렵다.

경제활동은 복잡하다. 복잡한 경제활동이 어떠한 방향으로 진행될지 예측하기가 쉽지 않
다. 실물 경제가 흐름이 주가나 금리 수준 등 금융시장에 어떻게 영향을 줄지 알기 어렵다.
더욱이 이러한 복잡한 것들이 내가 투자하는 한두 개의 투자자산에 어떤 영향을 줄지 정확

하게 예상한다는 것은, 요행이 아니고서는 신도 예측이 불가능할 정도로 어렵다. **그러나 방법은 있다.** 일반적으로 경제에 심각한 영향을 미치는 예상치 못한 <u>돌출 변수</u>[14]가 없는 한 <u>경제학자</u>[15]들의 **경기 예상 진단은 대체적으로 맞는다.** 즉, 산업 전체, 국가 전체의 **장기적인 경기 예상**은 **거시경제 분석**을 통해 어느 정도 가능하다. 다만 특정 국가, 특정 산업 내 속해 있는 **개별 기업**의 주식/채권 가격을 정확하게 **예측하기는 어렵다.**

우리들은 1단계 30년 인생의 전반을 열심히 일하면서 즐겁게 생활하고 2단계 은퇴 후 30여 년의 장기 노후 인생도 준비해야 한다. 1, 2단계의 재무설계 기간이 워낙 장기간이므로 시간은 충분하다. **시간이 충분하다는 것은 투자에 있어서 매우 유리한 장점**인데, 이는 투자 수익률이 오르내리는 <u>위험을 적정한 수준까지 수용</u>[16]하면서 장기적으로는 다른 투자 대안보다 높은 수익률 달성을 가능하게 한다.

증권사, 펀드운용사도 표 3-21-1 은행의 매치 거래 사례와 유사한 과정을 따른다. 다만 은행과 펀드와 차이가 있다면 펀드는 내가 허용한 수익률의 변동 위험을 적극 활용(은행보다는 위험도는 증가)하면서, 약간 높은 수익 달성을 목표로 한다는 점이다.

▶ 금융 회사와 기업 비교

금융회사(은행/연기금, 펀드)는 기업과 많이 다르다. 금융회사가 다루는 것은 기업과 개인들이 주고 받는 상품/서비스가 아니다. **금융회사가 다루는 것은 화폐(돈)**나 화폐 가치를 표시한 증서(주식, 채권)이다. **돈의 힘은 아주 막강**하여 다양한 형태로 수익이 예상되는 실물 투자 활동(기업 설립, 부동산 구입, 금·은·원유 매입, 선박 구입, 곡물 생산 투자, 와인 농장 투자 등)을 가능하게 한다. 따라서 돈은, 돈 주인(개인 또는 법인)이 실물경제에 직접 투자할 때 예상되는 수익률 보다 좋은 보상(금리)을 금융회사가 하지 못하면, 돈은 금융회사에서 빠져 나오게 된다.

반대로 높은 보상을 해주면 금융회사로 돈이 들어오게 된다. 즉 돈은 아주 똑똑하고 영리한 존재로서 시장 이자율에 매우 민감하게 반응한다는 것이다. 차도남보다 100배나 더 깐깐하며 눈물도 감정도 없이 오로지 위험 대비 높은 수익률만을 쫓아가는 **아주 변덕스런 존재가 돈이다.**

그런데 이러한 변덕스러운 **돈보다도 100배 더 깐깐하고 더욱 더 변덕스러운 것이 있다. 바로 수익률(금리)**이다. 기대 수익률은 단지 미래 실물 경기가 어떨 것이라는 **예상(기대)만으로도 변동**된다. 더욱이 이러한 이자율 예상에 따라 시장 참여자(개인 및 금융회사)가 금융 상품 거래(주식, 채권 매매)를 하게 되면, 거래 자체 **수요/공급이 이자율을 다시 변동시키는 과정(채권 거래 설명 참조)이 반복**되어 더욱 혼란스럽게 된다. 그런데 **금융회사는 이렇게 럭비공** ♣♣ **처럼 어디로 튈지 아무도 모르는 돈과 이자율을 다루는 곳이다.**

---

[14] 미국 911 사태, 한국의 IMF 구제 금융 신청, 러시아의 국가 부도 선언 등으로 인한 금융시장 폭락사태.

[15] Economist라고 한다. 펀드 운영 성패의 대부분이 유능한 이코노미스트에 따라 정해진다고 한다. 이들은 경기 전망을 하고 이에 따른 향후 펀드의 자산운용방침(Asset Allocation이라고 함)을 정한다. 대부분의 금융회사들은 이들의 전망에 따라 금융시장의 대세 흐름에 순응하며 포트폴리오를 운영한다.

[16] 내가 수용할 수 있는 위험의 정도를 파악하는 것도 그리 간단하지 않다. 먼저 우린 나 스스로를 잘 모른다. ^^

앞 표 3-20, 3-21에서 개인이나 기업 금융회사는 모두 받을 금액과 줄 금액을 균형 관리하면서 적정한 이익을 발생시킨다고 했다. **개인이나 기업의 경우** 주고 받는 균형 있는 실물 경제활동에서, **불균형** 발생되는 현상이 비교적 **서서히** 나타난다고 했다. **금융회사도** 줄 금액과 받을 금액을 균형 유지하면서 적정한 이익을 창출한다. 그러나, 줄 금액(금융부채)과 받을 금액(금융자산) 양쪽 모두가 변덕스러운 돈과 이자율 움직임에 민감하게 반응하므로, **균형 유지가 아주 어렵고**, 불균형 발생되는 현상도 **매우 빨리 발생**된다.

그래서 어쩔 수 없이 금융회사는 이자율에 변동이 있어도 줄 금액과 받을 금액이 **적절한 범위 내에서 균형이 유지되는 방식(자산/부채관리, Asset Liability Management)으로 관리**할 수밖에 없는 것이다 [17].

▶ 금융경제 세분화 ➔ 은행과 펀드/연기금

표 3-23 은행, 펀드/연기금, 기업의 운영방식

구 분		은행	펀드/연기금	기업
사회적 역할		자금 중계		상품/서비스공급
운영 주체		**은행**	**대리인 관리자**	**경영자**
기초 거래		화폐 (화폐표시 증서)		상품/서비스
수 익 원		예대 금리차	관리 수수료	원가관리
거래 형태		예금/대출	주식/채권	상품판매
자산 매매		없음	빈번함	
수익변동 (위험) 요인	**장기**	실물경기 / **산업의 변화**		**상품 경쟁력**
	단기	**현재 시장금리**	**미래 시장금리, 현재 수요/공급**	
성공 요인		자산건전성	장기 투자	상품 차별화
위험 관리 방법		신용조사/AML	포트폴리오 관리	소비자 시장조사
위험수준 결정권자		**은행**	**개인**	**경영자**
결정할 내용		Var[18]	예상 수익률(이자율) 평균, 표준편차, (확률,상관관계, 회기분석)	신상품 개발

표 3-23은 기업과 금융회사의 근본적인 차이점을 정리한 것이다. 꼼꼼히 읽어보자. 가장 큰 차이는 본질적인 **사회적 역할**이 기업은 **상품/서비스 공급**이란 점과, 금융회사는 **자금**

---

[17] 종종 금융회사들이 균형 유지하는 Match 관리를 소홀히 하여 위기를 겪는 모습을 볼 수 있다. 대표적인 사례가 장기와 단기 금리차만을 이용하여 수익을 추구하는 방식인데 이 방식은 금융시장이 급격하게 변동되면 단기 금리가 급격하게 상승하여 손실이 발생된다는 치명적인 약점이 있다.

[18] Value at risk의 약자. 금융회사가 통계확률모형을 이용하여 투자자산의 Var 값과 부채의 Var 값을 산정하여 리스크를 관리하는 방식을 말함.

중계란 점일 것이다. 또한 **수익 변동 요인(위험)**이 기업은 장기간에 걸쳐서 나타나고, **금융회사는 거의 매일** 단기간에 발생된다는 것이다.

(1) 은행

표 3-21 그림처럼 **은행**은 기업에게 자금(우리들이 맡긴 돈)을 중계할 때는 대출금 형태가 대부분이다. 일반적으로 은행 대출을 대부분 담보를 제공해야 하는 경우가 많고, 담보 없는 신용 대출은 아주 우수한 신용을 갖춘 기업에 한하여 받을 수가 있다. **왜 은행은 보수적일까?** 답은 의외로 간단하다. 펀드와 달리 은행은 우리들이 예금을 **은행의 책임하에 기업에게 빌려주는 것**이고, 돈을 빌려간 기업이 망하는 것과 상관없이 예금 원금과 이자는 항상 지급해야 하기 때문이다.

은행의 수익은 예금과 대출의 금리차이다. 금리가 상승하면 예금이자 지급 금액이 대출금 이자 수입 금액보다 많아지게 되어 (예금이자의 지급 주기 및 만기는 대출금 이자 수취 주기와 대출 만기보다 대부분 짧기 때문에, 금리가 상승하면 예금 부분의 지급 이자가 높은 시장금리로 다시 정해지게 되므로 대출금 수취 이자 금액보다 빠른 속도록 증가하게 됨) 수익이 줄어들 수도 있다. 따라서 은행은 대출해 준 기업의 신용도 관리뿐만 아니라 시장 금리 변동에 따른 수익 변동 위험도 관리를 해야 한다. 이러니 보수적일 수밖에 없다.

(2) 증권/펀드/연기금

사실 우리들의 고민은 지금부터 이야기하는 증권사, 보험사, 자산운용사 등에 가입하는 펀드/연기금에 있다. 아이러니하게도 돈에 대해서는 가장 전문가인 금융회사 자신들도 너무 어려워서 결정하지 못했던 사항에 대해 **우리에게 결정하도록 요구**한다.

표 3-23 점선 박스 안을 자세히 보면, 은행과 기업은 스스로가 운영의 주체가 되면서 동시에 위험 관리의 결정권자가 된다. 운영 주체와 책임을 지는 당사자가 동일하니 남을 탓할 일도 없게 된다. 그러나, 펀드/연기금은 운영의 주체는 우리들이 운영을 위임한 대리인(펀드매니저)이지만, 펀드 운영의 중요한 의사결정【투자수익률, 투자 위험의 정도(편차, 확률, 상관관계 등)】을 우리들 자신이 해야만 한다[19].

왜 우리들이 위임한 대리인이 알아서 잘 투자 관리해 줄 수 없을까? 답은 아마도 그들 자신도 금융시장을 정확하게 예측하는 것이 불가능하다는 데 있다. 그들은 단지 충실한 자산관리인으로서 원칙에 따른 서비스를 제공할 뿐이다. 그들은 돈의 주인인 우리들이 스스로의 상황에 따라 적절한 선택(시간, 여력, 목표 생활 수준 등)을 하도록 금융 data를 제공하며 도움을 주지만, 결국 결정과 책임은 우리들 자신이 부담하는 것이다.

이들은 어떻게 보면 **집사(Stewardship[20], 청지기)**의 역할을 수행하는 것이다. 때로는 돈

---

[19] 이러한 의사결정을 어떻게 할지에 대하여는 뒤에 설명하도록 하겠다

[20] **stewardship**' which has been until today include these three: "duty of service" as recognized and stressed by the Romans;[1] "responsibility", stressed especially by the English, and "management", an idea the ancient Greeks equated with their own 'economics' (= household management) 청지기란 주인의 재산, 소속한 인부들

을 위탁한 주인의 자산을 잘못 운영했다는 비난을 피하기 위해 먼 장래의 수익 발생 기회를 찾기보다는 지금 좋아 보이는 회사 주식 또는 채권에만 투자하는 경우도 있다. 하지만 정직한 대리인은 장기적으로 우리들의 인생 준비에 적합한 자산 관리 서비스를 제공한다.

자산 관리 서비스를 제공하는 것이 쉬운 것만은 아니다. 채권투자 시 금리 예상이 어렵고 주식 투자는 금리, 성장률, 미래배당률 예상이 어렵다. 설사 어렵게 정확하게 금리와 배당 수준을 예상했다 하더라도, 시장에서의 수요/공급 중 어느 일방이 크면, 수급 때문에 예상이 아무런 의미가 없게 된다.

일정하게 적정한 수익이 발생되도록, 줄 돈, 받을 돈의 균형 관리【match 관리(기업), ALM 관리(은행, 보험), Duration 관리(채권펀드), Portfolio 관리(주식펀드)】는 정말 어렵다. 우리들로부터 투자자산 운영 위임을 받은 **청지기와 같은 펀드매니저**는 매일 럭비공처럼 어디로 튈지 모르는 돈과 이자율을 다루면서, 장기 안정적으로 일정한 수익을 달성하는 것이 주요 임무이다.

그들은 시장의 두 얼굴을 알고 있다. 금융 이론에도 해박한 지식을 가지고 있다. **정직한 펀드매니저는** 여러분의 투자 목적이 노후 준비를 위한 장기 투자인 점을 안다면, 개별 자산이나 산업에 선별하여 투자를 하기보다는 투자 대상 자산 유형 별(Asset Class라고 하며, 주식, 채권, 부동산, 선진국 시장, 이머징마켓 등)로 구분한 **달성가능성이 큰 평균 수익률을 감안하여 장기 투자하는 포트폴리오 운영을 권유할 것이다.**

3. 포트폴리오 Match 거래 구축 사전 준비

1) 분산투자 이해

차가운 도시 남자, **차도남**의 사례를 비유하여 살펴보자. 차도남은 일 잘하기로 소문난 회사원이다. 매사에 신중한 분석과 과감한 추진력으로 하는 일마다 성사시키는 미래가 유망한 직장인이다. 차도남은 개인적으로 주식과 채권 투자도 열심인데, 역시 신중한 분석으로 매우 우량한 회사로 보이는 회사(S사/H사)를 선별했다. 차도남이 과거 동사의 주가와 회사의 수익을 보니, 지금 투자한다면, S사는 8%, H사는 10% 수준의 수익이 가능할 것으로 예상됐다. 워낙 초우량 기업이라서 위험도 크지 않을 것으로 생각되어 S사와 H사의 주식과 채권에 투자했다. 두 회사 모두 재무 실적이 좋고 기술력도 있는 우량 기업으로 단기간에 주식이나 채권 가격이 크게 하락할 별다른 요인도 없어 보였다. 그러나 투자 이후, 차도남은 늘 고민이다. 차도남이 생각한 것보다 더 큰 폭으로 주식과 채권 가격의 변동이 심했다. 주가가 많이 하락할 때는 불안해서 일도 손에 잡히지 않았다. **회사 일은 열심히**

과 자녀 교육, 논밭과 포도원 등과 밭의 생산, 수확 관리, 집에 드나드는 숙박객의 관리 등 한마디로 주인의 재산과 일체의 산업을 기획 관리하는 사람.

하면 대부분 잘 되었지만 주식과 채권 투자는 열심히 해서 될 일이 아닌 것 같았다. 생각만큼, 기대한 투자 수익을 올릴 수 없었다. 가끔 이익을 보는 경우도 있지만 주로 손해를 보는 것이 더 많았다.

차도녀는 회사 동료이며 경쟁자이기도 한 차도남이 회사 일도 똑 부러지게 하며, 열정도 있는 똑똑한 사람인데 주식과 채권 투자에 늘 쓴맛을 보는 것이 잘 이해가 되지 않았다. 혹시 차도남이 잘 모르는 무언가가 있는 것일까? 하는 호기심이 발동하여 투자 현장에서 직접 실무를 담당하며 금융 이론에도 해박한 친구 **머니맨(금융회사)**[21]을 만나 저녁을 같이 하면서 물어 보았다.

머니맨의 이야기를 잠시 들어 보니 똑똑한 차도남도 생각하지 못한 것이 있었다. 머니맨에 의하면 **주가는** S사와 H사의 기본적인 영업과 재무 실적 부실 때문에 하락할 수도 있으나, **시장의 수급**에 따라 더 큰 영향을 받는다고 한다. 즉, 시장에 참여하는 자(표 3-10 참조 / 개인 및 기관 투자자)들이 표 3-17b 및 3-18에서 정리한 여러 가지 미래 변수에 대하여, 차도남의 생각과 달리 생각해서 주식을 팔게 되어 가격이 하락할 수도 있고, 기관 투자자의 경우 **환매 자금을 마련**(유동성 확보)하기 위해 좋은 기업임에도 불구하고 싸게 매각함으로써 가격이 하락할 수도 있다 한다. 더욱이 한국은 외국인이 주식투자가 자유롭다 보니 주가가 하락해도 **원화 환율**이 강세가 되면 외국인 투자자가 주식을 매도하는 거래가 증가된다.

이러한 모든 상황은 차도남도 어떻게 할 수 없는 것들이다. **채권의 경우**, 차도남은 미리 정해진 이자 수익만 잘 받으면 당초 기대했던 채권 투자 수익을 받을 것으로 생각했겠지만, **현실적으로 개인이 직접 채권을 매입하기가 불가능하고**[22] 대부분 채권펀드에 가입하여 간접적으로 S사와 H사의 채권에 투자하게 되는데, 표 3-12처럼 차도남이 채권을 매각하는 시점에서 **시장 금리**가 S사와 H사의 채권 금리보다 높으면 두 회사가 아무리 우량해도 원금 손실이 발생된다고 한다. 더욱이 금리의 예상은 표 3-15에서 정리한 것처럼 **예측이 거의 불가**능하다 하니, 아무리 똑똑한 차도남도 도저히 어쩔 수 없을 것이란 생각이 들었다. **금융시장은 전혀 새로운 세계처럼 보였다.**

차도녀는 이제 더 이상 차도남이 왜 투자에 성공하지 못했는지에 대해서 관심이 없어졌다. 머니맨의 설명을 듣고 나니 차도남이 장기적으로 투자에 성공할 것이라고 기대를 하는 것이 거의 불가능해 보였다. 차도녀는 혹시라도 차도남과 행복한 노후 생활을 준비해야 할 경우가 되면 차도남의 문제가 자신의 문제가 될 수도 있을 것으로도 생각되어 침착하고 세밀한 머니맨에게 한 수 부탁했다. ^^

---

[21] 머니맨(금융전문가)은 마치 오케스트라(실물경제, 금융경제, 개인금융 등 경제 전반적인 부분)를 지휘하는 지휘자 역할과 유사하다. 지휘자는 악기(경제 각 부분)의 특성을 정확하게 알고 있고 악기를 연주하는 능력(다양한 현장 실무 경험) 있다. 지휘자 공부(금융 이론, 운영 메커니즘)를 한다. 그래야만 연습할 때 불협화음(현장 문제)이 나오면 어디가 잘못되었고 어떻게 고칠 수 있는지 알 수 있는 것이다.

[22] 대부분의 개인들은 기업 분석 경험이 없어 직접 채권을 투자 시 피해를 볼 위험이 크다. 기업도 채권을 발행하여 기관 투자자들에게 판다면 기업이나 기관 투자자 모두 전문가로 인정되므로 별다른 절차가 필요 없으나, 만약 개인들에게 판다면 아마추어인 개인 투자자 보호를 위해 상당한 서류 작업을 해야만 한다. 따라서 기업은 굳이 개인들에게 직접 채권을 판매할 이유가 없는 것이다. ^^

▷ 개별기업 직접투자(차도남)

구분	기업	예상 수익율	예상 변수	예상 위험도
주식	S사 (제조)	8%	기업 수익성 성장성 안전성	5% / 10% / 30%
주식	H사 (건설)	10%		5% / 20% / 40%

구분	기업	예상 수익율	예상 변수	예상 위험도
채권	S사 (제조)	4%	시장 이자율	7% / 10% / 20%
채권	H사 (건설)	6%		5% / 15% / 25%

▷ 포트폴리오 투자(머니맨)

구분	예상되는 수많은 경우의 수 (시장 산업 기간 유형 국적)	예상 수익율	예상 변수	예상 위험도
주식	거래소 IT 단기 리즈 한국 / 코스닥 제조 장기 ETF BRIC	9%	기업 수익성 성장성 안전성	7% / 10% / 20% / 7% / 10% / 20%

구분	예상되는 수많은 경우의 수 (시장 산업 만기 유형 국적)	예상 수익율	예상 변수	예상 위험도
채권	장내 IT 단기 MBS 한국 / 장외 제조 장기 ELS BRIC	5%	시장 이자율	7% / 10% / 15% / 7% / 10% / 15%

머니맨의 설명은 간단 명쾌했다. 머니맨은 차도남처럼 개별 회사에 투자하기보다는 **표 3-24 머니맨의 포트폴리오**와 같이, 주식/채권 투자를 거래시장, 산업, 투자기간, 투자자산 유형 그리고 국가 별로 **다양하게 나누어서 투자해야 한다**고 한다.

차도녀는 잘 이해되지 않았다. 지금 좋은 회사에 투자하는 것이 맞을 것 같은데 많지도 않은 돈을 왜 지금 좋은 회사를 놔 두고서 다른 회사에 나누어서 투자해야 하는지 언뜻 이해가 되지 않았다.

머니맨은 잠시 생각한 후 다음과 같이 설명을 이어갔다. 가령 차도남이 투자했던 기업이 좋은 기업이라고 해도 차도남이 기대했던 수익을 실현하려면 주가가 올라야만 한다. 기업의 주가를 결정하는 것은 크게 3가지【기업 내부요인인 성장률(Growth), 배당률(Dividend) 그리고 기업 외부 요인인 시장 금리 수준. 표 3-9 참조】인데, 3가지 모두 미래에 어떻게 될지 정확하게 알 수 있는 방법이 없다는 것이다. 주가는 사려는 사람이 많으면 오르고 반대로 팔려는 사람이 많으면 하락하지만, 사려는 사람도, 팔려는 사람도 **주가를 결정하는 3가지**에 대해 항상 동일한 판단을 하지 않기 때문에, 시장에서는 좋은 기업이지만 주가가 오르지 않는 사례도 많고, 반대로 그리 좋아 보이지 않는 기업이지만 주가가 오르는 경우도 많다고 한다.
따라서 차도녀가 투자에 성공하려면 시장 특성을 이해하고 이를 받아들여야 한다고 설명을 이어갔다.

2) 금융시장의 일반적인 성향 이해

1) 금융시장은 차도남과 다르게 생각하는 무수한 사람들이 있다. 누구의 판단이 맞고 틀리는 문제가 중요한 것이 아니라 시장에 참여하는 **다양한 사람들의 생각이 서로 다르다는 것을 이해하는 것이 중요**하다. 생각이 다른 만큼, 서로 다른 수많은 거래 가격이 만들어지

게 되며, 내가 투자한 주식. 채권은 이분들의 생각에 따라 영향을 받게 된다. 금융시장은 많은 시장 참여자들이 공감한 방향(경제 전망)으로 움직이므로 **다수의 시장 참여자의 생각이 중요할 뿐**이지 누구의 판단이 옳고 옳지 않은지는 중요하지 않다고 한다. 따라서 아무리 차도남이 고심하여 개별 주식을 잘(?) 선별하여 투자한다 해도 그 기업은 **수천 개 기업 중 하나일 뿐이고, 차도남도 수백만 명의 투자자 중 한 사람일 뿐**이기 때문에, 주식 가격은 항상 등락이 있을 수밖에 없다 한다. 결국 차도남이 투자자산의 가격 변동이 심해서 항상 **불안**할 수밖에 없는 것은 **당연**하다 한다.

    2) 금융시장에 순응하며 대세를 따라야 한다는 것이다. 머니맨 스스로도 특정 개별회사의 주가나 미래 금리 수준을 정확하게 예상하는 것은 불가능하다고 한다. **금융시장은 수많은 투자자들의 미래 실물 경제**(글로벌 경제, 한국 경제, 산업별 경기 상태. 표 3-18 참조)**에 대한 각자의 생각을 숫자**(금리, 경제성장률, 주가, 환율 등. 표 3-19)**로 종합하여 보여주는 곳**이다. 아무리 유능한 머니맨도 40억 세계인의 마음을 모두 읽어서 실물 경제활동을 예측하여 미래 금융시장을 예측할 수는 없는 것이다. ^^

    3) 주식시장은 성장한다. 주식시장은 언뜻 보면 돈을 버는 사람이 있으면 잃는 사람이 있어 제로섬 게임을 하는 곳으로도 보여진다. 그러나 **주식시장은** 절대 제로섬 게임을 하는 곳이 아니다. **항상 모두가 이익을 보는 시장이다**(3장의 표 3-7의 4)항목 참조 – 한국 주가지수 35년 역사). 다만, 조금 시간이 필요할 뿐이지만 차도남의 긴 인생 여정을 보면 지금 10~20년은 그리 긴 시간도 아니다.

    글로벌 정치, 경제, 금융시장은 모두 연결되어 있고, 기업은 본능적으로 이익 추구를 위한 실물 경제활동을 통해 끊임없이 부가가치를 창출하게 되며, 기업의 부가가치 창출과 함께 주식시장도 함께 성장한다.(표 3-70 참조) - 기업의 부가 가치 창출이 우리들에게 주는 의미는 인류가 수렵생활을 하던 석기시대에서 산업화 시대를 거쳐서 IT 지식 정보화 시대로 변화하면서 적어도 **생활 수준 개선[23]**을 가능하게 한 것으로 이해하면 된다.

    4) 우리 개인 투자자와 기업은 같은 고민(?)을 하고 있다고 한다. 기업은 성장을 위해서는 장기 투자가 필요하고, 대부분 장기 자본 조달을 위해서는 적정한 비용(수익률)을 지급할 의사도 있다고 한다. 개인들도 지금은 봉급을 받아 생활하고, 은퇴 후에는 지금 수입의 50~60% 정도만 받으면 노후 생활에 만족해 한다고 한다. 때문에 **머니맨은 원칙적으로 장기 목적이 일치하는 기업과 개인의 고민을 동시에 해결해 줄 수 있다**고 한다. 다만 일부 소명감 없는 머니맨의 친구들이 종종 **바람직하지 않은 금융 상품들[24]**을 만들어 시장의 변

---

[23] **생활 수준(Living Standard)** 개선이란 의미를 동일한 상품/서비스를 구입하는 데 필요한 물리적 노동 시간이 줄었다는 것으로 생각해보자.

[24] 당초 **해지상품**은 미국 시카고의 곡물 생산 농부들이 농사 시작하는 봄에 미리 가을 수확 시기에 가격 하락을 우려하여 미리 매각 가격을 정하기 위한 목적으로 거래되기 시작했다. 현재는 곡물뿐만 아니라 기업의 원자재 구매, 금융기관의 이자율 해지 등과 다양한 해지상품들이 많이 거래된다. 거래는 주로 시카고, 런던, 싱가포르 등과 같은 국제 상품 거래 시장에서 이루어진다. 사실 **실물거래**를 대상으로 한 해지거래는 순기능이 많다. 농부는 미리 봄에 정해진 가격으로 곡물을 전달하면 되고, 가을에 곡물 가격 상승을 우려한 해서 해지상품을 이용하여 봄에 미리 산 기업은 미리 정해진 가격에 돈 주고 곡물을 구입하면 된다. 둘 다 이익이다. **문제가 되는**

동성을 크게 하는 바람에 일시적으로 시장이 정상 궤도에서 이탈되고, 기업과 개인들도 조급한 마음에 장기적으로는 해가 될 수도 있는 단기 실적 증대에 욕심부리게 되면서 금융시장이 반복적으로 혼란이 발생될 뿐이라고 한다. 그래도 시장은 이내 아픔을 치료하고 다시 성장한다고 한다.

5) 머니맨의 임무는 복잡하고 혼란스러워 보이는 금융시장 속에서 고객의 진정한 투자 목적에 맞게 자산 운영을 도와주는 것이라 한다. 그러나 대부분의 머니맨 고객들은 **자신들이 머니맨에게 무엇을 요구해야 할지 모른다**고 한다. 금융시장 이해부족으로 어느 정도 위험을 부담할 수 있는지, 기대하는 투자 수익률은 얼마가 적절한지 등 머니맨에게 요구할 사항을 **수치화하지 못한다고** 한다. - 머니맨은 차도남이 시장 평균 장기 복리수익률 정도만을 목표로 해도 충분하다 한다. < 자 여러분은 제1장의 표 1-1 및 1-2, 4-1을 참조하여 얼마의 내가 원하는 매월 연금을 받기 위해서는 몇 년간 얼마를 어느 정도의 수익률이 필요한지 계산해 보자>

6) 머니맨은 우리들이 머니맨들이 관리하는 포트폴리오 운영의 핵심을 이해하면 인생에 아주 큰 도움이 되며 여러분 노후 생활 30년 동안의 생활 모습도 바꿀 수 있다 한다. 지금 이해하지 않으면 결국 20년 뒤에 땅을 치며 후회한다는 것이다. 내가 직접보고 확신이 들 때 우리들의 믿음이 유지될 수 있듯이, 지금 조금 귀찮을 수도 있지만 나의 노후 인생을 준비하는 중요한 일이라 생각하고 **반드시 이해하려고 노력해야 한다**고 한다.

차도녀는 머니맨의 투자자산 운영 원리 중 1)~4)는 이해가 되는 것 같고 5)번은 1장의 서례로 적절한 수익률 수치화가 가능할 것으로 보이나 6)번의 포트폴리오 운영의 핵심이 무엇인지 잘 이해가 되지 않았다. 좀 더 자세하게 설명해 달라고 부탁했다. 머니맨은 좀 지루할 수도 있는 긴 이야기지만 차도녀에게 중요한 것이라서 알려주어야겠다고 하면서 차도남과 같은 개인 투자자와 기관 투자자의 차이점을 먼저 정리했다.

3) 개인과 기관투자자(머니맨)의 포트폴리오 운영방식 차이점 이해

펀드매니저가 여러 개 자산을 투자·관리하는 방식은 우리들 개인들이 직접 몇 개의 자산에 투자하는 방식과는 많이 다르다. 정리하면 아래 표 3-25와 같다. 주목해야 할 몇 가지 부분을 살펴보자.

"분석 도구"를 보면 **개인**들은 대부분 기업 관련 정보(소문, News 등)을 듣고 거래를 하는 경우가 많다. 그러나 **머니맨**은 News 정보에다 분석 하나를 더한다. 즉 기업이 과거의 주식가격 분포나 유사한 기업의 주가들을 관찰한 후, 현재 기업의 주가가 어느 수준에 와 있는지에 대한 분석을 추가한다. 그다음에 기업의 현재 주가가 산정될 만한 변화(신기술 개발,

---

것은 농부가 봄에 해지를 통해 팔려고 하고 기업이 이를 구입하려고 하는 금액은 100인데, 해지시장에서 **가공의 수요 200이 추가**되어 300이 거래되는 경우이다. 이렇게 되면 정작 농부가 해지하려고 한 의도와 상관없이, 투기성 거래 때문에 가을에 곡물 가격이 폭등하거나 폭락하는 경우가 발생되어 실수요 거래자가 피해(인도할 곡물 부족으로 인위적 실물 가격 상승, 또는 가수요가 차액 정산 되더라도 실물 가격에 영향을 주는 부작용 발생 등)를 보며, 결국 **금융시장이 경제실물과 분리된 투기 시장으로 변질**되어 위험(변동성)이 확대되어 불안정한 시장이 되는 것이다.

신제품 출시, 원가 절감 방안 등 앞으로 기업의 수익을 개선시킬 수 있는 사안이 있는지 여부)가 있었는지를 점검한다.

표 3-25 개별 자산 투자 방식과 포트폴리오 방식 투자 비교

구 분	개별 투자자산	포트폴리오 그룹 투자자산
주 체	개인(일부 펀드사)	머니맨(펀드매니저)
수익 추구	시장의 평가가 틀릴수 있다	시장은 평균으로 회귀한다
방 식	Over Confidence	Data, Fact based 의사결정
투자 목적	단기 투자 이익 추구	장기 투자 이익 추구
분석 대상	개별 자산과 시장 지표 비교	경기 흐름과 전체 시장지표 비교
분석 도구	**News + 평균(Mean Return), 표준편차, 상관관계, 회귀분석**	
투자 방식	개별 기업 선별 투자 (최대 수익률 추구)	투자자산 유형별 분산 투자 (평균 수익률 추구)
투자 개념	대상 기업 분석 정확성 추구	투자자산의 장기 추세 순응
특 징	**개별자산과 시장의 대결**	**시장에 순응**
단 점	큰 위험도(수익률 변동성) 평균, 표준편차 불안정	시간이 필요 (금융시장 이해 노력)
장 점	좋은 실적은 대부분 일시적인 행운의 결과	안정적인 장기수익률 기대 가능 평균, 표준편차 안정
수 익 원	**Buy Low Sell High**	**기업의 성장성(부가가치 창출)**

주요 "특징"을 보면, **개인**들은 주로 선별적인 기업 선택을 하면 동 기업의 주가가 시장의 성과를 능가할 것으로 기대한다. 즉, 시장이 기대하는 가격보다 낮은 가격에 사서 높은 가격에 팔아 단기간에 수익을 기대하는 전략으로, **시장과 대결**하여 승리하려는 것을 목표로 한다. 때문에 투자 주식의 가격 변동 위험이 상대적으로 크다.

반면에 **머니맨**의 포트폴리오 투자 방식은 자산 유형별로 일정한 수준의 안정적인 수익을 기대하면서 한두 기업의 탁월한 기업 성과를 기대하기보다는 산업 전반적인 흐름을 반영하고, **시장의 흐름에 순응하는 투자 전략**을 구사한다. 즉, 장기 안정적인 투자수익을 기대하는 전략을 추구한다.

그럼, 이제부터 머니맨이 좋아하는 포트폴리오 자산 운영 방식을 좀더 알아보자.

→ 우리들이 독립적으로 혼자의 판단하에 개별 종목을 심사숙고하여 투자하는 것은 한 두 번 성공할 수 있으나 결국에는 대부분 손실을 본다. **선진국** 투자 시장은 한국 시장과는 달리 기관 투자자 중심의 **포트폴리오 투자 방식**으로 이루어진다. 이제 한국 금융시장 여건이 갈수록 직접 투자 방식으로는 성공하기가 어렵게 되었다. 포트폴리오 방식으로 장기 투자되어야만 승산이 있다. 이 장에서는 왜 포트폴리오 투자가 바람직한 장기 투자 방식이 될 수밖에 없는지를 이해하는 것이 목적이다.

→ 역사가 반복되듯이 **금융 역사도 반복**된다. 그래서 시장의 역사를 먼저 살펴보는 것이 필요하다. 시장의 **역사에는 일정한 패턴**(투자 기간과 기대 수익률/ 투자 기간과 위험도)이 있다. 이러한 패턴을 **실제 data**를 이용하여 그림과 그래프로 **표기해 보면 투자·재무이론**을 볼 수 있고, 그간 저명한 투자 전문가들이 스쳐 지나가는 말로 잠시 강조한 말들을 이해할 수 있게 된다.

포트폴리오 운영을 이해하려면 먼저 과거 포트폴리오 운영 결과를 살펴보면 된다. 먼저 우리나라와 미국 등 주요 국가들의 금융시장 역사를 살펴보자. 반드시 명심할 것은 우리들의 투자 목적은 여러분들이 은퇴하는 60세 전후로부터 이후 약 90세까지 약30년 이상의 장기간 노후 인생 준비를 설계하는 것이란 점이다. 여러분은 3~5년간 단기간 투자하는 것이 아니다. 다행스럽게도 **금융시장의 특성이 장기 투자가 필요한 여러분의 목적에 아주 잘 맞는다.**

금융시장도 길게 보면 우리들의 **상식적인 기대와 평가**를 따라온다. 다만 단기적인 흐름만 살펴보면, 마치 장님이 코끼리 다리를 만지는 격이라서 정확한 시장 이해가 불가능하다. 여러분은 단기 투자 방식으로는 지속적으로 장기간에 걸쳐서 투자에 성공할 수 없다. 산 정상에서 우리가 사는 도시(시장)를 바라보듯이, **시장 전체의 모양과 흐름**을 먼저 보아야 한다. 우리는 각자의 상황에 맞추어서 짧게는 1년, 3년 그리고 조금 길게 투자하는 사람은 5년, 10년 정도 투자한다. 그러나 노후를 준비하는 사람들은 근로 기간 동안, 약20~30년, 그리고 은퇴 후 20~30년, 합해서 총 40~60년간 지속적인 투자 기간이 필요하다.

장기 투자 시 우리들이 직면하는 문제는 투자하려는 특정 기업(또는 산업, 국가 등)의 미래 수익률을 미리 가늠해 보는 것인데, 개별 기업의 미래 실적을 예상하는 것이 정말 신도 알 수 없을 정도로 어려운 일이라서 거의 불가능하다는 데 있다.

그러나, **정말 다행**인 것은 **시장 전체에 투자하는 매력적인 대안이** 있다는 것이다. 시장은 사람들이 참여하여 수요/공급 거래를 통해 만들어 가는 곳으로, 비록 시장의 주변 환경/여건은 늘 변한다 하더라도 **1) 시장의 패턴은 늘 비슷한 모양**을 보여주었고 **2) 핵심적인 내용**(지속적으로 수익 창출이 가능한 기업의 주가는 오르고 그렇지 못한 기업은 퇴출. 경제가 성장하면 기업 수익도 증가되어 시장지수 상승 등)**은 시대에 상관없이 일정했다.**

　　정리하면, 1) 우여곡절이 있지만 **실물경제**는 시간이 지남에 따라 기술 발전과 더불어 **성장**하게 되고, 2)**주가는** 실물경제의 **성장(기업수익금 증가)을 반영**[25]하게 되며 3)대부분의 **주요 기업들은** 상품/서비스 공급 원가의 증가 금액(인플레이션[26], 원 재료비, 인건비 등의 인상 요인)을 판매 가격 인상을 통해, 원가 이전하므로 **적정 수익유지가 가능하고** 4)기업은 경영자를 중심으로 살아있는 유기체처럼 **항상 끊임없는 생존 활동**(비용 감축, 효율성 개선 등)을 지속하게 되며 5)마지막으로 **주식시장**은 앞의 4가지를 잘 실행하면서 치열한 적자생존의 전투에서 생존한 우수한 기업들만 모인 곳[27]이다. 주식시장은 국가가 망하지 않는 한, 존재하며 계속 성장해 왔다. **시장은** 이윤을 추구하려는 우리들의 본성과 연계되어 우리가 **앞으로 전진하려는 노력을 멈추지 않는 이상 언제나 시간과 함께 성장했고, 앞으로도 계속 성장**할 것이다.

　　다음 장에 설명하겠지만 시장에 대한 투자(인덱스/ETF투자 등)는 개별 기업처럼 부도나는 일이 없어, 채권 투자보다 더 안전하며, 채권처럼 인플레이션율에 의한 손실이 없으므로, 수익률이 높았다.(표 3-58 한국과 미국의 금융자산별 수익률 비교) 제4,5장에서 상세히 설명하겠지만, 우리는 수익률 예상이 불가능한 특정 기업/산업에 투자하여 고민하지 말고 시장의 패턴을 따르는 장기 투자할 때 최선의 결과를 기대할 수 있다.

지금부터 사실적 data를 가지고서 시장의 베일을 벗겨보자. ^^ .
본 장에서 다음의 3가지 질문에 답을 찾고자 한다.
1) 시장의 패턴이 무엇이었나?
2) 시장의 패턴이 우리에게 주는 의미는 무엇인가?
3) 시장 수익률만으로 내가 기대하는 노후 보장이 가능할 것인가?

　　이 질문에 답을 구하기 위해 미국 금융시장 100년과 한국 금융시장 35년을 살펴보고, 장기간에 걸쳐 시장이 우리들에게 말하는 메시지는 무엇인지를 살펴보자.

　　대부분의 펀드는 시장을 기준하여 운영 실적이 좋았는지를 평가받는다. 장기적으로 시장의 성과를 앞서는 투자자는 거의 없으므로, 펀드의 실적 판단의 기준이 되는 시장에 대하여 파악하는 것이 필요하다.

---

[25] 주가 = PER(주가수익률) × EPS(1주당 순이익) / 1주당 순이익 = 기업순이익금/주식 수. 따라서, 기업의 수익이 증가하면 주가는 상승하게 된다.

[26] 금융시장의 장기수익률을 비교해 보면, 주식, 채권, 예금 순이며, 인플레이션율은 예금 금리보다 약간 낮다. 다음 장의 미국 금융자산 수익률 비교 부문을 참조 바람.

[27] 물론, 주식시장에 있던 기업들이 망하는 경우도 있다. 하지만 일정한 시간이 경과되면 실물경제에서 경쟁력을 잃은 기업은 주식시장에서 퇴출되며 결국 시장은 경쟁력 있는 기업들만 남게 된다.

1) 미국 금융 100년 역사의 사실적 자료들

(1) 미국의 다우지수는 100년 동안 142배 성장했다. ♣♣♣

➔ 시장은 늘 단기간 등락을 반복하지만, 언제나 성장(연 7.5%[28] 수준)했다.

표 3-26은 미국 다우지수 100년을 그래프로 표기한 것이다. 100년 전 구간을 그래프로 표기하면 최근 년도의 지수가 상대적으로 높기 때문에 지수 성장률을 비교하기가 어려워서 50년 단위로 두 개로 나누어 표기했다.

표 3-26 미국 다우지수 변천사

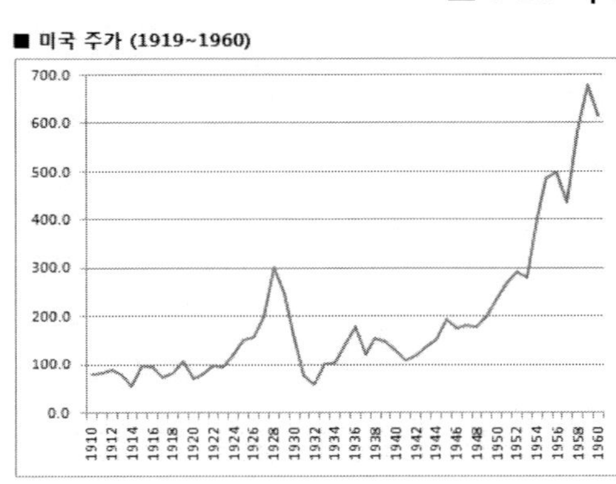

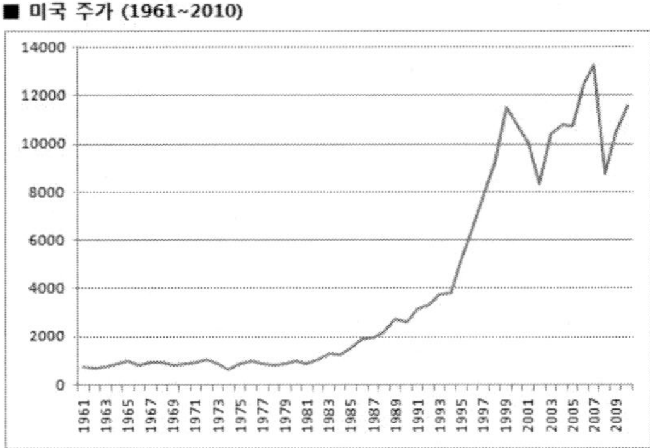

미국의 다우지수는 미국 내 주요 산업에서 30개[29] 대표적 기업들의 주식의 가격을 더한 지수이다. 한국 주식시장에서 '전자 산업'하면 삼성과 LG 전자를 꼽을 수 있는 것처럼, 업종별 1위 대표 기업의 주가만을 모아 만든 지수이므로, 동 지수의 변동을 보면 미국의 실물 경제 흐름의 변화를 파악할 수 있다.

미국은 1910년부터 2010년까지 100년 기간 동안 경제적으로 중요한 사건들이 많았다. **제1, 2차 세계대전** 경제 특수에 의한 호황이 있었고, **대 공황**(1929년~1930년)도 있었으며, 중동전쟁에 따른 **1차 오일파동**(1973년도) 그리고 이란 호메이니 주도의 회교혁명에 따른 **2차 석유파동**(1978년), 직전 5년간 경제 호황 뒤 하루 동안에만 22%가 하락하는 날벼락을 맞은 **블랙먼데이**(1987년도), 닷컴 IT 기업들에 대한 무한한 성장성 기대가 일시에 무너진 **IT 버블 붕괴**(2000년), **911 테러**(2001년) 그리고 **2008년도 리만 파산**에 의한 금융 위기 등.

아마 지독한 불황기를 겪는 동안은 다시는 경제가 회복되지 못할 것 같은 느낌이었을 것이다. 그러나 **시장은 오뚝이처럼 이내 어려운 난관을 극복**했고 오히려 위기 이전보다 더욱 높은 성장을 지속해 왔다. ♣♣

---

28 표 3-30을 보면 3년 이상 장기 투자 시 평균적인 다우지수의 성장률은 5.5%이다. 그리고 평균 배당률(94년 이후 17년간)은 약 2.1%다. 지수 성장률과 배당률을 합친 값이 7.5%가 다우지수에 **장기** 투자할 때 기대할 수 있는 값이 된다.

29 붙임자료 참조 - 다우지수 30개 기업 명단

■ 미국 다우지수 100년사 (1919~2011)

연도	다우지수	연도	다우지수	연도	다우지수
1910	81.40	1943	136.20	1977	831.17
1911	81.60	1944	152.32	1978	805.01
1912	87.90	1945	192.91	1979	838.74
1913	78.80	1946	177.20	1980	963.98
1914	54.60	1947	181.16	1981	875.00
1915	99.20	1948	177.30	1982	1,046.55
1916	95.00	1949	200.10	1983	1,258.64
1917	74.40	1950	235.40	1984	1,211.56
1918	82.20	1951	269.22	1985	1,546.67
1919	107.23	1952	291.89	1986	1,895.95
1920	71.95	1953	280.89	1987	1,938.80
1921	80.80	1954	404.38	1988	2,168.60
1922	98.17	1955	488.39	1989	2,753.20
1923	95.52	1956	499.46	1990	2,633.66
1924	120.51	1957	435.68	1991	3,168.83
1925	151.08	1958	583.64	1992	3,301.11
1926	157.20	1959	679.35	1993	3,754.09
1927	200.70	1960	615.88	1994	3,834.44
1928	300.00	1961	731.13	1995	5,117.12
1929	248.48	1962	652.10	1996	6,448.27
1930	164.58	1963	762.94	1997	7,908.25
1931	77.90	1964	874.12	1998	9,181.43
1932	59.93	1965	969.25	1999	11,497.12
1933	99.90	1966	785.68	2000	10,786.85
1934	104.04	1967	905.10	2001	10,021.50
1935	144.13	1968	943.75	2002	8,341.63
1936	179.90	1969	800.35	2003	10,453.92
1937	120.85	1970	838.91	2004	10,783.01
1938	154.76	1971	890.19	2005	10,717.50
1939	150.24	1972	1,020.01	2006	12,463.15
1940	131.13	1973	850.85	2007	13,264.82
1941	110.96	1974	616.24	2008	8,776.39
1942	119.40	1975	852.41	2009	10,428.05
		1976	1,004.65	2010	11,577.51

- 자료출처 : 블룸버그

< 다우지수 100년 역사. 무려 142배 성장했다 >

① 주가는 100년 동안 81.4에서 11,577.5까지 성장했다. 약142배(11,577.5/81.4) 성장했다.

② 100년 전체 기간 동안 다우 지수가 142배 증가했다는 의미를 성장률로 환산해보면 연 5.08%(기하평균)이 된다. 즉, 다우지수는 100년 동안 매해 5.08%씩 성장했다는 의미이다.

③ 100년간 다우지수는 기복은 있었으나 결국은 우 상향으로 성장했다
(2000~2010년 10년간은 IT 버블과 08년도 금융 위기 때문에 주가 성장이 상대적으로 낮지만, 과거 100년사를 보면 유사한 시기가 있었고 이후 반등하였음을 보여줌)

아래 표 3-27은 다우지수의 100년 동안의 성장을 그래프로 나타낸 것이다. 지금으로부터 **10년, 20년, 25년, 30년, 50년, 70년, 100년 전에 다우지수에 투자**했다고 가정하면 어느 정도의 수익이 가능했었는지를 알아보기 위함이다.

예를 들면 1981년부터 2010년까지 30년간 투자했다면, 매년 9.31% 수익률 시현이 가능했었고, 최초 투자 원금의 13.2배의 수익 시현이 가능했었음을 의미한다.

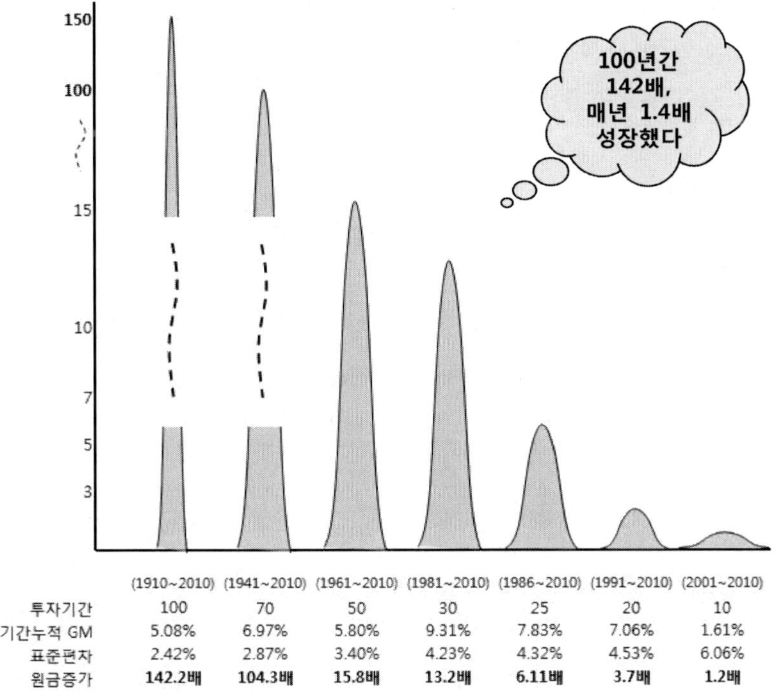

	(1910~2010)	(1941~2010)	(1961~2010)	(1981~2010)	(1986~2010)	(1991~2010)	(2001~2010)
투자기간	100	70	50	30	25	20	10
기간누적 GM	5.08%	6.97%	5.80%	9.31%	7.83%	7.06%	1.61%
표준편차	2.42%	2.87%	3.40%	4.23%	4.32%	4.53%	6.06%
원금증가	**142.2배**	**104.3배**	**15.8배**	**13.2배**	**6.11배**	**3.7배**	**1.2배**

특정 기간 동안의 **주가 성장률**을 계산하려면 현재 주가(2010년 주가)를 투자 시작 기간 (1910년)의 주가로 나누어서, 이를 매년 단위로 환산(기하평균, Geometric Mean)방식으로 계산하면 된다. 1910년 투자했다고 가정하고 계산해 보면 다음과 같다.

- 1910년의 다우 주가는 81.40이고, 2010년도의 다우주가는 11,577.51이다.
- 100년 동안 매년 지수 증가율을 계산하면, 5.08% = $(11,577 / 81)^{(1/100년)-1}$
- ☺ 검증 81.4 × $(1+5.08\%)^{100}$ = 11,577(2010년 주가와 일치)
- ☺ 100 × $(1+5.08\%)^{100}$ = 14,220(<u>1910년에 100을 투자 시, 2010년도에 142배가 됨을 의미[30]</u>)

그러나, 우리들 중 100년간 투자하는 사람은 없다. ☺ 다음 사항이 중요하다.

① 투자기간(1, 3, 5, 7, 10, 15, 20, 25, 30년)별로 어느 정도의 수익을 기대할 수 있는지
② 투자기간별 위험(수익률 변동성)과 실현 수익률은 어떠한 관계인지
③ 최악의 경우에 어느 정도 손실이 발생할 가능성이 있고, 어떻게 하면 손실에서 벗어날 수 있는지

---

[30] 참조) 동 방법은 성장률 분석을 위해 **선택하는 구간(투자 시작과, 투자를 마무리하는 연도)에 따라 성장률이 차이**를 보인다. 대부분의 지수가 표 3-28과 같이, 매년 성장과 하락을 반복하므로, 비교 시점에 따라 성장률의 차이가 발생한다. 그래서 **일반적인 투자 기간(1,3,5,7,10,15, ~ 30년)별로 나누어서 기간별 시장수익률 패턴을 찾는 것이다.**

지금부터 알아보자.

(2) 다우지수 수익률(성장률)과 위험(변동성) 관계

투자 기간이 길어져도 연평균 성장률은 유사(약 5.7%수준＋배당률 약2%)하지만, 위험은 대폭 줄어든다.

표 3-28 미국 다우지수 전년 대비 수익률 그래프

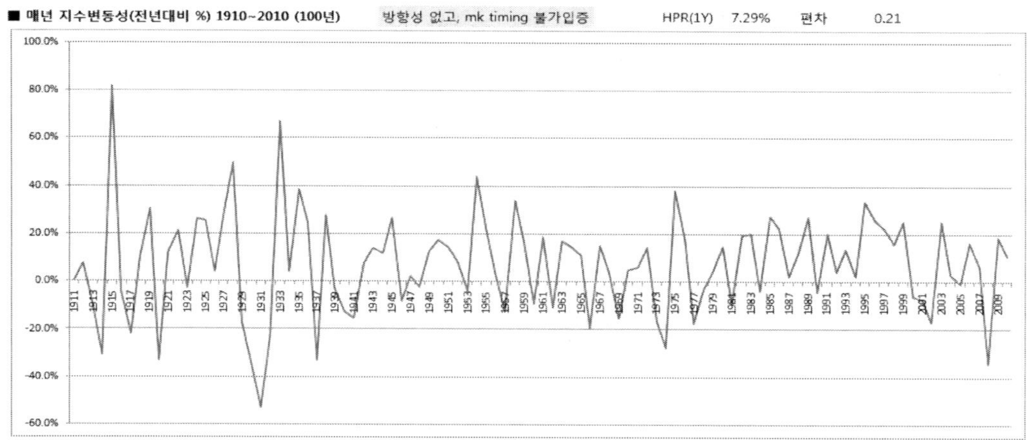

표 3-28은 다우지수의 **매년 전년 대비 지수 등락**을 표기한 것이다. 그래프 모양은 한국, 미국, 중국 등 국가에 상관없이 대부분 동일한 모양을 보인다. **마치 톱날같이 들쑥날쑥**이다. 여러분이 이 그래프를 보면 어떤 패턴이 파악되는가?

아무것도 없다. 1년 단위로 지수를 관찰(혹은 1년 단위로 시장에 투자)하면 **아무런 메시지를 발견할 수 없다.** 마치 놀이동산의 롤러코스터를 타듯, 매년 상승과 하락의 파도 속에서 마음 졸이면서 것이다. 1년 단위의 수익률 값에서 아무런 패턴을 찾아보기가 어려우니, 몇 년 단위로 묶어서 계산해 보자.

계산에 앞서 제2장 "투자의 핵심원칙"에서 설명한 산술평균과 기하평균의 차이를 복습해 보자. **우리들에게 중요한 것은** 투자 기간 중에 매년 지수가 몇 %로 등락이 있었는지(<u>산술평균[31]</u>)가 아니라, 투자 전체기간 동안 지수가 **최초 투자했었을 때보다 얼마나 상승했는가(기하평균)** 이다. 즉, 지수 성장을 측정하기 위해서 사용되는 것은 기하평균이다.

기하평균과 산술평균 계산 사례를 보자. 아래 표는 지수가 100에서 90으로 하락했다가 다시 120으로 상승한 경우, 산술평균과 기하평균을 계산한 것이다.

---

[31] 과거 지수의 **전년대비 증감률을 측정한 것**을 Holding Periods Return, **"HPR"**이라고 하며, 계산식은 (금년주가 － 전년도 주가)/전년도주가]을 계산한다.

연도	지수	산술평균	기하평균	기하평균 검증	
2008	100.0			100.0	
2009	90.0	-10.00%		109.5	= 100 X (1+9.54%)
2010	120.0	33.33%		120.0	= 109.5 X (1+9.54%)
		11.67%	9.54%	(120/100)^(1/2) = 9.5%	

기하 평균 9.54%을 적용하여 계산하면, 최초 투자 시 지수(100)가 매년 기하평균 인 9.54%씩 상승하여, 3년 뒤에 실제 지수 120이 된다. 따라서, 투자 기간 중에 매년 몇 %로 성장했는지를 보여준다.

그러나 산술평균 11.67%는 매년 지수가 전년 대비 큰 폭으로 변동되었었다는 의미를 전달해 줄 뿐이다.

① 투자기간이 단기 1년인 경우만 성장률이 다른 기간보다 약간 높게 나타나며[32], 3년을 초과하여 투자기간이 길어 지면 성장률(수익률)에 큰 변동이 없음을 보여준다.

투자 기간별로 다우지수 100년사 성장률을 관찰해 보면, 일정한 패턴을 보여준다.

표 3-29 다우지수 100년사 보유기간별 성장률, 위험도 분석

■ 미국 다우지수 100년 변천사 (GM, 기하평균)

투자기간 구분	1년	3년	5년	7년	10년	15년	20년	25년	30년
측정횟수	100	98	96	94	91	87	82	77	72
GM P.A(기간별)	7.29%	6.09%	5.73%	5.66%	5.65%	5.80%	5.58%	5.54%	5.45%
편차P.A(기간별)	21.4%	14.7%	9.9%	7.6%	5.8%	4.8%	4.0%	3.2%	2.4%
Coeff-var(기간별)	2.93	2.41	1.72	1.34	1.03	0.83	0.72	0.58	0.44
Median	8.1%	8.0%	6.0%	5.8%	5.8%	5.2%	5.8%	5.3%	5.2%
Min	-52.7%	-44.0%	-33.2%	-16.2%	-9.6%	-6.4%	-2.6%	-0.1%	0.8%
Max	81.7%	38.1%	31.6%	20.5%	17.8%	15.6%	14.1%	11.9%	10.3%
예상범위초과(5%)	1	3	3	4	1	3	1	-	-
비율	1.0%	3.1%	3.1%	4.3%	1.1%	3.4%	1.2%	0.0%	0.0%
수익률 0% 미만	32	27	26	20	18	11	5	1	-
비율	32%	28%	27%	21%	20%	13%	6%	1%	0%
GM 수익률(년)	7.29%	6.09%	5.73%	5.66%	5.65%	5.80%	5.58%	5.54%	5.45%
표준편차(누계/기간)	21.38%	14.67%	9.88%	7.56%	5.81%	4.80%	4.03%	3.21%	2.41%
Coefficient of Variance	2.93	2.41	1.72	1.34	1.03	0.83	0.72	0.58	0.44

1) GM을 투자 기간별로 평균산정　　* 산식 = [(금년도 지수 - 기준연도 지수)^(1/투자기간-1)] - 1
2) 투자 기간별 GM의 평균, 편차 계산　* 투자기간별 GM을 계산한 후 GM평균을 계산 (편차는 기간 조정함)
3) 투자 기간별 GM의 위험계산　　* Coefficient of Variation = GM 평균 / 편차
☞ 투자기간별 GM 기대수익은 일정하나 투자기간이 길어 질수록 위험은 대폭감소됨
　　따라서 투자기간 길어지면 위험을 줄어들고 투자의 복리효과는 급증하게 됨

다우지수는, 투자 기간이 길어지면서 주식 수익률이 일정한 수준으로 안정화되었지만, 위험도(지수 성장률 변동폭)은 급격하게 감소된다.

표 3-29는 미국 다우지수 100년 및 S&P 500 지수를 투자 기간 별로 나누어서 투자기간

---

[32] 1년을 초과하는 투자기간의 수익률 측정 시 산술평균은 기하평균보다 항상 높게 나타난다. 1년 투자수익률은 산술평균이나 기하 평균값은 같다. 따라서 1년 투자수익률이 높게 나타나는 것임.

초기에 주식을 매입하였다가 투자 기간 종료되는 시점에 주식을 매각한 것으로 가정하여 각각 기하평균을 계산한 것이다. 즉, **투자 기간 10년은** 10년간 주식을 보유했다가 10년이 되는 시점에서 주식을 매각했을 때, 최초 10년 전 대비하여 어느 정도의 수익률(기하평균, 성장률)을 기록했었는지를 계산하여 집계한 것이다. 다우지수의 경우 100년 동안 10년간 장기 투자는 91번 가능(S&P는 총 84개의 지수가 있으므로 55번)했었으므로, 총91개의 측정값을 이용했다.

예를 들면, 다우지수에 **10년간 투자 시** 평균적인 성장률은 연 5.65%(배당률 약 2.0% 별도)이고 위험도(표준편차)는 5.81%였다. 변동계수(Coefficient of variation)[33]. 값은 1.03으로 1년 투자 시 2.93보다 **약65% 감소**됨을 알 수 있다.

30년간 투자 시 평균적인 성장률은 연 5.45%(배당률 약2.0% 별도)이고 위험도(표준편차)는 2.41%였다. 위험도(변동계수) 값은 0.44로, 10년 투자 시 1.03보다 약57% 감소되고, 1년 투자 시 보다는 **약85% 감소**됨을 알 수 있다.

S&P 500 분석 결과에서도 유사한 현상이 발견된다. 다만 다우지수보다 성장률이 악간 더 높게 나타난다.

표 3-29 S&P 지수 보유기간별 지수 성장률, 위험도 분석

■ 미국 SNP 84년 변천사 (GM, 기하평균)

투자기간 구분	1년	3년	5년	7년	10년	15년	20년	25년	30년
측정횟수	83	82	80	78	75	70	65	60	55
GM P.A(기간별)	7.24%	6.08%	5.72%	6.11%	6.33%	6.78%	6.96%	7.02%	6.90%
편차P.A(기간별)	19.6%	14.2%	9.7%	7.0%	5.6%	4.6%	3.6%	2.6%	1.7%
Coeff-var(기간별)	2.72	2.33	1.70	1.14	0.88	0.68	0.51	0.37	0.25
Median	10.5%	8.2%	6.6%	6.5%	7.2%	7.4%	7.3%	7.1%	7.0%
Min	-47.1%	-38.5%	-27.0%	-14.5%	-8.9%	-6.3%	-2.4%	0.4%	1.7%
Max	45.0%	35.4%	27.9%	21.1%	18.0%	15.3%	13.7%	12.8%	10.1%
예상범위초과(5%)	3	3	1	-	-	-	-	-	-
비율	3.6%	3.7%	1.3%	0.0%	0.0%	0.0%	0.0%	0.0%	0.0%
수익률 0% 미만	24	22	21	11	10	4	3	-	-
비율	29%	27%	26%	14%	13%	6%	5%	0%	0%
GM 수익률(년)	7.24%	6.08%	5.72%	6.11%	6.33%	6.78%	6.96%	7.02%	6.90%
표준편차(누계/기간)	19.65%	14.16%	9.72%	6.97%	5.59%	4.62%	3.57%	2.62%	1.74%
Coefficient of Variance	2.72	2.33	1.70	1.14	0.88	0.68	0.51	0.37	0.25

1) GM을 투자 기간별로 평균산정　　＊ 산식 = [(금년도 지수 - 기준연도 지수)^(1/투자기간-1)] - 1
2) 투자 기간별 GM의 평균, 편차 계산 ＊ 투자기간별 GM을 계산한 후 GM평균을 계산 (편차는 기간 조정함)
3) 투자 기간별 GM의 위험계산　　＊ Coefficient of Variation = GM 평균 / 편차
☞ 투자기간별 GM 기대수익은 일정하나 투자기간이 길어 질수록 위험은 대폭감소됨
　　따라서 투자기간 길어지면 위험을 줄어들고 투자의 복리효과는 급증하게 됨

---

[33] 표 3-29에서 하단에 표기된 **표준편차**의 크기가 **투자기간이 늘어날수록** 급격하게 감소되어 위험이 줄어드는 것을 관찰할 수 있고, **Coefficient of Variation(변동계수=평균/표준편차)** 값도 대폭 감소하는 것을 볼 수 있다. 변동계수란 통계용어로써 서로 기준이 상이(본 사례에서는 투자기간이 상이한 집단 간 비교)한 그룹에 대한 통계측정값(평균. 표준편차)을 이용하여 어느 모집단이 변동성이 더 큰지를 알려고 할 때 사용된다. 본 사례에서는 1년 투자 시에는 변동계수가 2.93(=표준편차 21/3%/평균7.3%)수준으로 가장 위험(변동성)이 크고, 30년간 투자 시에는 변동계수 값이 0.21(=표준편차1.6%/평균7.4%)로써 매우 작음을 알 수 있다.

S&P에 **10년간** 투자할 경우에는 평균적인 성장률은 연 6.5%(배당률 약 1.8% 별도)이었으며 위험도(표준편차)는 5.59%였고, 변동계수(Coefficient of variation) 값은 0.88이었다. **위험도(변동계수)가** 1년 투자 시 2.72보다 **약 67% 감소**되는 것을 볼 수 있다. **S&P에 30년간 투자**할 경우에는 평균적인 성장률은 연 6.9%(배당률 약 1.8% 별도)였으며 위험도(표준편차)는 1.74%였고, 변동계수(Coefficient of variation) 값은 0.25이었다. 위험도(변동계수)가 **1년 투자 시 2.72보다 약 90% 감소**되는 것을 볼 수 있다.

② 투자 기간이 길어질수록 위험도는 급격하게 낮아진다

표 3-30 미국 다우지수 보유기간별 수익률 및 위험도 분석

■ 장기 투자시, 매년 수익률은 일정하게 안정적이며 위험(표준편차)이 대폭 줄어든다

투자기간	평균수익률	위험(편차)	Coeff-var	확률(예상)	상하편차	최하	평균수익률	최상
1년	7.3%	21.4%	2.93	95.0%	41.9%	-34.6%	7.3%	49.2%
3년	6.1%	14.7%	2.41	1.96	28.8%	-22.7%	6.1%	34.8%
5년	5.7%	9.9%	1.72		19.4%	-13.6%	5.7%	25.1%
7년	5.7%	7.6%	1.34		14.8%	-9.2%	5.7%	20.5%
10년	5.7%	5.8%	1.03		11.4%	-5.7%	5.7%	17.0%
15년	5.8%	4.8%	0.83		9.4%	-3.6%	5.8%	15.2%
20년	5.6%	4.0%	0.72		7.9%	-2.3%	5.6%	13.5%
25년	5.5%	3.2%	0.58		6.3%	-0.8%	5.5%	11.8%
30년	5.5%	2.4%	0.44		4.7%	0.7%	5.5%	10.2%
평균	5.7%	← 3년이상 장기투자시 기하평균의 평균값						

금융투자에 있어서 **위험이란** 기대했던 수익률이 달리 나타날 수 있는 변동성이다. 표 3-31에서는 1년부터 30년까지 투자 기간 별로 지수의 매년 평균적인 성장률과 변동성 값(위험, 표준편차)을 정리했다.

계산 결과 **1년간 투자 시** 평균적인 수익률(성장률) 값은 7.3%로 장기 투자보다 약간 높으나, 변동성(위험, 표준편차)가 21.4%로 매우 높아 실현 가능성은 매우 낮음을 알 수 있다. 위험치를 나타내는 또 다른 값인 변동계수도 2.93으로 매우 높다.

그러나 **15년 투자 시** 수익률은 5.8%이나 표준편차와 변동계수는 각각 4.8%, 0.83으로 하락하여 위험이 감소됨을 알 수 있고, **30년 투자 시** 기대 수익률은 5.5%로 15년 투자 시와 유사한 수준이나, 표준편차와 변동계수 값이 2.4%, 0.44로 크게 하락하여 위험이 대폭 감소됨을 알 수 있다.

이를 수익률 분포도 그림으로 표기해 보면 다음과 같다. **화살표의 크기가 위험의 크기로** 이해하시면 된다. 작은 숫자를 읽어보면 더욱 명확하다.

표 3-30a 다우지수 수익률과 위험관계

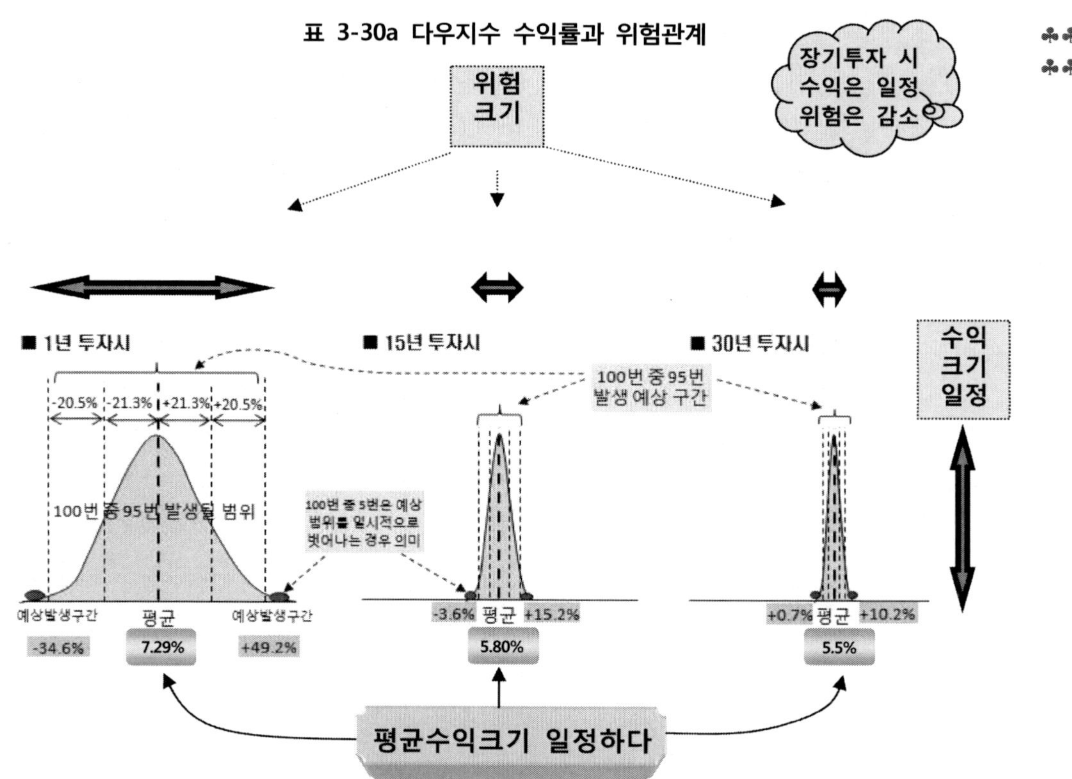

표 3-30a 는 수익률의 분포구간을 그래프 면적으로 표기한 것이다.

1년 투자 시에는 그래프의 면적이 평균으로부터 많이 떨어져 분포되어 있어 예상 수익률 구간을 가늠하기 불가능하다. 그러나 **15년 투자**했을 경우에는 수익률의 발생 구간이 대폭 좁아지는 것을 볼 수 있고, **30년 투자** 시에는 거의 평균 기대 수익률 구간에 집중되어 있어, 확실한 수익률을 기대할 수 있음을 알 수 있다.

매년 수익의 크기는 동일하다. 그러나 누적된 복리투자 수익률의 차이는 무척 크다. 다우지수의 매년 평균 수익률(7.5%)을 30년간 투자할 때 복리수익률은 연 25.8%의 효과를 발휘한다 ^^

표 3-30b 는 3-30a를 막대그래프로 달리 표현한 것이다.

다우지수 100년 동안 **매년 1년** 단위로 반복해서 100번 투자했을 때 95번은 수익률이 -34.6%~+49.2% 구간의 어느 곳에서나 나타나고, **15년 단위**로 투자할 경우에는 100번 중 95번은 수익률의 분포가 -3.6%~15.2% 구간에서 나타나게 되며, **30년을 투자**했다면 +0.70%~+10.2% 구간에 나타났음을 보여준다.(**표 3-29 실제 수익률 분포를 보면, 이와 유사한 것을 볼 수 있다**)

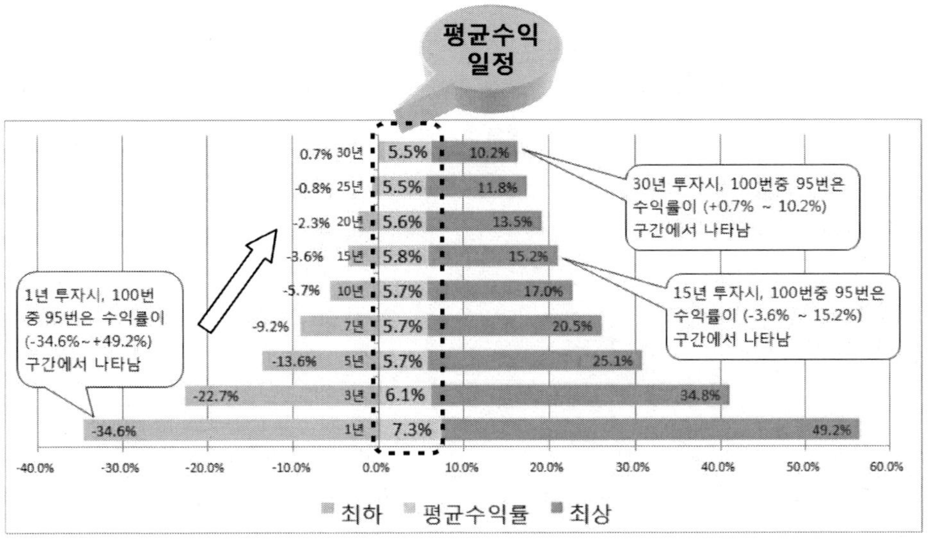

역시 투자 기간이 길어지면서 위험(변동성)이 줄어들어 기대 가능한 수익률 구간이 좁아 지고, 명확해지는 것을 알 수 있다.

표 3-30c 다우지수 – 투자기간과 위험감소 관계

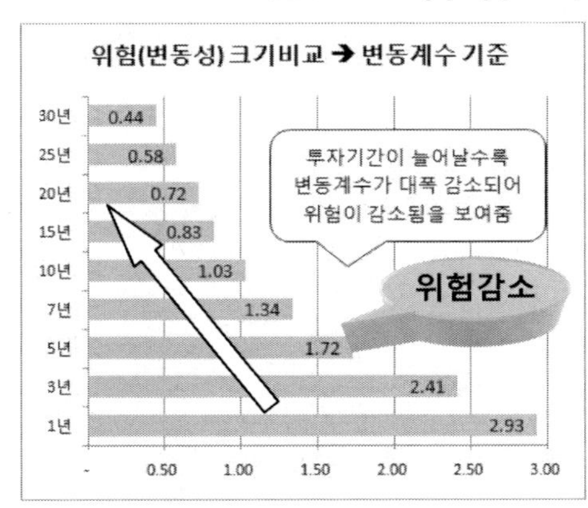

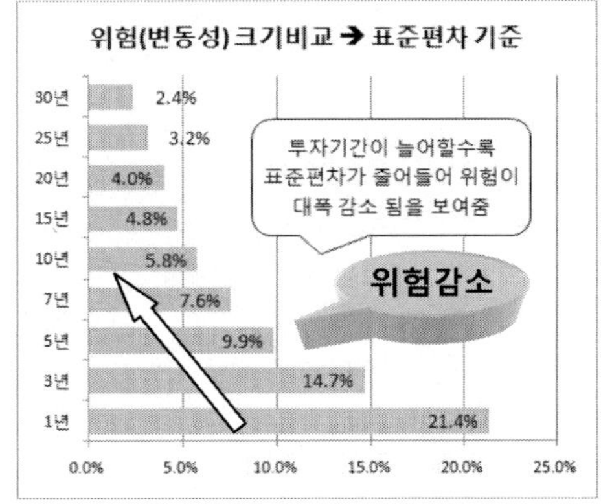

표 3-30c는 **투자 기간이 길어질수록 위험**(수익률 변동성을 말하며, 표준편차와 변동계수 값의 크기가 위험의 크기가 됨)**이 감소되는 현상**을 그래프로 정리한 것이다. 역시 투자 기간이 길어지면서 위험이 급격하게 감소(수치가 높으면 위험도가 높은 것임)되는 현상을 볼 수 있다.

투자기간	**1년**	3년	5년	7년	10년	15년	20년	25년	**30년**
표준편차	**21.4%**	14.7%	9.9%	7.6%	5.8%	4.8%	4.0%	3.2%	**2.4%**
변동계수	**2.93**	2.41	1.72	1.34	1.03	0.83	0.72	0.58	**0.44**

③ 다우지수 투자 효과는 연 수익률에 있지 않고 복리 수익률에 있다

■ 복리의 위대한 힘!

중요한 점은 투자의 진정한 효과는 일정 기간 중단 없이 장기 투자를 해서 수익률이 복리로 장기간 운영될 때 발생된다는 점이다. [장기 복리투자의 효과는 제1장의 표1-5를 참조] 우리들이 이 부분에서 반드시 기억해야 할 중요한 사항은, 수익률의 크기는 투자 자산 유형별로 일정하게 주어지는 것이며 노력해서 올리는 대상이 아니라는 점이다.(표4-2 수익률설명 참조) 시장 전체에 장기 투자를 하게 되면, 시간이 지날수록 위험은 급격하게 줄어들지만, 수익은 ♣ ♣ ♣ 일정하게 유지되며, 일정하게 유지되는 수익률이 시간이 남에 따라 가속도가 붙는 복리의 힘으로 재탄생된다는 점이다. – 장기 투자 복리수익률만으로도 부족하지 않은 노후 준비가 된다는 의미임. 제1장에서 살펴 보았던 복리의 힘을 다시 복습해 보자.

표 3-30을 보면, 다우지수에 장기투자 시 평균 수익률은 5.7%이다. S&P 30년 투자 수익률은 6.50%이다. 매년 **배당률**(다우지수 약2%/ S&P 1.8% 2010년도 기준[34])을 더하면 **다우지수의 총 수익률은 7.7%(=5.7%+2%), S&P 총 수익률은 8.3%(=6.5%+1.8%)가 된다.** ♣ ♣ ♣

만약 30년 전에 1천만 원을 투자했다면, 30년 된 시점에 원금을 제외한 수익 금액이 다우지수의 경우 약 82백만 원(9.2배)이 되고, S&P 는 99백만 원(10.9배) 상당이 된다는 의 ♣ 미이다. 동 사례는 예시 목적으로만 제시한다. 실제 목돈을 일시에 시장지수에 투자하는 것은 매우 위험하다. 투자하는 시점의 시장지수가 높고 낮음에 따라 결과가 달라질 수도 있기 때문이다. 실무에서는 매월 적립식으로 시장지수에 투자를 해야만 시장지수의 평균성장률 기대가 가능하고, 복리의 효과도 기대할 수 있는 것이다. ^^

표 3-31a 복리투자 효과 - 1천만 원 운영 사례 1

투자기간	<10년>	<20년>	<30년>
투자원금	10,000	10,000	10,000

■ 복리 수익금액 누계 (원금제외)

수익률	<10년>	<20년>	<30년>
2.0%	2,190	4,859	8,114
3.0%	3,439	8,061	14,273
4.0%	4,802	11,911	22,434
5.0%	6,289	16,533	33,219
6.0%	7,908	22,071	47,435
7.0%	9,672	28,697	66,123
8.0%	11,589	36,610	90,627
9.0%	13,674	46,044	122,677
10.0%	15,937	57,275	164,494

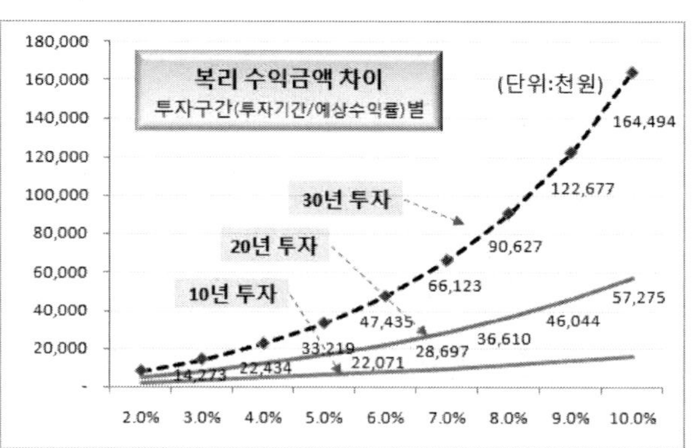

표 3-31a를 보면 매년, 같은 수익률(2%, 3% ~ 9%, 10%)이라도 투자 기간이 길어 질수록 실질 복리수익금액(복리수익률)이 급증하는 것을 볼 수 있다. 아래는 연 수익률 8%와

---

[34] 인터넷이 DJIA dividend yield를 검색해 보시면 됨. 2010년도 배당률을 적용.

9%로 투자되었을 경우, 투자 기간이 경과됨에 따른 수익 금액의 차이를 정리한 것이다.

원금 제외한 투자수익만 비교

구 분 (단위:백만 원)		투자기간				차액(10년대비)	
		10년	20년 ②	30년		20년	30년
						(단위:백만원)	
수익률 (연율)	8%	11.5	36.6	90.6	①	25.1	79,1
	9%	13.6	46.0	122.6		32.4	109
차액		2.1	10.6	32.0			

수익률 1%의 차이는 10년이 경과되면 2.1백만 원 수익 차이가 발생되지만, 20년이 지나면 10.6백만 원, 그리고 30년이 되면 32백만 원의 차이를 보인다.

또한 연 9%로 투자 시, 10년이 경과되면 13.6백만 원의 수익이 발생되지만, 20년이 지나면 46백만 원, 그리고 30년이 되면 122.6백만 원의 수익이 발생된다. 주목할 점은 30년과 10년을 비교하면, **시간 차이는 3배이지만, 투자 수익 차이는 무려 9배가** 된다.

■ 투자 원금대비 총수익 배수

수익률	10년	20년	30년
2.0%	1.2	1.5	1.8
3.0%	1.3	1.8	2.4
4.0%	1.5	2.2	3.2
5.0%	1.6	2.7	4.3
6.0%	1.8	3.2	5.7
7.0%	2.0	3.9	7.6
8.0%	2.2	4.7	10.1
9.0%	2.4	5.6	13.3
10.0%	2.6	6.7	17.4

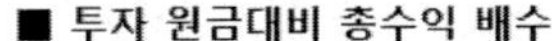

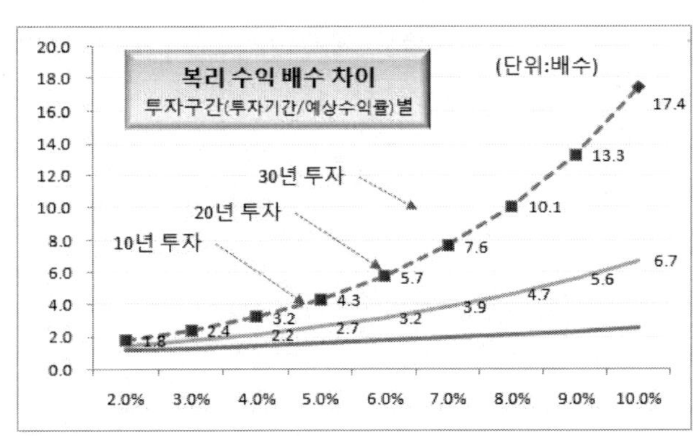

수익률 8%는 10년 경과되면 원금 대비 2.2배 수익 발생되지만, 20년이 지나면 4.7배, 그리고 30년이 되면 10.1배가 된다.

■ 복리 수익률

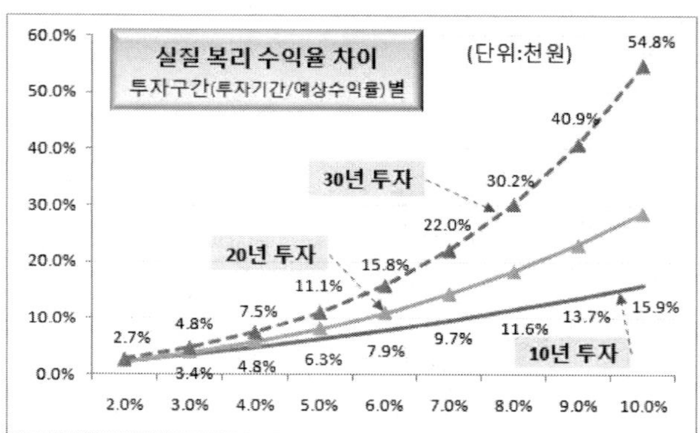

수익률	10년	20년	30년
2.0%	2.2%	2.4%	2.7%
3.0%	3.4%	4.0%	4.8%
4.0%	4.8%	6.0%	7.5%
5.0%	6.3%	8.3%	11.1%
6.0%	7.9%	11.0%	15.8%
7.0%	9.7%	14.3%	22.0%
8.0%	11.6%	18.3%	30.2%
9.0%	13.7%	23.0%	40.9%
10.0%	15.9%	28.6%	54.8%

수익률 8%는 10년 투자 시 복리수익률이 연 11.6%이나, 20년 투자하면 18.3%, 그리고 30년이 되면 무려 30.2%가 된다.

매월 10만 원씩 적립을 할 수도 있다.

적립식으로 하면 지수 매입 단가가 투자 전 기간 동안 분산되어 더욱 안전하게 투자할 수 있는데, 30년 된 시점에 원금을 제외한 수익 금액이 다우지수의 경우 약 92백만 원(약 7.7% 수익률)이 되고, S&P는 1억 원(약 8.3%)이 된다.

표 3-31b 복리투자 효과 - 매월 10만 원 적립 운영 사례

	<10년>	<20년>	<30년>
투자원금	12,000	24,000	36,000

← 매월 10만원 적립하는 경우

■ 복리 수익금액 누계 (원금제외)

수익률	<10년>	<20년>	<30년>
2.0%	1,140	5,157	12,682
3.0%	1,757	8,244	21,090
4.0%	2,407	11,734	31,302
5.0%	3,093	15,679	43,727
6.0%	3,817	20,143	58,870
7.0%	4,580	25,195	77,353
8.0%	5,384	30,914	99,940
9.0%	6,232	37,392	127,569
10.0%	7,125	44,730	161,393

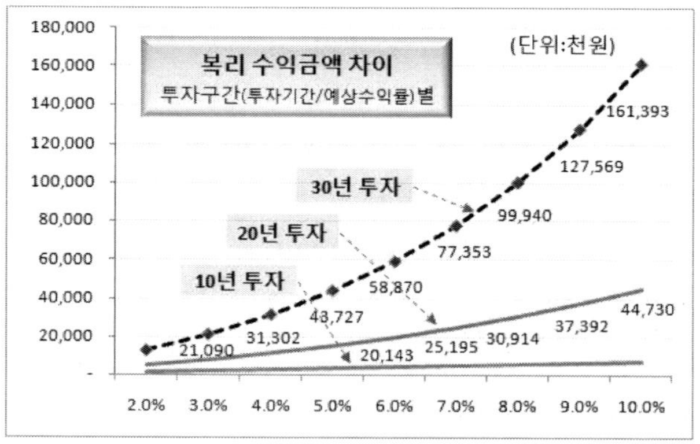

원금 제외한 투자수익만 비교

구 분 (단위:백만 원)		투자기간		
		10년	20년	30년
			②	
수익률(연율)	8%	5.3	30.9	99.9
	9%	6.2	37.3	127.5
차액		0.9	6.4	27.6

차액(10년대비)	
20년	30년
(단위:백만원)	
25.6	**94.6**
31.1	**121.3**

수익률 1%의 차이는 10년 경과되면 0.9백만 원의 수익 차이가 발생되지만, 20년이 지나면 6.4백만 원, 그리고 30년이 되면 27.6백만 원의 차이를 보인다.

또한 연 9%로 투자 시, 10년 경과되면 6.3백만 원의 수익이 발생되지만, 20년 지나면 37.3백만 원, 그리고 30년이 되면 127.5백만 원의 수익이 발생된다. 주목할 점은 **30년과 10년 비교하면, 시간 차이는 3배이지만, 투자 수익 차이는 무려 20배가** 된다.

앞의 1천만 원을 투자한 경우와 큰 차이가 발생되는 이유는, 매월 10만 원씩 적립식으로 투자되기 때문에, 초기에는 적립된 원금의 크기가 적어서 수익의 크기도 상대적으로 크지 않다. 하지만, 10년 이상 장기간 적립되면, 투자 원금의 적립 금액도 커지면서, 수익도 복리 효과 때문에 급증된다. 그래서 *부담되지 않는 매월 일정 금액을 아주 장기간 투자하고는 30년 동안 잊어버리는 것이 노후 설계의 방법인 것이다.* ^^

■ 투자 원금대비 총수익 배수

수익률	10년	20년	30년
2.0%	1.09	1.21	1.35
3.0%	1.15	1.34	1.59
4.0%	1.20	1.49	1.87
5.0%	1.26	1.65	2.21
6.0%	1.32	1.84	2.64
7.0%	1.38	2.05	3.15
8.0%	1.45	2.29	3.78
9.0%	1.52	2.56	4.54
10.0%	1.59	2.86	5.48

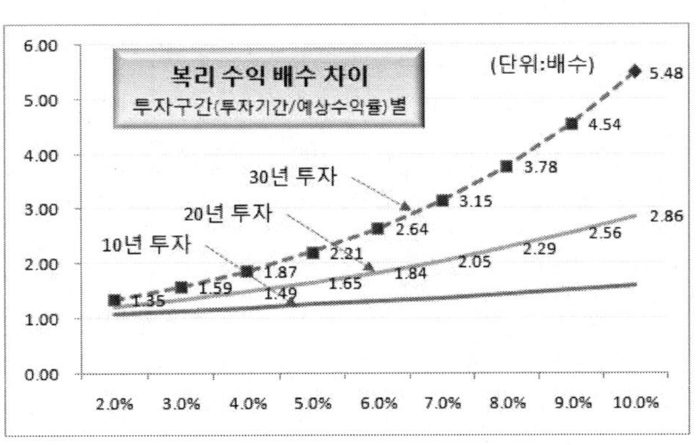

매월 10만원씩 30년을 투자하면 적립 원금이 3천6백만원이 된다. 적립원금 대비 수익률 배수를 계산해 보면 수익률이 8.0%일 때 3.78배[(원금 36,000천원+수익 99,940천원)/36,000원]이며, 9%이면 <u>4.54배</u>[35][(원금 36,000천원+수익127,569천원)/36,000원]가 된다.

---

[35] 표 3-31a에서는 투자 개시 시점에 1천만 원을, 투자하여 이후 30년간 1천만 원이 계속 투자된 사례이다. 따라서 투자 만기도 30년이고 평균 만기도 30년이며, 평균 투자 금액도 30년간 1천만 원이 된다. 표 3-31b에서는 매월

■ 복리 수익률

수익률	10년	20년	30년
2.0%	2.11%	2.26%	2.43%
3.0%	3.25%	3.62%	4.04%
4.0%	4.46%	5.15%	6.00%
5.0%	5.73%	6.88%	8.38%
6.0%	7.07%	8.83%	11.28%
7.0%	8.48%	11.05%	14.82%
8.0%	9.97%	13.56%	19.15%
9.0%	11.54%	16.40%	24.44%
10.0%	13.19%	19.62%	30.92%

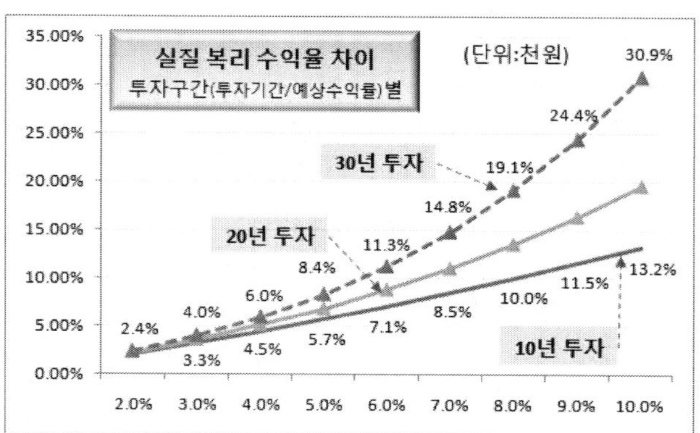

매월 10만 원씩 투자 시 매년 같은 수익률(2~10%)이라도 투자 기간이 길어질수록 실질 복리 수익 금액과 복리 수익률이 급증하는 것을 볼 수 있다. 연간 8%와 9%의 수익률은 장기간 복리의 효과를 감안하면 연 19.1%와 24.4%가 된다.
부록 CD 표 4-1을 활용하여 내 마음대로 계산해 보자.

(3) 다우지수 투자하면 안정적인 수익률(성장률) 기대 가능할까?

→ **수익률은 대부분 역사적 평균(약5.7%+배당률 약 2%)으로 되돌아 왔다.**

→ **매년 7% 수준일 때, 30년 복리는 연 22%, 20년 복리는 14% 효과가 된다.**
이 정도면 노후 준비 문제없다.[36] ^^

지금까지 다우지수와 S&P500 지수에 장기 투자했을 때 어느 정도의 수익률을 기대할 수 있는지를 알 수 있었다. 이제 남은 **문제는 "미래에도 안정적인 수익률(성장률)이 가능할 까?"**를 알아보는 것이다. 결론부터 이야기하면 단기간(약 10년 이하) 동안 약간 수익률 차이는 있겠지만, 장기 투자 시에는 **가능하다.(표 3-56 및 3-71 참조)**

지수 수익률이 평균으로 돌아오는지를 관찰하는 방식은 2가지가 있다.
1) 매년 지수의 수익 분포 및 지수수익률 변동성(위험의 크기)변화를 측정하여 관찰
☞ 복잡한 계산이 아닌 3가지 모양의 그래프로 살펴보겠다.
2) 시장 참여자들의 기대치 값인 PER의 변동 관찰

10만 원씩 적립하면 연간 120만 원씩 30년간 총 36,000천 원을 30년간 나누어서 투자한 경우가 된다. 따라서 30년 기간 전체를 감안 시 **평균적인 투자 금액은 18,050천 원이 되며, 평균 투자 기간은 14.5년**이 된다. 즉 실질 **투자기간(평균만기)이 거치식 대비 1/2 수준이므로 수익률과 총 수익 배수도 거치식의 1/2 수준이 되는 것이다.**

[36] 월 20만 원씩 30년간 7.5%로 투자하면, 원금 72백만 원+이자 197백만 원이 된다. 동 금액을 연금으로 30년간 7.5%로 운영하면 매월 180만 원을 받게 된다. 복리의 힘, 시간의 힘이다. 그리고 국민연금도 추가로 있지 않는 가. ^^

표 3-70에서는 주식시장이 성장할 수밖에 없는 이유에 대하여 설명한다. 주의할 점은 주식시장이 항상 성장만 하는 것은 아니다. 시장은 항상 상승과 하락을 반복하는데, **시장의 특성을 이해**하는 것이 매우 중요하므로 우선 몇 가지 사실을 정리해 보자.

❶ **시장에는 두 당사자가 있다.** 주식을 공급(상장을 해서 필요한 자금확보)하는 기업과 주식을 사려는 투자자이다. 공급하는 자는 시간이 지나면서, 사라지기도 하고 새로 등록되기도 한다. 수요자인 투자자도 비슷하지만, 중요한 점은, 두 당사자는 항상 시장에서 존재한다는 것이다.

❷ 시장의 **주식 가격은 시장에 참여하는 투자자들**[37]**에 의해 결정된다.** "사람들의 평가가 기업의 본질가치를 정확하게 반영했는가?"가 중요한 것보다는, **평가한 결과값**(시장가격)이 중요할 뿐이다.

❸ 가격 **결정은 사람이 한다.** 컴퓨터가 기업의 재무자료, 산업별 과거 자료를 분석한 향후 경기 전망 자료 등을 복잡한 분석 과정을 거쳐서 예상 결과를 산출할 수도 있지만, 현장에서 기업 성장을 위해 늘 고민하고 생각하는 경영자와의 솔직한 인터뷰 한 번 하는 것보다 못할 수 있다. 결국 모든 결정과 판단은 사람의 몫이다.

❹ 사람들은 대부분 **이성적으로 행동하지만 항상 그러한 것은 아니다.** 종종 망각 때문에 같은 실수를 반복[38]하기도 하고, 때로는 알면서도 비이성적인 행동을 할 수밖에 없는 상황[39]에 놓이기도 한다.

> **위 4가지 사항의 공통점은 사람**이란 것이다. 즉 "시장은 여러 사람들의 판단이 모여서 움직인다는 것"이다. 사람의 판단은 동일한 상황 하에서도 각기 다르게 판단하는 경우가 흔하다. 그렇지만 사람들이 상황에 따라 각기 달리 판단한 것을, 장기간에 걸쳐서 모아보면 일정한 패턴을 발견할 수 있다. 그 패턴은 **평균으로 돌아온다는 것**(평균회귀, Mean Return)이다. 마치 역사가 반복되는 것과 같은 이치다.

---

[37] 기관 투자자, 개인 투자자, 정부, 기업, 외국인 투자자 등
[38] "이번에는 성공하겠지" 하는 자만심으로 비이성적인 판단.
[39] 대표적인 사례가 투자 지침서에 따라서 일시적인 시장 하락 시기에 손절매(Stop Loss)를 해야 하는 상황.

① 미국 다우지수 100년 자료를 보자. 전년도 대비 지수 변동치(HPR)을 측정하여, 지수의 변동치가 평균 수준으로 복귀하는지 살펴보자.

표 3-32 다우지수 전년 대비 주가 변동(+/ - %) 그래프

■ 미국 다우지수 100년 / HPR% 계산(전년대비 지수 변동률)

투자기간	1년	3년	5년	7년	10년	15년	20년	25년	30년
측정횟수	100	98	96	94	91	86	81	76	71
HPR 평균(누계)	7.3%	21.8%	37.9%	52.8%	76.2%	117.1%	151.5%	188.8%	221.1%
편차(누계)	21.4%	32.9%	38.9%	41.2%	45.9%	58.0%	60.0%	57.4%	46.8%
CV(누계)	293.1%	150.8%	102.7%	78.0%	60.3%	49.5%	39.6%	30.4%	21.2%
Median(년)	8.1%	8.1%	7.9%	6.7%	7.5%	7.9%	7.6%	7.3%	6.9%
Min(년)	-52.7%	-36.5%	-15.4%	-6.5%	-2.2%	-0.4%	1.2%	2.9%	5.0%
Max(년)	81.7%	36.5%	26.6%	21.6%	16.1%	16.7%	14.6%	13.3%	11.0%
수익률 0% 미만(수)	34	22	16	8	1	1	-	-	-
수익률 1% 미만비중	34%	22%	17%	9%	1%	1%	0%	0%	0%
HPR 수익률(년)	7.3%	7.3%	7.6%	7.5%	7.6%	7.8%	7.6%	7.6%	7.4%
표준편차(년)	21.4%	11.0%	7.8%	5.9%	4.6%	3.9%	3.0%	2.3%	1.6%
CV(변동계수)	2.93	1.51	1.03	0.78	0.60	0.50	0.40	0.30	0.21

1) HPR% 를 투자보유 기간별로 평균산정 [산식 = (금년도 지수 - 전년도 지수) / 전년도 지수]
2) HPR 의 평균, 편차 계산 [투자기간별 HPR을 더한후 투자기간으로 나누어 매년 HPR%를 산정함]
3) 보유기간별 분산의 정도(CV)를 측정 [산식 = HPR 평균/편차] ☞ 구간별 기대수익은 일정하나 분산은 대폭감소.

표 3-32는 다우지수 100년 지수를, 매년 전년 대비 지수의 증감률을 계산한 후, 이를 투자 기간별로 재정리한 것이다. 즉, **1년은** 다우지수 100년 동안 전년 대비 평균적인 지수의 변동치(증감)를 계산한 값으로 평균은 +7.3% 수준이었다. 즉, 매년 지수가 등락을 했지만 하락과 상승률을 다 더해서 평균을 계산하면 매년 전년 대비 <u>7.3%씩 증가</u>[40]하였음을 보여준다. **3년**은, 3년을 투자한 것으로 가정해서 100년을 3년 주기 평균 변동 값으로 계산한 것을 이용했다. 즉, 3년 동안 매년 전년 대비 증감률을 모두 더해서 다시 3년으로 나누어 연 평균값을 계산한 것이다. **20년**은 20년 동안 전년 대비 지수의 증감률을 더한 후 20년으로 나누어 평균적인 지수 변동 값을 계산한 것이다. 이렇게 함으로써 보유 기간이 길어지면서 지수의 변동성에 차이가 있는지를 알아본 것이다.

계산 자료에 의하면 **1년 주기로 지수 변동을 관찰**하면 100번 중 34(34%)번은 손실이 발생되었었고, **5년**을 주기로 관찰하면 96회 중 16회(26%)가 손실이 발생되었었다. 그러나 아무리 경기 침체로 지수가 폭락했다고 해도, 7년 정도 지나면 대부분 회복되었다. 그리고 <u>10년을 주기</u>[41]로 보면 100년사 중에 90회는 손실을 벗어났었고 오직 1번만 누적 손실에서 벗어나지 못했음을 알 수 있다.

---

[40] 지수에 투자할 때 산술평균(HPR)을 기대 수익률로 사용해서는 안 된다. 산술평균은 전년 대비 지수의 변동성을 측정할 때 사용된다. 지수 투자 시 수익률은 표 3-29에서 계산한 기하평균에다 배당률을 더한 값을 사용해야 한다.

[41] **10년 주기는** 다우지수 100년 구간 중, 임의로 어느 구간이든 선택하여, 10년간 투자를 중단 없이 할 경우를 말함.

복잡한 숫자 말고 그래프로 투자 기간, 주기[주2]가 길어질수록, 지수의 변동치가 평균 수준으로 복귀하는지 살펴보자.

표 3-32a 다우지수 전년 대비 지수 변동률

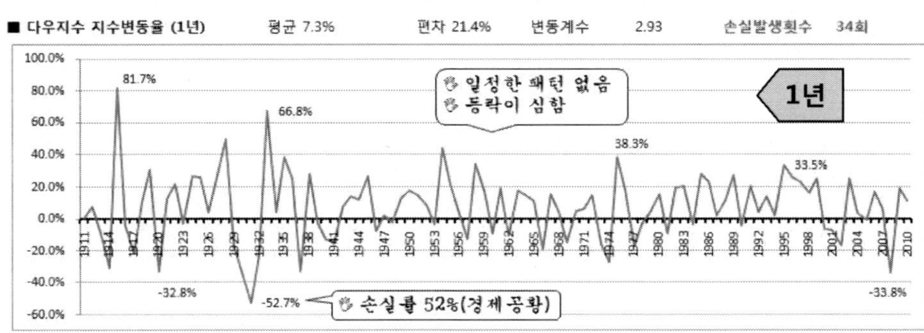

투자 기간이 1년일 경우, 전년 대비 지수는 폭등과 폭락을 오가며 극단적인 모습을 보인다. 마치 놀이동산 청룡열차를 타는 것과 같이 언제 오르내릴지 알 수 없다. 아무리 투자의 달인이라 하더라도 1년 단위로 춤추는 지수를 알아 맞추기란 불가능하다. 참조로 워렌 버핏은 절대 단기간 동안 지수가 어떻게 될지 절대 예상하지 않기로 유명하다. 내가 워렌 버핏이라 해도 이 그림을 보고는 절대 단기 주가를 예상하지는 않을 것이다. ^^

3년 주기로 관찰하면 1년보다는 덜 하지만 아직도 등락이 많음을 볼 수 있다.

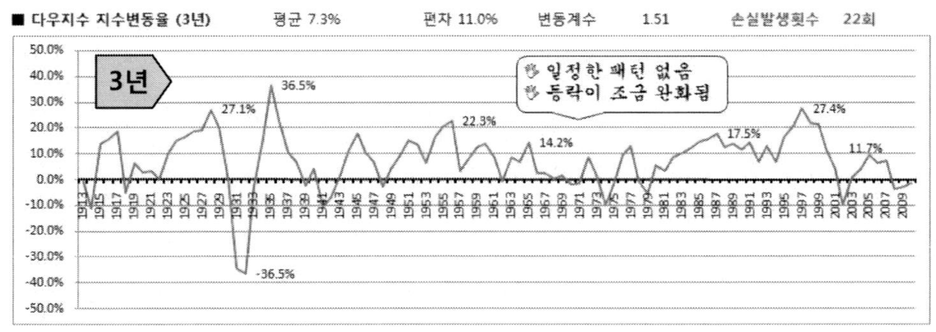

5년 주기로 관찰해 보면 약간 패턴이 보인다. 30년대 경제공황 시기를 제외하고는 대부분 경기 침체에서 회복하는 모습을 보여준다.

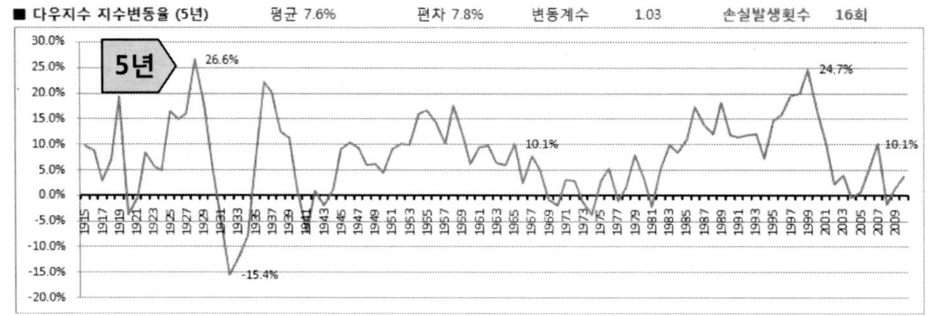

7년 주기로 관찰해 보면 서서히 패턴이 보이기 시작한다.

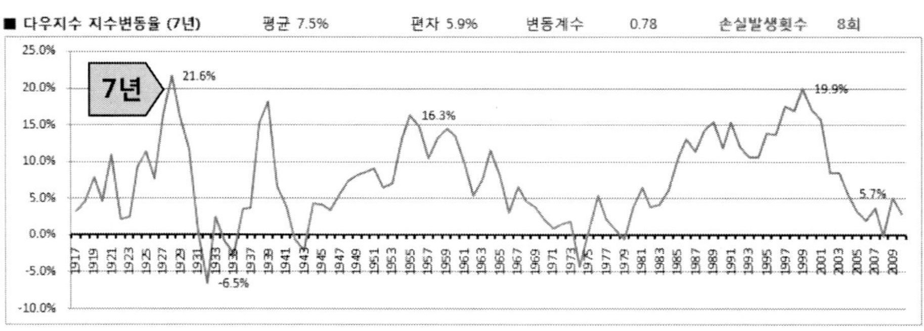

10년 주기로 보면 100년사가, **산 3개의 모습**으로 나타난다. 100년사에 1번을 제외하고는 모두 변동성이 플러스로 나타냈음을 볼 수 있다.

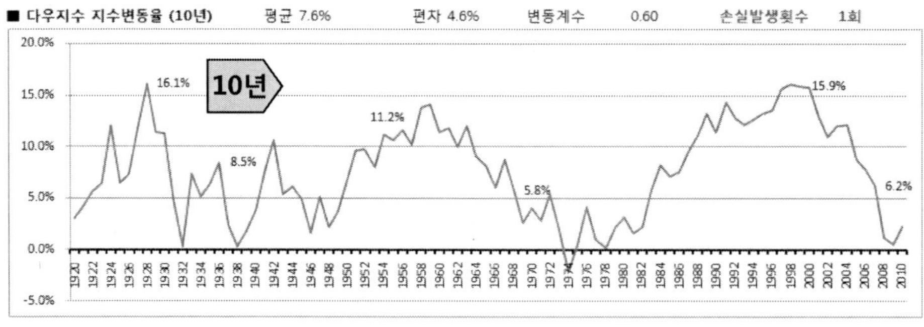

15년과 20년 주기로 관찰하면, 산 모양이 점차 없어지고 그래프가 일정해지는 것을 볼 수 있다.

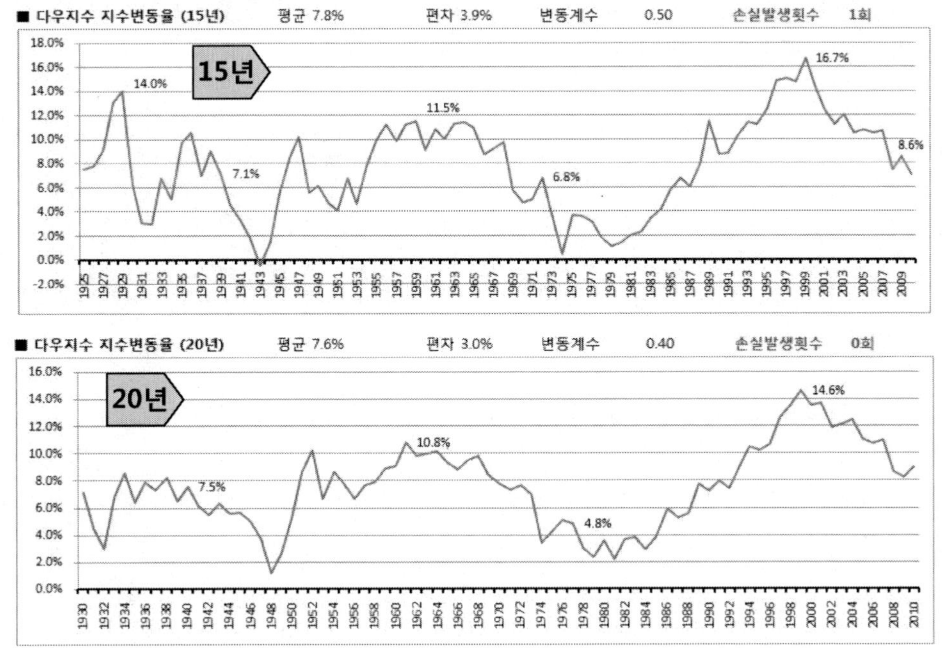

　　25년과 30년 주기를 보면, 산 모습이 없다. 손실 구간은 다 없어지고, 지수는 항상 성장했음을 보여준다. 그래프 높이도 점차 일정해지면서, 점차 커지고 있음을 알 수 있다. 이는 25~30년 **장기적으로는 시장은 항상 평균 수준**(이 경우 평균은 전년대비 지수 증가율 7.4%를 말함) ♣♣ **으로 회귀**(Mean Return)되었음을 보여준다.

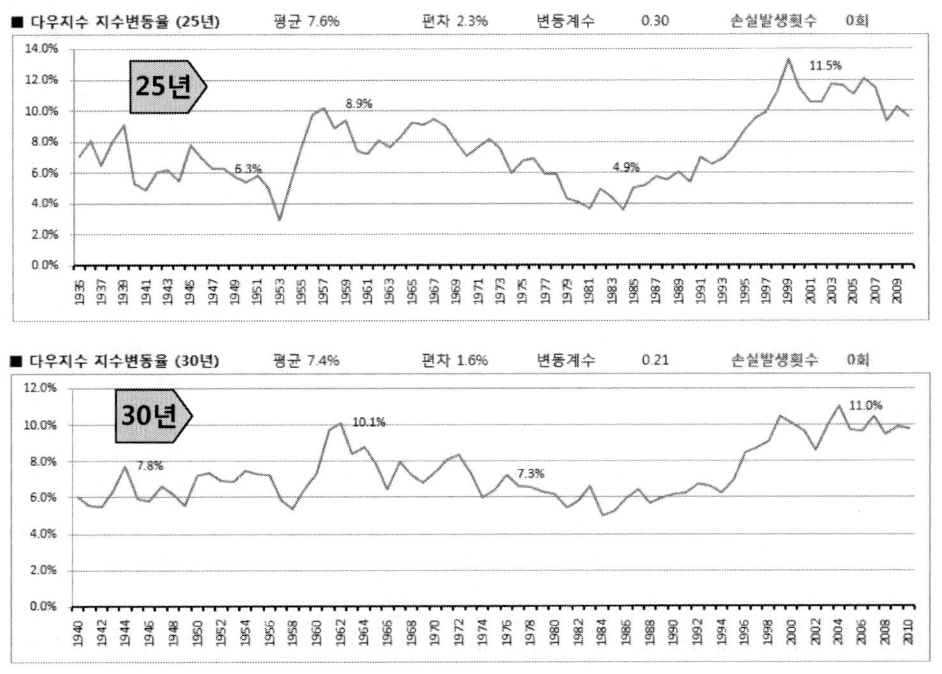

언뜻 생각하면 장기 투자 시 수익률의 변동이 줄어드는 것이 당연한 것으로 생각할 수도 있지만 **여기에는 중요한 의미가 있다**.

② 다우지수 100년 동안 전년 대비 지수 변동치(HPR)를 달리 표현해 보자.

우리가 알아보려는 것은 "과연 지수가 **일정한 패턴**을 가지고 움직이는지, 그리고 관측 기간을 구분하여 보았을 때 주가지수의 변동이 **일정 구간 내**에서 움직이는지를 알아 보는 것이다. 다음 두 가지 사례를 관찰해 보자.

첫째, 지수의 매년 변동치 값(%)을 **퍼센트 구간별로 분류**하여 구간별로 **몇 번**이나 발생 되었는지를 알아보려는 것이고, 둘째, 100년 전체 기간 동안 30년간 지속 투자를 했을 때, 수익률이 전년 대비 어느 정도 변동되었는지를 알아보자.

먼저 **전년 대비 다우지수 변동치를 조사한 사례를 보자.** 1년 주기로 다우지수의 전년 대비 변동치(%)를 조사하면, 100년 동안 평균 +7.3% 수준이고 위험치인 변동성(표준편차)은 ±21.4%였다. 이를 그래프로 표기하면 표 3-33a와 같다.

1년 주기로 관측 시 위험도(변동 값)은 **전 구간 평균(HPR)은 +7.3%**였으나, 1931년도에는 전년 대비 **무려 - 52.7%가 하락**하였고, 1930년과 2008년도에는 - 33.8% 폭락하였다. - 이를 보면 2008년도 금융 위기로 인한 미국 경제의 충격이 1920년대의 대공황 사태의 수준으로 매우 충격적이었음을 알 수 있다. 1976년(- 27.6%), 1914년(- 30.7%), 1937년(- 32.8%), 1920년(- 32.8%)도 큰 폭으로 하락하였다. 그러나, 1925년에는 전년 대비 **81.7% 상승**했고, 1933년도(+66.8%), 1928년(+49.5%), 1954년(+44.0%) 각각 큰 폭으로 상승했다.

---

[42] 채권 가격은 기업의 신용도에 따라 금리 수준 차이로 결정된다. 주가는 기업의 본질적인 수익 창출 능력(EPS)과 미래에도 지속적인 수익을 창출할 수 있을지에 대한 예상 값(PER)을 반영한다.

표 3-33a 다우지수 전년 대비 투자수익률 분포

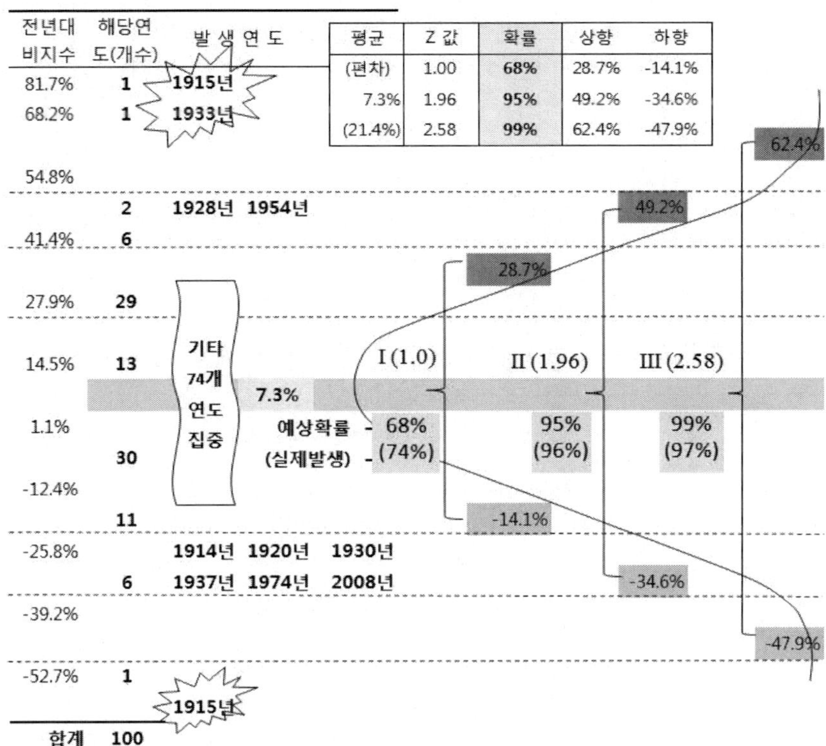

1년 주기로 다우지수 변동치 값을 통계적 의미를 부여하여 재분류해 보면, **- 14.1%~ +28.7%** 구간에 총 100개 관측치 중 75개가 집중(75%)되어 있고, **- 34.6%~+49.2%** 구간에 96개(96%)가 포함되어 있으며, **- 47.9%~+62.4%** 구간에는 100개 측정치 중 97(97%)가 분포되어 있다.

갑자기 웬 통계? 하고 의아해 하실 수 있으나, 앞서 시장지수 가격 결정을 결국 사람들이 ♣♣♣ 한다는 점을 감안할 때, **통계만큼 수많은 사람들의 생각을 최대한 근접하게 찾아주는 방법은 없다.** ^^ *단, 분석의 기초 자료를 최대한 전체 구간을 예외 없이 전부다 입력해야 한다. 그리고 관찰 기간이 충분하게 장기간이어야 하며, 전체 데이터의 분포가 벨 모양이어야 한다.*

통계는 확률을 바탕으로 한다.

I 번 구간(- 14.1%~+28.7%)은, 매년 다우지수 100년의 전체 평균값인 +7.3%를 기준하여, 68% 확률**(통계 I 구간)** 구간에 나타난 경우를 측정한 것이다. 일반적인 통계 모델로는 100번 중에 68번 정도가 I 구간에 나타나지만, 다우존스의 경우에는 좀 더 많은 74번 (74%) 나타났다.

II 번 구간(- 34.6%~+49.2%)은, 역시 매년 다우지수 100년의 전체 평균값인 +7.3%를 기준하여, 95% 확률**(통계 II 구간)** 구간에 나타난 경우를 측정한 것이다. 일반적인 통계 모델로는 100번 중에 95번 정도가 II 구간에 나타나며, 다우존스의 경우에도 이와 유사한 96번(96%) 나타났다.

<u>III 번 구간(- 47.9%~+62.4%)</u>은 마찬가지로 매년 다우지수 100년의 전체 평균값인 +7.3%를 기준하여, 99% 확률**(통계 III 구간)** 구간에 나타난 경우를 측정한 것이다. 일반적인 통계 모델로는 100번 중에 99번 정도가 III 구간에 나타나며, 다우존스의 경우에도 이와 유사한 97번(97%) 나타났다.

참조로 표 3-33에서 로 표기된 3개 연도(1915년 1933년의 폭등과 1931년 폭락)은 통계 모형 <u>예상의 범위를 벗어나는 폭등과 폭락이었다</u>[43].

표 3-33b 다우지수 전년 대비 투자수익률 분포 ➜ 폭락 뒤 폭등

연도	지수	폭락		연도	지수	폭등
1914	54.6	-30.7%	➜	1915	99.2	81.7%
1920	72.0	-32.8%	➜	1921	80.8	12.2%
				1928	300	49.5%
1930	164.6	-33.8%				
1931	77.9	-52.7%	➜	1933	99.9	66.8%
1937	120.9	-32.8%	➜	1938	154.8	28.0%
1974	616.2	-27.6%	➜	1975	852.4	38.3%
2008	8,776	-33.8%	➜	2009	1042.8	18.0%

한 가지 재미있는 사실은 **폭락 뒤에는 ♣♣♣ 반드시 폭등**이 있었다는 사실이다. 표 3-33b를 보면 100년 다우지수 역사상 전년 대비 - 25% 이상 큰 폭으로 하락한 해는 모두 7번 있었다. 그러나 7번의 폭락은 대부분 다음 연도에 폭등으로 이어졌다. (간혹 시간을 두고 천천히 나타난 경우도 있었다 ^^)

다음은 다우지수 100년 동안, **30년을 지속투자 했다고 가정할** 때, 전년 대비 다우지수의 수익률 변동이 어떠했는지를 알아보자.

30년 투자 기간을 가정하여 다우지수의 변동치를 조사하면, 100년 동안 총 71회 관측이 가능하다. 전년 대비 **지수의 변동치** 평균은 +7.4% 수준으로, 1년 주기 관측할 때와 **거의 동일**하지만, **변동성(표준편차)**는 1년 투자할 경우 21.4%보다 13배나 **대폭 감소**된 ±1.6% ♣♣♣ 수준으로 하락한다. 즉, 1년 투자할 때와 동일한 지수 변동성(+7.4%)을 보여 주지만, +7.4%에 대한 신뢰도가 매우 높아지게 된다.

---

[43] 이른바 **Black Swan 현상**이다. 서양인들은 백조는 늘 하얀 백조로만 알고 있었으나, 호주에 가서 보니 검은 백조도 있어 매우 놀랐다고 한다. 이처럼 원래부터 검은 백조처럼 이미 있었으나, 그간 극단적인 상황을 경험하지 못해 없을 것으로 생각해서 모르고 있었던 상황이, 어느 날 갑자기 발생되어 매우 놀라는 현상을 말한다. **통계에서도 일반적인 기대치 범위(평균값 + 표준편차 X 구간별 통계지수"Z")**를 벗어나 발생되는 경우가 이에 해당되며, 100년 다우지수 역사에서는 3번(1915년 폭등, 1931년 폭락 그리고 1933년 폭등)의 사례가 이에 해당된다. ^^

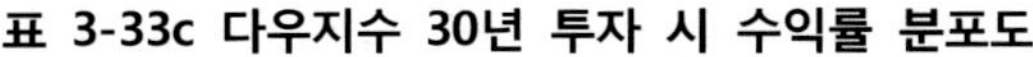

표 3-33c 다우지수 30년 투자 시 수익률 분포도

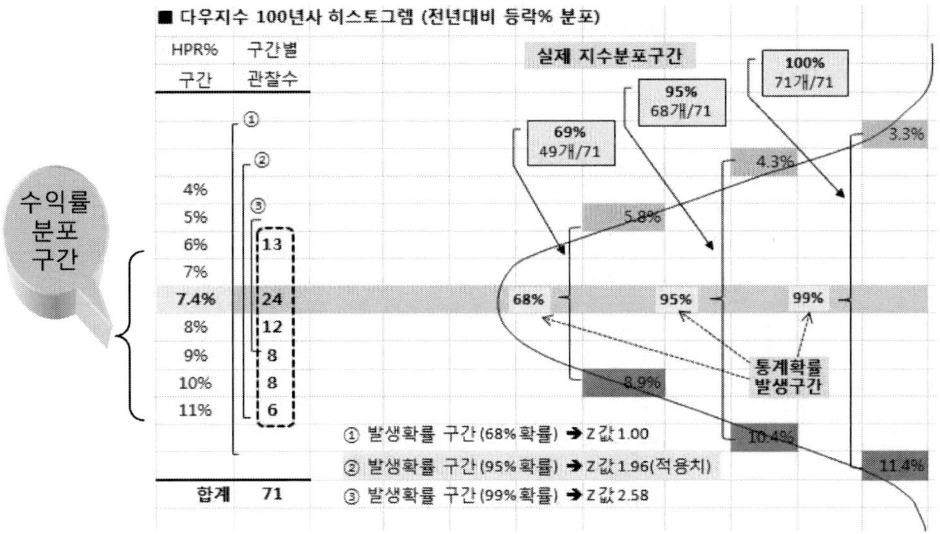

표 3-33c를 보면, **통계 Ⅰ 구간(+5.8%~+8.9%)**에 총 71개 관측치 중 49개가 집중(68%)되어 있고, **통계 Ⅱ 구간(+4.3%~+10.4%)**에 71개 측정치 중 68개(95%)가 포함되어 있음을 알 수 있다. **통계 Ⅲ 구간(+3.3%~+11.4%)**에는 71개 측정치 전부(100%)가 분포되어 있다. 이러한 측정 결과는 통계적으로 중요한 의미가 있다.

즉, 투자자가 30년 동안 다우지수에 장기 투자를 할 경우, <u>100번 중 68번</u>은 매년 전년 대비 다우지수가 평균 +5.8%~+8.9% 변동되는 구간에 있게 되고, <u>100번 중 95번</u>은 +4.3%~+10.4% 구간, <u>100번 전부는</u> +3.3%~+11.4% 구간에 놓이게 된다는 의미이다. 이는 통계 모형에서 기준하는 <u>통계 발생 확률</u>[44]과 <u>거의 일치</u>[45]한다.

실제 연 수익률 변동치 값의 분포는 더욱 매력적인데, 30년을 지속 투자했다면, 30년 전체 투자 기간 동안, 평균 전년 대비 최소 연+5%~최대 연 11%(표 3-32참조)가 된다는 점이다. **1년 주기로 지수의 변동치**를 측정할 때는 지수 변동치 측정 구간의 범위가 워낙 넓어서 **투자자에게 별다른 의미가 없다**는 점이다. 투자자에게는 일정 기간 투자 할 경우 어느 정도의 수익을 올릴 수 있는지를 미리 가늠하는 것이 중요한데 지수가 전년 대비 +/- 40% 이상 오르고 내리면 아무런 의미가 없는 것이다. 그러나, **30년을 지속 투자했다면**, 30년 전체 투자 기간 동안, **+5%~11%** 구간에서 변동된다는 점을 알 수 있으므로 **의미가 있다.**

---

[44] 통계 발생 확률 1구간(68%), 2구간(95%), 3구간(99%)

[45] 통계는 측정 값이 많을수록 이론적 통계 모형에 더욱 근접하게 된다. 주식시장도 수많은 사람들이 참여하는 곳으로 측정값이 무한히 많고, 장기간에 걸쳐 반복적인 사람들의 판단 결과가 종합된 것인바, 어쩌면 이론적인 통계 모형과 유사하게 나타나는 것은 당연한 것 같다.

③ 통계 히스토그램을 방식을 이용하여 전년 대비 수익률을 분류해 보자.

다우지수를 **보기에 편한 막대그래프**(히스토그램)을 이용하여 표기해 보면 아래 표 3-33 과 같이 나타난다.

표 3-33d 다우지수 전년 대비 변동치 재분류 ➜ 1년 투자와 30년 투자 대비

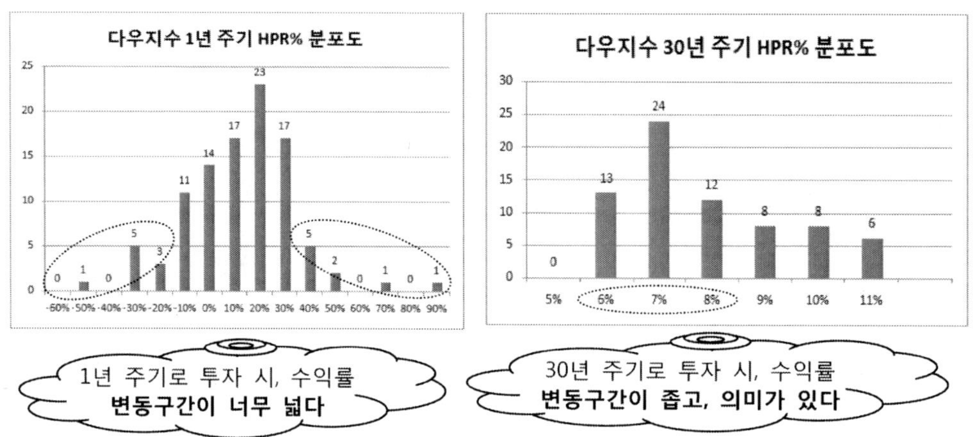

표 3-33d는 다우지수의 전년 대비 변동치(HPR%) 분포를, 막대그래프로 다시 표기한 것 이다. 1년 주기 표를 보면, 좌측의 큰 손실이 발생된 횟수와 우측의 큰 폭의 이익이 발생된 횟수가 각각 9번으로 같음을 볼 수 있고, 대부분 중간에 집중되어 몰려있음을 보여준다.

그러나 30년 주기 표를 보면, 좌측의 큰 손실 발생 부분이 없어졌고, 수익 발생 구간인 우측에 상대적으로 좁은 구간(6.0~8.0%)에 몰려있음을 알 수 있다.

이는, 결국 시간이 지나면 시장지수는 가운데 역사적인 평균 수준으로 되돌아오는 현상 ♣♣ 을 다시 보여준다. 그리고 이러한 평균적인 수익률이 장기간 모여서 **마법의 복리 효과**를 ♣♣ 만드는 것이다.

④ 미래 주가 기대치인 PER 값도 결국 평균 수준으로 복귀한다.

주가는 주당 순이익(EPS) X주가수익률(PER)로 계산할 수도 있다.

주당 순이익(EPS)[46]는 기업의 이익금을 발행 주식 수로 나눈 값으로, 현재 기업의 이익 창출 능력을 보여준다. 상장 기업의 주당 순이익(EPS)은 기업의 실물경제 활동(매출액, 원 가/비용 관리 등)에 따라서 **일시적인 변동**이 있을 수도 있다. 그러나 상장 기업 대부분은 시장에서 비교적 경쟁력 있는 우수한 기업들이다. 기업 경영 능력도 우수하여, 주기적으로 반복되는 경기 변동 상황을 감안하여 매출액 및 원가/비용 관리를 하므로 일반적으로 적정 한 수익 창출 능력을 보유하고 있는 것으로 간주된다. 일시적인 시장 불안정으로 인한 수급 불안 때문에, EPS가 변할 수 있지만, **장기간** 평균적인 EPS는 급격하게 변동되지 않고 **일정**

---

46 1년 주기로 결산과 회계감사 한 후 EPS가 계산된다. 지금 시장에서 적용되는 EPS는 직전연도의 EPS이다.

한 수준을 유지한다.

그러나 **PER는 다르다.** PER는 현재 주가(Price)를 EPS(주당 순이익)로 나눈 값이다. PER는 투자자들이 투자한 기업의 현재 수익성(EPS) 대비해서 향후 몇 배 정도의 **수익 창출 능력**이 있는지를 보여준다. 달리 말하면 현재 주식 가치가 향후 기업의 몇 년치 당기 순이익과 동일한지를 보여주는 것으로서 투자자에게는 **투자한 금액이 몇 년에 걸쳐서 회수**될 수 있는지도 보여주는 것이다.

잘 아시는 바와 같이 경기 사이클은 4단계 [침체(depression) → 회복(recovery) → 활황(peak) → 수축(recession)] 변화 과정을 반복한다. **PER가 경기에 따라서 상승과 하락을 반복**하는 것은 어쩌면 당연하다. 이는 PER의 의미가 현재 **기업의 수익력(EPS)**이 앞으로 몇 년간 유지될 수 있는지에 대한 **예상 값**이고, 시장에 참여한 투자자는 그때그때 경기 **상황에 따라 기대를 달리**하게 되므로, 결국 투자자의 기대가 바뀌면서 <u>시장의 주가도 변동</u>[47]하게 된다.

표 3-33e는 18년 동안 미국 다우지수의 PER 값을 그래프로 나타냈다. 18년 동안 평균 PER 값은 약 16.7배 수준이다. 일시적으로 PER 값의 등락이 있지만 일반적으로 평균 수준으로 돌아갔고, **지나치게 PER 값이 높으면 시장은 조정**(미국은 닷컴기업에 대한 기대가 높았던 1999년부터 2000년 초 기간에 PER가 가장 높았음)을 받았다.

미국 다우지수의 PER를 그래프로 표기해 내보면 한국 코스피 지수 대비 다소 안정적임을 볼 수 있다.

제3-2장

표 3-33e 다우 및 코스피 지수 PER값 (1993~2010)

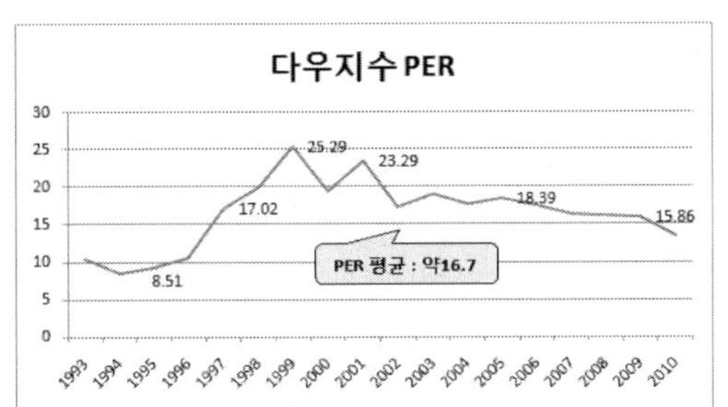
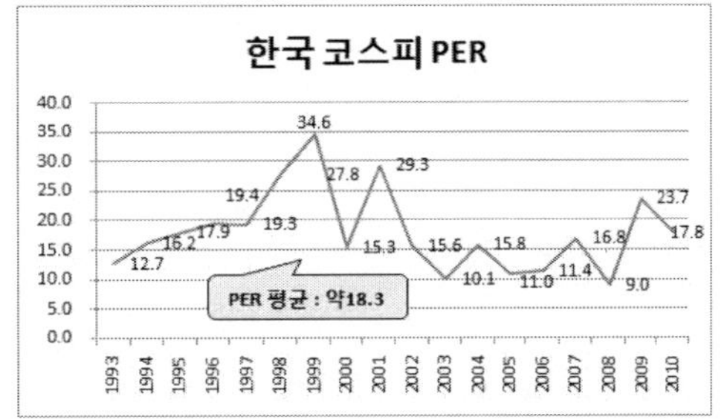

자료출처: 블룸버그/한국은행

국가마다 경제 상황에 따라 <u>PER 값의 차이</u>[48]가 있지만, 일반적으로 PER 값은 중장기적인 경제 발전 수준을 반영하는 경향을 보여준다. 또한, 일시적인 시장 <u>변동 요인</u>[49]때문에

---

[47] 물론 반대로 주식시장이 움직여서 PER가 변동되기도 한다. 누가 먼저이던 관계없이 여기서는 PER가 늘 변동된다는 점을 말하려는 것이다.

[48] OECD 국가의 기업은 신흥 시장 기업 대비 기업들의 수익이 안정적이고, 배당률이 높지만, 성장성이 낮다.(신흥 시장은 성장성은 높고, 투자 수요가 많아 배당률이 낮으며, 수익성도 불안정하는 등 OECD 국가와 반대 성향을 보여준다)

[49] 2008년 미국 금융 위기, 911 테러 발생, 아시아 금융위기 IMF, 중동전쟁, 70년대 초 석유파동 등등

지수의 등락이 있을 수도 있지만, 결국은 다시 적정한 평균 수준으로 돌아온다.

PER와 연관하여 지수의 적정 수준을 가늠하는 방식 중의 하나가 **Fed 모델이다.** Fed 모 ♣
델이란 미국의 FRB 의장이었던 그린스펀이 1997년 미국 증시의 '비이성적 과열'을 경고하
면서 언급한 것으로, "신용 위험이 없는 국채 10년짜리 수익률과 주식시장 투자수익률(개별
주식이 아니라 시장 전체 지수를 말함)은 통상 같아야 하며 만약 주식시장의 투자수익률이 10년
채권수익률보다 높으면, 주식시장이 실제보다 높게 평가되어 있다고 판단하는 것"이다.

예를 들면 주식시장의 PER가 20배이면 PER의 역수인 5%(1/20=5%)가 주식시장의 수
익률이 되는데, 이를 10년 만기 국채의 시장수익률과 비교하여 판단하는 방법이다.

채권의 시장수익률은 여러 가지 금리 결정 변수(표 3-15참조)들에 영향을 받게 되고,
PER도 많은 대외경제변수 및 기업 활동 변수들에 영향을 받아 산출되는 만큼 칼로 무 자르
듯이 획일적으로 동 모델을 적용할 수는 없다. 그러나 자금 수요자인 기업과 자금 공급자인
투자자의 관계를 **재무관리 관점에서 바라보면 일부 공감**이 된다.

즉, **기업**은 자금이 필요하면, 주식이나 채권을 발행해서 이를 시장에서 투자자에게 매각
(주식은 공모 절차/ 채권은 <u>인수금융기관</u>[50]을 통해 매각됨)하여 조달한다. 기업과 마찬가지
로 **투자자**도 주식과 채권 투자라는 두 가지 선택권이 있다. 투자자는 항상 수익률을 높이는
데 관심이 있으므로, 둘 중 어느 하나의 가치가 잘못 평가되어 있으면 **차익거래(Arbitrage
거래)**를 시도하게 되며, 이러한 과정들이 많이 반복되면 두 시장은 다시 적정한 선에서 **균
형을 유지**하게 된다.

표 3-34 FED 모델? - 미국 국채 10년 금리 자료 확보 못해서 리보 금리로 추정함. ^^

	Libor1년	10년(추정)	PER 금리	PER(다우)
1993	3.81%	5.31%	9.68%	10.33
1994	7.75%	**9.25%**	**11.75%**	8.51
1995	5.43%	6.93%	10.68%	9.36
1996	5.79%	7.29%	9.43%	10.6
1997	5.97%	7.47%	5.88%	17.02
1998	5.10%	6.60%	5.00%	20.01
1999	6.50%	8.00%	3.95%	25.29
2000	6.00%	7.50%	5.17%	19.34
2001	2.44%	3.94%	4.29%	23.29
2002	1.45%	**2.95%**	**5.76%**	17.36
2003	1.46%	2.96%	5.29%	18.91
2004	3.10%	4.60%	5.67%	17.64
2005	4.84%	6.34%	5.44%	18.39
2006	5.33%	6.83%	5.72%	17.49
2007	4.22%	5.72%	6.12%	16.34
2008	2.00%	3.50%	6.21%	16.11
2009	0.98%	2.48%	6.31%	15.86
2010	0.78%	**2.28%**	**7.46%**	13.41
평균값	4.05%	5.55%	6.66%	16.40

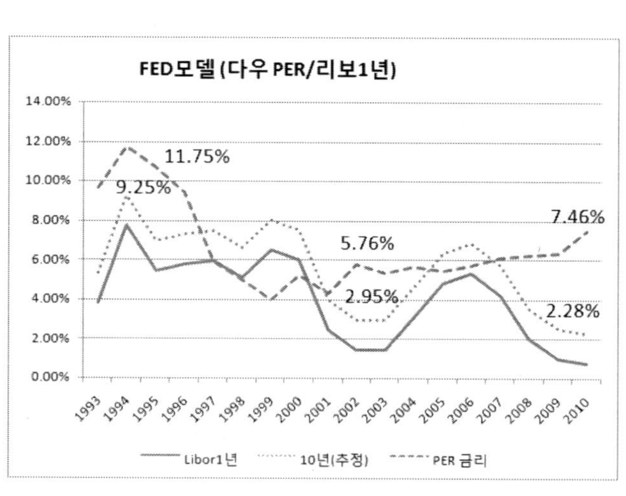

이론상 금리가 오르면 기업은 이자 지급 비용이 증가하여 당기 순이익이 감소하게 되며,

---

[50] Underwriter(인수단)이라 하며 주로 골드만과 같은 투자금융회사나 대형 증권사가 총액을 인수하여 시장유통시킴.

당기 순이익의 감소는 주식 가격의 하락 요인이 되어 주가가 하락한다.

어찌 보면 당연한 것인데, 그린스펀이 **주식과 채권의 수익률이 균형**을 이루는 적정한 기준을 10년 국채 수익률로 보고서, 양자의 관계를 설명한 것이 Fed 모델이다. 미국 **다우지수의 PER** 값은 등락은 있지만, 일정한 **평균 수준(약 16.7배/ 93~2010년)**을 유지하고 있다. 16.7배에 상응하는 10년 채권수익률은 약 6% 수준이다. 지난 25년간 유로 달러 1년 금리가 4.75% 수준(표 3-56 참조)이었으니, 10년 가산금리를 2% 정도로 보면, Fed 모델에 의한 10년 채권 금리 추정치 평균 약 6.6%는 적절한 수준으로 보인다. ^^

Fed 모델의 의의는 채권과 주식 투자수익률이 적정선에서 균형을 유지하는 현상을 설명하고 있다. 결국 시장은 자체 조정 기능을 가지고서 **장기적으로는 적정한 균형을 유지하는 특성**이 있다는 것을 이해하는 것이 중요하다.

(4) 다우지수 100년사 정리

➔ 수익률은 일정(약5.7%+배당률 약 2%)하나 위험은 대폭 감소
➔ 확률과 복리 효과가 있는 시간이 필요한 장기 투자의 위력

> 미국 100년 금융 역사는 우리들에게 매우 중요한 사실을 말해주고 있다.
> 1) 시장은 일시적으로 등락이 있을 수 있으나 **꾸준히 성장**해 왔다.
> 2) 장기 투자 시 평균적인 지수 성장률은 7% 중반 수준(배당률 약 2% 감안)으로 일정했다.
> 3) **위험[51](변동성)은 투자 기간이 길어질수록 급격하게 감소된다.**
> 4) 높은 투자수익률은 장기 안정적인 수익률 유지에 따른 복리 효과에서 발생된다.

우리들의 노후 준비를 위한 **투자 기간이 은퇴 후 기간까지 포함하면 40~60년**으로 매우 장기간이다. 시장 지수에 대한 투자도 20~30년 이상 장기간 투자할 경우에만 적절한 수익성(복리 효과를 감안)과 안전성을 동시에 기대할 수 있다.

요행을 바라는 투자자가 아니라면, 시장의 인덱스에 투자하는 것 이외에는 대안이 없어 보인다. **표 3-35는 지금까지 설명한 것을 함축적으로 보여주고 있다.**

---

[51] 아이러니하게 채권 투자는 기업의 부도 위험이 있으나, 인덱스 주식 투자는 부도 위험이 없다. 시장 전체를 포함하는 인덱스 지수는 특정 기업의 부도 발생으로 인한 영향까지 다 반영된 지수이기 때문이다.

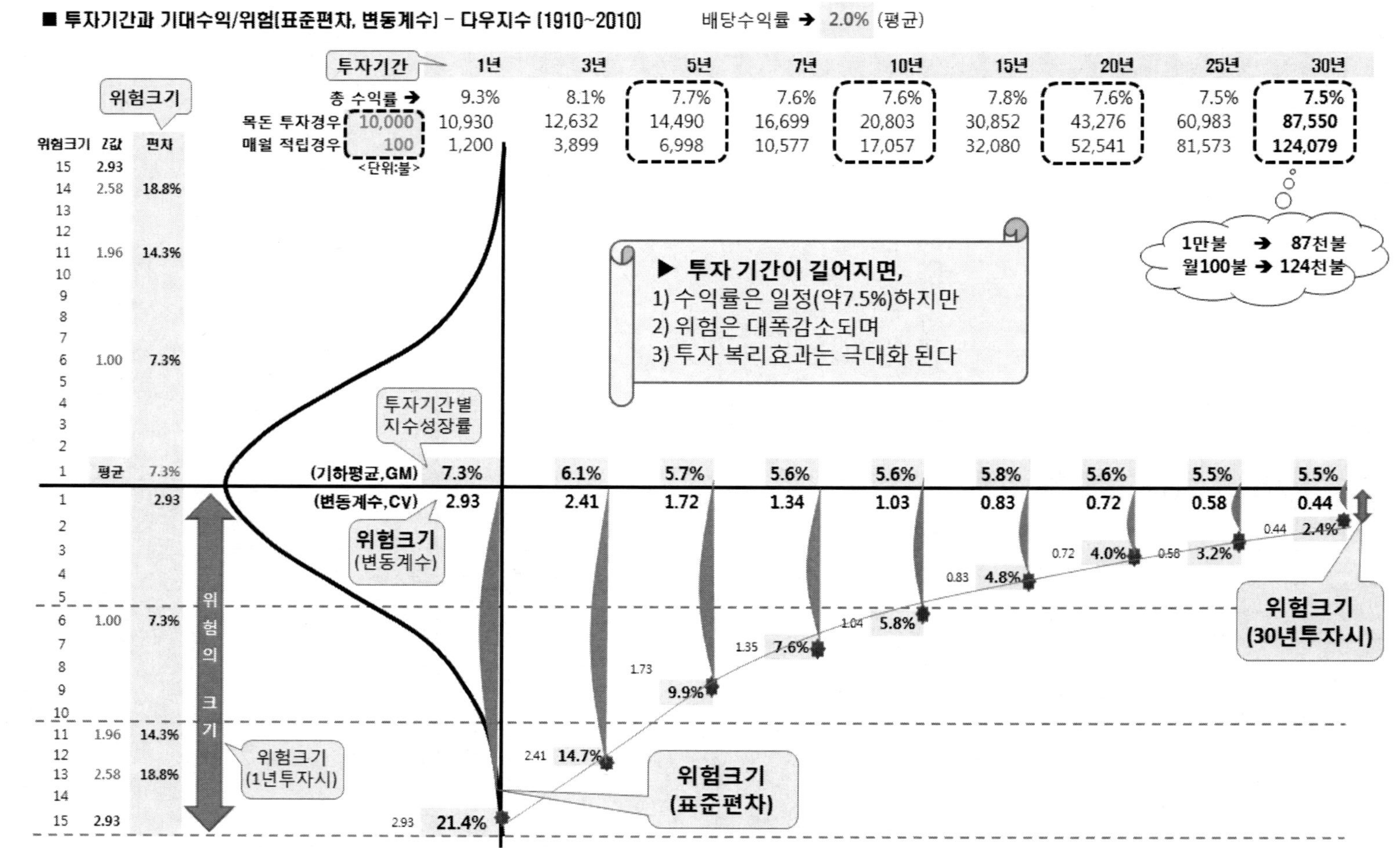
■ 투자기간과 기대수익/위험(표준편차, 변동계수) - 다우지수 (1910~2010)
배당수익률 → 2.0% (평균)
투자기간 1년 3년 5년 7년 10년 15년 20년 25년 30년
총 수익률 → 9.3% 8.1% 7.7% 7.6% 7.6% 7.8% 7.6% 7.5% 7.5%
목돈 투자경우 10,000 → 10,930 12,632 14,490 16,699 20,803 30,852 43,276 60,983 87,550
매월 적립경우 100 → 1,200 3,899 6,998 10,577 17,057 32,080 52,541 81,573 124,079
<단위:불>
위험크기
위험크기 Z값 편차
15 2.93
14 2.58 18.8%
11 1.96 14.3%
6 1.00 7.3%
1 평균 7.3%
▶ 투자 기간이 길어지면,
1) 수익률은 일정(약7.5%)하지만
2) 위험은 대폭감소되며
3) 투자 복리효과는 극대화 된다
1만불 → 87천불
월100불 → 124천불
투자기간별 지수성장률
(기하평균,GM) 7.3% 6.1% 5.7% 5.6% 5.6% 5.8% 5.6% 5.5% 5.5%
(변동계수,CV) 2.93 2.41 1.72 1.34 1.03 0.83 0.72 0.58 0.44
위험크기 (변동계수)
위험의 크기
위험크기 (1년투자시)
위험크기 (표준편차)
위험크기 (30년투자시)
21.4% 14.7% 9.9% 7.6% 5.8% 4.8% 4.0% 3.2% 2.4%
2.93 2.41 1.73 1.35 1.04 0.83 0.72 0.58 0.44

2) 한국 금융 35년 역사의 사실적 자료들

(1) 코스피 35년, 약 20배 성장했다.

➔ **시장은 단기간 등락을 반복했지만, 35년간 매년 9.17%**(배당률 제외) **성장했다.**

다우지수 100년 동안 142배가 성장했다면, 한국의 코스피는 35년간 약 20배 성장했다. (참고로, 한국 코스피는 미국의 100년 금융 역사에 비하면 한국의 코스피 **금융 역사**는 **미국의 35%** 수준(30년/100년)이다. 그러나 **코스피 지수의 성장은 미국의 14% 수준**(20배/142배)에 불과하다)

표 3-36은 한국의 코스피 지수 변천사를 정리한 그래프이다. 언뜻 보기에도 지수가 계속 올랐음을 알 수 있다.

표 3-36 코스피 지수 변천사 1976~1993(좌측) 1994~2010(우측)

▶ 한국 코스피 지수 35년사(76~2010년)

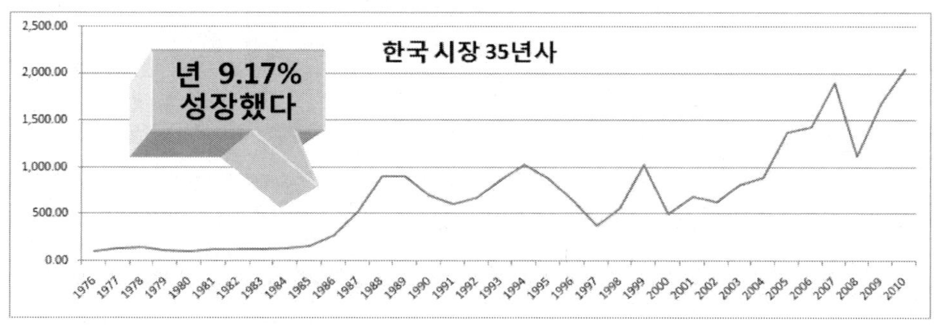

간략하게 코스피 금융 역사를 정리해 보면, **1970년 중반** 주식시장이 처음 도입된 후 80년대 말 경제 호황(이른바 3저 현상[52])에 힘입어 급등했었다. 1990년대 중반 IMF 이전까지는 등락을 하다가 **97년 IMF** 당시 370 포인트까지 하락했었다. **2000년대 초 IT** 기업들의 닷컴주(XXX.com) 광풍을 겪었다. **2005년~2008년** 중국에 대한 수출 증가와 한국 기업들의 글

---

[52] 저금리, 저유가로 인한 좋은 경제 여건과 달러 약세로 인한 엔화 강세로 한국 기업 수출 경쟁력이 강화된 현상을 말함.

로벌 진출을 확대하면서 시장은 다시 점진적인 상승을 하였으나, **2008년도** 미국 발 금융 위기와 **2010년도** 유럽 재정 위기 발생으로 글로벌 경기가 침체되어 다시 코스피 지수가 조정을 받고 있다. 미국의 100년간 시장 역사가 보여 주었듯이, 우리나라 시장도 경제 침체 기를 잘 극복해 왔다. 여기서 주목할 부분은 **코스피 지수가 계속 성장**했다는 것이다.

투자 기간별 지수의 성장도를 알아보자. 표 3-37은 1976년부터 2010년까지 매 5년씩 투자 기간을 늘려가면서 투자를 했을 때, 연간 지수 성장률(수익률)을 정리한 것이다.

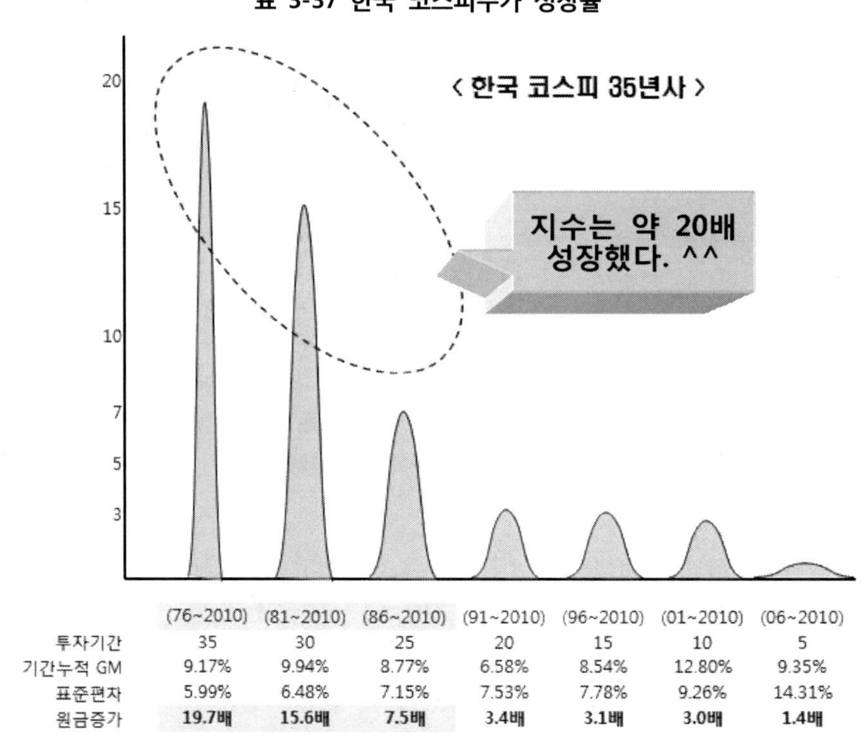

표 3-37 한국 코스피주가 성장률

투자기간	(76~2010)	(81~2010)	(86~2010)	(91~2010)	(96~2010)	(01~2010)	(06~2010)
투자기간	35	30	25	20	15	10	5
기간누적 GM	9.17%	9.94%	8.77%	6.58%	8.54%	12.80%	9.35%
표준편차	5.99%	6.48%	7.15%	7.53%	7.78%	9.26%	14.31%
원금증가	**19.7배**	**15.6배**	**7.5배**	**3.4배**	**3.1배**	**3.0배**	**1.4배**

예를 들면, 1981년부터 2010년까지 30년간 투자를 했다면, 연평균 9.94%의 수익률을 기대할 수 있었고, 투자 원금 대비 15.6배의 수익이 가능했음을 보여준다.

■ 코스피 지수 변천사

연도	지수	연도	지수	연도	지수	연도	지수
1976	104.00	1986	272.60	1996	651.20	2006	1,434.46
1977	137.00	1987	525.10	1997	376.30	2007	1,897.10
1978	144.90	1988	907.20	1998	562.46	2008	1,124.47
1979	119.00	1989	909.70	1999	1,028.10	2009	1,682.77
1980	106.90	1990	696.10	2000	504.62	2010	2,051.00
1981	131.40	1991	610.90	2001	693.70		
1982	127.30	1992	678.40	2002	627.60		
1983	121.20	1993	866.20	2003	810.70		
1984	142.50	1994	1,027.37	2004	895.90		
1985	163.40	1995	882.94	2005	1,379.40		

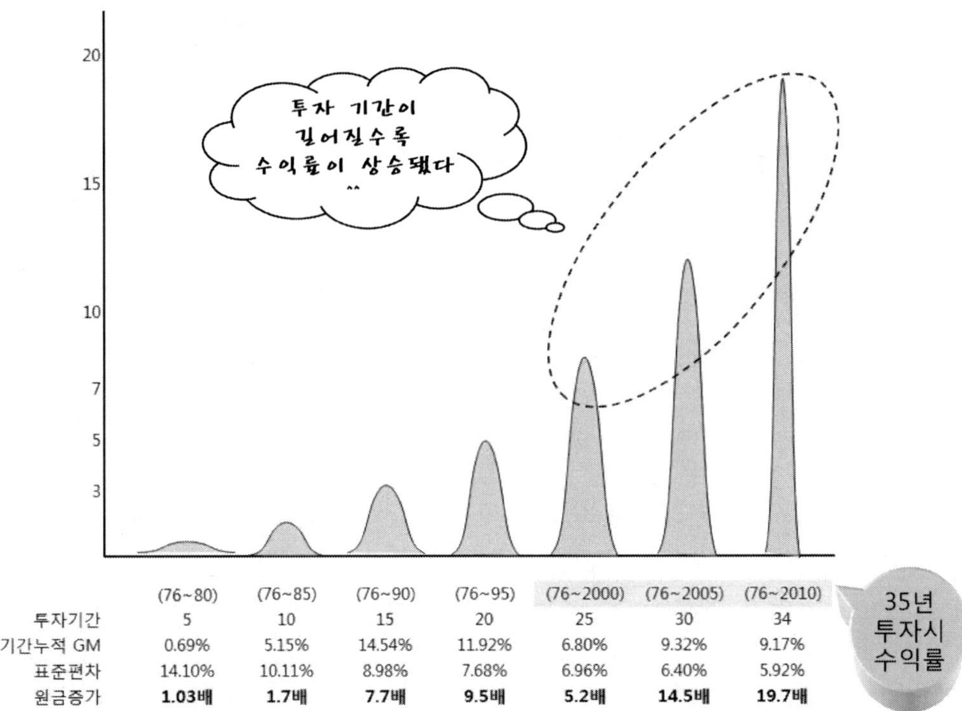

	(76~80)	(76~85)	(76~90)	(76~95)	(76~2000)	(76~2005)	(76~2010)
투자기간	5	10	15	20	25	30	34
기간누적 GM	0.69%	5.15%	14.54%	11.92%	6.80%	9.32%	9.17%
표준편차	14.10%	10.11%	8.98%	7.68%	6.96%	6.40%	5.92%
원금증가	**1.03배**	**1.7배**	**7.7배**	**9.5배**	**5.2배**	**14.5배**	**19.7배**

조금 자세하게 정리해 보자.

• 주가는 35년 동안 104에서 2051.00으로 성장했다. **약 19.7배(2051/104) 성장**했다.　♣♣♣

• 35년 전체 기간 동안 지수가 19.7배 증가를 성장률로 환산해 보면, **연 9.17%**(기하평균)
  이 된다. 즉, 코스피 지수는 35년 동안, 매해 9.17%씩 성장했다는 의미이다.

  ☺ 검증 $104 × (1+9.17\%)^{34} = 2051$(2010년 주가와 일치)

• 코스피 지수는 등락은 있었으나, 결국은 우 상향으로 성장했다.(표 3-71 참조)

그러나 미국의 다우지수 사례처럼 **우리들에게는 다음 사항이 중요**하다.

① 투자기간(1, 3, 5, 7, 10, 15, 20, 25, 30년)별로 **어느 정도의 수익률을 기대**할 수 있는지?

　　→ 투자 수익률은 투자 기간과 어떠한 관계성이 있는지?

② 투자 기간별 위험(주가변동성)과 기대 수익률은 **어떠한 관계인지?**
  → 투자 기간이 길어지면 투자 위험은 감소되는지?
③ 어떻게 하면 위험에서 벗어날 수 있는지?
  → 매년 수익률은 일정하지만, **위험은 감소되는지?**

지금부터 알아보자.

(2) 코스피 지수 수익률(성장률)과 위험(변동성) 관계

표 3-38 한국 코스피 지수 전년 대비 지수 변동 그래프

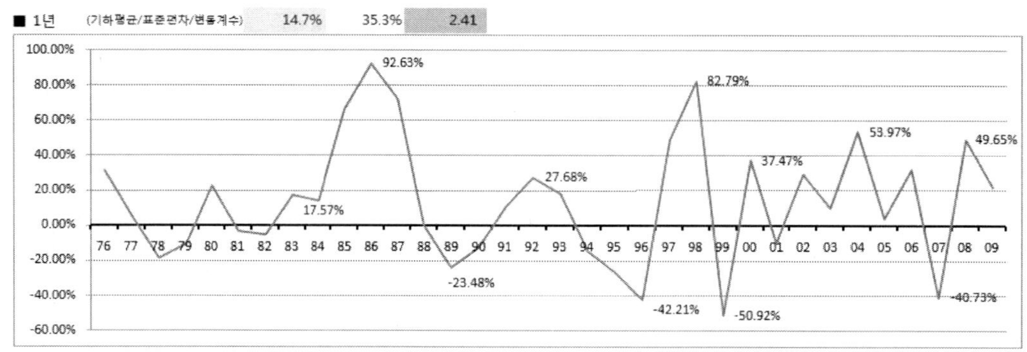

표 3-38은 한국 코스피 지수의 전년 대비 **1년간** 지수 변동을 그래프로 표기한 것이다. 미국 다우지수처럼 **마치 톱날같이 들쑥날쑥**하다. 최대 전년 대비 50% 상당 손실을 기록한 해(1999년 말 지수 1028 대비 2000년 말 지수 504)도 있었고, 전년 대비 무려 92% 폭등(86년 지수 272 대비 87년 지수 525)한 적도 있었다.

이러한 상황에서 여러분이 그래프를 보면 어떤 패턴이 파악되는가? 아무것도 없다. 1년 단위로 지수를 관찰(1년 단위로 시장에 투자)하면 **아무런 메시지를 발견할 수 없다.** 즉, 여러분이 1년 단위로 투자를 한다면, 마치 놀이동산의 롤러코스터를 타듯 매년 상승과 하락의 파도 속에서 **마음 졸이며, 운에 맡기는 방법뿐**이다.

① 투자 기간이 단기 1년인 경우만 성장률이 다른 기간보다 <u>약간 높게(위험은 매우 높게) 나타나며</u>[53], 3년을 초과하여 투자 기간이 길어지면, 연평균 성장률은 유사(평균 9.3% 수준[54]+배당률 약 1.6%[55])하지만 위험은 대폭 줄어든다.
  1년 단위로 투자할 때 아무런 예측을 할 수 없으니 투자 기간별(3, 5, 7, 10, 15, 20, 25, 30년 기간)로 재정렬하여 코스피 지수 35년사를 관찰해 보자.

---

[53] 1년을 초과하는 투자 기간의 수익률 측정 시 산술평균은 기하평균보다 항상 높게 나타난다. 그러나 1년 투자수익률은 산술평균이나 기하 평균값은 같다. 그래서 1년 투자수익률이 높게 나타나는 것임

[54] 3, 5, 7, 10, 15, 20, 25, 30년 단위로 한국 코스피 지수에 투자했을 경우 평균적인 기대 수익률

[55] 2001~2010년까지 과거 10년간 코스피 지수 평균 배당률

표 3-39는 한국 코스피 지수 35년을 **투자 기간별로 나누어 본 것**이다. – 투자 기간 초기에 주식을 매입하였다가 투자 기간 종료되는 시점에 주식을 매각한 것으로 가정하여 각각 기하평균을 계산한 것이다. **투자 기간 10년은,** 10년간 주식을 보유했다가 10년이 되는 시점에서 주식을 매각했을 때 최초 10년 전 대비하여 어느 정도의 수익률(기하평균)을 기록했었는지를 계산한 것이다. 코스피 지수의 경우 35년 동안 10년간 장기 투자한다면 모두 25번 가능했었으므로 총 25개의 측정값을 이용했다. 코스피 지수에 10년간 투자 시 평균적인 성장률은 연 9.6%(배당률 약 1.6% 별도)였으며 위험도(표준편차)는 10.48%였고, <u>변동계수(Coefficient of variation)</u>[56] 값은 1.08로 1년 투자 시 2.41보다 절반 수준으로 낮아짐을 알 수 있다.

30년간 투자 시 평균적인 **성장률은 연 9.17%**(배당률 약 1.6% 별도)이었으며 위험도(표준편차)는 0.78%였고, 상대적 **위험도** 측정 값인 변동계수 값도 0.09로 1년 투자 시 2.41보다 **무려 26배 축소**(2.41/0.09)되는 현상을 관찰할 수 있다.

다시 말하면, 앞의 **미국 다우존스 지수 사례와 마찬가지**로, 수익률은 투자 기간별로 큰 차이가 없지만, 위험도(지수의 변동성)은 투자 기간이 길어짐에 따라 대폭 감소되는 현상을 보여준다.

표 3-39 한국 코스피 지수의 보유 기간별 지수 성장률 및 위험도 분석

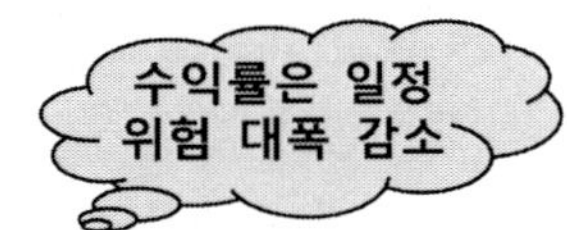

■ 한국 코스피지수 35년 변천사 [GM]

투자기간	1년	3년	5년	7년	10년	15년	20년	25년	30년
측정횟수	34	33	30	28	25	20	15	10	5
GM P.A(기간별)	14.66%	11.62%	9.94%	9.89%	9.68%	7.91%	7.64%	8.97%	9.17%
편차P.A(기간별)	35.3%	27.2%	17.8%	13.1%	10.5%	5.8%	3.0%	1.8%	0.8%
Coeff-var(기간별)	2.41	2.34	1.79	1.33	1.08	0.73	0.39	0.20	0.09
Median	12.9%	8.1%	5.6%	8.1%	10.7%	8.4%	8.5%	9.0%	9.3%
Min	-50.9%	-34.7%	-18.8%	-11.2%	-9.3%	-2.6%	1.1%	6.3%	8.1%
Max	92.6%	82.4%	58.8%	39.9%	26.9%	17.5%	12.7%	12.1%	10.0%
예상범위초과(5%)	3	1	-	-	-	-	-	-	-
비율	8.8%	3.0%	0.0%	0.0%	0.0%	0.0%	0.0%	0.0%	0.0%
수익률 0% 미만	10	12	9	9	5	2	-	-	-
비율	29%	36%	30%	32%	20%	10%	0%	0%	0%
GM 수익률(년)	14.66%	11.62%	9.94%	9.89%	9.68%	7.91%	7.64%	8.97%	9.17%
표준편차(누계/기간)	35.29%	27.18%	17.77%	13.11%	10.48%	5.79%	3.00%	1.80%	0.78%
변동계수(CV)	2.41	2.34	1.79	1.33	1.08	0.73	0.39	0.20	0.09

1) GM을 투자 기간별로 평균산정　　*　산식 = [(금년도 지수 - 기준연도 지수)^(1/투자기간-1)] - 1
2) 투자 기간별 GM의 평균, 편차 계산　* 투자기간별 GM을 계산한 후 GM평균을 계산 (편차는 기간 조정함)
3) 투자 기간별 GM의 위험계산　　*　Coefficient of Variation = GM 평균 / 편차
☞ 투자기간별 GM 기대수익은 일정하나 투자기간이 길어 질수록 위험은 대폭감소됨
　　따라서 투자기간 길어지면 위험을 줄어들고 투자의 복리효과는 급증하게 됨

---

[56] 표 3-39에서 하단에 표기된 **표준편차**의 크기는 **투자 기간이 늘어날수록** 급격하게 감소되는 것을 볼 수 있다. 즉, 위험이 줄어든다. <u>**1년 투자 시**</u>에는 변동계수가 2.41(표준편차 35.2%/평균 14.6%)으로 위험(변동성)이 가장 크고, **30년간 투자 시**에는 변동계수 값이 0.09(표준편차 0.78%/평균 9.17%)로 가장 작음을 볼 수 있다.

② 투자 기간이 길어질수록 위험도는 급격하게 낮아졌다.

표 3-40 한국 코스피 지수 보유 기간별 성장률 및 위험도 분석

■ 장기 투자시, 매년 수익률은 일정하게 안정적이며 위험(표준편차)이 대폭 줄어든다

투자기간	평균수익률	위험(편차)	Coeff-var	확률(예상)	상하편차	최하(예상)	평균수익률	최상(예상)
1년	14.7%	35.3%	2.41	95.0%	69.2%	-54.5%	14.7%	83.8%
3년	11.6%	27.2%	2.34	1.96	53.3%	-41.7%	11.6%	64.9%
5년	9.9%	17.8%	1.79		34.8%	-24.9%	9.9%	44.8%
7년	9.9%	13.1%	1.33		25.7%	-15.8%	9.9%	35.6%
10년	9.7%	10.5%	1.08		20.5%	-10.9%	9.7%	30.2%
15년	7.9%	5.8%	0.73		11.4%	-3.5%	7.9%	19.3%
20년	7.6%	3.0%	0.39		5.9%	1.8%	7.6%	13.5%
25년	9.0%	1.8%	0.20		3.5%	5.4%	9.0%	12.5%
30년	9.2%	0.8%	0.09		1.5%	7.6%	9.2%	10.7%
평균	9.4%							

위험 감소

← 3년이상 장기투자시 기하평균의 평균값

수익 일정

미래 수익률 구간(추정)

금융 투자에 있어서 **위험이란** 기대했던 수익률이 기대와 다르게 나타날 수 있는 변동성이다. **표 3-40**에서는 투자 기간별(1년부터 30년)로, 코스피 주가의 매년 평균적인 성장률과, 위험도(변동성, 표준편차)를 계산했다.

1년간 투자 시 평균적인 수익률(성장률) 값은 14.7%로 3년 이상 장기 투자보다 높으나 위험(변동성, 표준편차)도 <u>35.3%</u>로 매우 높아 14.7% 수익률 실현 가능성도 매우 낮음을 알 수 있다. 위험의 정도를 나타내는 또 다른 값인 변동계수도 <u>2.41</u>으로 매우 높다. 그러나 **10년 투자 시** 수익률은 9.7%이나 표준편차와 변동계수는 각각 **<u>10.5%, 1.08</u>**으로 하락하여 위험이 감소됨을 알 수 있다.

30년 투자 시 기대 수익률은 9.5%로 10년 투자 시와 유사한 수준이나, 위험도인 표준편차와 변동계수 값이 **<u>0.8%, 0.09</u>**로 크게 하락하여 위험이 대폭 감소됨을 알 수 있다.

이를 수익률 분포도 그림으로 달리 표기해 보면 표 3-40a와 같다. **화살표의 크기가 위험 및 수익의 크기**로 이해하시면 된다. 작은 숫자를 읽어보면 더욱 명확하다. ♣♣

표 3-40a는 수익률의 분포 구간을 그래프 면적으로 표기한 것이다.

1년 투자 시에는 그래프의 면적이 평균으로부터 많이 떨어져 분포되어 있어 예상 수익률 구간을 가늠하기 불가능하다. 그러나 **15년 투자**했을 경우에는 수익률의 발생 구간이 대폭 좁아지는 것을 볼 수 있고, **30년 투자** 시에는 거의 평균 기대 수익률 구간에 집중되어 있어, 확실한 수익률을 기대할 수 있음을 알 수 있다.

매년 수익의 크기는 유사하다. 그러나 누적된 복리 투자 수익률의 차이는 무척 크다. 예 ♣♣ 를 들면, 코스피 지수에 30년 동안 매년 평균 수익률 10.77%(지수성장률 9.17%+과거 10년간 평균 배당률 1.6%)로 30년간 투자할 때 복리수익률은 연 36.8%의 효과가 발휘된다. ^^

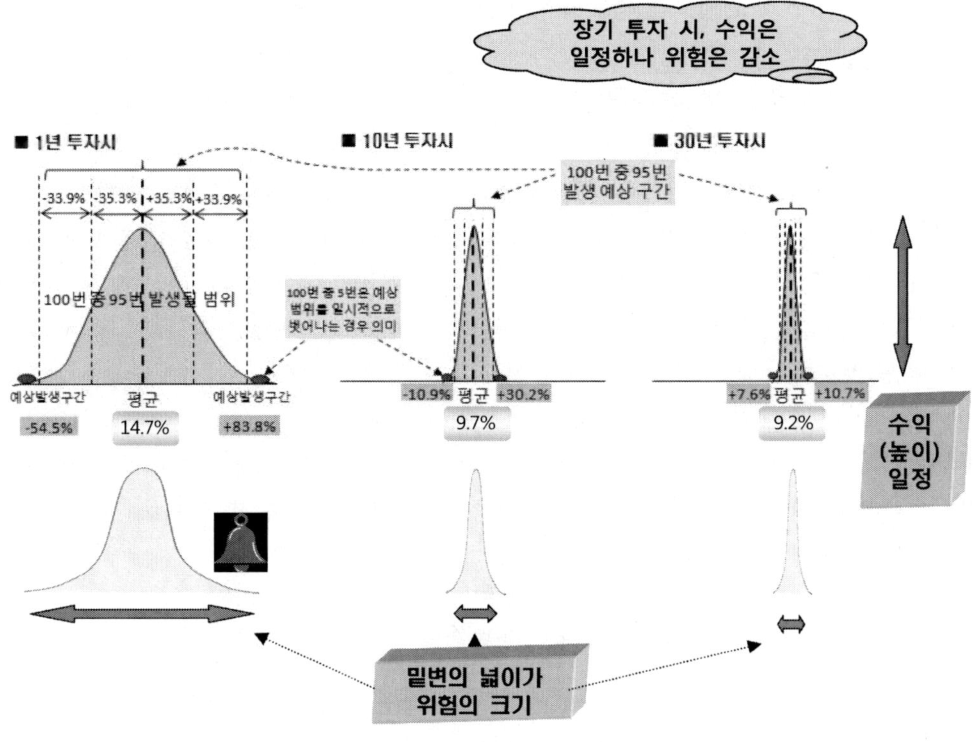

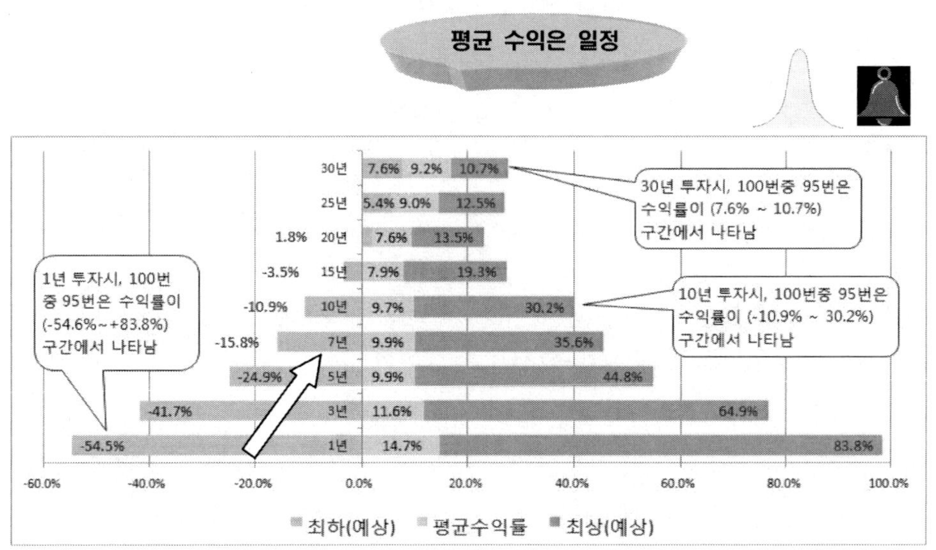

표 3-40b는 3-40a의 수익률 위험(표준편차) 분포 구간을 막대그래프로 달리 표현한 것이다. 코스피 지수 35년 동안, **매년 1년 단위**로 반복해서 투자했을 때, 약 95% 정도(100번

투자 시 95번 의미)는 수익률이 <u>- 54.5%</u> ~ +83.8% 구간에서 나타남을 보여준다. **10년 단위**로 투자할 경우, 평균적인 매년 수익률의 분포가 <u>- 10.9%</u> ~ 30.2% 구간에서 나타나게 되며, **30년 단위**로 투자했다면 <u>+7.6%</u>~+10.7% 구간에 발생될 것을 보여준다. (표 3-39 실제 수익률 분포를 보면, 이와 유사한 것을 볼 수 있다) 역시 투자 기간이 길어지면서 위험(변동성)이 줄어들어, 기대 가능한 수익률 구간이 좁아지면서 보다 명확해지는 것을 알 수 있다.

다만, 미국 다우지수와 비교해 보면 변동의 폭이 많이 넓어져 있음을 알 수 있다. 이는 한국 코스피 역사는 35년이지만 미국 다우지수는 100년 역사이므로, 관찰 연도가 더 많아 지수 **데이터가 안정화**되었다는 점과, 미국의 기업들은 한국 기업들보다 **기업 경영이 안정화**되어 있어 영업 실적 변동성도 상대적으로 적으며, 시장에 참여하는 투자자도 장기 투자를 하는 **기관 투자자**가 대부분이므로, 단기 투자를 하는 개인 투자자가 많은 한국 시장보다 주가의 변동 폭이 적다는 점 등이 원인이라고 본다.

이미 한국 기업들이 글로벌 기업으로 많이 성장했고, 과거보다 기업 경영 실적도 많이 안정화되었으므로, **향후 코스피** 주가의 수익률이나 위험도(변동성)는 **미국의 시장지수와 비슷**한 특성을 보일 것으로 생각된다.

표 3-40c 투자 기간과 위험 감소 관계

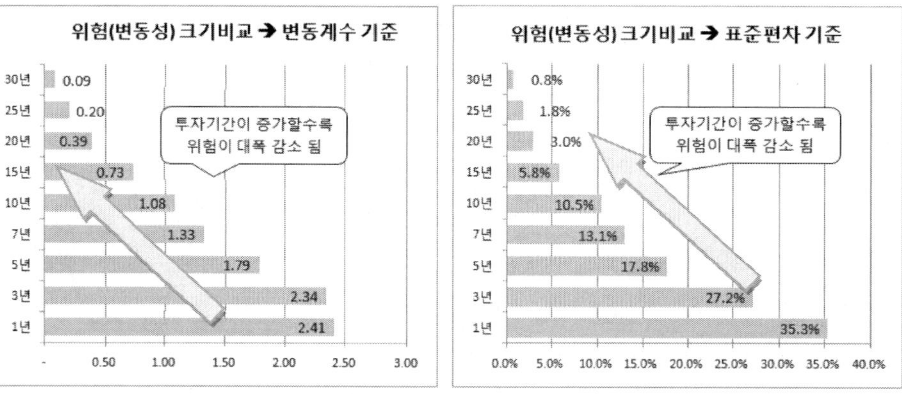

표 3-40c는 투자 기간이 길어질수록 **위험**(수익률 변동성을 말하며, 표준편차와 변동계수 값의 크기가 위험의 크기가 됨)이 **감소되는 현상**을 그래프로 정리한 것이다.

투자기간	1년	3년	5년	7년	10년	15년	20년	25년	30년
표준편차	**35.3%**	27.2%	17.8%	13.1%	10.5%	5.8%	3.0%	1.8%	**0.8%**
변동계수	**2.41**	2.34	1.79	1.33	1.08	0.73	0.39	0.20	**0.09**

역시, 미국의 사례와 마찬가지로 투자 기간이 길어지면서 위험이 급격하게 감소(수치가 높으면 위험도가 높은 것임)되는 현상을 볼 수 있다.

③ 코스피 지수 투자 효과는 복리 수익률에 있다.

➔ **복리 수익률만으로도 노후 생활 준비 충분하다. ^^**

▶ 복리의 위대한 힘!

미국 다우지수에서 복리의 위대함 힘을 살펴보았듯이(표 3-31a 참조), 중요한 점은 **투자의 진정한 효과는 일정 기간 중단 없이 장기 투자를 해서** 수익률이 **복리로 장기간 운영될 때 발생**된다는 점이다. 아래 복리 표는 매월 10만 원씩 적립할 때, 복리 수익률을 정리한 것이다.

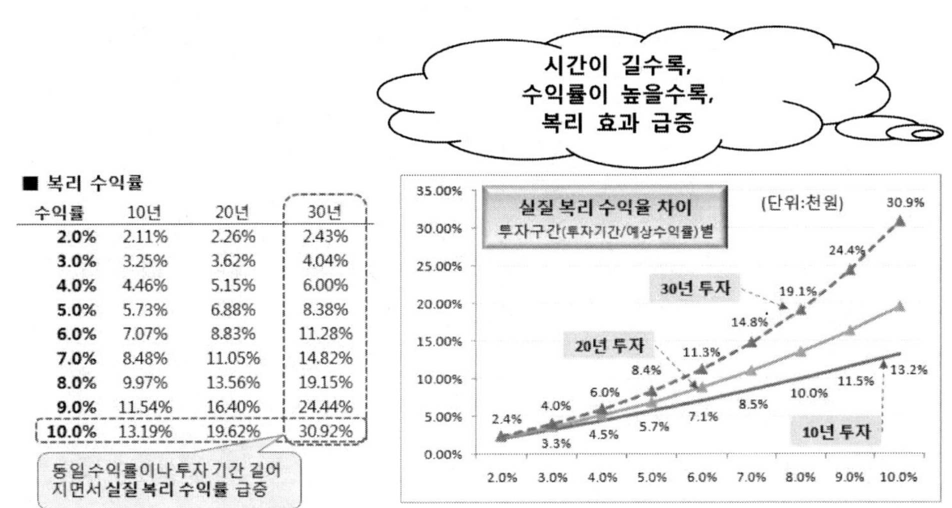

장기간 코스피 시장 전체에 투자를 하게 되면, 위험(변동성)은 작고, 수익률은 일정하게 지속 발생되며, 전체 수익의 증가 속도와 수익의 크기도 시간이 지남에 따라 복리의 힘으로 매우 빨라지고 커지게 된다.

위 복리 수익률 표(매월 일정 금액을 10만 원 적립한 사례)를 보면, **코스피 지수 30년** 투자 시 **수익률 10.77%**(9.17% 성장률 + 1.6% 배당률)였으니, 실질 복리 금리가 매년 30%가 넘는 것을 알 수 있다. 정말 엄청난 수익률이다.

표 3-41은 **매월 10만 원씩 30년간 적립**하여 한국 코스피에 투자했을 경우를 복리와 단리(매년 기하평균 9.17% + 배당수익률 약 1.6% 적용)를 비교하여 표시한 것이다. **복리**는 30년간 월 10만 원씩 적립하면 원금이 36백만 원이고 수익 금액은 161백만 원이 된다. 반면에 **단리**로 계산한다면 52백만 원의 수익이 있을 뿐이다. 무려 109백만 원의 수익차이가 발생된다.

만기에 다시 197백만 원 원리금(원금 36백만 원+수익 161백만 원)을 모두 노후 30년 동안 10%로 30년간 재투자하면서 연금을 받는 것으로 가정한다면, 매월 약 174만 원의 연금을 받을 수 있다.

표 3-41 복리와 단리 수익 차이 비교

■ 단리와 복리 수익누계 차이 비교 (원금별도) → 매월 10만원 적립시

수익률 (기하평균)	10년<원금12백만원>		20년<원금12백만원>		30년<원금12백만원>	
	단리	복리	단리	복리	단리	복리
2.0%	1,080	1,140	4,560	5,157	10,440	12,682
3.0%	1,620	1,757	6,840	8,244	15,660	21,090
4.0%	2,160	2,407	9,120	11,734	20,880	31,302
5.0%	2,700	3,093	11,400	15,679	26,100	43,727
6.0%	3,240	3,817	13,680	20,143	31,320	58,870
7.0%	3,780	4,580	15,960	25,195	36,540	77,353
8.0%	4,320	5,384	18,240	30,914	41,760	99,940
9.0%	4,860	6,232	20,520	37,392	46,980	127,569
10.0%	5,400	7,125	22,800	44,730	52,200	161,393

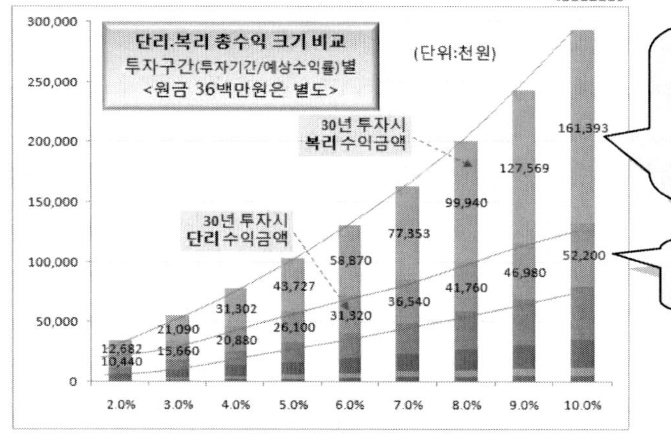

은퇴까지 저축액(매월)

예금 a	-	현재 가지고 있는 목돈
기간 b	30	총기간(년)
수익율 c	10.00%	금리(년)
저축액 d	1,200	저축액(년 또는 월)
저축간격 e	1	1개월이면 (12), 12개월이면 (1)
만기금액 f	197,393	은퇴시 예상금액
g	36,000	저축원금
h	161,393	수익금액

상속 예상액

상속금액 i	-	미래 상속시점의 상속금액
수익율 j	10.00%	금리(년이자율)
상속시기 k	30	1개월이면 (12), 3개월이면 (4)
예금액 l	-	만기시점에 요 적립금액

노후 연금액 (매월)

예금액 m	197,393	미래 예금액
기간 n	30	노후연금받을 예상기간
수익율 o	10.00%	금리(년)
연금액 p	20,939	매월 받으실 연금액
q	197,393	원금
r	430,786	수익금액
s	628,178	연금수령 총합계
t	592,178	수익합계(30년+30년)

※ 장기투자수익률(코스피)은 미래에 조정될 수 있으나, 채권투자보다 높고 안전(?)하다.

매월 10만 원씩 30년간 원금 36백만 원 투자해서, 30년 뒤 다시 30년간 매월 174만 원(연간 약 21백만 원) 연금을 받는다는 것은, 총 **60년**(30년 적립기간+30년 연금 수령 기간)간 **투자 수익이 무려 592백만 원**이 된다는 의미이다. ^^ (제1장 내용을 다음 장에서 재정리했어요. 참고하세요.)

역시 장기 투자와 복리의 힘은 대단하다. 그래서 노후 인생 준비하는 재무설계는 조금이라도 빨리 시작해야 한다. **조금이라도 빨리 시작**하면 **시간이 마법 같은 복리 효과로 수십 배의 크기로 보답**하기 때문이다. 누구나 매월 10만 원씩 적립하는 것은 쉽게 할 수 있다. 은행 계좌에서 자동이체를 등록해 놓으면 간단하게 해결된다.

그러나 30년 적립된 목돈을 다시 30년간 운영하면서 매월(또는 매년) 일정 금액의 연금을 받을 수 있도록 운영하는 것은 약간의 테크닉이 필요하다. 일반적으로 쉽게 생각할 수 있는 것이 고정적인 이자가 지급되는 채권에 적립금의 일부를 투자하는 방법이나, 이 방법은 인플레이션에 의한 원금 손실을 감수해야 한다.

가장 좋은 방법은 적립금 전액을 다시 코스피 지수에 30년 장기간 투자하는 것이다. 코스피 지수가 장기적으로는 채권투자보다는 높고, 일정한 수준의 수익 기대가 가능하다는 장점을 적극 활용한 상품[57]에 투자하는 것이다.

(3) 코스피 지수에 투자하면 안정적인 수익률(성장률) 기대 가능할까?
➔ **우리들이 필요한 것은 채권투자보다 높은 장기 안정적인 수익률이다**
➔ **수익률은 대부분 역사적 평균으로 되돌아왔다**

앞에서 미국의 시장을 살펴 보면서 **장기적으로 시장이 평균으로 복귀하는 현상**(제 (3)을 설명했다. 그리고 1)에서 다우지수가 모든 어려움을 극복하고, 성장하는 것도 살펴보았다. 한국 시장도 미국의 사례와 유사하다. 이미 한국 시장 참여자의 1/3은 외국인이지 않는가? 자 그럼 코스피 지수의 흐름을 살펴 보자.

① 한국 코스피 지수 35년사를 매해 전년도 대비 지수 변동치(HPR)를 측정하여 변동치가 평균 수준으로 복귀하는지 살펴보자.

표 3-42는 코스피 지수 35년을 매년 **전년 대비 지수의 증감률**을 계산한 후 이를 투자 기간별로 재정리한 것이다. **1년은** 지수 35년 동안 전년 대비 평균적인 지수의 변동치(증감)를 계산한 값으로 평균은 +14.7% 수준이었다. 즉, 매년 지수가 등락을 했지만 하락과 상승률을 다 더해서 평균을 계산하면 매년 전년 대비 <u>14.7%씩 증가[58]</u>하였음을 보여준다. **3년은**

---

[57] 이와 유사한 개념의 금융 상품으로는 주가지수와 연계된 Total Return Swap 상품을 생각할 수 있다. 그러나 아직 개인들이 투자할 수 있는 상품은 개발되지 않은 것으로 알고 있다. 금융기관이 관심 있으면 그리 어렵지 않게 개발 가능하다. 개념상으로는 역모기지와 같은 상품이 될 것이다. 하지만, 이러한 상품이 출시되려면 표 4-11에 정리한 바와 같이, 금융 관련된 많은 부문들이, 반세기 동안 작동하는 정교한 스위스 시계처럼, 잘 작동하는 것이 필요하다. 좀 번거롭기는 하지만 대안으로, 보유주식을 매월 일부를 시장에서 매각하여 노후연금을 충당하는 방법도 있다.

표 3-42 코스피 지수 전년 대비 변동(+/ - %) 그래프

■ 한국 코스피지수 35년 / HPR% 계산(전년대비 지수 변동률)

투자기간	1년	3년	5년	7년	10년	15년	20년	25년
측정횟수	34	32	30	28	25	20	15	10
HPR 평균(누계)	14.7%	41.6%	73.5%	105.5%	155.2%	207.2%	276.3%	388.1%
편차(누계)	35.3%	65.6%	76.2%	86.8%	86.8%	66.6%	67.3%	49.3%
CV(누계)	2.41	1.58	1.04	0.82	0.56	0.32	0.24	0.13
Median(년)	12.9%	10.2%	11.0%	13.7%	14.9%	14.2%	15.0%	16.1%
Min(년)	-50.9%	-27.5%	-7.2%	-5.3%	-1.1%	5.2%	6.9%	12.2%
Max(년)	92.6%	77.4%	52.9%	37.1%	27.0%	21.2%	18.7%	17.7%
수익률 0% 미만(수)	12	9	4	2	1	-	-	-
수익률 0% 미만비중	35%	28%	13%	7%	4%	0%	0%	0%
HPR 수익률(년)	14.7%	13.9%	14.7%	15.1%	15.5%	13.8%	13.8%	15.5%
표준편차(위험)	35.3%	21.9%	15.2%	12.4%	8.7%	4.4%	3.4%	2.0%
변동계수(CV)	2.41	1.58	1.04	0.82	0.56	0.32	0.24	0.13

1) HPR% 를 투자보유 기간별로 평균산정 [산식 = (금년도 지수 - 전년도 지수) / 전년도 지수]
2) HPR 의 평균, 편차 계산 [투자기간별 HPR을 더한후 투자기간으로 나누어 매년 HPR%를 산정함]
3) 보유기간별 분산의 정도(CV)를 측정 [산식 = HPR 평균/편차]
　☞ 구간별 기대수익은 일정하나 분산은 대폭감소.

3년을 투자한 것으로 가정해서 35년을 3년 주기 평균 변동 값으로 계산한 것을 이용했다. 3년 동안 매년 전년 대비 증감률을 모두 더해서 다시 3년으로 나누어 연 평균값을 계산한 것이다. **10년**은 10년 동안 전년 대비 지수의 증감률을 더한 후 10년으로 나누어 계산한 평균 값이다. 이렇게 함으로써 보유기간이 길어지면서 지수의 변동성에 차이가 있는지를 알아본 것이다.

　계산 자료에 의하면 **1년 주기로 지수 변동을 관찰**하면 35번 중 12번(35%)이 손실이 발생되었고, 10년을 주기로 관찰하면 25회 중 1회(4%)가 손실을 경험했다. 그러나 아무리 경기가 침체되어 지수가 폭락해도 15년 정도 지나면 모두 회복하는 현상을 보여준다. 15년을 주기로 보면 35년사 중에 손실을 기록한 해는 하나도 없음을 알 수 있다. 코스피 지수 35년사는 **시간 앞에는 모든 어려운 경제 문제들이 극복되는 현상을 보여주고 있다.** 관찰 주기가 길어질수록 그래프가 0.0% 밑으로 손실 구간에 나타나는 현상은 줄어들면서 **점차 일정한 선그래프 모양을 나타나는 것을 볼 수 있다.**

　복잡한 숫자말로 **그래프를 이용하여 시각적으로 다시 살펴보자.**

---

[58] 산술평균(HPR) 계산치임. 산술평균을 지수에 투자할 때 기대 수익률로 사용해서는 안됨. 산술평균은 전년 대비 지수의 변화(위험도) 정도를 측정할 때 사용함. 지수 투자 시 수익률은 표 3-29에서 계산한 기하평균에다 배당률을 더해서 투자수익률을 계산하여야 함.

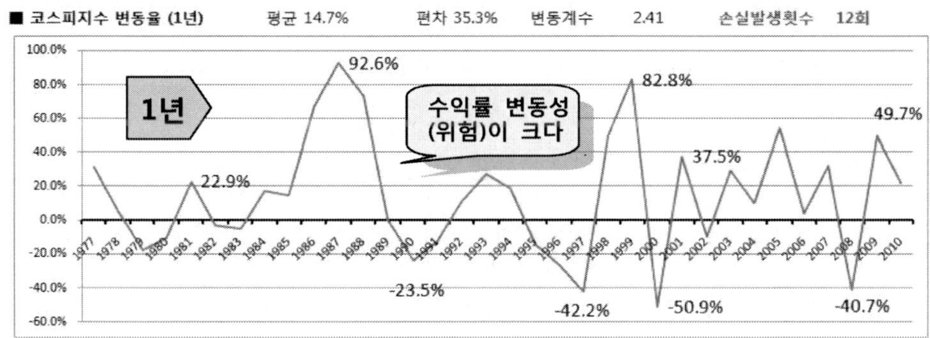

투자 기간이 1년일 경우, 전년 대비 지수는 폭등과 폭락을 오가며 극단적인 모습을 보인다. 마치 놀이동산 청룡열차를 타는 것과 같이 언제 오르내릴지 알 수 없다.

3년 주기로 관찰하면 1년보다는 덜 하지만 아직도 등락이 많음을 볼 수 있다.

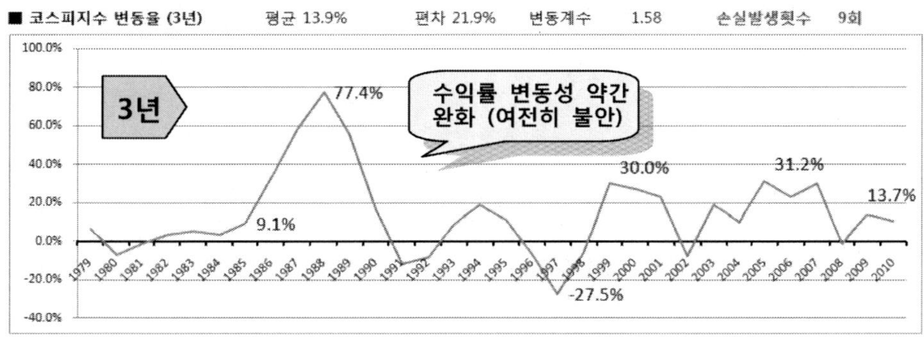

5년 주기로 관찰해 보면 약간 패턴이 보인다. 97년 외환 위기가 매우 심각했음을 보여준다.

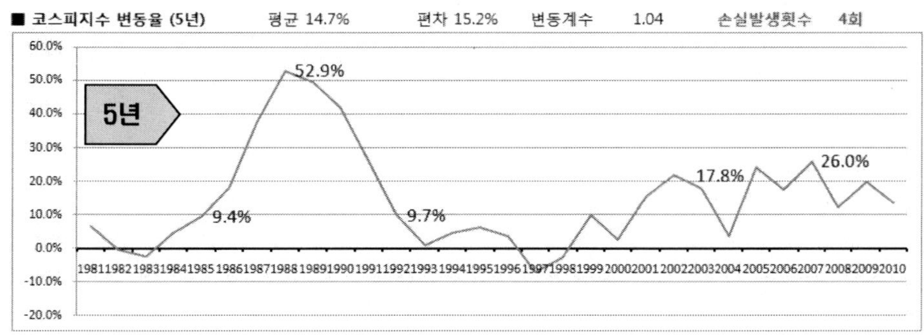

7년 주기로 관찰해 보면 서서히 패턴이 보이기 시작한다.

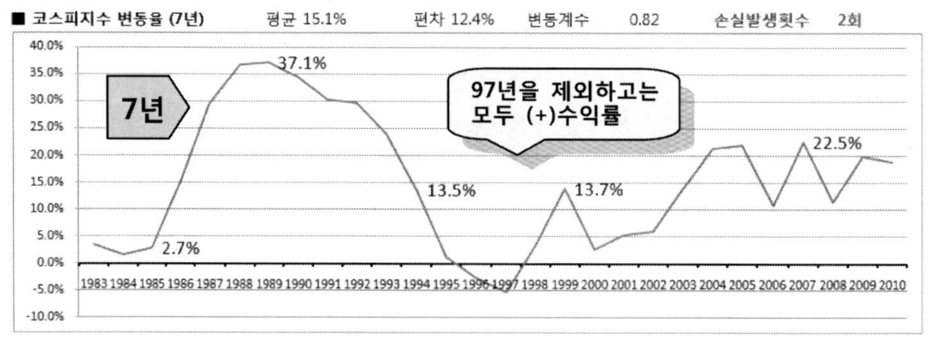

10년 주기로 보면 100년사가 **산 2개의 모습**으로 나타난다. 35년사에 1번을 제외하고는 모두 주가 변동성의 합이 플러스로 나타냈음을 볼 수 있다.

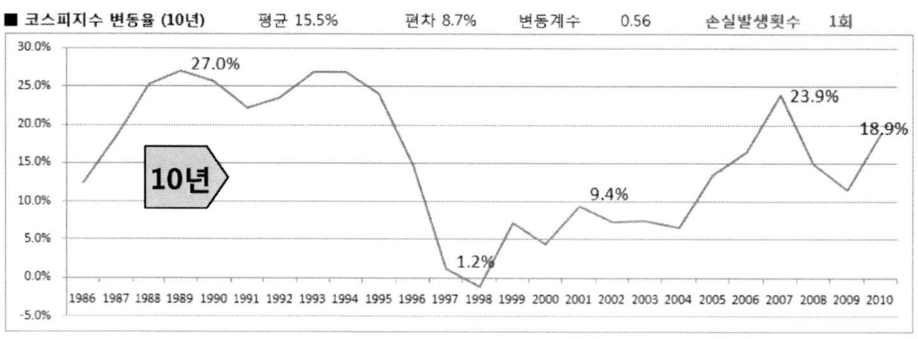

15년과 20년 주기로 관찰하면, 산 모양이 점차 없어지고 그래프가 일정해지는 것을 볼 수 있다.

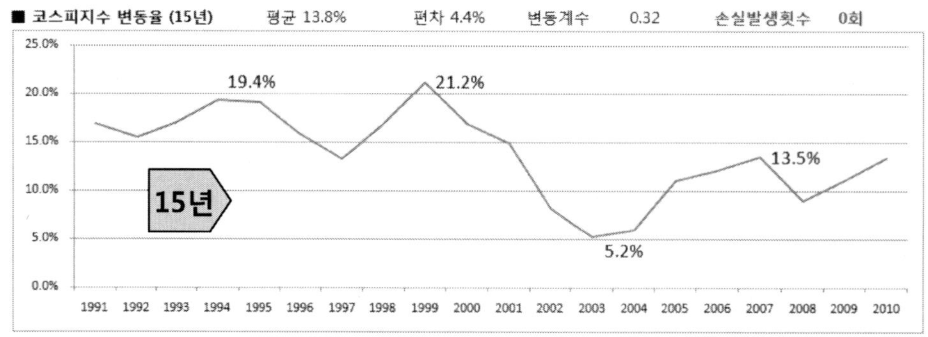

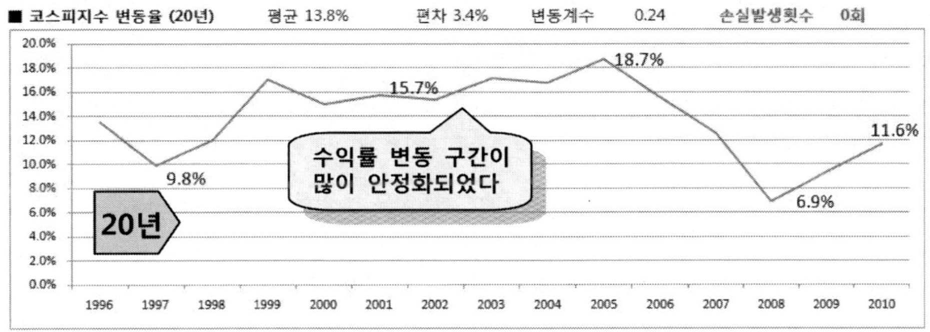

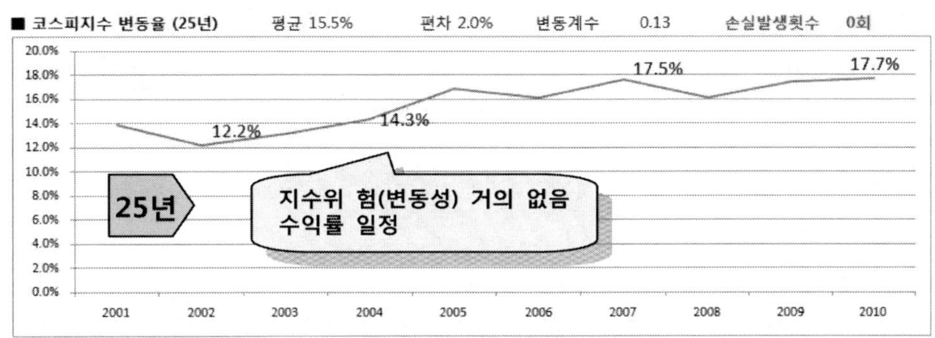

25년 주기를 보면 손실 구간은 없고, 지수는 항상 성장했음을 보여준다. 이는 25년 이상 **장기적으로는 시장은 항상 평균 수준**(이 경우 평균은 전년 대비 지수 증가율 +15.5%를 말함)**으로 회귀**(Mean Return)되었음을 보여준다. 언뜻 생각하면 장기 투자 시 수익률의 변동이 줄어드는 것이 당연한 것으로 생각할 수도 있지만 **여기에는 중요한 의미가 있다.**

다우지수의 사례에서 살펴보았듯이 주가 결정은 사람들 의견이 모인 결과이고, 시장에 참여하는 모든 사람들의 생각과 기대 값의 평균이 시장의 지수로 나타나는 것이다. 따라서 단기적으로는 사람들의 기대와 판단 차이(누가 옳고 틀렸다는 표현은 맞지 않음)가 주가의 등락으로 나타나지만, **장기적으로는** 기업에 대한 평가와 투자자의 기대치는 대부분 **상식적인 평균 수준[59]으로 복귀(Mean Return)**하는 현상을 보이게 되며, 이러한 사람들의 성향이 위의 그래프처럼 장기 투자 시 전년 대비 평균적인 수익률 변동이 항상 일정한 수준으로 나타나게 되는 것이다.

② 이번에는 코스피 지수 35년 동안 전년 대비 지수 변동치(HPR)를 달리 표현해 보자.

우리가 알아보려는 것은 "과연 지수가 **일정한 패턴**을 가지고 움직이는지? 그리고 관측 기간을 구분하여 보았을 때 주가지수의 변동이 일정 구간 내에서 움직이는지를 알아보는 것이다. 다음에 두 가지 사례를 관찰해 보자.

첫째, 지수의 매년 변동치 값(%)을 **퍼센트 구간별로 분류**하여 구간별로 **몇 번**이나 발생

---

[59] 채권 가격은 기업의 신용도에 따라 금리 수준 차이로 결정된다. 주가는 기업의 수익 창출 능력(EPS)과 기업이 미래에 현재 수익을 계속 유지할 수 있는지에 대한 사람들의 일반적인 기대 값(PER)에 따라 결정된다.

되었는지를 알아보려는 것이고, 둘째, 35년 전체 기간 동안 지속 투자를 했을 때, 수익률이
전년 대비 어느 정도 변동되었는지를 알아보자.

1년 주기로 전년대비 코스피 지수 변동치를 조사한 사례를 보자. 1년 주기로 코스피 지
수의 전년 대비 변동치(%)를 조사하면 35년 동안 평균 +14.7% 수준이고, 위험도인 변동성
(표준편차)은 ±35.3%였다. 이를 그래프로 표기하면 표 3-43과 같다.

표 3-43 코스피 전년 대비 지수 변동 분포도

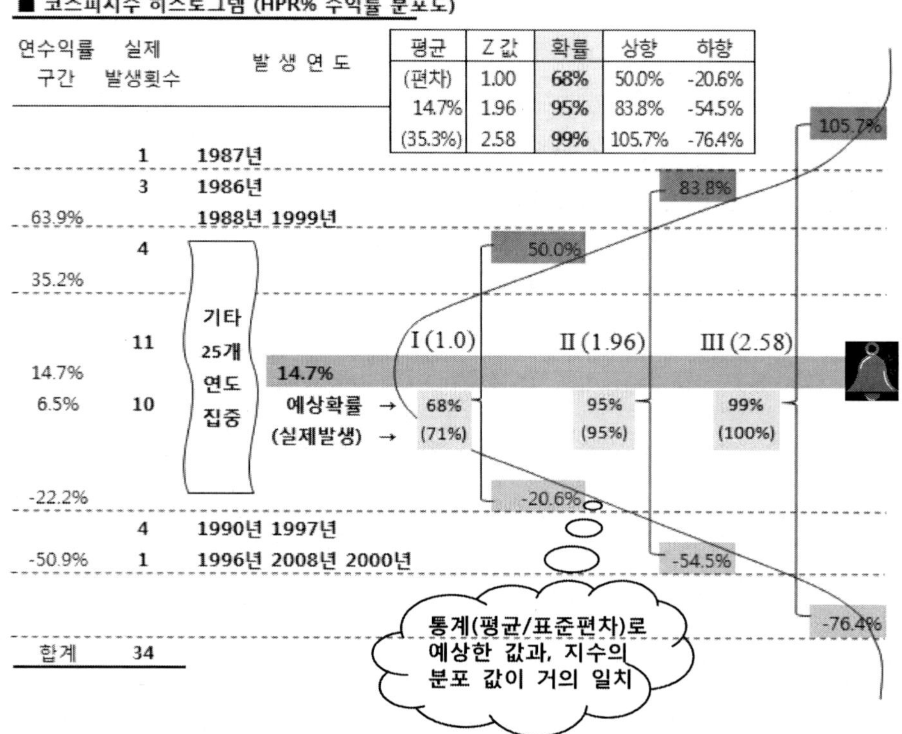

1년 주기로 전년 대비 코스피 지수 변동치(HPR)를 나열해 보면 평균값 +14.7%로 성장
했음을 보여준다. 그러나, <u>2000년도에는 전년 대비 무려 - 50.9%가 하락하였고</u>, 1997년
2008년, 1990년, 1996년에는 전년 대비 - 42%, - 40%, - 26%, - 23% 폭락하였었다.
<u>1987년에는 전년 대비 +92.6% 상승했고</u>, 1986년도(+66%), 1988년(+72%), 1999년
(+82%) 각각 큰 폭으로 상승했다.

1년 주기로 지수 변동치 값을 분류해 보면, - **20.6%~+50%** 구간에 총 34개 관측치 중
25개가 집중(71%)되어 있고, - **54.5%~+83.8%** 구간에 33개(95%)가 포함되어 있으며, -
76.4%~ +105.7% 구간에는 34개 측정치에 모두 포함되어 있었다.

참고로 코스피 35년 전체 기간 동안의 지수 변동성 값이 통계 예측 구간(I, II, III 구간)에
모두 포함되어 있음을 보면, 한국 코스피 시장은 미국 다우지수가 경험했던 <u>대폭락과 폭</u> ♣

등[60]은 아직 경험하지 못한 것으로도 볼 수도 있다. 96년도 IMF와 2008년도 금융 위기를 겪었는데 무슨 소리인지 의아해 할 수도 있다.

구 분	한국	미국
지수변동 평균	14.7%	7.3%
표준 편차	35.3%	21.4%
변동 계수[61]	2.4	2.9

그러나 통계가 평균과 표준편차를 이용하여 평균의 변동 가능성을 추정해 보는 것인바, 한국 주식시장의 전년 대비 변동률 값(표준편차)이 ±35.3%로 미국 다우지수의 변동률 값(표준편차) 21.4%보다는 많이 크기 때문에 미국 다우지수 100년 동안 경험했던 극단적인 상황이 발생될 확률은 아직 남아 있다고도 짐작해 볼 수 있다. – 물론 한국 기업들의 영업 실적이 큰 기복 없이 점차 안정화되면 전년 대비 코스피 지수의 변동성 값의 변화도 줄어들게 되어 코스피 지수의 극단적인 경우가 발생될 가능성은 줄어들 수도 있다.

1년 주기로 지수의 변동치를 측정할 때 문제점은 변동치 측정 구간의 범위가 워낙 넓어서 투자자에게 별다른 의미가 없다는 것이다. 투자자에게는 일정 기간 투자할 경우 어느 정도의 수익을 올릴 수 있는지를 미리 가늠하는 것이 중요한데 지수가 전년 대비 (+/ -) 40% 이상 오르고 내리면 아무런 의미가 없는 것이다.

③ 통계 히스토그램 방식을 이용하여 전년 대비 수익률을 분류해 보자.

코스피 지수를 **보기에 편한 막대그래프(히스토그램)**을 이용하여 표기해 보면 아래 표 3-44와 같이 나타난다.

표 3-44 한국 코스피 지수 위험 대비 변동치 구간 분류

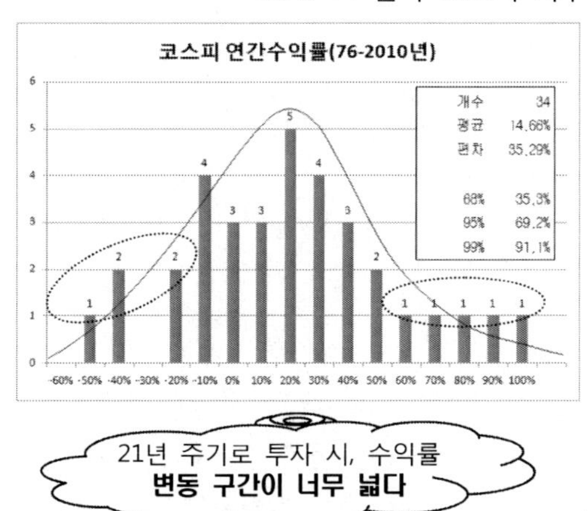

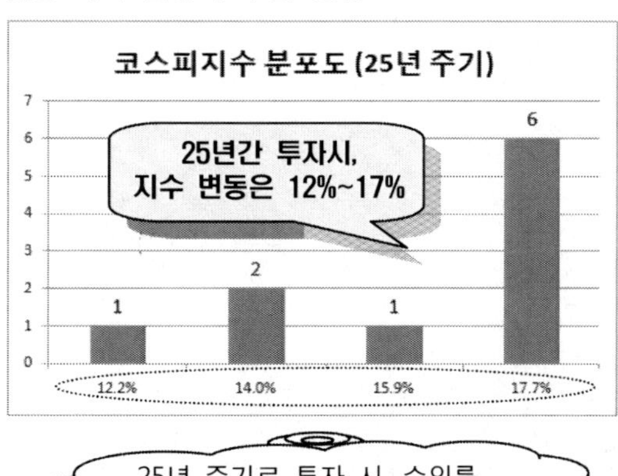

---

[60] 미국 다우지수에서 설명한 **Black Swan** 현상이다. 통계에서 일반적인 기대치 범위(평균값 + 표준편차 × 구간별 통계지수 "Z")를 벗어나 발생되는 경우가 이에 해당된다.

[61] 변동계수 값이 크다는 것은 지수의 평균값 대비 변동성의 크기가 크다는 의미이다. 한국 기업들은 미국보다는 표준편차 값은 크지만, 기업들의 성장성(평균값)이 높아서, 수익률(지수성장률)을 감안한 전년 대비 지수의 변동성(위험) 값인 변동계수는 미국보다 작게 되는 것이다.

표 3-44는 코스피 지수의 전년 대비 변동치(HPR%) 분포를, 막대그래프로 다시 표기한 것이다.(앞의 표 3-43의 전년 대비 지수 변동 분포를 막대그래프로 표기한 것이다)

1년 주기 표를 보면, 좌측의 큰 손실 발생된 횟수와 우측의 큰 폭의 이익이 발생된 횟수가 각각 5번으로 같아 서로 상쇄되고, 나머지 기간은 대부분 중간에 집중되어 몰려있음을 보여준다.

그러나 25년 주기 표를 보면, 좌측의 손실 발생 부분이 없어졌고, 수익 발생 구간인 우측에 상대적으로 좁은 구간(12~17%)에 몰려있음을 알 수 있다.

이는 결국 시간이 지나면 시장지수는 가운데 역사적인 평균 수준으로 되돌아 오는 현상을 다시 보여주게 되며, 이러한 평균적인 수익률이 장기간 모여서 마법의 복리 효과를 만드는 것이다.

④ 미래 주가 기대치인 PER 값도 결국 평균 수준으로 복귀한다.

미국의 다우지수 사례에서 살펴보았듯이 주가 산정은 주당 순이익(EPS) X 주가수익률(PER)로 계산할 수 있다.

표 3-45 한국 코스피 지수와 PER 관계

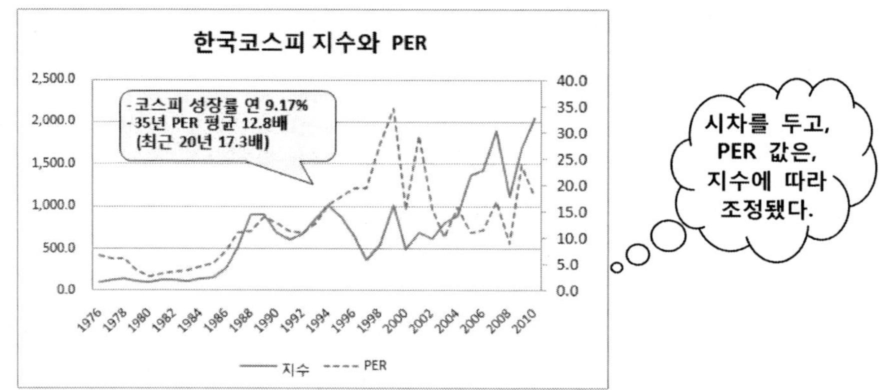

연도	코스피	PER	연도	코스피	PER	연도	코스피	PER
1976	104.0	(6.6)	1988	907.2	(11.2)	2000	504.6	(15.3)
1977	137.0	(5.9)	1989	909.7	(13.9)	2001	693.7	(29.3)
1978	144.9	(5.9)	1990	696.1	(12.8)	2002	627.6	(15.6)
1979	119.0	(3.8)	1991	610.9	(11.2)	2003	810.7	(10.1)
1980	106.9	(2.6)	1992	678.4	(10.9)	2004	895.9	(15.8)
1981	131.4	(3.1)	1993	866.2	(12.7)	2005	1379.4	(11.0)
1982	127.3	(3.4)	1994	1027.4	(16.2)	2006	1434.5	(11.4)
1983	121.2	(3.8)	1995	882.9	(17.9)	2007	1897.1	(16.8)
1984	142.5	(4.5)	1996	651.2	(19.4)	2008	1124.5	(9.0)
1985	163.4	(5.2)	1997	376.3	(19.3)	2009	1682.8	(23.7)
1986	272.6	(7.6)	1998	562.5	(27.8)	2010	2051.0	(17.8)
1987	525.1	(10.9)	1999	1028.1	(34.6)			

자료 : 한국은행 / 블룸버그

일반적으로 경기 **침체기**에는 기업의 미래 수익성에 대한 보수적인 평가(PER 값이 낮아짐)를 하게 되며, **호황기**에는 미래 수익성을 증가될 것(PER 값이 높아짐)으로 평가된다. 따라서, PER 값은 투자자들의 경기 상황 판단에 따라서 일시적으로 높아질 수도 있고 낮아질 수도 있다.

그러나 결국, PER 값은 기업의 수익력에 대한 기대 평가 값이므로, 통상 동 업종 타 기업의 일반적인 수준을 감안하여 시장에서 결정된다. 따라서, 장기간 관찰해 보면 일반적인 평균 수준으로 돌아오는 것이다.

PER와 연관하여 지수의 적정 수준을 가늠하는 방식 중의 하나가 **Fed 모델이다.**

한국 **코스피 지수의 PER** 값은 등락은 있지만, 일정한 **평균 수준(약 17.3배/ 최근 20년)** ♣ 을 유지하고 있다. 17.3배에 상응하는 10년 채권수익률은 약 5.7% 수준이다. 지난 10년간, 한국 정부채권 10년까지 금리가 5.6% 수준이었으니, Fed 모델에 의한 10년 채권금리 추정치 5.7%는 우연하게도 일치된 현상을 보여준다. ^^

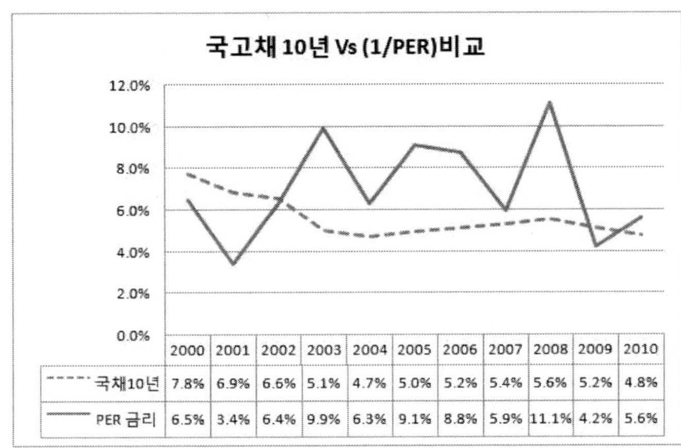

우연하게 10년 채권금리와 PER을 이용하여 산정한 금리가 일치했지만, 좌측 그래프에서도 보듯이, 대부분의 경우에는 일치하지 않는다.

따라서, 이러한 방법도 있다는 정도로만 **참고하시면 될 듯.** ^^

(4) 코스피 지수 35년사 정리

➔ **수익률은 일정(약9% + 배당률 약 1.6%)하나 위험은 대폭 감소.**

➔ **확률과 복리 효과가 있는 시간이 필요한 장기 투자의 위력.**

> 한국 35년 금융역사도 미국의 사례처럼 우리들에게 여러 가지 중요한 사실을 말해주고 있다.
> 1) 시장은 일시적으로 등락이 있을 수 있으나 **꾸준히 성장**해 왔다.
> 2) 장기 투자 시, 투자기간별로 약간의 차이는 있으나, 평균적인 기대 수익은 약 10% 수준(배당률 약 1.5% 감안)으로 일정했다.
> 3) 투자 기간이 길어질수록 **위험(변동성)은 급격하게 감소**된다.
> 4) 투자 성과는 장기 안정적인 투자수익률 유지에 따른 **복리 효과**에서 발생된다.

우리들의 노후 준비를 위한 투자 기간이 은퇴 후 기간까지 포함하면 40~60년으로 매우 장기간이다. 시장지수에 대한 투자도 20~30년 이상 장기간 투자할 경우에만 적절한 수익성(복리 효과를 감안)과 안전성을 동시에 기대할 수 있다.

요행을 바라는 투자자가 아니라면, 시장의 인덱스에 투자하는 것 이외에는 대안이 없어 보인다. **표 3-46는 지금까지 설명한 것을 함축적으로 보여주고 있다.**

표 3-46 투자 기간에 따른 수익률 및 위험 관계 – 코스피 지수 35년

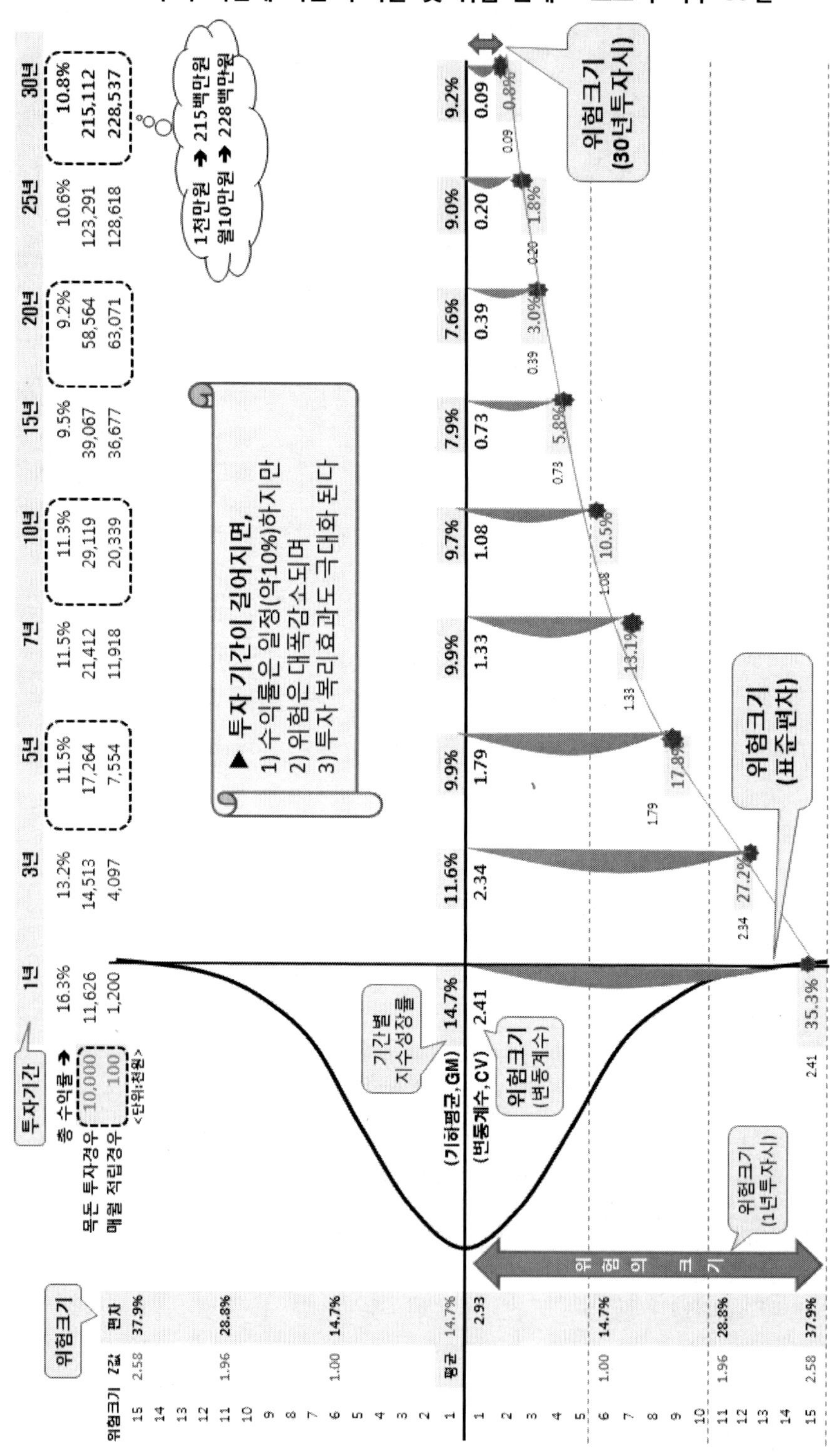

1) Market Timing은 불나방과 같은 행동이다.

> → 개별 기업에 단기간 투자한다는 것은 두 가지 큰 위험을 부담한다. 개인 투자자의 영원한 벗인 시간을 적으로 만들게 되고, 개별 기업의 부도 위험을 부담하게 된다.

표 3-47a,b는 우리에게 많은 것들을 암시하고 있다. 15년 동안 180개월의 데이터를 관찰해 보면, **4개의 그래프 모양이 과거, 현재, 미래에도 변하지 않고 일정**하다는 점이다. 미국 다우지수 100년 동안의 금융 역사에서도 보여 주었듯이, **시장은 늘 오르고 내림을 반복**했다. 여러 투자자들의 기업의 현재 및 미래 실적에 대한 평가와 기대를 바탕으로 시장가격이 결정되니, 어찌 보면 당연한 이야기일 수도 있다.

(1) 싸게 사서 비싸게 판다(Buy low sell high)는 거의 불가능하다.

이론상으로는 가능할 것으로 보이지만, 일반인이나 아무리 유능한 전문가라 해도 단기 투자로는 <u>달성이 불가능</u>[62]하다. 이유는 다음과 같다.

① 180개월 중, 폭등, 폭락한 12개월을 제외한 168개월은 항상 오르내림을 반복했다. 어느 누구도 168개월 중 어느 달이 오르내릴지는 알 수 없다.

- 1)번 그래프를 보자. 톱니 모양의 그래프를 보고 어떻게 지수의 상승과 하락을 정확하게 맞출 수 있을까? 정말 불가능한 이야기이다.

② 15년 180개월 중 전월 대비 큰 폭의 지수 변동은 12개 달이었다. 180개월 중, 어느 달이 12개 달에 해당될지 아무도 모른다.

- 전월 대비 큰 폭 상승 → 98.1월(50%) / 98.10월(30%) / 98.12월(24%)
  01.1월(22%) / 99.4월(21%) / 99.6월(20%)
- 전월 대비 큰 폭 하락 → 97.10월(- 27%) / 08.10월(- 23%) / 98.5월(- 21%)
  00.10월(- 16%) / 00.4월(- 15%) / 00.7월(- 15%)
- 2)번 그래프를 보자. 좌측 손실 구간(폭락)과 우측 이익 구간(폭등)이 발생된 경우는 극히 일시적(2.7% = 5회/180개월)이었다.

---

[62] Buy low sell high가 단기적으로 불가능한 것은 시장 인덱스 투자와 같이 지수 전체를 투자할 때와 개별 주식을 투자할 때나 동일하다.

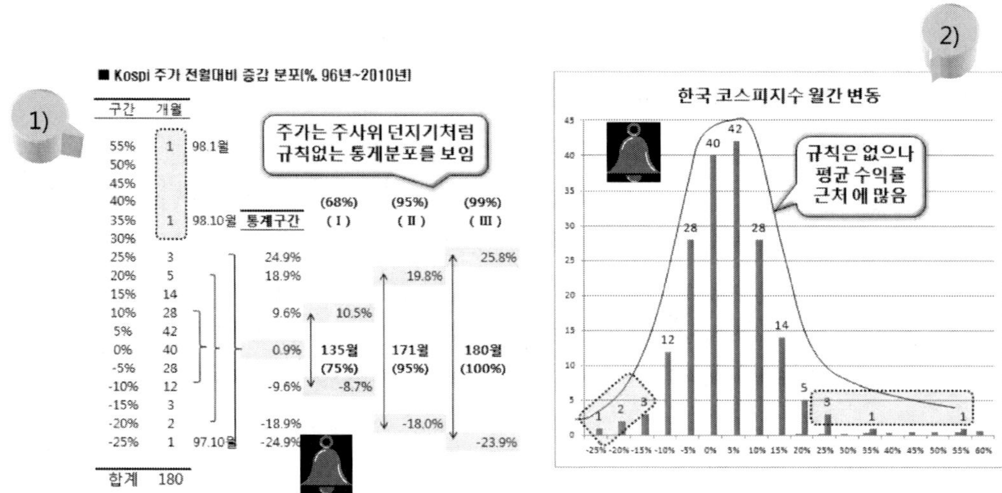

♣♣
♣♣

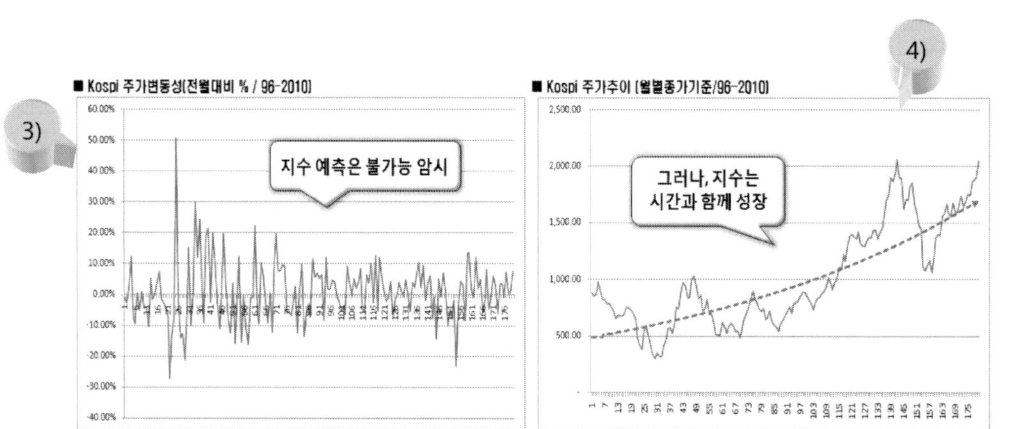

③ 누구나 한두 번은 상승, 하락의 시점에 잘 맞추어 한두 번 이익 보는 투자를 할 수 있다. 그러나 누구도 지속적으로 장기간에 걸쳐서 상승 하락을 맞출 수는 없다. 결국 지수는 장기적으로 일반적인 확률분포 모양을 따라가게 된다.

- 3)번 그래프를 보면 180개월 중 171개월(95%=171개월/180개월)이 전월 대비 투자수익률이 −18%~+19% 구간에서 아무런 규칙 없이 나타났다.
- 171개월 중에 어느 달이, 언제 오르고 내릴지 알 수 있는 방법은 없다.

④ 그러나 확실한 것이 있다. 시장지수는 시간과 함께 항상 성장했다.

- 코스피 지수는 180개월 동안 등락은 있었지만 꾸준하게 성장했다.
- 4)번 그래프를 보면 지수가 전월 대비 항상 오르내림을 반복하지만 결국 시장은 성장하

는 모습을 보여준다.

개별 기업의 주가를 동일한 방식으로 분석해 보더라도 **매우 유사한 결과**가 나타난다. 아래 표 3-48, 3-49는 180개월(15년 / 1976년~2010년)간 포스코와 한전의 주가 변동을 정리한 표이다. **포스코**의 경우 코스피 주가와 거의 <u>유사한 변동성</u>[63]을 보여준다. **한전**의 경우도 4개 그래프 중 3개가 거의 비슷하지만 3)번 그래프(주가추이)를 보면 코스피와 포스코 대비 수익률이 매우 낮음을 알 수 있다. 이러한 현상은 개별 기업에 투자 시 피할 수 없는 잠재 위험이다.

표 3-48 포스코 주가 전월 대비 변동치(96~2010년, 15년간)

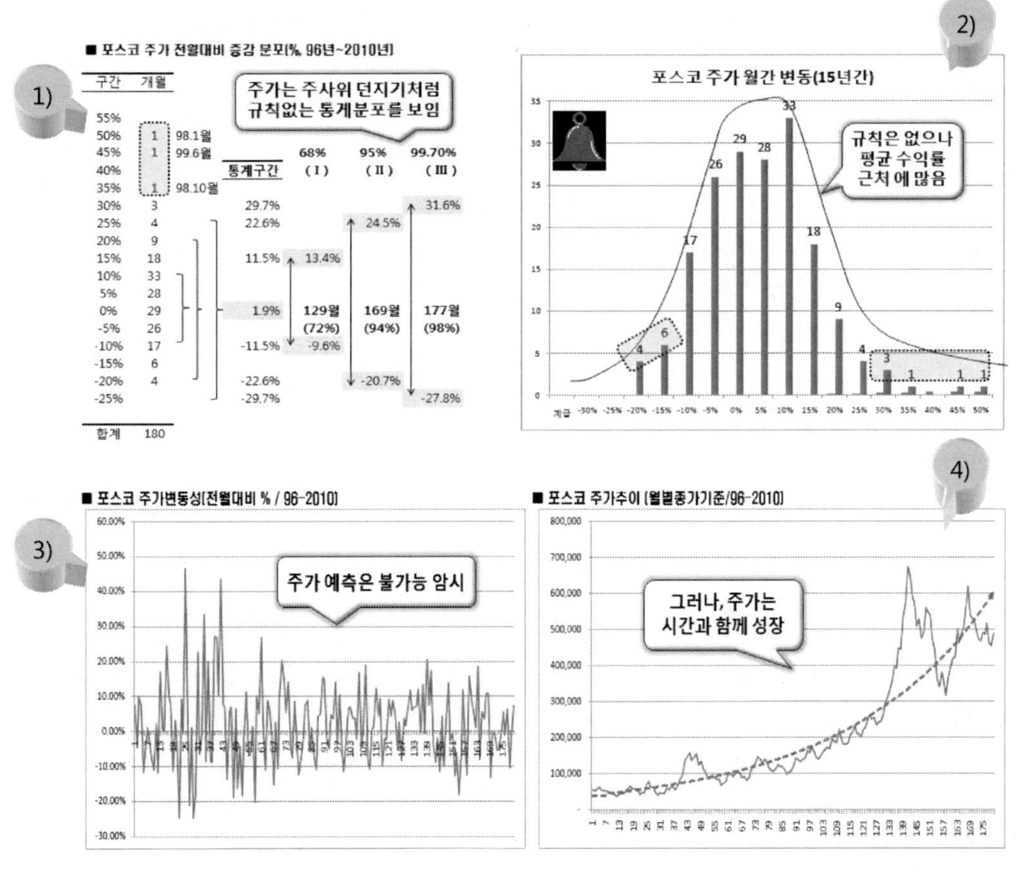

---

63 코스피 지수와 포스코 주가의 움직임이 같은 정도를 보여주는 값이 **베타(Beta)**이다. 베타가 1.0이면 코스피 지수가 5% 상승할 때 포스코 주식도 5%(5% X 베타 값 1.0) 상승한다는 의미이다. 베타가 0.8인 경우에는 해당 주가는 4%(5% × 0.8) 상승한다는 의미가 된다. 그러나 베타를 이용하여 개별 기업의 주가와 코스피 지수와의 변동성을 추정하는 것은 주의를 요한다. 이는 베타 값이 과거 주가의 변동치를 감안하여 산정된 값으로서 현재 상황을 정확하게 반영하기가 어렵다는 점과, 개별 기업의 주가를 결정하는 수많은 변수들이 있는데 이를 베타 하나만으로 모두 반영되기가 어렵다는 점 때문이다.

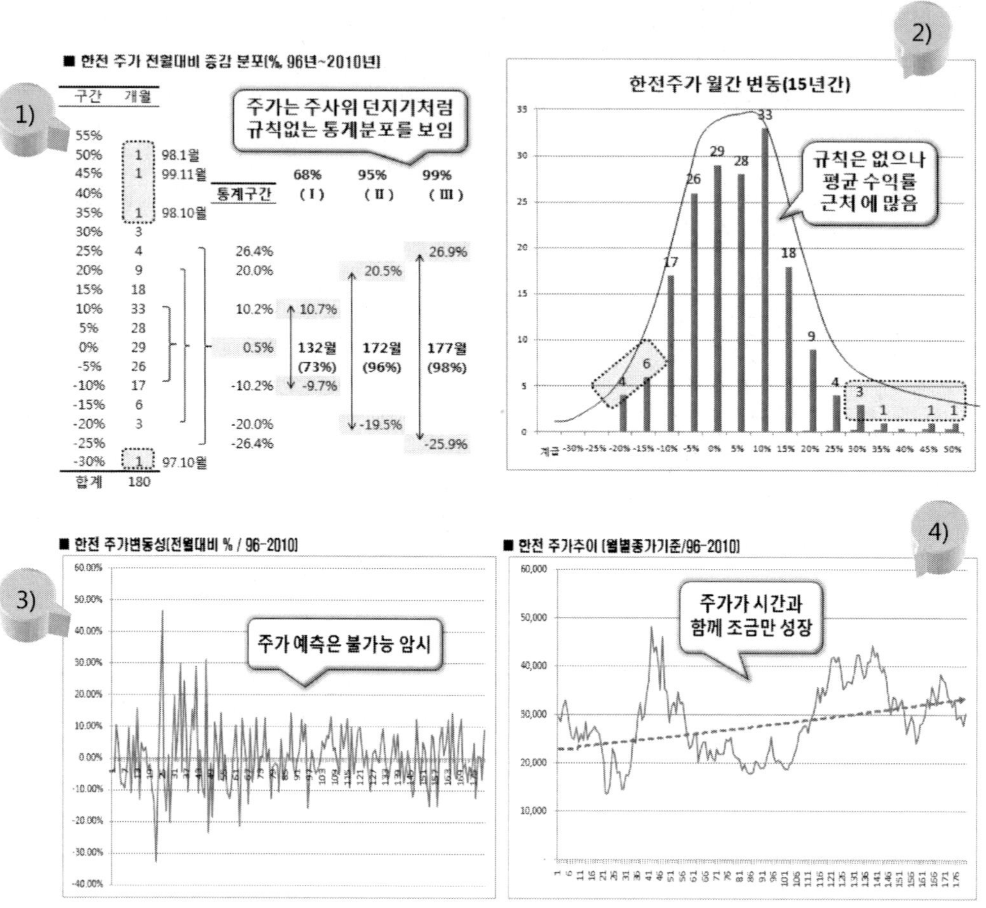

표 3-49 한전 주가 월간 변동성(96~2010년, 15년간)

코스피 지수와는 달리 포스코, 한전과 같은 **개별 기업에 단기간 투자**한다는 것은 두 가지의 중대한 의미 차이가 있다. 우선 단기간 개별 기업에 투자하면 기대 **수익을 시현할 가능성(확률)이 극히 희박**하다. 또한 선별 투자한 "개별 기업의 영업 실적이 좋다" 하더라도 기업의 주가는 영업 실적과 정비례해서 정해지는 것이 아니다. 단기적으로는 표 3-48, 3-49처럼, 시장의 수요/공급에 따라서 항상 등락을 반복한다. 따라서, 단기간 개별 기업에 투자 시 수익을 기대하기가 어렵다.

둘째로 개별 기업에 투자하면 만약 투자 기업이 **부도 발생 시 전액 손실**이 불가피 하다. 코스피 지수처럼 시장 전체에 투자하면, 개별 기업이 부도 발생해도 대부분 사전에 코스피 지수에서 삭제되거나, 설사 지수에 포함되어 있어도 영향이 제한적이나, 개별 기업 투자 시 부도 발생하면 전액 손실이 불가피하다. 따라서 설사 장기 투자라 할지라도 개별 주식에만 선별적으로 투자하는 것은 매우 신중해야 한다.

한국의 사례를 보았으니 **미국의 사례**를 살펴보자. **IBM**은 미국을 대표하는 간판 기업이다. 원래 IBM은 기업용 대형 컴퓨터 제조회사였다. 그러나 전자 기술의 발달로 개인 소형 컴퓨터 시장의 잠재력을 미리 보고서 개인용 <u>컴퓨터를 제조/판매</u>[64]하여 승승장구하였다. 그러나 당시 IBM은 PC 제조/판매에만 중점을 두었고 소프트웨어의 중요성을 간과하여 마이크로소프트사의 빌 게이츠에게 <u>소프트웨어(DOS, disk operating system)</u>[65] 시장을 내주는 실수를 한다. - 잘 아시다시피 MS사는 IBM PC에 장착된 DOS를 기반으로 이후 사무용 오피스 프로그램을 개발하여 IBM을 능가하는 기업으로 성장한다. 빌 게이츠는 돈 한 푼 들이지 않고 IBM PC 사용자 고객을, MS 소프트웨어 이용자 고객으로 유치하게 된다. 이후 IBM은 개인용 컴퓨터 시장에서 컴팩, HP, Dell과 같은 컴퓨터 제조사들과 힘겨운 경쟁을 하다가, 결국 중국 기업(래노버)에게 개인용 컴퓨터 제조/판매 부문을 전부 매각하게 된다. 그리고는 다시 IBM만의 강점을 발굴하는 뼈를 깎는 노력을 하여, 기업용 전산 설비 제조 및 소프트웨어 판매/컨설팅 기업으로 거듭나게 된다. IBM사의 변천사를 보면 정말 개별 기업의 주식 투자가 얼마나 위험한지 느껴진다. 한때 미국을 대표하는 기업에서, 망해가는 기업으로 전락했다가, 다시 탁월한 전략 선택으로 재기에 성공하는, **소설과 같은 반전의 반전**이다. 그런데 이 기간 동안 IBM에 투자했던 주주들은 얼마나 가슴을 졸였을까. ^^

　개별기업의 투자가 어렵다는 점은 여러분이 잘 아는 **워렌 버핏**의 사례에 의해서도 알 수 있다. 투자의 거장 워렌 버핏은 MS사의 빌 게이츠와 절친한 사이라고 한다. 버핏은 시장에서 정말 찾아보기 힘든 투자의 달인으로 인정받는다. 그는 투자 결정을 도와주는 많은 전문가들의 고급 기업 분석 정보를 받을 수 있고, 미래 경기 전망 및 특정 산업 분석에 관한 정보도 받을 수 있을 것이다. 그러나 버핏은 **MS주식을 거들떠 보지도 않는다 한다**. 이유는 **버핏 자신이**(*얼마든지 고급 분석 정보를 가지고서 세밀한 투자 분석이 가능하겠지만*) IT 산업에 대하여 **깊은 이해가 부족**하기 때문이라고 한다.

　버핏의 신중한 행동과 비교하면, 우리들이 개별 기업에 대해 체계적이고 깊은 분석도 없이 주식 투자를 하는 행동은, **무모할 정도로 용감한 만용**이거나 복권을 사서 요행으로 당첨될 것을 기다리는 <u>행동</u>[66]과 같아 보인다.

　표 3-50은 **15년, 180개월** 동안 IBM 주가의 변동을 기록한 그래프이다. 한국의 포스코와 한전과 큰 차이가 없다.

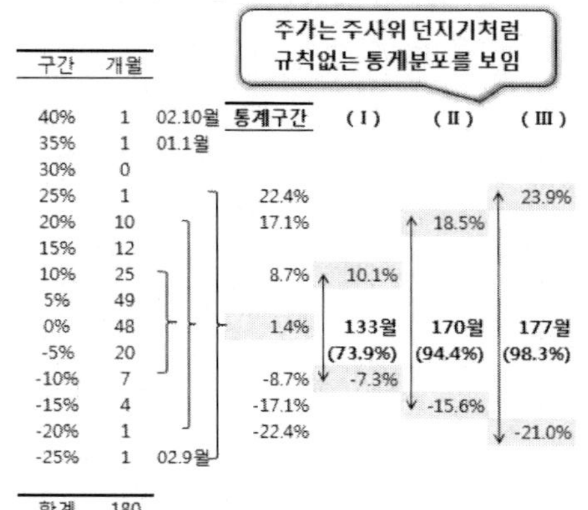
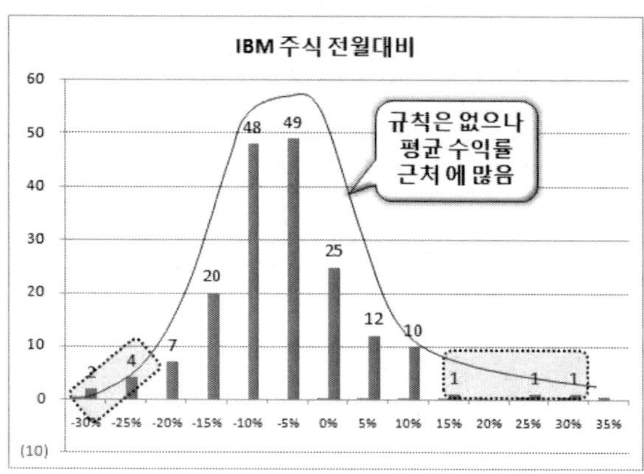

표 3-50 미국 IBM 주가 월간 변동성(96~2010년, 15년간)

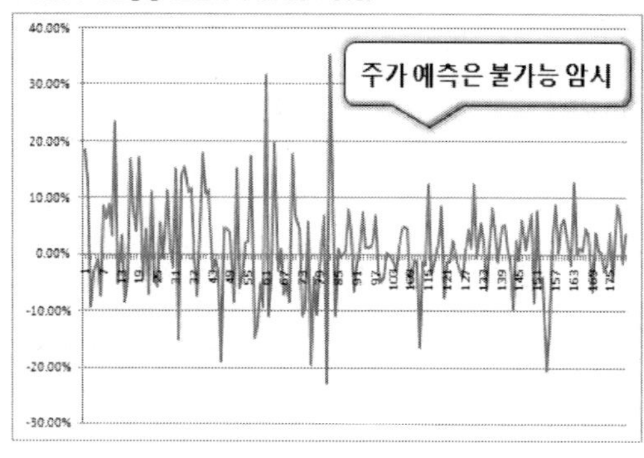

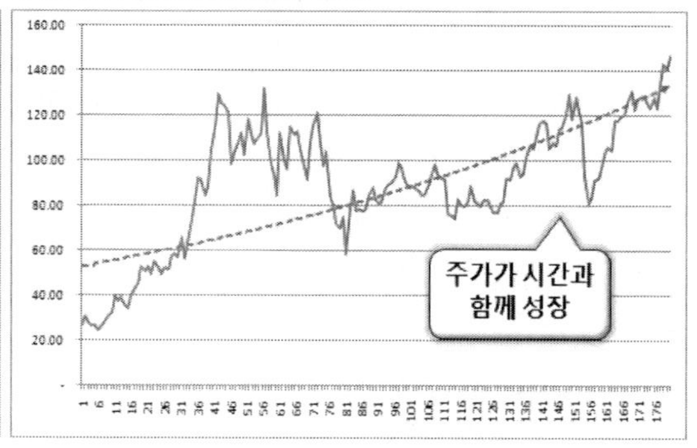

(2) 고 위험, 고 수익(High risk high return)이 아니다.

➔ 우리에게는 저 위험 고수익(Low risk high return)이 더 필요하다.

우리들의 투자 목적은 20~30년 뒤 노후 생활 연금 준비다. 단기간 등락을 반복하는 투자 성과가 중요한 것이 아니다. 때문에 한국뿐만 아니라 다른 나라의 전체시장 및 개별 기업에 장기 투자를 했을 때 성과를 비교해 봄으로써 우리들 스스로가 장기 투자의 무한한 혜택에 대한 확신을 가지는 것이 중요하다.

그래야만 급격한 시장의 변동에 놀라거나 흥분하거나, 조그마한 단기 수익에 연연하여, 중간에 <u>투자를 중단하는 실수</u>[67]를 범하지 않고, 장기적인 원대한 목표를 생각하며 기다릴 수 있는 것이다.

표 3-51a는 **국가별, 시장지수의 성장률**(기하평균)**과 상대적인 위험도**(변동계수)**와의 관계**를 정리한 것이다. 일반적으로 높은 위험을 부담하는 투자는 높은 수익률이 요구되는 것이 투

---

[67] 투자를 도중에 중단하면 다시 시장에 투자하는 것이 매우 어려워진다. 흔히 시장이 상승할 때 주식을 팔아 약간의 수익을 시현하고, 시장이 하락했을 때 다시 사면될 것으로 생각(이를 'Market Timing'이라 한다)하기 쉬우나, 이는 한두 번은 여행이 성공할 수도 있겠지만 계속 성공할 수는 없으므로 소중한 노후 준비 꿈을 잃어 버릴 수 있다.

자의 정설이다. 바로 High risk, high return이다. 그러나 이 원칙은 **장기투자를 할 경우** ♣♣♣
반대 현상이 발생된다. 즉, Low risk, high return이 된다. 실제 사례를 살펴보자.

표 3-51a 수익률과 위험(변동계수)과의 관계

< 국가별 >

구 분	한국	대만	중국	인디아	미국	일본	독일	MSCI(GL)	MSCI(EM)
기하평균(매년)	9.17%	9.81%	8.11%	16.79%	5.08%	2.13%	7.98%	7.45%	7.55%
전체 측정기간(년)	35	35	15	30	101	35	35	35	20
지수성장(배수)	19.7	24.1	3.0	90.1	141.9	2.0	13.6	11.5	4.0
1년간 지수변동(평균)	14.70%	17.10%	19.00%	22.10%	7.30%	4.60%	11.10%	9.00%	13.30%
1년간 지수변동(편차)	35.30%	43.00%	55.60%	35.60%	21.40%	22.10%	25.40%	17.50%	35.80%
변동계수(CV)	2.4	2.5	2.9	1.6	2.9	4.8	2.3	1.9	2.7

자료: BOK, 블룸버그

과거 지수의 **성장률 순위**는 인디아(16.9%, 30년), 대만(9.81%, 35년), 한국(9.17%, 35
년), 중국(8.11%, 15년), 독일(7.98% 35년), 미국(5.08%, 101년), 일본(2.13%, 35년) 순이
다. 괄호 안의 연도는 지수의 전체 측정 기간이다. MSCI 글로벌 지수는 35년간 연 7.45% 성장했으
며, MSCI 신흥국 지수는 20년간 매년 7.55% 성장했음을 보여준다.

국가별 주식시장의 **위험도**(표준편차 기준)는 중국과 대만이 각각 55%, 43%로 높고, 한
국, 인도, MSCI 신흥국 지수가 35% 수준이며, 미국, 독일, 일본은 20%대 수준으로 낮다.
그러나 투자는 수익률(지수성장률)과 위험도(표준편차)를 동시에 감안하여야 하므로, 수익률 대
비 위험도에 대한 평가가 필요하다. 이를 보여주는 값이 **변동계수** 값이다.

한국 코스피 지수 평균 수익률(전년 대비 HPR 평균값)이 연 14.7%이며 변동성(표준편차)이
35.3%이므로, 상대적인 위험도 값(변동계수)은 2.4(35.3% / 14.7%)가 된다. **인디아 뭄바이
지수**는 평균 수익률(전년 대비 HPR 평균값)이 연 22.1%이며 변동성(표준편차)이 35.6%이면 상
대적인 위험도 값(변동계수)은 1.6(35.6% / 22.1%)이 된다. **미국** 다우지수는 평균 수익률(전
년 대비 HPR 평균값)이 연 7.3%이고 변동성(표준편차)이 21.4%이므로 상대적인 위험도 값(변동
계수)은 2.9(21.4% / 7.3%)이 된다.

변동계수 순위는 인디아(1.6), 독일(2.3), 한국(2.4), 대만(2.5), 중국(2.9), 미국(2.9), 일본 ♣♣♣
(4.8)이 된다. 변동계수 순위를 보면, 그간 글로벌 투자자들이 선호한 국가 순서와 비슷함을
알 수 있다. 이러한 현상은 개인 투자자와 달리, 대규모 글로벌 포트폴리오를 운영하는 전
문 투자자들에게는 장기적으로 안정적인 적정한 수익률과 상대적으로 적은 위험(변동성)을
나타내는 자산이 중요하기 때문에 **변동계수가 낮은 자산을 선호**[68]할 수밖에 없다.

---

[68] **포트폴리오 운영에서는 적정(reasonable) 수익률과 위험**(표준편차, 변동계수 또는 **Covariance** - 1개의 자산에
투자를 하면 표준편차 값이 위험의 정도 값이 된다. 그러나, 1개 이상의 투자자산일 경우, 투자자산의 1개의
표준편차 값은 다른 자산과의 표준편차 값과 연관성이 중요하다. Covariance는 전체 자산을 하나로 보고서 각
각의 자산이 다른 자산과의 연관성의 정도를 측정한 값이다)**과의 관계가 중요하다.** Covariance와 변동계수
(Coefficient of Variation)는 사용하는 방식이 약간 차이가 있으나 다른 투자자산과의 관계성을 감안하여 상대
적인 수익성 및 위험도를 측정한다는 개념은 유사하다.

구 분	코스피	삼성전자	현대차	롯데칠성	포스코	한전	LG상사
기하평균(매년)	9.17%	15.20%	10.97%	20.28%	18.02%	3.54%	6.05%
전체 측정기간(년)	35	35	35	35	20	20	20
지수성장(배수)	19.7	122.9	34.4	532.8	23.3	1.9	3.1
1년간 지수변동(평균)	14.70%	26.40%	24.40%	31.80%	25.80%	7.30%	24.90%
1년간 지수변동(편차)	35.30%	59.30%	64%	59.80%	44.80%	29.90%	69.80%
변동계수(CV)	2.4	2.2	2.6	1.9	1.7	4.1	2.8

한국의 경우를 살펴보자. 주요 기업들의 주가 **성장률 순위**는 롯데칠성(20.28%, 35년), 포스코(18.2%, 20년), 삼성전자(15.20%, 35년), 코스피(9.17%, 35년), 현대차(10.97%, 35년), LG상사(6.05% 20년), 한전(3.54%, 20년) 순이다. 절대적인 **위험도(표준편차 기준)**는 LG상사(69.8%), 현대차(64%), 롯데칠성과 삼성전자가 각각 59% 대 이며, 포스코(44.8%), 코스피(35%), 한전(29%) 순이다.

하지만 성장률 대비 위험도를 측정하는 **상대적 위험도 값인 변동계수** 순서는 포스코 ♣♣ (1.7), 롯데칠성((1.9), 삼성전자(2.2), 코스피(2.4), 현대차(2.6), LG상사(2.6), 한전(4.1)로써, **포스코**가 적정한 수익률(연 18.02%) 대비 가장 낮은 위험도(변동계수 1.7)를 보여줌을 알 수 있다. - 아마도 워렌 버핏이 포스코에 투자한 여러 가지 이유중의 하나였을 것 같다. ^^

구 분	다우	S&P	GE	MS	IBM	코닥	월마트
기하평균(매년)	7.45%	7.50%	5.70%	13.99%	6.46%	-5.61%	7.07%
전체 측정기간(년)	35	35	20	20	35	35	20
지수성장(배수)	11.5	11.7	2.9	12.0	8.4	0.1	3.7
1년간 지수변동(평균)	8.60%	8.90%	10.10%	23.10%	10.30%	-1.70%	11.10%
1년간 지수변동(편차)	15.40%	16.80%	29%	45.20%	29.60%	25.60%	34.40%
변동계수(CV)	1.8	1.9	2.9	2.0	2.9	-15.1	3.1

미국의 경우를 살펴보자. 과거 지수의 주요 기업들의 절대적인 **성장률 순위**는 MS(13.99%, 20년), S&P 500 지수(7.5%, 35년), 다우지수(7.45%, 35년), 월마트(7.07%, 20년), IBM(6.46%, 35년), GE(5.70% 20년), 코닥(- 5.61%, 35년) 순이다. 절대적인 **위험도(표준편차 기준)**는 MS(45.2%), 월마트(34.4%), IBM과 GE가 각각 29%대이며, 코닥(25.6%), S&P(16.8%), 다우(15.4%) 순이다.

하지만 성장성 대비 위험도를 측정하는 **상대적 위험도 값인 변동계수** 순서는 다우지수(1.8), S&P지수(1.9), MS(2.0), GE와 IBM이 2.9 그리고 월마트(3.1) 순이다.

표 3-51b 수익률과 위험(변동계수)관계 / 국가별 시장지수 + 주요 기업 비교

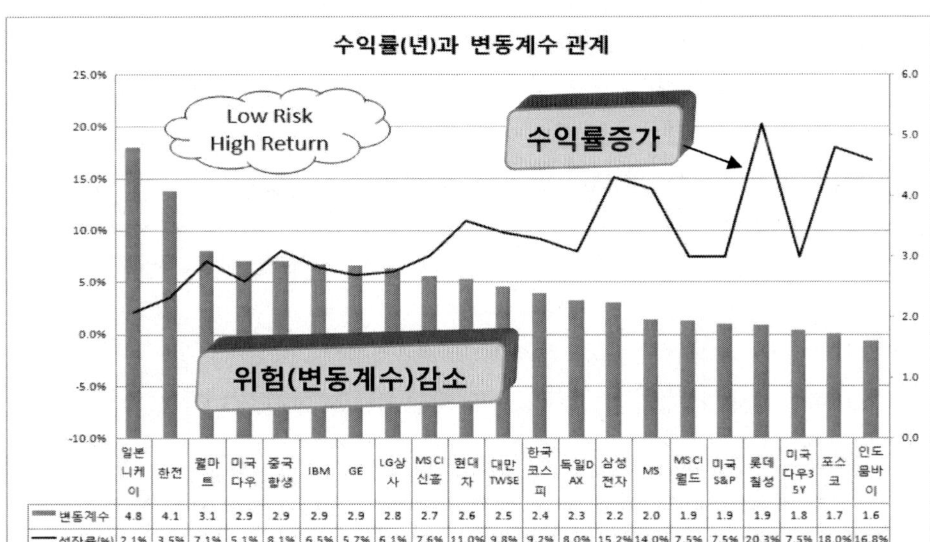

	일본니케이	한전	월마트	미국다우	중국항생	IBM	GE	LG상사	MSCI신흥	현대차	대만TWSE	한국코스피	독일DAX	삼성전자	MS	MSCI월드	미국S&P	롯데칠성	미국다우3 5Y	포스코	인도뭄바이
변동계수	4.8	4.1	3.1	2.9	2.9	2.9	2.9	2.8	2.7	2.6	2.5	2.4	2.3	2.2	2.0	1.9	1.9	1.9	1.8	1.7	1.6
성장률(%)	2.1%	3.5%	7.1%	5.1%	8.1%	6.5%	5.7%	6.1%	7.6%	11.0%	9.8%	9.2%	8.0%	15.2%	14.0%	7.5%	7.5%	20.3%	7.5%	18.0%	16.8%

표 3-51b는 **글로벌 전체, 한국, 미국, 중국, 대만, 인도, 일본의 시장지수**와 주요 기업들의 수익률과 상대적 위험도(변동계수)의 관계를 정리한 것이다. 표를 보면, 일정한 패턴이 있음을 볼 수 있다. 즉, 일반적으로 알고 있는 High risk high return이 아니라 그 반대 현상을 보여주는데, 위험도가 작은(변동계수가 작은) 투자가, 장기적으로는 높은 수익률 달성을 보여준다. 즉, **Low Risk High Return**이 된다.

투자에 있어서 **위험**은 예상한 기대 수익이 예상과 달리 나타나는 경우이다. 그래서 위험이란 기대 수익의 변동성(표준편차)을 말한다. 만약 1개 기업에만 투자를 한다면 해당 주식의 과거 수익률 변동성 값(표준편차)으로 투자 위험을 측정/관리 할 수 있다. 그러나, 투자는 여러 자산에 장기 분산 투자를 하여야 하므로, **여러 개의 투자자산이 선별이 필요**하다. 이때 기대 수익률과 <u>위험도를 동시에</u> 감안[69]하여야 하는데, **변동계수(Coefficient of Variance)**를 기준하여 상대적 위험도가 낮으면서 적정한 수익률을 기대할 수 있는 <u>자산 선택</u>[70]을 하는 것이 필요하다.

---

[69] 실제 포트폴리오 운영에서는 개별자산의 변동계수뿐만 아니라, 자산 상호간 상관 관계, 공 분산, 그리고 개별자산과 전체 포트폴리오와의 공 분산 관계도 감안해야 한다. 이 부분은 너무 복잡하니, 변동계수 정도만 알아도 큰 지장 없다.

[70] 표 3-51a를 보자. 지수 측정 기간이 20년, 35년, 100년(다우)으로 모두 다 장기이다. 기업은 설립 초기에 급속한 성장기(위험인 변동성도 큼)를 거치면서 점차 안정된 기업으로 성장한다. 만약, 기업의 판매 제품이 소비자에게 확실하게 자리 잡지 못했다면, 그 기업은 경영이 안정적이지 못하게 되고, 위험(변동성)이 커지게 된다. 반대로 **시장 경쟁력을 가지고 있는 기업**은 굳건한 뿌리를 내리고, 안정적인 경영을 하면서 영업 수익이 적정한 수준으로 유지된다. 따라서, 투자수익률도 일정해지면서, 위험(변동성)도 줄어들게 되어 <u>**Low risk high return**</u>이 되는 것이다. 각 국가별로 기준금리를 파악할 수 있으면 Sharpe ratio를 이용할 수도 있다. Sharpe ratio 는 높을수록 좋고, 변동계수는 낮을수록 좋다.

2) 개인들이 개별 기업의 주가를 예상하는 것은 불가능하다.

➔ 산업 분석과 국가 경제 분석은 전문가에게도 어려운 일이다.

➔ 우린 기업을 분석할 시간도, 정보도 없다. 설사 있어도 정말 어려운 일이다.

(1) 개별 기업의 주가는 산업 및 글로벌 경기의 영향을 받는다.

➔ 주식시장은 산업 및 국가 경제와 함께 성장한다. 그러나 개인들이 이를 예상하기란 거의 불가능하다

제2장의 표 2-1 "경제활동흐름도"와 표 2-6 "금융투자흐름도" 그리고 표 3-15 "금리결정 요인들" 표 3-20-2 "경제주체별 균형 유지 수익 창출 경제활동 메커니즘"을 다시 보자. 이 표들을 보면 실물경제 활동과 금융활동이 복잡하게 얽혀있음을 알 수 있다. 실물경제와 금융경제는 서로 떨어져서는 절대 존재할 수 없는 불가분의 관계다. 기업의 실물경제활동과 금융경제활동을 연결하는 방식은 크게 예금, 채권, 주식이다. 이 중 예금이나 채권은 대부분 금리가 미리 확정되어 있어, 투자를 할 때, 만기까지 기대할 수 있는 수익률을 미리 알 수 있다.

그러나 **주식은 다르다**. 주식은 우선 정해진 만기가 없다. 그리고 미리 정해진 금리도 없다. 배당금이 조금 있으나 이 또한 있을 수도 있고 없을 수도 있다. 즉, 주식은 미리 정해진 수익이 거의 없고, 오히려 경기가 침체되면 투자 손실이 발생하는 경우도 허다하다. 시장의

표 3-52a 주가와 경제지표와의 관계 /한국 1990~2010년

연도	주가지수	기업매출액	당기순이익	순이익률	수입	수출	무역수지	외환보유액	국민총소득	금리(통안1Y)
		(백만원)			(천달러)				(십억원)	(%)
1990	696.10	280,895,688	4,022,488	1.43%	69,843,676	65,015,730	-4,827,946	14,822,377	191,382.8	15.58
1991	610.90	345,059,012	5,054,864	1.46%	81,524,856	71,870,121	-9,654,735	13,733,019	231,428.2	17.68
1992	678.40	385,946,172	4,627,561	1.20%	81,775,257	76,631,515	-5,143,742	17,153,925	263,993.2	15.78
1993	866.20	450,850,451	5,261,206	1.17%	83,800,145	82,235,866	-1,564,279	20,262,400	298,761.6	12.39
1994	1,027.37	531,721,946	9,853,763	1.85%	102,348,176	96,013,237	-6,334,939	25,672,700	349,972.6	12.34
1995	882.94	637,275,034	12,798,986	2.01%	135,118,932	125,057,987	-10,060,945	32,712,100	409,653.6	13.47
1996	651.20	729,764,206	3,838,614	0.53%	150,339,101	129,715,136	-20,623,965	33,236,696	460,952.6	12.11
1997	376.30	875,155,509	-7,253,667	-0.83%	144,616,376	136,164,204	-8,452,172	20,405,458	506,313.6	12.77
1998	562.46	918,798,170	-26,173,355	-2.85%	93,281,755	132,313,143	39,031,388	52,040,827	501,027.2	12.38
1999	1,028.10	942,022,431	-15,679,166	-1.66%	119,752,283	143,685,459	23,933,176	74,054,541	549,005.0	7.42
2000	504.62	1,036,694,494	-8,011,178	-0.77%	160,481,015	172,267,511	11,786,496	96,198,117	603,236.0	7.81
2001	693.70	1,045,653,188	5,062,646	0.48%	141,097,821	150,439,144	9,341,323	102,821,378	651,415.3	5.45
2002	627.60	1,228,119,855	58,271,271	4.74%	152,126,153	162,470,527	10,344,374	121,412,508	720,539.0	5.19
2003	810.70	1,257,351,716	47,264,427	3.76%	178,826,658	193,817,442	14,990,784	155,352,365	767,113.7	4.42
2004	895.90	1,398,604,870	75,709,991	5.41%	224,462,687	253,844,673	29,381,986	199,066,133	826,892.7	3.92
2005	1,379.40	1,610,585,883	78,611,231	4.88%	261,238,264	284,418,741	23,180,477	210,390,703	865,240.9	3.97
2006	1,434.46	1,701,725,327	71,962,010	4.23%	309,382,632	325,464,849	16,082,217	238,956,116	908,743.8	4.67
2007	1,897.10	1,864,067,013	80,771,472	4.33%	356,845,734	371,489,087	14,643,353	262,224,070	975,013.0	5.21
2008	1,124.47	2,481,230,025	52,530,329	2.12%	435,274,737	422,007,328	-13,267,409	201,223,413	1,026,451.8	5.33
2009	1,682.77	2,592,442,609	88,720,048	3.42%	323,084,522	363,533,560	40,449,038	269,994,736	1,065,036.8	2.98
2010	2,051.00	2,932,599,913	132,087,679	4.50%	425,212,160	466,383,761	41,171,601	291,570,661	1,172,803.4	3.03
성장률(연)	5.55%	12.44%	19.07%	5.90%	9.45%	10.35%		16.06%	9.49%	-7.86%
주가와 상관관계		0.7769	0.8223	0.5977	0.8003	0.8237	0.5093	0.8270	0.7370	-0.6054

자료: 한국은행

투자자들은 그들만의 주관적인 판단을 거쳐서 산출된 적정한 수준의 기대 가격을 가지고서 끊임없이 거래를 한다. 그러나 표 3-32a "미국 다우지수 전년 대비 지수변동률" 그래프처럼, 톱날모양처럼 들쑥날쑥하는 개별 기업의 주식 투자 수익을 예상하기란 불가능하다.

표 3-52a는 과거 20년 동안 한국의 **주요 경제 지표와 코스피 지수와의 관계**를 정리한 것이다. 여러 가지 경제지표들을 나열하여 보면 일정한 규칙을 발견할 수 있는데, 이 경우에도 1)~4)번과 같은 특성을 관찰해 볼 수 있다.

1)번 2)번 시장의 지수는 기업이 활동하는 국가의 전반적인 경제 상황에 영향을 크게 받는다. 전체 시장지수도 기업 전체의 순이익 증가와 함께 성장했다는 것을 보여준다. 이는 과거 20년간 **주가의 상승률(5.55%)과 기업 전체의 전년대비 당기순이익 상승률(5.90%)이 매우 유사**하다는 점으로도 입증된다. 기업 매출은 매년 12.4%로 증가하였고, 당기순이익도 매년 19%로 증가되었다. 그리고 전년 대비 당기순이익 상승률만큼 주가도 상승했다. 당기순이익 증가와 코스피 지수와의 **상관관계도 0.8223**[71]으로 높아 기업 수익의 증가가 주가의 상승으로 나타남을 알 수 있다. **3)번** 시장주가와 **수출/수입, 외화 보유 금액, 국민소득**은 모두 같은 방향으로 움직이는 양(+)의 상관관계이나 **4)번 금리**는 주가와 반대인 음(-)의 상관관계를 보여주고 있다.

표 3-52b 한국 수출입과 주가관계 / 1990~2010년(매월)

자료: 한국은행

그러나 **문제는 우리들이 주요 경제지표**(수출, 수입, 무역수지, 국민 총소득, 금리 등)를 **예상하기가 어렵다는 데 있다**. 매년 경제연구소들이 다음 연도의 경제 전망을 예상하지만 실제로 예상처럼 맞추는 경우가 많지 않다. 정부에서도 경제활동을 지속적으로 활성화하기 위한 노력을 많이 하지만, 워낙 경제에 영향을 미치는 변수들이 많고, 한국의 기업들이 대부분 해외시장과 교역하므로, 한국뿐만 아니라 대외 글로벌 경제활동까지 감안하여야 하기

---

[71] 주가를 추정하는 PER 모델에 의하면, Price(가격) = EPS(주당 순 이익률) × PER(주가 수익비율)인데, PER가 일정할 때 당기순이익 증가에 따른 EPS 증가는 주가의 상승으로 이어진다. 표 3-52에서도 20년간 당기순이익의 매년 증가율과 주가의 매년 상승률이 거의 유사함을 보여준다.

때문에 더더욱 전망을 어렵다.

다음 연도에 한국의 수출입, 국민총생산과 국민 가처분소득이 오를지 내릴지를 미리 예측하기란 불가능한 것은 아니지만 매우 어려운 일이다.

거시적인 경제활동뿐만 아니라 **산업별 경기를 예상**하는 것도 절대 만만한 일이 아니다. 표 3-53a는 10년(2000~2011.11월) 동안 한국 기업의 산업별 주가지수의 연평균 성장률을 측정한 것이다. 그래프를 보면 산업별로 지수의 증가율 차이가 많음을 알 수 있다. 이를 보면 설사 다음 연도의 국가 전체적인 경기 전망을 잘 했다 하더라도, 어느 산업이 지속적으로 당기순이익이 증가될지 예상하기가 매우 어렵다. 증권사에는 특정 업종을 분석하는 전문가들이 있다. 그들은 해당 업종을 몇 년 동안 담당하면서, 전반적인 산업의 동향을 감안하여 분석보고서를 작성한다. 그러나 이러한 산업 분석 **전문가들의 분석도 맞지 않는 경우가 허다하다.** 하물며 우리들이 주변의 몇 가지 정보만을 듣고서, 어느 업종이 앞으로 유망할지 판단한다면 얼마나 맞을 수 있을까? **답은 표 3-60 산업의 변동 역사를 참조해 주세요.^^**   ♣

표 3-53a는 코스피 상장지수에서 차지하는 업종별 시가 비중을 %로 정리한 그래프이다. 10년 동안 산업별로 어느 정도 지수가 성장했는지를 보여준다.

표 3-53a 코스피 지수 업종별 점유율 비교 / 2000년과 2011.11월 대비

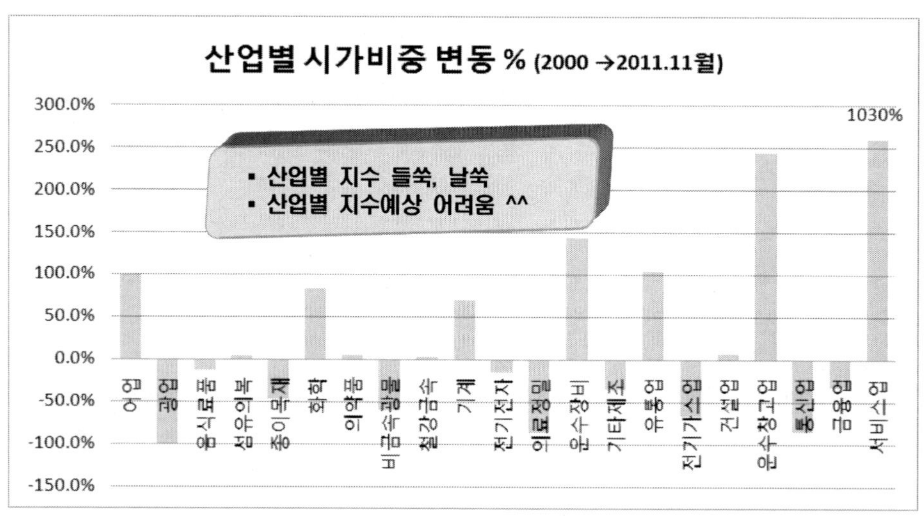

· 코스피 지수 비중 증가: 서비스업(무려 1030% 성장), 운수창고업, 화학, 기계, 유통업 등
· 코스피 지수 비중 감소: 광업, 종이 목재, 의류, 통신, 의료정밀, 금융 등

- 0.00% 이하면, 지수가 하락했다는 것이고, 0.00% 이상이면 지수가 성장했음을 의미한다. **10년 동안 업종별로 성장률 차이가 많다.** 서비스업은 10년 동안 무려 1,030% [코스피 상   ♣♣
장지수에서 차지하는 시가총액 비중 0.98%(2000년) → 11.08%(2011년)] 상승하였으나, **통신업**은 2000년에 코스피 비중 15.7% → 2.3%로 급락하였고, 화학(6.1%→11.2%)과 운수장비업(6.3%→15.6%)이 급부상 됨.

표 3-53a를 **원그래프(표 3-53b)**로 달리 표현해보면, 변화를 쉽게 볼 수 있다.

< 업종별 비중 변동추이 / 10년간>

업종	2001	2011	시가비중(증감)
어업	0.05	0.10	100.0%
광업	0.08	0.00	-100.0%
음식료품	2.33	2.04	-12.4%
섬유의복	0.47	0.49	4.3%
종이목재	0.34	0.18	-47.1%
화학	**6.13**	**11.25**	**83.5%**
의약품	0.91	0.96	5.5%
비금속광물	0.72	0.29	-59.7%
철강금속	5.63	5.80	3.0%
기계	1.03	1.76	70.9%
전기전자	24.94	21.10	-15.4%
의료정밀	**0.36**	**0.05**	**-86.1%**
운수장비	**6.39**	**15.62**	**144.4%**
기타제조	1.70	1.10	-35.3%
유통업	2.71	5.54	104.4%
전기가스업	6.23	2.05	-67.1%
건설업	2.27	2.43	7.0%
운수창고업	0.60	2.07	245.0%
통신업	**15.71**	**2.39**	**-84.8%**
금융업	20.42	13.69	-33.0%
서비스업	**0.98**	**11.08**	**1030%**

표 3-53b 연도별 산업별 코스피 지수 비중 비교 / 10년간

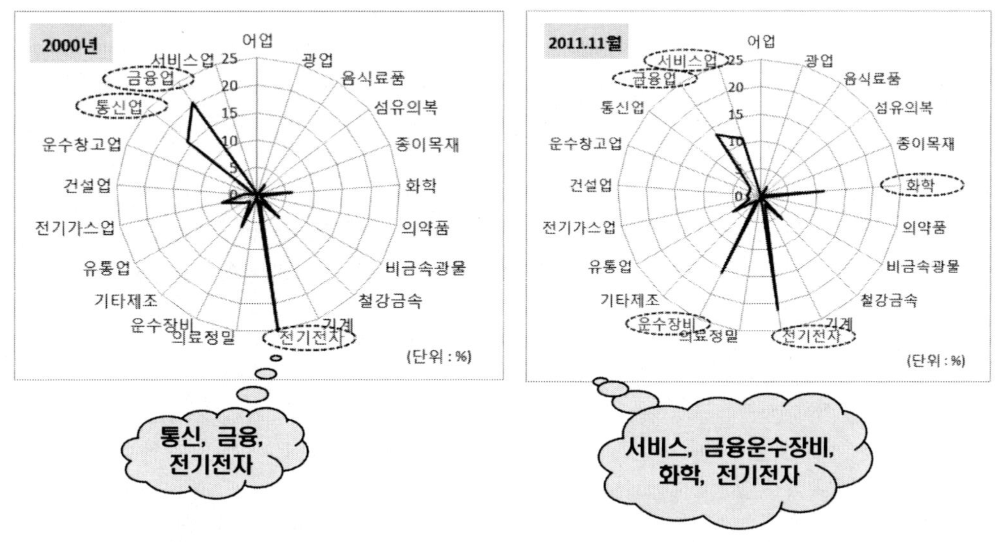

자료: 상장기업분석(KRX)

표 3-53c는 2000년과 2011년 10년 동안, 산업별 시가총액(막대의 크기) 및 매년 성장률(점선)을 표기한 것이다.

표 3-53c 산업별 지수 비중 변동률 그래프(1987년-2010년)

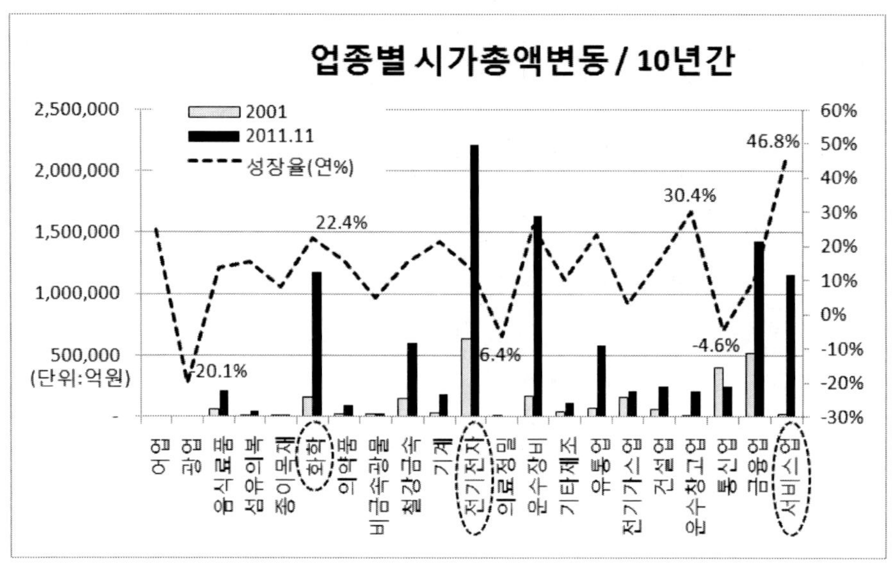

역시 표 3-53a와 마찬가지로, 업종별로 막대그래프의 크기 차이가 크다. 매년 코스피 지수 전체에서 차지하는 업종별 시가총액비중(점선)도 업종별로 상승과 하락이 교차하고 있어 전망이 매우 어렵다는 것을 보여준다.

즉, 표 3-53a, b, c는 **특정 산업에만 의존하는 투자 방식으로는 위험**(산업지수 성장률 변동성) ♣♣♣ **이 크다**는 것을 보여준다.

(2) 개별 기업 분석 과정은 전문가에게도 어렵고 복잡한 일이다.

아래 표 3-53d의 1~5는 우리들이 개별 기업에 직접 투자할 경우 기본적으로 해야만 하는 투자 분석 과정을 간략하게 정리한 것이다. 실무에서는 이보다 더 심층적인 분석 과정을 거친다. 이 장에서는 개인들이 제한된 정보와 시간 속에서 투자 대상 기업을 제대로 분석하 ♣ 는 것이 사실상 불가능하다는 점을 보여주기 위해 투자에 필요한 기본적인 기업 분석 과정을 참조로 알려주는 것이다.

표 3-53d 투자 대상 기업 분석 과정 / 1번~5번까지 읽어보자

■ 1. 투자방식 결정 (투자 형태별 특성감안)

구분	기관	투자목적	단기 위험(변동성) 요인	장기 위험 원인	수익률	인플레이션
예금	은행	예금 이자	없음	안전	낮은 이율	취약
채권	증권/펀드	고정이자 수익	시장금리변동 영향	기업부도+인플레이션 위험	중간수익률	취약
주식(개별)	증권/펀드	배당+기업성장률	시장금리변동+경기전망	기업부도+중장기 경기위험	최상수익률	보완 가능

투자를 생각한다면, 우선 **투자의 목적**을 정해야 한다.(표4-1 참조) 투자 목적에 따라 **투자할 방식을 결정**해야 하기 때문이다. 그리고 나서 자신이 선택한 투자 방식의 **특성**을 이해해야 한다. 만약 **채권을 투자**한다면, 여러분의 고민 사항은 한 가지다. 채권을 발행한 기업이 망할지 여부를 나타내는 **신용도[72]를 보면 된다.** - 기업의 신용도는 전문 신용평가기관들이 이미 채권을 발행할 때, 신용 등급을 산정해 놓았기 때문에 확인할 수 있다. 투자하려는 채권의 발행 금리가 시장 금리와 차이가 발생해도 채권의 매입 가격으로 조정(표 3-12 참조)된다. 따라서, 여러분은 투자에 필요한 정보(투자 만기까지 수익률, 기업의 신용도 등)를 대부분 알고 있는 상황에서 투자를 시작할 수 있다.

그러나 **개별 기업의 주식 투자는 채권 투자와 아주 다르다.** 주식 투자는 정해진 것이 아무것도 없다. 채권과 같이 주식 평가 등급도 없고, 투자 만기까지 수익률이 어떻게 될지 알 수도 없다. 여러분이 개별 주식에 투자한다면 주가에 영향을 미치는 수많은 변수들(기업 내부 및 기업 외부 요인 등)을 다 수용할 여력과 마음의 자세가 되어 있어야 한다.

■ 2. 기본 분석과정 - 주식(개별) / 채권

변수1) 수요크기	선진국 소비자	안정된 소비층, 신상품/서비스 수요
	개발도상국 소비자	인구, 잠재소비(내수시장) 증가, 지불여력 변수
변수2) 경기전망	글로벌 경기	수요크기 변동, 일시적 사건(금융위기, 오일쇼크, 종교분쟁등)
	역내 국가 경기	역내 국가 위기(재정파탄)
	한국 경기	수출확대, 내수시장 성장성,
변수3) 국가 능력	한국 경쟁력	사회 및 경제 시스템 효율성, 인적 자원활용 효율성, 국가경영 전략
변수4) 산업경쟁력	특화산업여부	IT, 바이오, 제조, 에너지, 운송, 공공산업 등
변수5) 기업경쟁력	경쟁력 수준	경영 → 미래 성장 경영전략(미래 먹거리), 현상진단 및 포지셔닝
		판매 → 전략적, 효율적인 영업추진 여부, 소비자 Care 정신
		투자 → 신 시장(제품) 개발 능력
		관리 → 효율적 인력운영 / 재무, 자금관리 능력 / 효율적 래버리지

---

[72] 채권의 신용 등급은 최상 등급인 AAA부터 부도 상태인 D등급까지 분류한다. 통상 BBB 이상 등급을 투자 적격 등급이라 한다. 기관 투자자들은 **대부분 BBB 이상**의 투자 적격 등급에만 채권투자를 한다. **간혹 예외적으로 BBB 미만**의 투기 등급에 투자하기도 한다.

■ 3. 분석 실무 - "사례) 신흥국 소비증가 예상될 때 검토과정"

개별 주식 투자를 위해서는 최소한 **2번의 변수 1)~5)와, 3번의 질문 1)~4)에 대한 점검**이 필요하다. 기업의 주가는 그 기업에게 이익을 주는, 소비자의 특성에 영향을 받는다. 기업 상품을 팔아주는 소비자의 증감은 기업 수익에 직접 영향을 주게 되고 주가에 반영된다. 따라서 잠재적인 총 **소비자의 크기 변화**(소비 인구수)는 아주 중요한 사항이다. 또한 주가는 그 기업이 속한 **산업 전반의 주가** 움직임으로부터 크게 자유로울 수 없고, 특정 산업의 주가는 **국가 전체의 경기 동향**으로부터 자유로울 수 없다. 요즘은 국가 간 교역이 많아지면서 **글로벌 경기**로부터도 자유로울 수 없으므로 이에 대한 세밀한 분석도 필요하다. 표 3-53a, 53b에서 살펴보았듯이 시간이 경과함에 따라 성장산업과 사양산업이 구분되며, **산업별 성장률 차이**도 커지게 된다. 어느 산업이 미래에 성공할지 알 수 없다. 개별 기업을 분석한다면, 이러한 기업 외적인 요소들에 대한 기본 점검을 한 후, 비로소 기업에 대한 분석을 진행해야 한다.

또한 개별 기업에 대해 분석할 때, 재무 분석만을 주로 하며, **비 재무 부문에 대한 분석**을 등한시하는 경우가 많다. 그러나 재무 부문에 못지않게 중요한 부문이 비 재무 부분이다. 더욱이 지금은 기업 간 상품 제조 기술의 차이가 좁아졌다. 미래 먹거리는 재무제표 분석에서 나오는 것이 아니라, 기업 임직원들의 현장 마인드에서 나온다는 점을 생각하면, 기업의 비 재무 부문에 대한 분석의 중요성이 더 커졌다고 할 수 있다.

IT 정보 기술의 발전으로 기업의 경영 여건이 하루가 다르게 변화하고 있다. IT 정보 산업에서는 **"졸면 죽는다"**는 말이 나올 정도로 변화의 속도가 빠르다. 변화가 빠르다는 의미는 **고객의 변화가 빠르다**는 말이다. 고객의 성향이 빠르게 바뀌기 때문에 기업의 경영 전략도 이에 따라, 빠르게 변모를 할 수밖에 없는 상황이다. 이제 기업은 스스로의 생존을 위해, 소비자의 변화를 상시 감지하고, 동 업계 시장에서 기업의 위치를 정확하게 파악하고 있어야 하며, 이를 바탕으로 중장기 추진전략을 항상 고민해야 한다. 따라서, 개별기업 투자 시 중요한 판단 요소는 기업 **임직원들의 마인드와, 적절한 미래 전략 점검**이다. - 기업의 주요 제품에 대한 판매 동향, 미래 먹거리 산업에 대한 사전 투자 적정성, 기업의 한정된 자원을 효율적으로 사용하는 **관리자 활동** 등이 이에 해당되겠다.

4)번 항목은 기업의 재무 활동에 대한 사항들이다. 4)번의 표 우측 작은 표에 정리했듯이, 기업의 손익계산서 항목들에 영향을 미치는 '관리주체'는 기업뿐만이 아니라 기업/정부/시장이다. 하나씩 살펴보자.

■ 4. 재무 분석 <표 3-9 참조 >
1) 기업문화(경영진, 종업원, 동업계 평가, 인사)
2) 기본 재무구조 분석(재무비율)
3) 미래 현금흐름 분석(매출액 추이, 유동성, 재무구조 적정성)
4) 기업경영 주변여건 분석(금리,세금,재료비,인플래이션등)
5) 회계기준 적정성 (IFRS)
6) 회계/감사보고서 적정성
7) 기업 신용등급 적정성
8) 기업 주가 적정성 검토(DDM, CML, PER, Fed model? 등)
➔ 상기 1)~7)의 모든 분석과정이 적정했을 경우에만 비로서 분석 가능

손익계산	결정변수	위험요인	관리주체
매출액	영업력	경쟁사 신상품	기업
- 재료비	원가관리	시장가격 변동	기업
- 비용	내부관리	인플레이션	정부/기업
- 상각비	내부관리	인플레이션	정부/기업
- 금융비용	시장금리	시장금리상승	기업/정부
- 세금	정부정책	세율상승	정부
순이익(NI)			

재무 활동은 무엇보다도 재무제표가 **국제회계규정**에 따라 적절하게 작성되었다는 **신뢰성이 먼저 반드시 확인**[73]되어야 한다. 기업과 투자자들을 연결하는 공통 언어가 회계 기준이고, 공통언어에 의해 작성된 것이 재무제표이기 때문이다. 재무제표 분석은 엑셀 등과 같은 프로그램을 이용하여 숫자를 입력하면 기본적인 재무비율이 계산된다. 일반인도 기본적인 재무 정보를 보여주는 수치를 보면, 기업의 과거 경영 성과를 가늠해 볼 수 있다.

그러나 우리들의 관심사는 향후 기업의 당기순이익이 얼마나 증가할지에 대한 것이다. 우리는 주식에 투자했으므로, 기업이 가급적 많은 당기순이익을 달성해서 배당금도 늘리고, 주당순이익률(EPS, Earning Per Share)도 높아져서, 주가가 상승되기를 기대하기 때문이다. 그런데 **당기순이익을 예상하는 과정은 험난**한 길이다.

① 재무제표의 신뢰성 검토를 한다. ② 기업의 경상거래활동에 특이사항[74]이 없는지 점검한다. 기업의 재무구조도 동 업계와 비교하여 적정한지 검토도 필요하다. ③ 기업의 재무활동의 적정성[75]과 비용 처리 방식의 적정성[76] 검토를 한다. 이 중 재무 비용 관련 부문은 외부 금융시장 상황에 따라서 변화가 심하므로 기업이 통제할 수 있는 부문이 아니므로 예측하기 어렵다. 비용 부문 중에서 가장 큰 것이 인건비인데, 이는 정부의 노동정책에 따라서 영향을 받기도 하므로, 기업 외적인 부문도 함께 검토가 필요하다. ④ 당기순이익은 세금을 제한 이후의 수익이므로, 세율 분석도 중요하다. 기업입장에서는 세금[77]을 적게 내거나, 납부를 하더라도 최대한 지연[78]시키는 것이 유리하다. - 일부 기업은 보유한 자산을 재평가하여, 회계상 장부 가격을 높여서 이익금으로 반영하기도 한다. 그러나 이는 현금의 유입이 없는 회계상 기록되는 숫자의 증가일 뿐이며 재무 비율의 개선을 가져오는 효과가 있을 뿐이지, 기업의 미래 수익을 증가시키는 경쟁력을

---

[73] 상장법인은 회계감사인의 의견을 참조하면 된다.

[74] 원자재 공급의 안정성, 원자재 가격변동성 등 일상적인 기업 활동에 영향을 주는 부문을 말함.

[75] 자본 조달 구조(채권/주식 비율 등) 및 비용이 적절한지 여부를 말하며, 통산 WACC(Weight average cost of capital, 가중평균 자금 조달 비용률)를 말한다.

[76] 일부 기업들은 법이 허용하는 범위 내에서 다소 무리가 되더라도 최대한 비용(종업원 퇴직급여, 감가상각비 등)을 축소함으로써 당기순이익을 크게 하는 경우도 있다.

[77] 현재 한국의 법인세율은 22%이다

[78] 기업의 설비에 대한 감가상각비율을 조정하여 세금 납부를 지연시키는 회계 처리를 말한다.

높이는 것은 아니다.

그러나, 이러한 일련의 과정들은 기업의 노력만으로 될 수 있는 것이 아니다. 그래서 예측하기가 정말 어려운 부문이다.

■ 5. 혹시, 나의 분석결과가 시장의 평가와 다를 것으로 우려된다면?

대안1) 분산투자	경기분산	IT 소비재 산업 + (경기 방어주, 음.식료, 공공기업등)
	산업분산	IT 가전산업 + (바이오, 에너지, 공공사업등)
	국가분산	한국 삼성전자 + (대만기업, 중국, 일본기업, 인도현지기업 등)
	기업분산	삼성전자 + (LG, 애플, 노키아 등)
대안2) 해지거래	파생상품 이용?	**추가 비용발생 부담 및 시장 유동성 위험상존 감안 필요**

다행히 여러분들이 충분한 시간과 정보를 가지고서 1)~4)까지 모든 분석 과정을 잘 마무리했다고 생각해보자. 이제 남은 것은 **여러분의 분석 결과를 "시장에서 인정해 줄까"**이다. ♣♣ 과연 시장이 여러분의 분석결과를 반영하여, 여러분의 분석 결과에 따라 해당 기업의 주가가 움직여줄까? (답은 표 3-61을 참조하자. ^^)

만약 시장이 우리들의 분석 결과에 따라 움직여주지 않는다면 어떻게 해야 할까?

5)번은 시장이 여러분의 분석 결과를 인정해 주지 않을 때를 가정하여, 이에 대한 대비를 한 경우이다. 제3-2장에서 설명하겠지만, 전문 투자자들은 이러한 경우가 발생되더라도 피해가 최소화되도록 미리 잘 대비해서 가장 성공할 확률이 큰 방법으로 자산을 관리한다.

모든 **기업을 분석할 때는 많은 가정을 필요로 한다.** 즉 "...무엇이 ...예상대로 된다면, ...어떤 일들이 ...예상한 바와 같이 될 것이다"라는 가정이다. 앞에서 살펴본 1)~5)번까지의 개별 기 ♣♣ 업 주가 분석을 하기 위해서는 수많은 가정(Assumption)들을 전제하는 것이 불가피하다.

표 3-53e에서는 기업 분석에 필요한 여러 가지 가정들을 10개 정도로만 최소화한 것이다. **10개의 가정**에 대한 여러분들이 판단이 맞았을 가능성을 80%로 한 경우, 최종적으로 분석이 성공적일 가능성은 **10.7%**다. **만약, 10개의 가정에 대한 여러분들이 판단이 맞았을 가능성을 50%인 경우, 최종적으로 분석이 성공적일 가능성은 불과 0.10%다.**

다른 말로 하면, 10개의 가정들에 대한 여러분의 판단이 매우 이례적으로 80%이상 옳았다 하더라도 여러분은 최종적으로는 100번 중에 10번(10%) 정도만 개별 주식 투자에서 당초 예상한 수익을 기대할 수 있다는 뜻이다. 만약 10개의 가정 중에서 여러분의 판단이 ♣♣ 반(50%)만 옳았다고 한다면 100번 중에 0.1번(0.10%) 정도만 당초 예상한 수익을 기대할 수 있다는 뜻이다.

이를 **통계 확률에 비유**하여 설명해 보면 더욱 명확해진다. 100번 중에 10번 맞춘다는 것은 90번은 틀린다는 의미이다. 100번 중에 0.1번만 맞춘다는 것은 1,000번 중에 999번은 틀린다는 의미가 된다. 통계에서는 평균으로부터 멀리 떨어진 예외적인 10%의 구간(좌측 5%+우측 5%)의 발생은 매우 이례적인 경우로 인식되며, 0.1% 구간(좌측 0.05%+우측 0.05%)은 정말 극히 이례적인 구간[79]으로 통상 발생되지 않는 것으로 간주된다. **어떻게 여러** ♣♣ **분이 통계적으로 발생 확률이 극히 낮은 구간에 계속 포함될 수 있다고 생각할 수 있을까?**

표 3-53e 투자 분석 성공 확률?

- **분석에 가정이 추가될수록 성공적인 분석이 될 확률은 줄어든다.**

가정(전제)		맞출 확률		가정(전제)		맞출 확률	
가정 내용	개수	개별확률	누계확률	가정 내용	개수	개별확률	누계확률
신흥시장?	1	**80%**	80.0%	신흥시장?	1	**50%**	50.0%
어느 국가?	2	80%	64.0%	어느 국가?	2	50%	25.0%
어떤 산업?	3	80%	51.2%	어떤 산업?	3	50%	12.5%
어떤 기업?	4	80%	41.0%	어떤 기업?	4	50%	6.3%
재무분석?	5	80%	32.8%	재무분석?	5	50%	3.1%
비재무분석?	6	80%	26.2%	비재무분석?	6	50%	1.6%
법률,제도?	7	80%	21.0%	법률,제도?	7	50%	0.8%
시장성숙도?	8	80%	16.8%	시장성숙도?	8	50%	0.4%
평가모델?	9	80%	13.4%	평가모델?	9	50%	0.2%
시장의평가?	10	80%	10.7%	시장의평가?	10	50%	0.1%

자, 그럼 여기서 독자 여러분에게 질문해 보겠다.

여러분이 심혈을 기울여서 상기 1)번~5)번까지, 복잡한 경제이슈, 제도, 시장 상황 및 기업 분석 등을 정밀 분석해서, 판단한 결론으로 개별 주식을 선택한다면, 즉, 여러분의 실력을 굳게 확신하고서 투자에 임한다면, **성공할 가능성이 얼마나 될까? 본인은 없다고 본다.** 만약 여러분이 한두 번 성공했다면 그것은 분명 행운일 것이다. 그리고 마치 카지노에서 한두 번 돈을 따면 자신의 실력(?)과 행운이 계속 될 것 같은 기대 속에서 계속 게임을 하다가 결국은 돈을 모두 잃어버리는 경우와 똑 같이, 결국에는 반복되는 투자 과정에서 손실을 볼 수밖에 없을 것이다.

2009년 7월에 **SBS 방송**에서 흥미 있는 뉴스[80]가 방영되었다. **앵무새와 인간**이 주식 투자 대결을 하였는데 앵무새 수익률이 2.4%이었고, 전문 투자자 10명 평균 수익률은 2.2% 이었다 한다. 2001년 **영국과학진흥협회**가 4살배기 여자 아이와 점성술사, 그리고 투자 전문가가 대결을 벌였는데, 우승은 어이없게도 4살짜리 여자 아이였다고 한다. **월스트리트저널**이 2000년 7월부터 2001년 5월까지 주최한 투자 게임에서도 비슷한 결과가 나왔는데, 원숭이와 사람의 대결에서 원숭이가 - 2.7% 수익률을 거뒀고, 전문 펀드매니저가 - 13.4%, 아마추어 투자자 - 28.6%를 기록했다. 여기서 시사하는 바는 명확하다. 단기적으로 투자하는 경우에는 유능한 투자 전문가의 전문적인 분석도 아무런 효과가 없다는 점이다. 장기적으로 주가의 변동성은 통계 확률[81]에 따라 분포되므로 특정 기업을 선별하여 투자해서 높은 수익을 올릴 것으로 기대하는 것은 별로 의미 없는 행동이란 것이다.

우리들 대부분은 투자 전문가와 같은 지식, 경험 그리고 기업 정보가 없다. 기업을 분석할 충분한 시간도 없다. 그리고 설사 개별 기업 분석에 필요한 모든 정보가 손에 쥐어진다 하더라도, 주가에 영향을 미치는 기업 외적인 다양한 변수들 때문에 선별 투자한 기업이

---

[79] 2008년도 같은 미국 금융시장의 폭락(다우지수 전년 대비 33.8% 하락)도 통계 95% 구간 안에 나타났고 이는 통계적으로는 발생할 수 있는 확률 범위 이내였으므로 극히 이례적인 경우는 아니었다고 볼 수 있다.

[80] http://news.sbs.co.kr/section_news/news_read.jsp?news_id=N1000614271

[81] 워렌 버핏처럼 투자의 귀재 중 한 사람인 앤서니 볼튼은 인터뷰에서 "투자가 확률 게임이란 것을 이해하는 것이 중요하다"했다. [중앙일보] 2011.08.03.

좋은 투자 결과를 낼 것이란 확신도 할 수 없다. **아쉽지만, 개인 투자자**가 주가를 예측하여 **특정 기업을 선별하여 투자를 계속한다면**, 시간이 지날수록 성공적인 투자의 가능성은 급속하게 감소하게 되며, 결국 장기적으로 중요한 본연의 목적을 이루지 못하고 **실패**할 수밖에 없게 된다는 것이다.

　일반적으로 개별 기업의 주가를 예상해 보려면, 먼저 국가 전체 기업들의 수익을 전망해서 다시 산업별로 추정해 보아야 한다. 표 3-61에 정리한 것처럼 기업의 주가 결정은 매우 복잡 다양한 모습을 보인다. 개인들이 이를 모두 분석하여 주가를 예상하기란 불가능하다.

3) 그래도 결론은 시장 주식이다.

→ 다만, 나를 잘 알고서 투자 목적에 적합하도록 투자 방식을 바꾸어야 한다.

　우리들이 예금이나, 채권, 또는 주식에 투자하는 것과 관계없이 가장 먼저 해야 하는 것이 있다. 내가 왜 투자를 하려는지 **목적을 명확하게 정하는 것**이다. 예금, 채권 및 주식 투자 시장의 특성이 각각 다르고, 이를 취급하는 금융기관의 업무 취급 규정 및 절차도 각각 다르기 때문에, 이는 아주 중요한 일이다.

　투자의 목적을 명확하게 한다는 것은, **투자 방법**을 정하는 것이고, 예상 가능한 **투자수익**

표 3-54 미국의 다우지수 성장률과 물가지수, 금리 비교

■ 미국 다우 지수 (1959~1960)

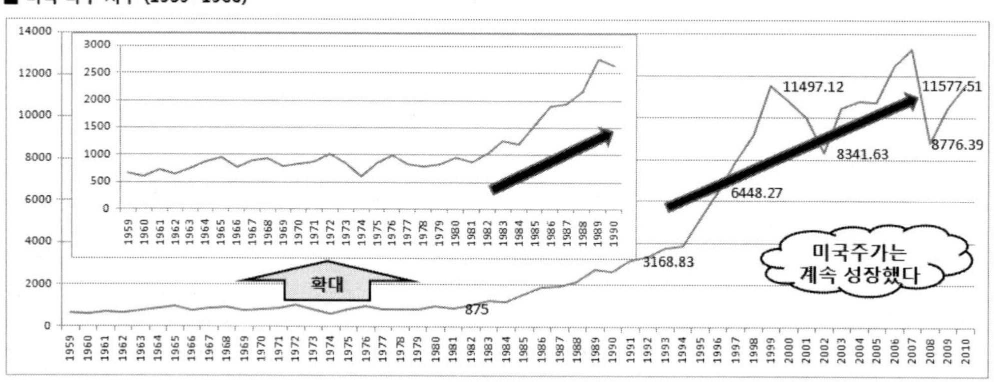

■ 미국 금리와 물가지수 (1959~2010)

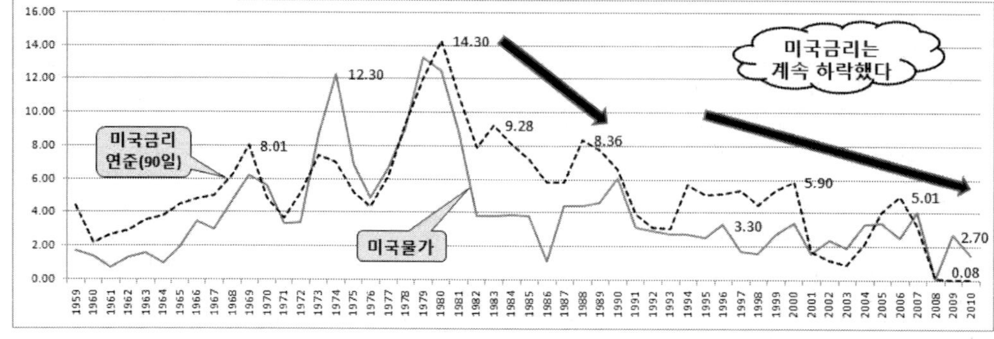

자료: 한국은행

률을 미리 가늠해 볼 수 있는 아주 중요한 일이다. 여러분의 **투자 목적이 노후 준비**를 위해 **목돈이 필요한 장기 투자일 경우**, 어디에 투자하는 것이 최상일지 알아보자.

표 3-54는 **미국**의 주가(다우지수)와 금리 및 물가지수를 비교한 그래프이다. 그래프를 보면, 다우지수는 꾸준히 성장[82]했고, 금리(연방은행 90일짜리) 및 물가지수는 1980년을 기준으로 이후 계속 하락했다. – 위의 표 중에서 1959년부터 1990년 구간은 지수의 성장률을 시각적으로 보여주기 위해 구간 확대를 했음.

미국의 사례를 보면, 경제가 발전하면서 예금 금리는 점차 낮아지게 되고, 주가는 상승하는 모습을 보여준다. 금리의 일부분은 물가(인플레이션)이므로, 물가는 금리와 같은 추세를 보인다. 그래프만 보면 주식에 투자하는 것이 나아 보인다. 그러나 예금금리와 채권투자 그리고 다우지수에 실제 투자를 했을 경우, 수익률을 비교해보기 위해서는, 동일한 기준으로 만드는 약간의 조정이 필요하다.(표 3-56a, b 참조)

표 3-55 한국의 코스피 지수 성장률과 물가지수, 금리 비교 –

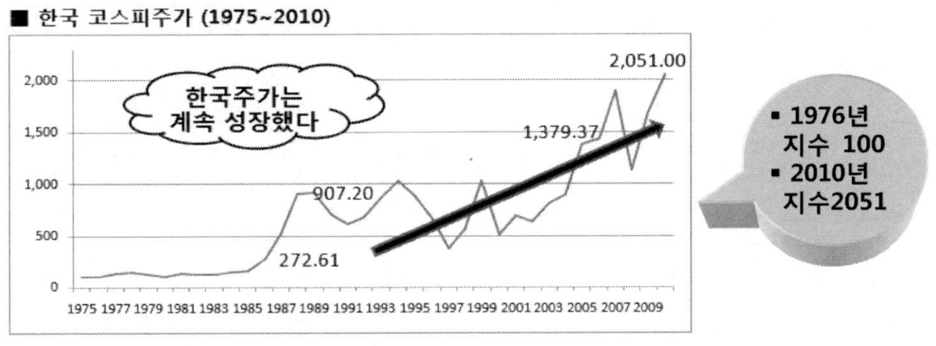

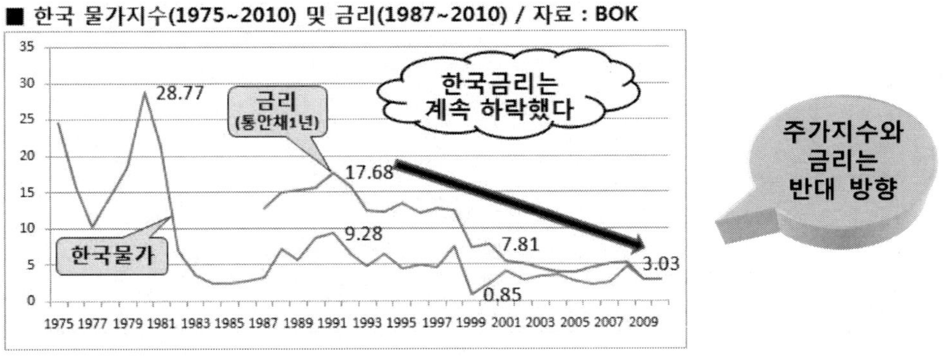

자료: 한국은행

한국의 경우를 살펴보자. 표 3-55는 한국의 주가(코스피 지수)와 금리 및 물가지수를 비교한 그래프이다. 한국 코스피 지수는 35년 동안 꾸준히 성장했고, 금리(통안채 1년) 및 물가지수[83]는 1990년을 기준으로 이후 계속 하락했다. 미국처럼 한국도 경제가 발전하면서 예

---

82 미국 연방 정부 금리 자료가 1959년부터 가용하여 다우지수 자료도 1959년 이후를 사용함. 연방 은행 90일짜리 금리와 1년짜리 금리는 큰 차이가 없다.

금 금리는 점차 낮아지고, 주가는 상승하는 모습을 보여준다. 역시 금리는 물가를 반영하므로 금리와 물가지수는 같은 추세를 보여준다.

　일반적인 추세는 그래프로 알아보았으니, **구체적인 사례**를 가지고 확인해 보자. 아래 **표 3-56**은 투자자산별로 장기 투자를 했을 경우의 최종 수익률이 어떻게 되는지를 비교해 본 것이다. 미국은 100년의 금융 역사가 있는 나라이다. 따라서 한국과 미국의 경우를 같이 비교해 보면서 공통점을 발견한다면 한국 금융시장에 시사하는 바가 많을 것이다.

　표 3-56 하단 테이블은 1986년 초에 예금, 채권, 주가지수에 100을 투자하고서 25년이 지난 2010년에서 100이 얼마나 성장했는지를 계산한 실제 사례이다. 표를 보면, 특이하게 **한국의 예금이자 수익률**이 9.35% 수준으로 상당히 높은데, 이는 1987년~1998년 12년 동안 한국 예금 금리가 연 12%~17%로 상당히 높았기에(연평균 9.35%)이다. 이는 최초 원금 100이 8.54배로 증가하여 거의 주식에 버금가는 수익 달성이 가능하였다. 한국 물가지수는 25년간 연 4.45% 수준이었고, 물가 대비 수익률은 예금이 2배, 주가는 2.8배 수준이었다.

　한국 코스피 지수는 연 수익률이 약 10%(지수 성장률 8.7%＋평균 배당률 1.6%) 수준이므로 100을 투자했을 경우 1,068.18로 성장하여 <u>원금이 약 10배 가량 증가</u>[84]되었다.

표 3-56a 예금, 채권, 주가지수 투자수익률 비교 / 기간(1986년~2010년)

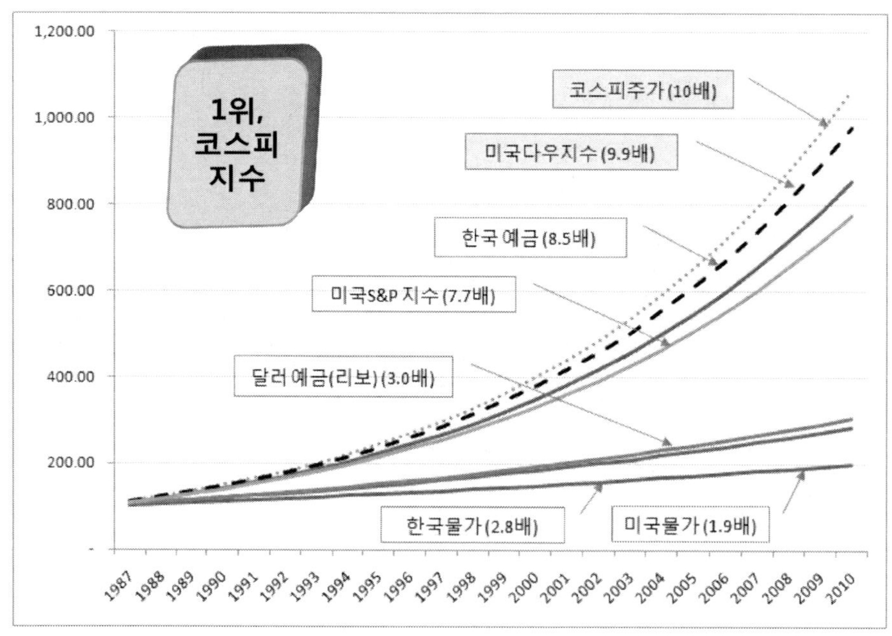

---

[83] 한국 코스피 지수는 1976년부터 시작되었고, 한국 물가지수는 1967년부터 있었으나, 금리(통화안정채권 만기 1년) 자료가 1987년부터 가용했다.

[84] 참고로 코스피 지수 전체 기간인 35년 동안 투자 시 원금의 약 20배가 증가되었다.

■ 금융상품 수익률 비교 (1986~2010년 / 25년간), GM기준　　(자료:한국은행/블룸버그)

구분	한국물가	예금이자	코스피	미국물가	예금(리보)	다우지수	S&P 지수
1986년초	100.00	100.00	**100.00**	100.00	100.00	**100.00**	100.00
2010년말	284.49	854.76	**1,068.18**	198.26	304.50	**978.63**	774.73
수익률(연)	4.45%	9.35%	**10.37%**	2.89%	4.75%	**9.97%**	8.91%
(순위)	6	3	**1**	7	5	**2**	4
물가대비 초과수익 ☞		2.0배	2.8배		0.5배	3.9배	2.9배

주) 주가지수 수익률은 지수성장률(기하평균)+평균배당률(다우지수 배당률 자료 가용한 17년 비교함)

※ 금리는 86년에 100을 투자했을 때 2010년에 시현된 금액을 계산하여, 연평균 수익률 역산

No	연도	한국			미국			
		물가지수	금리(통안 %	코스피지수	물가지수 %	금리(리보1Y) %	다우지수	S&P지수
1	1986	40.81		272.60			1,895.95	242.17
2	1987	42.05	12.86	525.10	4.40	7.88	1,938.80	247.08
3	1988	45.06	14.95	907.20	4.40	9.63	2,168.60	277.72
4	1989	47.63	15.24	909.70	4.60	8.25	2,753.20	353.40
5	1990	51.71	15.58	696.10	6.10	7.56	2,633.66	330.22
6	1991	56.54	17.68	610.90	3.10	4.31	3,168.83	417.09
7	1992	60.05	15.78	678.40	2.90	4.06	3,301.11	435.71
8	1993	62.93	12.39	866.20	2.70	3.81	3,754.09	466.45
9	1994	66.88	12.34	1,027.37	2.70	7.75	3,834.44	459.27
10	1995	69.87	13.47	882.94	2.50	5.43	5,117.12	615.93
11	1996	73.31	12.11	651.20	3.30	5.79	6,448.27	740.74
12	1997	76.57	12.77	376.30	1.70	5.97	7,908.25	970.43
13	1998	82.32	12.38	562.46	1.60	5.10	9,181.43	1,229.23
14	1999	82.99	7.42	1,028.10	2.70	6.50	11,497.12	1,469.25
15	2000	84.87	7.81	504.62	3.40	6.00	10,786.85	1,320.28
16	2001	88.32	5.45	693.70	1.60	2.44	10,021.50	1,148.08
17	2002	90.76	5.19	627.60	2.40	1.45	8,341.63	879.82
18	2003	93.95	4.42	810.70	1.90	1.46	10,453.92	1,111.92
19	2004	97.32	3.92	895.90	3.30	3.10	10,783.01	1,211.92
20	2005	100.00	3.97	1,379.40	3.40	4.84	10,717.50	1,248.29
21	2006	102.20	4.67	1,434.46	2.50	5.33	12,463.15	1,418.30
22	2007	104.80	5.21	1,897.10	4.10	4.22	13,264.82	1,468.36
23	2008	109.70	5.33	1,124.47	0.10	2.00	8,776.39	903.25
24	2009	112.80	2.98	1,682.77	2.70	0.98	10,428.05	1,115.10
25	2010	116.10	3.03	2,051.00	1.50	0.78	11,577.51	1,257.64
성장률(GM/연간)		4.45%		8.77%			7.83%	7.11%

※ 자료 : 한국은행/블룸버그 (한국및 미국 지수는 상기 성장률에 배당률추가 필요함)

구분	연도	한국			미국			
		한국CPI	통안채	코스피	미국CPI	Libor 1Y	DJIA	S&P
100	1986	**4.45%**	**9.35%**	**10.37%**	**2.89%**	**4.75%**	**9.97%**	**8.91%**
1	1987	104.45	109.35	110.37	102.89	104.75	109.97	108.91
2	1988	109.10	119.58	121.82	105.87	109.72	120.93	118.60
3	1989	113.96	130.76	134.46	108.93	114.93	132.99	129.16
4	1990	119.04	142.99	148.40	112.08	120.39	146.25	140.67
5	1991	124.34	156.36	163.79	115.32	126.11	160.83	153.19
6	1992	129.87	170.99	180.78	118.66	132.10	176.87	166.84
7	1993	135.66	186.98	199.54	122.09	138.37	194.50	181.69
8	1994	141.70	204.46	220.23	125.62	144.94	213.90	197.87
9	1995	148.00	223.58	243.08	129.26	151.83	235.22	215.49
10	1996	154.59	244.49	268.29	133.00	159.04	258.68	234.68
11	1997	161.48	267.36	296.12	136.84	166.59	284.47	255.58
12	1998	168.67	292.36	326.83	140.80	174.50	312.83	278.34
13	1999	176.18	319.71	360.73	144.88	182.79	344.02	303.13
14	2000	184.02	349.60	398.15	149.07	191.47	378.32	330.12
15	2001	192.22	382.30	439.44	153.38	200.56	416.04	359.52
16	2002	200.78	418.05	485.02	157.82	210.08	457.52	391.53
17	2003	209.72	457.15	535.33	162.38	220.06	503.14	426.40
18	2004	219.05	499.90	590.86	167.08	230.51	553.30	464.37
19	2005	228.81	546.65	652.14	171.91	241.46	608.47	505.72
20	2006	238.99	597.77	719.78	176.88	252.93	669.14	550.75
21	2007	249.64	653.68	794.44	182.00	264.94	735.85	599.80
22	2008	260.75	714.81	876.84	187.27	277.52	809.22	653.21
23	2009	272.36	781.66	967.79	192.68	290.70	889.90	711.38
24	2010	**284.49**	**854.76**	**1,068.18**	**198.26**	**304.50**	**978.63**	**774.73**
수익률순위		6	3	1	7	5	2	4

주) 코스피 성장률 10.37% = 8.77%(86년~2010년 지수성장률)+동기간 평균 배당률 1.6%
　　미국 다우지수 9.97% = 7.83%+2.14%　S&P지수 8.91% = 7.11%+1.8%

미국 다우지수는 연 수익률이 약 9.97%(지수 성장률 7.83%+배당률 2.14%) 수준이므로, 100을 투자했을 경우 978.63으로 성장하여 투자 원금의 약 9.9배 증가되었다. **S&P 500 지수**는 연 수익률 약 8.91%(지수 성장률 7.11%+배당률 1.8%) 수준이므로 100을 투자했을 경우 774.73으로 성장하여 원금의 약 7.7배 증가하였다. 미국 기업들은 한국의 기업들보다 성장률은 낮지만 배당률이 한국 기업보다 높아 총 수익률은 한국 코스피 지수와 차이가 크지 않다. 미국의 **예금이자** 수익률은 4.75% 수준으로 한국 이자율보다 상당히 낮음을 알 수 있다. – 실제 대부분의 선진국 금리는 신흥 성장 국가에 비하여 상당히 낮다. 금리가 인플레이션을 반영하고 해당국 기업들의 자금 수요 크기 등을 반영한다는 점을 감안하면, 선진국 금리가 낮고 신흥국 금리가 높은 것을 어찌 보면 당연하다.

미국의 **물가**지수는 25년간 연 2.89% 수준이었고, 물가 대비 수익률은 예금이 0.5배, 다우지수는 3.9배, S&P500 지수는 2.9배 수준이었다. 한국의 금리가 급격하게 하향 추세를 보이고 있음을 감안하면 미국의 **다우지수가 물가 대비 초과 수익률은 3.9배 수준(한국은 2.8배)의 높은 수익률을 기록**했다는 점은 시사하는 바가 크다 하겠다.

> **한국과 미국의 사례는 모두 주가지수가 수익률이 가장 높았음**을 보여주고 있다. 혹자는 지수 투자의 위험성을 이야기할 수도 있으나, 이는 개별 기업을 단기간 선택적으로 주식 투자할 때 해당되는 이야기이며, 장기적으로 시장 전체에 투자하는 인덱스펀드인 경우에는 해당되지 않는다. 역설적이지만, 우리 개인들에게는 장기적으로 시장 전체에 투자하는 인덱스펀드(ETF포함)가 개별 기업의 부도에 영향을 받지 않아 부도 위험이 없는 안전 자산이며, 매년 물가 상승 때문에 실질 가치가 떨어지는 채권과 달리 물가 상승률 이상의 높은 수익률 기대도 가능하며, 장기간 안정적으로 수익률 달성까지 기대되는 **최선의 투자자산이 된다.**

4) 포트폴리오 운영 방식의 탄생은 불가피한 선택이었다.

앞에서 주식 투자의 복잡한 분석 과정을 살펴보면서 알게 된 점은 투자 전문가나 개인이나 구분 없이 **주식 투자는 정말 어렵다**는 것이다. 그러나 우리들이 투자할 수 있는 대상 자산이 제한적(유동성 있는 금융자산은 주식, 채권, 예금뿐이다)인 점을 감안하면, 20~30년 장기 투자할 때 수익률도 높고, 상대적으로 안전한 **주식(인덱스)이외에 대안도 없다.** 문제는 주식 투자는 **방법을 잘 선택해야 한다**는 것이다.

한국은 개인 투자자가 직접 투자 대상을 선별하여, 몇몇 한정된 종목에 투자하는 비중이 무려 30% 수준으로 상당이 높다. 그러나 미국 등 금융 선진국의 대부분 개인은 펀드를 통한 간접투자를 하면서, 주기적으로 펀드를 모니터(관리)함으로써 주식 투자를 한다는 것이다. 금융 선진국에서는 한국 투자자와는 반대로 직접 투자 비중이 낮은 이유가 무엇일까?

이 장에서 그 답을 찾아보자. 먼저 다음의 표 3-57을 보자. 지금부터 하나씩 알아보고, 이해하며, 공감하여 투자의 방법을 바꾸어 보자.

표 3-57 포트폴리오 운영 및 Time 해지의 당위성

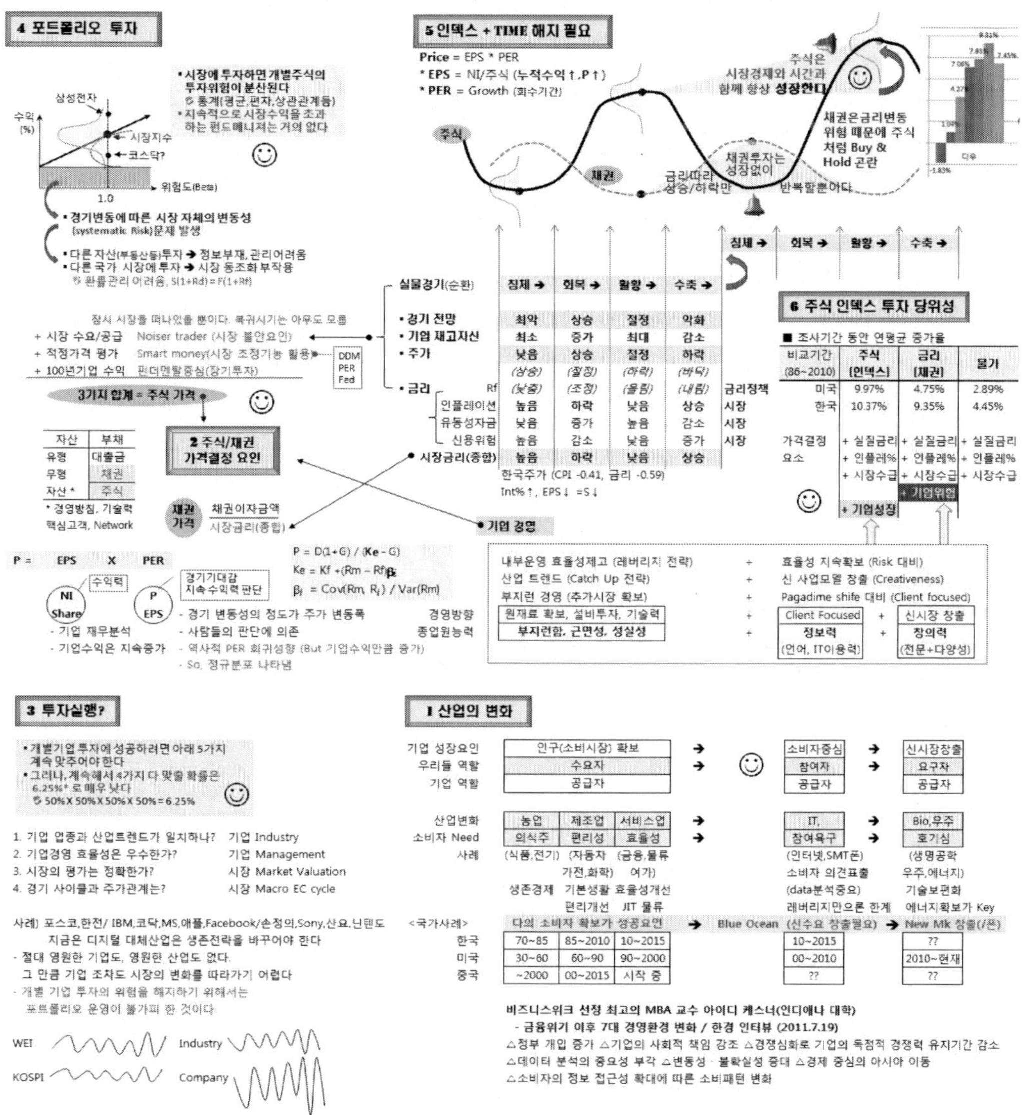

표 3-57은 **투자의 전반적인 과정**을 간략하게 그림으로 표기한 것이다. 설명하면,

① **산업의 변화** ➔ 전반적인 산업의 변화를 살핀다. **(표 3-60 참조)**

② 시장에서 **주가 결정 방식** 이해 ➔ 기업 실적과 전망+다양한 경제 변수(금리, 경기 사이클)+주가 평가 모델의 정확성+시장참여자 상호관계성. **(표 3-61 참조)**

③ **투자 실행** ➔ 2)번의 가정(Assumption) 검증과 판단의 성공 확률. **(표 3-53e 참조)**

④ **포트폴리오 운영** ➔ 개별 주식 투자 시 판단 오류 보완 가능. 다만, 경기 사이클 의한 시장 하락 요인(체계적 위험, Systematic Risk)은 여전히 존재한다. **(표 3-62 참조)**

⑤ **인덱스+Time 해지** ➔ 4)번 체계적 위험 해지. 경제는 항상 발전한다. **(표 3-62 참조)**

⑥ **시장지수 투자의 정당성** ➔ 시장 전체에 투자하면 신용 위험(부도) 없이 적정수익 가능하다. 장기적으로 인플레이션 걱정 없는 가장 안전한 자산이다. **(표 3-73 참조)**

(1) 단기 주식투자는 모두 위험했다. 장기로 가지고 있어야 한다.

➔ **시장 전체를 투자하는 시장지수 투자와 개별 기업 투자를 불문하고, 모든 단기투자는 위험했다.**

앞 장 5-1-1-1의 표 4-47(한국코스피), 4-48(포스코), 4-49(한전)에서 15년 동안 매월 주가의 변동 그래프를 살펴보면서 **"시장에서 싸게 사서 비싸게 판다(Buy low sell high)는 거의 불가능 하다"**는 점을 알 수 있었다.

추가 사례로, 한국의 대표 기업인 삼성전자와, 인도의 대표 기업인 Reliance 회사의 경우를 살펴보자.

표 3-58 삼성전자 주가 전월 대비 변동치 (1996년~2010년)

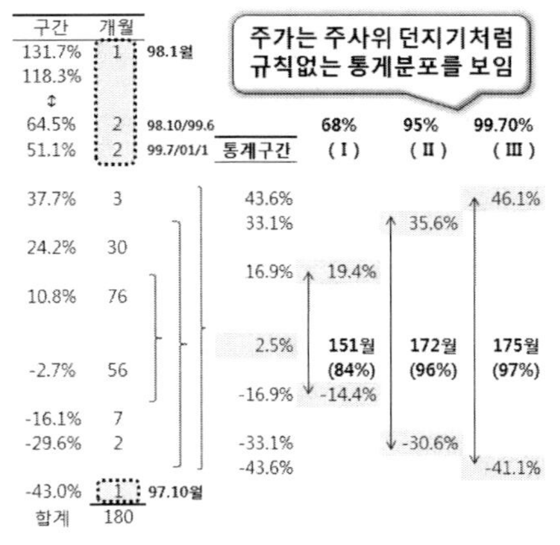

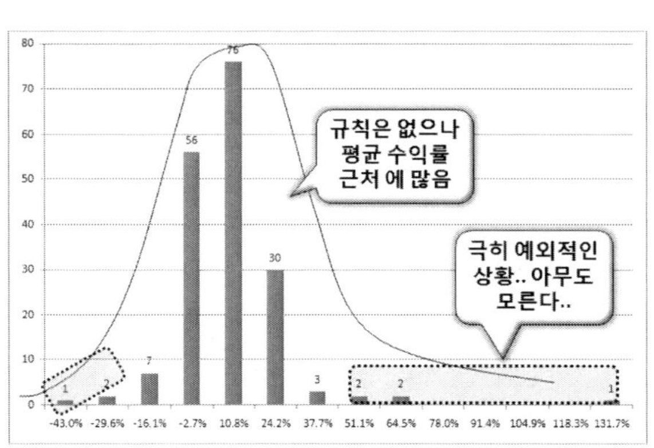

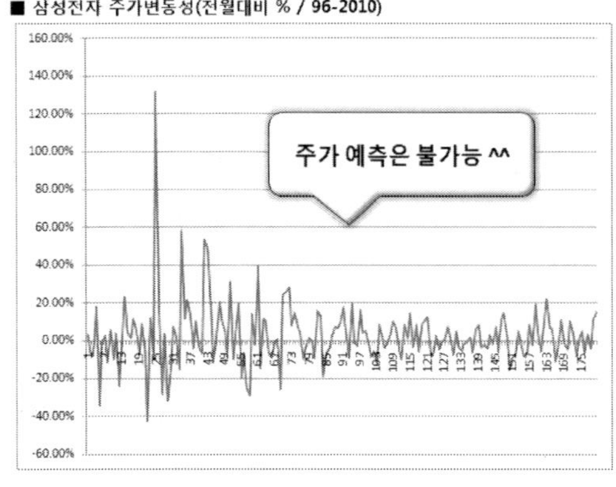

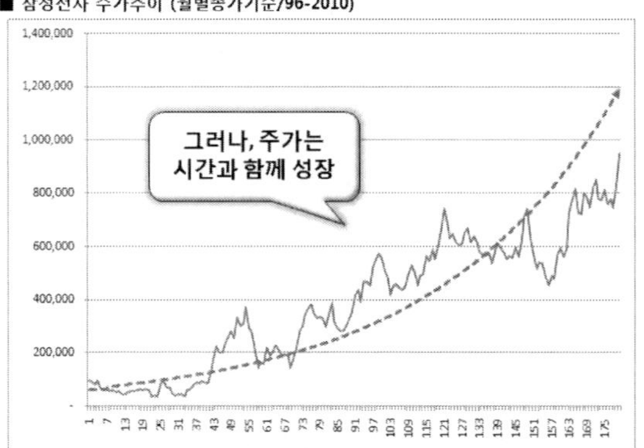

원자료: 블룸버그

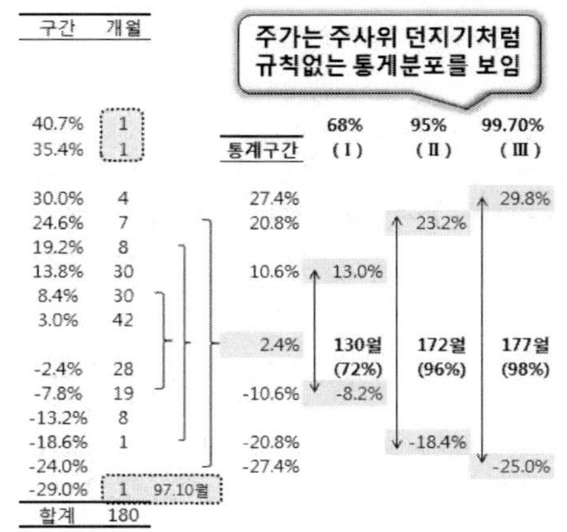

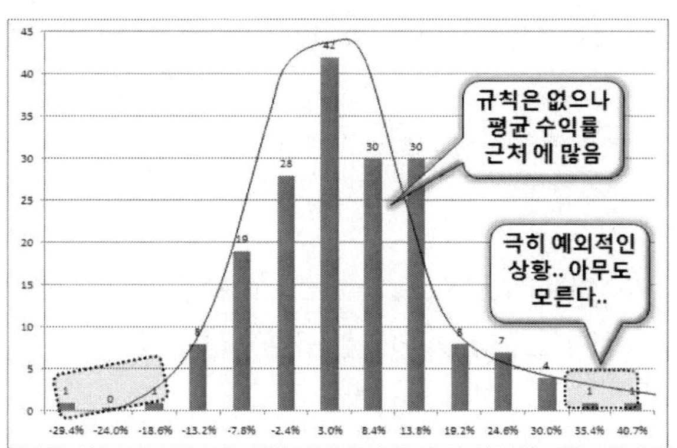

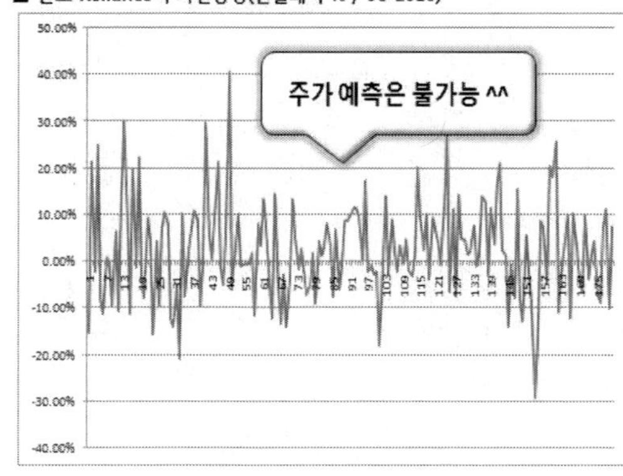

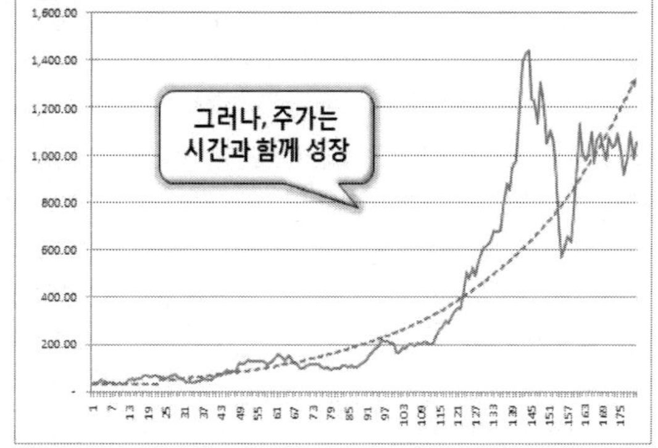

원자료: 블름버그

이를 보면 우리는 최소한 다음의 **사실을 알 수 있다.**
(그림 위 좌측부터 그림 아래 우측 순서)

① **주가는 해당 주식의 평균과 변동성(위험도, 표준편차 크기)을 감안한 통계 모형 안에 대부분 분포한다. 즉, 주가는 주사위 던지기와 같은 확률 분포를 보인다.**

　☞ 그래서 투자 전문가의 실적이나 원숭이의 선택이나 별반 차이가 없는 것이다. ^^

② **예외적으로 급등하거나 급락하는 구간이 언제일지 알 수 없다.** 180개월 중 급등락한 3개월을 어떻게 맞출 수 있을까? 평균 전월 대비 매월 2.5% 성장했다. 그러나 이는 사후적으로 계산한 전체 180개월 주가 변동의 평균값이다. 우리에게 중요한, 언제 오르내리는지는 알 수 없다.

③ **전월 대비 주가 변동 그래프를 보면, 마치 롤러코스터를 타는 것과 같이 등락이 심하다.** +상승한 횟수는 98개월이었고, 하락한 경우는 82개월이었다. 상승과 하락의 개월 수 차이는, 상승이 16개월로 더 많지만, 180개월 중 어느 달에 상승될지는 아무도 모른다.

④ **그러나 아무것도 생각하지 말고 그냥 180개월 15년간 장기보유하면 결국 주가는 상승**했고, 표 3-56에서 보았듯이 3가지 금융 투자자산 중 가장 높은 수익률을 달성했다.

(2) 장기 투자했더라도 특정 산업이나 개별 주식에 집중하는 것은 위험했다.
> ➜ **한 세대(약 30년)의 시장을 장악했던 위대한 기업들도 시간이 지나면서 대부분 죽음의 문턱[85]에 이르는 혹독한 시련을 경험한다. 정보와 기술의 발달로 급변하는 기업 경영 환경과 소비자 변화에 대응이 늦었기 때문이었다.**

UN 미래보고서(State of the future / 저자: 박영숙, 제롬글랜, 테드고든)에서도 2025년 ♣ 에 대변혁을 가져올 6가지 기술[86]을 예견하고 있다.

정말 오래 전에는 제품을 제조(공급)하는 기업들이 시장을 장악하고 있었다. 그 시절에 기업은 제품 공급량을 조절함으로써 손쉽게 큰 수익을 남길 수 있었다. 그러나 기술 발달로 유사한 제품을 생산하는 기업들이 많아지면서 공급 기업들 간에 경쟁이 붙었고, 시장의 주도권도 제조 기업에서 유통 기업(소비자 가까이에서 제품을 소개하면서 판매)으로 넘어가게 된다. 하지만 제품의 수급 정보를 독점했던 유통 기업의 힘은 IT, 정보통신의 발전으로 소비자에게 공개되었고, 지금은 소비자와 제조(공급)사의 관계가 재정립되고 있다. 지금 **소비자는 제품(서비스) 정보로 무장한 까다로운 존재로 빠르게 변화**하고 있다.

표 3-60 기업의 경영 환경 변화 - 저자 생각 ^^

구 분	산업화 사회		효율성 사회		정보화 사회
소비자 행동	기본적인 편리성 추구		제품 효율성 선택		기호따라 제품요청
소비자 권한	**생활필수품(수동적 소비자)**		**능동적 참여자**		**적극적 요구자**
사회현상	도시화(인구 집중)		거대 도시화		Big City, Small but big World
산업변화	제조업(시장크기 중요)		서비스업		IT. 정보사회
Product 개념	**Convenience**		**Efficiency**		**Client Communication**
사업 성공요인	**시장확보/대량생산/레버리지**		**차별화**(제품/서비스)		**소비자 맞춤 서비스**
변화요인	제조기술도입		기술발전(차별화요인)		정보공개(기술자별성미미)/창의력중요
시장의 개념	신규 시장크기		차별화 틈세시장		창의적 컨셉전환 시장창출
주요 산업 변화 사례	마차	→ 자동차	벤츠 or 타타 자동차	→	비행 자동차
	운동력	→ 화석에너지	열 효율성	→	재생, 자연, 태양에너지
	모직물	→ 화학섬유	기능성 의류	→	카멜레온 의류
	항해(배)	→ 비행기	저가항공	→	우주,항공/공간이동
	촛불	→ 전기	스마트 그리드	→	무선전기/자력
	물빨래	→ 세탁기	기능성 세탁기	→	1회성 의류
	가마솥	→ 전기밥솥	맞있는 밥	→	인공식량
	레코드 판	→ **워크멘**(아날로그)	**전자산업(디지탈)**	→	**소프트웨어, SNS**
	라디오	→ 영상 TV	스마트 TV	→	홀로그램
		→ 기본의료	신약/의료기술(치료기술)	→	생명공학, 바이오(장기대체기술)
			금융,물류,여가산업 등장		신규 에너지,
		기업금융 중심	기업/개인금융 균형		Customerize, Well Balanced 금융?
주요 국가	BRICs		한국, 대만 / 일본		미국, 독일 (영국, 프랑스)

---

[85] 영어로 표현해 보면 명확하다. "Near death experience" ^^

[86] 1) 바이오 기술(Biogeron-thechnology) 2) 에너지 저장 기술 3) 바이오 연료 개발 기술 4) 클린 석탄 기술 5) 서비스 로봇기술 6) 인터넷 기술

문제는 소비자의 성향 변화를 파악하기 어렵다는 데 있다. 옛말에 "열 길 물속 깊이는 알기 쉬워도, 한 길 사람 마음속은 알기가 어렵다"고 했다. 소비자의 특성 변화가 적고 기업 간 기술 격차가 큰 경우에는, 일정한 수준의 경쟁력을 갖춘 기업은 시장을 장악할 수 있었다. 그러나 소비자가 제품(서비스) 정보로 무장하고서, 요구 사항이 다양화되면서, 경쟁 기업 간 기술과 격차가 좁아지면, 어느 기업도 장기 안정적으로 제품(서비스)을 판매하기가 어렵게 된다.

이런 상황에서는 기업의 매출과 수익 변동성이 커지게 되어, 기업은 더 이상 과거처럼 안정적인 **장수 기업으로 생존하기가 어려워지게 된다.**[87]

소비자의 변화는 산업의 변화를 가져오고 특정 기업의 운명을 좌우한다.

구분	한국 (단위: 원)				미국 (단위: 불)			
	삼성전자	포스코	현대차	**한전**	IBM	GE	MS	**코닥**
90.12월말	16,874	22,900	14,294	**16,200**	28.25	4.78	1.05	**33.30**
95.12월말	94,747	50,700	23,445	**30,800**	22.84	12.00	5.48	**67.00**
00.12월말	158,000	76,500	12,100	**23,600**	85.00	47.94	21.69	**39.38**
05.12월말	659,000	202,000	97,300	**37,800**	82.20	35.05	26.15	**23.40**
10.12월말	949,000	487,000	173,500	**30,200**	146.76	18.29	27.91	**5.36**
상관관계	**0.83**	**0.91**	**0.86**	**0.67**	**0.89**	**0.87**	**0.93**	**-0.22**
산업 구분	전자 반도체	제조 철강	제조 자동차	**에너지 전기**	IT,정보 소프트웨어	제조	IT,정보 소프트웨어	**제조 필름**

위 표는 한국과 미국 주요 기업들의 주가를 20년간 관찰한 것이다. 20년 전에 한국의 4개 기업의 주가는 유사한 수준이었으나, 20년이 지난 지금은 많은 차이를 보인다. 삼성전자, 포스코, 현대차는 변화에 잘 적응했기에 주가가 많이 성장했다. 미국의 경우에도 IBM, 마이크로소프트와 같은 IT 정보통신 기업은 산업의 변화를 따라감으로써 주가가 많이 오른 반면, GE와 같은 제조업체의 주가는 성장이 높지 않았다. 주목할 점은 20년 전에 가장 주가가 높았던 **코닥 기업**이, 이미 디지털 시대로 이동해 가는 소비자 변화를 따라가지 못해, **디지털 세대로의 적절한 전환**[88]에 실패함으로써 몰락의 길을 걷게 된다는 점이다. 코닥 사례를 보면 설사 **지금은 가장 유망한 기업이라 하더라도, 그 기업이 미래에도 항상 유망한**

---

[87] 하지만 방법은 있다. 아무리 까다로운 소비자라 하더라도, 조금 더 관심을 두고 현장에서 소비자가 필요로 하는 제품(서비스)을 제공하면 소비자 가까이 갈 수 있다. 이러한 소비자의 변화를 조기에 파악하기 위해서는 바르게 접근하는 세밀한 마케팅 Data 분석이 필요하다. 소비자 변화와 함께하는 기업은 생존 확률이 높다.

[88] 사실 **코닥은 일본 기업보다 먼저 복사기와 디지털 카메라를 개발**했었다. 그러나 이를 일반인이 사용할 수 있도록 상품화하여 시장에 판매한 것은 일본 기업이었다. 지금 코닥사는 부도 발생할 것이란 소문도 있다. 일본의 소니 기업도 비슷한 실수를 종종 한다. 소니의 기술력은 아직도 매우 우수하다. 그러나 **소니는 가끔 소비자가 사용하기가 불편하지만, 기술력을 자랑하는 상품을 출시하기도 한다.** ^^

기업으로 남아 있을 것이라고 기대하는 것이 정말 어렵다는 것을 보여준다.

IT 정보산업의 발전으로 **기업 간 기술과 정보 격차도 점차 좁혀지고 있다**. 가장 얇은 **노트북**인 애플 맥에어[89]는 일본이 아니라 중국에서 생산된다. 지금은 과거 산업화 시대의 기업 간 제품 생산 기술 격차가 거의 없다고 보아야 한다. 대표적인 제조업 중의 하나인 **조선 부문**도 고도의 기술력을 필요로 하는 일부 선박을 제외하고는 이미 중국이나 베트남 등 동남아 국가로 이전[90]되고 있다. 한국의 **삼성**은 일본 **소니**를 추월했고, **현대차**는 글로벌 자동차 메이커로 급부상하여 굴지의 미국, 일본 자동차 메이커들과 경쟁하고 있다. 인디아의 에너지 종합기업인 **Reliance**사는 선진국 기술을 신속하게 습득[91]하여 에너지 개발 인프라 구축을 자체적으로 수행하고 있다. 과거 신흥 국가들은 액슨모빌(Exxon Mobil), 칼텍스(Caltax)등과 같은 다국적기업에 의존하여 에너지 인프라 구축을 했었지만, 인디아는 IT 정보기술의 발전과 영어 공용어의 힘으로 지식을 습득하여 독자적 수행이 가능했던 것이다.

더 중요한 사실은 이러한 경향을 일찍 파악한 대부분의 **미국 기업**들은 일찌감치 전 세계인을 자국 기업의 소비자로 정의하고, 적극 다국적 글로벌 기업으로 탈바꿈하였고, 발 빠르게 다음 세대인 정보화 사회에서 승자가 되기 위해 노력하고 있다는 점이다.

대부분의 기업 경영인들은 경영 환경이 갈수록 어려워지고 있다고 한다. 지금의 기업 경영은 동일 산업 내에서뿐만 아니라, 다른 산업과도 복잡하게 얽혀져 있어, 매우 역동적으로 움직이며 서로 쫓고 쫓기는 시장[92]이다. 미래에 어느 산업이 생존할 것이라고 확정지어 말할 수는 없다.

지금 기업은 기존의 정통적인 사업 성공 요인(원가 절감+기술 우위+제품 차별화)을 계속 유지하면서, 날로 까다로워지는 소비자의 요구를 충족시켜야 하는 숙제를 하나 더 해결해야만 한다. 아니면 애플처럼 새롭게 시장을 만들어서 소비자를 초청해야 한다. 투자를 하는 여러분은 워렌 버핏과 같은 기업 선발 능력이 있다고 보기는 어렵다. 설사 우리들 중 일부가 워렌 버핏과 같이 좋은 기업을 발굴하는 재능과 끈기와 투자 원칙이 있다 해도, 우린 생업에 종사해야 하기 때문에 앞의 표 3-53처럼 **제대로 분석할 시간이 없다.** 불행하게도 우리들이 **워렌 버핏과 같은** 성실하고 솔직하며 원칙적인 펀드매니저[93]를 만날 가능성도 매

---

[89] 애플 맥에어 노트북 PC는 스티브 잡스가 서류 봉투에 넣어서 소개했을 정도로 얇다. 필자도 많은 노트북 PC를 사용해 보았지만 **애플의 맥에어 노트북처럼 견고하고, 가벼우며, 얇고, 성능 좋은 PC를 보고 매우 놀라웠다.** 처음에는 애플 전용으로만 생산되었지만 윈도우 PC 이용자들로부터 반응도 좋아 지금은 애플과 윈도우 모두 사용 가능하다.

[90] 신흥 국가들이 주요 산업 부문에서 선진국 기업들을 신속하게 따라 잡을 수 있었던 비결이 무엇일까? 기업의 자체적인 노력이 가장 크겠지만 그 배경에는 **IT 정보통신의 발달로 인터넷이란 네트워크를 통해, 시장의 현장 정보나 전문적인 학술 지식의 전파속도가 매우 빨라**졌고, 기업들도 이러한 정보를 활용하여 변화에 신속하게 적응한 결과라고 하겠다.

[91] 인도는 **영어가 공용어**이므로 영어로 된 대부분의 지식. 기술을 이해하기가 수월했을 것이고, 숫자에 밝은 민족이라 한결 더 유리했겠다. 참조로 Reliance 주가는 91년 이후 2010년까지 20년 동안 40배 성장했고, 인도의 뭄바이 주가지수도 **81년 이후 2010년까지 30년 동안 90배 성장했다.**

[92] 최근 삼성전자와 애플 간에 Smart Phone 시장 선점을 위한 특허 소송이 대표적인 사례라 하겠다.

[93] 워렌 버핏은 기업가치분석 결과를 기준하여 생존력이 강한 기업 주식을 저가 매수하는 전략과 함께, 장기 투자에 따른 복리 효과 전략을 추구했다.

우 적다. 때문에 **우리들이** 미래 지속성장이 가능한 기업이나 산업을 **선별해서 장기 투자할 수 있다는 자신감은 위험**한 생각이 된다.

얼마 전 매일경제신문(2011.9.18.)에 기사에 **존 보글[94]의 기사**가 실렸다. 그는 "아주 극소수 사람만이 어떤 회사가 30~40년 이상 지속될 수 있을지를 알아맞힐 수 있다. 반면 미국 경제계(Corporate America)가 지속될 확률은 개별 회사가 존속할 확률보다는 높다. 다시 말해 어떤 종목이 오를지를 알아맞혀 포트폴리오에 담을 확률은 낮다." 라고 하면서 특정 기업이나 산업에 투자의 위험성을 역설했다.

앞의 표 3-59에서 간단하게 정리한 산업발전의 단계와 미국 코닥사의 사례를 보면, 비록 장기 투자가 단기 투자보다는 확실하게 성공 확률이 높겠지만, 장기적으로 특정 기업이나 산업을 집중하여 투자하는 방식도 위험이 상당히 크다는 것을 알 수 있겠다

(3) 개별 기업의 주가를 예상한 투자는 거의 불가능한 신의 영역이다.
> ➔ **때문에 투자 전문가도 포트폴리오 운영에 의한 분산투자를 하는 것이다.**

앞의 제3장에서 주식과 채권에 투자할 때 알아야 할 11가지 핵심 원칙을 설명했다. 미국과 한국의 금융 역사를 살펴 보면서, 주식시장의 큰 흐름도 살펴 보았다. 주가에 영향을 미치는 다양한 변수들 때문에 주가 분석 자체가 너무 복잡하고 어렵다는 점도 살펴 보았다. 원숭이와 투자 전문가의 대결에서 원숭이가 승리한 재미있는 사례를 보면서 기업 분석의 어려움을 어렴풋이나마 짐작할 수 있었으리라 본다.

도대체 **왜 이렇게** 주식 가격을 정확하게 평가하기가 **어려운 것일까?**

오랫동안 금융을 연구를 한 많은 사람들이, 이 어려운 숙제를 해결하기 위해 정말 많은 노력을 했지만 아직 명쾌한 답이 없다. 투자 활동은 **장내시장(거래시장)과 장외시장으로** 구분해 볼 수 있다. **금융 이론은 장내시장을** 대상으로 하며, 장외시장 변수[95]에 대하여는 일정한 상황을 가정하고 있다. 그러나 투자는 전시의 군대 보병역할처럼 **현장이 중요하다.** 기업과 그 기업의 고객, 그리고 그 기업이 속한 산업 현장에 대한 깊은 이해와 공감적인 분석이 필요한 업무이다. 수십 개의 위성으로 테러 활동을 감시하며 모든 인터넷 메시지를 분석하는 것도 중요하지만, 현장에서 지나가는 행인 몇 명에게 물어보는 방법이 더 확실할 수 있다.

---

[94] 보글은 1929년생으로 올해 나이 여든을 넘긴 투자 원로다. 1974년부터 1996년까지 뱅가드그룹에서 회장을 지냈다. 1975년 개인 투자자를 위한 최초의 인덱스펀드인 뱅가드500 펀드를 만들었다. 그의 **인덱스펀드 투자**는 바퀴와 알파벳의 발명과 비견된다는 **평가가 있을 정도로 투자자들에게 큰 영향**을 주었다. 매일경제신문 (2011.9.18.)

[95] 산업 트랜드, 기업 경쟁력, 기업회계 적정성, 금리 및 경기 상황, 물가 수준, 정부 정책 등

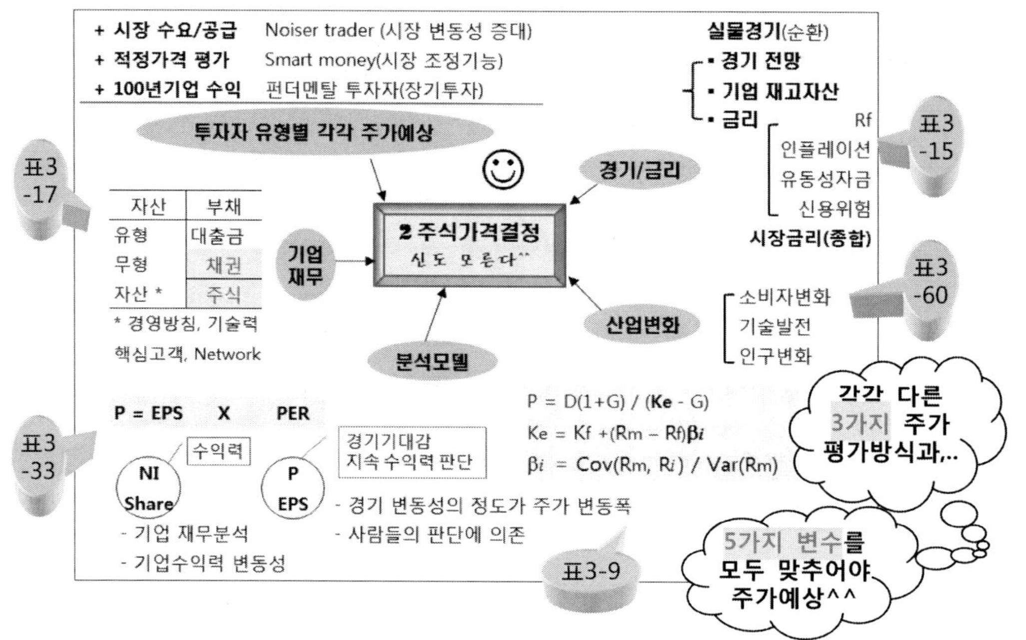

표 3-61은 **주식 가격 결정에 영향을 미치는 주요 5가지** 부문을 정리한 것이다. 간략하게 살펴보자.

① **기업 재무**: 회계 정보는 진정한 기업 가치의 일부만 보여줄 뿐이고, 이마저도 종종 사실과 다를 수도 있다.

② **분석 모델**: 대표적인 것이 배당금 할인 모델(DDM)과 PER 모델이다. 모델에 사용되는 기호는 언뜻 보기에도 복잡하다. 실제는 더 복잡하고 부정확할 수 있다.

③ **산업 변화**: 앞장에서 설명한 바와 같이 예측이 어렵다.

④ **경기/금리**: 경제학자들이 늘 고민하는 부문인데, 예상할 수 없는 정책적 변수가 매우 큰 영향을 미친다.

⑤ **투자자 유형**: 앞의 ①~④ 내용을 종합적으로 감안하여 주가를 예상하지만, 항상 당사자마다 의견이 분분하다. 합의되는 공통 가격 산정이 불가능하다.

> 지금까지 우리들은 투자하려는 대상(개별 기업 및 시장)의 주가 변동 데이터를 가지고서 개별 주식의 분석 투자가 어렵다는 점을 살펴보았다. – 개별 기업의 실적 변동성, 단기적으로 등락을 반복하는 주가 변동성, 개별 주식과 시장 움직임과의 관계성, 그리고 주기적으로 반복되는 경기 동향에 따른 주가의 등락 등. **이장에서는 조금 다른 방식(표 3-61의 5번, 시장에 참여하는 투자자 중심)으로 개별 주식 선별 투자가 왜 어려울 수밖에 없는지를 설명**해 보겠다.

주가는 시장에서 **Buyer와 seller가 결정**한다. 사려는 자가 많으면 주가는 올라가고 팔려는 자가 많으면 주가는 하락한다. 누구의 판단이 옳았는지는 아무도 모른다. 오로지 사후에, 그것도 시간이 한참 지난 후에야 알 수 있을 뿐이다. 시장에 참여하는 **투자자(Buyer와 seller)는 크게 다음의 3가지 유형**으로 나누어 볼 수 있다.

① 기업의 본질적 수익성을 분석하여 투자(**Fundamental investor**),

② 시장 상황에 따른 주가의 상대적 가치를 기준하여 투자(**Smart Money investor**),

③ 주가에 대한 명확한 분석 근거 없이 상황에 따라 투자(**Noise Trader**)

Fundamental Investor는 **워렌 버핏**과 같은 투자자들이다. 그들은 철저한 기업 및 산업 분석을 거쳐서, 장기적으로 미래 수익성이 기대되는 기업에 투자한다. 이들에게는 현재의 시장가격보다는 기업의 미래 가치를 더 중요하게 생각한다. 따라서 기본적으로 재무구조가 건전한 기업을 1차 대상으로 하여, 대상 기업의 동 업종 내 경쟁력과, 해당 업종의 미래 잠재성 등을 심도 있게 분석한다.(Bottom Up 전략[96]이라 함) 대부분 장기투자자들로서 표 3-53d의 기업 정밀 분석 과정과, 3-60과 같은 산업 트랜드 분석을 세밀하게 한다.

Fundamental Investor는 기업 본질 가치 분석을 위해 많은 가정들을 한다. 먼저 기업의 순자산 가치 측정을 위해서 재무제표상의 숫자가 실질 기업 가치와 동일한지를 분석한다. 그러나 과거 미국 기업 엔론[97]의 부정 회계 사례도 있듯이 회계 자료를 이용하여 정확한 기업 가치를 산정하기란 쉽지 않다. 설사 정확한 가치 산정이 되었다 하더라도, 회계적인 재무제표 이외의 요인들[98]에 의해서도 기업의 미래 경영실적은 큰 영향을 받게 되지만, 이에 대한 분석이 절대 만만하지 않다.

Smart Money는 **조지 소르소** 같은 **헤지펀드 투자자**로 이해하면 된다. 이들은 투자 대상 기업의 주가를 관찰하고 있다가, 시장 가격이 그들이 판단하는 적정 수준을 넘어가면 팔고, 적정 수준보다 내려가면 주식을 산다. 이들은 주식 적정 가격 산정에 영향을 미치는 변수(주식과 채권 등 자본시장에 영향을 미치는 경제 일반적인 요소들[99])를 예상(Top Down 방식[100])해서 특정 기업의 주가가 **특정 시점에서 적정한 수준인지를 주관적으로 판단**한다. 때문에 정교한 주식 평가 모델을 이용하여 적정한 주가를 분석한다. 여러 가지 분석 모델이 있겠지만, 시장에서 많이 사용되는 주식 평가 모델은 **배당금 할인 모델**(DDM, Dividend Discount Model)**과 PER 모델**인데, 산식은 다음과 같다.

---

[96] 기업의 재무구조, 제품(서비스) 경쟁력, 영업력, 지배 구조 등을 심층 분석하여, 외부 경기 변동에 큰 영향을 받지 않고 안정적인 수익을 창출하는 자체 생존력이 강한 100년 장수 기업을 찾는 방식

[97] 미국 기업으로 회계 조작을 한 사실이 발각되어 일순간에 무너진 기업이다

[98] 제품의 경쟁력, 산업의 미래, 경영자의 철학과 비전, 종업원들의 참여 정신, 기업 외적인 외부 경영 환경 변화 (법률변경, 신신업 등장) 등

[99] 시장 이자율(K), 주식시장 전체의 수익률(Rm), 배당률(D), 기업의 성장률(G), EPS, 적정 PER 수준 등등.

[100] 전반적인 세계 경기 상황을 진단해서 유망한 업종을 발굴한 뒤, 동 업종에서 경쟁력이 있는 기업을 선정하는 방식

- 주식가격= $\dfrac{D(1+G)}{Ke-G}$ 다시쓰면, 주식가격= $\dfrac{배당액(1+성장율)}{기대수익률-성장율}$

  기대 수익률, Ke = Kf +(Rm − Rf)βi, βi = Cov(Rm, Ri) / Var(Rm)

- 주식가격 = EPS(주당 순 이익률) × PER

Smart Money 투자자들은 기업의 주가가 **비이성적(Irrational)**[101]으로 움직일 때 합리적(rational)인 수준으로 복귀하게끔 하는 **순기능**을 담당하기도 한다. 하지만 주가 평가모델의 복잡성에서 느낄 수 있듯이, 그들이 평가한 주가가 적정한지에 대한 문제점을 항상 내포하고 있다. 일반적으로 **복잡하다는 것은 분석에 가정(Assumption)이 많다는 것**이며, 가정이 많다는 것은 분석의 결과가 실제와 다를 수 있는 가능성 역시 크다는 의미가 된다. 그런데 오차 가능성이 큰 여러 개의 분석 자료들을 추정하여 사용하다 보니, 그만큼 분석의 정확성도 떨어지게 되는 것이다. - 참조로 이러한 공격적인 투자 전략을 사용하는 일부 **헤지펀드들**의 실적은, 사용하는 추정 변수들의 오차가 클 수밖에 없어 수익률 변동성(위험)이 커지게 된다. 만약 레버리지를 이용한 거래[102]까지 한다면 헤지펀드는 유동성 함정에 빠질 수 있는 위험을 항상 내포하게 된다.

Noise Trader는 명확한 분석 결과에 따른 투자 실행이라기보다는 투자자 스스로의 **심리 상황(Behavior Finance[103])에 따라 거래**하는 경우와, 가격이 적정한 것으로 생각하지 않지만 **어쩔 수 없는 상황**(급격한 시장 폭락으로 자금 부족해지는 유동성 위기 상황, 또는 정해진 손실 범위를 벗어나서 매각하는 경우 등)에서 매도 거래를 하게 되는 투자자 들이다. **심리적 상황**에 따라 거래하는 것은 적절한 기업 분석에 따른 거래가 아니므로, 정당한 시장가격이라고 보기가 어렵고, **어쩔 수 없는 상황**에서 거래하는 것도 투자자가 생각하는 적절한 가격에 거래를 하는

표 3-61에 정리했듯이, 주식 가격은 결국 시장에 참여하는 수요(Buyer)와 공급(seller)에 합의점에서 결정된다. 특정 시점에서 시장에서 거래되는 주식 가격은 오직 한 개만 존재한다. 그러나 **한 개뿐인 시장가격을 결정하는 방법은, 본질적으로 서로 다른 3가지 방법**이 있었다. 그리고 **각각의 3가지 시장가격 산정 방법은 모두 최소한 5가지 핵심 변수에 영향**을 받는다.
장기적인 기업의 성장 가능성 효과(Fundamental Investor)는 시장에서 가격으로 바로 반영되어 나타나기가 어렵고, 시장을 기준하여 특정 기업의 주식 투자 위험(Risk premium)을 수치화한 것(CAPM, Smart Money)은 사용된 수치들의 정확성 문제 때문에 가격 산정의 오류를 늘 내포하고 있으며, 최소한의 기업 분석 노력도 없는 거래(Noise Trader)는 Smart Money와 Fundamental Investor들이 분석을 통해 산정된 합리적 가격[104]으로 거래하는 것을 방해하여 위험(시장변동성)을 증가시키기도 한다.

---

[101] **비이성적**이란 말은, 누가 옳고 틀린다는 의미가 아니다. 매우 주관적인 의미로서, 투자자 수만큼이나 많은 경우가 있겠다. 일반적인 의미는 특정 주식가격이 장기간 유지된 평균 가격에서 벗어나 거래되는 경우와, 주가가 기업의 실적을 적정하게 반영하지 못하고 있는 경우를 말한다.

[102] 주가지수 선물, 통화선물, 옵션거래 등은 거래 금액의 일정 비율(10~20% 수준)만 증거금으로 예치하면 거래 가능하다. 따라서 펀드가 운영하는 금액의 8~10배의 금액까지도 투자 금액을 올려서 거래할 수 있다. 만약, Smart Money 투자자의 예상과 같이 시장이 움직이면 좋겠지만, 시장이 급격하게 반대로 움직이면 미처 증거금 예치를 하지 못하는 유동성 부도를 당하기도 한다. 가장 대표적인 사례가 러시아 모라트리움 선언에 의한 미국 LTCM 펀드 부도 사례다.

[103] 합리적인 기업 분석에 의한 주식 거래가 아니라, 투자자가 처한 심리적 상황에 따라 거래하는 행위를 말함.

것이 아니다. 따라서 이러한 거래는 Smart money나 fundamental investor처럼 시장의 적정한 가격 결정 과정에 도움을 주지 못하고 오히려 방해만 되는 것으로 볼 수도 있다. 그래서 Noise Trader라고 한다.

　결국 복잡한 주가산정 방식, 시장가격 결정에 참여하는 <u>모든 사람</u>(표 3-10 참조)들[105]이 상호 의존적으로 주가 결정에 영향을 미치게 된다는 점, 그리고 시장에 참여하는 사람들 수만큼이나 다양한 주식 가격이 존재할 수 있다는 점등을 알게 되면, 특정한 개별 기업이나 산업에 선택적으로 투자하는 것이 매우 부담스러울 수밖에 없는 것이다. 그래서 Fundamental 투자자나 Smart Money 투자자에 관계없이, 대부분의 전문 투자자)들은 분석의 오류(비록 그들 스스로 최선을 다해 산정한 합리적 가격이라 하더라도)를 줄이기 위해서 **어쩔 수 ♣♣ 없이 여러 기업에 분산 투자를 할 수밖에 없는 것**이다. 이것이 바로 우리들이 신문에서 항상 이야기하는 포트폴리오 방식으로 자산을 분산해서 투자해야만 하는 이유인 것이다.

　가장 대표적으로 포트폴리오를 구성하여 분산 투자하는 방식은, 시장 전체에 투자하는 **인덱스펀드**이다. 인덱스펀드 수익률은 Fundamental 투자자나 Smart Money 투자자에 관계없이, 대부분의 투자 전문가들의 실적 비교 기준이 된다. 몇몇 투자 전문가들은 그들이 <u>특화된 분야</u>[106]에 집중 투자하여 특정 기간(비교적 3~5년 정도 내외의 단기간을 말함) 동안 일시적으로 시장 수익률을 앞서는 성과를 내기도 한다. 그러나 그들 스스로도 **장기적으로 반복해서 시장을 앞서는 투자 수익을 달성하는 것이 거의 불가능**하다는 것을 누구보다도 잘 알고 있다. 시장에는 수많은 펀드가 있지만, 일부 인덱스펀드를 제외하고는 **10년 넘게 장기간 운영되는 펀드는 거의 없다**. 여러 가지 이유가 있을 수 있겠지만, 특정 분야에 장기간 펀드를 운영할 경우 그만큼 시장을 앞서는 성과를 내기가 어렵기 때문일 것이다.

　우리들이 투자를 할 때 가장 먼저 보는 **투자 주의 문구** 중 하나가 "과거의 투자 실적은 미래의 실적을 보장하지 않는다"라는 것이다. 금융회사들은 오랫동안 시장의 두 얼굴을 보아 왔다. 그래서, 시장에 겸손할 수밖에 없다.

　그러나 여러분 대부분은 시장의 매혹적인 얼굴, 그것도 화사하게 핀 빨간 장미는 기억하지만, 장미의 날

104　합리적 가격(Reasonable Price)은 시장가격과 다르다. 시장가격은 나중에 알게 되는 실제 거래 가격이지만, 합리적 가격이란 가격이 산정된 적절한 논리가 있는 가격을 말한다. 논리에 타인이 동의할 때만 시장가격이 되는 것임. ^^

105　개인 투자자, 펀드매니저, 기업분석가(Analyst) / 채권 거래 투자자, 중앙은행 금리결정권자 / 회계사, 정부 재정 정책 입안자 등등

106　특정산업전문가 / 특정 상품(에너지, 원자재, 금리파생거래, 통화파생거래, / 경제 및 경기분석 전문가(Economist)

카로운 가시는 잘 인지하지 못한다.(그래서 여러분은 투자할 때마다 주의 문구를 다시 보고 서명을 하도록 금융기관들이 요청하는 것이다)

만약 여러분들이 주가의 흐름이 불규칙하게 등락을 보이지만 장기적으로 평균과 표준편차로 만들어지는 확률 범위 내에서 움직인다는 점을 이해했다면, 아마도 최근에 실적이 좋았던 펀드를 선택하기보다는, 우리들의 노후 준비 장기 투자 목적에 적합한, 철학이 있는 바른 펀드(설사 일시적인 시장의 변덕스러움 때문에 최근 실적이 좋지 않았다 하더라도)를 선택하실 것이다.

특정 펀드가 시장 전체가 아닌 **시장의 일부분에 집중**하여 투자하는 것은, 여러 기업에 분산 투자를 하지 않고 특정 기업 주식만을 선별하여 투자하는 방법처럼 바람직하지 못하다. 특정 기업 주식을 선별하여 투자하게 되면, 산업 자체의 변동 위험(표 3-53abc, 3-60 설명 참조)을 고스란히 부담하게 되어, 장기적으로 투자에 성공할 가능성은 매우 작아진다. **확실한 투자 목적**(지금 미리 조금씩 준비해서, 소박하지만 편안한 30여 년의 노후를 지금 준비하겠다)**이 있는 우리들의 선택은 오직 하나뿐이다.** 복리의 높은 수익률로 모든 금융 상품의 수익률을 능가하며, 장기적으로 정부 채권보다도 안전한 투자자산인 시장에 투자하는 것이다. 매월 작은 금액을 **시장 전체에 장기 투자**함으로써 여러분의 모든 고민이 사라지게 되는 것이다.

아래 중앙일보 기사(2011.10.4.)를 보자. 개별 종목이나 산업의 주가를 예측하는 것이 얼마나 어려운 일인지를 보여주는 **투자의 대가들의 증언**이다.

http://joongang.joinsmsn.com/article/384/6328384.html?ctg=

주가 예측 과연 가능한 일인가?

"천체 운동은 센티미터와 초 단위로 측량할 수 있으나 정신 나간 군중이 시세를 어떻게 끌고 갈지는 정말 알 수 없다."
- 아이작 뉴턴 (영국의 천문학자·물리학자, 근대 과학이론의 창시자)

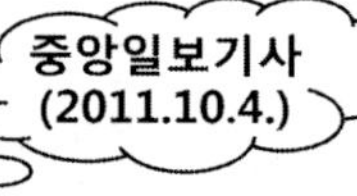

"장래의 주가와 관련해 명확히 알 수 있는 것은 단지 주가가 변화한다는 사실뿐이다."
-JP 모건 (미국 은행 'JP모건'의 창업자)

"인간의 능력으론 미래의 시장을 예측할 수 없다. 이 사실만 제대로 깨우치면 당신은 고수다."
- 피터 린치 (13년간 2700% 수익 올린 전설적인 펀드매니저)

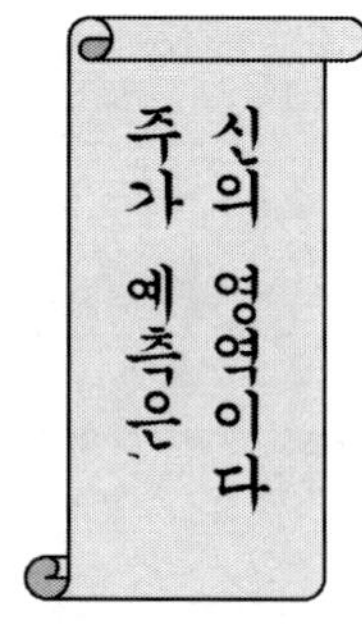

"주가 등락의 조절은 신의 영역이지 인간의 영역이 아니다. 줄곧 그래왔듯이 1년 뒤 주가에 언연하지 않을 것이다."
- 워런 버핏 (투자회사 버크셔 해서웨이 회장, 오마하의 현인)

(4) 투자 전문가들은 포트폴리오를 구성하여 분산 투자를 할 수밖에 없었다
> ➜ 개별 기업이나 특정 산업에만 선택적으로 분산 투자하면 위험했다.
> ➜ 시장 전체에 투자를 해야지만 진정한 분산 투자 효과가 발휘된다.

앞의 제2장과 3장에서, 노후연금 수익률 찾기, 금융시장 주변 이야기, 경제 흐름도, 금융 기관 역할, 금융 상품 구조 설명, 주식 및 채권 가격의 계산 방식, 미국 및 한국의 금융 역사와 시사점 등을 장황하게 설명한 이유는 한 가지이다. 우리들이 **개별 주식이나 특정 산업에만 선별하여 투자할 경우 매우 위험하다는 것**을 보여주는 것이다.

앞장의 4명의 석학들이 이야기했던 것도 한마디로 정리하면, **주가는 미리 알 수 없다**는 단순한 사실이다. 개별 종목 선별 투자는 그 종목에 관심 있는 사람 수만큼이나 주가에 대한 예상이 각각 다양하므로 가격 등락 반복은 불가피하다. 한두 번은 투자에 성공하여 높은 수익률(표 3-59의 하단 우측 그래프의 윗부분)이 나타날 수도 있겠지만, 시소를 타는 것처럼 항상 오르내리는 주가 그래프를 보면, 나만 항상 Market Timing에 성공(내릴 때 사고, 오르면 팔고)할 수는 없다는 것이다.(원숭이와 투자 전문가의 대결을 기억하세요. ^^)

포트폴리오 분산 투자 운영 방식의 탄생 배경에는 결국 전체 기업의 주가는 평균으로 돌아온다는 평범한 논리가 있다. 이 말을 개별 주식에 투자하면 그 기업의 평균 수익률 달성이 된다는 의미로 오해하시면 안 된다. 이는 투자자가 여러 개의 **분산된 시장주식**을 단기간에 사고 팔지 않으면서, **장기간 계속 보유**(Buy and Hold)했을 경우에만 해당된다. 만약 투자자가 중간에 사고 팔았다면 Market Timing(Buy Low, sell high)을 한 것이 되고, 이 경우 대부분은 시장 평균 수익률도 기대할 수 없게 된다. - 대부분의 개인 투자자는 주식을 단기간 동안 사고파는 거래를 반복한다. 따라서 장기 보유하는 기관 투자자들처럼 평균적인 수익률을 달성하는 것이 어렵다. 오르내리는 주가 흐름을 내가 잘 따라갈 수 있다는 착각은 버려야 한다. 장기적으로 시장의 평균 수익률을 초과해서 달성하는 펀드는 거의 없듯이 우리들도 그들과 별반 차이가 없다는 점을 다시 기억해 주세요.**(표 3-35, 3-46 참조)**

개별 기업의 평균 수익률을 따라가는 것이 대안이 아닌 이유는, 기업의 평균 수익률 변동이 기업 외부 요인과 기업 내부 요인으로부터 동시에 영향을 받게 되는데 투자자가 이에 적절하게 대응할 수 없다는 점 때문이다. **외부 요인**으로 대표적인 것이 기업의 수익은 일정하게 변동이 없다 하더라도 주식 평가 모델에 영향을 미치는 <u>기업 외적인 요인</u>(대표적인 경우가 금리 또는 경제 정책의 갑작스런 변경이다. 표 3-61 참조)들이 변경되어 주가가 등락하는 경우이다. **기업 자체 내부 요인**으로는 ① 현재 기업이 가장 잘 아는 본업에 충실하다가 **잘 모르는 다른 산업에 진출**해서 어렵게 번 돈을 버리는 경우 ② 고객이 자사 제품만을 계속 애용할 것이라 **착각**하면서 연구·개발에 소홀히 하다가 퇴출되는 경우 ③ 재무 수익 관리에 치중하다가 **유동성 위기**를 초래하여 흑자 부도 되는 경우 ④ **소비자·기술 변화**를 따라가지 못해서 경쟁 업체에게 뒤지는 경우 등이 되겠다.

한마디로 따뜻한 봄날에 먼 길 가다가 점심 배불리 먹고서 잠시 졸았다고 생각했는데 깨어나니 이미 저녁이 되어 황당한 경우와 같이, **기업이 잠시 졸다가 퇴출되는 경우**가 되겠 ♣

다. 아무리 유능한 전문 투자자라 할지라도 이렇게 기업 또는 산업내부에서 발생되는 일들은 사전에 정확하게 진단하여 대비하기란 어렵다. 때문에 개별 기업 및 특정 산업에 집중하여 장기적으로 투자를 하는 방식도 위험하게 되는 것이다.

결국 **시장을 연구하던 학자들은** 시소를 타는 것과 같은 단기적인 주식 매매 방식으로는 장기적으로 손실 확률도 커서 적절하지 못하다는 것을 알게 되고, 대안으로 ① 장기·안정적인 기업의 평균 수익률을 쫓아가면서, ② 개별 기업 또는 특정 산업에만 투자했을 때 기업·산업의 내·외부 요인 때문에 혹시 있을 수 있는 경쟁력 상실로 인한 퇴출될 위험도 제거하며 ③ 상품(서비스)을 구매하는 소비자에게 새롭게 다가가는 신흥 성장 기업들에게도 적기에 투자할 수 있고 ④ 좀더 장기적으로 안정적이면서 상대적으로 높은 수익을 달성하는 방안을 찾게 된다. 그래서 **포트폴리오 분산 투자 방법이 탄생**하게 되는 것이다.

이론적으로는 시장의 전체 주식을 보유하면 완벽한 시장 포트폴리오 분산 투자가 가능하지만, 수천 개나 되는 상장 기업 주식을 다 보유하기에는 시간과 비용이 너무 크다. 그러나 다행스럽게도 방법은 있다. **산업별 약 40~50개의 주요 기업을 선정하여 포트폴리오를 구성**하면 시장 전체에 투자한 것과 <u>같은 효과가 나타난다</u>[107]. 이러한 방식의 포트폴리오 분산 투자 방법이 **인덱스펀드**[108]이다. (인덱스펀드는 시장에 상장된 주식 전체를 산업별로 일정 비율로 매입함으로써, 시장 전체의 수익률과 인덱스펀드의 수익률이 같이 움직이도록 만든 펀드이다)

따라서 인덱스펀드를 구성하는 40~50여 개의 주식 선정할 때는 **그 주식이 과거에 시장 전체 지수 움직임과 같이 움직였는지를 알아보는 것이 중요**하다. 개별 주식과 시장 지수의 같이 움직이는 정도를 파악하는 방법 중에서 가장 **대표적이 것이 베타**(Beta, βi = Cov(Rm, R𝑖) / Var(Rm)값이다.

---

[107] **Fundamentals of Financial Management 8차 개정판**(페이지 - 175) Eugene F. Brigham, Joel F. Huston

[108] 인덱스펀드는 1975년 미국에서 최초로 "**존 보글**"(1974년 뱅가드 투자전문사 설립, 현재 전 세계 2위)에 의해서 인덱스펀드가 등장하게 됨. 참조로 John Bogle이 제시하는 **8가지 투자 원칙** 1) <u>select low-cost index funds</u> 펀드 운영 비용이 낮은 것을 선택할 것 2) <u>Consider carefully the added costs of advice</u> 펀드 운영 자문 비용 추가되는 것에 신중할 것 3) <u>Do not overrate past fund performance</u> 과거 펀드 운영 실적에 매료되지 말 것 4) <u>Use past performance to determine consistency and risk</u> 과거 펀드 운영 실적은 실적의 일관성과 위험도를 파악하는(운영 철학 포함)정도로만 제한적으로 사용할 것 5) <u>Beware of stars (as in, star mutual fund managers)</u> 스타급 펀드매니저에 대한 환상에서 깨어날 것. 6) <u>Beware of asset size</u> 너무 큰 펀드는 주의하실 것. 7) <u>Don't own too many funds</u> 펀드가 많을수록 분산 효과는 있지만, 필요 이상으로 늘어나면, 그만큼 비용도 증가되어 바람직하지 못함 8) <u>Buy your fund portfolio - and hold it</u> (제1장에서 확인된 내게 필요한 연금을 계산해서) 포트폴리오 구축한 후, (기대 효과가 발생되려면 시간이 필요하므로 Market timing하지 말고) 오래 보유할 것.

표 3-62 포트폴리오 분산 시 개별 주식의 위험 제거[109]

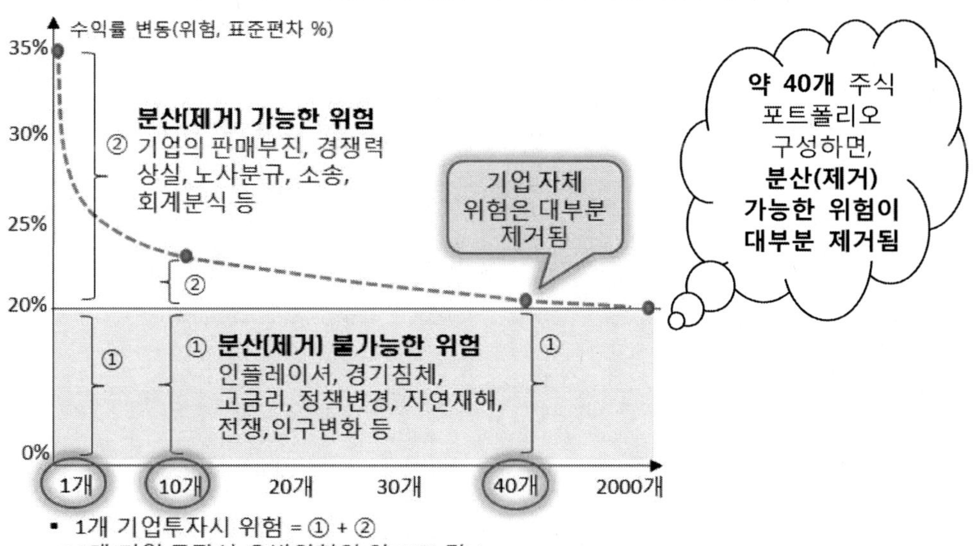

- 1개 기업투자시 위험 = ① + ②
- 10개 기업 투자시 ②번위험의 약 90% 감소
- 40개 기업 투자시 ②번위험 대부분 제거 됨

1개 기업에만 투자하면, 투자자는 개별 기업의 주가 변동에 영향을 미치는 요인들(기업 외적 요인 + 기업 내적 요인) 두 가지 모두에 영향을 받아 위험도(수익률 변동성)가 크다.**(표준편차 35%)** 그러나 **약 40개 기업에 분산 투자를** 하면 40개 기업 전체의 수익률 변동성(표준편차)은 **시장과 유사(표준편차 약 20%)수준**으로 대폭 감소된다. – 동 자료는 미국 기업의 사례를 인용한 것임. (아래 주석 참조)

아래 설명은 몰라도 되지만 조금 더 관심 있는 독자를 위해서 예제를 가지고서 살펴보자. 표 3-63은 개별 주식을 투자와, 인덱스펀드 투자를 비교한 것이다.

투자 1은 개별 주식 A에 투자할 경우, 시장수익률 변동 시 주식 A의 수익률 변동을 계산한 사례이다. 주식 A의 베타 값이 1.70으로 시장보다 높아, 시장수익률 변동성(위험도)보다 주식 A의 변동(위험도)성이 1.7배 크다. **투자 2는** 주식 B와 주식 C에 분산 투자한 경우로, 주식 B는 베타 값이 1.5로 시장보다 1.5배 높고, 주식 C는 베타 값이 0.5로 시장보다 낮다. 그러나 둘을 합치면 시장과 같은 베타 값인 1.0이 되므로, 기준이 되는 <u>시장과 동일한 수익성 및 변동성[110]</u>을 가지게 된다. (베타 값 1.00이란 의미는 시장 전체가 5% 상승하면 해당 주식도 5% 상승하고, 시장이 ‑ 5% 하락하면 해당 주식도 ‑ 5% 하락한다는 의미이다. 만약, 베타 값이 0.50이라면, 시장이 5% 상승해도 개별 주식은 2.5%만 상승하게 되며, 5% 하락하면 ‑ 2.5% 하락한다는 의미이다)

---

[109] **Fundamentals of Financial Management** 8차 개정판 페이지 ‑ 175 Eugene F. Brigham, Joel F. Huston

[110] 모든 주식은 기준 시장의 베타 값인 1.00을 기준으로 하여 1.00 아래와 위로 계산된다. 따라서 구성하는 포트폴리오에 포함되는 개별 주식의 베타 값을 모두 더해서 기준 시장의 베타 값인 1.00이 되도록 구성하면 된다.

표 3-63a 개별 투자와 포트폴리오 투자 차이 설명

■ 포트폴리오 분산투자 원리

구분	구분	평균 수익률	표준 편차	투자 비중	배타	전체 시장이..		의 미
						상승하면..	하락하면..	
시장	시장	15.0%	30%		1.00	5.0%	-5.0%	전체시장(코스피)
주식A	투자1	17.0%	35%	100%	1.70	8.5%	-8.5%	시장보다 큰 위험
주식B	투자2	20.0%	40%	50%	1.50	7.5%	-7.5%	
주식C		10.0%	15%	50%	0.50	2.5%	-2.5%	
	시장과 동일한 수익 →					5.0%	-5.0%	

1) 주식투자 수익률 비교 기준은 전체시장의 수익률임. 장기적으로 시장을 앞서는 펀드는 거의 없다
2) 현실적으로 전체시장을 살수 없으므로, 약 40개종목으로 포트폴리오 구성하여 시장을 복사한다
3) 개별주식에 요구되는 수익률은 시장수익률 변동성(위험)을 1.0으로 기준(베타)하여, 개별주식이
　시장수익률 변동과 같이 움직이는 연관성 정도로 측정된다. → 베타 값으로 측정됨
　(즉, 시장을 기준으로하여 개별기업의 위험(수익률 변동성)을 먼저 측정해서 기대수익을 찾는 것임)
3) 투자위험(변동성)은 제거가능한 위험(개별기업요인)과 제거 불가능한 위험(시장전체요인) 2가지임
4) **개별기업 투자는 두가지 위험 모두 제거할수 없음 → 투자 1 사례**
5) **적절한 분산투자를 하면 2가지 위험 중 제거 가능한 위험을 제거할수 있음 → 투자 2 사례**
　- 분산투자로 개별기업의 변동성 위험을 제거 하면, 위험이 낮아저서 개별주식 매입유리
　- 개별주식 투자는 2가지 위험 보두 부담하므로 기대수익률이 높아저서 개별주식 매입불리
　※ 단, 베타는 과거시장과 개별기업의 움직임 연관성을 수치로 반영한 것이므로 계속변화됨
　※ 화살표 설명 7.5%=시장수익률(5%)+베타(1.5) / 2.5%=시장수익률(5%)+베타(0.5)

즉, **투자 2의 방법으로** 40개 기업을 주요 산업별로 적절하게 선정하여 포트폴리오를 구성하면, 표 3-62의 그래프와 같이 개별 기업의 위험(변동성)이 모두 제거되고, **시장과 거의 동일한 특성을 가지는 포트폴리오를 구성**하게 되는 것이다.

▶ 개별 기업 투자와 시장 포트폴리오 투자 비교 이해

장기적으로 시장의 수익률을 앞서는 펀드는 거의 없다. 워렌 버핏과 같이 시장 수익을 앞서는 사람들이 예외적으로 가끔 있지만, 이는 역설적으로 수많은 투자자들은 좋은 주식을 버핏에게 미리 매도했다는 의미이다. 계속 가지고 있었으면 큰 돈을 벌 기회를 버핏에게 양보한 것이다. 버핏은 그가 잘 모르는 부문에는 절대 투자를 하지 않는 것으로 잘 알려져 있다. 버핏은 2000년 초 IT 관련주가 인기였으나 그가 잘 모르는 분야이기 때문에 투자를 하지 않아, 이후 IT주 거품 붕괴로부터 손실을 보지 않은 유명한 일화가 있다.

하지만 **우리들은 버핏과 정반대로 한다.** "잘 모르지만 어떻게 되겠지 하는 요행 심리로, 그것도 여유 자금도 아니면서 단기로 투자"하는 경우가 대부분이다. 정확하게 버핏의 행동 (자신이 잘 아는 산업, 철저한 기업 및 산업 분석, 장기 투자에 따른 투자 복리 수익률 기대)과 반대로 하고 있다. 우리들이 "왜 수많은 투자전문가들이 포트폴리오 분산투자를 의무적으로 이용하고 있는지를 정확하게 이해"해야만, 스스로의 과욕과 불나방 같은 만용으로부터 벗어나, 궁극적인 목표인 인생 재무관리를 균형 있게 유지하여 **소박하지만 아름다운 노후 생활이 가능**한 것이다.

좀더 쉽게 **포트폴리오 분산 투자의 이해**를 돕기 위해 **동전 던지기[11]에 비유**해서 설명해 보겠다.

■ 동전 던지기

동전	앞면? 뒷면?	확율	4회 던지면,,	100회 던지면,..
앞면 나오면	1백만원 받고	50% 동일		50번 앞면, 50번 뒷면 나올
뒷면 나오면	70만원 주고	50% 동일	70만원 손실 우려가 큼	확률 확신 → 30만원이익

100회 동전 던지면, 4회만 던졌을 때 뒷면이 많이 나와서 1회당 70만원 손실 발생될 위험이 분산(제거)되고, **30만원 이익을 볼 확률이 매우 높아진다.**

동전을 던져서 앞면이 나오면 내가 1백만 원을 받고, 뒷면이 나오면 내가 70만 원을 주는 게임을 한다고 생각해 보자. 전체 게임의 횟수가 2회(단기)로 제한된다면 뒷면이 2회 이상 나올 가능성(위험)도 있고, 이 경우 나는 1회당 70만 원이란 큰돈을 잃어버릴 위험이 커서, 선뜻 게임을 하기가 어려울 것이다.

그러나 100회(장기) 동전 던지기를 한다면 이야기가 달라진다. **100회 동전을 던지면 앞/뒷면이 비슷한 횟수로 나타나게 된다.** 아무나 게임에 참여하여 100회 동전을 다 던지고 나서, 30만 원의 수익을 기대할 수 있는 것이다. – 일부 사람들이 좋아하는 카지노 사업은 이와 유사한 확률이 깊게 관여된 사업이다. ^^

이것이 포트폴리오 분산 투자의 핵심 부분이다. 개별 주식 2개 이하(동전 던지기 2회처럼)로는, 개별 기업 위험이나 기술 발달에 따른 산업의 변동 위험을 분산(제거)할 수 없다. 그러나 40개 이상의 기업에 투자(동전 던지기 100회처럼)하면, 분산(제거) 가능한 위험(2회 미만 동전을 던짐으로써, 비록 상식적으로는 앞/뒷면이 나오는 경우가 반반이지만, 실제 뒷면이 더 많이 나와 손실을 볼 수도 있는 현상)을 제거할 수 있다.

이를 투자에 비유하여 다시 정리하면 표 3-63c의 아래 그림과 같다. 즉, 포트폴리오 분산 투자 방식으로 투자할 때 부담하게 되는 3가지 위험 요소(분산 가능한 기업자체 요인들, 기업 외적인 대외 변수 위험, 투자자 자체의 심리적 불안에 따른 위험)중 대외 변수를 제외한 2가지 위험은 제거될 수 있다.

표 3-63c 개별 투자와 포트폴리오 투자 차이 설명

■ 개별주식과 포트폴리오 투자 비교 → 단기간

기간	투자방식	위험 요소들,..			위험 수준	결과
		분산가능	분산불가	투자자		
단기	개별종목	기업변수	대외변수	심리불안	높음	투자손실
투자	포트폴리오	제거	제거불가	제거	낮음	투자이익

※ 포트폴리오 분산 투자로도 제거(분산)되지 않는 위험 요소인 "대외변수" 는 다음 장에서 제거하는 방법을 설명하겠다.

---

111 Fundamentals of Financial Management 8차 개정판 Eugene F. Brigham, Joel F. Huston – 176페이지. 그는 개별 주식 투자와 인덱스 포트폴리오의 투자 방식의 차이를 동전 던지기에 비유해서 확률의 차이를 설명함.

좀 더 관심 있는 독자를 위해 **실전 사례**를 보자.

동 사례는 한국의 대표적인 기업 3개 기업의 주가와 코스피 지수와의 관계를 분석한 자료이다. 여기서 우리들이 **알려고 하는 것은** 2001년부터 2010년까지 10년 동안 코스피 지수의 변동과 3개 기업의 주가가 어느 정도 같이 움직였는지**(베타 값)**를 알아보기 위함이다. 데이터 분석 결과, 포스코는 베타 값이 0.72, 한전은 0.41, 삼성전자는 0.81로 나타났다.

표 3-64 한국 주요 기업의 베타 값 계산 사례[112]

	시장지수(비교기준) 및 개별기업 주가				수익률(%)				수익률 편차 : (수익률 - 평균수익률)				[기업별 수익률 편차] X [시장 수익률편차]		
	코스피	포스코	한전	삼성	코스피	포스코	한전	삼성전자	코스피	포스코	한전	삼성전자	포스코	한전	삼성전자
00-12-31	504.62	76,500	23,600	158,000											
01-12-31	693.70	122,000	21,700	279,000	37.47	59.48	-8.05	76.58	18.61	33.11	-12.42	52.61	616.05	-231.02	978.87
02-12-31	627.55	118,000	18,250	314,000	-9.54	-3.28	-15.90	12.54	-28.40	-29.64	-20.26	-11.43	841.90	575.53	324.48
03-12-31	810.71	163,000	21,400	451,000	29.19	38.14	17.26	43.63	10.32	11.77	12.89	19.66	121.49	133.09	202.94
04-12-31	895.92	187,000	26,850	450,500	10.51	14.72	25.47	-0.11	-8.35	-11.64	21.10	-24.08	97.25	-176.28	201.17
05-12-31	1,379.37	202,000	37,800	659,000	53.96	8.02	40.78	46.28	35.10	-18.34	36.42	22.31	-643.82	1,278.08	783.08
06-12-31	1,434.46	309,000	42,400	613,000	3.99	52.97	12.17	-6.98	-14.87	26.60	7.80	-30.95	-395.63	-116.04	460.25
07-12-31	1,897.13	575,000	39,650	556,000	32.25	86.08	-6.49	-9.30	13.39	59.72	-10.85	-33.27	799.60	-145.30	445.45
08-12-31	1,124.47	380,000	29,600	451,000	-40.73	-33.91	-25.35	-18.88	-59.59	-60.28	-29.71	-42.85	3,592.14	1,770.67	2,553.82
09-12-31	1,682.77	618,000	34,100	799,000	49.65	62.63	15.20	77.16	30.79	36.27	10.84	53.19	1,116.47	333.61	1,637.54
10-12-31	2,051.00	487,000	30,200	949,000	21.88	-21.20	-11.44	18.77	3.02	-47.56	-15.80	-5.20	-143.54	-47.69	15.68
GM	15.05%	20.33%	2.50%	19.64%											
개수		10	평균수익률(AM)		18.86	26.37	4.37	23.97				합계	6,001.92	3,374.64	6,681.01
			표준편차		28.81	39.54	20.90	35.15				공분산	600.19	337.46	668.10
			분산		829.93	1,563.42	436.80	1,235.61				상관관계	0.53	0.56	0.66
			변동계수(CV)		1.53	1.50	4.79	1.47				베타	0.72	0.41	0.81
												알파	12.72	-3.30	8.78
												Corr 주가	0.87	0.75	0.88
												Corr HPR	0.59	0.62	0.73

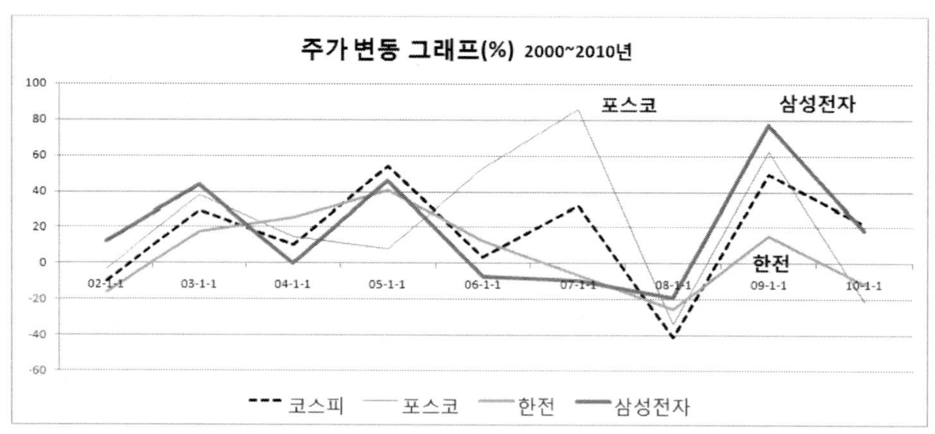

삼성전자(베타 0.81), 포스코(베타 0.72)는 코스피(베타 1.0)와 유사하게 움직였다. **한전(베타0.41)**은 코스피 그래프와 많은 차이를 보인다.

---

[112] Investment Analysis & portfolio management(5판) - Frank K. Reilly와 Keith C. Brown 페이지 295 베타 값 계산 사례를 예제로 하여, 한국 기업의 자료를 이용하여 다시 계산함

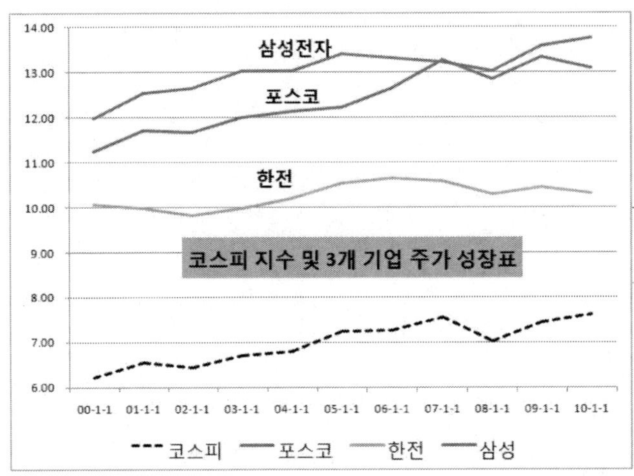

< 지수 성장률 비교
/ 2000년~2010년 >
- **코 스 피: 연 15.5%**
- 포 스 코: 연 20.3%
- 한　　전: 연 2.5%
- 삼성전자: 연 19.64%
※ 주가 숫자 차이가
　 커서 로그 처리함

그래프 기울기를 보면 삼성전자와 포스코는 비슷하나, 한전은 그래프가 약간 누워있는 것을 볼 수 있다. **이 차이가 베타 값 차이**이다. – 실무적으로 코스피 지수와 개별 주식의 움직임은 상관관계(포스코 0.53, 한전 0.56, 삼성전자 0.66), 베타(포스코 0.72, 한전 0.41, 삼성전자 0.81) 그리고 변동계수 (Co-efficient of Variation) 값 등을 종합적으로 적절하게 감안하여 해석하여야 하는 좀 복잡한 문제이다.

이해할 점은, 전체 시장의 **기준 베타 값 1.00에 가까울수록, 해당 주식이 전체 시장의 움직임과 같이 움직이게 될 가능성이 크다**는 점만 이해하시면 된다. - 그래프에서 보시기에도 삼성전자와 포스코의 주가 움직임은 코스피의 주가 움직임과 유사한 모습을 보여주고 있다.

주의) 배타 값은 변하므로 갱신이 필요하다. 부록 CD 파일로 직접 계산하시거나, 증권사가 발표하는 값을 보면 된다.

▶ 미국 주요 3사 사례

시장지수(비교기준) 및 개별기업 주가

	다우	IBM	월마트	코닥
98-12-31	9181.43	92.19	40.72	72.00
99-12-31	11497.12	107.88	69.13	66.25
00-12-31	10786.85	85.00	53.13	39.38
01-12-31	10021.5	120.96	57.55	29.43
02-12-31	8341.63	77.50	50.51	35.04
03-12-31	10453.92	92.68	53.05	25.67
04-12-31	10783.01	98.58	52.82	32.25
05-12-31	10717.5	82.20	46.80	23.40
06-12-31	12463.15	97.15	46.18	25.80
07-12-31	13264.82	108.10	47.53	21.87
08-12-31	8776.39	84.16	56.06	6.58
09-12-31	10428.05	130.90	53.45	4.22
10-12-31	11577.51	146.76	53.93	5.36
GM	0.06%	2.84%	-2.23%	-20.43%
개수		12		

수익률(%)

	다우	IBM	월마트	코닥
99-12-31	25.22	17.02	69.76	-7.99
00-12-31	-6.18	-21.21	-23.15	-40.57
01-12-31	-7.10	42.31	8.33	-25.26
02-12-31	-16.76	-35.93	-12.23	19.06
03-12-31	25.32	19.59	5.03	-26.74
04-12-31	3.15	6.37	-0.43	25.63
05-12-31	-0.61	-16.62	-11.40	-27.44
06-12-31	16.29	18.19	-1.32	10.26
07-12-31	6.43	11.27	2.92	-15.23
08-12-31	-33.84	-22.15	17.95	-69.91
09-12-31	18.82	55.54	-4.66	-35.87
10-12-31	11.02	12.12	0.90	27.01
평균수익률(AM)	3.48	7.21	4.31	-13.92
표준편차	17.68	27.10	23.18	29.77
분산	312.63	734.20	537.18	886.54
CV	5.08	3.76	5.38	-2.14

수익률 편차 : (수익률 - 평균수익률)

	다우	IBM	월마트	코닥
99-12-31	21.74	9.81	65.45	5.93
00-12-31	-9.66	-28.41	-27.45	-26.65
01-12-31	-10.58	35.10	4.02	-11.34
02-12-31	-20.24	-43.14	-16.54	32.98
03-12-31	21.84	12.38	0.72	-12.82
04-12-31	-0.33	-0.84	-4.74	39.55
05-12-31	-4.09	-23.82	-15.71	-13.52
06-12-31	12.81	10.98	-5.63	24.18
07-12-31	2.95	4.06	-1.38	-1.31
08-12-31	-37.32	-29.35	13.64	-55.99
09-12-31	15.34	48.33	-8.96	-21.95
10-12-31	7.54	4.91	-3.41	40.93

[기업별 수익률 편차] X [시장 수익률편차]

	IBM	월마트	코닥
99-12-31	213.26	1,422.99	129.00
00-12-31	274.44	265.18	257.37
01-12-31	-371.21	-42.53	119.91
02-12-31	873.25	334.85	-667.68
03-12-31	270.38	15.74	-280.03
04-12-31	0.28	1.58	-13.18
05-12-31	97.41	64.21	55.29
06-12-31	140.61	-72.14	309.62
07-12-31	11.99	-4.09	-3.87
08-12-31	1,095.43	-508.96	2,089.57
09-12-31	741.29	-137.49	-336.62
10-12-31	37.02	-25.72	308.71
합계	3,384.15	1,313.63	1,968.09
공분산	282.01	109.47	164.01
상관관계	0.59	0.27	0.31
베타	0.90	0.35	0.52
알파	4.07	3.09	-15.75

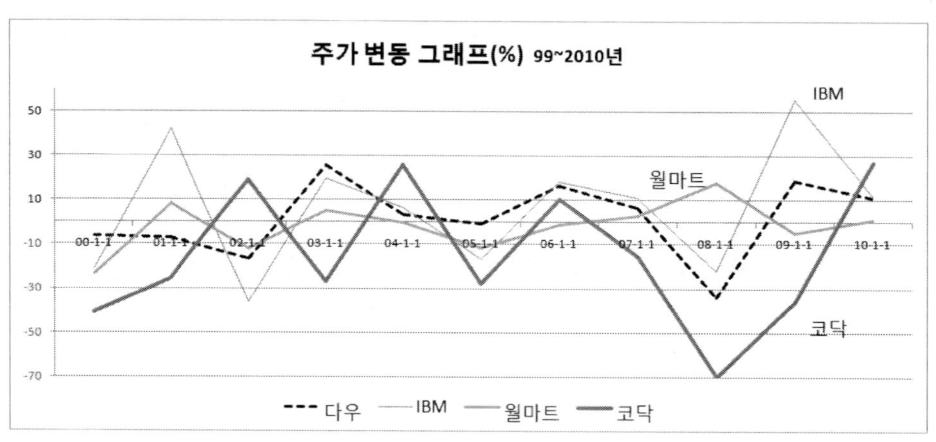

한국 주요 3사의 베타 값 재 계산치 – 2010년 12개월 동안

시장지수(비교기준) 및 개별기업 주가

	코스피	포스코	한전	삼성
09-12-31	1,682.77	618,000	34,100	799,000
10-1-30	1,602.43	536,000	38,350	784,000
10-2-27	1,594.58	530,000	37,100	744,000
10-3-31	1,692.85	528,000	36,550	818,000
10-4-30	1,741.56	499,000	33,850	849,000
10-5-31	1,641.25	472,000	33,000	776,000
10-6-30	1,698.29	466,500	31,600	774,000
10-7-31	1,759.33	492,000	33,200	810,000
10-8-31	1,742.75	486,500	29,150	756,000
10-9-30	1,872.81	516,000	29,400	777,000
10-10-30	1,882.95	462,000	29,600	745,000
10-11-30	1,904.63	454,500	27,700	826,000
10-12-31	2,051.00	487,000	30,200	949,000
GM	2.27%	-0.87%	-2.15%	1.75%
개수		12		

매월 수익률(%)

	코스피	포스코	한전	삼성
10-1-30	-4.77	-13.27	12.46	-1.88
10-2-27	-0.49	-1.12	-3.26	-5.10
10-3-31	6.16	-0.38	-1.48	9.95
10-4-30	2.88	-5.49	-7.39	3.79
10-5-31	-5.76	-5.41	-2.51	-8.60
10-6-30	3.48	-1.17	-4.24	-0.26
10-7-31	3.59	5.47	5.06	4.65
10-8-31	-0.94	-1.12	-12.20	-6.67
10-9-30	7.46	6.06	0.86	2.78
10-10-30	0.54	-10.47	0.68	-4.12
10-11-30	1.15	-1.62	-6.42	10.87
10-12-31	7.68	7.15	9.03	14.89
평균수익률	1.75	-1.78	-0.78	1.69
표준편차	4.35	6.26	6.99	7.47
분산	18.91	39.22	48.90	55.74
CV	2.49	-3.52	-8.92	4.41

수익률 편차 (월별 수익률 - 평균수익률)

	코스피	포스코	한전	삼성
10-1-30	-6.52	-11.49	13.25	-3.57
10-2-27	-2.24	0.66	-2.48	-6.79
10-3-31	4.41	1.40	-0.70	8.25
10-4-30	1.13	-3.71	-6.60	2.10
10-5-31	-7.51	-3.63	-1.73	-10.29
10-6-30	1.73	0.61	-3.46	-1.95
10-7-31	1.85	7.25	5.85	2.96
10-8-31	-2.69	0.66	-11.41	-8.36
10-9-30	5.71	7.84	1.64	1.09
10-10-30	-1.21	-8.69	1.46	-5.81
10-11-30	-0.60	0.16	-5.63	9.18
10-12-31	5.94	8.93	9.81	13.20

[기업별 수익률 편차] X [시장 수익률편차]

	포스코	한전	삼성
10-1-30	74.94	-86.41	23.28
10-2-27	-1.48	5.54	15.21
10-3-31	6.19	-3.08	36.43
10-4-30	-4.19	-7.45	2.37
10-5-31	27.26	12.97	77.27
10-6-30	1.06	-5.97	-3.37
10-7-31	13.37	10.79	5.46
10-8-31	-1.78	30.72	22.49
10-9-30	44.82	9.38	6.20
10-10-30	10.49	-1.77	7.01
10-11-30	-0.09	3.37	-5.48
10-12-31	53.02	58.23	78.35
합계	223.60	26.31	265.24
공분산	18.63	2.19	22.10
상관관계	0.68	0.07	0.68
베타	0.99	0.12	1.17
알파	-3.50	-0.99	-0.35

(5) 시장 전체 포트폴리오 분산투자도, 시장 자체의 위험 해지가 필요하다.

➔ 포트폴리오 분산투자로 개별 기업 및 특정 산업 위험은 해지 가능하나, 기업외적 요인으로 인한 **시장 전체 수익률의 변동 위험(표준편차)은 여전히 남는다.**

➔ 주식시장 전체의 수익률 변동 위험(시장 위험) 해지 방법으로는 **다른 나라 시장**에 투자하는 방법 **다른 유형의 자산**(부동산, 원자재 등 실물자산)에 투자하는 방법이 있다. 그러나 글로벌 경제 연관성 증가되어 방법은 과거보다 효과가 줄어들었고, 방법은

투명한 객관적인 정보가 없어 관리 어려움이 크다. 또한, 실물자산 움직임은 궁극적으로는 기업활동과 연계되어 있고, 주가도 이에 영향(표 2-1,2,6에 정리)을 받게 되므로 해지 효과도 제한적이다.

➔ **그러나 방법은 있다**. 주기적으로 경기 사이클은 오르내리지만, 경제는 항상 성장해 왔고, 경제가 성장하면서 기업의 이익이 증가되어 **시간이 지날수록 시장의 주가는 항상 우 상향**으로 성장해 왔다. **자연 치유적인 Time 해지가 답이다**.

앞 장에서는 개별 기업이나 특정 산업에 선별적인 투자할 때 위험을 제거하기 위해 시장 전체에 투자하는 포트폴리오 분산투자가 필요했고, 약 40개의 기업에 분산하여 인덱스펀드를 구성하면 시장 전체에 투자하는 효과가 있어 분산투자가 가능하다는 점을 알아보았다. 이러한 기능을 하는 인덱스펀드가 아래 표 3-65의 그래프에 큰 원 모양의 점으로 표기된 부문이다.

표 3-65 전체 시장을 복사하는 인덱스 포트폴리오 운영 사례

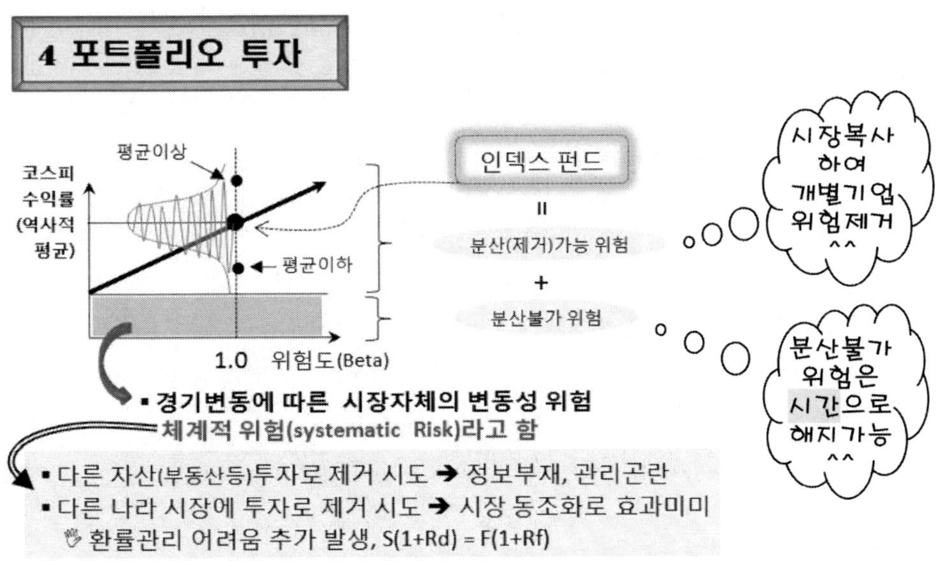

인덱스펀드에 투자를 할 경우, 약 40개 종목의 베타 값을 적절하게 섞어서, 포트폴리오의 전체 평균 베타 값이 전체 시장의 베타 값 1.00과 같도록 구성한 경우이다. 이렇게 하면 시장지수의 등락과 포트폴리오의 움직임이 같아지게 된다. 인덱스펀드의 수익률은 시장 자체의 수익률(코스피 지수의 수익률)과 동일하도록 설계되어 만들어진 펀드이므로, 코스피 지수의 수익률과 거의 같다. 그래프의 큰 원점으로 표기된 인덱스펀드에 포함된 개별 주식의 수익률을 모두 더하면, 코스피 지수의 수익률과 같아지며, 베타 값(시장수익률 변동성과 개별 기업의 수익률 변동성의 관계를 나타냄)을 다 더하여 평균을 산정하면 <u>시장의 베타 값인 1.00이 된다</u>[113].

워렌 버핏이 장기 투자가 필요한 개인들에게는 인덱스펀드가 좋은 투자 대안인 것으로 충고했듯이, 인덱스펀드는 확실하게 효과가 있다.(한국의 코스피 지수는 35년 동안 매년 9.17% 성장했다.배당률 별도) 하지만 개별 기업이나 특정 산업의 위험을 인덱스펀드를 이용함으로써 제거 가능하지만 **인덱스펀드도 분산 불가능 위험(체계적 위험, systematic risk)을 다시 제거해야만 하는 문제점이 있다.**

지금부터 **인덱스펀드의 분산(제거) 불가능한 위험을 없애는 방법**에 대하여 알아보자. 분산(제거) 불가능한 **위험(체계적 위험, Systematic Risk라고 함)**은 경제 전반에 걸쳐서 모든 기업에 공통적으로 영향을 미치는 요인들(인플레이션, 경기 침체, 고금리, 정책 변경, 자연재해, 전쟁, 인구 변화 등)로부터 발생된다. 주식시장도 이러한 요인으로부터 절대 자유로울 수 없다. 이러한 기업 외적인 요인들로 인해 발생되는 분산 불가능 위험(체계적 위험)을 감소시키는 방법은 2가지가 있다.

첫째, 주식시장의 움직임과 연관이 적은 자산에 투자하는 것이다.

대표적인 것이 부동산 등 실물 자산에 투자하는 것이다. 통상 경기에 선행하는 주식시장과 실물 자산의 경기 사이클 시차를 적절하게 운용할 경우, 주식시장의 체계적 위험(수익률 변동성)을 분산(해지, Hedge)함으로써, 위험을 일부 제거할 수 있다. 그러나 이 방법에는 몇 가지 **문제점**이 있다. ① 실시간 거래되는 주식과는 달리, 부동산 투자 실행과 투자 자금 회수에는 **상당한 시간과 노력**이 수반된다. ② 주식시장과 같이 거래의 투명성과 객관성이 보장되는 장내 거래가 아니라, 거래 당사자가 직접 거래를 하는 장외 시장 거래이므로, 거래의 **투명성과 객관성**을 보장받기 어렵다. ③ 과거 및 현재 시장가격에 대한 정확한 정보를 파악하기가 어려워 평가 가격과 실제 거래 가격이 다를 수 있는 위험이 상존한다.

둘째, 다른 나라의 주식시장에 투자하는 것이다.

일반적으로 경제 전반에 영향을 미치는 요인들(인플레이션, 경기 침체, 고금리, 정책 변경, 자연재해, 전쟁, 인구 변화 등)은 국가마다 각각 다르다. 예를 들면,

① 국가별로 경제 발전 단계[114] 가 다르고, ② 인구 구조[115]가 다르며 ③ 각국 정부의 통화 및 재정 정책이 모두 다르다. 따라서 서로 다른 경제 여건 때문에, 국가별로 주식시장의 오르내림이 달리 나타날 수 있다. 실제로 글로벌 경제가 경제 블록화되면서 통합되기 전(대략 2000년 전후)까지는, 다른 나라의 시장에 투자를 함으로써 분산투자의 효과를 일부 기대할 수 있었다. **표 3-66a**에서 **주요 국가들의 주가지수**를 정리했다. 이들 국가 간의 지수들의 움직임 연관성을 살펴보자.

---

[113] 간혹 일부 인덱스펀드들의 베타 값의 합이 1.00과 달리 나타나는 경우가 있는데, 이를 **트레킹에러(Tracking Error)**라고 한다. 이는 베타 값이 과거 주가의 움직임으로 산정되므로 항상 변동한다는 점과, 주식가격의 변동이 베타 하나만으로는 전부 설명되기가 어렵기 때문에 발생된다. 때문에 정기적으로 베타 값을 재검토하는 것이 필요하다.

[114] Under developed(미개발국가), Developing(개발도상국), Developed(개발된 국가, 통상 OECD 국가).

[115] **표 2-3**을 보면, 인구 수, 평균 연령의 구조가 경제 발전에 미치는 영향은 엄청나다.

표 3-66a 주요 국가별 시장지수 20년(1991~2010년)

■ 글로벌 주요국 지수 (1991~2010)

번호	구분	미국 다우	미국 S&P	MSCI 월드	MSCI 신흥국	한국 KOSPI	대만 지수	독일 DAX30	일본 NIKKY	영국 FTSE	스위스	뭄바이 30지수	아태네	중국 항생지	러시아
1	1991	3169	417	535	289	611	4600	1578	22984	2493	1670	1909	810		
2	1992	3301	436	497	315	678	3377	1545	16925	2847	2107	2615	672		
3	1993	3754	466	599	539	866	6071	2267	17417	3418	2958	3346	959	8429	
4	1994	3834	459	619	493	1027	7125	2107	19723	3066	2629	3927	869	4645	
5	1995	5117	616	734	458	883	5174	2261	19868	3689	3298	3110	914	3288	
6	1996	6448	741	820	476	651	6934	2889	19361	4119	3942	3085	933	4258	
7	1997	7908	970	937	412	376	8187	4250	15259	5136	6266	3659	1480	3139	85
8	1998	9181	1229	1150	299	562	6418	5002	13842	5883	7161	3055	2738	1729	45
9	1999	11497	1469	1421	489	1028	8449	6958	18934	6930	7570	5006	5535	1973	152
10	2000	10787	1320	1221	334	505	4739	6434	13786	6223	8135	3972	3389	1624	144
11	2001	10022	1148	1004	317	694	5551	5160	10543	5217	6418	3262	2592	1758	236
12	2002	8342	880	792	292	628	4452	2893	8579	3940	4631	3377	1748	1990	319
13	2003	10454	1112	1036	443	811	5891	3965	10677	4477	5488	5839	2264	5020	515
14	2004	10783	1212	1169	542	896	6140	4256	11489	4814	5693	6603	2786	4741	552
15	2005	10718	1248	1258	706	1379	6548	5408	16111	5619	7584	9398	3664	5330	1011
16	2006	12463	1418	1484	913	1434	7824	6597	17226	6221	8786	13787	4394	10340	1693
17	2007	13265	1468	1589	1246	1897	8506	8067	15308	6457	8484	20287	5179	16125	1889
18	2008	8776	903	920	567	1124	4591	4810	8860	4434	5535	9647	1787	7892	620
19	2009	10428	1115	1168	989	1683	8188	5957	10546	5413	6546	17465	2196	12794	1370
20	2010	11578	1258	1280	1151	2051	8973	6914	10229	5900	6436	20509	1414	12692	1688

표 3-66b는 주요 국가들의 지수를 그래프를 이용하여 표시했다. 자세히 보면, **2000년을 기준**으로·좌 우측의 그래프들이 차이가 있음을 알 수 있다. **좌측(**91년부터 2000년까지) 그래프 중의 일부는 그래프의 방향이 **약간 다름**을 볼 수 있다. 즉, 일부 국가의 지수는 상승하였지만 일부 국가들은 상승하지 못했거나 오히려 하락한 경우도 관측이 되었다. 그러나 2000년을 기준으로 **우측**을 보면 대부분의 그래프들이 같은 방향성을 가지며 움직였던 것을 알 수 있다. 즉, 대부분의 국가들을 대표하는 지수들이 동시에 **같은 방향으로 움직였음**을 볼 수 있다.

표 3-66b 주요 국가별 전년 대비 시장지수 변동률 추이 / 1991~2010년

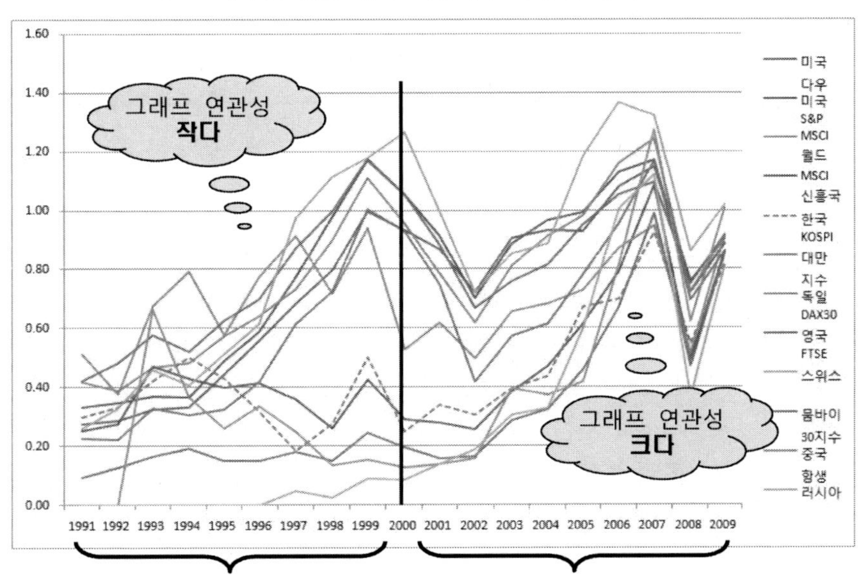

표 3-67은 **상관관계를 설명**한 것이다. 상관관계란 양자 간의 동시에 움직이는 연관성을 나타낸 숫자로서, 예를 들면 지수 A와 지수 B의 상관관계가 **+1.0(양의 관계)**이라 하면, 지수 A가 5% 상승했을 때, 지수 B도 5% 상승하는 관계를 말한다. 만약 상관관계가 **- 1.0(음의 관계)**이라 하면 지수 B는 지수 A와는 반대로 -5% 하락하는 경우가 된다. 현대차가 많이 팔리면 자동차 타이어를 만드는 한국타이어의 주가도 같이 상승하는 관계가 양(+)의 상관관계라고 할 수 있고, 겨울에 보일러를 많이 파는 귀뚜라미사와 여름에 아이스크림을 많이 파는 빙그레 회사의 주가는 음(-)의 상관관계를 가진다고 볼 수 있다. - 표 3-62의 포트폴리오 분산투자 시, 분산 가능한 위험 제거는 이와 같은 개별 주식 간의 음의 상관관계를 적절하게 활용하여 제거한 것이다.

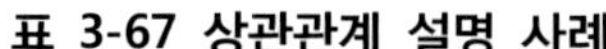

표 3-67 상관관계 설명 사례

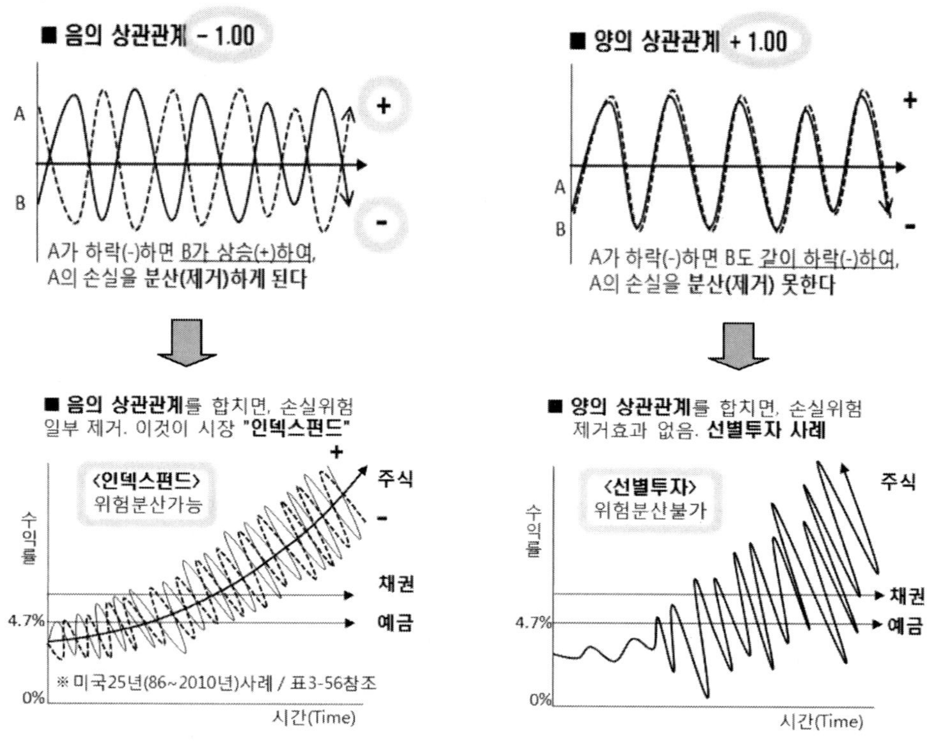

표 3-68a는 국별 지수 상관관계[3-67의 좌측 구간(91년~2000년)]를 정리한 것이다.

91년부터 2000년까지 미국의 다우지수를 기준으로 세계 각국의 주요 지수와의 상관관계(표 3-68a)를 보면, **한국, 중국, 일본은 음(-)의 상관관계**를 보여주고 있다. 이는 미국의 투자자 입장에서 보면 한국 주식시장에 투자를 한다면 미국 시장의 주가가 하락할 때 한국 시장이 상승하여 미국 시장의 손실을 일부 상쇄하는 긍정적인 효과를 기대할 수 있음을 의미한다.

표 3-68a 미국 다우지수와 주요 국가별 시장지수 상관관계 / 2000년 이전 10년

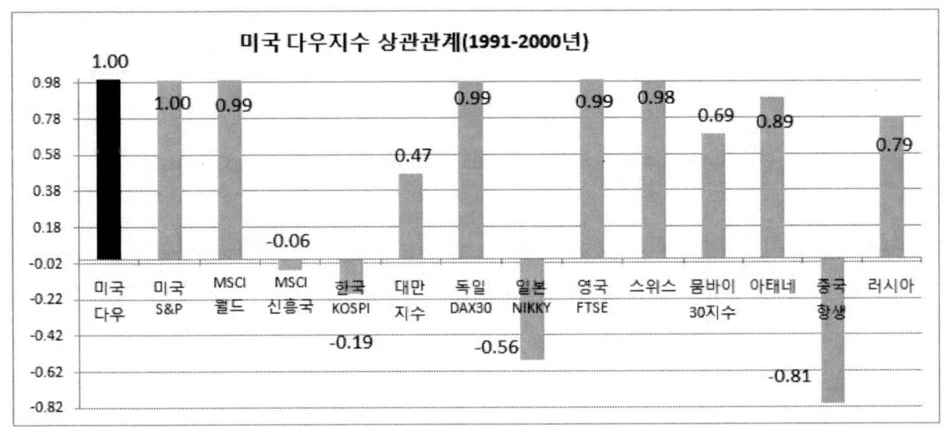

■ 상관관계 10년 (1991~2000)

국가	미국 다우	미국 S&P	MSCI 월드	MSCI 신흥국	한국 KOSPI	대만 지수	독일 DAX30	일본 NIKKY	영국 FTSE	스위스	뭄바이 30지수	아태네	중국 항생	러시아
DJIA	1.00	1.00	0.99	- 0.06	- 0.19	0.47	0.99	- 0.56	0.99	0.98	0.69	0.89	- 0.81	0.79
SNP		1.00	0.99	- 0.11	- 0.19	0.45	0.99	- 0.57	0.99	0.98	0.66	0.91	- 0.80	0.62
MSCI 월드			1.00	- 0.01	- 0.09	0.51	0.98	- 0.50	0.99	0.96	0.72	0.93	- 0.79	0.64
MSCI EM				1.00	0.65	0.58	- 0.04	0.24	- 0.01	- 0.10	0.54	0.01	0.73	0.58
KOSPI	- 0.19	- 0.19	- 0.09	0.65	1.00	0.19	- 0.13	0.50	- 0.15	- 0.29	0.39	0.14	0.34	0.53
대만지수						1.00	0.46	- 0.06	0.51	0.45	0.67	0.42	- 0.05	- 0.04
독일 DAX30지수							1.00	- 0.56	0.98	0.97	0.74	0.93	- 0.72	0.83
일본 NIKKY								1.00	- 0.60	- 0.69	- 0.31	- 0.33	0.37	0.54
FTSE지수									1.00	0.98	0.72	0.90	- 0.76	0.67
스위스										1.00	0.66	0.83	- 0.77	0.62
뭄바이 30지수											1.00	0.74	- 0.30	0.88
아태네												1.00	- 0.61	0.69
중국항생지수	* 중국은 자료가 있는 18년 동안만 비교												1.00	- 0.22
러시아	* 러시아도 자료가 있는 14년 동안만 비교													1.00

표 3-68b 코스피 지수와 주요 국가별 시장지수 상관관계 / 2000년 이전 10년

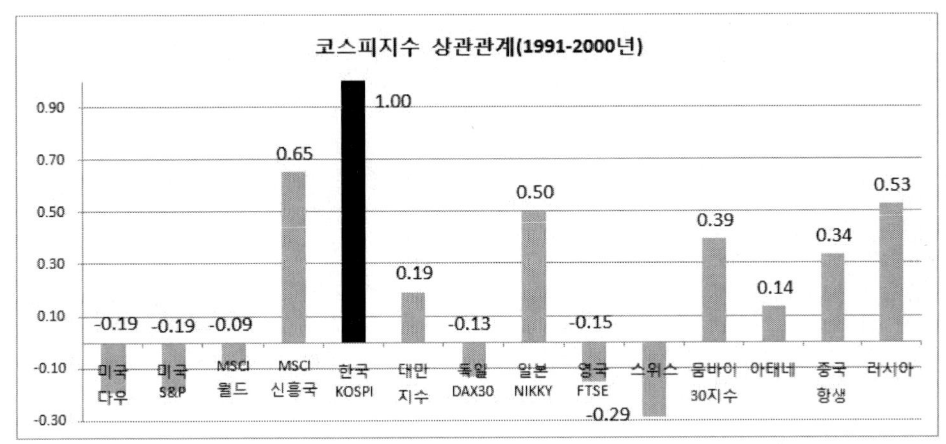

91년부터 2000년까지 **한국의 코스피 지수를 기준**으로 세계 각국의 주요 지수와의 상관관계(표 3-67b)를 보면, MSCI 신흥국 지수, 대만, 중국, 일본, 인도, 러시아와 양(+)의 상관관계를 보여주고 있으나, **미국, 독일, 영국 등 선진국의 지수와는 음(-)의 상관관계**를 보여주고 있다. 이는 한국 투자자 입장에서 보면 음의 관계에 있는 주식시장에 투자를 한다면 한국 시장의 주가가 하락할 때 해외 시장이 상승하여 한국 시장의 손실을 일부 상쇄하는 긍정적인 효과를 기대할 수 있음을 의미한다.

　　표 3-69a와 b는 미국과 한국의 시장지수를 기준하여, **2001년부터 2010년까지** 주요 글 ✤✤✤ 로벌 국가들의 시장지수와의 상관관계를 그래프로 표기한 것이다. 그래프의 모양이 **2000년 이전의 10년과 비교해 보면 많이 다르다.** 2000년 이후 10년간 동안은 글로벌 경제 통합이 확대되면서, 세계 금융시장이 서로 밀접하게 연계되어 움직이는 현상이 보여진다. 즉, 한국의 코스피 지수를 기준으로 한 상관관계 값이나, 미국의 다우지수를 기준으로 한 상관관계 값이나, 별반 차이 없이 같이 움직이는 현상이 목격된다.

표 3-69a 미국 다우지수와 주요 국가별 시장지수 상관관계/ 2000년 이후 10년

■ 상관관계 10년 (2001~2010)

국가	미국 다우	미국 S&P	MSCI 월드	MSCI 신흥국	한국 KOSPI	대만 지수	독일 DAX30	일본 NIKKY	영국 FTSE	스위스	뭄바이 30지수	아태네	중국 항생	러시아
DJIA	1.00	0.98	0.98	0.78	0.69	0.84	0.85	0.76	0.91	0.85	0.69	0.75	0.70	0.82
SNP		1.00	0.96	0.70	0.61	0.78	0.80	0.84	0.92	0.89	0.59	0.80	0.58	0.75
MSCI 월드			1.00	0.83	0.75	0.84	0.88	0.83	0.94	0.91	0.74	0.80	0.75	0.88
MSCI EM				1.00	0.98	0.93	0.91	0.48	0.84	0.69	0.99	0.43	0.96	0.97
KOSPI	0.69	0.61	0.75	0.98	1.00	0.90	0.88	0.40	0.80	0.63	0.98	0.30	0.93	0.94
대만지수						1.00	0.86	0.50	0.87	0.69	0.90	0.39	0.84	0.92
독일 DAX30지수							1.00	0.58	0.95	0.84	0.88	0.58	0.87	0.90
일본 NIKKY								1.00	0.76	0.91	0.34	0.90	0.35	0.60
FTSE지수									1.00	0.93	0.77	0.69	0.73	0.87
스위스										1.00	0.59	0.86	0.60	0.78
뭄바이 30지수											1.00	0.30	0.97	0.95
아태네												1.00	0.38	0.52
중국항생기업지수													1.00	0.93
러시아														1.00

* 중국은 자료가 있는 18년 동안만 비교
* 러시아도 자료가 있는 14년 동안만 비교

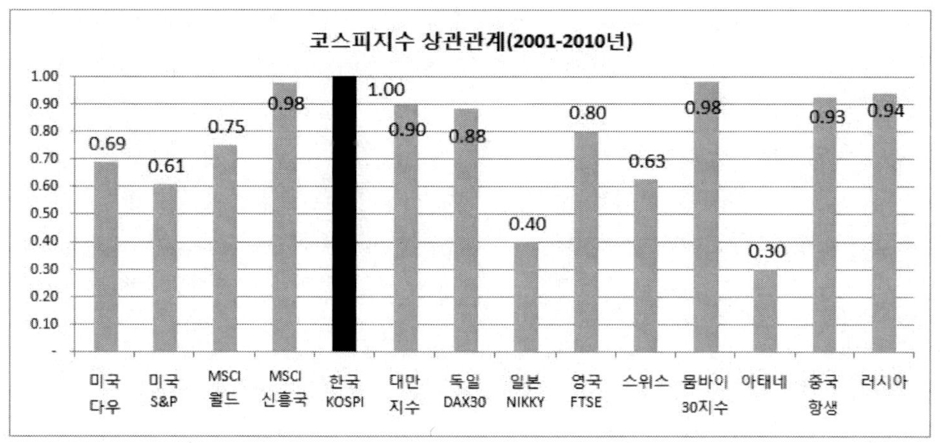

조금 달리 설명해 보겠다

지금은 각국의 실물경제가 서로 밀접하게 연관되어 있다. 중국에서 한국으로 수출되는 반제품은 한국에서 완제품으로 가공되어 미국으로 수출되기도 하고, 특정 기업의 생산 제품에 사용되는 부품은 상당 부분이 해외 국가에서 조달된다. 브라질과 호주 경제는 중국의 원자재(철강, 석탄 등) 수요에 따라 민감하게 반응한다. 선진국 시장의 경기 침체는 개발도상국의 수출 감소로 이어져 개발도상국 경제가 침체된다. 최근에 미국에서 발생된 금융시장의 충격은 미국에 투자한 유럽 및 일부 아시아 국가 은행들의 손실을 야기했었고, 은행의 손실은 기업에 공급하던 유동성자금 부족을 야기하였고, 기업은 자금 조달이 어렵게 되어 실물투자를 축소함으로써 실물경제가 악화되는 현상으로 이어지기도 한다.

지금은 자본 시장 역시 매우 밀접하게 연결되어 있다. 유럽의 그리스 재정 위기는 그리스에 투자한 유럽 은행들의 부실을 야기했고, 유럽 은행의 부실은 경제의 혈액인 <u>돈의 흐름을 차단</u>[116]시켜 (마치 우리들이 동맥경화를 당해 뇌에 혈액 공급이 되지 않는 위험한 상황처럼) 기업에 자금의 공급이 원활하지 않게 되어, 기업 투자 감소를 유발하고, 이는 다시 유럽 지역의 경기 침체를 유발한다. 대부분의 아시아 국가들의 금융기관들은 유럽이나 미국계 은행으로부터 기업의 무역 거래(수출입 거래)에 필요한 자금(국제통화를 말하며, 주로 미국 달러) 빌려왔으나, 이들 은행들이 어려워짐으로써 자금 조달이 여의치 않아 어려움을 겪게 되고, 외화 자금 부족은 해당 국가의 수출입 활동 위축을 야기하기도 한다. 이젠 **다른 나라의 경제 문제가 더 이상 남의 일이 아니다. 바로 우리의 문제가 된 것이다.** 글로벌 시장 동조화는 ① 국가 간 실물 교역 증가(과거보다 국가 간 자유무역 거래 확대)와 ② 금융시장 연계 심화(자본시장 자유화로 해외 자본의 국내 참여 수월) 때문에 당연한 현상으로 볼 수 있다. 향후에도 글로벌 무역 확대로 시장간 동조화 현상이 계속 증가될 것으로 예상된다.

글로벌 시장 동조화 현상은 투자자에게는 별로 반가운 소식이 아니다. 채권 금리보다 높

---

116 표 2-6 참조

은 수익률이 기대되는 주식(인덱스펀드)에 투자하는 것이 바람직해 보이지만, 인덱스펀드의 위험(수익률 변동성)이 커지면, 실제로 높은 기대 수익률을 받을 수 있는 가능성이 작아지기 때문이다. 인덱스펀드의 위험(분산 불가능한 체계적 위험)을 일부 상쇄할 것으로 기대되었던 **실물자산 분산투자** 하는 방법도 효과가 제한적이고, 다른 나라의 주식시장에 투자하는 방법도 **글로벌 시장의 동조 현상** 때문에 효과가 제한적이라면, 이제는 인덱스펀드의 높은 기대 수익률을 유지하면서 체계적 위험을 해지(제거)하는 **다른 방법을 찾아야 한다.**

그러나 **답은** 의외로 간단하다. 우리들이 이용하는 방법에 따라 우리를 도와주는 가장 강력한 친구가 되기도 하고, 잘못 사용하면 친구가 아닌 무서운 적이 되기도 하는 **바로 시간이다.**

5) 시간이 약이다.

➔ **시간(확률)을 우리들의 친구**로 만들어서 인덱스펀드의 체계적 위험을 제거하자.

➔ **도박과 주식투자의 공통점은 확률**이 핵심이라는 것과, 요행을 자신의 실력으로 믿게 하는 유혹이 강하다는 점이다. 도박은 시간이 지날수록 확률이 불리(시간이 적이 되는 경우)해지지만 바른 투자는 시간이 지날수록 우리에게 유리한 확률을 선사한다.

➔ 경기(Business Cycle)는 주기적으로 오르내리고 주식시장도 오르내렸다. 그러나 **경제/사회는 항상 성장했다.**[삶의 방식변화: 농경사회→산업사회(제조)→정보 · 지식사회(서비스)→에너지, 우주, 바이오(재창조)]

➔ 나무가 비바람(경기 등락)을 맞으며 잔가지(개별기업/산업)를 치면서 성장하는 것처럼, 시장(나무)도 경제/사회의 발전과 함께 늘 성장해 왔다.

➔ **우리들 투자 목적(노후 생활 자금 준비)은 최소한 2세대를 걸치는 초 장기 프로젝트(**투자 준비 20년, 노후 생활 30년)이다. 중요한 것은 확률이 낮은(수익률 변동성이 큰) 5년 뒤 시장의 단리 수익률이 아니라, 최소 20년 뒤 경제/사회의 성장을 반영하는 확률이 매우 큰(수익률 변동성이 낮은)시장의 높은 복리 수익률이다.

➔ 나무가 세월(시간)과 함께 성장하듯, **시장(인덱스펀드)의 분산 불가 위험(체계적 위험)도 시간과 함께 자연스럽게 자연 치유된다.**

앞 장에서 개별 기업/또는 산업의 수익률 변동 위험(표준편차 값)은 상관관계가 음의 관계에 있는 기업을 적절하게 섞어서 포트폴리오를 구성하면 제거된다고 했다. 이러한 포트폴리오 운영의 대표적인 사례가 전체 시장의 지수와 동일하게 구성된 인덱스펀드(또는 ETF)라고 했다. 그리고 인덱스펀드가 개별 기업/또는 산업의 위험은 제거할 수 있으나, 경기 변동으로 인해 시장 전체가 영향을 받아 시장지수가 오르내리는 위험(분산 불가능한 체계적 위험)은 제거할 수 없다고 했다. 다만, 국내 시장지수와 음의 상관관계를 보이는 다른 나라의 시장지수에 투자하거나, 실물자산에 투자함으로써 일부 제거할 수 있었으나 그 효과는 제한적이었다.

우리들의 고민은 초 장기간 프로젝트인 노후 준비를 위해서 매년 발생되는 **인플레이션을**

극복하면서, 채권 금리보다 높은, 장기 안정적인 높은 수익률을 기대할 수 있는 자산을 찾는 것이다. 표 3-56b에서 정리한 미국과 한국 금융사의 실제 사례를 보면, 수익률이 높은 것은 **주식시장지수 > 채권수익률 > 인플레이션율 순서였다.** 수익률 순으로 보면 시장지수의 수익률이 가장 높아 인덱스 투자 외에 달리 대안이 없어 보이지만, 인덱스펀드 수익률의 위험(분산 불가능한 수익률 변동성 위험, 체계적 위험)을 제거하지 못하면 시장지수(인덱스펀드)의 높은 수익률도 의미가 없기는 마찬가지인 셈이다. 그래서 이 장에서는 **시장지수(인덱스펀드)의 체계적 위험을 제거**하는 방법을 알아보는 것이다.

먼저 몇 가지 전제에 대한 독자들의 공감이 필요하다.
① 개별 기업은 시장에 새로 등장(애플처럼)하기도 하고, 사라지기도(에너지 공룡기업 앤론처럼)하지만, **시장은 항상 성장**(다우지수 100년 142배 성장처럼)해 왔다
② 기업은 살아있는 생물처럼 끊임없이 생존을 위해 **진화**한다. 생존한 기업들 가치의 합이 시장 주가이다.
③ 시장(인덱스펀드/또는 ETF)에 투자한다는 것은 경제 성장과 함께 나의 투자 가치도 계속 증가된다는 의미이다.
④ **위험(Risk)**은 내가 감내할 만한 범위 내에서 **관리**하는 것이지, 완전히 제거하는 대상이 아니다. 위험을 모두 제거하면 수익도 대부분 제거되기 때문이다. ^^

답은 시간이다. 시간은 우리들이 이용하는 방법에 따라 우리를 도와주는 가장 강력한 친구가 되기도 하고, 잘못 사용하면 친구가 아닌 무서운 적이 되기도 한다. 우리들의 투자 목적은 호사스러운 생활이 아닌 소박한 노후 생활 준비이다. 다행스럽게도 **아직 우리에게는 시간이 충분하다.** 이 책을 읽는 독자들은 아직 노후 생활을 준비하는 데 최소한 10년 이상 시간이 있을 것이다. 시간과 시장(인덱스펀드)의 위험 관계를 살펴보면, 투자 기간이 길어지면 투자수익률의 평균은 일정해지지만, 투자수익률의 위험(수익률 변동성)은 급격하게 줄어들게 된다.

아래 표는 표 3-32a 및 표 3-42a에서 살펴본 미국과 한국의 시장지수 수익률 그래프를 다시 보여준 것이다.

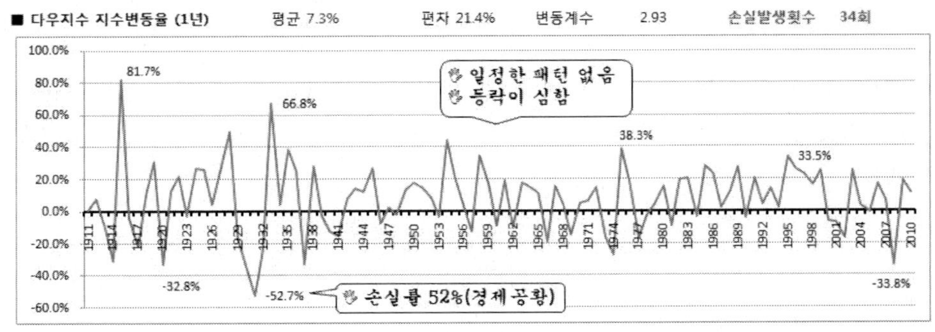

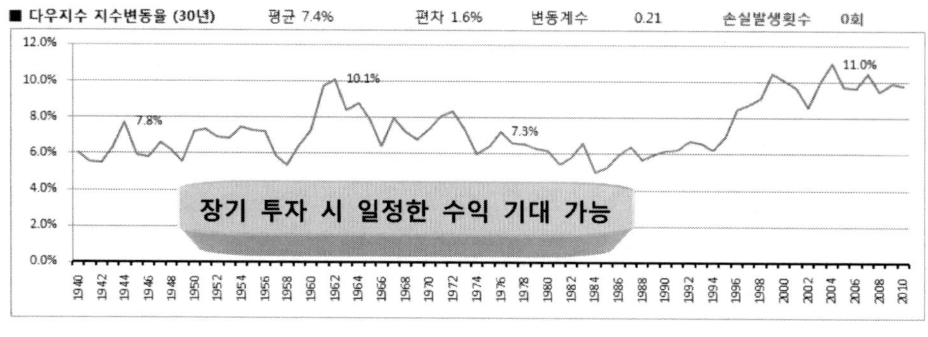

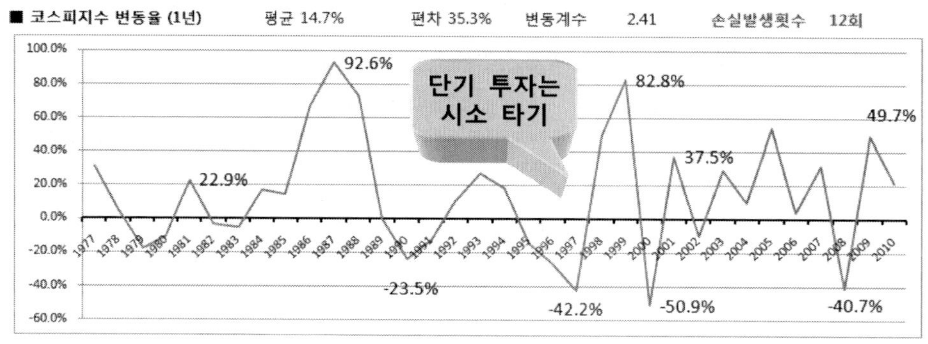

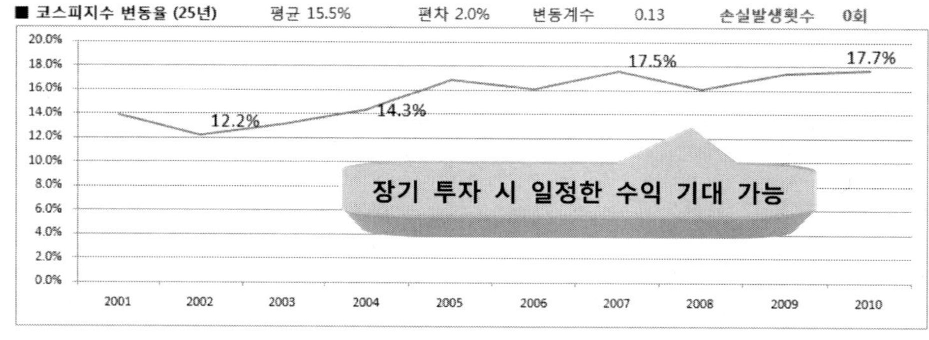

아래 **표 3-70은** 인덱스펀드에 투자를 할 경우 분산(제거)이 불가능한 위험을 시간을 가지고 제거하는 흐름을 설명한 그림이다. 기업의 판매 활동과 재고자산 수준, 그리고 금리 수준 등에 따라서 경기는 활황이 되기도 하고 침체가 되기도 한다. 그러나 대부분 국가의 시장 사례에서 확인되듯이, **경제는 항상 성장했다**. 이는 개별 기업/산업은 사라지기도 하지만, 시장에 남아 있는 기업들은 항상 다양한 형태로 부가가치를 창출하여 **사회 전반적인 부의 증가**를 만들어왔기 때문이다. 기업의 부가 가치 창출은 수익의 증가를 가져와 시장의 상승을 가져오는 주가 상승으로 이어진다.

표 3-70 시간과 시장의 성장관계

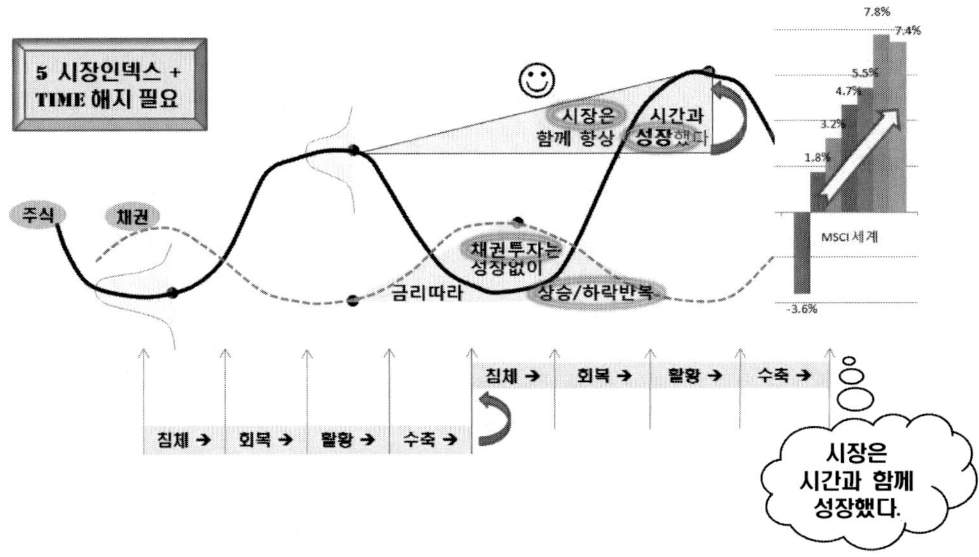

표 3-71 투자기간 증가와 시장지수 수익률과의 관계

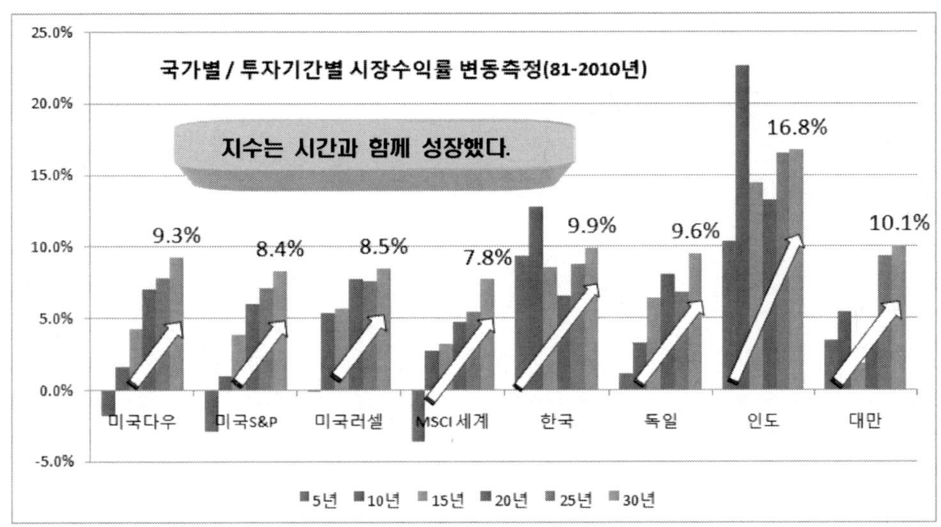

※ 2010년을 기준하여, 매 5년 구간별로 수익률 측정 / 맨 좌측의 5년은 2006년~2010년 동안의 수
익률이며, 맨 우측의 30년은 81년~2010년 동안의 수익률임.

표 3-71은 국가별로 투자 기간이 장기화되면서, 실제 실현된 수익률의 변화를 표기한 그
래프이다. 투자 초기에는 일부 손실이 발생된 경우도 있었지만, 대부분의 국가(일본을 제외[117])

---

117 일본의 장기 불황의 원인은 학자들마다 다양하다. **부동산 버블 붕괴**로 인한 경기 침체와, 세계 최고의 제조업
경쟁력을 갖춘 일본의 기업들이지만 **엔화 가치 상승**에 힘을 잃었고, 명확한 미래 비전이 부족했던 **정치권**, 1억
2천만 명의 작지 않은 내수 시장이 있으나 고령화에 따른 노후 생활 준비로 너무 검소한 생활(?)로 인한 **소비
위축.** 그리고 무엇보다도 미국, 영국, 프랑스, 독일과는 달리 제한된 금융자본의 효율적 배분을 위한 **금융산업**

에서 시간이 경과함에 따라 평균 수익률이 증가됐다.

측정 기간은 80년부터 2010년까지 최근 30년간을 대상으로 했다. 독자 여러분도 잘 아시는 바와 같이 이 기간 동안에 **한국**은 3번의 어려움(97년 IMF, 2000년 초 IT 버블, 2008년도 금융위기)을 겪었고, **미국**도 87년 10월 블랙먼데이(하루 동안 22% 지수 폭락)와 2008년도에는 1930년대의 경제공황에 버금가는 주가 폭락(다우지수 전년 말 13,264 대비 38% 하락하여 8,776 기록)을 경험하기도 했다. 그러나 시장은 과거에도 그러했듯이 모든 위기를 극복했다. 이러한 시장의 특성을 이해한 외국의 투자자들은 한국의 IMF 위기 극복과 정에 참여하여 막대한 수익을 올렸다. - 이때 학습 효과 때문인지, 지금은 한국의 기관 투자가들이 유럽의 그리스 위기를 기회로 삼아 그리스 위기 극복 과정에 투자하려는 움직임도 있다.

시장은 늘 위기를 극복했다. 장기간 관찰해 보면 특정 기간 동안의 손실은 뒤이은 시장의 급 반등으로 대부분의 손실을 상쇄(표 3-33b 참조)하였고, 시장은 이익을 추구하는 끊임없는 기업활동(IBM과 같은 글로벌 공룡 기업도 늘 새로운 먹거리를 찾아 다니고, 고객이 무엇이 필요할지를 찾아 늘 고민하는 신생 기업들은 시장에 새로운 동력을 불어 넣는다)과 함께 지속 성장해 왔다. **표 3-72**는 이러한 현상들을 우리들이 투자하는 방식(시장지수, 채권, 예금)에 따른 투자수익률과 연계하여 그래프로 정리한 것이다.

표 3-72 투자 기간 증가와 시장지수 수익률과의 관계

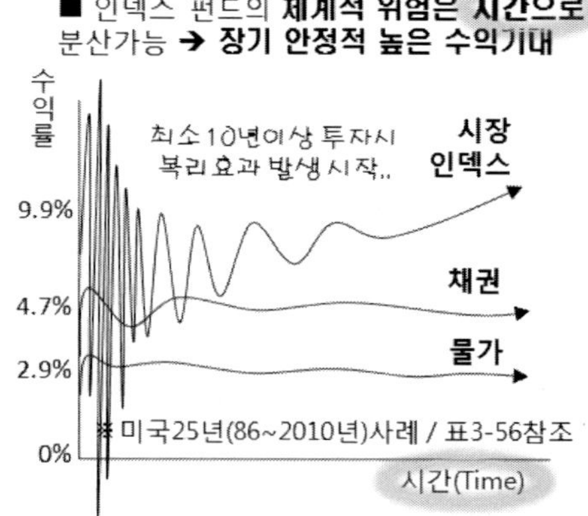

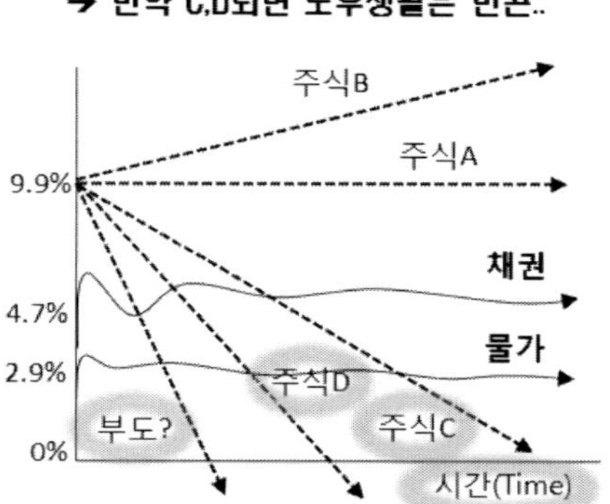

표 3-72는 86년부터 2010년까지 최근 25년 동안의 미국의 사례를 정리한 그래프이다. - 유사한 설명 사례로 표 3-32와 표 3-35가 있었다.

시장지수(인덱스펀드)에 **장기간 투자**를 하게 되면, 표 3-70과 같이 시장 자체의 <u>위기 치유 능력</u>[118] 때문에, 인덱스펀드에서 **분산 불가능했던 위험(체계적 위험)을 제거**할 수 있는 것이

발전이 부족했다는 점 등등.

[118] 시장 자체의 치유 능력이란 결국 사람들이 하는 것이다. 불황기에 정부가 공공사업을 늘리거나, 기업의 세금을 감면하거나 기준 금리를 인하하여 투자 활동을 간접 지원하는 조치, 중앙은행이 시장의 채권을 무제한 매입하여 돈을 시장에 공급하는 조치 등.

다. 즉, 개별기업의 수익률 변동성 위험(표준편차)을 포트폴리오 분산투자로 제거할 수 있듯이, 기업 외부의 여건(경기 침체, 고금리 등) 변동에 따른 시장 전체의 수익률 변동성 위험(표 3-62의 ①번, 분산제거 불가능한 위험)도 제거할 수 있는 것이다. 앞의 표 3-63C에서 포트폴리오 분산투자를 할 경우에도 분산이 불가능했던 부분을 이젠 제거할 수 있게 되었다.

■ 개별주식과 포트폴리오 투자 비교 → 장기간

기간	투자방식	위험 요소들...			위험 수준	결과
		분산가능	분산불가	투자자		
장기 투자	개별종목	기업변수	대외변수	심리불안	높음	투자손실
	포트폴리오	제거	제거	제거	낮음	투자이익

여기에서 다시 한 번 더 강조한다면, **우리들의 투자 목적은 노후 준비**이며, 준비 기간 20~30년, 노후 연금 기간 최소 30년이 되는 **초 장기 투자 프로젝트**라는 점이다. ♣♣♣

초 장기 투자를 하면서 **높은 수익률**(장기적으로 인덱스펀드의 수익률을 앞서는 펀드매니저는 거의 없다)과 **낮은 위험**도(인플레이션 위험, 산업 변동 위험, 경기 변동 위험, 기업 부도 위험, Market Timing 위험 등을 제거)를 동시에 만족시키는 투자 방법은 시장에 투자하는 **인덱스펀드(또는 ETF)**밖에 없다.

여러분은 소박하지만 아름다운 노후 준비를 위한 중요한 투자를 하면서 매일 시소 타기와 같은 주가 변동 그래프를 바라보며 마음 졸이는 스트레스를 받아, 생업에도 지장을 받으며, 결국에는 **시간(확률)을 적으로 만드는 사악한 Market Timing**(상승과 하락 시점을 맞추어 인덱스 투자하려는 행위도 포함)을 할 것인가?
아니면, 폭풍우를 헤쳐가는 커다란 유조선처럼, 조금씩 그러나 꾸준히 성장하며, **시간을 친구로 만들어 주는 위대한 복리의 효과를 두 다리 쭉 뻗고 바라보는 즐거움**을 가질 것인가?

6) 시장(인덱스/ETF)에 투자하는 것은 가장 안전한 장기 투자 방법이다.

→ 기업의 경영 환경은 계속 바뀐다. 그러나 과거에도 그랬듯이 **배우(개별 기업/산업)는 바뀌지만 무대(시장 자체)는 변함없이 계속 존재했다.**

→ 시장에 투자하면 위험(인플레이션, 기업 부도 등)이 제거된다.

→ 시장은 경제/사회 변화를 반영하여 끊임없이 부를 창출했다. 시장과 같이 가면 결국 큰 보상을 받았다.

표 3-73 시장에 투자가 최선

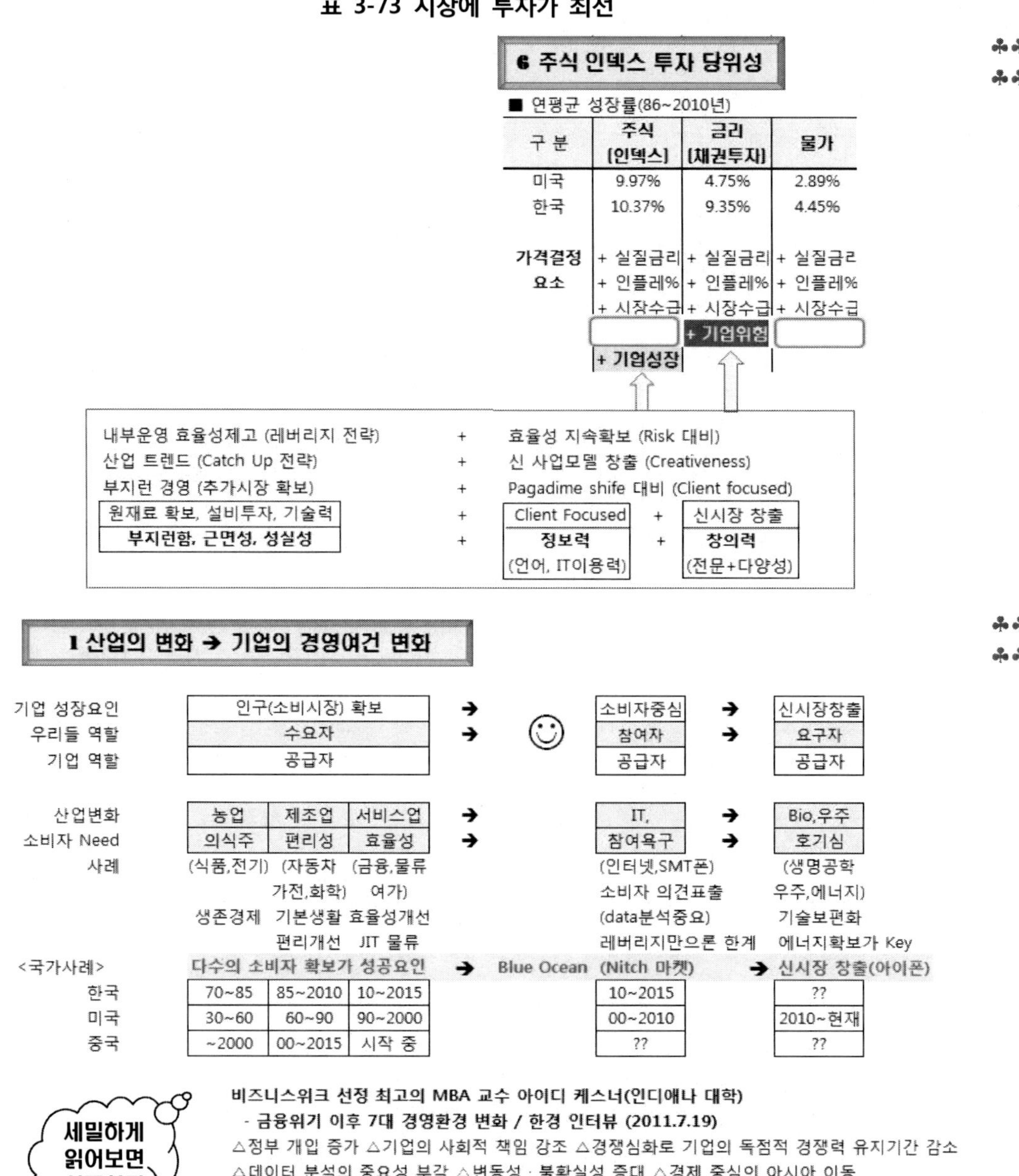

한국의 **시장지수는 35년간 약 20배 성장했다**. 이를 매년 수익률로 환산하면 9.17%(배당률 감안하면 연 10.37%)가 된다. 향후 한국 경제가 선진국으로 진입하면서 시장지수의 수익률은 일부 줄어들 수도 있겠지만, 미국의 사례에서도 보았듯이 한 가지 확실한 것은, 다른 투자 방식(채권, 현금)보다 수익률이 많이 높았다는 점이다.

앞의 표 3-4 한국 코스피 투자 기간별 수익률 / 76~2010년

투자 기간	35년	30년	25년	20년	15년	10년	5년
연 수익률	9.17%	9.94%	8.77%	6.58%	8.54%	12.80%	9.35%
누적 수익률	1972%	1560%	752%	335%	314%	295%	142%

예금이나 채권 투자 및 개별 기업 주식 투자는 모두 공통적으로 ① 기회비용(중앙은행 기준 금리) ② 인플레이션 위험 그리고 ③ 시장에서 거래 당사자의 수급 불균형으로 발생되는 위험에 대하여, **모두 보상**(기대 수익률)을 받는다. **여기까지는 모두 동일**하다.

그러나 **채권 투자** 시 요구되는 기대 수익률은 예금 금리보다 높다. 이는 채권 투자자가 채권 발행 기업의 위험을 부담하지만, 예금은 기업의 부도 위험을 부담하지 않기 때문이다. **개별 주식 투자** 시 요구되는 기대 수익률은 채권보다 높다. 이는 채권의 원금과 약정 이자는 경기 변동에 관계없이 무조건 지급 약정일에 지급해야 하지만, 주식 배당금은, 불황으로 기업이 돈이 없으면 지급하지 않아도 아무런 문제가 없고, 기업의 부도 발생 시에도 채권이 모두 상환된 이후 남는 것이 있으면 받아가야 하므로 채권보다 큰 위험을 부담하기 때문이다.

중요한 점은 전체 시장과 같은 포트폴리오 구성(분산투자)하여 위와 같은 개별 기업/또는 산업에 주식 투자 시 위험을 모두 제거한다면, 그리고 시간과 함께 분산 불가능했던 위험까지도 모두 제거한다면, 인덱스 지수투자는 채권이나 예금보다 매우 매력적일 수밖에 없다.

이미 잘 알고 있겠지만, 대표적 안전 자산인 **정부 채권도 인플레이션 위험**으로부터 자유로울 수 없다. 채권 펀드도 일부 기업 채권이 포함되어 있다면, 기업의 부도 위험을 부담해야 한다. 그러나 **전체 시장 포트폴리오** 구성하여 투자를 하면, 포트폴리오를 구성하는 각각의 기업/또는 산업의 투자 위험에 대한 보상은 높게 받지만, 각각의 위험이 포트폴리오 안에서 모두 제거되므로, 결과적으로 위험은 낮아지고 수익률은 안정되고 복리 효과로 높아져서 **최선의 선택**이 되는 것이다. ^^

나의 포트폴리오 어떻게 구축할까?

→ **부록 CD를 컴퓨터에 넣자.** 표 4-1을 불러와서 투자 기간 ⑩번과 투자 금액 ⑪번을 입력해 보면서, 노후에 매월 받게 될 연금액 ③번이 어떻게 바뀌는지를 직접 느껴보자.

→ 그간 숫자 의미를 잘 모르며 대충보고 서명했던 것을, 이제는 **알고 서명하자.** 내가 직접 재무설계를 **해 보면, 숫자의 의미를 알게 된다.** 우리들의 노후 인생 연금이 걸린 중요한 문제이다.

→ **표 4-1에서 ⑫, ④, ⑤번은 내가 조정할 수 있는 항목이 아니다.** 이것을 이해하는 것이 이 책을 읽는 목적이다. 만약 여러분이 **공감했다면, 이미 여러분은 투자의 고수이다.** ^^

→ 만약, 여러분이 한 해라도 빨리 작은 금액이라도 투자하는 중요성을 알게 되고, 약간의 수익률을 높일 수 있거나, 비용을 줄이는 작은 노력들이 장기적으로는 여러분이 노후에 받게 되는 연금에 엄청난 영향을 끼치게 됨을 이해했다면, 여러분은 **이미 노후 준비의 절반을 준비한 것**이며, 이 책을 읽는 목적을 다 달성한 것이다.

불과 얼마 전까지만 해도, 열심히 일만 하면 직장에서 퇴직금도 넉넉히 주고, 노후 생활도 그리 길지 않아 큰 어려움 없이 소박한 노후 생활을 기대할 수 있었다. 그러나 **지금은 불가능하다.** 급변하는 경제/사회 환경 속에서 기업들의 생존 경쟁은 날로 치열해지고 있고, 직장에서 지급하는 퇴직금도 넉넉하지 못하며, 지급 방법도 여러 가지 사정으로 기업이 아니라 **내가 직접 관리해야 하는 시대**로 점차 변화하고 있다. 조만간 퇴직연금 관리도 미국 등 선진국가처럼 개인별로 연금을 관리하는 방식(IRA 계좌)으로 바뀔 것이다.

이러한 거역할 수 없는 큰 변화의 흐름은 우리들에게 금융시장에 대한 최소한의 이해를 요구하고 있다. **이제는 더 이상 금융 문맹인으로서는, 최소 30년 이상 될 긴 노후 생활을 지켜내기가 불가능하다.**

금융시장을 이해하려면, **첫째,** 사회/경제 활동의 매개체로서 금융 산업의 역할에 대한 이해와 **둘째,** 금융시장 참여자들이 누구이며, 그들이 어떤 이유로, 어떤 방식으로 참여하는지 **셋째,** 금융시장의 대표 상품인 주식과 채권의 거래 원리 핵심 이해 **넷째,** 왜 세계 유수의 금융기관들이 포트폴리오 방식으로 투자자산을 관리하는지 그리고 **마지막**으로 이러한 금융 거래가 나와 어떻게 연결되는지를 알아야 한다.

지금 우리들은 뭔가 부족해 보이는 국민연금을 바라보면서, 어떻게 준비를 해 보아야겠다는 필요성을 느낄 것이다. 그래서 다들 조급한 마음에 그럴싸해 보이는 부동산 프로젝트 등 여러 가지 투자를 시도해보기도 하고, 남들이 주식투자로 큰돈 벌었다는 말을 듣고는 빚을 내 주식 투자를 하다가 낭패를 보기도 했을 것이다.

하지만, 한 가지 확실한 것은 **금융시장은 절대 아마추어가 주인공으로 참여할 수 있는 곳이 아니라는 것**이다. 금융시장은 항상 돈이 연관되어 있어 시장에 참여하는 모든 당사자의 치밀한 이해관계에 따라 상호 협력과 견제가 동시에 상존하는 **냉철한 프로들의 시장이다.**

독자 여러분들은 금융을 전문으로 하는 사람이 아니다. 금융에 생소한 것이 당연하다. 하지만, 금융계의 진정한 프로들이 잠깐 스쳐가며 말로 여러분들의 소중한 노후 생활과 연관되어 있는 매우 중요한 이슈들에 대하여, 코멘트하는 것을 잘 새겨 들어야 한다. 그들의 한마디 말은 금융 이론의 핵심을 정리한 이야기이며, 동시에 그들이 현장에서 어떻게 그간 엄청난 수익을 올릴 수 있었는지를 알게 하는 단서인 것이다.

금융은 실물 경제활동을 하는 기업과, 소비의 주체이면서 저축을 통해 기업에 자본을 공급하는 개인들 사이에서, 가치를 저장하는 수단(돈)을 통하여, 양자를 연결하는 **공공성이 강한 업무**이다. 그간 이러한 복잡한 금융 업무를 외국어와 같은 언어를 쓰면서 이해하기 어렵게 설명한 **소수만을 위한 책**들이 있었고, 금융 업무의 극히 일부분만을 단순화시키고 다소 과장해서 소설 같은 이야기로 만들어, 독자를 그릇된 방향으로 이끄는 혼란스러운 책들도 많았다.

그러나 **방법을 달리해 보자.** 금융 이론은 장기간에 걸친 시장 데이터에 근거하여 만들어**진다.** 이제부터는 금융 이론을 현실감이 떨어지는 복잡한 수학 공식이 아니라 **실제 데이터 분석 프로그램과 그래프 그림만을 가지고서 쉽게 이해해 보자.** 컴퓨터의 발달로 예전에는 수학 천재들이나 할 수 있었던 복잡한 공식을, 지금은 몇 번의 마우스 클릭만으로도 우리가 이해할 수 있게 되었다.

부록 CD에 있는 엑셀 프로그램으로 내가 직접 해 보면, 여러분은 **이 책으로 다 설명할 수 없는 미묘한 차이를** 느낄 수 있을 것이다. 옛말에 "백 번 듣는 것보다 (내가 직접) 한 번 보는 것이 낫다" 고 했다. **이젠 내가 직접 해 보자.**

1) 투자하려는 목적을 명확하게 정의하기

우선 나의 포트폴리오 구축을 위해서는 **"내가 왜 돈을 벌려고 하는지"**를 명확하게 정의해야 한다. 세대 간, 지역 간, 국가 간 정치/사회/경제적으로 복잡하게 이해관계가 얽혀있는 현재를 살아가는 우리들은 항상 불안하다. 우리들은 본능적으로 안정을 추구하지만 국가 간 이해관계는 날로 첨예하게 공존과 경쟁을 반복하고 있고, 한 국가 내에서도 지역 간, 계층 간, 이해 관계가 첨예하게 대립하는 경우도 많다.

근무하는 직장 생활도 날로 경쟁이 치열해지고 있으며, 설사 정년까지 열심히 생활을 해도 예전처럼 은퇴 이후 안정적인 삶을 할 수 있겠다는 확신을 갖기 어렵다. 지금은 몸과 마음이 건강하고 일에 대한 열정도 있어, 어느 정도 현재의 삶에 안정을 기대할 수 있겠지만, 몸도 마음도 약해지고 일에 대한 열정도 상대적으로 부족해질 수밖에 없는 은퇴 이후의 삶에 대하여는, 사실 안정을 기대하기가 어렵다.

이제는 우리들의 **자녀들도** 날로 치열해지는 삶의 경쟁에서 스스로 생존하기 위한 **삶의 무게를 감당하기에 벅차다.** (대가족 세대가 일반적이었던 앞 세대에서는 자식에 투자하는 것이 노후를 보장하는 확실한 방법이었지만) 아직 부모님을 도와드리려는 자식들의 착한 마음은 있겠지만, 시간 적으로나 경제적으로나, 사실 여력이 거의 없다. 더욱이 의료기술의 발달로 노후의 삶은 최소 은퇴 후 30 이상 연장되었다. 국민연금과 직장에서의 퇴직연금이 조금 있지만, 정말 긴 노후 생활을 부양하기에는 부족해 보인다. 그래서 지금 당장 우리는 노후 생활을 위해 무언가 준비하여야만 한다.

즉, 대부분 우리들의 **투자 목적은 예외 없이 노후 생활 준비이다.**

2) 내가 필요로 하는 수익률/ 위험도 찾기

우리들이 투자 목적을 명확하게 정의하면 투자를 실행할 수 있는 최선의 방법을 찾는 것은 그리 어려운 일이 아니다. 단기적으로 투자자산 유형(주식, 채권, 예ㆍ적금)을 살펴보면, 상품의 유형별로 매우 다양한 수익률과 위험(수익률 변동성 및 인플레이션으로 인한 자산 가치 하락)의 정도를 보여주므로 선택이 어렵다. 단기적으로는 금융상품별로 수익의 등락이 심할 수 있다. 그러나 **장기적으로 투자 자산 유형별로 살펴보면 일정한 수준의 수익률과 위험의 정도를 명확**하게 보여 준다.

따라서, 어떠한 투자자산을 이용하여 노후 준비를 해야 할지를 정하게 되는 **장기 금융 상품의 선택 기준**은 의외로 간단하다.

① 미래 기대되는 수익의 크기(기대 수익률)가 <u>내가 필요로 하는 수준과 같은지 여부</u>

② <u>기대 수익의 달성이 확실한 정도</u>(기대한 수익률 달성의 가능성을 보여주는 확률의 값)

③ 만약 기대 수익 달성이 일시적으로 되지 않았을 경우, 그 영향을 <u>내가 감내할 만한 여력이 되는지 여부</u>

자, 그럼 부록 **CD의 표 4-1을 이용하여 내게 필요한 수익률과 위험도를 찾아 보자.** 우리들의 투자 목적은 소박한 노후 생활이고, 투자 기간은 노후 생활 준비 기간(약 20~30년)과 노후 생활 기간(약 30년)을 합하면 대부분 50~60년 정도의 초 장기간이다. <u>인생의 균형 있는 모습[1]</u>을 직접 설계하여 보면, 즉 노후 생활의 미래를 보게 되면, 우리들은 **절대 무리할 필요가 없다는 사실**을 알게 된다.

여기에서 매우 중요한 한 가지 사실은 미래에 예상되는 **수익률 값은** 내가 혹은 유능한 펀드매니저가 **노력을 해서 달성하는 것이 아니라는 것**[2]이다. 미래 예상되는 수익률 값은 과거 장기간 금융시장에서 투자자들 간에 수많은 거래를 통하여 투자자산의 유형별로 발견된 평균 수익률 값[3]을 **그냥 주어진 값으로 사용해야 한다는 점**이다. 내가 결정할 수 있는 부분은 발견된 투자자산 유형별 평균 수익률 값의 위험도(수익률 변동성 정도)를 나의 상황

---

[1] 표 3-20-1과 표 3-20-2 참조

[2] **10년 이상 시장의 평균 수익률을 초과하는 펀드는 거의 없다.** 극히 예외적으로 워렌 버핏과 같은 사람도 있지만 그가 운영하는 펀드는 초 장기 투자를 지향하는 펀드로서 일반적인 시장의 단기 펀드와는 투자 철학이 다르다.

[3] 표 3-3, 3-37(한국 코스피 지수 25년간 연 9.17%) 표 3-27(미국 다우지수 100년간 연 5.08%) / 표 3-56b 한국, 미국 지수, 채권, 예금 수익률 비교 / 신흥 시장의 기대 수익률은 OECD 국가보다 높지만 위험 또한 높다.

에 맞도록 감안[아래 표 4-3의 3)-C·ii 사례) 시나리오 테스트]하여 선택하는 것뿐이다.

즉, 기대 수익률 값의 선택(투자자산 유형 선택)은 내가 위험을 감내할 만한 여력(버퍼)을 기준으로 선택하는 것이다. 다행인 것은 내가 감내해야 하는 **여력(버퍼)을 결정하는 가장 큰 변수는 시간이라는 점**(표 3-47,48,49,50,59 참조), 그리고 대부분 경우, 시간이 지남에 따라 **위험이 자체 치유된다**[4]는 사실이다.(표 3-70,71,72 참조)

표 4-1 생애 재무설계 사례 ➔ 부록 CD를 사용하여 계산해 보자 ♧♧ ♧♧
➔ 내 상황에 맞게끔 일부 항목만 입력하면 된다.^^

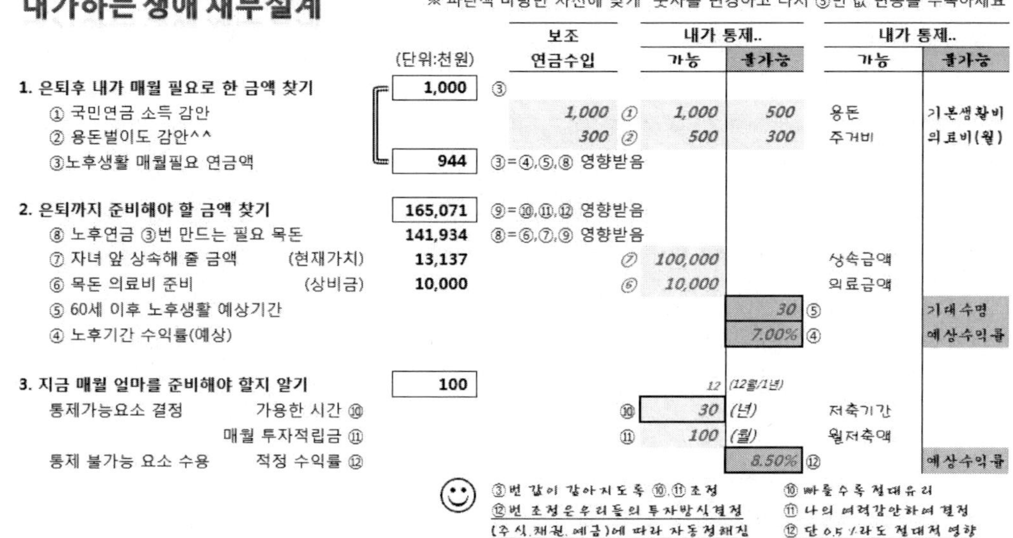

투자자산 유형별 **평균 수익률과 투자 기간은 서로 떼어낼 수 불가분의 관계**이다. 주식 투자 평균 수익률은 달성하는 데 많은 시간을 필요로 한다. 채권은 주식보다 평균 수익률이 낮지만 예금보다는 높다. 그리고 채권의 평균 수익률을 달성하는 데 소요되는 시간은 주식보다는 짧고 은행의 예금보다는 길다. 예금은 언제든지 찾을 수 있다. 그렇지만 수익률은 낮다. 왜 그럴까? 답은 우리들의 투자 자금을 받아 사용하는 기업들의 주식과 채권 상품 특성 때문이다

---

[4] **투자에 적합(Investable)한 요소를 갖춘 경우에만 해당**. 기업의 회계 또는 시장 자체가 불투명하면 해당 사항 없음

표 4-2 생애 재무설계 결과 - 예시

생애 재무설계 결과

1. 생애 재무설계중 내가 통제 불가능한 것 ➔ ⑧번 예상 수익률
   ☞ ⑩번 적립기간과 ⑪번 월적립 금액은 내가 조정가능
2. ③번을 감안하여 장기, 안정적인, 적정한 수익률이 유지되는 투자
   방식을 선정하는 것이 매우 중요 ➔ **이 책을 읽는 목적입니다**

< 예 시 >

8.50%	수익률 (은퇴 전)
30	적립기간(년)
100	적립금액(매월)
7.00%	수익률 (은퇴후)
30	연금 수령기간

⑫, ④번 기대수익 참조자료
< 86~2010년 연평균 증가율 >

구분	한국	미국
물가	4.45%	2.89%
금리	9.35%	4.75%
지수	10.36%	8.91%

* 한국금리는 IMF특수상황 감안필요

<은퇴 준비기간 동안..>

36,000	저축원금
129,071	수익금액
165,071	총금액

<은퇴 후 기간 동안..>

165,071	은퇴까지 준비한 총금액
230,288	추가운영 수익금액
395,359	연금수령 총합계

<준비기간+은퇴후 기간>

36,000	저축원금
11.0	원금의 배수
359,359	복리 이자금액

- ③번 두개 값이 같아지도록 ⑩, ⑪를 조정해 보자.
  ☞ 참조로 ④,⑤,⑫는 내가 조정할수 있는 값이 아니다
- ⑩, ⑪를 조정해서 ③번의 매월 받게될 연금의 변화를 보면, 지금 내가
  무엇을 해야 할지를 명확하게 느낄것이다. **이것이 재무설계 입니다**

　　우리들은 초 장기 노후 설계 프로젝트를 설계하면서, 반드시 기대 수익률과, 위험과 시간(확률)과의 관계를 잘 관찰해야 한다.

　　카지노 게임과 장기 투자의 공통점은 확률(시간)이 매우 중요하다는 사실이다. 카지노 게임은 시간이 흐를수록 확률이 내게 불리하게 적용되지만, 장기 투자는 시간이 지날수록 내가 승리할 확률이 높아진다. 그래서 투자의 거장 **앤서니 볼튼은 "투자가 확률 게임**이라는 점을 이해하는 것이 중요하다" 했다. 또한 카지노 도박과 투자의 또 다른 공통점인 "한두번의 요행을 나의 실력으로 믿게 하는 강한 유혹"에 절대 속지 말자. ^^

표 4-3 부록 CD의 나의 재무설계 세부 설명 / 밑줄 부분 입력

첫째, 은퇴 후 내가 매월 필요로 하는 금액 파악하기

A. 노후에 기존적으로 필요로 하는 <u>생활비와 의료비</u>(나이가 들수록 우리 몸이 좀더 세밀한 의료 관리와 보조 의료품을 필요로 하는 것은 당연하다)와 <u>용돈을</u> 입력한다.

B. 그러고 나서 <u>국민연금[①]</u>이나 혹시 가능한 용돈벌이 수입[②]이 있으면 입력한다.

C. 그러면 노후에 매월 내가 필요로 하는 <u>부족한 금액인, ③번 금액</u>(A 금액에서, B 예상 수입 금액을 차감)<u>이 자동 계산된다.</u>

　　☞ 번 금액이 (-)이면, 노후 지출보다 수입이 많은 경우이므로 더 이상 노후 고민 끝. ^^

문제는 ③번의 필요로 하는 금액이 산출되지 않을 때 발생된다.

둘째, 상기 1)번의 ③금액을 매월 받기 위해서, 내가 은퇴 시점까지 마련해야 하는 [⑨]번 필요 목돈 금액 찾기

- ⑩⑪⑫/④⑤⑥⑦ 각각을 우선 생각나는 숫자로 입력해 보자. 번 금액이 바뀌어 번 금액이 산출되도록 해 보자.

A. **⑨번 목표 금액은 아래 i, ii, iii에 따라서 달라진다.**

　　i. 가용한 시간→ 은퇴 시점까지의 시간[⑩]과, 은퇴 후 노후 생활 기간[⑤]

　　　　☞ ⑩번은 현재 시점에서, 은퇴 예상 시점까지의 년 수 입력

　　　　　⑤번은 은퇴 시점에서 이후 생존 가능 기간 입력

　　ii. 예상 수익률→ 은퇴 이전 기간[⑩]번에 기대되는 수익률을 ⑫에 입력하고, 은퇴 이후 기간[⑤]번에 기대되는 수익률을 [④번]에 입력한다.

　　　　☞ 노후 준비 기간인 ⑩번과 노후 생활 기간인 ⑤번의, 전체 기간 동안 적용되는 ⑫번과 ④ ♣ 번의 연평균 수익률은, 우리들의 노후 생활 연금인 ③번 금액을 결정하는 핵심 요소이다.

　　iii. 상속 금액 및 노후 생활 비상금 → 각자 상황에 따라 적절하게 입력

B. ⑩번 및 ⑤번 기간 동안 적용되는 **⑫번과 ④번 수익률은** 투자 가능한 기간, 투자자산 유형(주식, 채권, 현금) 투자 대상 국가(Un-developed, Developing, Developed)별로 **대부분 어느 정도 정해져 있다**[5]. 따라서 내가 정할 수 없고, 이미 공개되어 있는 객관적인 자료(표 3-18, 3-56b 참조)를 참조해서 주어진 값을 입력해야 한다.

　　· 투자 전문가에게 물어 볼 수도 있다. 그러나 반드시 20년 이상 장기 데이터를 근거로 산출된 값을 요청해서 입력해야만 한다.

　　· 미리 정해진 수익률을 선택하는 것은, 선택한 수익률의 위험도(수익률 변동성, 즉 미래 달성 확률 값)를 내가 수용한다는 의미이다.

셋째, 지금 나의 연령에서 [⑨]번 필요 목돈 금액을 준비하기 위해서는 매월 얼마를 어느 정도의 수익률을 기대하며 투자해야 할지 알아보기

　　- ⑩⑪⑫/④⑤⑥⑦ 각각 입력해 보면서 ⑨번 금액이 변화되면서 ③번 금액과 같도록 해 보자.

A. **핵심 2가지 이해하기**

　　i. ⑩번, 가용한 시간→ 은퇴까지 가용한 시간(연도)을 말한다.

　　　· 내가 조금이라도 빨리 준비를 한다면 어렵지 않게 내가 원하는 ③번 금액은 기대할 수 있게 된다.

　　ii. ⑫번, 적정 수익률→ 투자자산 유형(주식, 채권, 예금)에 따라 수익률의 대부분이 정해진다. 수익률은 어느 누구도 임의로 정할 수 있는 사항이 아니다.

B. **⑪번, 매월 적립 금액 정하기**

　　i. 내가 현재 상황에서 매월 적립할 수 있는 금액을 ⑪번에 입력하여, 내가 기대하는 노후 연금 금액인 ③번이 산출되는지를 확인한다.

　　ii. 기대한 ③번 금액보다 같거나 크게 계산되는 경우,

　　　　☞ 아래 시나리오 테스트를 해서 다시 계산된 ③번 금액으로도 노후 생활이 가능

---

[5] 표 3-54, 55, 56을 보면, 한국의 경우 과거 35년, 25년 그리고 미국의 경우 50년, 25년의 금융 역사를 볼 수 있다. 이를 보면 주식, 채권, 현금 등 투자자산 별로 장기 수익률을 알 수 있다. 표 3-26은 미국 금융 100년사를 보여준다. 장기 투자 시 투자자산 유형 선정은 미래 수익률 크기에 결정적인 영향을 주게 된다. 표 3-18은 국가 발전 단계별로 경제지표를 보여준다.

한지 점검할 것. 만약 시나리오 테스트 결과 기대한 ③번 금액이 필요한 금액보다 부족하면, ⑪번 적립 금액을 상향 조정할 것. **절대, 번의 수익률을 상향 조정해서 번 금액을 상향시키면 안됨.**

iii. 기대한 번 금액보다 작게 계산되는 경우 → ⑪번 적립 금액을 상향 조정할 것. 마찬가지로 절대 ⑫, ④번의 수익률을 상향 조정해서 ③번 금액을 상향시키면 안됨

C. 위험 수준 정하기

i. 나의 위험 선호 수준 → 내가 높은 수익률을 선호하는 성향을 말하며, 노후 재무설계 시 크게 고려할 요소가 아니다. ^^

ii. 나의 위험 감내 수준 → 내가 위험을 감내할 수 있는 여력(능력)을 말한다.

> ☞ 나의 위험 감내 수준을 알려면 ⑩⑪⑫/④⑤⑥⑦번을 입력한 후, ④번과 ⑫번을 약간 조정해 본다.
>
> **사례) 시나리오 테스트**
> · ⑫번 8.5% → 6.5%, ④번 7% → 5%로 하향 조정해 본다.
> · ⑨번 금액이 변화되면서 ③번 금액의 변화 정도를 본다.
> · 변경된 ③번 금액으로 노후 생활이 가능할지 판단.
> · 만약 생활이 어려울 것 같으면 ⑪번 적립 금액을 상향 조정한다. 아니면 최대한 빨리 투자를 시작하는 방법뿐이다.

내가 꼭 알아 두어야 할 내용들

A. 기업의 투자 활동과 연결되어 있는 재무제표를 회계 기준에 따라서 살펴보고, 기업에 돈을 빌려주는 금융기관들의 운영 방식을 이해하면, 우리들이 맡긴 돈으로 투자하는 자산 유형별로 기대 할 수 있는 **수익률은 이미 일정한** 수준으로 정해져 있다는 것에 공감할 것이다.

i. 우리들의 투자는 **모두 기업 활동과 연관**되어 있다. 기업은 투자자산의 형태에 따라 적절한 비용(수익률)을 지급하고, 금융기관을 통해서 우리들의 돈을 빌려 쓴다.

· 표 2-1, 2-6 및 3-73 설명 참조

ii. 투자를 중계하는 **금융기관의 역할**에 따라 금융 상품의 특성(수익률 및 위험 수준)은 매우 다양하다.

· 표 2-7, 2-10 및 3-10, 3-20, 3-21 설명 참조

iii. 투자 기대 수익률의 일시적 변동은, 시장(기업 실적의 합)자체적인 요인보다는, 시장 주변(기업 외적인 투자 환경)변화 때문에 주로 발생된다. 그러나 이내 시장은 **시장(기업)의 본질 가치로 돌아간다.**

· 표 3-15, 3-16, 3-18 설명 참조

B. 따라서, 대부분의 경우 **기대 수익률 ④, ⑫번은** 내가 선택하는 투자자산 유형에 따라

미리 정해지는 것이다. 내가 또는 유능한 투자 전문가가 열심히 노력해서 높일 수 있는 것이 아니다.

ⅰ. 투자자산 유형별 수익률→ 대부분 역사적 평균으로 회기한다
  · 표 3-8, 3-16, 3-56, 설명 참조

ⅱ. 단기(5~10년 이하)적으로는 제아무리 유능한 전문가라 할지라도 정확한 가격 예측은 불가능하다
  · 표 3-47,48,49,50, 및 3-61 설명 참조

ⅲ. 장기적으로 주식시장 전체에 투자하면 적정한 수익률 기대가 가능했다.
  · 표 3-3,4,6, 및 3-70,71,72 설명 참조

C. 자체 치유력이 있는 시장 수익률의 일시적인 변동은, 우리들의 40~50년 초 장기 투자 프로젝트에 미치는 영향이 미미하다.

ⅰ. 우리에게 중요한 것→ 초 장기 투자 기간 동안 적정한 수준의 균형 잡힌 안정적인 장기 복리 수익률이 중요하다
  · 표 3-3, 2-26, 3-35, 3-46 및 3-56b 3-71, 3-72 설명 참조
  · 복리효과 명심 표 3-31a, 31b 및 3-41 참조

ⅱ. 일시적인 시장 변동(Black Swan)에 놀라지 마라. 항상 우리의 친구인 긴 시간은 우리들에게 높은 승리의 확률을 선사한다.
  · 표 3-30a,b,c 3-4-a,b,c 및 3-33a, 3-43
  · 표 3-72 인덱스펀드

3) 주요 입력 항목 의미 보완 설명

위 표 4-2 재무설계 사례를 정리해 보자.

▶ 기대 수익률(연 평균)

한국 코스피 지수의 경우, 과거 35년 전체 기간 동안 연 9.17%(최근 25년간 배당률 감안 시 연 10.37%) 수익률을 달성했다. 그러나 미국의 사례에서 보듯이 한국 경제가 점차 OECD국가로 진입하고, 한국 기업들의 성장률도 낮아지면서, 앞으로는 코스피 지수의 수익률도 낮아질 수도 있다. 하지만, 아직은 한국 기업들의 신 시장 개척 및 틈새 시장을 공략하는 능력이 뛰어나고, 치열한 경쟁 속에서 잘 훈련된 우수한 인적자원도 있으며, 중국과 인도 등 급속 성장하는 아시아권 경제 성장의 이점을 활용할 수도 있고, 통일 후 일시적인 경제적 부담으로 잠시 어려움은 있겠지만 장기적으로는 수출 및 내수 시장 확대에 긍정적인 요소가 더 많을 것으로 예상되어, 상당기간 성장 지속 가능성이 있는 것도 사실이다.

따라서 향후 30~50년 정도 투자 기간을 감안한다면, 노후 준비 기간 동안은 평균적으로 **약 8.5% 수준[6]**(배당률 포함)으로 예상되고, 은퇴 후 노후 생활 기간 동안은 미국 정도의 수준

---

[6] 표 4-3 좌측 하단의 미국 다우지수의 최근 25년 수익률은 8.91%이다. 본문의 표 3-56, 57의 데이터 참조할 것.

인 **약 7% 수준**(배당률 포함)을 적용하는 것이 적절해 보인다. 다시 한 번 더 강조하지만, 노후 연금이 작다고 절대 평균 기대 수익률을 상향 조정하면 안 된다. 수익률은 주어지는 것이다. 노후연금의 크기를 크게 하려면, **내가 통제할 수 있는 변수**인 매월 적립 금액을 높이거나 투자 기간을 연장해야 한다.

▶ 매월 적립 금액(매월)

젊은 세대의 노후 생활 준비 투자 기간은 길다. 중요한 점은 투자 복리 수익률 효과를 누리며, 시장의 일시적인 변동성 위험을 자연 치유되도록 하려면, **절대 중간에 중단해서는 안 된다**는 점이다. 마음이 앞서 생활에 부담되는 큰 금액으로 적립을 시작하면, 중도에 투자를 중단할 가능성이 크다. 따라서 **부담 없는 금액**(매월 10~30만 원/ 20~30년 장기 투자)으로 매월 일정액을 투자하고서, 수십 년간 **잊어버려야 한다**. 사회생활 초기에는 결혼과, 내 집 마련, 육아보육비, 자기개발 등 많은 돈의 지출이 필요(표1-3a)하다. 따라서 나중에 금액을 증액하더라도 절대 무리한 금액으로 투자를 해서는 안 된다. ☞ **표 4-4 및 4-5 참조**

이미 **중년이 된 사람**들은 젊은 세대보다 투자 시간이 길지 않다. 그러나 은퇴까지 계산해 보면 40대라 해도 10~15년(은퇴 후 기간을 감안하면 40~50년)은 된다. 절대 짧지 않은 투자 기간이다. 더욱이 경제적으로 젊은 세대보다 투자 여력이 훨씬 크다. **늦게 시작한 벌칙(?)으로 적립 금액을 늘리는 것**(매월 50만 원~1백만 원)이다. 매월 50만 원씩 적립하면, 15년간 원금 9천만 원을 적립하게 되고, 여기에 9천만 원의 투자 수익(연8.5% 감안)을 더해서 총180백만 원을 모을 수 있다. 15년 지난 후, 노후 생활을 시작할 때, 상비금으로 1천만 원을 가지고 있으면서 30년 뒤 상속으로 자녀에게 1억 원을 남긴다고 가정하면, 30년간 매월 약1백만 원의 노후 연금(재투자 수익률 연7.5% 감안)을 받을 수 있다. 이미 준비된 국민연금과 퇴직연금을 감안하면 절대 적지 않은 금액이다. ☞ 표4-6 참조

▶ 비상금과 상속 금액

비상금은 은퇴 후 노후 생활 기간 중 예상치 못한 비상 사태[7]가 발생되어 목돈이 필요한 경우를 대비하기 위해 필요한 돈이다. 목돈이 들어가는 의료비는 소멸성 건강보험으로 미리 준비하자. 그 이외의 예상치 못한 자금이 필요한 경우를 대비한 것이다. 비상금은 언제든지 쓸 수 있어야 하므로 현금으로 준비하여 은행에 안전하게 예치한다. 각자의 상황에 맞게끔 금액을 조정하면 된다.

상속 금액은 두 가지 목적으로 사용될 수 있다. 당초 목적대로 자녀에게 30년 되는 시점에 상속할 수도 있고, 만약 기대 수명이 연장되어 계속 생존하는 경우 생활비로 사용될 수도 있다. 은퇴 후 30년 기간 이상 계속 생존한다면, 추가적인 생활비도 감안해야 한다. 역시

한국은 아직 미국보다는 경제 성장률이 높다. 따라서 상당 기간은 미국 시장에 투자하는 것보다는 다소 높은 수익률을 기대할 수 있을 것으로 생각된다.

[7] 생활하다 보면 갑자기 필요해서 잠시 사용했다가 나중에 채워지는 경우가 많다. 약 1년 정도의 기초 생활비를 감안하면 된다.

부록 CD의 프로그램을 이용하여 각자의 상황에 맞도록 얼마든지 조정해 볼 수 있다.

표 4-4는 몇 가지 사례를 미리 계산한 정리 표이다. 표를 보는 방법은,

① **매월 10만 원씩 30년** 동안 연평균 수익률 8.5%로 적립하면, 원금은 36백 만 원이나, 복리 이자가 129백만 원 발생되어 은퇴 시점에 165백만 원이란 거액이 모이게 된다. 은퇴 시, 동 금액에서 상시 비상금 1천만 원과, 30년 뒤 상속 금액 1억 원(현가 금액으로 약13백만 원)을 제외하면 141백만 원(표 4-2의 번)이 남는다. 이 금액을 다시 노후 생활 기간인 30년 동안 7%로 재투자할 경우, 매월 994천 원의 연금(만기에 원금은 소멸됨)을 받을 수 있다. 원금 36백만 원이 은퇴 이전 적립 기간과 은퇴 이후 재투자 기간 동안을 거쳐서, **적립 원금의 약 10배**에 상당하는 약 327백만 원의 엄청난 마법 같은 복리 수익을 가져다 주는 것이다.

② **매월 20만 원씩 30년** 동안 연평균 수익률 8.5%로 적립하면, 원금은 72백 만 원이나 복리 이자가 258백만 원 발생되어 은퇴 시점에 330백만 원이란 거액이 모이게 된다. 은퇴 시, 동 금액에서 상시 비상금 1천만 원과 30년 뒤 상속금액 1억 원(현가 금액으로 약13백 만원)을 제외하고 남는 307백만 원을, 다시 노후기간인 30년 동안 7%로 재투자할 경우, 매월 2,043천 원의 연금(만기에 원금은 소멸됨)을 받을 수 있다. 원금 72백만 원이 은퇴 이전 적립 기간과 은퇴 이후 재투자 기간 동안을 거쳐서 원금의 약 10배에 상당하는 약 686백만 원의 엄청난 마법 같은 복리 수익을 가져다 주는 것이다. 매월 30만 원씩 적립하는 경우는 여러분이 부록 CD의 표 4-1에 직접 입력하여 알아보자.

표 4-4 생애 재무설계 예시 – 젊은 세대

	적립액	(매월)	10만원			20만원			30만원		
	적립기간	(년)	10년	20년	30년	10년	20년	30년	10년	20년	30년
준비 기간	수익률	(년)		8.5%			8.5%			8.5%	
	원금누계	(천원)	12,000	24,000	36,000	24,000	48,000	72,000	36,000	72,000	108,000
	총금액	(천원)	18,814	62,700	165,071	37,628	125,400	330,141	56,442	188,100	495,212
	원금대비	(배수)	1.57배	2.61배	4.59배	1.57배	2.61배	4.59배	1.57배	2.61배	4.59배
노후 연금 기간	연금기간	(년)		30년			30년			30년	
	수익률	(년)		7.0%			7.0%			7.0%	
	비상금	천원		10,000			10,000			10,000	
	상속금액	천원		100,000			100,000			100,000	
	연금	(매월)	(29)	263	994	96	680	2,043	222	1,098	3,141
	총금액	천원	12,783	117,894	363,081	57,844	268,066	758,440	102,905	418,238	1,153,798
	이자	천원	783	93,894	327,081	33,844	220,066	686,440	66,905	345,238	1,045,798
	원금대비	(배수)	1.07배	4.91배	10.09배	2.41배	5.58배	10.53배	2.86배	5.81배	10.68배

표 4-5는 매월 20만 원씩 적립할 때, 적립 기간별로 적립 원금 대비 복리 이자 수익의 크기를 그래프로 표기한 것이다. 이를 보면 **기간이 길어질수록 복리 수익의 크기가 급증**되는 것을 보여준다. 특히 투자 기간이 30년인 원금 대비 10배의 복리 투자 수익을 기대할 수 있음을 보여준다.

중년이라고 늦은 것은 아니다. 40대라 하더라도 아직 노후 은퇴까지 15년 이상 남아 있다. 무척 긴 시간이다. 더욱이 경제적으로 젊은 세대보다 조금 여유가 있어 조금 많이 매월

적립할 수도 있다.

표 4-5 생애 재무설계 예시 – 젊은 세대 / 원금 대비 복리 수익 크기

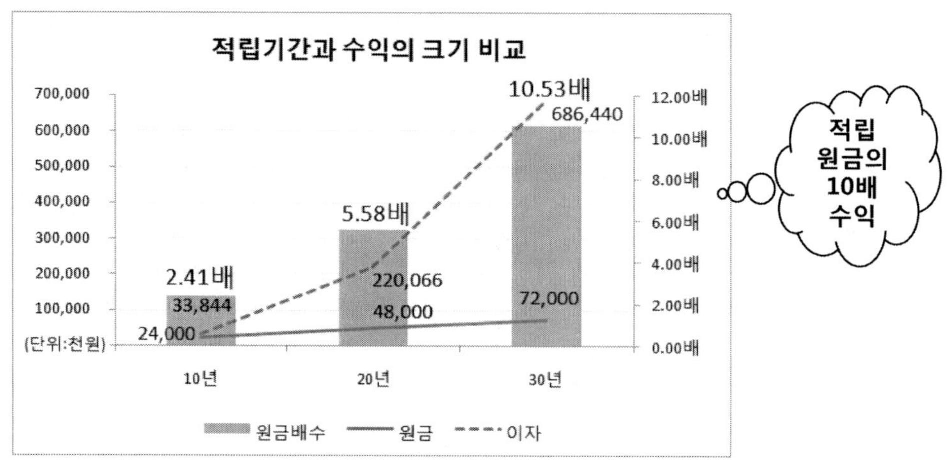

표 4-6 생애 재무설계 예시 – 중년

	적립액	(매월)	50만원			70만원			100만원		
	적립기간	(년)	10년	15년	20년	10년	15년	20년	10년	15년	20년
준비 기간	수익률	(년)		8.5%			8.5%			8.5%	
	원금누계	(천원)	60,000	90,000	120,000	84,000	126,000	168,000	120,000	180,000	240,000
	총금액	(천원)	94,069	180,893	313,499	131,697	253,250	438,899	188,138	361,786	626,999
	원금대비	(배수)	1.57배	2.01배	2.61배	1.57배	2.01배	2.61배	1.57배	2.01배	2.61배
	연금기간	(년)		30년			30년			30년	
	수익률	(년)		7.0%			7.0%			7.0%	
노후 연금 기간	비상금	천원		10,000			10,000			10,000	
	상속금액	천원		100,000			100,000			100,000	
	연금	(매월)	472	1,050	1,932	722	1,531	2,766	1,098	2,253	4,018
	총금액	천원	193,026	400,977	718,581	283,148	574,280	1,018,925	418,330	834,233	1,469,441
	이자	천원	133,026	310,977	598,581	199,148	448,280	850,925	298,330	654,233	1,229,441
	원금대비	(배수)	3.22배	4.46배	5.99배	3.37배	4.56배	6.07배	3.49배	4.63배	6.12배

　표 4-6은 40대 중년들이 매월 일정액을 적립했을 경우를 정리한 표이다. 가령 **매월 70만 원씩** 15년 동안 연평균 수익률 8.5%로 적립하면, 원금은 126백 만 원이나 복리 이자가 127백만 원 발생되어 은퇴 시점에 253백만 원이란 거액이 모이게 된다. 은퇴 시, 동 금액에서 상시 비상금 1천만 원과 30년 뒤 상속 금액 1억 원(현가 금액으로 약 13백만 원)을 제외하고 남는 230백만 원(표 4-2의 ⑩번에 15년, ⑪번에 70만 원 입력한 후 자동 계산된 ⑧번 금액)을, 다시 노후 기간인 30년 동안 7%로 재투자할 경우, **매월 1,531천 원의 연금**(만기에 원금은 소멸됨)을 받을 수 있다. 원금 126백만 원이 은퇴 이전 적립 기간과 은퇴 이후 재투자 기간 동안을 거쳐서 원금의 약 4.5배에 상당하는 약448백만 원의 엄청난 마법 같은 복리 수익을 가져다 주는 것이다.

4) 재무설계의 시사점

(1) 하루라도 빨리 시작해야 한다.

① **시작이 반이라는 말이 맞다**. 여러분은 명확한 목적이 있고, 방법도 있고, 미래의 모습을 볼 수 있는 도구(표 4-1)와 정보(이 책의 사실적 데이터)가 있다. 따라서, 지금 미래의 노후생활 모습이 어떨지 볼 수 있기 때문에 지금 행동할 수 있다.

(2) 작은 수익률도 엄청난 차이를 만든다.

① 장기간 투자 시 연간 1.0%의 차이는 노후 생활에 엄청난 금액의 차이를 가져온다. 따라서, 아래 표 4-7에서 정리한 수익률의 의미를 잘 이해하여 **단 1%라도** 장기 안정적으로 높은 수익이 기대되는 투자자산을 선정해야 한다.

② **투자 비용의 절감**도 매우 중요하다. 불가피한 경우(우리들의 불가피한 상황 변동)를 제외하고는, 많은 비용이 따르는 **잦은 매매를 자제**해야 한다.

(3) 절대 흔들리지 말아야 한다.

① 8020법칙의 준수가 중요하다. **지금 20%의 노력이 노후연금 80%의 결과를 좌우한다**. 객관적인 사실적 데이터에 근거하여 투자 설계를 **정석대로 투자**하는 것이 매우 중요하다. 나중에 우왕좌왕하면서 혼란스러워질 일이 없어진다.

(4) 투자 철학을 같이하는 투자 자문 기관을 선정하는 것이 매우 중요하다.

① 한 번 정하면 중도 변경이 쉽지 않다. 반드시 명확한 상담을 통하여 객관적인 관점에서 우리들의 자산을 관리해 주는 청지기와 같은 진솔한 자산 관리자를 만나는 것이 중요하다.

② 투자 자문 기관은 수익률을 높여주는 곳이라기보다는 투자 전체 기간을 감안하여 위험을 적절하게 관리하여 주는 곳이다. 높은 투자수익률은 투자자산별 평균적인 수익률이 쌓여서 모인 복리 효과의 결과이다.

2. 알고 있으면 도움이 되는 것들

1) 기대 수익률이란?

기대 수익률은 **투자자산 형태별로 정해진 것**을 우리들이 그냥 수용하고 표 4-1에 입력하여 사용하는 것이라 했다. 이는 투자자가 특정 시점(투자 만기)에서 기대했던 수익률이 달성되지 않을 수도 있는 위험(수익률 변동성, 표준편차 크기, 기대 수익 달성될 확률 값 등의 표현은 모두 같은 의미이다)의 크기에 따라서 보상을 받는 의미이다. **다른 방식으로 설명**해 보자.

표 4-7 기대 수익률이란?

■ 기대 수익률 분석

투자형태	거래 당사자	수익률 형태		추가되는 위험	기대수익률	가산비용	위험 통제
금리	물가		인플레이션	가치손실 위험	3.00%		
	중앙은행	+	기준금리	통화가치 변동위험	3.30%	0.30%	
	은행	+	예금금리	은행부도 위험	4.00%	0.70%	위험 관리
채권	기업	+	가산금리	기업부도 위험	5.50%	1.50%	위험 헤지
주식	기업	+	위험보상	시장변동 위험	7.50%	2.00%	위험 분산

☞ 기대수익률은 위험에 대한 보상으로 주어지는 것이며, 투자 성과는 위험을 효율적으로 관리하여 제거함으로써, 이미 개별적으로 보상받은 수익률이 위험대비 커지도록 하는 것이다.

표 4-7은 **기대 수익률의 확실성을 기준**으로, 확실한 것부터 불확실한 순서로 정리한 표이다. **중앙은행 기준 금리**는 해당 국가 통화의 본원적인 교환가치를 나타낸다. 따라서, 그 나라의 인플레이션(물가상승)으로 인한 통화의 교환가치 하락을 보상하기 위해서 기준 금리를 고시한다. 은행은 은행의 책임하에 **예금이자**를 지급한다. 물론 은행도 망할 수 있는 위험이 있다. 은행의 자금 중계 공공성을 감안하여 은행을 망하게 놔두는 나라는 거의 없지만, 중앙은행보다는 신용이 낮으므로 시장에서 요구되는 금리가 약간 높다. 기업이 발행하는 **채권은 기업의 신용을 바탕**으로 한다. 기업은 많은 경영 위험(표 3-73참조)을 부담하며 종종 부도가 발생되어 사라지기도 한다. 따라서 위험에 대한 보상으로 은행 금리보다 높은 수익률이 시장에서 요구된다. 개별 기업이 발행하는 주식 가격은 기업의 신용을 바탕으로 하므로 개별 기업의 신용이 중요하지만, 시장 전반적인 경기에도 매우 민감하게 반응한다. 더욱이 **주식의 적정한 거래 가격 산정은 매우 복잡**(표 3-61 참조)해서 단기적으로 수익률(가격) 예측이 불가능하다. 그래서 시장은 높은 위험 보상을 요구할 수밖에 없다.

> 정리하면, **수익률은 투자자산 유형별로 미리 정해진 것**을, 내가 투자자산을 선택함으로써 주어지는 것이다. **나의 여력은** 수익률 위험(수익률 변동의 크기)을 해지(오랜 시간 기다림)하여, 투자자산 유형별로 미리 정해진 평균적인 기대 수익률이 복리로 운영되어서 높은 수익이 창출될 수 있도록 **기다릴 수 있는 능력**을 말한다. 여기서 중요한 사실은 우리들은 대부분은 가진 돈은 없겠지만 기다릴 수 있는 시간은 많다는 점이다. 그래서 투자의 대가인 워렌 버핏과 앤서니 볼튼은 개인들이 투자에 성공하려면 "복리의 효과와 확률의 원리를 이해하는 것이 중요하다"고 수차례 강조한 것이다.

2) 헤지펀드(Hedge Fund)가 높은 수익률을 보장할까?

설명에 앞서 아래 기사를 읽어보자.

▣ 헤지펀드 환상을 좇는가 … 추락하는 폴슨을 보라.

올해 수익률 - 47% … 단 한 번 잘못된 판단, 영웅 무릎을 꿇다

[중앙일보] 입력 2011.10.25. 04:00 / 수정 2011.10.25. 04:00

....헤지펀드의 속성을 감안할 때 폴슨의 부침(浮沈)이 놀랄 일은 아

니다. 헤지펀드는 1949년 포천(Fortune)지 기자였던 앨프리드 윈슬로 존스가 여기저기서 돈을 모아 만든 게 최초다. 존스는 자신의 펀드에 이전엔 없던 새 기법을 도입했다. 값이 오를 것 같은 종목은 사들이는 한편 떨어질 것 같은 주식은 공매도하는 식인데, 지금은 너무 잘 알려진 '롱-쇼트(Long-short)' 전략의 시초였던 셈이다. 이런 과정을 통해 "시장의 위험을 막을 울타리(hedge)를 쳤다"고 하여 헤지펀드란 말이 나왔다.

헤지펀드의 특징 중 하나는 정해진 목표치, 즉 '절대 수익률'을 추구한다는 점이다..... 그러나 이런 전략도 시장의 큰 흐름 자체를 잘못 짚으면 무용지물이다. 시장이 좋아질 것으로 예측해 펀드를 설계했는데, 갑자기 '블랙 스완'이 등장해 거꾸로 뒤집히면 속수무책으로 당할 수도 있다는 얘기다. 폴슨이 그랬다. 미국 경제가 좋아지는 쪽에 배팅했는데, 그리스 사태 등 악재가 기승을 부리면서 된서리를 맞은 것이다...

폴슨의 사례에서도 드러났듯 헤지펀드는 결코 천하무적이 아니다. 한 순간의 판단 미스로 좌초하기 일쑤다. 이승재 대신증권 애널리스트는 **"세계적으로 연간 새로 생기는 헤지펀드가 1000개가 넘지만 수익이 나빠 사라지는 것도 500개에 달한다"**며 말했다. 헤지펀드를 무슨 '전가의 보도'로 생각하는 것은 금물이며, 펀드의 운용전략과 트랙 레코도(과거 실적)를 따지고 또 따지는 지혜가 필요하다는 지적이다...

헤지펀드라 하면, 대부분은 단기간에 높은 수익을 달성하는 것을 생각할 것이다. 수시로 가격 변동이 심한 시장(주식, 채권, 파생상품, 원자제 상품 등의 거래시장을 말함)에서 높은 수익률 달성하는 것을 기대 한다. 그런데 가능할까? 아마도 몇 번은 가능할 수 있겠지만, 장기적으로는 계속 높은 수익률을 달성하는 것은 어렵다고 본다. 위 신문기사에서도 언급되었듯이 연간 1,000개가 넘는 헤지펀드가 새로 생기지만 수익이 나빠 사라지는 펀드도 500개라고 하지 않는가? 왜 그럴까?

우선, **헤지펀드의 수익 추구 전략** 관점에서 생각해 보자. 이들의 전략은 시장의 가격이 적정가격과 다를 경우, 적정가격 대비 높거나 낮은 상품을, 팔거나 사들임으로써 이익을 추구한다. 즉, 헤지펀드는 전체 시장의 움직이는 방향을 예측하여 투자하거나, 특정 산업의 미래 성과를 예상하여 투자를 한다. 개별 기업의 주가, 원자재, 에너지, 상품 등 시장에서 가격이 평가되어 거래되는 모든 투자상품의 **미래 가격을 예상하여 투자를 집중한다.**

미래 경기 또는 특정 산업이나 기업이 좋다고 판단되면 집중 매입(Long)을 하고, 상황이 나쁠 것으로 판단되면 공매도(Short sell)까지 해서 이익을 추구한다. 때로는 상승 예상 종목을 매입하면서, 동시에 하락 예상되는 종목을 매도(Long-Short 전략)하여, 마치 전체 시장의 인덱스를 산 것처럼 구성한 후, 해당 종목의 알파[8]를 찾는 수익을 추구하기도 한다.

이와 같은 헤지펀드의 운영 방식을 한마디로 정리하면 **"시장을 상대로 해서, 시장과 경쟁하여 수익을 추구하는 전략을 사용한다"**는 것이다. 시장을 상대로 이기려는 헤지펀드의 투자 방식이 성공하려면, 최소한 ① 펀드를 운영하는 자가, 시장에 참여하는 다른 참여자보

---

[8] 투자한 기업이, 펀드 실적 비교의 기준이 되는 전체 시장의 수익률 변동과는 무관하게, 항상 일정한 수준의 수익을 창출하는 정도를 측정한 값을 **알파**라 함.

다 많은 정확한 투자 정보(기업정보, 산업정보, 시장정보, 경제정보 등)를 가지고 있거나, ② 남들보다 뛰어난 정확한 시장 분석 능력(베타분석-시장과 같이 움직이는 정도 / 적정한 PER 수준 분석 / 참여자의 예상 반응 등) 그리고 더욱 중요한 것은 ③ 지속적으로 이러한 우월적인 능력이 계속 유지되어야만 한다. 그런데 가능할까?

지금은 정보 통신 산업의 발달로 과거와는 달리, 투자 관련한 기업들의 정보가 일반 대중들에게도 많이 개방되어 있다. 투자 시장에서 유능한 전문 투자자 그룹들의 활동도 매우 활발하다. 따라서, 헤지펀드들이 수익을 올릴 수 있는 기회도 점차 줄어들고 있다. 즉, 과거보다 헤지펀드들이 높은 수익을 달성하기가 수월하지 않다. 더욱이 **표 3-61** 주식가격 산정 과정을 살펴보면, 헤지펀드들이 몇 번은 높은 수익률 달성이 가능할 수도 있으나 지속적으로는 어려울 것 같다.

이번에는 헤지펀드의 운영 전략을 **원가 측면에서 살펴보자.** 자동차 판매 가격에는, 재료비, 인건비 및 판매상의 적정 마진 등이 모두 포함되어 있다. 이와 마찬가지로 모든 금융 상품에도 이와 유사한 원가가 있다. 금융 상품 원가의 가장 핵심적인 것은 조달 비용인 금리 수준인데, 금리는 이를 표방하는 상품의 위험 발생 확률(위험)값을 이미 포함하고 있다. 표 4-7에서는, 은행의 예금과 채권, 주식의 원가를 위험도(우려되는 상황이 발생될 확률 크기)크기에 따른 금리 수준으로 계산된 것을 볼 수 있다.

해지펀드는 특정 전문분야에 투자하기도 한다. 예를 들면, 원유, 곡물 등 원자재와 같은 **현물을 기초 자산으로 하여 만들어진 투자 상품**은, 현물을 구입하는 비용에 추가하여, 현물 보관 비용이 더해진다. 일반적인 금융 상품(주식, 채권, 예금 등)의 원가 변동(가격 변동)은 매일 즉각적으로 모든 투자자에게 공개되며 매우 투명하다. 그러나 헤지펀드들이 투자하는 **특정 상품의 원가는 원가를 구성하는 내용들을 투자자가 알기 어렵고, 투자 이후 원가의 가격 변동을 바로 알 수 없을 수도 있다.** 원가의 변동을 알 수 없다는 것은, 불확실성이 커지는 것이고 때로는 특정 분야의 전문가인 펀드매니저 자신도, 경우에 따라서는 정확한 원가 정보에 접근이 제한되어 있어, 투자 상품 관리가 어려운 경우가 발생할 수도 있다.

금융 상품의 경우 가격 정보를 생산하는 곳은 시장이고, 그 시장은 수백만 명의 무수한 투자자들이 각자 가지고 있는 정보의 합을 가격으로 나타낸다. 그러나 헤지펀드가 투자하는 현물과 같은 특정 상품은, 시장에 참여하는 당사자들이 소수이므로, 정보가 모두 가격에 반영되어 있다고 보기가 어렵다. 더욱이 현물 가격은 실제 거래 시장에서의 수요와 공급에 따라서 가격이 결정되는데, 펀드매니저가 산업분석 리포트에만 의존해서는 실제 시장에서의 수요 공급 규모가 반영된 정확한 가격을 예측하기가 쉽지 않다. 따라서 헤지펀드가 특정 분야에 집중하여 투자를 하는 경우, **수익률의 기대가 높은 만큼, 손실 발생할 가능성도 크게** 될 수밖에 없는 것이다.

유사한 사례로, 지금 국가 부도 위기를 맞고 있는 그리스의 경우, 일찍이 선박 투자 산업이 잘 발달했다. 그 이유는 선박 투자란 글로벌 경기 동향을 감안하여 글로벌 물동량을 계산한 후, 이를 감당할 선박이 많은지 적은지를 얼마나 정확하게 미리 알 수 있는가가 선박 투자의 승패가 결정한다. 그런데 전 세계 선박들이 절반 이상이 그리스[9]에 선박을 등록[10]되어 있다 보니, 가용한 선박의 숫자(원가 구성의 일부이므로 선박 가격 정보가 됨)를 그리스 투자들들이 다른 투자자들보다 가장 먼저 알 수 있다. 당연히 이러한 고급 정보를 이용하여 선박 투자에서 이익을 볼 수 있는 가능성도 더 크게 되는 것이다.

이번에는 펀드의 **운영 리스크 측면**에서 알아보자.

운영 리스크(Operation Risk)의 개념을 정의해 보면, ① 금융기관이 위탁받은 고객의 돈을 운영할 때, 고객이 기대한 바에 따라서 빠트림 없이 적절하게 운영이 되지 못하거나, ② 설사 고객의 요구에 따라서 적절하게 운영이 되었다 하더라도, 금융기관 자체의 자산부채 균형관리(ALM)를 하지 못함으로써 일시적인 유동성 부족으로 어려움을 겪는 경우를 말한다.

이러한 운영 리스크를 관리하기 위해서 은행과 같은 금융기관은 운영 과정을 매뉴얼화하여 독립된 별도 부서(리스크 관리부서)에 의해 체계적으로 관리하고 있다. 그러나 헤지펀드는 은행과 같은 금융기관이 아니다. 은행은 은행의 책임하에 금융 상품을 판매(요즘은 은행이 책임지지 않는 투자상품 판매를 중계하기도 하지만,) 하기 때문에 운영 리스크를 적절하게 관리한다. 그러나 **일부 헤지펀드**의 경우에는 적은 투자금액으로 많은 수익을 단기간에 달성하기 위해 **과도한 레버리지 거래**(일반적으로 투자 대상 자산을 직접 매입하지 않고, 유사한 매입 효과가 나타나도록 파생 상품을 이용하여 투자를 한다. 고객의 위탁금보다 몇 배에서 크게는 수십 배 크기의 거래를 하기도 함)를 하기도 한다.

문제는 지금의 금융시장이 기업의 실물경제처럼 쟁쟁한 경쟁자들이 많아, 과거만큼 수익 창출의 기회가 크지 않다는 것이다. 따라서, 헤지펀드 매니저들이 투자자들이 위임한 위험의 범위를 초과하면서 높은 수익률 달성을 위해 더욱더 과도한 레버리지 거래를 추구할 가능성이 크다는 점이다. 지금의 시장은 ① 과거보다 스마트한 투자자들이 계속 증가하고 있으며, ② 세계 금융시장 동조화 현상 때문에 시장이 과거보다 더욱 복잡하게 얽혀져 있고, ③ 지구 반대편의 국가의 시장 상황이 바로 다음 날 이곳 시장에 영향을 줄 정도로 금융시장 간 정보의 불균형을 이용한 차액거래[11]의 기회가 많이 줄어 들었기 때문이기도 하다. 레버리지 거래의 증가는 급격한 시장 환경의 변화(2008년도 리만 부도 사태, 2011년의 유럽 재정 위기 등)시기에 유동성 부도[12] 사태 발생과 운영 리스크가 급증될 위험을 항상 지니고 있게 된다.

그렇다고 모든 헤지펀드가 그러한 것은 아니다. 진정으로 고객의 자산을 내 것처럼, 소명감을 가지고 운영하는 펀드는 우리들의 노후준비 투자에 도움을 줄 수도 있다. 다만, 위임

---

9 그리스가 가장 많고, 이어서 파나마, 홍콩, 싱가폴 순이다.

10 유조선, 컨테이너, LNG, 벌크 선박 등 국가간 운송을 담당하는 대형선박의 경우, 선박건조 금액이 거액이므로 일반적으로 국제금융시장에서 차관단을 구성하여 건조되며, 공정한 채권관리를 목적으로 통상 제3의 국가를 선택하여 배의 국적을 등록한다.

11 Arbitrage 거래라 하며, 동일 기업이나 유사한 금융상품이 두 시장에서 각각 다른 가격으로 거래될 때, 싼 시장에서 매입하여 비싼 시장에서 매도하는 거래를 말함.

12 LTCM 사례

을 하되 우리가 잘 관리해야만 하는 것이다.

▶ 헤지펀드 유형

Fundamental Fund : 경기 변동에 관계없이 미래 성장이 기대되는 기업에 투자
Quantitative Fund : 수학 통계적 모형에 따라서, 통계적 패턴 분석에 따라 투자
Arbitrage Fund : 동일 또는 유사한 상품이나, 서로 가격 차이가 있는 곳에 투자
Macro Fund : 거시 경제지표(금리, 경제성장률 등)를 분석하여 투자
Fund of Fund : 서로 투자 성향이 다른 여러 개의 펀드에 분산하여 투자하는 펀드

3) 균형 관리(ALM)와 투자와의 관계(표 3-20-2 참조)

기업의 목표는 100년 이상 장수 기업을 목표로 하며, 장기적으로 안정적인 **균형 있는 수익 모델**을 만드는 것이다. 기업 경영의 위험 요인은 상품 및 서비스의 경쟁력이 상실되어 소비자로부터 버림받아, 생산 원가가 매출보다 높아지는 불균형 발생되어 부도나는 것이다. **금융기관**은 1차적으로는 100년 이상 장수할 수 있는 경쟁력 있는 기업을 선별하여 돈을 빌려주는 심사 능력이 중요하지만, 2차적으로 시장위험(대외 경제변수의 변경 때문에 은행의 자산과 부채의 차이 값인 순자산 가치가 변동되는 것)을 <u>균형 있게</u> 잘 관리하면서 **항상 안정적인 자산 가치를 유지**하는 것(이것을 자산부채관리, Asset Liability Management)이 중요하다.

	실물경제 (공급) <기업>		금융경제 (기업/개인 중계) <은행>		<펀드/연기금>		실물경제 (수요) <개인>	
	자산	부채	자산	부채	자산	부채	자산	부채
	공장 기계 신규사업	차입금 채권 주식	대출금	예금,적금	주식 채권	투자 - 위탁금	예금/적금	대출금 투자 - 위탁금
Mission	장수기업		기업자금 공급		투자자금 운용		즐거운 인생	
미션특징	장기목표		중장기 역할		장기목표		장기목표	
실물경제역할	상품/서비스 공급		자금중계		투자수익률 달성		소비/저축	
수익주는 고객	소비자(개인)		기업,개인(대출금)		기업(채권,주식)		기업(봉급)	
수익원	매출액크기		예금,대출 금리차		주식, 채권 투자수익		노동(직장/자영업)	
위험요인	판매량 감소		금리변동		금리,성장/배당률 **변동**		경쟁력 약화/**노후준비**	
위험근원	상품/서비스 경쟁력		실물경기		**실물경기/시장수급**		재학습 부족/**조급함**	
위험발생주기	장기간		중.장기간		단기간		장기간/**장기간**	
위험극복방안	신상품 개발		ALM		**포트폴리오 운영**		변화 적응력강화 / **핵심개념이해**	
위험형태	소비자상품외면		기업 신용위험		기업신용/**시장위험**		경쟁력상실/**노후대안**	
위험측정	소비자 만족도 조사		신용평가		**등급,표준편차, 확률**		【지시】	
위험관리	신제품 개발		여신건전성관리		**평균,상관관계,회기**		【감독】	

펀드도 우리들로부터 돈을 받아 투자를 대행하고, 일정기간 후 원금과 수익금을 돌려주는 운영 방식으로, **금융기관과 역할이 유사하다.** 단지 규모가 작을 뿐이다. 은행처럼 항상 아니지만, 투자만기 시점에 균형을 이루도록 잘 관리하는 것이 중요하다. - 다만 은행보다는 감독이 덜 해서, 펀드 운영자의 도덕성과 고객의 이익을 우선하는 철학이 아주 중요하다.

우리들의 생활도 균형 관리가 중요하다. 당장은 수입과 지출에 균형 유지가 중요하고, 전체 인생을 감안하면서 은퇴 전과 은퇴 이후의 균형을 이루도록 관리하는 것이 중요하다. **은퇴 전**에 수입이 지출보다 많은 상태에서 수익의 일부를 적절하게 투자하여 **은퇴 이후**에

수입은 없고 지출만 있는 시기에 사용할 수 있도록 **균형 유지**하는 것이 핵심이다. 기업이나, 금융기관, 펀드, 그리고 우리들 모두는 균형 관리가 핵심이다. 이러한 균형 관리의 원칙은 금융뿐만 아니라 사회 모든 분야에 공통적으로 적용되는 사항이다. 그럼에도 불구하고 새삼스럽게 **재차 강조하는 이유는** 일부 펀드들이 사용하는 과도한 **레버리지 전략의 위험성 때문**이다.

　은행은 큰 금액 투자로 작은 수익을 여러 번에 거쳐서 많이 안정적으로 수익을 창출하는 방법을 사용하지만, 일부 펀드는 작은 금액으로 큰 수익을 한방에 수익을 추구하는 다소 무모한 전략을 구사하기도 한다. 일부 펀드는 대부분 장기 안정적으로 균형 잡힌 투자를 추구하기보다는 일시적으로 수익이 기대되는 곳에 집중 투자를 한다. 그들이 추구하는 투자 전략이 결과적으로 맞을 수도 있다. 그러나 예기치 못한 상황 변화로, 시장이 일정 기간 동안 펀드가 추구하는 전략과 반대로 바뀌면, 레버리지를 과도하게 사용했던 펀드는 보유 포지션의 **마진 콜[13]을 견디지 못하고 결국 파산[14]할 수밖에 없다.**

4) 환율과 해외 투자(표 3-15 참조)

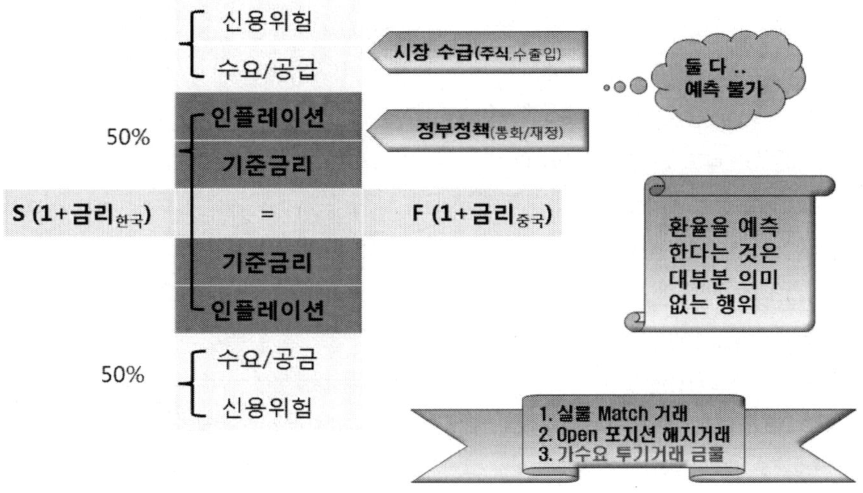

　기업에 있어서 환율문제는 해외 무역거래를 하면서 거래 대금을 외화로 주고 받을 때 외국통화와 원화를 교환하면서 발생된다.

　우리들의 투자와 관련된 환율 이슈는 나의 투자를 위임받아 운영하는 기관(은행, 증권, 보험, 펀드사 등 금융기관)이 해외에 투자할 때(원화→외화), 그리고, 투자 기간 중 투자 수익금을 해

---

[13] 주식, 채권 등 금융자산에 직접 투자한 것과 유사하게 파생거래를 매입(포지션 보유)한다. 문제는 시장가격 하락으로 보유 포지션 가치가 하락하면, 가격 하락 금액의 일정 부분을 거래소에 현금으로 예치하도록 요청받는데, 이것을 마진 콜이라 함. 만약 기일 내 예치하지 못하면, 거래소가 펀드의 보유 포지션을 강제로 매각하고, 부족한 금액은 담보자산을 매각하여 청산시키게 된다.

[14] 대표적인 사례가 미국 LTCM 펀드가 파산한 경우이다.

외에서 받을 때(외화→원화), 마지막으로 투자된 외화금액이 다시 한국 내로 들어올 때(외화→원화), 발생된다.

　요즘은 자산운영사들이 해외 신흥 시장에 투자하는 경우도 많은데, 이는 한국의 주요 기업들이 이미 많이 성장하여 선진국 기업들처럼 미래 성장률이 크지 않을 것(기업에 투자하는 금융상품의 수익률도 높지 않을 것)으로 예상되므로, 향후 경제 성장률이 높을 것으로 예상되는 해외 국가에 투자해서, 펀드의 수익률을 높일 수 있다는 기대 때문이다. 신흥 시장의 경우 아직 국민소득이 낮기는 하지만, 경제가 발전하면서 시장이 성장하면, 가전제품과 같은 소비재 및 에너지, 도로 항만과 같은 사회 인프라 투자가 많을 것으로 기대되기 때문에, 실수요를 바탕으로 하는 현지 시장의 투자 증가가 예상된다. 참조로 **대부분의 선진국 자산운용사들은 신흥시장에 투자**를 하고 있다. – 전체 자산의 약10% 내외 인 것으로 알고 있다.

　신흥 시장 투자에는 환율 이외에도 **여러 가지 문제점**[15]들이 있지만, 환율은 정말로 신흥 시장 투자에 있어서 골칫거리이며, 해결하기 어려운 숙제이다. 일반적으로 환율은 해당 통화의 국가 간의 금리 차이를 반영한다. 미래의 **이론상 환율**[16](Forward rate) 값은, 현재의 환율(Spot rate)에서 미래의 교환 시점에서 양 국가 간의 금리와 인플레이션(물가) 차이를 감안한 것이 된다(표 3-15 참조). 그러나 환율은 이론상으로만 움직이지 않는다. 기업의 수출입 무역거래에 따른 무역대금 수취 및 지급을 위한 수요와, 요즘처럼 **국제적인 단기 투자자본**(한국의 주식시장이나 채권시장에 단기간 투자했다가 일정한 수익률을 달성하면 빠져나가는 해외투자자본)들이 자유롭게 각국의 금융시장을 들락거리면서, 이들의 투자 자금 **환전 수요**[17]도 국가간 환율을 결정하는 중요한 요인으로 작용하기도 한다.

　표 4-8은 환율과 한국의 주요 8개 경제지표(수출, 수입, 국가채권금리, 국고채권대비 AA (BBB) 신용등급 회사채권의 가산금리, 채권 발행한 상장 수, 주가지수)**와의 관계**를 정리한 표이다. 96년도부터 2010년도까지 15년, 180개월 동안, 8개 경제지표와 환율과의 상관관계(Correlation)를 분석했다. 환율과 경제지표와의 관계를 상관관계 분석만으로는 정확하게 분석하는 데 한계가 있지만, 그래도 상관관계 분석은 많은 것을 설명해 준다.

　한국의 **명목금리**가 오르면, 한국통화가 약세(Depreciation)가 된다. 표를 보면, 회사채 AA, BBB 신용등급의 채권금리가 오를 때, 실제 환율이 약세로 되었음을 보여준다.(단, 실질금리인 국고채 금리가 오르면 환율은 반대로 약간 강세를 나타냈다) 수출과 수입이 증가하면 한국통화가 강세(Appreciation)되었고, 경기가 좋아져서 주가지수가 상승해도 환율이 강세로 나타났다.

---

[15] 기업회계 투명성 부족, 열악한 금융시장 인프라, 투자자 보호 법률제도 미비, 외화통제 등등 + 환율 문제 ^^
[16] 양 국가간의 명목이자율(기준금리+인플레이션)차이가 환율 차이라고 보는 것이 **피셔(Fisher)**이론이다.
[17] 2011년도 유럽 재정 위기 때 한국에 투자한 유럽의 투자자들이 일시에 자금을 회수하면서 한국이 국제 투자자들의 CD기 역할을 한다는 비요도 있지 않았나 ^^

표 4-8 원/달러 환율과 주요 경제지표와의 관계성

■ 한국의 경제지표 간 상관관계(월말기준 / 96-2010)

구분	수입	무역수지	국고채	가산금리(AA)	가산금리(BBB)	채권상장	주가지수	환율 USD
수출	0.98	0.29	-0.62	-0.04	0.61	-0.44	**0.91**	-0.13
수입	1.00	0.09	-0.59	-0.07	0.56	-0.43	**0.92**	-0.23
무역수지		1.00	-0.29	0.14	0.32	-0.15	0.13	0.46
국고채			1.00	0.16	**-0.80**	0.84	**-0.52**	-0.09
(AA)				1.00	0.09	0.16	-0.15	**0.64**
(BBB)					1.00	0.49	0.02	0.72
채권상장						1.00	-0.37	-0.12
주가지수							1.00	**-0.33**
USD								1.00

자료: 한국은행

단기적으로 미래 환율이 어떻게 결정될지는, 주가를 예측하는 것처럼 매우 어려운데, 이는 환율결정에 양향을 미치는 정치, 경제적 정책적인 요인에 추가해서, 실물경제 시장의 수급과 국제 투자자 움직임 등, 예측하기가 거의 불가능한 변수들이 너무 많기 때문이다. 일례로, **장기적으로**는 활발한 수출입 무역거래를 통해 해외국가로부터 벌어들이는 무역흑자 이익금이 계속 쌓이게 되면, 그 국가의 대외지급수단(국제통용수단인 달러)이 많아져서 해당국 통화가 강세(Appreciation)가 된다. 그런데 무역수지가 증가하면 한국통화 강세가 될 것으로 생각되었으나, 오히려 약세로 나타났다. ^^

제 4 장

표 4-9 원/달러 환율 - 180개월 매월 변동치 분석

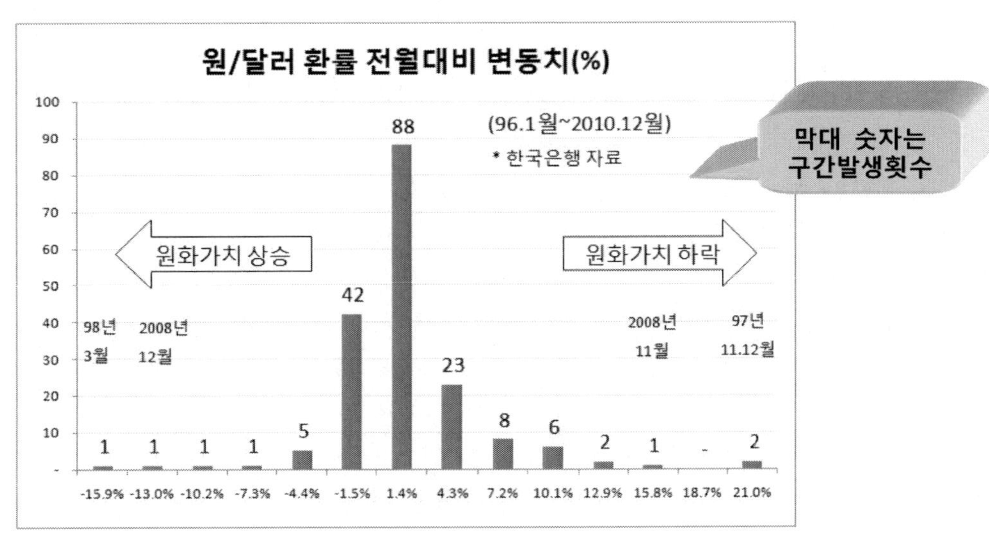

표 4-9는 1996년부터 2010년까지 전월 대비 환율의 변동치를 정리한 그래프이다. 전월 대비 평균 0.30% 변동성을 보였으며, 대부분의 경우 전월 대비 -4.4%(강세)~4.3%(약세) 구간에 나타났다.

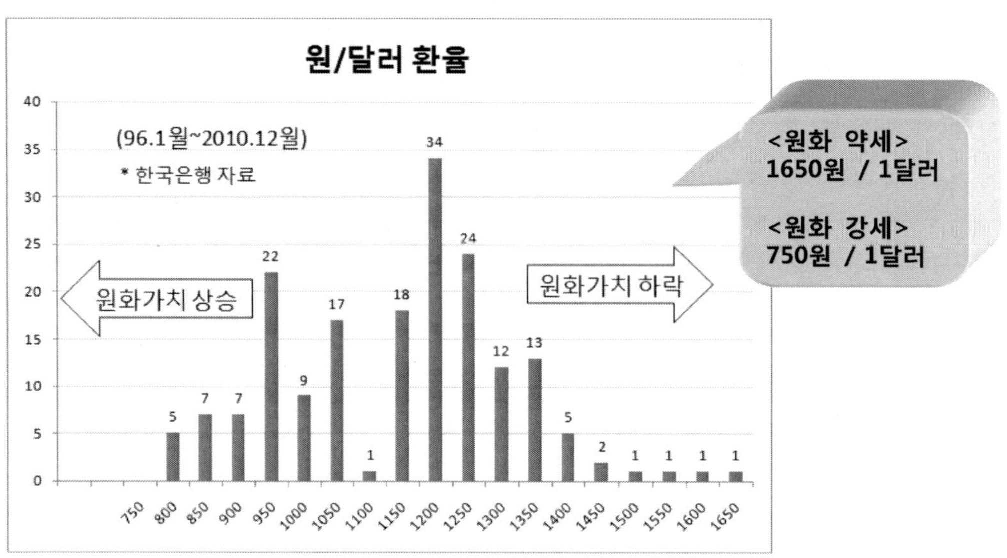

기업을 경영하는 사람이나, 해외에 투자를 하는 사람이나, 공통적으로 적용되는 **기본적인 환율 관리 방안**을 간략하게 살펴보면 다음과 같다.

① **Matching ➔** 우선 외화로 줄 돈과, 받을 돈을 정확하게 파악하여 상호 정산(Netting)시킨다. 유의할 점은 줄 돈과 받을 돈을 정확하게 파악하는 것이 <u>절대 쉬운 일이 아니라는 점</u>이다. 더욱이 주고 받는 날짜가 모두 다른 경우에는 시장의 상황을 감안하여 좀 더 복잡한 포지션 조정작업이 필요하다.

② **포지션(Position) 헤지 ➔** 줄 돈과 받을 돈을 상호 정산시키고 남는 금액이 포지션이다. 동 금액을 파악하고 나면, 동 금액을 ① 그냥 가지고 간다.(금액이 미미하고 급작스런 시장의 큰 변동에도 손실을 감내할 만할 정도로 작은 경우) ② 해지한다.(시장이 불리하게 바뀌어서 손실을 감당하기 어려울 경우)

③ **적절한 방법을 사용 ➔** 대표적인 해지 방법이 파생상품(Swap, Option, Forward 및 Futures)을 이용하는 것이다. 여기에서 중요한 점은 대부분의 해지상품들이 해지기초자산(본 경우에는 미래 환율)의 과거 변동성의 정도(Historical data)를 감안하여 해지의 범위를 정하게 되므로, 환율에 영향을 줄 수 있는 **기초 데이터의 전체 구간**(원/달러의 경우 1964년부터 현재까지 46년간 자료가 있다) 동안의 자료와 다양한 변수들과의 관계를 감안하여, 적절하게 해지를 해야 한다는 것이다.

환율 관리는 정말 어렵고 정답이 없는 힘든 일이다. 따라서 최선의 가장 확실한 방법은,

상호 중 돈과 받을 돈을 최대한 정산하여 포지션 크기를 줄이는 것이다.(이미 국내 대기업들은 해외 본 지사 간 거래 시, 동 방법을 적극 사용 중이다.)

하나 더 명심할 것은 **절대 환율 해지상품을 수익을 올리려는 방안으로 사용해서는 안 된다**는 점이다. 이른바 블랙스완(Black Swan)[18] 현상이 발생되면, 감당할 수 있는 기업이 거의 없다. 따라서 환율을 가지고 본질적인 목적인 해지 이외에 추가적인 재무적 손익개선 효과를 기대하려는 시도는 절대 금물이다. 단기주가 예측이 불가능(표 3-47, 48, 49 참조)한 것처럼, 환율도 전문가라 할지라도 절대 알 수 없는 **또 하나의 신의 영역**이기 때문이다. ^^

5) 금융은 일련의 가정들이다(기준금리, 인플레이션, GDP 성장률 등)

➔ 투자자산 수익률에 영향을 미치는 주요 경제변수들에 대한 사람들의 예측은, 단기적으로 보면 사람마다 각각 다르지만, **장기적으로 보면 서로 유사**하다.

➔ 노후연금에 영향이 절대적인 주요 장기 경제지표 숫자는 내가 직접 예측하는 것이 아니다. **2~3개 투자전문기관에게 물어봐서 평균치를 표 4-1에 입력해야 한다.**

앞서 **투자수익률**은 투자자산 유형별로 이미 정해진 평균적인 기대 수익률을 내가 받아들이는 것이며, **수익 증대**는 위험이 작아지도록 적절하게 관리를 잘 해서, 평균적인 기대 수익률이 장기간 복리로 운영될 때 가능하다고 했다.

채권은 기준금리와 인플레이션 수준에 직접적인 영향(표 3-12, 13참조)을 받는다. **기업의 수익**은 국가 전반적인 경제성장률과 기업이 속한 산업계의 동향 및 국민들의 전반적인 소비성향에 많은 영향을 받는다. **주식**은 채권과 기업 수익에 영향을 미치는 요인에 추가하여, 주식시장 참여자들의 판단과 분석 모델의 정확성 등(표 3-61 참조)에 큰 영향을 받는다. 그래서 투자하기에 좋은 주식(Good stock)은 반드시 좋은 기업(Good Company)이 되는 것이 아니다.

한국은행은 기준 금리를 ① 소비자 물가지수 및 ② 경제 전반적인 상황을 감안하여 매월 결정한다. 한국은행이 발행하여 시장에서 유통되는 통화안정채권(**통안채**)의 금리(시장 유통수익률)는 한국은행의 기준 금리를 바탕으로 하여 ③ 시장에 참여하는 당사자(은행, 증권, 투신 및 외국인 채권투자자 등)가 생각하는 향후 예상 금리가 감안되어 결정[19]된다. 기업이 발행하는 **회사채권**은 통안채 금리에 기업의 ④ 신용위험도가 추가되어 결정된다. 즉, 경제상황이 좋지 않을 것으로 예상되어 개인들의 소비가 줄어듦으로써 기업의 매출이 감소되면, 기업이 발행한 회사채권의 원리금을 지급하지 못하는 부도발생이 우려되므로, 이런 위험 증가에

---

[18] 모든 금융거래의 현상에는 가장 많이 발생되는 평균값이 있고, 가끔 극히 예외적으로 발생하는 극단적인 경우의 값도 있다. 예외적으로 발생하는 극단적인 값은 통계적으로 100번 중에 1번 정도로 통상 생각하기 어려운 경우이나, 만약 발생하면 그로 인한 부정적인 영향이 매우 크다. 예외적인 현상이 실제 발생하는 경우를 Black Swan이라 한다. - 백조는 흰색으로 다들 알고 있지만 호주에 가 보니 검은색의 백조도 있는 것을 보고 많이 놀랐다 한다. 즉, (흑조는)원래부터 있었으나 평상시에는 인지하지 못하고 있다가 나중에 실제 보았을 때 놀라는 현상을 말한다.

[19] 한국은행처럼 금리를 직접 정하는 방법이 아니라, 채권시장에서 통안채를 사고(금리 하락 예상) 팔면(금리 상승 예상)서 향후 금리 예상치가 나타나게 됨.

대한 사전 보상 목적으로 한국은행 기준 금리에 더해 ⑤ 가산 금리가 증가되는 것이다.(표 4-7 참조)

주식은 회사채권 투자 시 기대되는 수익률 수준을 바탕으로 하여, 주식이 채권보다 불리한 요소들이 감안되어 기대 수익률이 정해진다. 우선 기업이 **정상 영업 중일 때는** ⑥ 기업의 수익 크기에 따라서 주가에 영향을 미치는 배당금의 크기가 결정된다. 또한 기업 경영진의 ⑦ 어느 정도의 배당금을 지급할지 의사결정에 따라서도 주식의 수익률이 달라지며, ⑧ 주식거래 시장에 참여하는 투자자들의 매매 성향과 ⑨ 투자자들이 사용하는 주식의 적정 가격 평가 모델의 정확성 등 기업 외적인 요인에 의해서도 크게 영향을 받는다.(표 3-61 참조)

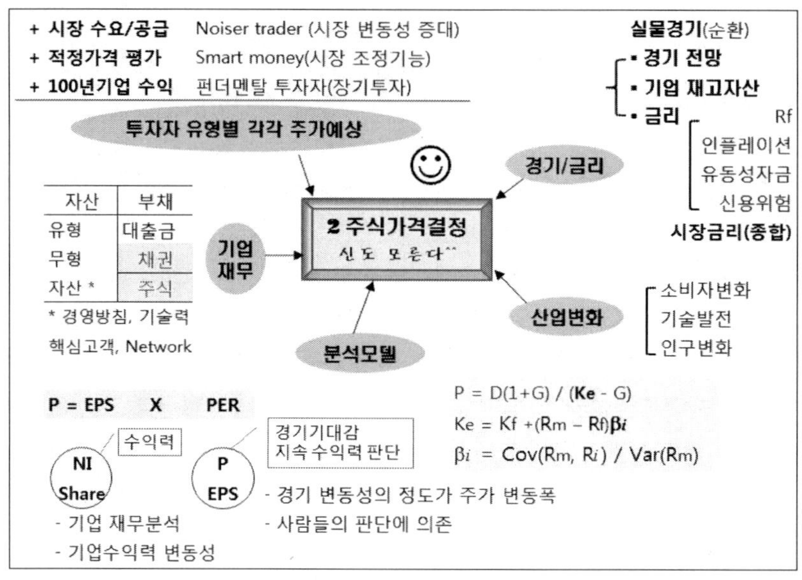

대부분의 투자는 이와 같이 간략하게 나열한 **9가지 기본적인 큰 변수들에 대한 투자자들의 예상과 판단에 따라서 거래 가격이 정해진다.** ♣♣♣

또 다른 하나의 중요한 사실은, 지금 여러분이 투자 상품 유형별(주식, 채권, 예금 등)로 보고 있는 **수익률은 과거의 수익률**이란 점이다. 미래 예상되는 수익률을 가늠할 때 과거의 수익률이 절대적인 기준이 된다고 보기는 어렵다. 그러나 미래는 과거를 기반으로 하여 만들어지므로, 장기간 관찰했을 때 투자자산 유형별로 과거의 수익률과, 미래의 수익률은 사실 큰 차이가 없다. 단기적으로 보면, 시장에 참여하는 투자자마다 각각 처한 상황이 달라서, 동일한 경제현상을 보고 느끼고 판단하는 반응이 다양하게 나타난다. 그래서 단기적으로는 투자자산별 수익률이 들쑥날쑥할 수밖에 없다. 그러나 장기적으로 보면, 앞에서 나열한 대표적인 9가지 변수들에 대한 **사람들의 생각이 서로 비슷**해서 과거 투자자산별 평균 수익률이나 미래 예상되는 기대 수익률의 차이가 크지 않다. ^^

다른 사례를 들어서 경제 현상에 대하여 **사람들이 생각하는 것과 실제 상황이 비슷한지**

를 알아보자. **표 4-10**은 2010년도 **한국 기업들의 재무제표의 합**이다. 동 자료는 매년 한국은행에 보고되는 기업들의 경영 현황을 집계한 자료이다. 자료를 보면, 대기업과 중소기업으로 구분된 자료와 둘을 합친 자료가 있다. 대기업과 중소기업, 두 자료를 비교해 보면, 우리들이 일반적으로 생각할 수 있는 **대기업과 중소기업의 영업 활동이나 재무 활동의 차이점들이 숫자와 퍼센트(0.00%)로 나타나 있다**. 경제에 대해 깊은 전문 지식이 없더라도, 대기업과 중소기업의 차이(유동자산, 무형자산, 매입채무, 채권발행규모, 부채 규모, 대출이자율 등)를 생각해 볼 수 있는데, 실제 이러한 차이들이 나타난다. 개별적으로 몇 개의 대기업과 중소기업을 비교(마치 한두 개 기업이나 산업에 투자하는 경우처럼)해 보면 예외적인 경우가 나타날 수도 있지만, 전체 기업을 다 포함하여 비교해 보면 우리들이 기대하는 **상식에서 크게 벗어나지 않는다**.

표 4-10 한국기업 재무제표 / 2010년도

■ 자산

<전체> 단위:백만원			<대기업> 단위:백만원			<중소기업> 단위:백만원		
유동자산	1,214,003,019	43.4%	유동자산	604,095,889	35.8%	유동자산	609,907,130	55.1%
당좌자산	948,130,038	33.9%	당좌자산	469,678,834	27.8%	당좌자산	478,451,204	43.2%
재고자산	265,872,980	9.5%	재고자산	134,417,055	8.0%	재고자산	131,455,926	11.9%
비유동자산	1,581,518,837	56.6%	비유동자산	1,084,722,068	64.2%	비유동자산	496,796,769	44.9%
투자자산	444,152,258	15.9%	투자자산	348,548,496	20.6%	투자자산	95,603,762	8.6%
유형자산	959,707,203	34.3%	유형자산	617,206,005	36.5%	유형자산	342,501,198	30.9%
토지	293,108,355	10.5%	토지	158,497,417	9.4%	토지	134,610,938	12.2%
설비자산	571,254,835	20.4%	설비자산	379,177,771	22.5%	설비자산	192,077,064	17.4%
건물·구축물	249,656,837	8.9%	건물·구축물	156,197,270	9.2%	건물·구축물	93,459,567	8.4%
기계장치	213,993,607	7.7%	기계장치	156,240,118	9.3%	기계장치	57,753,490	5.2%
무형자산	93,018,587	3.3%	무형자산	68,275,490	4.0%	무형자산	24,743,098	2.2%
기타비유동자산	84,640,788	3.0%	기타비유동자산	50,692,077	3.0%	기타비유동자산	33,948,711	3.1%
자산총계	2,795,521,855	100.0%	자산총계	1,688,817,957	100.0%	자산총계	1,106,703,899	100.0%

■ 부채와 자본

유동부채	963,992,671	34.5%	유동부채	520,720,119	30.8%	유동부채	443,272,552	40.1%
매입채무	278,930,082	10.0%	매입채무	157,150,676	9.3%	매입채무	121,779,406	11.0%
단기차입금	294,091,174	10.5%	단기차입금	98,857,374	5.9%	단기차입금	195,233,800	17.6%
유동성장기부채	109,782,500	3.9%	유동성장기부채	85,288,383	5.1%	유동성장기부채	24,494,117	2.2%
기타유동부채	281,188,915	10.1%	기타유동부채	179,423,687	10.6%	기타유동부채	101,765,228	9.2%
비유동부채	530,246,639	19.0%	비유동부채	334,956,186	19.8%	비유동부채	195,290,453	17.6%
회사채	161,825,767	5.8%	회사채	155,665,151	9.2%	회사채	6,160,616	0.6%
장기차입금	222,914,697	8.0%	장기차입금	82,833,494	4.9%	장기차입금	140,081,203	12.7%
자본	1,301,282,545	46.5%	자본	833,141,651	49.3%	자본	468,140,894	42.3%
자본금	294,556,152	10.5%	자본금	139,011,707	8.2%	자본금	155,544,445	14.1%
자본잉여금	253,731,266	9.1%	자본잉여금	191,755,485	11.4%	자본잉여금	61,975,781	5.6%
자본조정	-39,741,713	-1.4%	자본조정	-34,185,450	-2.0%	자본조정	-5,556,264	-0.5%
기타포괄손익누계액	118,689,264	4.2%	기타포괄손익누계액	83,584,368	4.9%	기타포괄손익누계액	35,104,896	3.2%
(자산재평가이익)	*54,156,679*	*1.9%*	*(자산재평가이익)*	*34,988,655*	*2.1%*	*(자산재평가이익)*	*19,168,024*	*1.7%*
이익잉여금	674,047,576	24.1%	이익잉여금	452,975,541	26.8%	이익잉여금	221,072,035	20.0%
부채및자본합계	2,795,521,855	100.0%	부채및자본합계	1,688,817,957	100.0%	부채및자본합계	1,106,703,899	100.0%

제4장

■ 손익계산서

항목	금액	%	항목	금액	%	항목	금액	%
매출액	2,932,599,913	100%	매출액	1,536,026,458	100%	매출액	1,396,573,455	100%
매출원가	2,340,426,856	79.8%	매출원가	1,241,223,503	80.8%	매출원가	1,099,203,353	78.7%
매출총손익	592,173,056	20.2%	매출총손익	294,802,955	19.2%	매출총손익	297,370,101	21.3%
판매비와관리비	419,861,913	14.3%	판매비와관리비	190,377,406	12.4%	판매비와관리비	229,484,507	16.4%
급여	113,652,404	3.9%	급여	32,754,573	2.1%	급여	80,897,831	5.8%
퇴직급여	10,368,392	0.4%	퇴직급여	3,858,970	0.3%	퇴직급여	6,509,422	0.5%
복리후생비	16,293,470	0.6%	복리후생비	5,591,303	0.4%	복리후생비	10,702,167	0.8%
영업손익	172,311,143	5.9%	영업손익	104,425,548	6.8%	영업손익	67,885,595	4.9%
영업외수익	128,886,756	4.4%	영업외수익	93,057,237	6.1%	영업외수익	35,829,519	2.6%
영업외비용	139,832,051	4.8%	영업외비용	91,352,469	5.9%	영업외비용	48,479,582	3.5%
이자비용	44,178,462	1.5%	이자비용	21,620,547	1.4%	이자비용	22,557,915	1.6%
외환차손	28,765,245	1.0%	외환차손	22,964,226	1.5%	외환차손	5,801,019	0.4%
법인세차감전순손익	161,365,847	5.5%	법인세차감전순손익	106,130,316	6.9%	법인세차감전순손익	55,235,532	4.0%
법인세비용	29,953,534	1.0%	법인세비용	20,035,642	1.3%	법인세비용	9,917,892	0.7%
당기순손익	132,087,680	4.5%	당기순손익	87,212,120	5.7%	당기순손익	44,875,559	3.2%
차입금	788,614,138			422,644,402			365,969,736	
지급이자	44,178,462			21,620,547			22,557,915	
차입금이자율	5.60%			5.12%			6.16%	

자료: 한국은행

우리들의 노후 준비 투자도 이와 매우 유사하다. 금융자산(주식, 채권, 예금)투자 시, 개별 기업이나 산업에 투자하는 경우와, 전체 시장에 투자하는 경우의 차이는 명확하다. 대부분의 경우, 우리들은 **장기적인 경제지표**(인구 감소, 고령화 사회, 노동력 부족, 금리 하락 추세, 경제성장률 하락, 신흥국의 높은 경제성장률 등)의 수준과 방향에는 **공감**을 한다. 그러나 **단기적인** 다양한 경제지표(단기금리, 실업률, 산업 동향, 일시적인 매출 및 수익 변동, 경기 등)를 해석하고 이에 근거하여 미래 수익률을 기대하는 정도는 **투자자마다 모두 다르다.** 그래서 단기적으로는 수익률 변동성이 클 수 밖에 없다.

노후 준비 투자는 입력되는 몇 가지 금융 변수에 따라서 노후연금이 엄청나게 달라진다 ♣♣ (표 4-1 생애 재무설계 참조). 재무설계를 위한 분석 모델은 정해져 있지만, 입력되는 경제 변수들의 값은 매우 다양하며, 결과 값도 매우 다양하게 나타난다. 따라서 노후 생활 설계를 위한 금융 변수 입력(기대 수익률, 투자 기간, 투자 금액)에 **최대한 신중**해야 한다. 여러분은 모두가 공감하는 수준에서, 노후 준비 **전체 기간에 적용될 장기 경제지표(금융 변수)를 입력하면, 실제로 받게 되는 노후연금의 크기**를 알 수 있는 것이다.

6) 개인 금융 상품은 모두 기업활동과 연계되어 있다.

➔ 표 2-1과 4-11은 자금의 공급자인 우리들 개인과 자금의 수요자인 기업 사이에서, 자금을 중계하는 **금융기관들의 역할**을 보여준다.

➔ **우리는 철학이 있는 금융상품이 필요하다.** 개인과 기업이 상호 연계된 경제활동에 도움되며, 모두가 '윈-윈'하며, 국익에 도움되는 전략이 필요하다

➔ 금융기관 역할(코디)은, 마치 **오케스트라를 지휘**하는 지휘자처럼, 표 4-11에 나타난 다양한 금융 방법을 이용하여, 자금의 공급자와 수요자 사이에서, 양쪽 모두를 만족 (?)시키는 거래를 만드는 것이다.

아래 표 4-11에 정리하였듯이, 금융 상품은 **매우 다양하게 기업의 실물 경제활동과 연결**
되어 있다. 각각의 당사자들[개인 / 은행, 보험사, 증권사, 투자신탁사 / 회계법인, 신용평가회사, 법무법인,
세무사, 자산관리 수탁회사 / 금융거래 방법, 상품 특성, 형태, 거래시장, 거래 방식 / 기업 유형(대기업, 중소기업,
국내기업, 해외기업), 기업신용도(AAA, BBB등)]의 특성을 잘 연계하면, 사실 금융은 **무한한 거래 조**
합도 가능하다.

개인인 우리들에게 중요한 점은, 근로소득이 없어지는 노후에 대한 준비이다. 노후 준비
에는 매우 신중해야 하므로 **원금 보전**(매년 2~3%의 인플레이션에 의한 화폐가치의 하락도 원금 손실이
다)이 기대되면서 **적정한 수익**이 기대되는 투자 관리가 중요하다. 적정한 수익이란, 예상하
는 전체 투자 기간 동안에 투자자산별로 기대되는 평균적인 수익률을 말한다. 적정한 수익
률이 장기간 누적되면 이자에 이자가 붙는 마법 같은 **복리의 효과**(표 3-31a,b 참조) 때문에
결국 큰 수익이 발생되는 것이다.

표 4-11 내가 투자한 자금의 흐름도

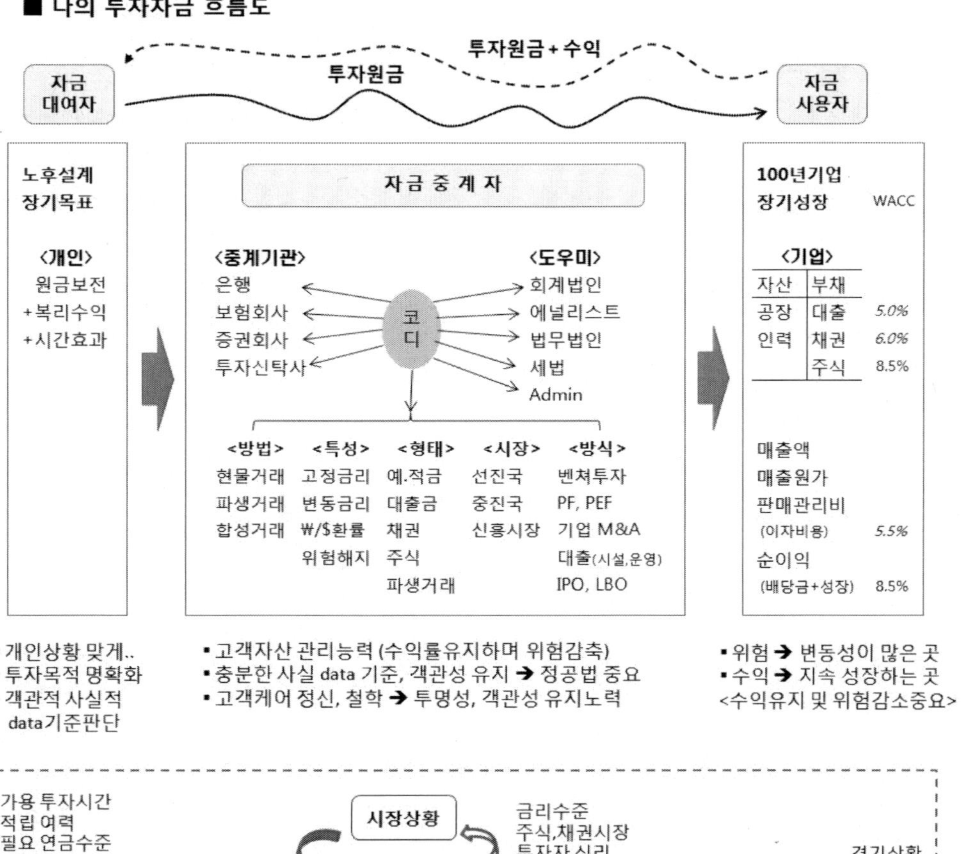

표 4-11의 우측을 보면, 일반적으로 기업들이 지급하는 **금융비용률**(우리들에게는 투자 수익률)을 기록하였는데, 은행으로부터 기업이 **대출**을 받을 때는 약 5% 수준(신용도에 따라서 약 5~8% 수준 구간)의 이자를 지급하고, 기업이 직접 시장에서 **회사채권**을 발행하면 약 6%(역시 신용도에 따라 6%~10%까지 다양함)수준의 이자를 지급하게 되며, **주식**을 발행하면 약 8.5%(표 3-56 참조, 배당률 약 1.5%, 성장률 약 7%)의 금융 비용을 지급하게 된다. 이러한 기업의 차입형태별 금융비용률 수준은 일정하게 정해져 있다.

가끔 기업의 금융비용률이 **일정한 수준을 벗어나는 경우**는 ① 기업의 경쟁력이 상실되어 신용 상태가 악화된 경우와 ② 또는 기업의 장기적 경쟁력은 변함이 없으나 기업 <u>외적인 상황 변화</u>[20] 때문으로 볼 수 있다. 그러나 이러한 경우도 시장 스스로 복원력이 있어 대부분 일정 기간 뒤 금융비용률이 <u>평균적인 수준으로 복귀</u>[21]된다.

여기서 질문? 장기적으로 기업이 지급하는 금융 비용(우리의 입장에서는 투자수익률)이 일정한데, 단기간에 이른바 금융연금술(?)로, 높은 수익이 가능할까? (참고로 중세의 연금술사들이 금이 아닌 물질을 이용하여 금을 만들려는 노력은 성공하지 못했다. ^^)

결론부터 이야기하면, 추가적인 위험부담 없이는 불가능하다. **금융**은 표 4-11처럼, 수많은 상품의 조합을 가능하게 하지만, **연금술과 같은 것은 아니다**. 금융이 연금술과 같이 되려면, 주변의 경제 및 거래시장 상황과 관계없이 항상 높은 수익률 달성이 가능해야 한다. 그러나 어떠한 금융 상품도 절대 수익률을 보장하는 완벽한 것은 없다. 다만, 상대적으로 더 위험하므로 높은 수익을 받을 낮은 가능성을 제시하거나, 상대적으로 덜 위험하므로 낮은 수익을 받는 확실한 가능성이 있는 상품을 제시할 뿐이다.

때문에, 우리들이 매우 복잡해 보이는 금융기관들의 자금 중계 과정(금융기관별 역할 및 금융 상품 등)이 어떻게 기업의 실물경제 활동과 연결되는지에 대한 본질적인 이해가 중요해진다. 모든 세세한 내용을 다 알아야 된다는 것이 아니라, 금융기관과 연계된 기업들의 경제활동이 우리들의 궁극적인 목적인 노후 준비와 연계하여 어떻게 활용할 수 있는지를 이해하는 것이 중요하다. 아래 표 4-12, 13을 보자.

표 4-12 노후 준비 장기 투자 전략

· **전체 투자 기간** 동안에 달성 가능한 수익률을 기준으로 한다.(표 3-58 참조)
· 위험이 모두 제거되면 수익도 모두 제거된다. 나의 경제적 여력을 기준하여 내가 **감내할 만한 정도**의 위험 수준을 수용하는 자세가 핵심이다.(표 4-1 참조)
· 백 마디 말보다, 1장으로 정리된 사실적 **데이터를 기준**하여 판단한다.
· 내가 직접 해봐서 노후 미래를 보고 **공감해야만 나는 실행**할 수 있다.(표 4-1)

---

[20] 기업 외적인 상황 변화는 2008년 금융 위기, 2011년 재정 위기 상황 등 급격한 경기 침체를 생각해 볼 수 있다.

[21] 10~30년 정도 장기적으로 시장을 관찰하면 대부분 표 4-11의 투자자산 유형별 평균적인 수익률 수준으로 돌아가게 된다. 이러한 현상을 금융에서는 평균 수렴 현상(Mean Return)이라 함.

표 4-13 노후준비 전술

〈 수익원 〉	〈 수익창출 형태 〉	〈 수익창출 과정 〉	〈 금융상품 특징〉	〈 노후준비〉
실물경제 연계	▪ 부가가치 ➡ 계속증가 (누적수익 크기 중요) ▪ 재무제표 ➡ 순이익	▪ 벤처기업 → 중기업 → 대기업 성장 ▪ 성장 → 경영안정	▪ 장기투자 적합 ▪ 평균수익+복리추구 ▪ 포트폴리오 위험분산	적합 (Passive)
시장평가 연계	▪ 통계분석 ➡ 확률베팅 (투자자 판단 중요) ▪ 재무제표 ➡ 평가익	▪ 해지상품투자 → 확률베팅 → 레버리지 ▪ 선별투자 → 파생	▪ 단기투자 목적 ▪ 예외적+고수익추구 ▪ 위험율거래→수익창출	부적합 (Active)

· 예상한 수익률이 실제로 실현 가능할지는, 기초 데이터가 기대한 수준과 같이 발생될 확률 값으로 결정된다.(표 3-47과 같이 전체 투자 기간 동안의 수익률 분포(히스토그램)를 확인하자)

지금의 선진국들(미국, 영국, 독일, 프랑스, 단 일본은 예외)은 모두 제조업의 성공을 바탕으로 시작하여, 일정한 수준에 다다르면 제조 + 금융업을 연계한 사례를 보여 준다. 국내의 조그만 기업으로 머무를 때는 기업이 보유한 잉여자본금과 오너의 자본만으로도 충분히 성장할 수 있겠지만, **글로벌 기업**으로의 도약을 위해서는 이러한 정도로는 어림도 없고 **초대형 장기적인 투자 자본을 필요**하게 된다. 초대형 자본은 ① 금융기관을 통해 기관 투자들로부터 조달(차관단 여신, Syndicated loan / 유로본드 발행 등)[22]하기도 하지만 ② 기업의 부채 비율 제한 때문에 결국 자본금 증자를 할 수밖에 없게 된다.

문제는 **금융시장(표 4-11의 거래 과정 및 내용)이 투명하지 않으면**, 개인은 금융기관을 불신하고, 금융기관은 기업을 불신하게 되고, 기업은 다시 금융기관을 불신하게 되어, 결국 고양이에게 생선을 맡긴 것처럼 서로를 신뢰할 수 없어, 자금의 흐름이 원활하지 않게 되어, <u>모두가 피해를</u>[23] 보게 된다는 점이다.

따라서, 한국의 제2의 도약을 위해서도 투명성과, 객관성 그리고 상식에 따르는 금융시장 발전을 위한 노력만이 대한민국의 제2의 한강의 기적을 이끌어 선진국으로의 안정적인 도약을 가능하게 한다고 본다. **금융시장의 안정은** 금융 산업에만 영향을 미치는 것이 아니라 **산업 전반에 영향**을 주는 아주 중요한 핵심 사안이다.

새로운 가수들이 신곡을 계속 발표하듯이, 금융 상품도 신곡처럼 매우 다양하고 많다. 노래가 청중으로부터 인기를 얻으려면 고객으로부터 공감을 받아야만 한다. 고객 공감의 바탕에는 심금을 울리는 좋은 노래 가사나, 흥을 돋우는 박자가 있어야 한다. 노래의 가사와 흥겨운 박자가 저작자와 우리들을 공감을 유도하는 핵심이듯이, **금융 상품도 우리들에게 진정 도움을 주려는 진실성**과, 대부분이 공감하는 공정하고 객관적인 데이터에 근거한 균형 잡힌 상품 개발이 핵심이다. 좋은 노래처럼, **좋은 금융 상품은 소비자의 필요에 대한 깊은 교감과, 소비자를 동반자적 성장의 파트너로서 보살피려는 철학이 필요하다.**

---

[22] 실제로 대기업의 상당수는 동 방식으로 대규모 자금을 조달한다. 사례로는 초대형 선박건조자금, 해양 플랜트 건설사업, 도로. 항만 등 건설사업, 도시개발프로젝트, 기업인수금융 등)

[23] 2011년도의 저축은행 부실 사건은 모든 금융 산업 전반에 걸쳐서 신용도를 악화시키는 매우 중대한 사건이다.

　　고객의 투자 자금을 받아 관리하는 기관들은 단기적으로 잡은 고기를 나누어주는 것(단기투자펀드)이 아니라, 장기적 관점에서 **고객들에게 고기를 잡는 방법**(바람직한 금융 상품 활용)**을 알려주어야 한다**. 그렇게 함으로써 자금 공급자와 수요자 간에 신뢰 관계가 형성되어 결국 모두에게 도움이 되는 선순환의 흐름이 만들어질 수 있기 때문이다.

우린 확실한 방법이 필요하다

➔ **목표를 명확하게 하면, 길이 하나로 보인다.**
➔ **확실한 방법이란**, 노후에 당초 기대한 금액의 연금이 매월 지급될 **가능성(확률)이 가장 큰 것**을 말한다. 여기서 중요한 것은 **금액과 가능성(확률)의 크기**이다.
➔ 금액의 크기는 **장기적**으로 수익률이 조금이라도 높을 것으로 기대되는 자산에 투자해야만 가능하다.(표 3-56 참조)
➔ 우리들의 노후 준비 프로젝트는 최소 20~30년 준비 기간과, 노후 30년 운영 기간을 더한, 총 50~60년 초 장기 프로젝트이다. **크게 보면, 어떠한 경제 위기도 두려워할 이유가 없다.** ^^(표 3-27, 3-37, 3-71, 3-72 참조)

1. 우리에게는 최선의 방법은 있다.

➔ 우리들의 노후는 표 4-1의 번과 번 입력 사항에 달려 있다.
➔ 워렌 버핏과 존 보글이 강조한 글이며, 필자가 이 책을 통해서 다시 설명한 내용이다

먼저, 우리들의 **투자 목적을 명확히 하자.**(문단 4-1-1 참조) 만약 여러분이 노후 준비를 위한 투자가 아니라면 방법을 달리해야 한다. 집을 마련하거나 전세금, 학자금 준비 등, 10년 이하의 비교적 단기간 동안 목돈을 마련해야 하는 경우라면, 절대 주식시장 근처에도 가서는 안 된다. 주식과 연계된 금융 상품도 투자하지 않는 것이 최선이다. 그러나 여러분의 장기적인 노후 준비를 위해 투자를 생각하고 있다면, 항상 성장할 수 밖에 없는 기업에 투자, 즉, 주식 이외에 다른 대안이 없다. 단, 주식투자 방법을 잘 선택해야만 한다. 반드시 전체 기업의 실물경제 성장을 대변하는 **시장의 지수 성장에 투자**해서 위험을 제거해야만 한다.

<시장지수에 투자를 해야만 하는 이유는 다음과 같다>
① 표 3-56을 보면 물가수준, 금리, 전체 시장 지수로 구분하여 과거 25년간 투자 자산별로 실제 발생된 수익률을 정리했다. 미국과 한국 모두 **시장지수의 수익률이 가장 높았다.**
　표 3-54는 미국의 50년간 전체 시장지수의 성장률 및 인플레이션, 금리 수준을 정리한 것이다. 표 3-55는 한국의 주가지수가 탄생된 1976년도 이후 35년 동안 전체 시장지수의 성장률 및 인플레이션, 금리 수준을 정리한 것이다. 향후 한국도 미국처럼 전체 주식시장의 성장률이 약간 낮아질 수도 있겠지만, 미국의 경우에도 채권 **금리보다는 약 2배 정도 높았다.**
② 표 3-53a,b,c,d 3-60을 보자. 시간이 지나면 시장의 **주력 산업은 항상 바뀐다.** 제조업 중심의 경제 구조가 정보통신의 발달로 기업 간 제조 기술의 차이가 축소되면서 경제 주력 산업이 금융, 유통 등과 같은 서비스산업으로 급속하게 이전되었다. 영원할 것만

같았던 **미국의 코닥회사**는 지금 부도 공포 속에 휩싸여 있고, 대표적인 일본의 간판 기업인 **소니**와 필란드의 **노키아**는 경영 혁신을 외치면서 생존의 몸부림을 치고 있다. 지금 잘나가고 있는 전자기업들이 영원할까? 급속한 정보통신의 발달로 손안의 정보로 무장한 소비자는 매우 까다로워지고 있으며, 졸면 죽는다는 말이 나올 정도로 세상은 빠르게 변화하고 있다.

따라서, **개별 주식이나 산업에 선별 투자하는 것은 매우 위험**(표 3-53e, 3-61)한 일이며 우리들의 노후를 한순간에 날려버릴 수 있다.

③ <u>표 3-52, 3-70, 71을 보면,</u> **시장의 전체 지수는 실물경제와 같이 성장**한다. 실물경제(기업의 수익)는 최소한 인플레이션율 이상은 항상 성장(인플레이션만큼 판매 가격을 올리는 방법)했다. 그래서, 마법과 같은 **복리 수익을 기대**할 수 있다. 하지만, 채권(회사채)은 다르다. **채권**은 최초로 발행될 때에만 채권의 만기까지 예상되는 인플레이션에 대한 보상이 발행 금리에 포함되어 있을 뿐이며, 발행 이후에는 당초 예상보다 높게 증가되는 인플레이션 때문에 원금 손실이 불가피 하다.(표 3-12, 15 참조). 즉, 채권에 투자하는 것은 마법과 같은 복리 수익률의 수익 증가를 기대하기가 어렵다.

④ <u>표 3-30a,b,c와 3-35 및 3-40a,b,c 3-46</u>을 보면, 시장지수에 장기간 투자할 경우 일정한 평균 수익률은 큰 변동 없이 유지 되지만, **투자 위험은 대부분 제거**되는 것을 볼 수 있다. 또한 <u>표 3-62</u> 설명처럼, 시장 전체에 투자하는 인덱스펀드는, 개별 산업이나 기업에 선별 투자할 때 발생되는 위험을 제거(분산)한다. <u>표 3-73</u>에서는 시장 전체에 투자했을 때, 개별 기업이나 산업의 부도에도 피해 없이 가장 안전하고, 높은 복리수익률을 기대할 수 있음도 보여준다. 반면에 채권투자는 기업 부도 위험도 부담하지만 보유 기간 중 금리 변동에 의한 원금의 손실 발생 가능성도 늘 내포하고 있는 것이다.

시간은 좀 걸리지만, **바른 국가의 경제는 항상 우 상향**으로 성장한다. 이는 항상 새롭고 편리하며, 보편적인 효율성을 추구하는 사람들의 기본적인 욕구가 멈추지 않는 한, 미래에도 계속 그러할 것이다. **기업**은 이러한 사람들의 필요를 충족시키는 과정에서 국가와 함께 성장한다. 기업의 성장은 주가 상승으로 연결된다. 미래에 어떤 산업, 어느 회사가 언제 시장의 주인공이 될지는 모르지만, **전체 시장은 결국 성장**한다. 이러한 시장 전체의 성장과 함께하는 것이 인덱스펀드(또는 ETF)이다.

기업의 오너는 주식을 보유한 주주이다. **주주는** 기업을 설립한 사장님도 주주이고,연기금 투자자가 주식을 사도 주주이고, 우리들이 주식을 사도 **모두 동일한 권리**를 갖는 주주이다. 따라서, 우리들이 **시장에 투자하는 행위는** 단순한 투자 행위를 넘어서서 **기업의 오너, 사장님이 되는 방법**이다. 기업에서 일하는 모든 임직원들이 나를 위해서 일하는 것이다. 나는 사장님과 똑같은 주주이다. 사장님이 되는 방법이 어렵게 기업을 설립하는 것만이 아니라, 주식을 사는 쉬운 방법도 있다.

우리들이 금융 상품을 투자할 때는 그 상품의 특성을 잘 이해하는 것이 중요하다. 더욱이 노후 인생이 관련된, 중요한 금융 상품 선택 결정을 할 때는 정말 신중해야 한다. **80%의**

결과(20~30년 뒤 노후연금의 크기)**는 20%의 준비**(젊은 시절에 20%의 관심 가지고 내가 선택하는 바른 투자 방법과 바른 금융 상품의 종류)**에 달려있다.**

따라서, 표 4-12와 13에서 금융 상품의 핵심적인 특성을 구분하여 정리(위험을 제거하는 상품과 위험을 거래하는 금융 상품을 분류)한 사항들은 시사하는 바가 크다.

2. 가장 큰 적은 바로 당신이다.

➔ **나는 나를 잘 모른다.** 먼저 금융시장에서 나의 위치를 GPS로 파악해야 한다.
➔ 잘 살펴보면, 우리는 노후 준비를 충분히 할 수 있는 여력이 많지 않다.

1) 나는 나를 잘 모른다.

첫째, 표 4-1을 이용하여 생애 재무설계 전 과정을 감안한 지금 **나의 위치를 측정**해 보자.
- 부록 CD를 이용하면 여러분의 위치를 알 수 있다.

둘째, ①표 1-3a,b를 나의 생활과 비교해 보고, ②표 3-56에서 정리한 금융 상품 수익률을 감안하면, 지금 매월 적립할 수 있는 **나의 여력**이 어느 정도 되는지 대략 알 수 있다.

셋째, 투자 시장에서, 미세한 먼지 같은 존재(큰 시장의 흐름을 감안하면)인 **나의 위치를 이해**하자. (표 3-10 참조)

넷째, 금융 상품의 **핵심적인 원칙 11가지**를 공감하자. 금융 시장은 프로들의 시장이다. 아마추어가 승리하기란 불가능한 곳이다 - 게임을 할 때, 30분 이내 누가 봉인지 모르면, 내가 봉이 되는 것과 같은 이치이다.

다섯째, 내게 **무엇이 더 중요한지 제대로 알자.** 지금 내게 중요한 것은 3~5년 동안의 당기 수익이 아니다. 지금 내게 중요한 것은 은퇴 시점에서, 내가 기대한 연금을 받는 것을 가능하게 하는 장기 안정적인 적정한 수익률이다.

2) 시장은 더 이상 아마추어가 주인공이 될 수 없다.

글로벌 펀드운영 원칙 중에, **금융이 발달된 시장에서는 수동적(Passive) 투자를** 하고, 금융시장이 아직 **덜 발달된 곳에서는 능동적(Active)으로** 운영하는 것이 있다. 선진 금융시장은 투명한 시장 정보 공개와 기관 투자자 중심의 장기 투자, 그리고 워낙 시장 참여자들이 베테랑들이라서 타인보다 높은 수익 시현이 어렵기 때문에 보수적으로 운영할 수밖에 없는 것이다. 그러나 막대한 자금력과 시장 정보로 무장한 **기관 투자자들이** 충동적이며 정보와 시장이해 부족으로 항상 근시안적으로 시장에 참여하는 **개인을 상대**(한국은 개인 투자자가 30%가 넘는다)로 돈을 버는 것은 그리 어려운 일이 아닐 것이다. 아래 기사들이 우리들에게 시사하는 바는 명확하다.

▶ 파생상품 거래 세계 1위

-조선 경제(2011.8.23.)

수십 배 대박, 개미 투기판, 주식 로또 하루 평균 5천억 원, 이달에 2조 돌파 사상최고… 기관, 외국인 총알받이로 주식 손실 만회하려 덤볐다. 2009년 개인 5200억 날려..

▶ 단타 매매 열중 개인 투자자 손실 불가피

-연합뉴스 (2011.12.1.9)

세계 51개 거래소 중 한국거래소의 지난달 말 기준 회전율은 15.6%로 미국 나스닥 OMX(25.0%)와 중국 전 증권 거래소(21.4%)에 이어 3위였다. 지난달 말 기준 1조82억 달러인 시가총액은 2007년부터 5년째 16위에 머물러 있다. 회전율은 2007년 8.9%로 6위였으며 리먼브러더스 파산으로 인한 금융 위기가 터진 2008년 17.8%까지 상승해 3위까지 올랐다. 이후 작년 13.2%까지 하락했으나 유럽 재정 위기로 변동성이 커진 올해 다시 15.6%까지 오르며 세계 거래소 중 3위가 됐다.

▶ 빚내서 산 주식… 개인들 반 토막.. "나 어떡해"

-한경(2011.10.6.)

지난주 반대 매매 699억 원…최대 주주 바뀌기도

주식시장이 좀처럼 안정을 되찾지 못하면서 빚을 내 투자했던 개인 투자자들이 후 폭풍에 시달리고 있다. 신용거래로 산 주식 가격이 반 토막 나면서 반대 매매가 늘어나는 한편 이로 인해 최대 주주가 바뀌는 사례까지 발생하고 있다. 6일 금융투자협회에 따르면 지난 8월 이후 신용융자거래가 일어난 계좌에 대한 반대 매매 규모가 꾸준히 늘고 있다. 9월 첫 주(8월 29일~9월 2일) 87억 원에 불과했던 신용융자(예탁증권 담보대출 포함) 반대 매매 금액이 둘째 주 150억 원을 넘어선 뒤 지난주(26~30일)엔 699억 원까지 급증했다.

5-3-1 장기적으로 시장지수 수익률이 가장 높았다.

■ 미국 금융시장 수익률 현황 (85년사 / 1926-1991)

구분	산술평균 (10년)	산술평균 (1년기준)	표준편차 (10년)	표준편차 (1년기준)
S&P500	9.80%	9.60%	20.70%	19.90%
미국 정부채권	4.30%	4.80%	6.10%	7.70%
미국 정부채권(단기)	3.60%	3.60%	6.00%	3.20%

Source : F. Edwards and W. Goetzman[11] / Elton, Gruber, Brown, and Goetzman: Modern Portfolio Theory and Investment Analysis, Sixth Edition, Table 5-10 The Effect of Time Horizon on Risk

1) 신용 우량 채권도 부도 발생될 수 있다.

■ 신용등급별 채권 부도율 – 미국 사례

Original Rating	Year After Issuance									
	1	2	3	4	5	6	7	8	9	10
AAA	0.00	0.00	0.00	0.00	0.03	0.03	0.03	0.03	0.03	0.03
AA	0.00	0.00	0.35	0.54	0.54	0.54	0.54	0.54	0.57	0.59
A	0.00	0.00	0.02	0.09	0.12	0.20	0.25	0.34	0.40	0.40
BBB	0.12	0.60	1.14	1.73	2.28	2.85	3.55	3.70	3.75	3.98
BB	0.96	2.59	6.50	7.12	9.12	9.98	11.47	11.87	13.41	16.66
B	1.60	6.46	12.03	17.85	22.73	25.94	28.25	29.76	30.92	31.51
CCC	4.35	17.03	31.00	36.62	38.53	44.15	46.70	48.44	48.44	50.58

Source: Altman and Nammacher [5].

Table 20-11 Cumulative Mortality Losses by Original S&P Bond Rating Covering Defaults and Issues from 1971 to 2000 (in%) / Elton, Gruber, Brown, and Goetzman: Modern Portfolio Theory and Investment Analysis, Sixth Edition

2) 미국 금융 상품 수익률 실증 자료

표 5-1a 금융 상품 유형별 수익률 비교 – 미국 40년사

■ 미국 금융상품별 수익률 현황 (40년사)

기간	구분	기하평균	산술평균	표준편차
(60-97)	부동산 (미국 상업용)	8.90%	9.10%	5.00%
(47-87)	부동산 (미국 주거)	8.10%	8.20%	5.20%
(47-87)	부동산 (농장)	9.60%	9.90%	8.20%
	부동산 평균	8.87%	9.07%	6.13%
(47-87)	시장지수(S&P)	11.40%	12.60%	16.30%
(47-87)	채권 (장기채)	4.20%	4.60%	9.80%
(47-87)	채권 (T-bill)	4.90%	4.70%	3.30%
	채권 평균	4.55%	4.65%	6.55%
(47-87)	물가지수	4.50%	4.60%	3.90%

Elton, Gruber, Brown, and Goetzman: Modern Portfolio Theory and Investment Analysis, Sixth Edition

표 5-1a는 미국의 투자자산별 수익률을 비교한 표이다. 수익률이 높은 순으로 나열하면, 주식(11.4%), 부동산(8.8%), 단기 채권(4.9%), 물가지수(4.5%), 장기 채권(4.2%) 순이다. 단기 채권의 경우, **물가 상승 수준보다 낮아** 채권을 발행한 미국정부가 부도난 것도 아닌데 ♣♣ **실질적인 원금 손실**이 발생됐다.

표 5-1b 금융 상품 유형별 수익률 비교 – 미국 70년사

■ 미국 금융시장 수익률 현황 (70년사 / 1926-1995)

구분	기하평균	산술평균	표준편차
주식 대형주	10.50%	12.50%	20.40%
주식 소형주	12.50%	17.70%	34.40%
채권 장기(기업)	5.70%	6.00%	8.70%
채권 장기(정부)	5.20%	5.50%	9.20%
채권 중기(정부)	5.30%	5.40%	5.80%
채권 단기(정부)	3.70%	3.80%	3.30%
물가지수	3.10%	3.20%	4.60%
추가위험도 보상수익률(대형주)	6.60%	8.60%	20.30%
추가위험도 보상수익률(소형주)	1.80%	3.40%	18.30%
추가위험도 보상수익률(부도위험)	0.50%	0.50%	3.00%
추가위험도 보상수익률(장기)	1.40%	1.70%	8.50%
물가상승 감안후 (대형주 수익률)	7.20%	9.20%	20.60%
물가상승 감안후 (소형주 수익률)	9.10%	14.10%	33.70%
물가상승 감안후 (장기 기업채권)	2.50%	3.00%	10.00%
물가상승 감안후 (장기 정부채권)	2.00%	2.50%	10.60%
물가상승 감안후 (중기 정부채권)	2.10%	2.30%	7.10%
물가상승 감안후 (단기 정부채권)	0.60%	0.70%	4.20%

Elton, Gruber, Brown, and Goetzman: Modern Portfolio Theory and Investment Analysis, Sixth Edition

참조) 표 3-35(미국 100년사), 3-46(한국 35년사)을 보면, 시장지수에 장기간 분산투자를 하면, 위험이 거의 사라지는 것을 확인할 수 있다.

표 5-2 투자 상품 종합 비교 / 실질적인 투자 매력도 기준

구 분	시장지수	주식(개별)	채권	부동산	상품(현물)	파생상품	단기금융상품
거래유형	인덱스 ETF	보통주 우선주 전환/교환 사채	정부채 회사채	주거용 상업용 (리츠)	원자재 에너지	합성포지션 (주식,채권, 부동산,상품 등)	CD, CP 유동화 ABCP MMF
수익원	기업본질가치 (부가가치창출)	기업본질가치 (부가가치창출)	이자율	임대료 매매차익	마켓타이밍 (거시경기, 수급)	마켓타이밍 (미시경기, 차익)	이자율
가격결정자	무한 다수	무한 다수	정부 금리정책 소수 기관투자자	정부 부동산정책 소수 기관투자자	생산자능력,재고수준 소수 다양한 투자자	금리, 환율, 주가 소수 다양한 투자자	정부 금리정책 소수 기관투자자
거래방식	간접	직접거래(주주)	간접	직접(간접)	간접	간접	간접
거래대상	시장전체 + 펀드운영기관	기업 + 펀드운영기관	기업 + 펀드운영기관	부동산 + 운영사	상품 + 운영사	합성거래 + 운영사	기업 + 금융기관
위험(운영)	미미 (감독대상)	미미 (감독대상)	미미 (감독대상)	다소 높음 (당사자거래)	다소 높음 관리어려움	다소 높음 관리어려움	미미 (감독대상)
위험(시장)	장기 미미 단기 큼	장기 큼 단기 큼	장기 큼 단기 작음		장, 단기 다소 큼	장, 단기 다소 큼	단기 미미
위험(원인)	경기변동 부도없음	경기변동 부도발생	금리변동 부도발생	수요 변동 거래정보 부족	현물수급변동 정보 부족	시장 변동성 유동성 부족	부도위험
위험(부도)	없음	있음	다소 높음	다소 높음	다소 있음	다소 있음(유동성)	있음
위험(물가상승)	없음	있음	다소 높음	다소 낮음	다소 있음	다소 있음	있음
위험(대비) 성공요인	장기투자 (복리/확률효과)	분산투자	우량채권 선별	미래 현금흐름 정확한 실사	시장 해지	시장 해지	
경험적 사실	수익은 크고 위험은 적음 (장기)	수익은 크고 위험도 큼 (장기)	수익은 작고 위험도 적음 (중, 장기)	수익은 크고 관리위험도 큼 (장기)	수익은 크고 위험도 큼 (단기, 중기)	수익은 크고 위험도 큼 (단기, 중기)	수익은 작고 위험도 적음 (단기)

▶ 표 5-2는 저자의 실무 경험과 부족한 학습으로 이해하여 정리한 것이다.

표 5-3 투자 상품 수익률 및 투자 비중 비교

구 분	주식	채권	부동산	상품(현물)	파생상품	
< 미국 40년사 (1947~1987) >						
투자 수익률	11.4%	4.5%	8.9% 주1)		물가지수 →	4.5%
위험도 크기	16.3%	6.6%	6.1%		물가지수 →	3.9%

주1) 상업용, 주거용, 농업용 부동산 평균치

구 분	주식	채권	부동산	상품(현물)	파생상품	
< 연기금 자산배분 비율 (1990~1991) >						
미국 연기금펀드	45%	29%	8%	8%	단기금융상품 →	10%
영국 연기금펀드	72%	12%	9%	2%	단기금융상품 →	5%

※ Investment Analysis and Portfolio Management – Frank K. Reilly, Keith C. Brown

표 5-3은 미국의 금융 40년사를 자산 유형별 수익률을 정리한 것이다. 역시 투자수익률이 주식이 가장 높았다. 채권의 경우 물가 상승 4.5%와 동일한 수익을 보여 실질적인 수익이 없었다. 또한, 주요 투자자인 미국과 영국의 연기금 투자 형태를 보면 미국의 연기금은 펀드는 전체 투자자산의 45%, **영국의 경우에는 무려 72%를 주식에 투자**하고 있음을 볼 수 있다. **부동산**은 표 5-2에서 설명한 여러 가지 제한 때문에 8%~9% 수준에 불과하다.

4. **시장의 일부를 투자하는 Market timing은 노후를 날려버릴 위험이 크다.**

→ **누가 미래에 최후의 승자가 될지 아무도 모른다.** 하지만 도전적인 기업가 정신으로 사회적 부를 키워 가는 기업들은 항상 존재한다

→ 다만, 지금 그 기업이 누구인지 아무도 알 수 없을 뿐이다.

▶ **주가전망..예측인가 중계인가** – 중앙일보(2011.10.4.)

▶ **사모펀드 하루 만에 깡통계좌로 전락** – 한국경제

주가 예측 과연 가능한 일인가?

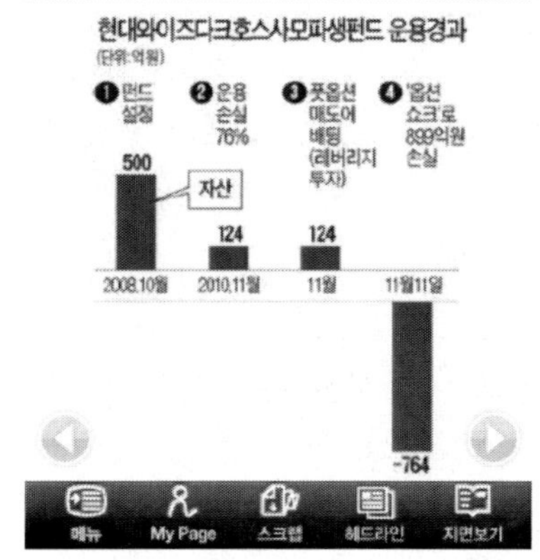

▶ **채권 전문가 엇갈린 배팅?** – 중앙일보

1) 별들의 전쟁.. 펀드매니저?

■ 펀드매니저와 전체시장지수와의 수익률 비교 / 8년간(1960~1968년)

구 분	펀드 개수		평균수익률	
	뮤츄얼 펀드	임의 선정 포트폴리오	뮤츄얼 펀드	임의 선정 포트폴리오
위험낮음	43	62	10.20%	12.80%
위험중간	25	51	11.80%	14.20%
위험높음	18	50	13.80%	16.20%

"NYSE stock only, assuming an equal investment as of beginning of period in each stock included.
Source: Friend, Blume, and Crockett[30]. Table 24-3 Characteristics of Investment Performance of Mutual Funds and Random Portfolios with Variance as a Measure of Risk (Jan. 1960–June 1968) / Elton, Gruber, Brown, and Goetzman: Modern Portfolio Theory and Investment Analysis, Sixth Edition

위 표는 흥미로운 자료인데, 1960년부터 68년 6월까지 전문 펀드매니저가 운영하는 88개 펀드의 실적과, 시장에서 무작위로 선택한 163개의 포트폴리오 실적을 비교한 자료이다. 결과는 **무작위로 선정한 포트폴리오의 수익률이 전문 펀드의 운영 수익률을 모두 앞섰다.** 이는 앞의 표 3-53e에서 기업 분석의 가정들이 추가될 때마다 분석 결론이 맞을 확률이 줄어드는 것 설명과, 표 3-53e 다음 장에서 설명한 인간과 원숭이, 앵무새와의 투자 대결 에피소드와 유사한 논리 때문에 발생되는 현상과 매우 유사하다.

5. 투자 석학들의 이야기

→ 워렌 버핏처럼, 미래에 지속 성장, 생존이 가능한 기업을 분석할 정보와 시간과 여력과 실력이 된다면, 그 기업의 주식에 투자하라. 그렇지 않으면, 시장 전체를 사는 인덱스 투자 이외에 답은 없다.

▶ 버핏 추천 '인덱스펀드' 장기 투자에 적합 – 한경(2011.5.2.)
'오마하의 현인'이라 불리는 **워렌 버핏** 미국 버크셔 해서웨이 회장이 인덱스펀드를 통한 간접 투자를 추천했다. 인덱스펀드는 주가지수에 연동해 운용하는 펀드로 주식시장의 장기 성장을 겨냥한 펀드다.
버핏은 지난달 30일(현지 시간) 미국 중부 네브래스카 주의 소도시인 오마하 도심의 퀘스트센터에서 열린 버크셔 해서웨이의 연례 주주총회에서 "개별 종목보다는 **인덱스펀드에 투자하는 게 바람직하다**"고 말했다...

...1년 이상의 장기 수익률로 비교해도 인덱스펀드는 액티브펀드와 코스피를 모두 웃도는 수익을 내고 있다. 최근 1년간 인덱스펀드는 31.02%의 수익률을 기록한 반면 액티브펀드와 코스피는 29.81%와 26.84%로 낮았다. 2년과 3년 수익률도 각각 80.08%와 30.65%로 액티브펀드의 74.80%와 29.27%, 코스피의 63.80%와 21.02%와 비교해도 높았다...

▣ **인덱스펀드 제왕 '존 보글'의 투자 초보자 위한 TIP, 10년 이상 장기 투자...뮤추얼 펀드 권장 LA 중앙일보** – 2011.1.19.

▶장기 투자가 장수 비결 = 5년이나 10년 이상 장기 투자를 한다면 인덱스펀드는, 일반적인 뮤추얼 펀드 즉 액티브 펀드보다 권장할 만하다. 뱅가드사의 통계에 따르면 1995~2004년 수익률을 조사한 결과 5년 수익률을 비교해 보면 인덱스펀드보다 수익률이 낮은 액티브펀드가 54%에 달했다. 그러나 **10년 수익률을 비교하면 무려 79%의 인덱스펀드가 액티브펀드 수익률을 압도했다.** 뱅가드사는 특히 이 조사에서 마젤란 펀드 등 슈퍼스타급 펀드와 인덱스펀드를 비교했다.

http://www.koreadaily.com/news/read.asp?art_id=1144633

▣ **존 보글 "수수료 싼 인덱스펀드를 들어라"**

은퇴 준비하는 투자자에게 바치는 존 보글의 충고 – 매경(2011.09.18.)

"은퇴를 준비하는 투자자에게는 역시나 인덱스펀드 투자 방식이 필요합니다." 공모펀드(뮤추얼펀드)의 산증인이자 세계 4대 투자 거장 중 한 명으로 꼽히는 존 보글 전 뱅가드그룹 회장이 투자 원칙에 대해 입을 열었다. '은퇴 투자자들을 위한 존 보글의 충고(John Bogle's advice for retirement investors)'를 통해서다.

그는 지난 14일 월스트리트저널(WSJ)과 대담하면서 40여 년간 지켜온 자신의 투자 철학인 인덱스펀드 투자에 대해 다시 한 번 강조하고 나섰다. 혼란스러운 시장 상황 앞에서도 흔들림 없는 모습이다. 그의 논리는 이렇다. 아주 극소수 사람만이 어떤 회사가 30~40년 이상 지속될 수 있을지를 알아맞힐 수 있다. 반면 미국 경제계(Corporate America)가 지속될 확률은 개별 회사가 존속할 확률보다는 높다. 다시 말해 어떤 종목이 오를지를 알아맞혀 포트폴리오에 담을 확률은 낮다. 그러니 모든 주식을 사는 인덱스펀드에 투자하는 것이 낫다는 뜻이다.

보글은 "1980년대에 월마트와 마이크로소프트(MS)를 사고 1990년대 초반에 스타벅스 주식을 샀다면야 꽤나 부자가 됐겠지만 실제로 그것이 대부분 미국 투자자들의 투자 행태는 아니었다"고 꼬집었다. 또 미국 투자자들이 일반 액티브펀드나 개별 종목 투자를 통해 추가 수익을 얻지 못했을 뿐 아니라 **펀드매니저들에게 높은 수수료**를 물었다고 지적했다.

인덱스펀드의 장점인 상대적으로 **저렴한 수수료**도 언급했다. 보글은 "일반 펀드가 1%의 수수료를 물어야 한다면 인덱스펀드는 10분의 1 수준"이라며 "연간 수수료가 2000달러인지 200달러인지는 향후에 큰 차이를 가져올 것"이라고 설명했다.

이는 보글의 8가지 투자 원칙 중 **제1 원칙이다. 바로 저비용 펀드를 선택**하라는 것이다. 운용 비용이 낮다는 것은 펀드가 좋은 성과를 낼 수 있는 중요하고도 유일한 원동력이란 철학이 담겨 있다. 제2 원칙(투자 조언 비용이 추가되는 것을 조심스럽게 고려하라)도 유사한 맥락에서 이해할 수 있다.

그는 1% 수익률이 장기 성과에서 가르는 차이에도 주목했다. 특히 은퇴를 바라보고 투자할 경우 이 차이는 크게 다가온다. 보글의 논리대로 10만 달러(약 1억 원)를 초기 투자 비용으로 삼고 40년간 투자했다고 가정했다. 만일 연 수익률 7%를 올렸다면 160만 달러가 되지만 연 8%일 경우에는 240만 달러로 크게 불어난다. 1%가 80만 달러의 차이를 낳는 것이다.

투자자에게 가장 중요한 것이 무엇이냐는 질문에는 **"분산(diversification), 분산, 분산"**이라고 세 번 반복했다. 한 섹터에 몰빵 투자하는 것이 재앙이 될 수 있기 때문이다. 예컨대 누구도 65세가 된 시점에서 자신의 투자 포트폴리오에 엔론, 리먼브러더스, 베어스턴스같이 파국을 맞은 주식이 편입돼 있었다는 것을 발견하고 싶지 않을 것이다. 그러나 **실제로 많은 '스마트한' 투자자들이 이런 주식에 돈을 태웠다.**

보글은 1929년생으로 올해 나이 여든을 넘긴 투자 원로다. 현재 보글금융시장리서치 대표를 맡고 있다. 1974년부터 1996년까지 뱅가드그룹에서 회장을 지냈다. 1975년 개인 투자자를 위한 최초의 인덱스펀드인 뱅가드500 펀드를 만들었다. 그의 인덱스펀드 투자는 바퀴와 알파벳의 발명과 비견된다는 평가가 있을 정도로 투자자들에게 큰 영향을 줬다. **인덱스투자 철학을 담은 '모든 주식을 소유하라'** 등의 저서가 있다.

제6장
펀드를 내 맘대로
활용하기

1. 이제는 은퇴 전과 은퇴 후 재무 균형 관리를 해야만 한다.

→ 펀드매니저의 임무는 단기간에 높은 수익 창출하는 것이 아니다.

→ 나의 긴 인생의 재무적 균형을 유지되도록, **필요하다면 우리를 설득해서라도, 바른 방법으로 인도하는 것이 바른 펀드매니저의 미션이다**

우리들의 돈은 금융기관, 또는 펀드매니저를 통해서 기업으로 투자된다. 노후 생활 30년을 대비해야 하는 우리들의 목적 달성을 위해, 나의 여력을 감안하여 최선의 투자방안을 찾고, 이를 지속적으로 관리해 주는 것이 이들의 역할이다. 만약 어떤 펀드매니저가 단기 고수익을 추천한다면, 대부분 그들은 여러분의 매매 수수료에 더 관심 있을 뿐이지 진정으로 여러분의 노후 생활 준비를 도와주는 사람이 아니다. 시장에 참여하는 당사자 모두는 소중한 그들의 돈이 연계되어 있으므로, 차가운 머리와, 차가운 가슴만이 있을 뿐이다. 따라서, 모두가 공감하는 정직한 투자 방법이 이외에는 **지름길은 없다. 공짜 점심도 절대 없다.**

표 6-1 투자 활동 흐름도

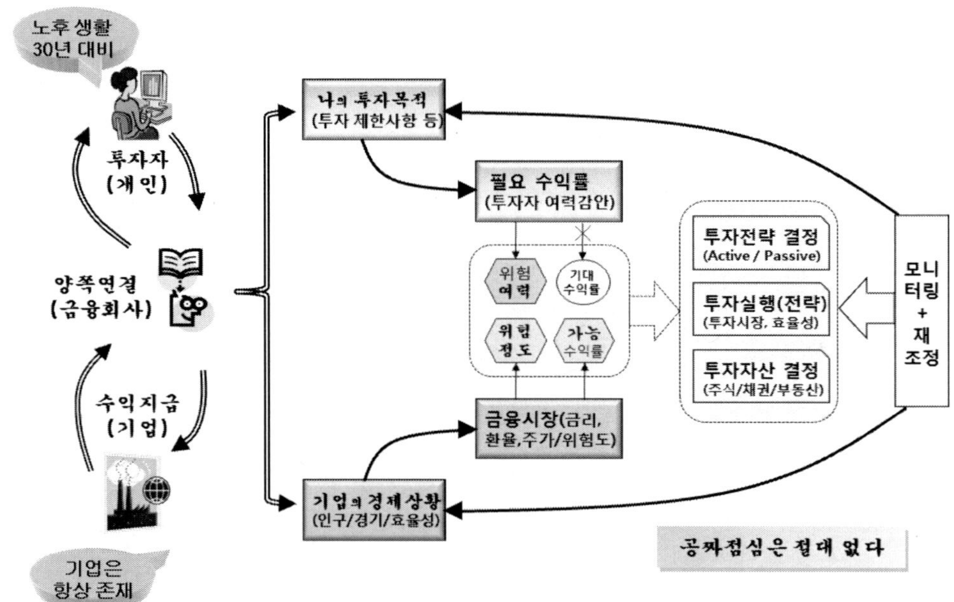

표 6-2a는 3명의 펀드매니저의 실적을 평가해 볼 때 사용하는 분석 도구이다. 절대 어렵지 않다. 여러분은 **3가지 사항**(펀드 총 수익률, 펀드의 베타 값, 펀드의 표준편차 값)만을 **물어봐서** 부록 CD의 프로그램에 **입력만 하면 된다**. 그리고 나서,

첫째, 추가 위험의 증가 없이 **수익 증대시킨 (사)값**을 측정하고

둘째, (사) 값을 증가시킨 원인이, **분산투자에 의한 (자) 값과**

매니저 실력에 의한 (차) 값을 구분해 보면 된다.

표 6-2a 펀드 운영 실적 알아보기

■ 펀드별 운영 실적 평가　　　　　　　　　　　　　　　　　　　　　(단위 : %)

	기준금리	시장수익률 자료	펀드A	펀드B	펀드C	
펀드 총 수익률 %	5.00	10.00	12.00	9.00	11.00	[가]
펀드 베타값, beta, β		1.00	1.10	0.90	1.00	(나)
펀드 표준편차값, σ		13.00	20.00	12.00	12.00	(다)
CV 낮을수록 좋음		1.30	1.67	1.33	1.09	
sharp ratio 높을수록 좋음			0.35	0.33	0.50	(라)
기준금리 대비 초과수익률(**실제 달성치**) (Ra-Rf) ①			7.00	4.00	6.00	[마]
- βi 위험도 감안한 초과수익률(**요구 기대치**) (Rm-Rf)βi ②			5.50	4.50	5.00	[바]
초과수익 달성치(분석前) ③ = ①-②			1.50	△0.50	1.00	[사]
초과위험 감안한 수익률 조정　펀드전체　(Rm-Rf) *(Pσi/Mσ) 주1)			7.69	4.62	4.62	(아)
(−)시장조정　- (Rm-Rf) βi 주2)　- Policy effect, ②			(5.50)	(4.50)	(5.00)	
(=)시장보다 초과위험 부담치 (Rm-Rf)(Pσi/Mσ) - (Rm-Rf)βi ④ = current Pσi-②			2.19	0.12	△0.38	(자)
진짜 초과수익 달성치(분석後) ⑤ = ③-④			△0.69	△0.62	1.38	[차]

동 값이 <1.0 보다작으면, 펀드가시장보다 작은 위험 부담

최종 값의 크기가 펀드의 진짜 실력

표 6-2b 펀드 운영 실적 알아보기

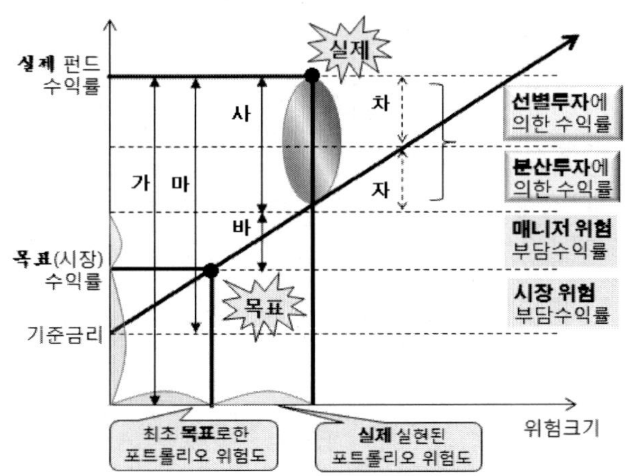

표 6-2c 펀드운영실적 알아보기

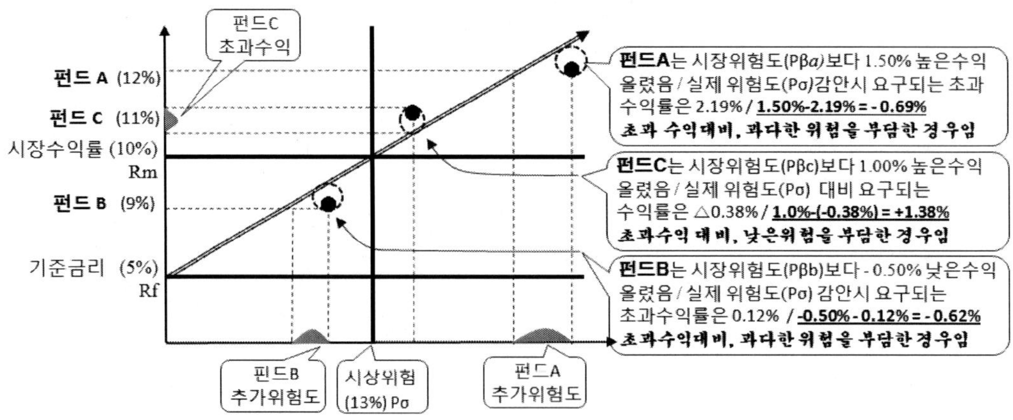

복잡한 투자 업무이다. 그래서, **난 쉬운 것만 하자**. 어려운 일은 전문가에게 맡기자. 그러나 **반드시 내가 결정하고, 내가 관리**해야 한다. 왜냐하면 **모두 내 책임이기 때문이다.**

이제는 정확한 금융시장 자료와, 장기적인 금융 데이터를 보시고 **data 노후 경영이 필요한 시점**이다.

표 6-3은 사회 초년생이 60세까지 30년 동안 매월 10만 원씩 적립했을 때, 60세부터 다시 30년 동안 매월 받게 될 연금을 비교한 것이다. 수익률 1%의 차이는 매월 받게 될 연금 크기에 엄청난 차이를 가져 온다.

표 6-3 투자수익률 1% 차이와 매월 노후연금 차이

■ 수익률과 연금차이 (30년, 월10만원 적립후, 노후 30년 연금수령시)　　(단위:천원)

수익률(연)	10%	9%	8%	7%	6%	5%	4%	3%
노후연금 (매월)	**1,745**	**1,327**	**1,006**	**761**	**574**	**432**	**324**	**243**
	수익률 10%대비	-24%	-42%	-56%	-67%	-75%	-81%	-86%
		(418)	(739)	(984)	(1,171)	(1,313)	(1,421)	(1,502)
투자수익	592,178	441,636	326,256	238,041	170,766	119,590	80,762	51,381
원금	**36,000**	**36,000**	**36,000**	**36,000**	**36,000**	**36,000**	**36,000**	**36,000**
합계	628,178	477,636	362,256	274,041	206,766	155,590	116,762	87,381

2.　　우리는 선순환의 연결고리를 만들 수 있다.

미국, 영국, 독일, 프랑스를 보면, 모두 금융 산업이 잘 발달된 것을 볼 수 있다.(일본은 예외) **한국도 제조업의 성공을 금융업이 바통**을 이어받지 않는 한 선진국으로 도약하기 어렵다. 그 이유는 선진국 도약을 위해서는 제한된 **금융자본의 효율적인 배분**이 반드시 필요하기 때문이다. 제조업으로 성공한 기업의 사장님이 아무리 돈이 많다 해도 글로벌 기업으로 확장하기 위해 필요한 막대한 자본을 절대 혼자서 다 감당할 수는 없다. 바로 여러분으로부터 돈을 빌려야 한다. 하지만 금융회사에 대한 신뢰가 떨어지고, 위탁한 돈이 효율적으로 운영이 되지 않을 경우, 여러분이 계속 금융회사를 신뢰하며 돈을 맡겨 운영을 의뢰할 수 있을까? 절대 그렇지 않다.

따라서, 정확한 정보 전달과 우리의 **목적에 맞게 돈을 관리**해 주는 금융회사의 역할은 금융기관만을 위한 것이 아니라 돈의 주인인 우리를 위하고, 돈을 가져다 쓰는 기업을 위한 역할이며, 나아가 우리나라 전체, 즉 제조업의 성공을 금융 산업이 이어받아, 제2의 한강의 기적을 다지는 아주 중요한 핵심 사항이다. 이렇게 중요한 선진국 도약의 핵심에 여러분들이 서 있다. IMF를 금 모으기와 같은 한국인 특유의 "으쌰" 하는 정신으로 합심하여 극복했던 것처럼, 나의 노후 준비를 위하고, 우리의 자녀들에게 보다 많은 일자리 기회를 제공할 수 있는 또 한 번의 도약에 참여하자.

여러분은 할 수 있다. **어떻게 할 수 있을까**? 주인공인 여러분들이 요구를 하면 된다. 그런데 어떻게 요구해야 할까? 질문을 정확하게 해야만 답을 기대할 수 있듯이, 먼저 여러분의 **목적에 맞게 정보를 요구하는 방법을 배워야** 한다. 여러분은 지금 **나의 위치**를 측정(표 4-1(부록 CD 프로그램)해서, **나의 여력**(표 1-3a,b 참조)을 알게 되었고, 핵심적인 투자 상품 11가지 이해와 함께 **금융시장에도 친숙**하게 되었다. 그리고 노후 생활을 위해 내가 필요로 하는 연금을 만들 수 있는 **가장 효율적인 방법**도 찾았다.

이제는 금융도우미들에게 내가 **정확하게 요청을 하고, 확실하게 관리**할 수 있게 된 것이다.

▶ 금융 선진화

[한·미FTA 통과 이후] 국민일보(2011.11.23)

한·미 FTA 발효 이후 금융서비스 분야의 주요 변화	
주요 내용	근 거
금융당국의 금융회사 행정지도 →구두 아닌 서면 지도 지향	협정 부속서 13-나 제4절
우체국보험 농협·신협·수협·새마을금고 건전성 감독→동중 금융기관 수준으로 강화	협정 부속서 13-나 제6절 및 부속서 13-라
한쪽 국가에만 있는 금융 상품 및 서비스→일정 조건 아래 영업 허용	협정 제13.6조
해상 및 항공 보험·재보험의 국경간 거래 허용	협정 부속서 13-가

(자료 : 외교통상부·금융위원회)

김중수 한국은행 총재는 23일 경제 동향 간담회에서 한·미 FTA 비준과 관련해 **"경제 범위가 넓어졌다"**면서 "과거와 다른 상황인 만큼 **새로운 것을 배워야 한다**"고 말했다.

신동규 은행연합회장은 22일 퇴임 기자 간담회에서 "감독 규제의 투명성 측면에서 도움이 될 것"이라고 말했다.

표 6-4에서 보듯이, 우리들이 노후 생활을 만들어가는 투자 업무가 많이 복잡, 다양해지고 있다. 표 6-5 기사처럼 우린 정말 생업에 열심히 일하느라 바쁘다. 부모님 세대의 헌신적인 교육 열정으로, 비록 지금 전 세계 1위의 노동시간을 자랑(?)하지만, 아무런 자원도 없는 나라에서 글로벌 교역 규모 9위, 국민소득 3만 불의 기적과 같은 업적을 달성했다.

어떤 일을 할 때, 현상을 먼저 진단하는 것이 우선이다. 현상을 진단하려면 작지만 수많은 현장의 사실들을 정확하게 파악하는 것이 필요하다. 사실을 파악해가다 보면 특정 부문에서 병목현상이 발생되기도 하지만, 약간의 인내심을 발휘하여 좀 더 파고들면 결국에는

제
6
장

표 6-4 금융산업 발전 방향

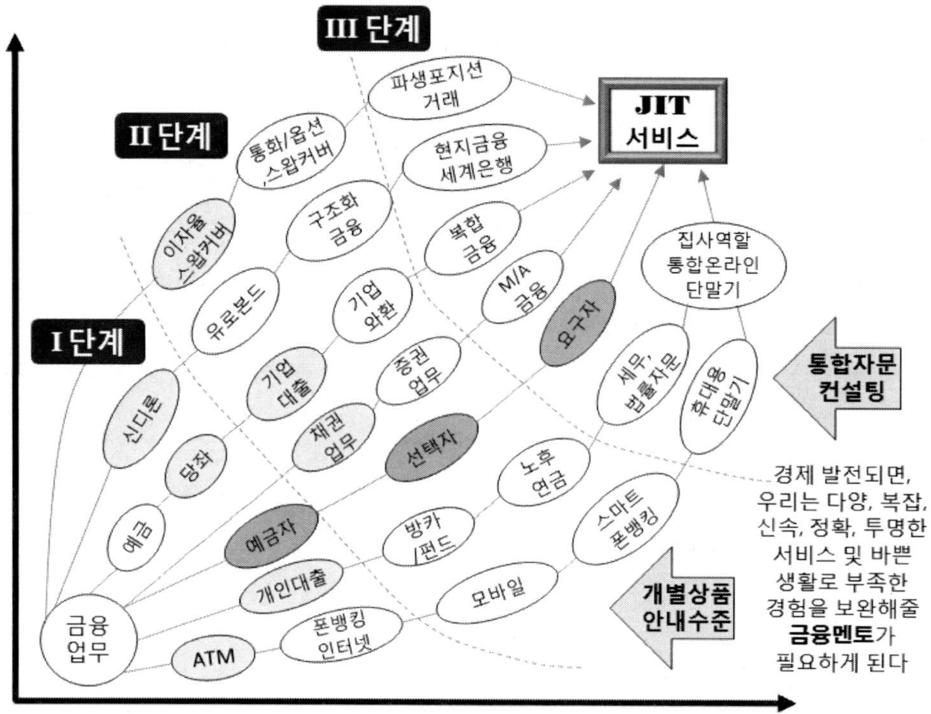

여러 가지 사실들을 파악할 수 있다. 발견된 사실을 수와 식으로 표기하면 어려운 금융 이론이 되지만, 이 책에서는 투자자의 공감을 조금이라도 쉽게 하기 위해 150개의 표와 그림으로 배열했다. 그리고 가장 핵심적으로 필요한 도구를 부록 CD에 담았다.

표 6-5 세계 속에서 한국의 위치

제조업 강국 한국, 노동시간도 길었다 – 동아일보(2011.11.24.)

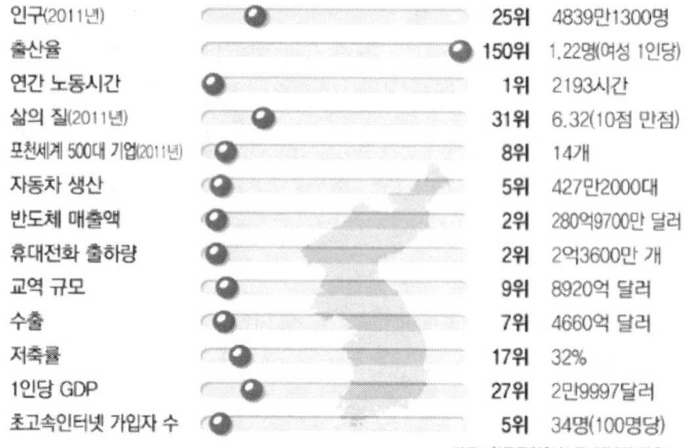

세계 속 한국의 위상 2010년 기준.

인구(2011년)	25위	4839만1300명
출산율	150위	1.22명(여성 1인당)
연간 노동시간	1위	2193시간
삶의 질(2011년)	31위	6.32(10점 만점)
포천세계 500대 기업(2011년)	8위	14개
자동차 생산	5위	427만2000대
반도체 매출액	2위	280억9700만 달러
휴대전화 출하량	2위	2억3600만 개
교역 규모	9위	8920억 달러
수출	7위	4660억 달러
저축률	17위	32%
1인당 GDP	27위	2만9997달러
초고속인터넷 가입자 수	5위	34명(100명당)

자료: 한국무역협회 국제무역연구원

그 동안 여러분들은 **시장의 두 얼굴**에 속아서, 그리고 **나 자신에게 속아서**, 정말 많이 손해를 봤을 것이다. 이제는 더 이상 속지 말자. 이제 단기간 동안에 변덕스러운 그들의 속임수를 가볍게 웃어넘기자. 그리고 우리들의 오랜 친구로 만들자.

늘 아래 그림을 기억하며 **우리들이 금융 드라마의 주인공으로서 조연 배우들을 관리하고, 지원기관과 상의하면서 필요한 지원을 받아 내가 직접 주도하자.** 두 가지(표 1-1(또는 4-1)과 표 6-2a) 도구만 있으면 할 수 있다.

TOP 프로젝트 단계별 실행방안

1. 나의 투자 목적이 노후준비인지 확인한다.
2. 부록 CD 표 1-1, 또는 4-1을 이용하여 나의 위치를 확인한다(부록 CD, 또는 블러그 동영상 설명참조).
3. 금융기관 방문하여 인덱스펀드에 가입한다. 그리고 매월 자동이체 등록한다.
4. 1년에 한 번씩 펀드실적 점검한다(표 6-2a).
5. 만약, 자동이체 중단 유혹이나, 선별적 주식 투자유혹을 느끼신다면, 표 3-46, 3-47a 를 다시 본다.
6. 그리고 잊고 기다린다.

독자 여러분들의 아름다운 노후 생활을 기원합니다.
모두 부자 되세요.

김웅열 드림.

부록

> **국제금융**
> 기업금융 당사자 *(자금을 빌리는 기업과 빌려주는 금융기관)*의 **어느 일방이 해외에 있는
> 금융거래**를 국제금융이라 함

> **금융의 형태**
> - 차관단 대출 (syndicated Loan)
> - 국제 채권 (Bond)
> - 주식 (Equity, IPO, 자본증자, 기업인수)
> - 개발사업 (부동산, 신도시, 도로.항만, 에너지, 자원개발 등)
> - 파생상품 - 파생현물거래 (통화환율, 금리, 원자재상품 등 현물에 투자)
>   - 파생합성거래 (현물투자와 같은 효과가 발생하게 만든 Synthetic거래)

> **시장 참여기관**
> - 은행 (시중은행, 정부특수은행, 월드뱅크, 아시아개발은행 등)
> - 증권 (증권사, 투자자문사,
> - 보험 (생명보험, 재해보험, 재 보험사)
> - 연. 기금, 국부펀드 (노후연금 공적 펀드, 특별목적 공공펀드)
> - 사모펀드 (해지펀드, Vulture 펀드, 펀드의 펀드, 구조조정 펀드, 자산유동화 펀드)

> **주요 참여국가**
> - 미국 / 유럽 / 아시아(일본, 중국, 싱가포르) 등

1

금융기관 역할

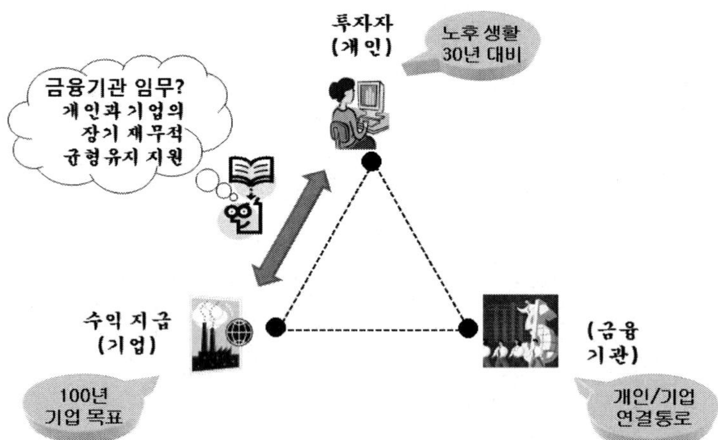

2

성공 요인
밥상을 잘 차릴 줄 알아야 한다… 반찬 준비만으로는 부족하다
실무
경험
＋
전문
지식
＋
네트
워크
인프라
▪거래 발굴
▪관련기관 상담
▪시장상황 판단
▪거래조건 협의
▪자료 수집분석
▪투자정보 정리
▪유관기관 조율
▪Road Show
▪거래 확정
▪거래 실행
▪시장상황 판단
▪데이터 분석
▪적정 가격 산정
▪투자자 선별
▪거래구조 선정
▪관련 법률
▪세무,회계검토
▪거래전략 수립
▪시장 이해도
▪거래 발굴
▪잠재 투자그룹
▪시장 이해도
▪거래구조 자문
▪사업성 평가
▪상세한 법률,
  세무, 회계자문
▪전문인력 그룹
▪Operation 능력
▪거래실행 능력
▪유관업무 지원
 -예탁,수탁,관리
  평가,위험관리
Flow
manage
＋
전략/
분석력
＋
열정
시스템
지원

3

투자 흐름도
노후 생활
30년 대비
투자자
(개인)
양쪽연결
(금융회사)
수익지급
(기업)
기업은
항상 존재
나의 투자목적
(투자 제한사항 등)
필요 수익률
(투자자 여력감안)
위험
여력
기대
수익률
위험
정도
가능
수익률
금융시장(금리,
환율,주가/위험도)
기업의 경제상황
(인구/경기/효율성)
투자전략 결정
(Active / Passive)
투자실행(전략)
(투자시장, 효율성)
투자자산 결정
(주식/채권/부동산)
모니
터링
＋
재
조정
공짜점심은 절대 없다

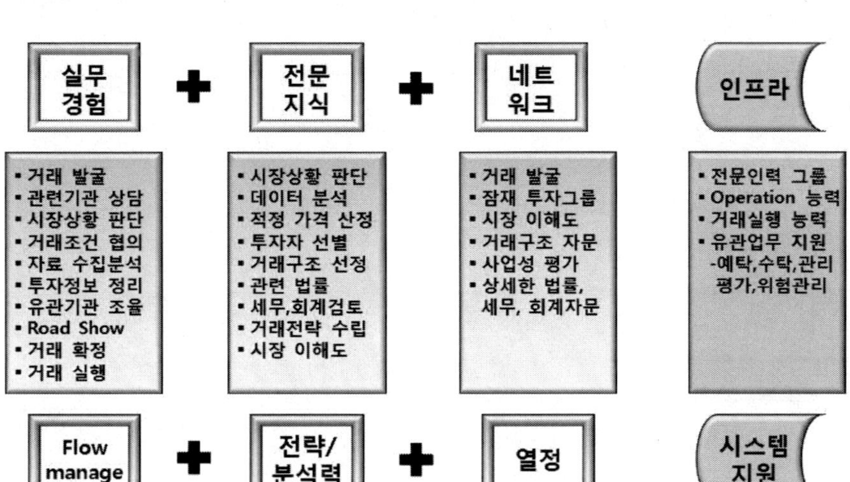

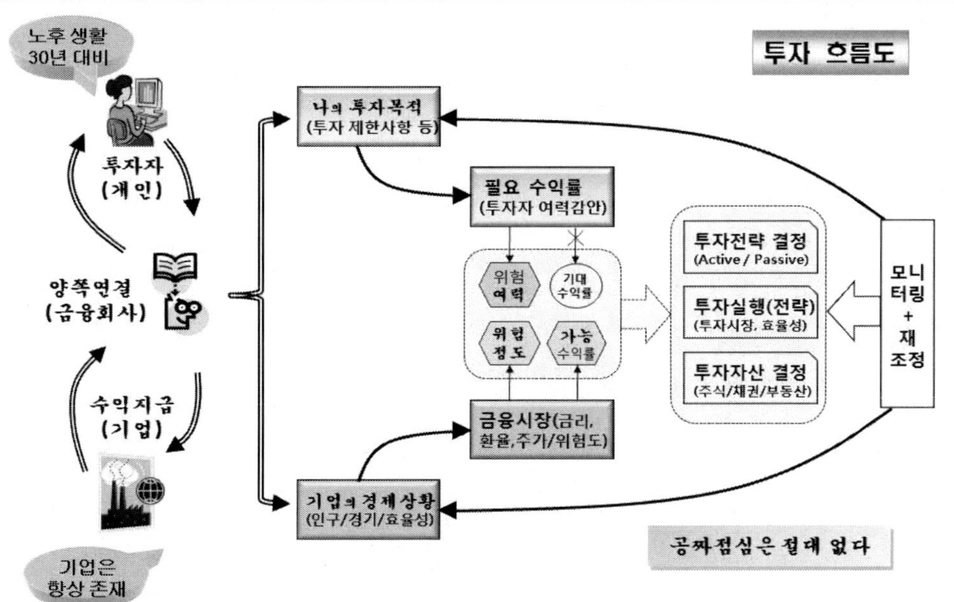

4

국제금융

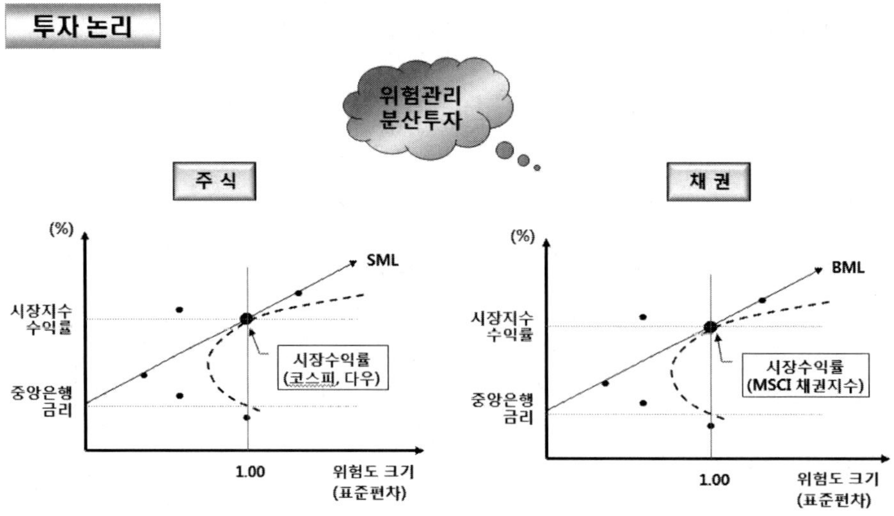

국제금융

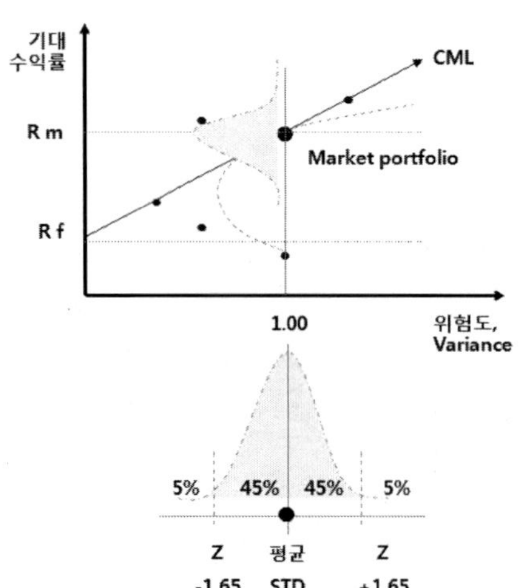

- $Y' = a + b\,X$
- $Y' = a + beta\,X$
- $R\,i = R\,f + (R\,m - R\,f)\,beta$

- Beta, $\beta\,i = \text{Cov}\,i,m\,/\,\text{STD}\,i,\,\text{STD}\,m$
  $= \text{Cov}\,i,m\,/\,\text{variance},\,m$ (상관관계와 유사)
- Variance $i,j = [Wi^2,6i^2] + [Wj^2,6j^2] + 2WiWjCovij$

- $Z = (X-\text{평균})\,/\,\text{STD}$
- $VAR = \text{평균} - (\text{STD} * Z)$
  Z는 normal 분포의 확률 값

사례) 평균가 5,000원/ STD600원, Var = 990원
- 가격이 4,010원 이하가 될 확률이 5%
- 95% 신뢰도에서 가격이 4,010 이상이 될 것이다

대출상품 (차관단 대출, Syndicated Loan)

➤ 특 성
- 여러 금융기관이 차관단 구성
- 신용 우수한 차입자
- 공통의 조건
- 대규모, 중장기 자금

➤ 관련 당사자
- 차입자 (borrower)
- 주간사은행 (lead manager)
- 간사은행 (managers, co-managers)
- 참여은행 (participating banks)
- 대리은행 (agent bank)
- 이자율고시은행 (reference bank)
- 변호사(law firm), 회계사(accounting firm)

➤ 사 례
- 국가 차입금(정부차입금)
- 기업 대규모 설비 투자자금
- 선박, 항공기 금융
- 프로젝트금융
  인프라구축,부동산,에너지개발 등

➤ 방 식
- 대출 금융
- 리스 금융
- 신탁 금융
- 구조화 금융
- 파생 금융

7

기업(차입자)의 차입 결정	자금이 필요한 회사에서 해외차입을 결정
국제금융시장 조사	주간사 은행이 될 수 있는, 유수의 은행들과 접촉하여 주요 차입조건 협의)
Indicative Offer 제출	차주의 신용도, 국제적 인지도, 동업계 현황 및 재무상태 등을 감안하여, 가이드라인 목적으로 발행 조건을 주간사 은행이 제출(Preliminary Offer라고도 함)
Firm Offer 제출	몇 개의 은행으로 부터 Firm Offer, (확약 Offer)를 접수하여, 그 은행의 국제적 지명도, 신인도,및 국제 금융수행능력, 가격조건 등을 고려하여 검토
Mandate(기채의뢰서) 접수	Firm Offer제출 은행들 중, 가격 등 여러가지 조건을 감안하고, 거래 성사 가능성이 높은 금융기관을 선정 - Mandate letter 발행(금융주선 위임장) 발급
[Information Memorandum 및 대출계약서 준비]	투자자 정보사항(Information Memorandum)및 주요 금융 조건 등을 요약 정리

8

국제금융 – 상품, Syndicated Loan

Syndication	세계 각처의 금융기관(표3-10참조)을 대상으로 참여희망 기관들을 모집하여 Management Group(간사은행단)조직
[Invitation]	확정된 Information Memorandum 및 금융조건 등, 모든 관련 자료를 간사단 앞 배부 ※ 필요 시, 제3자 검증
[Closing]	거래 참여은행, 참여금액 및 거래 마감
참여은행(간사단) 확정	간사단 지위 부여(참여금액 순 등) 및 최종 간사단 확정
[관련 계약서 검토 및 배부, Loan Agreement 확정]	
계약체결 (서명식)	차입자 및 간사단 금융기관이 모두 모여서 계약 체결
자금인출	대출금을 인출하기 위한 선행조건 충족 후, 인출허용

국제금융 – 상품, Bond

채권(Bond) 발행

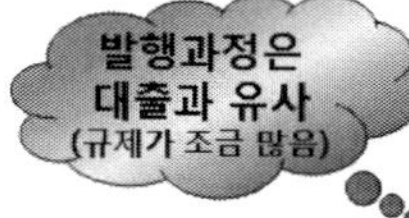

1. 국제 채 (International Bonds)
- 발행지역, 표시통화에 따른 분류
  - 내국채(Domestic Bond) 내국인, 자국통화, 자국투자자
  - 국제채(International Bond) 외국인, 외국통화, 외국투자자
- 적용법규, 투자가성격
  - **- Euro Bond**
  - **- Foreign Bond**
  - **- Global Bond**

2. 국제 채 발행의 주요형태
- 고정금리채 (Straight Bond, Fixed Income)
- 변동금리채 (Floating Rate Note)
- 주식연계채권(Equity related Bond)
- Convertible Bond (CB), Bond with Warrant (BW)
- Depositary Receipts (DR),Exchangeable Bond (EB)
- Hybrid /Structured Bond
- Interest rate swap Bond, Dual Currency Bond
- Adjustable Coupon Bond, Perpetual Bond

유로 채(Euro Bond)란 ?
정의 : 표시 통화국 이외의 지역에서 발행되어 국제투자자에게 판매되는 채권
특징 : 이자소득에 대한 원천과세 면제
- 발행이 자유롭다
- 소지/등록식 채권(Bearer, / Register Form)
- 발행통화 USD, EUR, JPY
채권형태 : SB, FRN, Equity-related Bond, Etc.

외국채(Foreign Bond)란 ?
정의 : 국내 자본시장에서 외국기업이 해당 지역국가 통화로 발행하는 채권
특징 : 발행자만 비거주자이며, 투자자는 거주자
내국채와 유사. 국내법 적용
- 주로 등록식(Registered Form)
- 이자소득세 원천징수세가 면세
- 발행국 정부의 통화관리, 투자자보호 규제
- 주요통화 : USD, EURO, JPY,

Global Bond란 ?
유로채와 외국채 양시장에서 동시에 채권발행
World Bank, IFC, ADB, 각국정부 등 우량한 차입자들의 자금조달수단

	차관단대출 (Syndicated Loan)	유로채 (Euro Bond)
차입 형태	• 참여금융기관이 투자자의 자금을 예수금 등의 형태로 조달하여 이를 차입자에게 제공하는 **간접금융**	• 차입자인 채권 발행자가 채권을 일반 투자자 및 금융기관 등에 매각하여, 필요자금을 투자자로부터 조달하는 **직접금융**
자금 사용의 신축성	• 인출 기간내 수회 분할인출 가능하여 자금인출에 **신축성이 있으며**, 별도 약정 시, 대출 기간 내에서 일정기간 회전 차입도 할 수 있음	• 채권(또는 채권위탁증서)의 인도와 동시에 일시 전액 인출되므로, 자금 인출에 **신축성 없음**
차입금 상환 융통성	• 일정 거치기간 경과 후 균등분할상환이 일반적이며, 일반적으로 만기 이전에도 **사전통지로 조기상환**이 가능	• 만기 일시 상환이며, 만기이전에는 채권 **유통시장에서 매입상환**. Call Option 있는 경우, 직접 조기상환가능
Multi-Currency 조항	• Multi Currency 조항을 포함시킬 경우 차주가 지정된 몇개 통화 중 **유리한 통화로 인출**할 수 있음. 환율 변동에 따른 융통성이 있는 통화관리를 할 수 있으나 환 해지비용 추가부담	• 채권발행 시, 지정된 통화로만 채권이 발행되며, 상환 시까지 채권의 **통화변동 없음**

11

국제금융 – Syndicated Loan, Bond 비교

	차관단대출 (Syndicated Loan)	유로채 (Euro Bond)
진행 절차 및 관련서류 준비	• 제한된 **금융기관만**의 시장 • 신용 우수한 차주일 경우 Information Memorandum 작성도 필수사항이 아니며, 참여예상 금융기관에 한하여 차입관련 정보가 제공됨.	• **불특정 투자자** 참여가능(상장 시) • 증권거래소 상장 시 필수서류가 차관단대출보다 광범위함 • 발행자, 보증인, 발행조건 등에 대한 정보제공으로, 홍보 효과도 기대가능
계약서 작성	• 대출계약서가 채권보다 **다소 복잡**	• 채권발행조건이 일반화 되어있어 차관단 대출 계약서 보다 간단
유동성 및 시장성	• 투자가들간의 양도계약서 작성하여 유통되기는 하나, 증권거래소에 상장되지 않아 **제한적임**.	• 공모 발행되는 채권은 증권거래소에 상장되어 유통이 자유로우므로, **유동성 및 시장성 양호함** 단, 사모 채권은 대출처럼 유통이 제한됨

12

부록

파생상품의 분류

구분	주식	금리	상품	통화
스왑 (SWAP)	주식 스왑	금리 스왑	상품 스왑	통화 스왑
옵션 (Options)	시장지수 선물옵션	CAP FLOOR	상품 옵션	통화 옵션
先渡 (Forward)	주식 선도거래	FRA	상품 선도	선물환 / NDF
先物 (Futures)	시장지수 선물거래	국채 선물	상품 선물	USD 선물

13

국제금융 / 통화 상품 – 실물거래 불균형 해지 수단

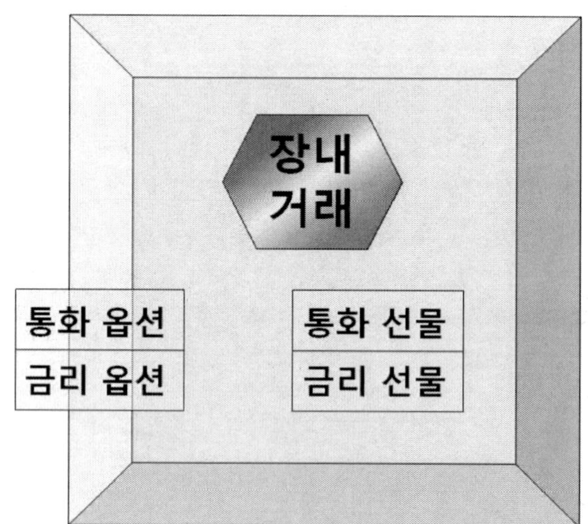

14

외화자금

실물거래 균형유지 지원

실수요 거래균형 중심

	실물경제 (공급) <기업>		← 금융경제 (기업/개인 중계) → <은행>		<펀드/연기금>		실물경제 (수요) <개인>	
	자산	부채	자산	부채	자산	부채	자산	부채
	공장 기계 신규사업	차입금 채권 주식	대출금	예금,적금	· 주식 채권	투자 - 위탁금	예금/적금 투자 - 위탁금	대출금
Mission	장수기업		기업자금 공급		투자자금 운용		즐거운 인생	
미션특징	장기목표		중장기 역할		장기목표		장기목표	
실물경제역할	상품/서비스 공급		자금중계		투자수익률 달성		소비/저축	
수익주는 고객	소비자(개인)		기업,개인(대출금)		기업(채권,주식)		기업(봉급)	
수익원	매출액크기		예금,대출 금리차		주식, 채권 투자수익		노동(직장/자영업)	
위험요인	판매량 감소		금리변동		금리,성장/배당률 변동		경쟁력 약화/노후준비	
위험근원	상품/서비스 경쟁력		실물경기		실물경기/시장수급		재학습 부족/조급함	
위험발생주기	장기간		중.장기간		단기간		장기간/장기간	
위험극복방안	신상품 개발		ALM		포트폴리오 운영		변화 적용력강화 / 핵심개념이해	
위험형태	소비자상품외면		기업 신용위험		기업신용/시장위험		경쟁력상실/노후대안?	
위험측정	소비자 만족도 조사		신용평가		등급,표준편차, 확률		[지시]	
위험관리	신제품 개발		여신건전성관리		평균,상관관계,회기		[감독]	

15

금융상품 핵심 개념 → 확률 / 평균, 편차

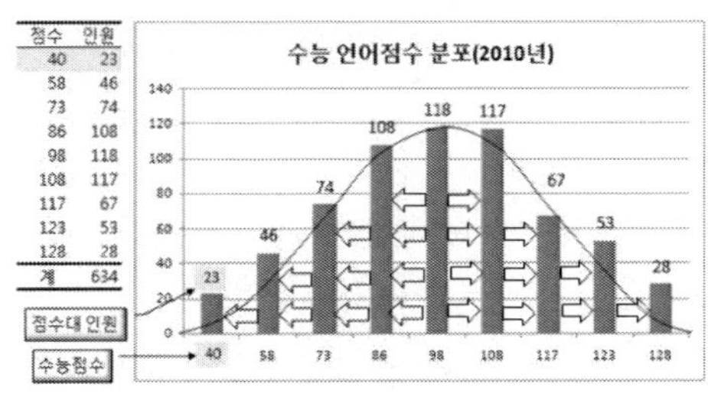

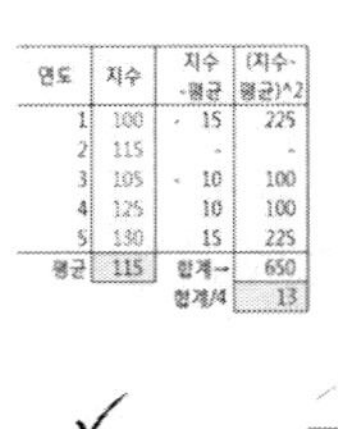

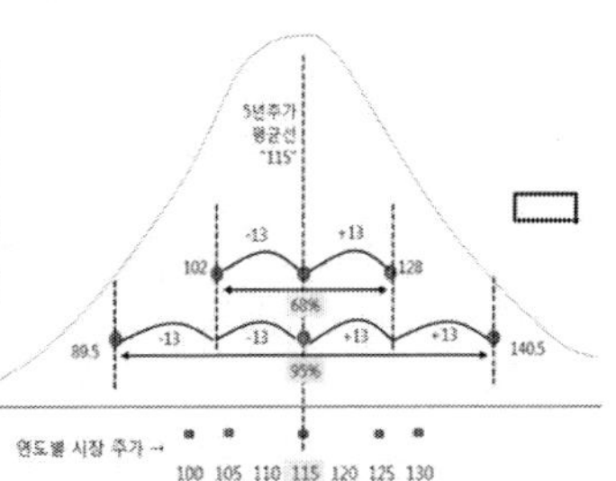

연도	지수	지수 -평균	(지수- 평균)^2
1	100	- 15	225
2	115	-	-
3	105	- 10	100
4	125	10	100
5	130	15	225
평균	115	합계→	650
		합계/4	13

중앙에서 좌우로 갈수록

· 발생 확률 → [감소]

· 위험 크기 → [증가]

· 비용 크기 → [증가]

< 중앙(평균) 기준으로,,,>

· 중앙이 가장 안전

· 좌 우측 발생확률 동일

16

부록

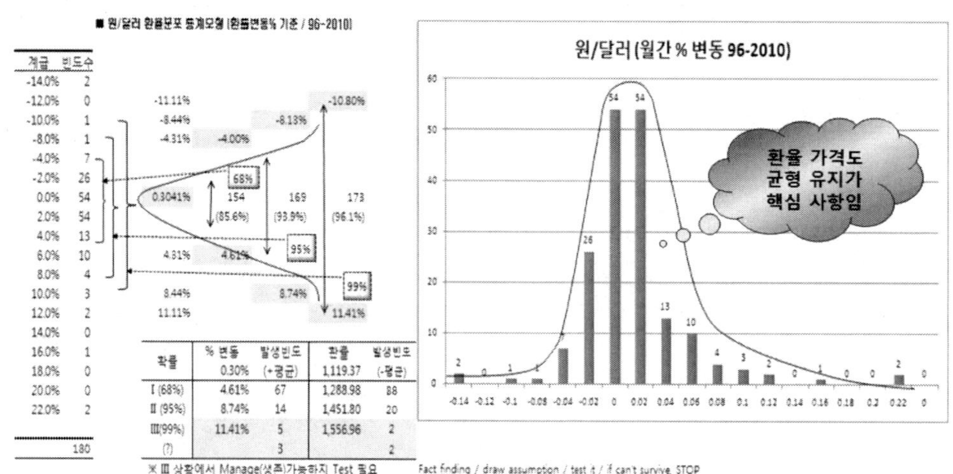

외화 자금 관리 – 금융상품은 통계모형이 기본
김웅열 copyright ©
2012 All right reserved
사 례 → 원/달러 환율 15년간
■ 원/달러 환율분포 통계모형 (환율변동% 기준 / 96-2010)
원/달러 (월간 % 변동 96-2010)
환율 가격도
균형 유지가
핵심 사항임
계급 빈도수
-14.0% 2
-12.0% 0
-10.0% 1
-8.0% 1
-4.0% 7
-2.0% 26
0.0% 54
2.0% 54
4.0% 13
6.0% 10
8.0% 4
10.0% 3
12.0% 2
14.0% 0
16.0% 1
18.0% 0
20.0% 0
22.0% 2
180
※ Ⅲ 상황에서 Manage(생존)가능한지 Test 필요
Fact finding / draw assumption / test it / if can't survive, STOP
17

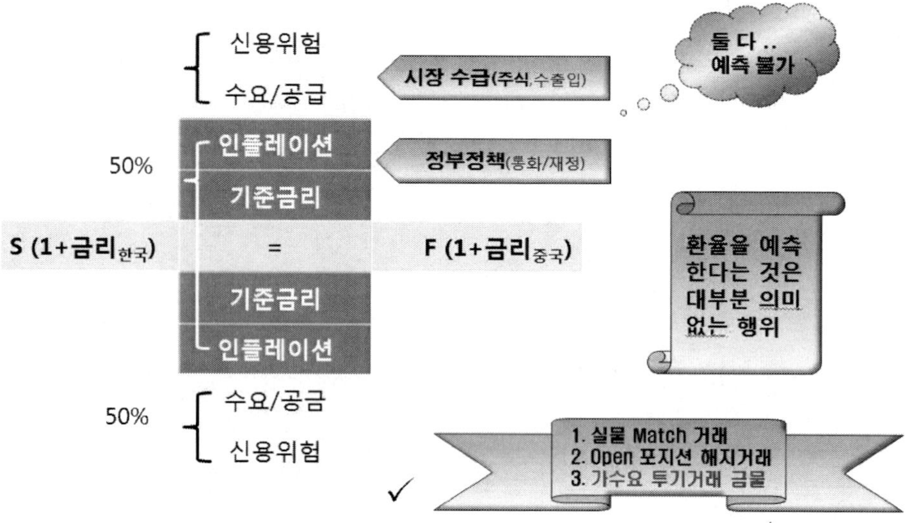

환율은 이자율 연계
김웅열 copyright ©
2012 All right reserved
신용위험
수요/공급
시장 수급(주식,수출입)
둘 다 ..
예측 불가
인플레이션
정부정책(통화/재정)
기준금리
S (1+금리한국) = F (1+금리중국)
환율율 예측
한다는 것은
대부분 의미
없는 행위
기준금리
인플레이션
수요/공급
신용위험
1. 실물 Match 거래
2. Open 포지션 해지거래
3. 가수요 투기거래 금물
18

시장은 항상 균형 유지

■ Market comparison

	Korea market	EURO market	
회사채 A+ 3년	4.7900%		
00 회사채권	5.2500%		
CD	3.9100%	= 1.8700%	Libor
KRW IRS	4.3100%	3.6900%	USD IRS
IRS basis	0.4000%	1.8200%	IRS basis
		0.3700%	mk%, CC basis, **Libor** = CD + [(₩ basis)+CC basis]
		0.0500%	swap cost
00회사 [신용%] = 00회사 YTM - CD - IRS basis	0.9400%	= 1.3600%	required price based on korea mk after swap
00회사 **YTM** = CD + [신용% + **IRS%**]	1.3400%		Basis, Libor + 신용% = CD + [mk%(₩ basis) ± CC basis] + 신용%

■ Reverse checking

	Korea market	EURO market	
CD + 신용% = Libor SP - [mk (₩ basis) ± CC basis]+ 신용%	1.3900%	1.3600%	Libor + spread (%)
CD	3.9100%	0.0000%	swap cost (한번만 반영)
00 회사채권	5.3000%	0.3700%	CC Basis

Price discount by korean investor 0.0500%

19